LA SCIENCE ET LA PRATIQUE DU PLAIN-CHANT,

Où tout ce qui appartient à la Pratique est étably par les principes de la Science,

Et confirmé par le témoignage des anciens Philosophes, des Peres de l'Eglise, & des plus illustres Musiciens; Entr'autres de Guy Aretin, & de Jean des Murs.

Par un Religieux Benedictin de la Congregation de S. Maur.

(Jumilhac, bénédictin)

A PARIS,
Chez LOUIS BILAINE, en la grand' Sale du Palais, au Grand Cesar, & à la Palme.

M. DC. LXXIII.

Avec Privilege du Roy, & Permission des Superieurs.

Garguy

TABLE DES CHAPITRES.

PREMIERE PARTIE.

De la Science du Chant.

PARTIE SECONDE.

Des ſons ou voix du Chant, & de leurs intervalles.

PARTIE TROISIE'ME.

De la durée ou mesure des sons, & de leurs notes.

PARTIE QUATRIE'ME.

Des tons ou modes du Chant.

PARTIE CINQUIE'ME.

Des cadences des modes, & de la mesure de leurs pauses ou silences.

PARTIE SIXIE'ME.

De la pratique du Chant.

PARTIE SEPTIE'ME.

Des notes & authoritez qui confirment ou éclaircissent ce qui dans les parties precedentes est marqué de chiffres à la marge.

NOTES ET AUTHORITEZ DE LA PARTIE I.

NOTES ET AUTHORITEZ DE LA PARTIE II.

NOTES ET AUTHORITEZ DE LA PARTIE III.

NOTES ET AUTHORITEZ DE LA PARTIE IV.

NOTES ET AUTHORITEZ DE LA PARTIE V.

NOTES ET AUTHORITEZ DE LA PARTIE VI.

PARTIE HUITIE'ME.

Des Exemples dont il est fait mention dans les Parties precedentes.

APPROBATION.

JE sous-signé Maistre de la Musique de la Sainte Chapelle de Paris, Certifie avoir leu exactement un Livre intitulé, *La Science & la pratique du Plain-chant*; & je l'ay leu avec bien de la joye, quand j'ay appris qu'il estoit l'ouvrage d'un Religieux de l'Ordre de Saint Benoist, sçachant que depuis plusieurs siecles il semble que Dieu ait mis comme en dépost toutes les Sciences dans cét Ordre illustre, & principalement la Musique qui luy doit la meilleure partie de ses beaux chants, sa gamme, ses lignes, ses clefs, ses notes & ses regles; Ce qui me fit esperer de trouver en ce Livre quelque chose qui répondroit à la reputation que cét Ordre s'est acquis & conservé jusqu'icy dans les Sciences. Mon esperance n'a point esté vaine, & je rends témoignage au public d'y avoir veu la Theorie de la Musique entierement debarassée de l'obscurité dont les anciens Maistres de cette divine Science l'avoient enveloppée; & d'y avoir leu tant de recherches & tant de citations de presque tous les Auteurs qui en ont traité, qu'on peut regarder cét ouvrage comme un abregé de plusieurs autres, & comme un recueil de toutes les methodes qui ont paru jusqu'icy sur la pratique du chant Ecclesiastique; ainsi je juge qu'il sera tres-utile au public. A Paris le 3. d'Octobre 1671. R. OUVRARD.

PREFACE.

L'On a tant écrit de la musique & de l'art de chanter, qu'il est à craindre que plusieurs à la seule vûe du titre de cét ouvrage ne le méprisent, & ne le mettent au nombre des Livres inutiles : Mais il y a aussi lieu de se promettre que les personnes équitables en useront autrement, & qu'ils voudront connoistre avant que de juger. Au moins espere-t-on d'eux cette justice qu'ils daigneront s'informer des motifs qui m'ont engagé à écrire d'une matiere traitée par tant d'autres. La principale raison qui m'a porté à entreprendre cét ouvrage est que dans cette grande multitude d'Autheurs qui se sont occupez à donner des instructions sur le chant, à peine s'en trouve-t-il un seul qui ait traité de tous les points de theorie & de pratique qui le concernent. Boëce qui a le plus exactement recueilly tout ce que les philosophes & les musiciens Grecs & les autres anciens autheurs les plus fameux avoient laissé par écrit de cette science jusques à son siecle, & qui en a traité avec plus de doctrine & de soin dans les cinq livres de sa musique, n'a parlé que des sons, de leurs intervales & proportions, de leurs consonances, de leurs systemes, de leurs genres, & de leurs modes. S. Augustin au contraire dans les six Livres qu'il en a composez, ne s'est arresté qu'à la seule mesure des sons, & à la mesure de leurs silences. Cassiodore, S. Isidore, & le venerable Bede, ou celuy qui a emprunté son nom, ont dit fort peu de chose des systemes, des genres, des modes, & de la mesure, & n'ont fait aucune mention des cadences, & de leurs silences.

Guy Aretin s'est particulierement étudié à faciliter la pratique des intervalles, des notes, & des modes, à quoy les precedens n'estoient pas descendus en particulier. Mais il a dit peu de chose de leur theorie, n'a point parlé des genres, & a laissé par écrit peu d'observations sur la mesure des sons, & des silences, & sur la valeur des notes; parce qu'il se contentoit lors d'en instruire ses disciples de [1] vive voix.

[1] *Guido.*

Jean des Murs Docteur de Paris dans sa theorie de la

musique n'a traitté que des proportions que doivent avoir les intervalles du chant, les mesures des sons, & les diverses notes qui en marquent la difference & la valeur.

Franchin, Glarean, Zarlin, & les autres modernes, qui depuis deux ou trois siecles ont le mieux écrit des intervalles, & de la mesure tant des sons que des silences, n'ont quasi eu en vûe que la musique à plusieurs parties, & la musique figurée, sans se mettre en peine de donner les instructions sur tous les points qui sont particuliers au plainchant.

De sorte que pour assembler en un corps tout ce qui peut appartenir à la theorie & à la pratique du plainchant, il est comme necessaire de faire un recueil de tout ce qui se trouve épars sur ce sujet dans les livres des meilleurs au-
2 theurs, afin que ceux qui n'ont pas le loisir [2] & la commo-
Nicomach. dité de voir [3] ceux qui ont écrit de ces divers points, les trouvent recueillis en un seul Livre.

3 *Ioannes de muris.* Une autre consideration qui m'a excité à dresser ce recueil est la multitude des methodes defectueuses qui dans ces derniers siecles ont esté mises en lumiere sur le fait du chant: je les appelle defectueuses, parce qu'en la plufpart l'on n'y voit ni les principes de science, ny tous les points de pratique qui sont necessaires pour bien former au chant ceux qui s'y exercent. Ce qui en semblable occasion obligea autrefois Aristoxene l'un des plus anciens & des plus fameux écrivains & musiciens de l'antiquité, & apres luy plusieurs autres illustres autheurs de se plaindre de la te-
4 merité & de l'ignorance de ceux [4] qui se mélent ou de don-
Aristox. & alij. ner au public de semblables livrets, ou de noter & corriger ceux du chant: ce qui est d'autant plus dommageable, que ce sont ordinairement ces sortes de Livres qui ont le plus de cours & de debit, soit à cause de leur nouveauté soit parce qu'il y a plus de commodité de les avoir que de recouvrer les anciens. D'où il arrive que les defauts & les erreurs qui y sont contenuës, sont aussi renduës plus universelles & plus communes. Afin donc d'empescher le cours d'un abus si nuisible à la perfection de la science & de la pratique du chant & de donner les moyens necessaires pour corriger les erreurs qui s'y sont glissées, il semble necessaire & de joindre en un seul Livre tout ce qui concerne la science & la veritable pratique du chant, & de le confirmer tant par l'authorité des plus anciens & des meilleurs

autheurs, que par des raiſons ou demonſtrations, lors que le ſujet le demande.

Que ſi l'entrepriſe de ceux qui ont temerairement écrit du chant, oblige de remedier à leurs manquemens & de donner le moyen de les corriger ; l'ignorance & l'incapacité de ceux qui au defaut de meilleurs maiſtres ſont employez en une infinité de lieux à l'enſeigner de vive voix, ſemble y devoir contraindre, vû qu'à l'exception de quelques bonnes Villes & des principales Egliſes, où les meilleurs maiſtres de muſique ont accoûtumé d'eſtre entretenus, il ſe trouve peu de perſonnes dans les autres Villes, & beaucoup moins dans les Bourgs & les Villages, qui ayent la ſcience & l'adreſſe requiſe pour s'acquitter bien de cét employ & former comme il faut au chant ceux à qui ils l'enſeignent. D'où vient que ne ſçachant leur apprendre autre choſe que d'élever & d'abaiſſer tellement quellement la voix en ſolfiant la note, les abus & la corruption du chant ne font que prendre de nouveaux accroiſſemens & ſe rendre plus univerſels. Le moyen donc le plus facile pour arreſter le cours de ce deſordre eſt d'avoir quelque ſolide inſtruction tant de la theorie que de la pratique du chant, à laquelle ceux qui y ſont obligez puiſſent avoir aiſément recours.

Or ce moyen ne ſera pas moins utile à ceux qui apprennent le chant qu'à ceux qui l'enſeignent, particulierement lorſque ayans déja de l'âge & de la diſcretion ils ſont appellez à l'eſtat Eccleſiaſtique ou religieux, & qu'ils ont aſſez d'eſprit ou de ſcience pour ſe pouvoir inſtruire eux-meſmes par la lecture, au defaut de la vive voix ; car ils pourront alors trouver en ce recueïl ce qui leur ſera neceſſaire à cét effet.

Enfin ce recueïl pourra aider à garentir les perſonnes intelligentes d'une erreur dont la pluſpart ſemblent avoir eſté juſques à preſent prevenus, en faiſant paroiſtre une eſpece de mépris pour cette ſcience, n'étudiant point ſa theorie, & n'uſant de ſa pratique qu'avec beaucoup de negligence, lorſque leur caractere ou la qualité de leurs benefices ou dignitez Eccleſiaſtiques les engagent à s'en acquitter ; comme ſi c'eſtoit déroger à leur haute ſuffiſance & à leur bel eſprit, ou à la grandeur de leur naiſſance ou de leurs dignitez, que de s'appliquer à la connoiſſance & à la

pratique de cette ſcience. Ils pourront donc voir icy que ces ſortes de ſentimens ne ſont que des illuſions ; & que tout au contraire ce ſont ces meſmes qualitez d'eſprit & de ſcience, de dignité & de prelature Eccleſiaſtique, qui les obligent plus étroitement à ſe perfectionner dans le chant: parce que comme ce ſont eux qui doivent le maintenir dans ſon integrité & dans ſa perfection, & en retrancher non ſeulement les abus, mais auſſi la moindre alteration qui s'y puiſſe gliſſer; ce ſont pareillement eux qui ſuivant
5 Plato. & alij. le ſentiment des Theologiens, & meſmes [5] de Platon & d'Ariſtote, y doivent eſtre les mieux verſez; parce qu'autrement ils ne pourront eſtre bons Juges d'une choſe dont ils n'ont ny la connoiſſance ny l'experience; & beaucoup moins pourvoir au defauts qui s'y commettent & les corriger.

Que s'ils veulent paſſer plus avant dans la connoiſſance de cette ſcience & en conſiderer les avantages, ils verront dans la ſuite qu'elle eſt une des principales, des plus nobles, & des plus dignes de l'homme; ſi auguſte, qu'elle ſeule approche de plus prés nos ſaints Autels que ne font tous les autres arts ou ſciences; & qu'elle a eſté ſi ſoigneuſement cultivée, que non ſeulement les premiers & les plus
6 Quintil. & alij. illuſtres philoſophes [6] de l'antiquité, & ſes plus vaillans heros; mais auſſi les plus ſages, les plus vertueux, & les plus puiſſans Roys, comme David, Salomon, Charlemagne, Robert; les plus ſaints Prelats, & les plus grands Docteurs de l'Egliſe, comme S. Ambroiſe, S. Auguſtin, S. Gregoire
7. Strabo. & alij. [7] le Grand, le Pape Hormiſda, & pluſieurs autres tant Papes, que ſignalez perſonnages, comme Boëce, Caſſio-
8 Cedranus. & alij. dore, S. Jean Damaſcene [8], S. Odon l'un des plus ſaints [9] Abbez de l'ordre de S. Benoiſt, des plus exacts Obſervateurs de ſa ſainte Regle, & Fondateur du monaſtere & de
9 Guido. l'ordre de Cluny, & grand nombre d'autres celebres perſonnages ont eſtimé ſon étude des delices [10], & ont eu un
10. Auguſt. ſoin particulier ſoit d'en écrire & d'en donner des inſtructions, ſoit de s'y exercer & de la faire pratiquer. De ſorte qu'il y a ſujet de croire, qu'apres tous ces exemples ils n'auront aucune peine d'entrer dans ces ſentimens, & d'imiter la conduite de ſi grands & de ſi ſaints perſonnages, & qu'ils ne negligeront pas d'appliquer leur eſprit & leurs ſoins à une choſe, à laquelle la condition de leur eſtat Eccleſiaſtique ou Religieux & le rang ou la dignité qu'ils

y tiennent les oblige si étroitement [11], & qui fait non seulement la principale & la plus importante, mais aussi la plus ordinaire & la plus continuelle de leurs occupations. Par où il est visible qu'ils ne peuvent negliger un devoir si important sans blesser [12] leur conscience, & sans s'engager dans une des plus grandes miseres de la vie, qui est de faire profession d'un art ou d'une science, & de s'y exercer journellement sans y faire aucun progrez & sans en acquerir jamais la perfection [13].

11 *Rabanus.*

12 *S. Thomas & alij.*

13 *Guido & alij.*

Voilà les motifs qui m'ont autrefois induit à solliciter quelques personnes doctes & des plus intelligentes dans la theorie & dans la pratique du plainchant de donner au public une methode accomplie pour l'un & pour l'autre, & qui à leur défaut m'ont excité à en tracer un crayon grossier dans ce recueil, en attendant que quelque personne mieux versée en ces matieres en donne un portrait accomply. Il ne reste maintenant qu'à dire quelque chose de l'ordre que l'on tient dans ce livre, afin d'en rendre l'intelligence plus facile. Comme donc il y a six principaux chefs ausquels tout ce qui concerne le chant se peut reduire, ce Livre est pareillement divisé en six parties; dont la premiere traite de la science du chant. La 2de des sons ou des voix, & de leurs intervalles. La 3e du temps ou de la mesure des mesmes sons. La 4e des tons ou modes des pieces de chant. La 5e de leurs cadences, & du temps ou mesure des silences ou pauses des mesmes cadences. La 6e de la pratique ou de la maniere de s'exercer au chant.

Le titre de la premiere partie est de la science du chant, parce que cette partie ne contient que peu ou point de pratique : & la sixiéme au contraire a pour titre la pratique, parce que l'on s'y arreste davantage aux points particuliers de la pratique. Quant aux autres parties la theorie & la pratique y sont ordinairement mélées, afin que la pratique du chant soit en tous ses points éclairée des lumieres de la science, établie sur ses principes, & perfectionée par sa conduite. Chacune de ses parties est divisée en plusieurs Chapitres, dont le lecteur peut voir la table ensuite de cette Preface.

Outre ces six parties il y en a deux autres qui y sont ajoûtées, dont la septiéme contient les authoritez, qui sont employées pour servir de preuve & d'éclaircissement aux points les plus importans du texte des six autres parties ; afin que ceux qui se contentent de la lecture du texte en ayent la suite plus aisée sans l'embarras des citations : & que les autres qui desirent les voir & s'éclaircir plus amplement de ce qui y est contenu, puissent le faire plus commodement sans estre obligez de chercher ces authoritez dans des autheurs dont les Livres ne se trouvent pas ordinairement chez les personnes particulieres ; & dont mesme plusieurs ne se rencontrent que rarement & en peu de Bibliotheques ; & d'autres comme Jean des Murs & Guy Aretin qui est tres-souvent cité, ne se voyent point imprimez ; leurs manuscrits mesme sont si rares qu'il ne seroit pas aisé d'en trouver ou d'en indiquer cinq ou six dans toute l'Europe.

Ces authoritez y sont mises en façon de notes ou d'observations, & elles y sont assez souvent multipliées pour établir plus solidement la verité qu'elles contiennent par le témoignage des Anciens Autheurs & des modernes, de Philosophes & des Peres, des Musiciens & des Praticiens : comme aussi afin que les diverses expressions d'une mesme verité puissent servir aux differens gousts des lecteurs, & s'accommoder à l'inégale portée & capacité de ceux qui s'adonnent à l'étude du chant, ou qui à cette occasion peuvent avoir la lecture de ce livre. Que s'il se rencontre ailleurs quelque autre espece de repetition, elle n'y est mise que pour le mesme sujet, ou bien parce que ce qui n'est touché en un endroit que par occasion, ou qui y est traité selon la theorie, est expliqué plus au long en son propre lieu ou y est appliqué à la pratique.

Le rapport que ces authoritez ont avec le texte y est designé par les chiffres qui se voyent dans le milieu des interlignes, & à l'endroit de la marge qui y répond ; car les authoritez qui conviennent au texte où ces chiffres se voyent placez, sont pareillement marquées des mesmes chiffres dans la VII. partie. Quant aux authoritez multipliées elles sont couchées sous un mesme chiffre, & ne sont distinguées les unes des autres que par une petite étoile. *

Que si ces mesmes authoritez y sont quelquefois étenduës au delà du point du texte auquel elles sont appliquées, c'est parce que ce qui precede ou ce qui suit la sentence qui y est enclose, contient ou les causes, ou les effets, ou les proprietez, ou les accidens, ou les definitions, ou les divisions, ou autres choses semblables qui peuvent donner de l'éclaircissement au sujet.

Bien que toutes ces authoritez ne soient qu'à la fin du Livre, le Lecteur ne doit pas estre moins diligent à y avoir recours ; parce qu'il y trouvera souvent expliqué au long ce qui n'est qu'effleuré au texte : outre que les termes dont les bons autheurs se servent, sont comme des oracles ausquels l'on a ordinairement plus de creance. Ceux toutesfois qui ne veulent voir que le texte, & se contentent de sçavoir les noms des Autheurs qui y sont citez, les trouveront sous les chiffres de la marge lorsqu'ils ne sont pas exprimez dans le texte; en sorte neanmoins que quand il y en a plusieurs de citez pour un mesme sujet, il n'y en a qu'un qui y soit nommé, & les autres y sont indiquez par ces mots *& alij.*

Les passages frequens de Guy Aretin & ceux de Jean des Murs qui y sont citez, sont pris des manuscrits de ces deux autheurs, qui ne paroissent pas estre moins anciens que les siecles où ils ont vécu. Ils sont entiers, & l'écriture est fort belle & fort correcte. Celuy d'Aretin appartient à l'Abbaye de S. Evroult en Normandie : Il luy fut vray-semblablement donné par un Abbé de la mesme Abbaye nommé Serlon, qui fut fait Evesque de Seez en 1091. d'où ayant esté contraint de se retirer à cause des outrages que luy faisoit [14] Robert Comte de Bellesme, il passa en Italie, 14. où pendant le sejour qu'il y fit, son merite & son erudition *Orderic.* luy acquit aisément l'amitié des gens de Lettres, & luy donna moyen de faire écrire & d'envoyer ce manuscrit à ses Religieux pour lesquels il eut des soins & une bonté de Pere jusques à la fin de sa vie.

Ce qui rend encore plus considerable ce manuscrit & en releve le prix, est que l'on y void les traitez, qu'il dit luy-mesme avoir composez [15], sçavoir *les regles claires* dans 15 son *micrologue*, dans les deux *prologues* de son Antiphonaire *Guido.* l'un en *rythme* l'autre en *prose*, dans son *Epilogue des Formules des modes*, (si ce n'est que l'écrivain du mesme manuscrit se soit abusé en écrivant *epilogue* au lieu de *prologue*) dans les *formules* des mesmes modes ; & dans une espece d'*epilogue rithmique* qui est en suite des mesmes formules : & qui sans titre commence par ces mots *Ars humanas instruit loquelas* &c. L'Antiphonaire qu'Aretin dit encore avoir composé, sous lequel nom il comprend aussi le graduel, est contenu dans le mesme manuscrit, & y est noté avec des lignes vertes & rouges, suivant la nouvelle methode du mesme Aretin.

La bonté du mesme manuscrit se reconnoist aussi par les citations des passages d'Aretin, dont les anciens Autheurs se sont servis qui s'y trouvent tous; comme aussi par les omissions & quelques autres fautes d'un manuscrit dont le Cardinal Baronius a extrait la Lettre ou l'Epistre dedicatoire du micrologue de Guy Aretin à Theodalde Evesque d'Arezze, laquelle il a inserée dans son 11. Tome en l'année de JESUS-CHRIST 1022. desquelles fautes le manuscrit de saint Evroult est exempt; quoy qu'il y en ait quelques autres de l'écrivain. Ceux qui auront la curiosité de les voir & de les corriger dans les exemplaires de Baronius, trouveront au mencement de la Partie VII. à la fin des notes de cette Preface la copie de la mesme Lettre [16], & la Table des Titres ou des Chapitres du micrologue qui la suit immediatement, selon qu'elle est couchée dans le mesme manuscrit de S. Evroult.

16. *Guido.*

Il y a encor à Paris un autre manuscrit du mesme Aretin dont l'écriture paroist de quatre à cinq cens ans, lequel a autrefois appartenu à la Bibliotheque de Laurens Bochel Advocat de Paris: mais il ne contient que deux des traitez d'Aretin, le micrologue, & le prologue prosaique; & encore manque-t-il au micrologue les six derniers Chapitres. Du reste ce qui y est, est aussi correct qu'au manuscrit de saint Evroult.

Quant au manuscrit de Jean des Murs, dont je me suis servy, il appartient à Mr Joüet digne Maistre de la Musique de Nostre-Dame de Chartres. Il y en a un autre dans la Biblioteque de S. Victor de Paris; mais il n'est ny si correct ny si bien écrit que le precedent, & n'est pas entier; car il ne contient que les deux premieres parties de cét autheur, & non la troisiéme qui traite de la figure & de la valeur des notes, dont toutefois les écrivains modernes luy ont attribué l'invention à cause de cette Partie, qui pour ce sujet est estimée la principale & la plus considerable de cét autheur.

La huitiéme & derniere Partie contient tous les exemples dont il est fait mention aux autres parties; ils y sont ainsi renvoyez afin que le cours de l'impression du livre n'en soit ny interrompu ny embarrassé, & qu'il ne soit pas besoin de les reïterer dans les divers endroits du livre où il en est fait mention.

LA SCIENCE ET LA PRATIQUE

DU PLAIN-CHANT.

PARTIE PREMIERE.

De la Science du Chant en general.

CHAPITRE I.

De la nature, & du nom de cette Science.

I. LA pratique du chant est le but & le principal sujet de cét ouvrage. Mais comme elle ne peut estre ny certaine, ny accomplie, si elle n'est conduite par les lumieres de la science; il est du bon ordre d'entrer en matiere par des principes de theorie. Les plus generaux sont expliquez dans cette premiere partie, & ceux qui sont plus particuliers dans les parties suivantes selon que le sujet le demandera, & qu'ils pourront estre utiles pour établir ou pour rendre plus facile & plus parfait l'exercice du chant.

II. La science du chant est un des sept Arts [1] liberaux, & à pour son genre les [2] Mathematiques, c'est à dire la science qui s'occupe à raisonner sur la quantité ou grandeur considerée en elle mesme. Ces Mathematiques comprennent quatre sorte de sciences, sçavoir l'Arithmetique, l'art de chanter (que l'on appelle Musique ou Harmonique) la Geometrie, & l'Astronomie. Mais la science du chant à cét

1 *Isidor.*
2 *Boetius & alii.*

avantage sur les trois autres, qu'elle les renferme en quelque maniere, & les employe [3] à son service. Elle emprunte les nombres de l'Arithmetique, l'étenduë ou la quantité permanente de la Geometrie, les raisons ou proportions de toutes les deux, la durée & le temps de l'Astronomie; & elle se prevaut de toutes ces choses, non seulement pour contempler & faire entendre les accidens propres aux sons qui composent le chant, c'est à dire le nombre, les proportions, & le rapport des differens sons, leur distance ou leurs intervalles, leur temps ou leurs mesure, leur harmonie ou melodie, leur consonance ou leur dissonance, mais aussi pour y conduire mieux la voix dans la pratique.

3 *Ptolem. & alij.*

III. Le mot de *Musique* tire son origine de celuy des *Muses*, dequoy il n'y a point d'autre raison & d'autre fondement que l'erreur ou la fantaisie des Payens, qui attribuoient aux muses une espece de [4] *toute-puissance* à l'égard du chant, c'est à dire la souveraine disposition de tout ce qui appartient à l'art de chanter, ou bien l'habileté à faire des vers, & des airs excellens sur toutes sortes de sujets. D'où leurs Philosophes & leurs Musiciens ont pris occasion de donner à la science du chant le nom de Musique. L'on pourroit encore dire, qu'ils luy ont attribué ce nom qui est commun à toutes les Muses, parce qu'ils ont estimé que cette science comprend toutes les autres [5] ausquelles ils croyoient que les Muses particulieres presidoient, & dont elles leur estoient des symboles.

4 *August.*

5 *Franch.*

IV. Afin toutefois d'éviter l'équivoque qui peut aujourd'huy se rencontrer dans ce nom de Musique, il faut remarquer que la signification qu'il a eü anciennement, est bien differente de celle qu'il a en nostre langue depuis peu de siecles; vû qu'on le prend ordinairement pour le chant à plusieurs parties; & que les anciens autheurs par ce terme ont premierement & principalement entendu designer le Plain-chant, bien que dans ses commencemens il ne fust renfermé [6] que dans l'étenduë d'un ou de deux tetrachordes chantez par une seule voix, & touchez sur un seul instrument ou separément ou (ce qui estoit alors fort en usage) conjointement; parce qu'ils ont estimé que l'essence & le principal employ de cét art consistoit plûtost

6 *Kirch.*

dans la melodie, & dans la suite agreable de plusieurs differens sons, que dans l'union harmonieuse, & le concert de plusieurs parties.

V. Et quoy que cette diversité de parties pust aussi estre comprise sous ce nom, il y a toutefois sujet de douter si elle a eü lieu dans la Musique des anciens. Quelques-uns tiennent qu'elle n'a commencé, ou du moins qu'elle n'a esté en vogue & dans le frequent usage, que depuis deux ou trois siecles (qui est l'opinion de Glarean [7]) ou depuis cinq ou six, comme veulent Kirker & Gassendi [8]. Il est toutesfois vray-semblable qu'elle n'a pas esté inconnuë aux anciens, ainsi qu'on le peut conjecturer de ce qui s'en trouve dans l'Ecriture sainte, [9] dans Platon, dans Aristote, dans Euclide, dans Ptolomée, dans Boece, & dans plusieurs autres Philosophes & Musiciens de l'antiquité, qui ont traité si exactement des consonances (qui n'ont lieu que dans le chant à plusiecrs parties) qu'ils semblent ne l'avoir pû faire sans en avoir esté autant instruits par la pratique, que par la speculation. Cassiodore qui vivoit au mesme temps que Boece, c'est à dire, au cinquiéme & sixiéme siecle, Saint Isidore qui a vêcu dans le sixiéme & septiéme, & Bede qui est mort dans le huitiéme, marquent en quelque sorte dans leurs escrits [10] que de leur temps l'on usoit de cét assemblage de voix & de cette symphonie; bien qu'elle ne pust pas estre alors si étenduë, ny si parfaite qu'elle est aujourd'huy, à cause du peu de consonances qu'ils y employoient.

7

8

9 *Paralip. 2.*

10

VI. L'antiquité a donc eü quelque connoissance du chant à plusieurs parties, mais elle ne l'a pas pour cela designé par le nom de Musique, comme par un nom qui luy fust propre & particulier à l'exclusion du Plain-Chant. Au contraire, c'est le Plain-chant qui a receu le premier le nom de musique, comme estant le plus ancien, le premier d'origine, le plus simple, le plus naturel, le plus commun, & le plus utile, le plus [11] estimé à cause qu'il est plus facile, plus propre à former la voix, & qu'il fait mieux entendre la lettre, & consequemment lors que les paroles en sont instructives & édifiantes, il contribuë bien plus à éclairer l'esprit, & à exciter dans le cœur des mouvemens de pieté & de vertu. Aussi est-ce du Plain-Chant

11 *Glaran. & alij.*

dont les anciens Philosophes ont parlé, lors qu'ils ont donné tant d'éloges à cét Art, qu'ils appelloient Musique.

CHAPITRE II.

De l'antiquité de la science du Chant.

I. POUR proceder avec quelque ordre dans la recherche de l'origine & de la succession de cette science, il est à propos de mettre de la distinction entre ce que l'Ecriture sainte nous en enseigne, ce que les Interpretes, les Theologiens, & les autres bons Autheurs nous en disent, & ce que les payens en ont laissé par écrit. Nous trouvons dans l'Ecriture sainte, qu'il en est fait mention avant tous les autres Arts, & toutes les autres sciences; & que Jubal fils de Lamech fut le pere [1] ou le maistre de ceux qui s'exerçoient au chant avec le son des instrumens; Et l'autheur de l'Ecclesiastique entre les loüanges qu'il donne à Henoch, à Noé, Abraham, Isaac, Jacob, Moyse, Aaron, & autres saints personnages de la loy de nature, & de l'ancien Testament, marque en particulier, *qu'ils ont employé leur* [2] *esprit & leur sçavoir à rechercher les diverses manieres ou modes du chant, & à escrire en vers les veritez saintes*, ce qui semble se pouvoir verifier à la lettre d'Henoch mesme, puis qu'ayant vescu en mesme temps que Jubal [3], il n'a pû ignorer l'art de chanter, qui estoit alors rendu commun avec le son des instrumens, & qui supposoit déja celuy de la voix; Or il n'a pas manqué de pieté pour le consacrer à l'usage des choses saintes, de mesme qu'il y a consacré ses [4] écrits, quoy que depuis un si long-temps l'on y en ait meslé qui sont apocriphes. Laban petit fils de Nachor frere d'Abraham, neveu d'Isaac, & beau-pere de Jacob avoit dans la Mesopotamie, la pratique de [5] cét Art. Job, qui selon l'opinion la plus commune, estoit petit fils d'Esaü, & qui habitoit dans l'Idumée, en parle en divers endroits de ses [6] écrits. Moyse qui avoit esté élevé dans la Cour d'Egypte, où il fut instruit dans toute la sagesse des Egyptiens, [7] & qui posseda avec avantage les sciences & la sagesse des Patriarches ses predecesseurs desquels il a décrit l'histoire, estoit fort habile dans l'art de composer, & de chanter des cantiques; ainsi qu'on

1 *Genes. 4.*

2

3 *Genes. 4.*

4 *August. & alij.*

5 *Genes. 31.*

6 *Iob. 21. & 30.*

7 *Act. 7. & alij.*

le peut juger par les deux [8] qu'il nous a laissez ; & par l'ordre 8
& les ceremonies que luy & sa sœur Marie avec tout le peuple *Exodi 15.*
de Dieu observerent [9] en les chantant. Car Moyse commen- *Deuteron.*
çoit, & conduisoit le chœur des hommes, & Marie celuy des *31. & 32.*
femmes ; celles-cy joignoient aux voix les instrumens, & un 9 *Exodi 15.*
chœur répondoit à l'autre : Toutes lesquelles choses font voir
qu'ils estoient tous intelligens, & bien versez dans la pratique
de cét art. Ce qui paroist encore du temps des Juges en divers
endroits de l'Ecriture [10]. Le haut degré de perfection auquel 10
cét Art fut porté quatre ou cinq siecles aprés Moyse, sous les *Iudic. 5.*
regnes de David & du sage Salomon [11] son fils sont pareille- 11
ment des preuves de la grande habitude ; & tout ensemble *Regum 3.*
de l'habileté de leurs peuples dans l'exercice de cette science. *Paral. 2.*
Les Chaldéans y estoient aussi fort accoûtumez ainsi qu'il paroist par l'histoire de Daniel. [12] 12

II. Les Interpretes de l'Ecriture sainte, & d'autres bons *Daniel. 3.*
autheurs disent plusieurs autres choses touchant l'origine de cette science, lesquelles ont beaucoup de vray-semblance, & meritent d'estre sçeuës. S. Cyrille Alexandrin, Hugues de S. Victor, Tostat, & la pluspart des Interpretes qui tiennent
que c'est Adam, & non Enos, qui a le premier [13] commencé 13
à honorer Dieu par le culte exterieur des prieres, des loüanges, des sacrifices, & des ceremonies exterieures, semblent par consequent luy rapporter l'origine du chant, qui a toûjours fait une partie fort considerable du culte exterieur. Il est mesme probable, que le chant a eu lieu au paradis terrestre dans l'estat de l'innocence & de la justice originelle. Il avoit
déja commencé dans le ciel par les cantiques [14], dont le Pro- 14
phete Isaye & S. Jean font mention. Car les Anges ne les ont pas seulement chantez au temps que ces saints en ont eü la revelation ; ils les ont sans doute commencez dés le moment de leur creation ou de leur confirmation en grace (ainsi que
Job le témoigne [15]) ils les ont depuis toûjours continuez, & 15
ne les finiront jamais. Ce n'est donc pas merveille que le premier homme les ait lors imitez ; vû mesme qu'il est vray-semblable que les Anges ont emprunté dés lors la voix humaine pour luy rendre sensible leur melodie, & comme pour l'inviter à entrer dans leurs concerts. Il estoit lors obligé, selon la doctrine de S. Thomas, d'aimer Dieu son createur de tout son cœur, de toute son ame, de tout son esprit, & de toutes ses

forces, il avoit toutes sortes de sujets de le reconnoître, de l'honorer, de le remercier, de le loüer, de le benir, & d'employer à cét effet, non seulement toutes les puissances de son ame ; mais aussi tous les sens, & tous les organes de son corps. Il ne possedoit pas avec moins de perfection la science du chant, que de toutes les autres sciences pour se bien acquiter d'un devoir si juste. Il eut assez de temps pour y satisfaire pendant que Dieu le plaça au paradis terrestre, & luy amena tous les animaux de la terre, & tous les oiseaux du ciel, comme pour venir luy faire offre de leurs services, & pour recevoir de luy les noms qui estoient convenables à leur nature. Il y a donc grande apparence qu'il ne manqua pas à ces devoirs, & qu'il accompagna de chant les premiers hommages d'amour, d'adoration, & d'action de graces qu'il rendit à son Dieu ; puis que son premier peché ne fut pas un peché d'obmission, mais de commission & de desobeïssance.

III. Que si Adam en a ainsi usé dans l'estat d'innocence, il n'est pas croyable qu'aprés en estre déchû, il en ait tellement perdu le souvenir dans le temps de sa penitence, qu'il ne luy en soit resté quelque memoire, & qu'il n'ait quelquefois joint à ce souvenir l'exercice de la science du Chant. Car quoy que aprés son peché son esprit perdit beaucoup de la lumiere dont il avoit esté éclairé auparavant, & que l'ignorance fut une des plus funestes playes qu'il en receut ; il ne perdit pas neanmoins absolument toutes les sciences naturelles, ny la connoissance de tous les arts dont il avoit esté orné ; Ces habitudes furent alterées & obscurcies, mais elles ne furent pas tout-a-fait éteintes. Il s'en est donc pû servir dans les occasions, & en particulier de celle du chant plus que d'aucun autre, puis qu'il eut plus de sujet de s'y exercer, soit pour benir, loüer, & remercier l'infinie bonté & misericorde de Dieu qui luy avoit donné, & le remede & le pardon de son peché, soit pour luy rendre tous les autres devoirs du culte exterieur ausquels il estoit obligé.

IV. En confirmation dequoy Hugues de S. Victor écrit,
16 que Dieu mesme [16] luy enseigna la maniere dont il devoit user pour l'honorer, le remercier, luy demander pardon, & se le rendre propice, afin qu'il en instruisit sa posterité ; laquelle fit un si bon usage de ses instructions, qu'au temps d'Enos son petit-fils qui prit naissance de Seth en l'année 256. depuis la

creation du monde, l'invocation & le culte de Dieu furent rendus solemnels, & ce qui s'estoit jusques alors pratiqué en particulier dans le peu de familles qu'il y avoit au monde, fut rendu public, lors qu'elles furent multipliées, par les assemblées que les fidelles commencerent à faire en des lieux particulierement destinez à tous les exercices de pieté & de religion, [17] où ils faisoient leurs prieres, offroient leurs sacrifices, estoient instruits des veritez de la foy, de la pieté, & de la vertu, pratiquoient les ceremonies, & autres choses semblables qui appartiennent au service de Dieu, entre lesquelles les loüanges de Dieu, & le chant qui a coûtume de les accompagner, devoient estre des principaux exercices de cette Eglise naissante dans la loy de nature; de mesme qu'elles l'ont depuis esté de la Synagogue dans la loy écrite, & de l'Eglise dans la loy de grace. D'où vient que Thomas Waldensis, Bellarmin, & Boulduc ne font pas difficulté d'écrire [18] que Enos forma mesme une societé de personnes, laquelle estoit comme un prelude de la vie Religieuse, qui rendoit à Dieu un culte plus particulier que celuy du vulgaire, & s'employoit à chanter ses loüanges, & que c'est là l'origine des Enoscéens ou Esséens, dont l'antiquité semble avoir donné occasion à Pline de les qualifier eternels, & Philon en a décrit la façon de vivre, les mœurs, & les exercices, qui n'ont pas peu de rapport à ceux des Religieux.

17 *Torniel & alij.*

18

V. Or l'on ne doit pas douter que Noé n'ait eu connoissance de ces choses, & d'autres semblables, & qu'il n'en ait fait part à ses enfans. Veu que Lamech pere de Noé avoit vescu & conversé, non seulement avec les sept Patriarches ses devanciers, mais aussi avec Adam qui estoit le premier & le pere de tous. Et que Noé mesme avoit vû six de ces Patriarches. Sem son fils pareillement avoit eu la familiarité non seulement de Noé son pere, mais aussi de Lamech son ayeul, & de Mathusala son bisayeul, qui avoient tous deux connu Adam & vescu un ou deux siecles avec luy. La divine providence disposant ainsi la longueur de la vie des premiers Patriarches & les autres choses; afin que la foy, la Religion, & tout ce qui appartient à son culte; les arts, les sciences, & les autres choses qui sont les plus necessaires à l'homme ne fussent pas moins preservées des eaux du deluge, que les animaux qu'il destinoit pour luy estre offerts en sacrifice, & pour rendre service à l'homme.

VI. Noé donc aprés le deluge rendit au second âge du monde les mesmes offices qu'Adam avoit exercé dans sa naissance, & dans son premier âge, il commença par le sacrifice
19 *Genes. 8.* qu'il offrit à Dieu [19] sur un autel dressé exprés; il y ajoûta sans doute les autres ceremonies, dont il avoit vû, & eu la pratique avant le deluge; & partant il n'obmit pas le chant qui avoit accoûtumé de les accompagner. Il laissa Sem son fils heritier de sa pieté, & de la tradition de ses ancestres, & ensuite ces autres descendans; entre lesquels Abraham fut un des plus illustres, & celuy qui tira plus d'avantage de la communication qu'il avoit eu avec Sem, & avec les autres Patriarches ses predecesseurs qui avoient conversé avec Noé, ainsi qu'il paroist, non seulement par sa foy & sa pieté; mais aussi par la science du chant, dans laquelle il fut fort versé,
20 ainsi que le docte Rupert l'a [20] remarqué, il en instruisit sans doute son fils Isaac, qui vint mesme au monde environ vingt ans avant que Dieu en retira Sem. Jacob qui avoit esté assez heureux pour voir Abraham; Moyse qui avoit vêcu avec ceux qui avoient vû Jacob, receurent par succession la connoissance de la mesme science avec la foy, la pieté & la religion. Il y a mesme de bons Autheurs qui tiennent que ç'a esté pareil-
21 *Iosephus & alij.* lement d'Abraham, [21] de Jacob, & de ses descendans, particulierement de Joseph [22] qui gouverna l'Egypte quatre-
22 *August. & alij.* vingts ans, que les Egyptiens ont apris cette science & les autres Mathematiques, bien qu'il y ait d'autres Ecrivains qui au dire de Salian font descendre ces sciences de Noé aux Egy-
23 *Salian.* ptiens par [23] Mesrain son petit fils, & fils de Cham. Par quelque des deux voyes la chose soit arrivée, il est certain que les Hebreux, & les Egyptiens ont eu connoissance de cét art, &
24 *August. & alij.* en ont fait profession [24] avant les Grecs. Il semble mesme que ceux-cy l'ayent plûtost apris des Hebreux que des Egyptiens; ce que les noms de *Musæus* & de *Musar*, semblent insinuer: car ce *Musæus* que quelques Ecrivains ont pretendu estre le premier autheur de la Musique n'est vray-semblable-
25 *Eusebius* ment autre que Moyse [25] que chacun sçait avoir esté Hebreu; & le mot de *Musar*, qui est pareillement Hebreu, signifie
26 *Proverb. 1. 2. & 3.* instruction [26] ou discipline, de laquelle la Musique peut encore avoir tiré son nom, à cause qu'elle doit estre observée en cét Art plus qu'en tout autre; & que l'oüie dont le chant est l'objet, est surnommé par Aristote le sens de discipline.

Et

Et partant ç'a esté faussement [27] que les Payens ont attribué l'invention de cette science, les uns à Mercure, les autres à Orphée, ou à Apollon, ou à Linus le Thebain, ou à Zetus, ou à Amphion, ou à Arion, ou autres semblables; puisque la Chronologie nous apprend [28] qu'avant que ceuxcy fussent au monde, cét art & plusieurs autres estoient en grande vogue parmi les Hebreux, les Egyptiens, & quelques autres nations. Tout cequ'on leur peut accorder, est, que c'est le premier art auquel les anciens se sont estudiez, [29] auquel les pretendus autheurs du chant ont excellé; & duquel ils ont laissé quelques escrits, qui ont esté conservez à la posterité.

27 *August.*

28 *August. & alij.*

29 *Quintil.*

CHAPITRE III.

De l'excellence de la science du chant.

I. LES éloges que les anciens Philosophes & d'autres illustres autheurs ont donné à cette science sont si grands, que si quelqu'un pretendoit les avancer sans les appuyer de leur authorité, il pourroit estre suspect de le faire plûtost par caprice que par un juste discernement. C'est pourquoy il est besoin d'observer aussi religieusement en ce sujet qu'en tous les autres de ce livre, ce qui a esté promis dans la Preface, de ne rien dire qui ne soit soûtenu de l'authorité des meilleurs écrivains.

II. Ils demeurent tous d'accord que le prochain objet de cette science sont les voix, & que son principal employ est d'en connoistre & regler les mouvemens suivant les proportions harmoniques, ainsi qu'il est plus au long expliqué cy-dessous au Chap. 5. Il y en a mesme qui estendent le sujet de cette science jusques au corps [1] parce que l'addresse dont il use dans ses exercices, la grace & la bienseance qu'il observe dans son port, dans son geste, & dans le reste de ses actions doivent estre ajustées avec des proportions semblables aux harmoniques pour estre convenables, & causer de l'agréement. De sorte que comme il y un certain mode, ou maniere de mouvoir convenablement la voix par tous les degrez harmoniques, que l'on nomme modulation : Il y a aussi un certain mode ou maniere de mouvoir & de maintenir le corps avec tous ses membres dans l'exercice & la bien-seance convenable, dont l'un s'appelle souplesse & l'autre modestie. Cet avantage n'est pas peu considerable, puis qu'il sert à former tout

1 *Quintil.*

ce qui est de l'exterieur de l'homme ; & à regler & moderer dans la jeunesse les deux excez qui luy sont les plus ordinaires, à cause de l'agitation & du mouvement continuel où elle a naturellement accoûtumé de laisser aller & la voix & le corps.

III. Mais le sujet de cette science s'estend bien plus loin & n'a point d'autres bornes que celles de l'univers & de toutes les choses qui y sont contenuës, car il n'y en a aucune où les
2 *Sapient. & alij.* proportions harmoniques [2] du nombre, du poids & de la mesure ne se rencontrent, au moyen de quoy toutes les creatures comme autant de voix du verbe par lequel elles ont esté faites
3 le loüent, [3] le benissent, le glorifient, & chantent avec plus de douceur qu'avec nulle autre chose, l'infinie bonté, l'infinie sagesse, & l'infinie puissance du Createur. Le son de cette harmonie n'a pas mesmes esté inconnu aux payens ; Pythagore, Platon & leurs disciples ont estimé que le monde estoit com-
4 posé avec quelque espece d'Harmonie [4] & de musique. Et c'est de cette harmonie des creatures que Boëce a pris occa-
5 sion de diviser la science du chant [5] en celle du monde, celle du petit monde ou de l'homme, & l'artificielle ; dont il sera
6 parlé cy-dessous au Chapitre VI. Plusieurs autres Autheurs ont aussi écrit de cette harmonie universelle : [6] Entre lesquels Pto-
7 *Ptolem. & alij.* lemée fait cette judicieuse remarque [7] que plus les choses sont parfaites, aussi participent elles plus parfaitement de cette harmonie, de sorte que tout ce qu'elles ont de beauté & d'agréement ne provient que des proportions harmoniques qu'elles contiennent.

IV. Que si cet avantage de la science du chant paroist moins considerable à cause qu'il est universel ; il n'y a qu'à jetter les yeux sur les eloges particuliers que les anciens luy ont donnez, dont les principaux peuvent estre reduits à trois ou quatre points. Ils l'ont loüée comme un étude propre à former l'esprit ; comme un exercice favorable à la vertu & à la pieté, & comme un art qui a l'honneur d'estre employé au service di-
8 vin. Quant au premier Platon estime [8] que cette science n'est pas moins utile pour former & cultiver l'esprit, que les exercices du corps le sont pour le rendre adroit & le fortifier.
9 D'où vient que Boëce assure [9] qu'elle est une des quatre sciences, sans le secours desquelles l'on ne peut pas trouver la
10 verité, & S. Isidore dit [10] qu'il estoit anciennement aussi honteux d'ignorer cette science, que de ne sçavoir pas lire : qu'il ne se faisoit rien de solemnel dans les choses sacrées, ni

dans les prophanes, dans les joyeuses ni dans les lugubres, où le chant ne fust employé; qu'il n'y a aucun art, ni aucune science où la musique ne se trouve, & que [11] sans elle nulle science ne peut estre parfaite. Le venerable Bede [12] est de mesme sentiment: & ce que S. Isidore & luy disent generalement de toutes les sciences est verifié de chacune en particulier par les autheurs qui en ont traitté. Car Quintilien & Donat l'estiment necessaire [13] à la Grammaire, & à la Rhetorique, Vitruve à l'Architecture, [14] Ficin & Diocasse à la Medecine, [15] d'où vient que les Chinois s'en servent encore à present pour guerir toute sorte de maladies. Pythagore apres s'estre addonné à l'estude de cette science fit beaucoup plus de progrez dans la Physique que ceux qui l'avoient precedé; & Ciceron rapporte [16] que les Grecs firent depuis consister la souveraine erudition dans la Musique, & qu'ils s'y appliquoient tous, en sorte que ceux qui l'ignoroient ne passoient pas pour sçavans. D'où vient que Socrate disciple de Pythagore s'appliqua à cet estude dans sa vieillesse, & que leurs autres plus grands hommes, comme Platon, Aristote, Euclide, Aristoxene & plusieurs autres y furent fort habiles, qu'ils en parlent souvent dans leurs écrits, & qu'anciennement les noms des Musiciens, des Poëtes, & de Sages ont esté pris pour signifier [17] une mesme chose. Enfin les Peres de l'Eglise font estat de cette science pour l'intelligence mesmes de l'Ecriture [18] sainte, d'autant qu'elle contient plusieurs passages qui ne sont pas entendus de ceux qui l'ignorent.

11 · 12 · 13 · 14 · 15 · 16 · 17 *Quintil.* · 18 *August. & alij.*

V. La morale reçoit encore bien plus d'utilité du bon usage du chant; & il a bien plus d'effet pour former & entretenir les bonnes mœurs, [19] moderer les passions, & porter à tout ce qui est honneste, qu'il n'a de lumiere pour éclairer l'entendement. Et son pouvoir ne s'étend pas seulement sur les personnes privées & particulieres, mais aussi sur les communautez & sur les estats, [20] d'autant que de toutes les choses dont les sens sont susceptibles nulle n'a tant de pouvoir sur l'esprit & sur les mœurs, que celles qui parviennent à l'entendement par l'entremise du sens [21] de l'oüye.

19 *Plato. & alij.* · 20 *Boetius & alij.* · 21 *Boëtius & alij.*

VI. Il en est de mesme de la pieté que de la vertu; le chant a beaucoup de pouvoir [22] pour l'insinuer & pour l'exciter, & comme il est une de ses causes, il est aussi un de ses effets: car la pieté ou le zele que l'on a pour les choses divines

22 *Iustin. Martyr. & alij.*

a fait qu'on y a toûjours employé le chant comme le plus excellent ; & le plus efficace de tous les arts [23] & tous les peuples
23 *Plutarch.* comme par un instinct naturel s'en sont servis dans les sacrifices & les autres ceremonies de leur religion, soit vraye, soit fausse, pour faire voir que l'hommage que l'on rend à la divinité part d'une volonté prompte & de l'abondance du cœur, dont le chant est comme le langage, ou comme l'echo qui fait retentir au dehors la devotion qui est au dedans.

VII. Enfin ce qui releve davantage l'art de chanter, est l'employ que l'on en a toûjours fait dans le culte du vray Dieu, avec ce privilege (qui au dire de Bede luy est singulier) d'estre
24 seul [24] qui a eu l'honneur d'avoir entrée dans l'Eglise ; comme en effet il est employé jusques dans le sanctuaire, & dans les mysteres les plus augustes & les plus divins du S. sacrifice ;
25 *Isaiæ. 6. Apoc. 4. 5. 11. 14.* & Isaye & saint Jean nous le décrivent [25] dans l'Eglise triomphante, comme le plus proche trône de Dieu, où tous les esprits bien-heureux l'employent pour luy rendre à jamais les adorations, l'honneur, l'amour, la gloire, les loüanges, les benedictions, & les actions de graces, dont ils sont redevables à son infinie majesté. Les Patriarches & les autres personnes éminentes en dignité, en vertu & en pieté à leur imitation ont pareillement honoré Dieu, & luy ont consacré leur langue par des Cantiques spirituels. Et il est remarquable, que dans l'E-
26 *Eccli. 44.* criture [26] leur application à l'art de chanter fait partie de leurs loüanges. Et quoy que la maniere du chant & des Cantiques dont ses anciens Patriarches se sont servis nous soit inconnuë ; il est neanmoins aisé de conjecturer par les cantiques de Moyse successeur de leur pieté, & par l'habitude que leurs descendans avoient à cette sorte de chants, que leurs predecesseurs estoient fort versez en la pratique de cét art. La sage & genereuse Debbora aprés la défaite des Chananéens, fit éclater sa
27 *Iudic. 5.* reconnoissance envers Dieu par un [27] cantique plein d'ardeur & de pieté. La naissance de Samuël en fit chanter un autre à
28 *1. Reg. 2.* [28] Anne sa mere pour rendre graces à celuy qui dõne aux femmes steriles la joye d'une heureuse fecondité. Il n'y a rien de plus connu dans l'Eglise que les Pseaumes de David, ils sont une preuve de son zele à employer sa voix aux loüanges divines, & un modelle aussi bien qu'un motif pour l'imiter dans ce saint exercice. Les Docteurs & les Peres de l'Eglise employent aux Prefaces de leurs Commentaires sur ces Psalmes

& en d'autres endroits toute leur éloquence pour nous en de-
clarer l'excellence, & les grands avantages que les ames fidelles en reçoivent. Le bel ordre qui s'obſervoit dans leur chant,
& la multitude des chantres, & des inſtrumens qui y eſtoient
deſtinez [29] par le meſme Roy, & par le ſage Salomon ſon fils 29
& ſon ſucceſſeur, font voir l'eſtime qu'ils faiſoient de cét art, *Reg. 3.*
& la grande habitude que leurs peuples avoient dans ſa pra- *Paralip. 2.*
tique. Mais le commandement exprés qui en avoit eſté
fait à ces Roys de la part de Dieu [30] eſt un évident témoi- 30
gnage de l'eſtat qu'il en fait luy-meſme, combien il agrée ce *Paralip. 3.*
ſaint exercice, & la veneration que nous devons avoir pour *Tobiæ. 12.*
cette inſtitution divine. Il ſeroit trop long de faire icy mention des [31] Cantiques d'Iſaye, d'Ezechias, & des autres ju- 31 *Iſaiæ. 5.*
ſtes de l'ancienne loy, ce qui en a eſté dit peut ſuffire. *26. 38.*

VIII. Il reſte ſeulement à voir ce qui s'eſt pratiqué dans
le Chriſtianiſme à l'égard du preſent ſujet. Il a eſté cy-deſſus
parlé de Marie ſœur de Moyſe, qui celebra le premier Cantique qui ſe liſe dans l'ancien Teſtament. Voicy une Marie
beaucoup plus relevée en dignité & en grace, qui ayant con-
çeu dans ſon chaſte ſein le Sauveur du monde en glorifia Dieu
par le premier Cantique [32] que nous liſions dans le nouveau, 32
qui eſt ſi merveilleux que l'Egliſe nous le fait chanter tous les *Luc. 1.*
jours, afin que repetant les paroles de cette incomparable
Vierge nous participions auſſi à ſa devotion & à ſon [33] eſprit. 33
S. Zacharie à ſon imitation en chanta [34] un autre à la naiſſance *Ambroſ.*
du Precurſeur du meſme Sauveur, & les ſaints Anges imiterent 34
pareillement celle qui eſtoit devenuë leur Reyne par le my- *Luc. 1.*
ſtere de l'Incarnation, en honorant par un Hymne la naiſſance [35] que le Sauveur prit de cette incomparable Vierge. Le ſaint 35
vieillard Simeon chanta ſemblablement ſon Cantique, [36] lors *Luc. 2.*
qu'elle le luy preſenta au temple, & le Sauveur meſme dai- 36
gna authoriſer l'exercice du chant, lors qu'avec les Apô- *Luc. 2.*
tres il dit un hymne [37] aprés l'inſtitution du tres ſaint 37
Sacrement, immediatement avant que d'entrer dans le *Math 26.*
cours de ſa ſainte Paſſion. Car cét hymne ne conſiſtoit pas
dans une ſeule priere, mais dans une priere recitée avec chant,
[38] & dans un Cantique d'action de graces. Il ne ſe contenta 38
pas meſme de nous en avoir donné l'exemple, il voulut en- *Auguſt.*
core en inſtruire les Apoſtres, leur en ordonner [39] la prati- *& alij.*
que, & en faire le commandement à toute l'Egliſe en leur 39 *Auguſt.*

personne. D'où vient que S. Paul recommande si fort aux
40 *Ad Eph. 5. & Coloss. 3.* Chrestiens de s'entretenir dans la ferveur par [40] des Pseaumes & des Cantiques spirituels ; & que l'Eglise observe cette sainte discipline dés sa naissance; ainsi que Philon mesme & Pline le neveu l'ont [41] écrit, desquels le témoignage ne
41 peut estre suspect, d'autant que l'un estoit Juif, l'autre Payen, & tous deux ennemis du nom Chrestien. Depuis l'Eglise a toûjours continué de pratiquer ce moyen d'honorer Dieu, sans qu'aucune chose ait pû interrompre le cours de ce saint
42 *Iustin. Martyr. & alij.* exercice, [42] qui luy est un prelude, & un essay de ce qu'elle doit faire un jour dans le ciel avec les Anges & les Saints. C'est pourquoy les Peres ont appellé le chant de l'Eglise l'employ des Anges, l'œuvre de Dieu, [43] & l'office divin.
43 *Bernard. & alij.* Par où il est aisé de voir combien ceux-là se trompent qui en jugent bassement, & qui ne le regardent que comme le partage des Ecclesiastiques du commun, & de ceux qui ont plus de voix que d'esprit; & combien ceux qui y sont occupez y doivent apporter d'attention, & de ferveur, afin de s'acquitter dignement d'un si saint ministere.

CHAPITRE IV.

Definition de la Musique en general.

1 2 *August.* I. LA Musique est definie par S. Augustin [1] la science de bien chanter. Car quoy que le mot de *Modulari*, dont le Saint se sert en cette definition, signifie mouvoir [2] en general, & toute sorte de mouvemens qui sont reglez & bien ordonnez; Toutefois il a plû à l'usage, qui est le maistre des lan-
3 *August.* gues, de l'approprier plûtot au mouvement [3] de la voix & des sons dont le chant est composé, qu'aux mouvemens d'aucune autre chose, de mesme, dit-il, que dans la langue Latine le mot de *diction* appartient plus particulierement aux orateurs, bien qu'il soit commun à tous ceux qui parlent; puisqu'ils ne le peuvent faire qu'en se servant de dictions. Le mot de *bien* doit pareillement estre remarqué, car il designe la maniere qu'on
4 *August. & alij.* doit garder au chant, laquelle ce S. Docteur [4] reduit à deux points, sçavoir aux mesures ou nombres des temps, & des intervalles du chant, & à la convenance ou rapport qui doit estre entre le chant & le sujet auquel il est appliqué. Enfin le mot de *Science* marque plûtost l'intelligence & la raison de

tout ce qui concerne le chant, que non pas la pratique, ou le seul exercice de la voix.

II. Boëce étend & met un peu plus au long la definition de la musique qu'il appelle Harmonique, en disant, que c'est une faculté ou une science qui considere & examine [5] les differences des sons graves & aigus par le moyen du sens & de la raison qui sont comme les deux instrumens de cette science; car le sens n'apperçoit son objet que d'une maniere confuse & peu distincte; mais la raison le discerne entierement, & en pese & examine toutes les differences: De sorte que cette science contient en soy deux especes de jugement, l'un par lequel le sens connoist les differences des voix qui luy sont representées, l'autre par lequel la raison considere la maniere & la mesure des mesmes differences. C'est pourquoy l'on ne doit pas laisser l'entier jugement au sens de l'oüye, mais il y faut encore joindre celuy de la raison, par le moyen duquel on redresse l'oüye lors qu'elle se trompe, & on l'appuye comme avec un baston, quand elle chancelle & qu'elle est en danger de tomber: Car le but de la science du chant n'est autre [6] que d'éviter tout ce qui peut y choquer l'oreille & la raison; & de les entretenir toutes deux dans une si bonne intelligence, & dans une union si estroite, que la raison reconnoisse & approuve toûjours ce qui agrée au sens; & que le sens ne trouve jamais à redire aux proportions que la raison aura approuvées.

III. Les definitions que Euclide, Aristide, le venerable Bede & les autres donnent de cette science reviennent aux precedentes, car les uns disent que la [7] musique est la science de la modulation, qui consiste dans le son & dans le chant, ou la science qui traitte des nombres qui se rencontrent aux sons. Les autres [8] l'appellent une science liberale & honneste, qui fournit abandamment tout ce qui est necessaire pour bien chanter; qui discerne & distingue les sons graves d'avec les aigus, ou qui consiste dans les nombres & dans les mesures en deux manieres, l'une par rapport aux intervalles, selon la proportion ou distance qui est entre les sons; l'autte par rapport à la durée du temps, suivant la mesure ou la proportion qu'ont les nottes breves ou longues des mesmes sons.

IV. Apres les definitions de la musique, il ne sera pas inutile d'ajoûter icy celle du Musicien. Le Musicien donc [9] n'est

5

6 *Boët.*

7 *Isidor.*

8 *Beda.*

9 *Boët. & alij.*

pas tant celuy qui exerce ſa voix au chant, ou qui joüe des inſtrumens que celuy qui en a une exacte intelligence, qui en connoiſt les principes, & qui par la direction de la lumiere de la raiſon ſçait & peut juger ſainement & ſelon les regles du chant des modes, des rithmes, des genres, & de leurs meſlanges; des vers des Poëtes, & de toutes les autres choſes qui appartiennent au chant.

CHAPITRE V.

Quel eſt l'objet de la ſcience du chant, & la maniere dont elle s'y applique.

I EN ſuitte de ce qui a eſté dit au Chapitre precedent il eſt aiſé de conclure, que l'objet de cette ſcience eſt le nombre, la diſtance, la meſure, l'ordre, [1] le rapport, & les proportions des differens ſons ou voix, graves & aiguës: ou bien les mots ou dictions en tant que reſonnantes & ſujettes aux meſmes ſons. Car bien que les dictions ſoient auſſi l'objet d'autres ſciences, ou d'autres arts liberaux; neantmoins c'eſt d'une autre façon, & ſous d'autres rapports, ou raiſons. La Grammaire, par exemple, ne les conſidere que ſelon leur ſignification, leur pureté, leur conſtruction, leur netteté. La Rhetorique ſelon leur abondance, leur elegance, & leur ornement. La Logique ſelon qu'elles ſont propres au raiſonnement: Mais cette ſcience les regarde premierement & principalement ſelon les proportions & les rapports que leurs ſons doivent avoir les uns aux autres, ſoit en leurs intervalles plus hauts ou plus bas, ſoit en leur temps ou leur durée plus longue ou plus courte, ſoit en leurs tons ou modes, ſoit en leur ſilence, ſoit en leur bonne ou mauvaiſe ſuitte, ſoit en leur ſemblance ou diverſité, ſoit en leur conſonance ou diſſonance, ſoit en l'agréement ou deſagréement qui en provient, ſoit en la convenance que les meſmes ſons ont, ou peuvent avoir, tant avec le ſujet de chaque piece de chant & avec le ſens de la lettre, qu'avec les dictions ou les termes dont elle eſt compoſée, & les mouvemens qui y ſont contenus. Enfin la maniere de les ſi bien ranger, ordonner & entremeſler, & de les chanter de telle ſorte qu'elles puiſſent produire une melodie agreable qui ſoit propre à exprimer le ſens de la lettre, & à toucher enſemble & l'oreille & le cœur.

[1] *Ptolem.*

Si

II. Si l'objet de cette ſcience eſt évident, la façon dont elle s'y occupe ne l'eſt pas moins, car [2] les ſons agiſſent premierement ſur le ſens, qui en ayant receu l'impreſſion en preſente l'image & l'eſpece à l'entendement, qui les conſidere les diſcerne, & en porte jugement par la lumiere qui luy eſt propre. De maniere que le ſens & la raiſon ſont comme les deux organes, ou inſtrumens de cette ſcience, & ils la doivent conjointement accompagner dans toutes ſes operations, & non ſeulement dans la theorie & la ſpeculation; mais auſſi dans la pratique & l'exercice du chant. *2 Beda.*

III. C'eſt pourquoy ce n'eſt ni le ſeul inſtinct, ou la ſeule diſpoſition naturelle [3] que l'on peut avoir à l'art ou à la pratique du chant, ni l'uſage & l'habitude qu'on en peut acquerir par la ſeule imitation ou par un frequent exercice qui fait la ſcience du chant, & qui merite à une perſonne la qualité de Muſicien: Il faut y joindre encore les lumieres, les principes & les regles de la ſcience. D'où vient que S. Auguſtin, [4] & le venerable [5] Bede, n'eſtiment pas que l'on doive accorder le nom de Muſique aux chants du Roſſignol, ou d'autres ſemblables oiſeaux, quoy qu'ils ſoient tres-melodieux, ſoit par l'inſtinct de la nature, ſoit par l'imitation, ou par l'uſage: Mais au contraire ils qualifient du nom de *Brutes*, & comparent aux animaux dépourvûs de raiſon tous ceux qui chantent ſans ſçavoir, ny ce qu'ils font, ny la maniere dont ils s'en doivent acquiter ſuivant les maximes & les preceptes de cette ſcience. *3 Boëtius.* 4. 5.

IV. Or afin de mieux connoiſtre l'objet de cette ſcience, & la maniere de s'y appliquer; il faut diſtinguer avec S. Auguſtin [6] ſix ou ſept choſes, qui s'y rencontrent. Premierement, les ſons qui proviennent des corps. 2. La convenance ou diſconvenance qui ſe rencontre aux meſmes ſons. 3. Leur production plus prompte ou plus tardive. 4. La perception des meſmes ſons, qui ſe fait par l'oreille. 5. L'inſtinct naturel que le ſens de l'oüie a pour les agréer, ou pour les trouver deſagreables, lors qu'il les entend. 6. Le ſouvenir tant des ſons que l'on a oüis, que de l'agréement ou du deſagréement qu'ils ont cauſé à l'oüie; ce qui eſt le propre de la memoire. 7. Le diſcernement du juſte ſujet, qu'il y a de les agréer ou deſagréer, & le jugement que la raiſon en porte; ce qui n'appartient qu'à elle ſeule. 6.

CHAPITRE VI.

Des diviſions de la ſcience du chant.

I. BOECE, parlant de la muſique ſelon la ſignification la plus generale de ce mot [1] la diviſe en trois eſpeces; Dont la premiere eſt la muſique du monde; la ſeconde, celle du petit monde qui eſt l'Homme; & la troiſiéme, la Muſique artificielle, qu'il appelle inſtrumentale. La muſique du monde, conſiſte dans l'ordre & la diſpoſition admirable des differentes creatures dont il eſt compoſé, des Cieux, des Etoiles fixes, des Planettes: dans leurs revolutions & leurs mouvemens ſi viſtes & ſi bien reglez; & dans la diverſité des Elemens & des Saiſons, d'une part ſi contraires & ſi oppoſées, & de l'autre ſi bien ajuſtées & ſi bien unies, que tout y ſert & y conſpire à l'embelliſſement & à la conſervation de l'Univers; & que l'on n'en peut rien retrancher, meſme par penſée, ſans voir incontinent le reſte dans le deſordre, la confuſion, & la corruption que cette privation luy cauſeroit. Or cét ordre ſi exact, ce juſte aſſemblage de tant de pieces, cette regularité de tant de mouvemens & d'operations n'eſt pas muette; & c'eſt comme un ſon ou une voix que tous les [2] peuples entendent, & qui publie la ſageſſe, la puiſſance, & la bonté du ſouverain createur de toutes choſes.

1. *Boetius.*

2. *Pſal. 18.*

II. Il en eſt de meſme du petit monde, qui eſt l'homme: On remarque auſſi en luy une eſpece de muſique & d'harmonie, ſoit que l'on conſidere conjointement ou ſeparément les deux parties dont il eſt compoſé, c'eſt à dire, l'ame & le corps. Le lien qui attache & meſle enſemble deux natures ſi differentes, forme entr'elles une correſpondance & un accord qui reſſemble à la conſonance de deux voix, l'une haute, & l'autre baſſe. Les diverſes facultez de l'ame font auſſi comme une ſymphonie quand les paſſions n'y cauſent point de trouble, & que la partie inferieure eſt ſoumiſe à la raiſon, & la raiſon à Dieu. On reconnoiſt encore de l'harmonie dans le corps, à cauſe de la liaiſon, du rapport, & de la communication mutuelle de tant d'os, de nerfs, de veines, & d'autres parties, dont il eſt formé & tiſſu; & on le compare à un luth garny de ſes cordes; car ſon admirable ſtructure n'eſt pas muette, & elle rend un ſon, c'eſt à dire un haut témoignage à l'exiſtence & à la suprême sagesse de son divin ouvrier, comme l'avoüent mesme les Payens,& entr'autres Galien le plus fameux de tous les Medecins.

III. Quant à la Musique artificielle, elle consiste en des voix ou des sons differens, si bien disposez par le moyen de l'art & de la raison, qu'ils fassent ensemble une harmonie & un accord melodieux. Et celle-cy est derechef divisée en deux ou trois especes, qui sont la vocale ou [3] l'humaine, l'instrumentale ou l'organique, [4] & la mixte qui est meslée des deux autres. La vocale, est celle qui se fait avec la voix : L'instrumentalle, celle qui est produite par le son des instrumens, soit [5] à vent par le souffle ; soit à cordes par le toucher, soit d'autre sorte par le frapper ; qui sont les trois differentes manieres, ou especes subalternes de l'instrumentalle. La mixte est celle, qui est composée tant de la voix, que du son des instrumens.

3. *Beda.*
4. *Isidor.*
5. *August.*

IV. Outre ces divisions plus generales de la Musique artificielle, il y en a d'autres plus particulieres. C'est pourquoy S. Isidore considerant les parties integrantes de cette science, la divise [6] en l'harmonique, qui discerne les sons aigus & les sons graves. La rythmique, qui recherche le rapport ou la convenance, qui est dans la rencontre ou la terminaison de ses dictions ou de ses sons. Et la Metrique, qui détermine la mesure des pieds, ou des metres differens, comme sont les heroïques, les jambiques, & autres semblables.

6.

V. La quatriéme division de cette science, est prise de la difference des intervalles, dont chaque quarte ou tetrachorde est composé : en veuë desquels on la divise en trois genres, qui sont le Diatonique, le Chromatique, & l'Enharmonique, dont l'on verra l'explication plus ample au Chapitre 3. de la seconde Partie.

VI. La cinquiéme, tire son origine de la diverse mesure des voix ou des sons, qui forment le chant. Ce qui fait qu'on la divise en plein-chant surnommé Gregorien, en chant metrique, autrement appellé Ambroisien ; & en chant rythmique ou psalmodique, dont il sera semblablement traité plus au long dans la troisiéme Partie.

VII. La sixiéme division dépend de la maniere, dont les voix composent le chant, c'est à dire de la multitude des parties ; car s'il n'y a qu'une seule partie, en laquelle une ou plusieurs voix chantent les mesmes sons ou intervalles à l'unisson,

7. *Glaran. & alii.* on l'appelle plain-chant [7] ou chant monodique ; mais quand le chant est à plusieurs parties, & qu'une multitude de voix ou d'instrumens produisent en mesme temps des sons & des intervales, ou des mesures differentes, qui font ensemble les consonances & les accords convenables, on l'appelle alors
8. *Franch.* contrepoint, harmonie [8] musicale, ou musique à plusieurs parties : Et quoy qu'il y ait des Autheurs qui luy ont aussi don-
9. *Isidor. & alij.* né le nom de symphonie [9] pour la distinguer du plain-chant ; neantmoins les modernes luy ont maintenant tellement approprié le nom de musique, & celuy d'harmonie, dont les Anciens avoient accoûtumé de qualifier toute sorte de chant, que l'on ne donne plus à present ces noms, qu'au seul chant à plusieurs parties, afin de le distinguer de tous les autres chants qui se font à l'unisson : & l'on donne communément à ceux-cy le nom de melodie, c'est à dire un chant dont les sons & les intervalles se suivent si bien que de soy ils sont agreables à l'oreille.

VIII. Or cette Musique moderne est encore diversement soûdivisée. Premierement selon le nombre des differentes voix, en la Musique à trois, quatre, cinq, six, sept ou huit parties ; 2. Suivant la varieté des mesures de chaque partie, en musique simple, & musique figurée. La musique simple garde la mesme mesure dans les sons ou voix de chacune de ses parties : mais la figurée en varie les mesures ; de sorte que pendant qu'une ou plusieurs de ses parties chantent ou proferent quelques sons ou voix, les autres parties en chantent un plus grand ou un plus petit nombre ; par exemple, un contre-deux, ou contre-trois, ou contre-quatre, ou contre-huit, ou contre-seize, &c. ou bien deux contre-trois, &c. suivant le
10. *Kircher.* temps & la valeur des notes de musique. [10]

11. *Beda.* IX. La derniere division de la science du chant, concerne ses differens [11] offices, ou la differente maniere dont elle s'applique à son objet : car si ce n'est que par speculation ou par simple theorie, on la nomme theorique ; que si l'on joint la pratique à la theorie, soit en donnant des preceptes, soit en composant des pieces de chant, soit en les chantant avec la
12. *Euclid.* voix, ou avec les instrumens, on l'appelle pratique ou melopée ; [12] mais alors elle merite plûtost la qualité d'art [13] que de
13. *August.* science.

CHAPITRE VII.

De quelle ſcience de chant il eſt traité en ce Livre.

I. LEs diviſions de cette ſcience eſtant ainſi ſuppoſées ; il eſt neceſſaire de ſçavoir que l'on ne traite icy principalement, que de la ſcience pratique du chant Diatonique, ſoit Gregorien, ſoit Ambroiſien, ſoit Rythmique ou Pſalmodique, à une ſeule voix, & à meſure ſimple ou non figurée : de ſorte que tout ce qui a eſté dit cy-deſſus touchant la theorie, ou qui s'en pourra dire, ne tend qu'à donner de l'éclairciſſement aux principes & aux regles de la ſcience pratique, & à en faciliter l'uſage.

II. Il faut auſſi remarquer, que bien que cette ſcience pratique, où l'art du chant s'exerce principalement en deux manieres ; l'une dans la compoſition des pieces de chant ; l'autre dans leur modulation actuelle, & que l'une & l'autre de ces deux choſes puiſſent eſtre compriſes ſous le mot de chant ; toutefois dans l'uſage commun, il eſt ſeulement approprié à la modulation actuelle. Quand donc le mot de chant, ou ſa ſcience pratique, ſe prend pour la compoſition ou la piece compoſée ; il ne ſignifie autre choſe, qu'une belle diſpoſition, ou l'art de [1] bien diſpoſer une multitude de voix ou de ſons, qui par certains degrez ou intervalles du grave à l'aigu, & de l'aigu au grave, s'entreſuivent avec une telle harmonie, meſure & cadance, qu'ils agréent à l'oreille & à l'eſprit ; & ſoient propres tant à faciliter l'intelligence du ſens de la lettre, qu'à produire les divers mouvemens ou affections qui ſont contenus dans la meſme lettre, ou que l'on a deſſein d'exciter par le chant.

1. *Merſen. & alij.*

III. Mais quand le meſme mot de chant eſt pris ſeulement pour l'actuelle modulation de la piece compoſée, il ne marque alors qu'une [2] influxion de voix ſelon les regles de cette ſcience ; ou l'art de ſi bien flêchir & ajuſter la voix aux degrez ou intervalles harmoniques du grave à l'aigu, & de l'aigu au grave, dont la piece eſt compoſée, à leur nombre & à leur meſure, à leur ton, & à leur cadence, que l'oüie, le cœur & la raiſon ayent ſujet d'en eſtre ſatisfaits ; Et c'eſt de cette ſeconde ſorte de chant pratique dont on pretend de donner icy toutes les regles, qui peuvent ſervir à le rendre accomply.

2. *Iſidor. & alij.*

CHAPITRE VIII.

De quatre choses ausquelles on doit principalement avoir égard dans la pratique du chant.

1\. I. LA difference que Saint Augustin met entre le chant de l'homme [1] & celuy des oiseaux, consiste en ce que celuy-cy est produit par le seul instinct de la nature, ou par la
2\. *August. & alij.* seule imitation; mais celuy-là ajouste l'art & [2] la raison, tant à l'instinct & à la disposition naturelle que l'Homme a pour le chant, qu'à l'imitation par laquelle il se peut former. De sorte qu'afin que le chant soit accomply, & merite mesme le nom d'action humaine, il ne doit pas estre moins conduit par l'art & par la raison, par leurs regles & par leurs preceptes, que toutes les autres actions de l'Homme le sont par les autres arts & par les autres sciences, comme le discours, la Poësie, la maniere de compter, de raisonner, & autres choses semblables.

II. Comme donc pour s'exercer parfaitement dans tous
3\. *Boetius. & alij.* les autres [3] arts, il y a de certains principes & de certaines regles ausquelles l'on a accoûtumé de reduire tout ce qui les concerne, soit en general, soit en particulier; & que dans la pratique l'on y a une singuliere attention, sans laquelle il n'est pas possible d'en conduire les ouvrages à leur perfection: aussi est-il necessaire d'observer une pareille methode en celuy du
4\. *Plato. & alij.* [4] chant. C'est pourquoy l'on a reduit à quatre principaux articles tout ce qui peut appartenir à sa parfaite pratique, dont le premier regarde la difference de ses sons & de ses intervalles, leur harmonie, & leur bonne suite, leur justesse & leur douceur. Le second article concerne le temps ou la mesure des mesmes sons. Le troisiéme, le ton ou le mode des pieces de chant, & la maniere ou le son de voix auquel elles doivent estre commencées ou chantées. Le quatriéme, les diverses cadances des mesmes modes, & les pauses ou silences qu'il y faut observer. Les deux premiers articles regardent de plus prés les sons & les intervalles, dont la piece est composée; & les deux autres regardent immediatement le corps de la mesme piece, & la distinction de ses membres.

III. Ces quatre differens articles ont chacun leurs regles
5\. *Guido.* & leurs preceptes, qu'il est necessaire d'entendre & d'observer ponctuellement, [5] afin de pouvoir chanter non seulement

parfaitement, mais mesme raisonnablement, & en homme.
6 Car comme pour bien faire un discours il est necessaire d'avoir non seulement l'intelligence du sujet qu'on veut traitter, mais aussi de s'appliquer & de prendre garde à la signification, à la pureté, à la varieté, & à l'elegance des mots, à leur suite, & leur construction, à leur accent & à leur quantité, à l'ordre, & à la distinction des periodes, à leurs liaisons, & à leur cadence, au ton de la voix, & au maintien du corps, aux gestes & aux autres mouvemens du corps, avec lesquels le tout doit estre prononcé; & que l'attention à toutes ces choses & autres semblables qui conviennent à un Orateur, luy sont necessaires pour persuader & pour imprimer dans l'esprit & dans le cœur de ceux qui l'invitent les sentimens & les mouvemens conformes à son dessein. 6 *August.*

IV. De mesme l'application que chacun est obligé d'avoir aux differents points de l'art du chant, & le soin qu'on doit apporter pour en observer exactement les regles, n'est pas moins necessaire pour rendre le chant parfait, & luy donner la vigueur & l'energie qu'il demande, afin de produire l'intelligence & les affections qui sont renfermées, soit dans la lettre, soit dans le chant. Enfin tout ce qui se fait sans art & sans addresse est toûjours imparfait & penible, & au contraire rien ne facilite ni ne perfectionne tant nos exercices, que la bonne methode & l'observation des regles.

V. Or afin que cette attention aux divers points & aux regles du chant ne parroisse pas plus difficile dans la pratique qu'elle n'est en effet, il n'y a qu'à se souvenir qu'elle n'est point d'une autre nature que celle que l'on a aux preceptes des autres arts & des autres sciences; & partant comme l'attention actuelle à laquelle l'on s'assujettit quand on commence à pratiquer les autres arts, a coûtume dans la suite du temps & de l'exercice de se changer en une ferme habitude, qui ne donne pas moins de facilité à les pratiquer parfaitement, que si l'on agissoit purement par nature. Aussi en arrive-t-il de mesme à l'égard de l'application qu'il est necessaire de donner à l'art & à la science du chant; car elle ne manque pas de produire une bonne habitude, qui rend le chant le plus parfait aussi facile que s'il estoit naturel.

CHAPITRE IX.

Combien il est necessaire d'établir les mesmes principes, & de garder les mesmes regles dans la pratique du chant.

I. C'EST une chose assez connuë, qu'il faut observer les preceptes d'un art pour bien faire l'ouvrage qui en est le but & l'objet. Mais il n'est pas moins clair que quand plusieurs y doivent travailler ensemble: il faut qu'ils ayent les mesmes regles, & qu'ils les gardent avec uniformité, autrement au lieu de s'entr'aider, ils ne font que s'incommoder les uns les autres, & s'estre un mutuel empeschement & un obstacle. Or il n'y a rien en quoy l'importance de cette maxime se fasse sentir plus vivement, que dans l'exercice du chant: car si
1 ceux qui chantent ensemble ne conviennent [1] dans les mesmes regles & les mesmes pratiques, & qu'ils ne se rendent exacts & attentifs à les bien garder, il est impossible que le chant ait l'accord & l'harmonie qu'il doit avoir, & qui est sa proprieté inseparable, & qu'il n'arrive de l'alteration dans la suite de ses notes & de leur mesure, dans le ton & dans le temps de ses silences; & qu'on ne tombe enfin dans le discord, qui est la chose du monde qui choque davantage. Ainsi le chant estant renversé à l'égard de ce qui luy est plus essentiel, il perit, & cesse d'estre, ou s'il en reste quelque chose, ce n'est plus qu'une confusion de voix qui donne de la peine & du chagrin à ceux qui chantent, & blesse les oreilles de ceux qui écoutent.

Plato.

II. On peut confirmer cette verité par l'exemple des autres exercices ou plusieurs personnes agissent conjointement, comme quand des ouvriers traisnent ensemble quelque fardeau: car s'ils ne suivent dans leur marche le mesme chemin, & n'observent dans leur pas une pareille distance, un temps égal, & un semblable repos, la difficulté du travail les fatigue incontinent, & s'ils le continuent, elle leur devient insupportable. Ainsi lors que ceux qui chantent ensemble ne gardent pas dans leurs sons, & dans leurs intervalles une égalle distance, un mesme temps, un pareil repos, & un semblable
2. ton de voix, il ne se peut faire qu'un chant si mal [2] concerté ne leur soit penible, desagreable, & ennuyeux.

Guido.

III. Que si l'accord est si necessaire pour la perfection du chant,

chant, & pour le ſoulagement de ceux qui chantent, il ne l'eſt
pas moins pour la ſatisfaction de ceux qui écoutent. Il faut
que l'harmonie & la douceur du chant attire & entretienne
leur attention, [3] afin qu'ils puiſſent concevoir les ſentimens 3
qui repondent au ſens de la lettre & au mode du chant. Le *Auguſt.*
dereglement & l'alteration du chant produit communément *& alij.*
un effet bien contraire. [4] Il bleſſe également leurs oreilles & 4
leur eſprit; il les jette dans la diſtraction, & le dégouſt; il les *Auguſt.*
porte au murmure & au mépris.

IV. Comme les Eccleſiaſtiques font une profeſſion plus
particuliere du chant de l'Egliſe, & qu'il fait la principalle &
la plus ordinaire occupation de toute leur vie, il leur importe
extremement de bien ſçavoir les regles & les preceptes d'une
choſe dont l'ignorance ne leur feroit pas moins honteuſe,
[5] que ſcandaleuſe & dommageable. On a dreſſé cet ou- 5
vrage pour en inſtruire ceux qui les ignorent, & pour les aider
à rendre leur chant auſſi parfait [6] à l'exterieur, qu'il le doit 6
eſtre dans l'interieur à l'égard du cœur & de la diſpoſition de *Rabanus.*
la volonté. Car le ſacrifice de leurs levres ne peut eſtre acce-
pté, & receu favorablement de Dieu [7] ni donner de l'édifica- 7
tion aux peuples, ſi outre la foy, l'attention, la reverence & les *Auguſt.*
autres conditions dont il doit eſtre interieurement accompagné, ils ne prennent ſoin de l'orner en meſme temps de toute
la decence qu'il demande au dehors. Ce ſacrifice eſt ſpiri-
tuel, mais pourtant le corps y a part. Il commence dans le œur,
mais il s'acheve par la langue: & comme dans l'un & l'autre il eſt œuvre & ſervice de Dieu, il faut auſſi qu'il ſe faſſe
d'une maniere digne de Dieu, comme parle l'Apoſtre.

V. Auſſi l'Egliſe a toûjours eu un ſoin particulier du chant, comme d'une choſe qui eſt la plus importante & la plus conſiderable dans le culte exterieur. D'où vient que ceux qui d'ancienneté ont eſté prepoſez à la conduite du chant & des ceremonies ont plûtoſt pris la qualité de Chantre que celle de Ceremoniaire, pour marquer par là que l'application au chant eſtoit la principale partie de leur devoir & de leur charge. Ce n'eſt pas qu'il ne faille faire beaucoup d'eſtat des ceremonies: Il faut au contraire en avoir l'eſtime qu'elles meritent. Il faut les pratiquer avec toute l'exactitude poſſible: mais il faut reconnoiſtre que le chant eſt encore plus conſiderable, en ce qu'il eſt plus commun & plus frequent, plus expoſé à la

connoissance de ceux qui sont dans l'Eglise, & plus capable d'exciter dans leurs cœurs de saintes affections. Car on chante quasi toûjours dans la celebration de l'Office Divin, au lieu que l'on ne fait que bien rarement des ceremonies, & quelque fois seulement à de certains versets. De plus le chant est entendu de chacun, & si l'on y commet des manquemens d'ignorance, de precipitation, de pesanteur, de negligence, d'affectation, de discord, & autres semblables, chacun s'en apperçoit, l'on en est mal edifié: mais quant aux ceremonies, elles ne sont ordinairement veuës que d'un petit nombre de personnes qui sont autour de l'autel, ou du chœur; & si l'on y commet quelque faute, il y en a peu qui soient capables de la reconnoistre, ou qui apportent assez d'attention pour la remarquer: enfin le chant a bien plus de pouvoir que les cere-
8 monies pour s'insinuer dans les cœurs, & [8] y faire naistre de
Plato. & alij. pieux sentimens; ainsi que S. Augustin témoigne dans ses confessions qu'il l'avoit éprouvé luy mesme, en sorte que lors qu'il entendoit chanter des Hymnes & des Cantiques dans
9 l'Eglise, ces sons agreables frappoient son cœur, [9] aussi bien
August. que ses oreilles, & y excitoient de si forts & de si tendres mouvemens de devotion, qu'il en versoit des larmes.

VI. Par où il est facile de juger de quelle consequence est le chant, & combien il est à souhaitter que ceux qui y sont employez, y apportent la diligence, l'attention, & l'exactitude requise, afin que les fidelles ne soient pas privez du fruit & de l'utilité qu'ils en peuvent tirer. Pour cet effet il faut se donner la peine d'apprendre les preceptes & la veritable pratique du chant: car l'on ne peut pas les observer sans les sçavoir, & l'on ne doit en cecy jamais se fier ni au seul chant naturel, ni à la seule imitation; parce que l'un & l'autre est trompeur, & ceux qui se conduisent ainsi, sans se rendre attentifs aux re-
10 gles, sont comme des aveugles qui marchent [10] sans guide, &
Guido. ils commettent une infinité de manquemens dont ils ne s'apperçoivent pas, ils s'en forment ensuite une mauvaise habitude qui corrompt l'harmonie & la douceur du chant, & qui par consequent en enerve toute la force. Car si la maxime des plus sages Philosophes est veritable, que le seul changement d'un genre, ou d'une espece de chant en un autre genre ou es-
11 pece, quoy que legitime, cause insensiblement de l'alteration
Boëtius & alij. [11] & de la corruption dans les mœurs. Quel desordre n'ap-

porta pas & dans les bonnes mœurs & dans la pieté le chant qui est alteré & corrompu par le mauvais usage & par la mauvaise coustume. C'est donc un des principaux sujets pour lequel les divins Cantiques de l'Eglise ne produisent point ces excellens effets dont l'on a cy-dessus parlé: & partant il est du devoir de ceux qui sont occupez en ce ministere angelique de se bien instruire de la science & de la pratique du chant, & d'en observer soigneusement les moindres regles, afin de se rendre capables de recevoir eux mesmes, & de donner aussi au peuple de la devotion & de l'édification en chantant ou recitant comme il faut les Divins Offices. C'est ce que leur recommande le Concile d'Aix la Chapelle tenu l'an 816. par les soins & en presence de Loüis le Debonnaire; [12] en ces termes. 12
Que l'on établisse dans l'Eglise des personnes pour lire, chanter, & psalmodier, qui rendent à Dieu les loüanges qui luy sont deuës, non avec superbe, mais avec humilité; qui par la douceur de leur lecture & de leur chant charment les doctes, & instruisent les moins doctes; & qui en lisant ou en chantant ayent à cœur l'édification du peuple, non la tres vaine opinion dont il pourroit les flatter. Que s'il s'en rencontre quelques uns qui ne puissent pas le faire avec science, qu'ils se fassent instruire par les Maistres; & lors qu'ils seront bien instruits, qu'ils s'estudient d'accomplir ces choses, afin que ceux qui les entendent soient edifiez.

PARTIE SECONDE.

Des sons ou voix du chant, & de leurs intervalles.

CHAPITRE I.

De la nature des sons ou voix, & de leurs divers noms.

PUISQUE le chant est composé de sons, ou de voix, il est bien à propos de sçavoir quelle est leur nature, leurs noms, leurs qualitez, leurs divisions, leurs proprietez & leurs differences. Car il semble que pour bien user d'une chose il soit, si non necessaire, du moins utile & avantageux d'en avoir une exacte connoissance. [1] Le son (parlant en general)
1 n'est autre chose, selon Boëce, qu'un battement d'air conti-
Boetius nué jusques au sens de l'oüye sans interruption aucune; ou
& alij. bien selon d'autres Philosophes le son est une qualité sensible qui est le terme de ce battement, & qui est propre à toucher l'oüye. Il est produit en l'air à peu prés de la mesme façon
2 qu'un cercle est formé dans [2] l'eau par le jet d'une pierre,
Boët. & qu'il y est augmenté ou étendu sans aucune discontinuation. La force du son est d'autant plus grande, qu'il est causé par un battement d'air plus prompt & plus violent; & ce battement est plus violent lors qu'on frappe une plus
3 grande quantité d'air en mesme temps [3]. Ses deux principa-
Aristot. les proprietez sont d'estre grave ou d'estre aigu, c'est à dire,
& alij. bas, ou haut: Sa gravité est d'autant plus grande, qu'il se fait par des battemens plus tardifs; & au contraire il est d'autant plus aigu, qu'il est formé par des battemens plus vistes. De sorte qu'un son qui est produit par cent battemens d'air en mesme temps, sera deux fois plus aigu que celuy qui n'est causé que par cinquante battemens. Les sons sont l'objet du

sens de l'oüye, de mesme que les couleurs le sont de celuy de la veuë, les saveurs de celuy du goust, & les odeurs de l'odorat.

II. Quant à la voix, Lactance dit que c'est un air battu par le souffle interieur 4; ou bien selon Aristote & les autres Philosophes, c'est une espece de son qui est formé par la bouche de l'animal, avec intention de signifier quelque chose. Elle est produite par l'air qui est poussé du poulmon & de la poitrine, & par l'allision ou le battement, qui s'en fait par le moyen de l'artere vocale du larinx, de la glotte, du palais, des dents & des lévres.

4 *Lactant. & alij.*

III. Voilà les definitions des sons & des voix que les Phisiciens ont accoûtumé de donner: Mais les Musiciens en matiere de chant les definissent autrement, & disent que le son 5 est une chûte de voix propre à la melodie par le rehaussement ou le rabaissement qu'on en peut faire; car de soy il ne signifie qu'une voix qui tient ferme sur une mesme note, ou une continuation de voix en mesme estat, 6 laquelle toutesfois a de l'aptitude pour estre rehaussée ou rabaissée. Le son est à l'égard du chant & de la musique, ce qu'est l'unité à l'arithmetique, le point à la geometrie, & le moment au temps 7. Car de mesme que l'unité ne fait pas le nombre, ny le point la ligne, la superficie, ou le corps, ny l'instant le temps: mais qu'ils sont seulement les principes 8 ou du nombre, ou de la quantité, ou du temps; ainsi le son n'est point le chant, mais seulement son origine ou son plus petit commencement.

5 *Boët.*

6 *Isidor. & alij.*

7 *Glaran.*

8 *Isidor.*

IV. Quant au nom, bien que le mot de son ait accoûtumé de signifier generalement toute sorte de sons, & ceux mesme de la voix; neantmoins on l'approprie ordinairement à ceux des instrumens: & au contraire, quoy que la vraye signification du mot de voix n'appartienne qu'aux sons des animaux, & plus particulierement à celuy de l'homme, toutesfois dans l'usage commun de l'art du chant, l'on ne laisse pas de s'en servir indifferemment pour marquer toute sorte de sons dont le chant est composé, & aussi-bien ceux des instrumens, que ceux de la voix humaine.

V. Il y a encore en cét art d'autres termes dont on use pour exprimer communément ces mesmes sons ou voix. Premierement celuy des cordes, qui est un des plus anciens qui leur ait esté donné, tant parce que les premiers instrumens du chant ont esté composez de cordes, & estimez les plus propres &

les plus commodes pour marquer les differens sons, mesme de la voix humaine, qu'à cause que le mesme nom peut aussi donner à connoistre & la mesure des sons par leur battement
9 *Lactant.* qui est semblable à celuy 9 du cœur, & le pouvoir qu'ont les
10 *Cassiod.* mesmes sons pour toucher les cœurs 10. C'est pourquoy les quatre premiers sons qui ont donné commencement au chant, comme aussi les suivans qui ont continué d'accroistre son harmonie, ont esté nommez tetracordes; ainsi qu'il se peut voir dans le systeme des Grecs, aux tetracordes d'hypaton, de meson, de diezeugmenon, de sinemenon, & d'hyperboleon; ou bien dans la gamme d'Aretin aux tetracordes des graves, des finales, des confinales, des aiguës, & des suraiguës, dont il sera fait une plus ample mention dans les chapitres suivans.

VI. Un autre nom des mesmes sons ou voix, est celuy de
11 *Boëtius.* notes, 11 qui semblablement leur a esté approprié, parce qu'anciennement on marquoit les mesmes sons ou voix avec certains caracteres ou figures, qui depuis ont esté vulgairement appellées notes; ce qui a donné occasion de se servir du nom du Signe pour exprimer la chose qu'il signifioit: Boëce les a ainsi nommées, & nous a laissé la forme des caracteres dont les Anciens se servoient pour les designer. Aretin a sem-
12 *Guido.* blablement donné le mesme nom de notes 12 aux lettres de son monocorde ou de sa gamme, & marque toûjours la difference de sons & leurs intervalles par les mesmes lettres.

VII. L'on a encore attribué le nom de syllabes aux sons,
13 *Guido.* depuis que Guy Aretin 13 en a accompagné ses lettres, afin de faciliter la prononciation des mesmes sons aux enfans à qui il apprenoit le chant.

CHAPITRE II.

Des diverses qualitez des voix, & de leur differente division.

1 I. SAint Isidore traitant de la diversité des voix, dit 1 qu'il y en a de douces, d'éclatantes ou perçantes, de menuës, de grosses ou grasses, de dures ou violentes, de rudes ou enroüées, de sourdes ou étouffées, de molles, de flexibles, & enfin de parfaites, c'est à dire qui sont hautes, douces, & claires.
2 Aristote & Quintilien avoient 2 fait une pareille observa-
3 tion, & avoient mesme remarqué les 3 causes, tant des bonnes

que des mauvaises qualitez de la voix.

II. Une de leurs principales differences ou divisions est, que les unes sont graves, les autres aiguës; ou en autres termes, les unes basses, les autres hautes: laquelle difference sert comme de fondement à tous les intervalles, & à toute l'harmonie du chant; de sorte que quand la voix est si basse, qu'elle ne peut plus descendre, ou bien si haute, qu'elle ne peut pas s'élever davantage; elle ne peut aussi plus produire d'harmonie. Or quoy que tous les Musiciens demeurent d'accord de cette division des sons graves & des aigus; neantmoins la façon d'expliquer leur difference a esté diverse 4. Car Aristoxene & ses disciples ayant estimé que le son ou la voix estoit une qualité qui est produite par le battement & l'agitation de l'air; luy ont consequemment assigné le grave & l'aigu, comme autant de differens degrez de son élevation du grave à l'aigu, ou de sa descente de l'aigu au grave. Mais les Pythagoriciens & Ptolemée, qui tiennent que le son & la voix consistent dans la quantité, ont consideré le grave & l'aigu à la façon d'une distance locale, ou des differens degrez d'une eschelle. D'où vient que les systemes ou gammes qui representent la difference des mesmes voix graves ou aiguës, sont communément nommées eschelles de musique ou du chant; parce que la suite de leur degré n'est que pour marquer la distinction des voix graves & des aiguës, & les intervalles des unes aux autres.

4 *Boëtius.*

III. De cette premiere division il en resulte une autre; sçavoir, que les voix sont ou égales ou inégales 5. Les égales sont celles qui ont un mesme son, soit grave, soit aigu; les inegales, celles qui ont le son different, les unes grave, les autres aigu. Mais comme les voix peuvent encore estre égales ou inégales dans leur durée ou mesure, aussi bien que dans leur distance; l'on ne traite en cette Partie que de l'égalité & inégalité de leur distance, reservant celle de leur durée pour la troisiéme Partie.

5 *Boëtius.*

IV. La troisiéme difference des voix, provient de la maniere avec laquelle elles sont proferées, qui est ou continuë, 6 ou interrompuë. Les voix continuës, sont celles avec lesquelles discourant, ou lisant de la prose l'on parcourt & l'on fait entresuivre les mots en la maniere qui est la plus propre pour en exprimer le sens, sans s'arrester autrement ny aux

6 *Boëtius.*

sons graves, ny aux aigus. Les voix interrompuës, sont celles que l'on suspend en chantant, aux notes desquelles l'on s'assujettit davantage, que non pas aux paroles. La troisiéme sorte de ces voix, est celle qui est entremeslée de continuës & d'interrompuës, ainsi qu'il arrive en la Poësie, où les Vers heroïques, par exemple, ne se lisent pas ny tout d'une traite, de mesme que la prose; ny aussi avec discontinuation, comme les syllabes ou notes du chant; mais d'une façon qui est entre-deux, & participe quelque chose de l'un & de l'autre.

V. La quatriéme difference des voix est, qu'elles sont ou unisones, [7] ou non unisones: Les unisones sont celles qui ont le mesme son, soit grave, soit aigu; ce qui se peut faire en deux manieres, l'une en tenant la voix ferme sur le mesme son ou la mesme corde, ainsi qu'il arrive lors que l'on recite tout droit les mots ou les syllabes des versets de la Psalmodie, & d'autres choses semblables: L'autre, en chantant les mesmes notes & les mesmes intervalles en mesme temps; ainsi qu'ont accoûtumé de faire ceux qui chantent ensemble les pieces du plain-chant, & des chants rythmiques & metriques. Quand aux voix non unisones, ce sont celles qui ont le son different, l'une plus grave, l'autre plus aigu: ce qui se pouvant aussi faire en deux façons, l'une continuë & quasi confuse, par laquelle les voix sont jointes ensemble par une fin ou un terme qui leur est commun, de mesme que les couleurs sont unies dans l'Arc-en-ciel; l'autre distincte où les voix sont separées les unes des autres, ainsi que le sont les diverses couleurs qui n'ont entr'elles aucun meslange: Il arrive aussi parmy les voix non unisones, qu'il y en a qui sont continuës, & d'autres qui sont discretes ou separées [8]; Mais dautant que les continuës sont dissemblables à elles-mesmes & n'ont pas un son bien distinct, on les exclud de la science du chant: C'est pourquoy il ne reste seulement que les discretes qui appartiennent à cét art; parce qu'estans distantes l'une de l'autre, & dissemblables, l'on peut aussi plus aisément en reconnoistre la difference.

VI. Le concours des mesmes voix non unisones discretes, fait le sujet de leur cinquiéme difference: car en ce concours elles sont ou equisones, ou consonantes, ou bien dissonantes. [9] Les equisones, sont celles qui de deux ensemble n'en font en quelque maniere qu'un seul ou un simple son, comme est celuy de l'octave, ou de la double octave. Les consonantes, celles

7 *Boëtius. & alij.*

8 *Boëtius.*

9 *Boëtius.*

les qui estant jointes rendent un son composé & entremeslé, toutesfois suave & agreable, ainsi qu'est celuy de la quinte, ou bien celuy de la quarte. Mais les dissonantes, sont celles qui ne meslent ou n'unissent point leurs sons, & qui frappent l'oüie d'une maniere desagreable. D'où vient que la consonance n'est autre chose, qu'un [10] accord de plusieurs voix dissemblables; ou bien [11] un agreable meslange de son grave & de l'aigu, qui touche doucement & uniformement l'oreille. La dissonance au contraire est un choq de plusieurs sons qui blessent l'oreille.

10 *Boëtius.* 11 *Boëtius.*

VII. La bonne ou la mauvaise suite, qui se peut rencontrer entre les mesmes voix non unissones discretes, est la cause de leur sixiéme difference, de mesme que leur concours l'est de la precedente. Or cette suite des voix est en quelque façon semblable à celle que les lettres ont en Grammaire: [12] car tout ainsi que quand elles y sont bien ordonnées & qu'elles se suivent bien, elles sont propres à former les dictions & les syllabes; & qu'au contraire, lors qu'elles ne sont pas dans l'ordre & la suite convenable, elles ne peuvent produire aucune syllabe ny diction qui soit d'usage: De mesme quand les voix sont bien ordonnées & se suivent bien, elles ne manquent jamais de faire melodie; & au contraire de faire du discord, lors qu'elles ne sont point dans l'ordre & la suite convenable. Leur suite donc est bonne, & elles sont propres à produire de la melodie, quand elles joignent ou composent ou divisent les consonances, & pour ce sujet sont appellées en Grec *Emmeles*, [13] & *Concinnæ* en Latin. Mais si leur suite n'est pas bonne en joignant ou composant ou divisant les consonances, elles ne peuvent produire aucune melodie, & sont nommées *Ecmeles*, ou bien [14] *Inconcinnæ*.

12 *Aristox.* 13 *Boëtius.* 14 *Franch.*

CHAPITRE III.

Du nombre des voix, qui sont necessaires au chant & à la melodie; & des trois genres d'intervalles dont anciennement le chant a esté composé.

I. QUoy qu'il en soit du tetrachorde de Mercure, que l'on dit avoir contenu [1] l'octave depuis sa premiere chorde jusques à la quatriéme & derniere; la quarte depuis la premiere à la seconde, la quinte de la premiere à la troisiéme, la

1 *Franch.*

quarte derechef de la troisiéme à la quatriéme, & le ton de la seconde à la troisiéme; lequel tetrachorde peut estre qualifié, tetrachorde des consonances. Les Grecs les plus anciens, soit Philosophes, soit Musiciens, qui ont traité de la Melodie, l'ont cõ-
2 mencée par un tetracorde [2] & diatessaron, c'est à dire par une
Beda. quarte, & par quatre sons differẽs; & ils n'ont pas estimé qu'un moindre nombre de sons, que celuy de quatre, dont le tetra-
3 corde est composé, meritast le nom de chant, [3] ou de melodie,
Aristox. ou de consonance, ou de genre. Mais comme les ouvrages de
& alij. l'art imitent ceux de la nature, & se perfectionnent par l'industrie des hommes, aussi ces premiers essais de melodie par succession de temps, se sont accrûs premierement jusques à un
4. second tetracorde, soit par [4] la division des quatre cordes de
Guido. celuy de Mercure, soit par l'addition d'un second tetracorde, à un premier tetracorde simple, afin d'achever le diapason ou l'octave, qui contient une melodie parfaite; & ensuite ont esté portez & étendus jusques à un troisiéme & quatriéme tetracorde, afin de former le systeme parfait du disdiapason, ou de la double octave, dont il sera parlé cy-apres.

II. Toute la melodie donc, & tous ses systemes, ne sont au-
5. tre chose que ce premier tetracorde, [5] doublé, triplé, ou au-
Franch. trement multiplié; c'est pourquoy les chants n'ont esté estimez differens les uns des autres, que selon la difference des intervalles dont leurs tetracordes ont esté composez; laquel-
6 le difference les Anciens ont exprimée par le mot de genre,
Gaffend. [6] qui en matiere de chant ne signifie autre chose qu'une certaine maniere de monter du grave à l'aigu, ou de descendre de l'aigu au grave, par les trois intervalles dont chaque tetra-
7 corde est composé: ou bien en autres termes [7] une certaine
Ptolem. façon de chant contenant trois intervalles compris dans les
& alij. quatre sons d'un tetracorde, dont les deux extrémes soient en proportion sesquitierce, & fassent le diatessaron ou la quarte.

III. Les mesmes Philosophes & les mesmes Musiciens, ont
8. réduit ces genres au nombre de [8] trois, qu'ils ont nommé
Euclid. diatonique, chromatique, & enharmonique. Le diatonique
& alij. prend son nom de la multitude des tons dont il abonde, & qui le rendent plus rude, mais plus naturel que les autres deux genres. Il est composé d'un demyton mineur, & de deux tons, soit qu'il faille monter ou descendre, ou que le demyton se rencontre au commencement, au milieu, ou à la fin des trois

intervalles du tetrachorde ; dautant que cette diverse situation ne varie point le genre du chant pour en establir un nouveau, mais seulement les differentes especes d'un mesme tetrachorde, qui par consequent sont trois en nombre, conformément à la triple situation que le mesme demyton peut avoir dans la quarte, sçavoir au commencement, au milieu, ou à la fin, en cette maniere.

1. Demyton,	Ton,	Ton.
2. Ton,	Demyton,	Ton.
3. Ton,	Ton,	Demyton.

4. Le Chromatique est ainsi appellé, soit à cause des diverses couleurs, dont anciennement on le distinguoit du diatonique[9], soit parce qu'il diminuë de l'intention du mesme diatonique, & que ses tetrachordes abondent en demy-tons, qui luy donnent autant de douceur & de grace, qu'un beau coloris a[10] accoûtumé d'en donner à la peinture. Ses trois intervalles sont deux demytons, l'un mineur, l'autre plus grand[11] ou majeur, & un hemiditon ou tierce mineure, qui en ce genre ne fait qu'un[12] seul & simple intervalle, dont la diverse situation qui s'en fait au commencement, au milieu, ou à la fin des deux demy tons, varie pareillement, & establit les trois especes de ce genre,[13] ainsi qu'il s'en suit.

9 *Kircher.*
10 *Franch.*
11 *Franch.*
12 *Boëtius.*
13 *Kirch.*

1. Tierce mineure,	Demyton,	Demyton.
2. Demyton,	Tierce mineure,	Demyton.
3. Demyton;	Demyton,	Tierce mineure.

V. L'enharmonique a esté nommé de la sorte, parce qu'il contient une harmonie fort bien & fort proprement suivie par le moyen d'un plus grand nombre de Dieses ou quarts de ton, dont il est remply; & que ses retrachordes sont composez de 2. Dieses enharmoniques, dont chacune est la moitié du Demyton mineur, & d'un Diton ou Tierce majeure, laquelle d'un plein sault fait son troisiesme & simple intervalle ; soit qu'elle se trouve au commencement, soit au milieu, soit à la fin de son tetrachorde. Car cette varieté ne fait que diversifier les especes de ce genre ; de mesme que la differente assiette du demyton change seulement celles du genre diatonique, ou bien celle de la Tierce mineure, les especes du chromatique ; comme on peut voir dans la table suivante.

1.	Tierce majeure,	Diese,	Diese.
2.	Diese,	Tierce majeure,	Diese.
3.	Diese,	Diese,	Tierce majeure.

VI. Outre ces trois sortes de genres Euclide fait mention de deux autres, dont il appelle l'un commun, & l'autre meslé
14. ou [14] mixte, & sous divise ou distingue le diatonique en deux manieres, & le chromatique en trois; le premier desquels il appelle toniée, ou entonné; le second sesquialtere ou d'autant & demy; & le troisiesme mol. Quant aux deux diatoniques il nomme l'un incité, à cause que ses intervalles ont une suitte plus naturelle & plus coulante; & l'autre mol. Les raisons de ces distinctions sont les diverses proportions des intervalles, dont leurs quartes ou tetrachordes ont esté composez. C'est pourquoy pour en mieux concevoir la difference, il faut icy supposer les divisions geometriques du ton dont Aristoxene se servoit, suivant les proportions que Boëce, Glarean, & autres luy ont attribué par le moyen des nombres: car ainsi que le mesme Boëce a fort bien remarqué, il n'est pas possible de sçavoir la veritable difference des voix &
15 des intervalles, sans en establir auparavant la grandeur, [15] &
Boetius. la mesure. Aristoxene donc divisoit le ton [16] en deux, trois,
16 quatre & huit parties, & nommoit la quatriéme Diese enharmonique; la troisiéme Diese chromatique; & la quatriéme jointe à la huitiéme, (c'est à dire les trois huitiémes parties du ton,) Diese chromatique sesquialtere. Ce qui sera plus aisé à comprendre, si l'on veut diviser le ton en 24. parties égales, & en donner la moitié au Demyton, sçavoir douze; la quatriéme partie à la diese enharmonique, qui est six; le quart & demy à la Diese chromatique sesquialtere; c'est à dire neuf; & la troisiéme partie à la chromatique molle, sçavoir huit. Suivant lesquelles divisions & proportions, il est aisé de voir à l'œil la difference des trois intervalles de chaque tetrachorde dans les six sortes de ces trois genres; & tout ensemble l'égalité qu'ils ont dans leurs extremes, d'autant que le nombre total (qui est marqué à 60.) se rencontre le mesme en chacune de ces six sortes, ainsi qu'il paroist par la table qui suit.

Diatonique	*Incité*		*Mol*			
Demyton	12		12			
Ton	24	60	18	60		
Ton	24		30			
Chromatique	*Toniée*		*Sesquialtere*		*Mol*	
Tierce mineure	36		42		44	
Demyton	12	60	9	60	8	60
Demyton	12		9		8	
Enharmonique						
Tierce majeure	48					
Diese enharm.	6	60				
Diese enharm.	6					

Les extremes donc sont les mesmes en tous ces genres, & en toutes leurs especes; & lorsque leurs quartes se font par degrez disjoints, ou d'un plain sault, elles sont toutes égales; c'est pourquoy il n'y a que la seule varieté des trois intervalles, dont ils sont composez, qui les rende inegales. D'où il est aisé de reconnoistre, que bien que la Diese enharmonique soit le moindre [17] intervalle, dont on puisse sensiblement user dans la musique, neantmoins selon la theorie l'on eust pû encore établir beaucoup d'autres sortes de genres, ou d'especes par de nouvelles proportions des trois intervalles dont on eust pû diversement assortir leurs tetrachordes. Ainsi qu'on le peut remarquer aux tetrachordes d'Archytas, d'Aristoxene, de Eratosthene, de Didyme, & d'autres, desquels Ptolemée & Mersenne font [18] mention.

17 *Franch. & alij.*

18. *Ptolem. l. 2. c. 14.*

VII. En confirmation de quoy nous voyons aujourd'huy, que la pluspart des Musiciens modernes, apres Vincentin, demeurent d'accord d'une nouvelle distinction ou division [19] des retrachordes des trois anciens genres; qui est differente de celle que l'on en a donné cy-dessus, non seulement dans la theorie, mais aussi dans la pratique. Car ils divisent les tetrachordes du Genre Diatonique en un Demyton majeur, & deux tons dont l'un soit Majeur, & l'autre Mineur: & mettent un ton Majeur entre les deux tetrachordes pour faire l'Octave. Les tetrachordes du genre chromatique en un Demyton majeur, un Demyton mineur, & une Tierce mineure: Et ceux du

19 *Kircher.*

genre enharmonique quelquefois en deux Dieſes ; d'autres fois en deux Dieſes & un comma, & une Tierce majeure, c'eſt à dire deux tons, l'un Majeur, l'autre Mineur, ſelon qu'il eſt plus convenable pour faire l'accord entre les differentes voix, ou parties de la muſique. La raiſon de cette diviſion eſt, que bien que les intervalles des anciens tetrachordes marquez au commencement de ce Chapitre ſoient fort propres au
20 *Kircher.* chant d'une ſeule voix ou de pluſieurs voix qui chantent à [20] l'uniſſon, ainſi qu'on le pratiquoit anciennement, & qu'encore maintenant on le pratique tant au plain-chant, qu'aux chants rithmiques, & metriques, qui ſe chantent à l'uniſſon. Toutefois ces anciens intervalles ne peuvent point s'ajuſter avec les chants qui ſont compoſez de pluſieurs parties ; parce que ni les Tierces ni les Sextes majeures, ni les mineures ne peuvent pas ſe trouver juſtes, ni y eſtre employées, ſi ce n'eſt par le moyen de cette nouvelle diviſion. D'où ils concluent qu'elle eſt tout à fait neceſſaire à la muſique moderne à pluſieurs parties, bien qu'elle ne le ſoit pas au plain-chant, ni aux autres chants à l'uniſſon. Cette meſme diviſion ſe tire des
21 principes d'Euclide ; ſur quoy l'on peut voir Herigon. [21]

22 IX. Les proprietez de ces trois genres ſelon Ariſtide [22] ſont, que le diatonique eſt maſle & auſtere ; le chiromatique plus mol & propre aux larmes ; l'enharmonique doux, & vigoureux tout enſemble.

CHAPITRE IV.

Des intervalles du genre diatonique, qui ſont propres à la melodie.

I. LAiſſant maintenant à part tous les autres genres, & toutes leurs eſpeces, l'on ne traitte ſeulement icy, que des intervalles de l'ancien diatonique incité ; parce qu'ils ſont plus naturels, plus ſimples, & beaucoup plus aiſez à pratiquer, que ceux des autres genres: c'eſt pourquoy les autheurs du plain-chant les ont choiſi pour le chant de l'Egliſe ; & ont laiſſé les autres à cauſe qu'ils demandent trop d'artifice, & qu'on ne les peut bien apprendre, qu'en accompagnant la voix d'un inſtrument ajuſté ſelon leur varieté ; ni en acquerir
1 l'habitude, que par une longue & penible [1] continuation de
Ariſtox. cet exercice.

II. L'intervalle donc, parlant en general, n'eſt autre choſe, que la diſtance du ſon grave à l'aigu, [2] ou de l'aigu au grave: de ſorte qu'il faut deux ſons pour faire un intervalle. Or tout intervalle ſelon Euclide, peut eſtre different d'un autre en cinq [3] façons. 1. En genre, ſelon qu'il eſt ou diatonique, ou chromatique ou enharmonique, dont il a déja eſté fait mention. 2. En grandeur ſelon que conformement à la diſtance les uns ſont plus grands, ou plus petits que les autres. 3. Comme conſonans ou diſſonans. 4. En tant qu'explicables ou inexplicables, c'eſt à dire rationels ou irrationels. 5. Comme ſimples ou compoſez, c'eſt à dire aux termes d'Euclide [4] & de Franchin, qui ſe ſuivent au ſyſteme ou immediatement comme C. D, ou D. E, ou bien mediatement, ainſi que A. C, ou C. E. mais à preſent l'on a coûtume de donner à ces meſmes ſons les noms d'intervalles conjoints ou disjoints. Les conjoints, ſont ceux qui ſe font d'un ſon à un autre ſon immediat: Les disjoints, ceux dont les extrémes ne produiſent qu'un ſeul & total ſon, bien qu'il y ait entre-deux pluſieurs autres ſons ou intervalles qui ſont comme ſupprimez, & ne ſont contenus entre les meſmes extrémes qu'implicitement. C'eſt pourquoy l'on donne aujourd'huy aux mots de ſimple & de compoſé une autre ſignification en matiere de ſons, & l'on appelle ſimples ceux qui ſont contenus dans l'étenduë d'une octave; compoſez, ceux qui la ſurpaſſent, & ſont formez de la premiere & de la ſeconde octave; comme ſeroit une onziéme, ou douziéme, ou quinziéme, ou vingt-deuxiéme, ou autres ſemblables intervalles qui ſe forment par l'union de pluſieurs octaves.

III. Les intervalles ſimples propres à la melodie, ſont au nombre de neuf; le premier ou le moindre, eſt le demyton [5] mineur, ou la ſeconde mineure; il eſt compoſé de deux ſons prochains & immediats, dont la diſtance de l'un à l'autre eſt moindre que celle du ton environ de la moitié. [6] Car quoy que l'on ait ſuppoſé cy-deſſus la diviſion du ton en deux parties égales, ſuivant l'opinion d'Ariſtoxene; toutesfois ce n'a eſté que pour faire mieux entendre les proportions des intervalles de chaque genre & de ſes eſpeces: car d'ailleurs la raiſon & l'authorité de Pythagore, d'Euclide, de Ptolemée, de Boëce, de Bede, de Franchin, & de quaſi tous les autres Philoſophes & Muſiciens obligent d'avoüer que le ton ne peut

2 *Boetius. & alij.*

3.

4

5 *Glaran.*

6. *Beda. & alij.*

7. estre divisé en deux 7 parties parfaitement égales, mais qu'il y a toûjours entr'elles quelque inégalité, laquelle neantmoins
8 est quasi imperceptible 8 au sens de l'oüie; de mesme que l'ac-
Beda. croissement & la diminution de chaque jour le sont à celuy de la veuë: c'est pourquoy comme leur accroissement ou leur diminution ne sont pas visiblement reconnus, si ce n'est apres un certain temps ou nombre de jours; aussi l'on ne discerne pas d'abord l'inégalité de chaque demyton, ny mesme de cha-
9. *Boëtius.* que 9 ton, jusques à ce qu'estans joints ensemble & reünis en quelqu'une des consonances, leurs intervalles soient rendus plus apparens & plus sensibles.

Le second de ces intervalles est le ton majeur, ou la seconde majeure, qui est encore formé de deux sons prochains & immediats; mais dont la distance de l'un à l'autre soit aussi grande que celle des deux demy-tons le mineur & le majeur ensemble. L'on peut voir aux notes la description que Fran-
10 chin fait tant du ton que du demy-ton; 10 comme aussi l'exa-
11. ctitude avec laquelle Boëce a décrit 11 le ton & les autres principaux intervalles, qui sont tous composez du demy-ton
12. *Guido. & alij.* & du ton; 12 en telle sorte toutefois que le demy-ton est comme la forme qui leur donne l'espece, la force & la vigueur; &
13 que chacun d'eux contient toûjours un intervalle moins 13
Glarean. qu'il n'a de sons ou de chordes; c'est pourquoy l'on appelle l'un & l'autre de ces deux intervalles seconde, à cause que leur unique intervalle est entre deux chordes; & les deux suivans sont pareillement nommez tierces à cause de leurs trois chordes; quoy qu'ils soient aussi appellez hemiditon & diton, à
14. cause de leur deux intervalles. Ptolemée rapporte 14 l'origine du ton à l'excés qui est entre les deux premieres consonances, la quinte & la quarte, & qui en fait la difference; car c'est d'un ton ou d'une sesquioctave que la quinte excede la quarte: & l'origine du demy-ton à l'excés dont la quarte surpasse la tierce majeure, & qui en fait la difference.

Le troisiéme intervalle donc est l'hemiditon ou la tierce-mineure, qui est formée d'un demy-ton mineur, & d'un ton compris entre trois chordes; ou bien en autres termes, de trois sons ou voix qui rendent un ton & un demy-ton.

Le quatriéme, est le diton ou la tierce-majeure, composé de deux tons contenus entre trois chordes.

Le cinquiéme, est le diatessaron ou la quarte, formé d'un demy-ton demy-ton mineur [15] & de deux tons entre quatre chordes, qui rendent la tierce mineure avec la seconde majeure. *15. Guido.*

Le sixiéme, est le diapente ou la quinte, contenant un demy-ton mineur, & trois tons entre cinq chordes, qui font ensemble les deux tierces la mineure & la majeure.

Le septiéme, est l'hexachorde ou la sexte mineure, comprenant deux demy-tons mineurs, & trois tons entre six chordes, qui rendent ensemble la tierce mineure avec la quarte.

Le huitiéme, est la sexte majeure formée d'un demy-ton & de quatre tons entre six chordes, qui ensemble sont égaux à la tierce majeure & à la quarte.

Le neufiéme, est le diapason ou l'octave, composée de deux demy-tons mineurs, & de cinq [16] tons majeurs, compris entre huit chordes, qui font ensemble la quarte & la quinte. *16. Franchin.* Les exemples de tous ces intervalles, se peuvent voir dans la Partie VIII. Exemple VI.

IV. Outre ces intervalles simples, qui sont contenus dans l'octave, qui la composent, & qui tout ensemble procedent de sa division; il y a des intervalles composez, qui sont formez de la premiere octave & des divers intervalles des octaves suivantes, comme d'une double, triple, quatruple, ou plus grand nombre d'octaves, ou bien de l'une de ces octaves, avec la tierce ou la quarte, ou la quinte, ou la sexte; mais ceux-cy ne sont jamais employez au plain-chant par degrez disjoints, ou d'un plain sault; ils le sont seulement dans les consonances de la musique à plusieurs parties: c'est pourquoy Guy Aretin traitant du chant Gregorien, n'a fait aucune mention de ces intervalles composez, & mesme il ne reconnoit des simples, que les [17] six premiers des neuf qui ont esté cy-dessus marquez: 17 Non qu'il ait ignoré la sexte ny l'octave; puis qu'il fait mention de celle-cy en toute rencontre, & de celle-là dans son Micrologue chap. 13. (dont le passage est cité au n. 1. du chap. 4. de la quatriéme Partie.) au prologue rhythmique de l'Antiphonier [18], & en quasi tous les endroits où il traite du 18 troisiéme mode ou de sa formule; Mais à cause qu'elles n'ont pas accoûtumé d'estre employées au chant Gregorien par degrez disjoints, si ce n'est en l'intonation du troisiéme mode, où la sexte mineure y est en usage au lieu de la quinte: Quant à l'octave, elle ne se trouve que dans quelques chants modernes & musicaux. Pour ce qui est de la sexte majeure, il semble

qu'Aretin ne luy a donné aucun lieu dans la pratique du chant
19 *Glarean.* Gregorien, à cause de sa grande [19] rudesse; comme en effet on ne l'y met que tres-rarement, ou plûtost point du tout. Quant aux autres intervalles simples, ceux-là y sont les plus
20 *Guid.* frequens, dont les extrémes sont les moins [20] éloignez: c'est pourquoy les secondes s'y rencontrent plus souvent que les tierces, les tierces que les quartes, les quartes que les quintes, & celles cy plus souvent que les sextes mineures.

CHAPITRE V.

Des intervalles du genre Diatonique, qui ne sont pas propres à la melodie.

I. CES intervalles sont ceux qui n'ont pas une bonne suite; ce qui provient, ou de ce qu'ils ont une distance plus grande qu'il n'est convenable, d'où ils sont appellez superflus; ou bien de ce qu'ils l'ont moindre qu'il ne faut, & pour ce sujet on leur donne le nom de faux ou diminuez; ils sont pareillement divisez en simples & composez; les simples sont au nombre de cinq.

II. Le premier desquels est le triton ou la quarte superfluë, composée suivant son nom de trois tons entre quatre chordes.

Le deuziéme, est le semidiapente, ou la fausse quinte, qu'on peut aussi nommer la quinte diminuée, contenant deux demy-tons & deux tons entre cinq chordes, qui font ensemble deux tierces mineures.

Le troisiéme, est la septiéme mineure formée de deux demy-tons & de quatre tons entre sept chordes, qui rendent la quinte & la tierce mineure.

Le quatriéme, est la septiéme majeure, composée d'un demy-ton & de cinq tons entre sept chordes, qui font ensemble la quinte avec la tierce majeure.

Le cinquiéme, est le semidiapason ou l'octave fausse ou diminuée, qui contient trois demy-tons & quatre tons entre huit chordes, qui rendent la quarte avec la fausse quinte.

III. Outre ces cinq intervalles, qui sont communs au plain-chant & à la musique, les Musiciens en reconnoissent encore trois autres entre leurs differentes parties; 1°. La fausse quarte ou diminuée, composée de deux demy tons & d'un ton entre quatre chordes. 2. La quinte ſuperfluë formée de quatre tons entre cinq chordes, qui font deux tierces majeures. 3. L'octave ſuperfluë, contenant un ſeul demy-ton avec ſix tons entre huit cordes, qui valent autant que la ſexte majeure & la tierce majeure, ou bien que la quinte & le triton.

IV. Nul de tous ces intervalles n'eſt dans l'uſage du plain-chant par degrez disjoints; que ſi l'on y en employe quelques-uns par degrez conjoints, ils doivent eſtre tellement ajuſtez entre les extrémes, que la ſuite n'en ſoit pas mauvaiſe : autrement l'on ne pourra les faire ſervir non plus par degrez conjoints, que par degrez disjoints, ainſi qu'il arrive au triton, qui pour ce ſujet eſt entierement banny de la pratique du plain-chant; de ſorte que pour l'y éviter l'on a toûjours accoûtumé d'y marquer ou ſous-entendre le *b mol* ſous la lettre *B*, ou bien de le feindre ſous d'autres lettres, comme ſous l'*A* ou ſous l'*E* [1]. L'on ſe ſert auſſi de ſemblable adreſſe pour y empeſcher la fauſſe quinte, particulierement par degrez disjoints marquant ou ſous-entendant le *mi* ſous la lettre de ♮ *carre* ou bien le feignant ſous quelqu'une des autres lettres; comme ſous *F.* ou ſous *C.* ſuivant ce qui en eſt remarqué cy-deſſous en l'onziéme chapitre.

1 *Rhau.*

V. Les intervalles compoſez, c'eſt à dire formez de l'un de ces intervalles ſimples joints à une ou deux ou plus grand nombre d'octaves, ſont encore moins dans l'uſage du plain-chant que les ſimples dont ils ſont compoſez. Parce qu'outre la mauvaiſe ſuite qu'ils contractent par l'union à cette ſorte de ſimples, la grande diſtance qui eſt entre leurs extrémes les en exclud entierement.

VI. A tous ces intervalles qui ne ſont pas propres à la melodie du genre diatonique, l'on peut encore ajoûter ceux qui ſont moindres que le demy-ton mineur; & bien que leur connoiſſance ne ſoit pas neceſſaire à la pratique des intervalles diatoniques, & que meſme ils ne ſoient pas propres à leur melodie; neantmoins leur theorie ne ſera pas inutile, veu que par ſon moyen l'on peut éviter l'équivoque, mieux entendre les autheurs du chant & de la muſique, & diſtinguer plus nettement la pratique du plain-chant d'avec la pratique de la muſique moderne, où ces ſortes d'intervalles peuvent eſtre employez par le mélange des divers genres. Ces intervalles proviennent des diviſions du ton que les anciens [2] nous ont

2 *Boetius. & alij.*

laissées. Car apres celle des deux demy-tons, l'un mineur qu'ils ont aussi appellé diese, l'autre majeur qu'ils ont nommé apotome, ils ont sousdivisé le ton mineur en deux diachismes, & donné au ton majeur deux diachismes & un comma. 3°. Ils ont derechef divisé le diachisme, autrement qualifié diese [3] enharmonique (qui est le moindre de tous les intervalles dont on se serve [4] dans la melodie des trois genres) en deux cõma: & quoy que le comma soit trop petit pour faire de luy mesme un [5] intervalle sensible à l'oüie, ils l'ont en quatriéme lieu divisé en deux schisma, dont l'un est environ la dix-septiéme partie du ton mineur, & la dix-huitiéme du majeur; de sorte que le ton majeur est composé d'un apotome & d'une diese, ou bien de deux dieses & d'un comma: ou bien en autres termes de quatre diachismes & un comma: ou selon d'autres de neuf comma, c'est à dire incisions: ou bien de dix-huict schismes ou divisions: toutes lesquelles façons de parler reviennent à mesme chose. Les exemples des intervalles mentionnez en ce chapitre, se trouvent dans la huitiéme partie à l'exemple VII.

3 *Franch.*
4 *Franch.*
5 *Franch. & aly.*

CHAPITRE VI.

Des diverses especes des intervalles diatoniques.

I. TOus les intervalles qui sont composez du ton & du demy-ton, estans considerez par degrez conjoints, ont autant d'especes que leur demy-ton peut recevoir de situations differentes dans leur étenduë; parce que le nombre de ces especes ne provient que de celuy de cette diverse [1] situation, à laquelle toutefois l'on n'a point d'égard lors que ces intervalles ne sont que par degrez disjoints, & n'ont que les deux extrémes sans aucun milieu: car ils sont alors tous égaux sans aucune difference d'espece.

1 *Glarean.*

II. Comme donc la tierce mineure peut avoir son demy-ton placé ou avant, ou apres le ton, aussi en reconnoist-on deux especes. Et au contraire parce que la Tierce majeure n'a point de demyton, elle n'a pareillement qu'une seule espece.

La quarte qui peut avoir le demyton en son premier [2], second & troisiéme intervalle, a semblablement ses trois especes.

La quinte qui le peut avoir en chacun de ses 4 intervalles, [3] a un pareil nombre d'especes.

2 *Euclid.*
3 *Euclid.*

Mais parce que l'une & l'autre Sexte, la majeure & la mineure, ne le peuvent avoir qu'en trois differens endroits, aussi n'ont-elles chacune que trois especes.

Enfin l'octave qui dans la situation de ses demytons peut estre diversifiée en [4] sept manieres (qui comprennent, tant les trois especes de quarte, que les quatre especes de quinte, desquelles elle est composée) a semblablement le nombre de sept especes: Les exemples de toutes les especes de ces intervalles se peuvẽt voir aux exemples II. & VI. Touchant lesquels il faut seulement remarquer, qu'encore que ces differentes especes puissent estre commencées par chacune des sept lettres de l'octave, & considerées à la façon d'un cercle où il n'y a ni premier, ni dernier: Neantmoins les plus anciens philosophes ont commencé la quarte & l'octave par la voix qui est nommée *Hypate Hypaton*, au systeme des Grecs, & qui répond à la Lettre *B* de la gamme d'Aretin. Quant à la quinte, ils l'ont commencée par *Hypate meson*, qui répond à la lettre *E* d'Aretin; comme on peut voir par les derniers passages d'Euclide. Par succession de temps toutefois d'autres philosophes & musiciens ont commencé à compter les especes de la quarte & de l'octave par la voix *ajoûtée*, que les Grecs nomment *proslambanomenos*, qui répond à la lettre *A* de la gamme d'Aretin; mais pour les especes de la quinte, ils les ont commencées par *lichanos hypaton*, c'est à dire par la lettre *D* d'Aretin, ainsi qu'on le peut voir dans [5] Franchin, & dans le II. exemple. Enfin Aretin a commencé les especes de tous ces trois intervalles par la lettre *G*, où le *gamma* qu'il ajoûta sous *prolambanomenos*: & maintenant la pluspart des Musiciens commencent à compter ces mesmes especes par la lettre *C*, qu'Aretin dit devoir estre la premiere, & qui répond au parhypate hypaton du systeme des Grecs. Suivant quoy elles ont esté notées au VI. exemple; bien qu'en ce livre l'on se serve ordinairement de la seconde façon de les compter par les lettres *A & D*, ainsi qu'elles se voyent au II. exemple; ce qui a esté fait afin d'empescher l'équivoque, qui autrement pourroit se rencontrer dans les termes avec lesquels les anciens autheurs ont écrit du nombre des modes ou des tons.

4 *Euclid.*

5

III. Quant aux intervalles du ton & du demy-ton, quoy que la plupart des Musiciens modernes en reconnoissent & pratiquent plusieurs especes au genre diatonique, sçavoir deux du ton, le majeur & le mineur, & deux ou trois du demy-ton,

le majeur, le mineur, & le moyen ; & qu'ils composent le ton majeur des demy-tons majeur & moyen ; & le ton mineur des demy-tons majeur & mineur : neantmoins comme ils ne se servent de ses divisions, que pour rendre leurs consonances plus justes & plus parfaites ; aussi ne les employent-ils qu'en la seule musique à plusieurs parties, lors qu'il en est de besoin pour l'accomplissement de leurs accords & de leurs consonances, ainsi qu'il a esté remarqué cy-dessus à la fin du chapitre troisiéme. C'est pourquoy leur distinction n'altere ny n'embarrasse aucunement l'usage du plain-chant, ny des autres chants à l'unisson, où il n'y a que le seul ton majeur & le demy-ton mineur qui y soient employez ; vû mesme qu'au rap-
6 port de Mersenne [6], il y a encore plusieurs bons musiciens qui n'en admettent point d'autres pour la musique à plusieurs parties, tant pour se conformer au sentiment & à la pratique des anciens autheurs, que parce qu'ils estiment que la difference des tons & des commas y mettent trop de confusion & de difficulté.

IV. Supposé toutefois la division qu'en font communément les autres Musiciens modernes, ils multiplient aussi les especes de leurs intervalles, & en mettent autant de sortes que leurs tons & leurs demy-tons, majeurs & mineurs peuvent souffrir de situations differentes entre les extrémes de chaque consonance ; & pour ce sujet ils reconnoissent six especes de quarte, sçavoir ;

1. Demy-ton,	Ton majeur,	Ton mineur.
2. Demy-ton,	Ton mineur,	Ton majeur.
3. Ton majeur,	Ton mineur,	Demy-ton.
4. Ton majeur,	Demy-ton,	Ton mineur.
5. Ton mineur,	Demy-ton,	Ton majeur.
6. Ton mineur,	Ton majeur,	Demy-ton.

& ainsi des especes de toutes les autres consonances par proportion.

V. Or ils placent toûjours le ton majeur immediatement au dessus du demy-ton, c'est à dire, au dessus de *F* & de *C*, ou en autres termes de l'*ut* au *re*, & du *fa* au *sol* ; de plus ils le mettent encore au dessous du ♮ *carre*, c'est à dire de l'*A* à ♮ *carre*. Quant au ton mineur, ils le placent en tous les autres endroits de la gamme où il y a des tons : Les exemples en sont mis à la fin du VI. exemple.

CHAPITRE VII.

Des intervalles consonans & dissonans.

I. QUoy que la connoissance de ces intervalles appartienne plûtost au chant à plusieurs parties, que l'on nomme vulgairement musique, qu'aux chants à l'unisson; toutefois comme elle ne laisse pas de donner de la lumiere aux intervalles qui se suivent bien, & qu'elle peut servir à faire mieux connoistre la difference qu'il y a des uns aux autres, il ne sera pas inutile d'en faire icy mention. Car bien que tous ceux qui sont consonans se suivent bien & soient propres à la melodie; neantmoins tous ceux qui se suivent bien & qui sont propres à la melodie, & à joindre ou diviser ou composer les consonances, ne sont pas pour cela consonans.

Pareillement, encor que tous ceux qui ne sont pas propres à la melodie, soient aussi dissonans; neanmoins il y en a quelques-uns de ceux qui sont propres à la melodie, qui ne laissent pas d'estre dissonans. De sorte que les intervalles dissonans comprennent dans leur étenduë, non seulement ceux qui ne se suivent pas bien, mais aussi quelques-uns de ceux qui se suivent bien; & les consonans au contraire n'enferment pas dans la leur tous les intervalles qui se suivent bien, ou qui sont propres à la melodie, mais seulement quelques-uns.

II. Tous ces intervalles, tant les consonans que les dissonans, sont de deux sortes; les uns simples, les autres composez: & parmy les intervalles consonans, ou les consonances, tant simples que composées, les unes sont appellées parfaites, & les autres imparfaites. Les simples parfaites ne sont que trois en nombre, sçavoir est l'octave, la quinte, & la quarte, qui sont nommées parfaites parce qu'elles ne sont produites que de la proportion multiple & de la surparticuliere, qu'elles sont contenuës dans la suite naturelle des quatre premiers nombres simples & radicaux, 1. 2. 3. 4. & que l'octave est composée de la quinte & de la quarte les [1] deux premieres consonances selon leur suite naturelle; de mesme que la raison double est formée des deux premieres surparticulieres la sesquialtere & la sesquitierce suivant l'ordre naturel des nombres. Les composées parfaites sont celles qui sont formées de ces trois simples, & n'en sont que des repliques apres la premiere, ou la secon-

[1] *Ptolem.*

de ou la troisiéme, ou plus grand nombre d'octaves, dont la multiplicité augmente pareillement le nombre de ces consonances. Par exemple, la premiere octave jointe à la seconde, fait une double octave, ou une quinziéme, jointe à la troisiéme, rend une triple octave ou une vingt & deuxiéme : jointe à la quatriéme, une quadruple octave ou une vingt-neufiéme, & ainsi des suivantes.

La quinte jointe à l'octave, forme une douziéme ; mise avec deux octaves, une dix-neufiéme ; avec trois, une vingt-sixiéme, &c.

La quarte avec l'octave rend une onziéme, avec deux une dix-huictiéme, avec trois une vingt-cinquiéme, &c.

Car bien que les Philosophes Pythagoriciens n'ayent pas voulu mettre au nombre des consonances la quarte jointe à l'octave, à cause qu'elle est en raison surpartiente de trois à huit ; & qu'ils ayent eu pour principe qu'aucune proportion surpatiente ne doit estre mise au nombre des consonances :
2 Neantmoins Ptolemée n'a pas [2] estimé qu'on l'en pust raisonnablement exclure, puisque l'octave jointe à une autre consonance ne peut jamais la rendre dissonante ; qui est un principe bien plus certain, & receu universellement de tous les Philosophes & de tous les Musiciens.

Or il faut remarquer que toutes ces consonances compo-
3 Franch. sées, & autres semblables ont toûjours un son qui leur est [3] commun, sçavoir le plus haut de la plus basse consonance, & le plus bas de la plus haute.

III. Les consonances simples imparfaites sont au nombre de quatre. Elles sont ainsi nommées parce qu'elles sont formées de la proportion surpartiente ; ou que si elles le sont aussi de la surparticuliere, elles sont contenuës hors le quaternaire des quatre premiers nombres radicaux, dans le premier senaire parfait, & le premier octonaire cubique ; en quoy se rencontre une chose qui est en quelque façon merveilleuse, & qui merite reflexion, parce qu'encore que les consonances parfaites & imparfaites jointes ensemble fassent le nombre de sept ; & que ce nombre égale celuy des voix, & qu'il soit propre à compter tant les unes que les autres ; toutefois il n'est ny propre à la melodie, ny ne peut produire aucune consonance, puisque les septiémes sont excluës & des intervalles qui se suivent bien & de ceux qui font consonance. Or il faut icy remarquer

quer, que bien que Boëce [4] n'ait mis que les trois premieres consonances & celles qui en sont composées au nombre des consonances, & qu'ainsi il en ait aucunement exclus les imparfaites, soit à cause qu'elles ne sont prises que des proportions surpartientes, ou des surparticulieres qui sont contenuës hors les quatre premiers nombres radicaux, soit parce qu'elles ne peuvent pas estre ny bien justes ny entierement agreables suivant la division des intervalles qu'il assigne aux tetracordes des trois genres: neanmoins les Musiciens modernes, apres Ptolemée, les y ont admises, mais sous la qualité d'imparfaites: & par une nouvelle division des mesmes tetracordes qu'ils ont inventé, donnant à celuy du genre diatonique un demy-ton majeur avec deux tons, dont l'un est majeur & l'autre mineur, ils les ont renduës plus justes & plus accomplies, afin d'en pouvoir plus agreablement diversifier & embellir leurs chants à plusieurs parties, ainsi qu'il a esté déja remarqué cy-dessus. 4

IV. Les consonances composées imparfaites sont celles qui sont formées des simples imparfaites jointes à la premiere, ou seconde, ou troisiéme, ou quatriéme, ou un plus grand nombre d'octaves, & qui n'en sont que les [5] repliques. Par exemple, la tierce mineure jointe à une octave fait la dixiéme mineure; & la tierce majeure jointe à la mesme octave rend la dixiéme majeure. Deux octaves avec la tierce mineure font la dix-septiéme mineure; & avec la tierce majeure la dix-septiéme majeure; les trois octaves avec la tierce mineure rendent la vingt-quatriéme mineure; & avec la majeure la vingt-quatriéme majeure, &c. De mesme l'octave avec la sexte mineure rend la treiziéme mineure; & avec la sexte majeure la treiziéme majeure. Les deux octaves avec la sexte mineure font la vingtiéme mineure; & avec la majeure la vingtiéme majeure. Les trois octaves avec les mesmes sextes forment les vingt-septiémes mineure & majeure: & ainsi du reste des consonances.

5 *Franch.*

V. Il faut encore remarquer icy, que ces qualitez de parfaites & d'imparfaites attribuées aux consonances, le sont plûtost par rapport ou comparaison des unes aux autres, que non pas absolument en elles mesmes: vû que les imparfaites ne laissent pas d'avoir leur façon de perfection, & que les parfaites mesme n'ont pas la leur avec égalité: car la quinte est beau-

coup plus parfaite que la quarte ; & le diapason ou l'octave
6 *Guido.* surpasse tellement l'une & [6] l'autre, qu'il n'y a qu'elle seule qui
merite absolument le nom ou la qualité de parfaite [7]. Dequoy
7 *Franch. & alij.* les Philosophes & Musiciens apportent [8] plusieurs raisons.
8 *Boëtius. & alij.* 1°. Parce que la perfection de l'accord & de la suavité des consonances ne se prenant que de l'union plus grande ou plus étroite qui est entre leurs sons, l'on experimente que l'union des sons de l'octave est la plus grande apres celle de l'unisson ; dautant que comme celle-cy se fait par le meslange de deux sons produits par un égal nombre des retours ou de tremblement que font les cordes, ou bien des battemens d'air que font les autres corps ; aussi l'octave est le meslange de deux sons dont le plus grave est formé par un retour de cordes ou bien par un battement d'air, & le plus aigu par deux, soit que le premier battement du son aigu s'unisse avec la premiere partie du battement du son grave, & son second battement avec l'autre partie du mesme son grave ; soit que ces battemens ou retours s'unissent de deux en deux coups: mais l'union des sons de toutes les autres consonances se trouve beaucoup moindre; parce que celle de la quinte ne se fait que par le meslange des deux sons dont le plus grave se fait par deux battemens ou par deux retours ou tremblemens de la corde, & le plus aigu par trois. La quarte semblablement se fait par le meslange de deux sons desquels le grave est produit par trois battemens ou tremblemens, pendant que l'aigu l'est par quatre. La tierce majeure par deux sons dont le plus grave provient de quatre battemens ou retours, & le plus aigu de cinq. La tierce mineure est formée de cinq dans son grave, & de six dans son aigu, conformément aux six premiers nombres radicaux qui contiennent toutes les simples consonances, & tout ensemble representent le nombre & la comparaison de leurs battemens; au moyen desquels on peut voir la maniere avec laquelle les battemens ou bien les retours ou tremblemens des autres consonances, qui sont composées de celles-cy, doivent estre proportionnez.

VI. Une seconde raison pour laquelle l'octave est entierement parfaite est qu'elle n'est pas seulement consonance, mais qu'elle est aussi equisonance. 3°. Elle seule comprend les huit
9 *Mersen.* accords de musique [9], & les huit raisons qui les contiennent : sçavoir l'unisson qui contient la raison d'égalité ; l'octave, dont

la raison est double & la premiere des multiples : la quinte qui contient la premiere des raisons surparticulieres, que l'on appelle sesquialtere : la quarte qui est à la raison sesquitierce ; la tierce majeure qui est dans la sesquiquarte : la tierce mineure comprise dans la sesquiquinte : la sexte majeure qui a la surbipartiente trois ; & la sexte mineure qui est dans la surtripartiente cinq. 4°. Elle seule contient pareillement tous les intervalles du chant, tant ceux qui se suivent bien que ceux qui n'ont pas une bonne suite, tant les consonans que les dissonans, tant les simples que les composez ; ceux-là actuellement, & ceux-cy virtuellement ou radicalement, de mesme que le nombre de dix contient tous les autres nombres de l'arithmetique, & le cercle toutes les autres figures de la geometrie ; c'est pourquoy Philolaus Philosophe Pythagoricien a qualifié l'octave & le nombre de huit du titre d'harmonie geometrique ; & Aristote l'a surnommée μέτρον τῆς μελῳδίας, la [10] mesure de la melodie, & on luy a donné le nom de diapason [11], comme comprenant en soy tous les sons ; ce qui est le sujet pour lequel les facteurs d'orgue, d'épinette, & d'autres semblables instrumens harmoniques ne se servent que du diapason pour regler leurs claviers sur une mesme octave ; ny les fondeurs de cloches que de leur brochette ou diapason pour faire des cloches de toute sorte de grandeurs ; en quoy ils gardent une telle proportion, que pour rendre un tuyau d'orgue ou bien une cloche à l'octave d'un autre ils donnent au plus grand tuyau ou à la plus grande cloche huit fois autant de poids & de solidité qu'ils en donnent au moindre tuyau ou à la moindre cloche avec le double de leur diametre. 5°. L'octave est la seule de toutes les consonances qui estant doublée, triplée, ou autrement multipliée rend toûjours des consonances, bien que toutes les autres estans doublées & multipliées ne puissent produire que des [12] dissonances. 6. Elle est la seule qui demeure entiere, & qui par l'addition des autres consonances qui luy sont jointes, ne reçoit aucune alteration ny changement, & ne leur en communique aucun, mais les laisse dans leur naturelle integrité ; de mesme que les nombres que l'on ajoûte au [13] nombre de dix se maintiennent tels qu'ils sont, aussi-bien que le nombre de dix auquel ils sont joints. Enfin l'octave est cette corde moyenne qui lors qu'elle est bien ajustée entretient toute la melodie ; mais qui la déconcerte en-

10
11 *Cassiod. & alij.*

12 *Euclid. & alij.*

13 *Aristox. & alij.*

tierement quand elle se trouve defectueuse [14]. Il y a encore quelques autres raisons, qui seront touchées au chapitre suivant nombre 4. & 5. & au chapitre 13. à cause qu'estant toutes jointes ensemble elles peuvent donner de la lumiere pour l'intelligence & le choix des gammes, qui est le sujet pour lequel on s'est étendu plus au long sur les avantages de cette consonance.

14 *Aristot.*

VII. Quant aux dissonances, les simples sont prises au delà du senaire, & sont au nombre de dix; sçavoir le demy-ton, le ton, & les huit intervalles qui n'ont pas une bonne suite, qui sont le triton, la fausse quinte, les deux septiémes la majeure & la mineure, & la fausse octave; la fausse quarte, la quinte superfluë, & l'octave superfluë. Pour ce qui est des dissonances composées, comme elles se forment des precedentes & en sont les repliques, elles peuvent estre autant multipliées que les octaves ausquelles elles peuvent estre ajoûtées. Par exemple, le ton ou la seconde majeure estant jointe à l'octave fait une neufiéme; jointe à deux octaves, une seiziéme; jointe à trois, une vingt-troisiéme, &c.

Le triton ajoûté à l'octave forme une onziéme superfluë; ajoûté à deux, une dix-huitiéme aussi superfluë; & ajoûté à trois octaves la vingt-quatriéme pareillement superfluë; & ainsi des autres.

La fausse quinte avec l'octave fait la fausse douziéme; avec deux octaves, la fausse dix-neufiéme; avec trois, la fausse vingt-cinquiéme, *&c.*

Les deux septiémes unies à l'octave font l'une la quatorziéme majeure, l'autre la quatorziéme mineure; unies à deux octaves, la vingt-uniéme majeure ou mineure respectivement: unies à trois, la vingt-huictiéme majeure ou mineure, &c.

L'octave diminuée jointe à l'octave fait pareillement une quatorziéme, que l'on peut qualifier maxime ou tres-grande; jointe à deux, une vingt-uniéme maxime; jointe à trois, une vingt-huitiéme maxime: car la fausse octaue ou diminuée peut passer sous le nom de septiéme maxime, comme l'octave superfluë peut passer sous celuy de neufiéme mineure; & estant unie à une octave, rendre une seiziéme mineure; unie à deux, une vingt-troisiéme mineure; unie à trois, une trentiéme mineure; unie à quatre, une trente-septiéme mineure, &c.

VIII. L'on peut encore ajoûter au nombre des dissonances, les intervalles qui sont moindres [15] que le demy-ton, comme la diese enharmonique, le diachisme, le comma, & autres semblables. 15 *Franch.*

CHAPITRE VIII.

Des differentes proportions des sons & des intervalles.

I. Les philosophes & les musiciens demeurent d'accord, que pour bien entendre la nature & la difference des sons & de leur intervalles, il est necessaire de connoistre [1] leur grandeur, leur mesure, & leurs proportions; parce qu'estans composez de divers nombres ou parties, ils ne peuvent estre sans quelque grandeur, ny unis ensemble sans quelque proportion [2]: mais ils sont partagez en expliquant ce en quoy consiste cette grandeur & cette proportion. Car Aristoxene les a seulement establies sur celles de la geometrie, & s'est seruy d'un monocorde sur lequel ces proportions estoient geometriquement marquées sans aucun nombre. Pythagore au contraire & ses disciples les ont exprimées par la difference des nombres d'arithmetique; & il y en a eu d'autres qui ont employé conjointement l'une & l'autre façon, ajoûtant la difference des nombres aux divisions du monocorde, parce que la science du chant tenant comme le milieu entre l'arithmetique & la geometrie, elle participe aucunement de l'une & de l'autre, & par consequent elle s'en peut servir.

1 *Boetius.* 2 *Boëtius. & alij.*

II. Afin de mieux comprendre cecy, il faut remarquer & supposer quatre ou cinq choses. 1°. Que la proportion n'est autre chose qu'un certain rapport [3] ou comparaison de deux quantitez de mesme genre, ou bien de deux termes, les uns aux autres; sous lesquels noms de quantitez, de termes ou d'extremes, les sommes d'arithmetique se trouvent pareillement comprises. 2°. Que la proportionalité, qui est autrement appellée raison, est un [4] assemblage de proportions égales, laquelle ne peut subsister en moins de trois termes, bien qu'elle puisse estre dans un plus grand nombre. Car lors que le premier terme garde la mesme proportion à l'égard du second, que le second la garde au regard du troisiéme, l'on appelle ce rapport proportionalité ou raison, dont le second est le terme milieu. 3°. Que le terme milieu, qui produit & joint ensemble les proportions, le fait plus particulierement en trois

3 *Euclid. & alij.* 4 *Boëtius.*

5 *Boëtius.* manieres 5, qui établissent les trois principaux genres de proportionalité, que les arithmeticiens appellent autrement medietez. Car ou la difference du moindre terme comparé à celuy du milieu est égale à celle qui est entre le mesme terme du milieu & le plus grand, quoy que la proportion n'en soit pas égale, ainsi qu'il se peut voir dans les nombres 1. 2. 3. où il n'y a que la seule unité qui fasse la difference égale entre un & deux, & entre deux & trois, bien que la proportion ne le soit pas; car deux à l'égard d'un la font double, & trois comparez à deux la rendent sesquialtere : Ou bien la proportion de ces mesmes termes est égale, & non pas la difference, comme il arrive aux nombres 1. 2. 4. car un est la moitié de deux, comme deux l'est de quatre : mais c'est le binaire qui met la difference entre quatre & deux, & c'est l'unité qui la met entre deux & un. Outre ces deux sortes de medieté ou de milieu, il y en a un troisiéme, qui ne consiste ny dans les mesmes proportions, ny dans les mesmes differences; mais en ce que la difference des plus grands termes ou extrémes se rapporte à la difference des plus petits en la mesme maniere que le plus grand terme se rapporte au plus petit, ainsi qu'en ces nombres 3. 4. 6. car 6. est double de 3. comme 2. (qui est la difference de 6. & de 4.) est double de 1. (qui est la difference de 4. & de 3.)

La medieté ou le milieu auquel les differences sont égales, s'appelle arithmetique; celuy ou les proportions sont semblables, geometrique : & le troisiéme où les differences & les
6 *Boëtius.* proportions sont diverses 6, mais ajustées en sorte qu'il y a
7 *Boëtius.* égalité de proportions 7 tant aux termes qu'en leurs differences, se nomme harmonique.

La medieté arithmetique rend une plus grande proportion entre les parties qui sont moindres, & une moindre entre les plus grandes. Comme en 1. 2. 3. la proportion d'un a deux qui sont les moindres nombres est double, & la proportion de deux à trois qui sont les plus grands, n'est que d'autant & demy, qui est moindre que double.

La Geometrique garde une égale proportion entre les moindres & les plus grands termes, car la moindre proportion qui se trouve entre deux & quatre, se rencontre pareillement entre quatre & huit.

8 *Boëtius.* Mais l'harmonique tient une proportion qui est semblable à celle de ses termes 8, moindre entre les moindres, & plus

grand entre les plus grands. Car en ces termes 3. 4. 6. la proportion de trois à quatre qui sont les moindres est d'autant & tiers; ou celle de six à quatre, qui sont les plus grands, est d'autant & demy, qui est plus grande que celle qui n'est que d'autant & tiers.

De plus, la medieté arithmetique surpasse le moindre extréme de la moindre partie de soy-mesme, avec laquelle il est surmonté par la plus grande: car dans les nombres 1. 2. 3. celuy de deux, qui est le milieu, surmonte un d'une unité, de laquelle il est pareillement surmonté par trois.

La geometrique surpasse le moindre extréme d'une semblable partie de soy-mesme, dont il est surmonté par la partie du plus grand; comme en ces nombres 2. 4. 8. quatre surmonte deux de deux qui est sa moitié, & il est pareillement surpassé par huit de la moitié de huit qui est quatre.

Mais l'harmonique excede son moindre extréme de la mesme [9] partie du moindre, avec laquelle il est excedé du plus grand, ainsi qu'il paroist en ces nombres 2. 3. 6. où trois qui est le milieu, surpasse deux, qui est le moindre, de sa moitié qui est un: & le mesme trois est surmonté par six, qui est le plus grand, de trois qui est la moitié du mesme six.

9 *Boëtius.*

III. La quatriéme remarque qu'il faut supposer, est que l'égalité est le principe [10] de toutes les proportions, de mesme que l'unité est l'origine de tous les nombres & de toute multitude: de sorte que l'égalité est à l'égard des proportions, ce qu'est l'unité à l'égard des nombres: & partant indivisé en soy, & sans aucune difference de genre ny d'espece, tout de mesme que [11] l'unité. L'inegalité au contraire est sujette à toute sorte de divisions [12], dont la premiere ou la plus generale est d'estre plus grand ou plus petit. Le plus grand est sousdivisé en cinq parties; dont la premiere est nommée multiple, la deuxiéme surparticuliere, la troisiéme surpartiente, la quatriéme multiple surparticuliere, la cinquiéme multiple surpartiente. Le plus petit a pareillement cinq especes opposées à celles du plus grand, aux noms desquelles l'on ne fait qu'ajoûter le mot *sous*, pour signifier que le plus petit est contenu dans le plus grand; d'où vient que la premiere s'appelle soû-multiple, la deuxiéme soû-particuliere, la troisiéme soû-surpartiente; la quatriéme multiple soû-surparticuliere, la cinquiéme multiple soû-surpartiente. La raison de ces divisions est,

10 *Boëtius.*

11 *Boetius.*

12 *Boët. & alij.*

qu'une chose qui est inégale surpasse l'autre ou en est surpassée[13], ou bien de son total, ou seulement de l'une de ses parties. Quand donc elle surpasse de son total, ce premier genre d'inegalité est appellé multiple; & selon que le plus grand nombre contient en soy le moindre, ou deux, ou trois, ou quatre fois ou davantage, sans que rien y manque ny excede, il est nommé ou double, ou triple, ou quatruple, & ainsi des suivans jusques à l'infiny.

13 *Boëtius. & alij.*

Le deuxiéme genre d'inegalité, que l'on nomme surparticulier, se fait lors que le plus grand nombre contient en soy le moindre tout entier avec l'une de ses parties; & si cette partie est la moitié, ainsi que trois contiennent deux & la moitié de deux qui est un, la proportion s'appelle sesquialtere; que si cette partie est la tierce, comme quatre contiennent trois, & la tierce partie de trois, la proportion est sesquitierce. Si c'est la quatriéme, ainsi que cinq comparez à quatre, la proportion est sesquiquarte: suivant quoy l'on garde une semblable proportion dans tous les autres nombres, lors que les plus grands contiennent en cette façon quelque partie de plus, que les moindres.

Le troisiéme genre d'inégalité appellé surpartient, se forme toutefois & quantes que le plus grand nombre renferme en soy tout le moindre, & en outre quelques-unes de ses parties: Que si ces parties ne sont que deux, la proportion en est nommée surbipartiente, ainsi qu'est le nombre de cinq à l'égard de trois: Mais si l'excés de ces parties est de trois, la proportion est surtripartiente, comme est celle du nombre de sept comparé à quatre: Si l'excés est de quatre, ou de plus grand nombre de parties, l'on observe aux suivans une semblable proportion.

Le quatriéme genre d'inégalité, est celuy qui est composé du multiple & du surparticulier joints ensemble; sçavoir, lors que le plus grand nombre contient en soy le moindre deux ou trois ou quatre fois, ou davantage, & en outre quelqu'une de ses parties. Que s'il contient le moindre deux fois & demy, on l'appelle double sesquialtere, comme cinq à l'égard de deux: S'il le contient deux fois, & sa tierce partie tant seulement, il est nommé double sesquitierce, comme sept comparez à trois. Mais si le moindre nombre est contenu trois fois & demy par le plus grand, il sera appellé triple sesquialtere, comme sont

sept

sept à l'égard de deux. Enfin le reste des nombres se varie de la mesme façon, selon que la multiplicité & la surparticularité des nombres se rencontrent jointes ensemble.

Le cinquiéme genre d'inégalité, est celuy qui est formé du multiple & du surpartient unis ensemble; lors que le plus grand nombre comprend en soy le moindre plus d'une fois, & en outre plus d'une de ses parties. Que s'il contient le moindre deux fois avec deux de ses parties, il est nommé double surbipartient, comme trois à l'égard de huit. Si trois fois avec deux de ses parties, on l'appelle double surtripartient, comme trois comparez à onze: Si davantage, l'on diversifie & change de mesme les noms de la multiple & de la surpartiente, conformément à la quantité de leurs nombres unis ensemble.

IV. La cinquiéme remarque concerne les diverses proprietez de ces genres d'inégalité, & les avantages que les uns ont par dessus les autres; dautant que cette connoissance peut donner beaucoup de jour à celle des intervalles, des consonances, & mesme des systemes, ou des gammes, qui en tirent leur origine & leur excellence. En voicy quelques-unes de celles que Boëce nous a laissées apres avoir jetté le fondement de leur induction qui se peut voir aux notes [14]. La multiplicité, *14 Boëtius.* dit-il, croissant toûjours à l'infiny, conserve beaucoup mieux la [15] nature du nombre que ne font pas les autres genres: car *15 Boëtius.* la surparticularité diminuë le moindre nombre à l'infiny, en ce qu'elle le contient, & en outre ou sa moitié, ou sa troisiéme, ou sa quatriéme, ou sa cinquiéme partie, &c. & ainsi elle est renduë semblable à la quantité continuë. La surpartiente pareillement se départ en quelque façon de la simplicité, parce qu'outre le moindre nombre, elle contient encore, ou deux, ou trois, ou quatre, ou un plus grand nombre des ses parties.

De plus toute sorte de multiplicité s'entretient dans l'integrité: car le double a deux fois en soy tout le moindre le triple l'a trois fois, & ainsi du reste des multiples: La surparticularité au contraire ne garde rien d'entier; mais le surpasse ou de moitié, ou de la troisiéme, ou de la quatriéme, ou de la cinquiéme partie, &c. en telle sorte toutefois que cette division ne se fait qu'en l'une des parties simples. Enfin la surpartiente ne conserve ny l'integrité, ny la simplicité des parties, & partant les Pythagoriciens n'ont pas estimé que ses proportions dûssent estre mises au nombre des consonances de la musique. Ptolemée toutefois n'a pas crû qu'on les en dûst exclure.

H

16 *Boëtius.* La multiple a encor plusieurs autres avantages ; car elle est la plus ancienne & la plus [16] excellente de toutes ; elle seule 17 *Boëtius.* merite d'estre comparée à [17] l'unité comme la premiere de toutes ; c'est elle qui est la plus connuë [18] de toutes, & qui 18. *August.* est plûtost equisonance [19] que consonance : c'est elle dont les 19 *Beda.* proportions croissent à mesure que les nõbres augmentent ;[20] 20 *Beda.* & au contraire plus les nombres s'accroissent, & plus les 21 *Boëtius.* proportions de la surparticuliere diminuent ; en sorte que la proportion se trouve moindre [21] aux plus grands nombres, & plus grande aux plus petits. Car aux nombres 1. 2. 3. 4. le binaire est double à l'égard de l'unité : le ternaire n'est que sesquialtere au respect du binaire : & le nombre de quatre comparé à celuy de trois, n'est que sesquitierce : quoy que d'ailleurs trois & quatre soient des nombres bien plus grands que ne sont pas un & deux.

V. Ces remarques estans ainsi supposées, il ne sera pas malaisé d'entendre les proportions, soit arithmetiques, soit geometriques, que les musiciens ont accoûtumé de donner aux intervalles du chant. Voicy ce que Bede en a laissé touchant 22 les principaux [22]. Le ton, dit-il, se forme quand une voix surpasse une autre de toute son étenduë ou quantité, & en outre de la huitiéme partie de la voix qui est surpassée, soit que l'on monte, soit que l'on descende. Mais le demy-ton se fait lors que le ton est divisé en deux parties non égales, mais inégales. Le diatessaron ou la quarte se rencontre quand une voix en sa hauteur contient une voix plus basse, & en outre la troisiéme partie de la mesme voix basse. Le diapente ou la quinte, provient de ce qu'une voix surpasse une autre voix de toute son étenduë, & en outre de la moitié de la voix moindre qui est ainsi surpassée. Enfin le diapason ou l'octave (qui merite mieux le nom de equisonance que de consonance) se trouve toutesfois & quantes qu'une voix, soit en s'élevant, soit en s'abaissant, contient deux fois toute l'étenduë ou la quantité de la voix qu'elle surpasse. Apres quoy, le mesme autheur continuë à exprimer les proportions de ces intervalles, [23] pre-
23 mierement par les differentes divisions geometriques d'une corde, & ensuite par les nombres d'arithmetique. De laquelle 24 *Beda.* methode Boëce [24], & la pluspart des autres autheurs se sont pareillement servis en traitant de cette matiere, ainsi qu'on le peut voir dans leurs livres. Suivant quoy j'ay marqué cy-dessous en l'une & l'autre façon la liste de ce qu'ils nous ont laissé

des proportions de tous ces intervalles. Et quoy que celle des nombres semble plus propre à les expliquer dans leur justesse, à cause de la dépendance plus naturelle, & de la liaison plus estroite qui est entre l'Atimethique & la Musique: neanmoins l'accord qui est entre les proportions de la Geometrie, & celles de l'Arithmetique ne laissera pas de leur donner de l'éclaircissement & d'en faciliter l'intelligence.

VI. Afin donc de commencer par les nombres, apres l'unisson qui est dans la proportion d'égalité d'un à un, ou de deux à deux &c. & partant qui n'a & ne peut avoir aucune espece differente, bien qu'il soit le fondement, le principe, & la fin de tous les differens intervalles, & de toutes les consonances, de mesme que l'égalité l'est de toutes les diverses proportions; l'unité de toute sorte de nombres [25]; & le point de la varieté des lignes. Voicy en suite la table des intervalles avec les proportions des nombres dans leurs termes radicaux, c'est à dire, les premiers [26] qui conviennent à chacun.

25. *Franch.*

26 *Franch.*

27. *Boëtius.*

L'unisson d'un à un	1	1
L'octave [27] de deux à un	2	1
La quinte de trois à deux	3	2
La quarte de quatre à trois	4	3
La tierce majeure de cinq à quatre	5	4
La tierce mineure de six à cinq	6	5
Le ton majeur de neuf à huict	9	8
Le demy ton mineur de 25. à 24.	25	24
La sexte mineure de huict à cinq	8	5
La sexte majeure de cinq à trois	5	3
La 10. mineure de douze à cinq	12	5
La 10. majeure de cinq à deux	5	2
La 11. de huit à trois	8	3
La 12. de trois à un	3	1
La 13. mineure de treize à dix	13	10
La 13. majeure de dix à trois	10	3
La 15. ou double octave de quatre à un	4	1
La 17. mineure de vingt-quatre à cinq	24	5
La 17. majeure de cinq à un	5	1
La 18. de seize à trois	16	3
La 19. de six à un	6	1
La 20. mineure de trente-deux à cinq	32	5
La 20. majeure de vingt à trois	20	3

La 22. ou la triple octave de huit à un -	8	1
La 24. mineure de quarante-huit à un - -	48	1
La 24. majeure de dix à un - -	10	1
La 25. de trente-deux à trois - -	32	3
La 26. de douze à un - - -	12	1
La 27. mineure de soixante-quatre à cinq - -	64	5
La 27. majeure de quarante à trois -	40	3
La 29. ou quatruple octave de seize à un - -	16	1

Le reste des intervales & des consonances ont pareillement des nombres qui par proportion leur correspondent, mais il n'est pas besoin d'en continuer plus avant la liste en montant; Il faut seulement remarquer en descendant que les proportions du ton mineur & du demy-ton majeur, dont la pluspart des musiciens se servent maintenant dans leurs differentes parties, comme aussi les proportions de la diese en harmonique, & du comma, sont celles-cy.

Le ton mineur est de dix à neuf - -	10	9
Le demy-ton majeur de seize à quinze -	16	15
La diese en harmonique de 128. à 125. -	128	125
Le comma d'octante à octante-un - -	80	81

Que si quelqu'un veut comme en abregé voir les proportions harmoniques de tous les intervales du chant par le rapport des nombres les uns aux autres, il n'a qu'à jetter la vûë sur la table suivante, où la disposition des nombres est si admirable, que ceux qui sont perpendiculairement les uns sur les autres, sont en proportion multiple; combinez dans la suite naturelle ils se rencontrent dans la suparticuliere, & traversez diagonalement de la gauche à la droite, ou de la droite à la gauche ils se trouvent ou en la suparticuliere ou en la surpartiente : De sorte que si l'on en continuë la table, il n'y a aucun intervale pour petit qu'il soit qui ne s'y rencontre au moyen de ces proportions arithmetiques. Voicy le commencement de cette table.

1		2		3		4		5		6
2	3	4	5	6	7	8	9	10	11	12
sesqui altera	sesqui tertia	sesqui quarta	sesqui quinta	sesqui sexta	sesqui septima	sesqui octava	sesqui nona	sesqui decima	sesqui undecima.	
octava	quinta	quarta	tertia major	tertia minor.						

Qant aux proportions des intervalles dissonans.

Le triton est de quarante-cinq à trente-deux	45	32
La quarte diminuée de trente-deux à vingt-cinq	32	25
La fausse quinte de soixante-quatre à 45 - -	64	45
La quinte superfluë de vingt-cinq à seize -	25	16
La septiéme mineure de neuf à cinq - -	9	5
La septiéme majeure de quinze à huit -	15	8
La fausse octave de quarante-huit à 25 -	48	25
L'octave superfluë de cent trente-cinq à 64	135	64
La neuviéme mineure de trente-deux à quinze	32	15
La neuviéme majeure de neuf à quatre -	9	4
Le triton diapason de quarante cinq à seize	45	16
La fausse quinte diapason de 128 à 45 -	128	45
La quatorziéme mineure de dix-huit à cinq	18	5
La quatorziéme majeure de quinze à quatre	15	4
La seiziéme mineure de soixante-quatre à quinze	64	15
La seiziéme majeure de neuf à deux -	9	2
Le triton disdiapason de quarante-cinq à huit	45	8
Le semidiapente disdiapason de 256 à 45 -	256	45
La vingt-uniéme mineure de trente-six à cinq	36	5
La vingt-uniéme majeure de soixante à neuf	60	9
La 23. mineure de cent vingt-huit à cinq -	128	5
La 23. majeure de neuf à un. - -	9	1
Le triton trisdiapason de quarante-cinq à quatre	45	4
La 28. mineure de sept cens vingt-un à cinq	721	5
La 28. majeure de six-vingt à neuf - -	120	9

Et ainsi par proportion du reste des dissonances.

VII. Apres avoir donné la table ou la liste de l'accord que les intervalles harmoniques du chant ont avec les nombres d'arithmetique, & fait voir la correspondance qui est aussi entre les intervalles dissonans & les nombres, il reste à voir le rapport que les proportions de geometrie ont avec les mêmes intervalles harmoniques & avec leurs nombres arithmetiques. La division du monochorde est fort propre [28] à cet effet, aussi l'usage en a-t-il esté singulierement recommandé par les plus anciens & les plus illustres auteurs qui ont traité de cette science. Car Pythagore estant aux approches de la mort recommanda particulierement l'usage du monochorde à ses disciples.[29] Et Ptolemée l'a pareillement estimé l'instrument le plus

28 *Finaus.*

29. *Franch.*

juste & le plus propre à regler l'harmonie & la difference des sons ; & c'est pour ce sujet qu'il luy a donné le nom de regle
30 *Ptolem.* harmonique ou canonique[30] : parce qu'il n'est pas moins propre, ny moins utile à mesurer leurs intervalles depuis le plus bas jusques au plus haut, ou du plus haut jusques au plus bas, que la regle ordinaire des geometres à tirer les lignes
31 *Ptolem.* droites, ou le compas à décrire les circulaires[31]. Aretin donc suivant les mesmes maximes en a pareillement proposé l'usage d'abort, & a laissé par écrit deux ou trois manieres d'en
32 *Guido.* faire la division pour les vint chordes de son systeme[32]; & toutes ces manieres sont si exactes & si justes, qu'elles conviennent entierement les unes avec les autres ; & que les trois ensemble ne rendent qu'une mesme division, ainsi qu'on le peut voir au 1. exemple figure VI. où la division de ce monochorde est faite suivant les termes & le texte du mesme Aretin qui se peut voir aux notes ; l'on y a seulement ajoûté les nombres & les proportions d'arithmetique qui répondent aux sections & aux proportions geometriques, qui d'un costé sont marquées de lettres, & de l'autre costé de nombres, afin qu'on puisse voir le parfait accord qui est entre ces deux sortes de proportions avec les proportions harmoniques des intervalles des sons : Outre quoy voicy encore deux ou trois autres façons de faire les divisions geo-
33 *Boetius.* metriques du monochorde[33], qui pourront faciliter l'intelligence des differentes proportions de chaque son ou intervalle particulier.

VIII. Afin donc de rencontrer l'unisson au monochorde, il ne faut que diviser la prochaine ligne *AB* par le milieu, puis mettre le chevalet coulant sous le point du milieu sur lequel est la lettre C. Apres quoy si l'on touche le costé de la chorde qui est de l'A au C, & l'autre costé de la mesme chorde qui est du C au B, elles rendront toutes deux le mesme son ou l'unisson.

A 1 C 1 B

Pour trouver l'octave, qui consiste en proportion double de deux à un, qui joints ensemble font le nombre de trois, il n'y a qu'à diviser en trois la ligne A B. & appliquer le chevalet entre les deux & la troisiéme à l'endroit de la lettre C, puis toucher l'une & l'autre partie de la chorde A. C. & C B & lors C B sonnera l'octave [34] contre A C. 34 *Boetius.*

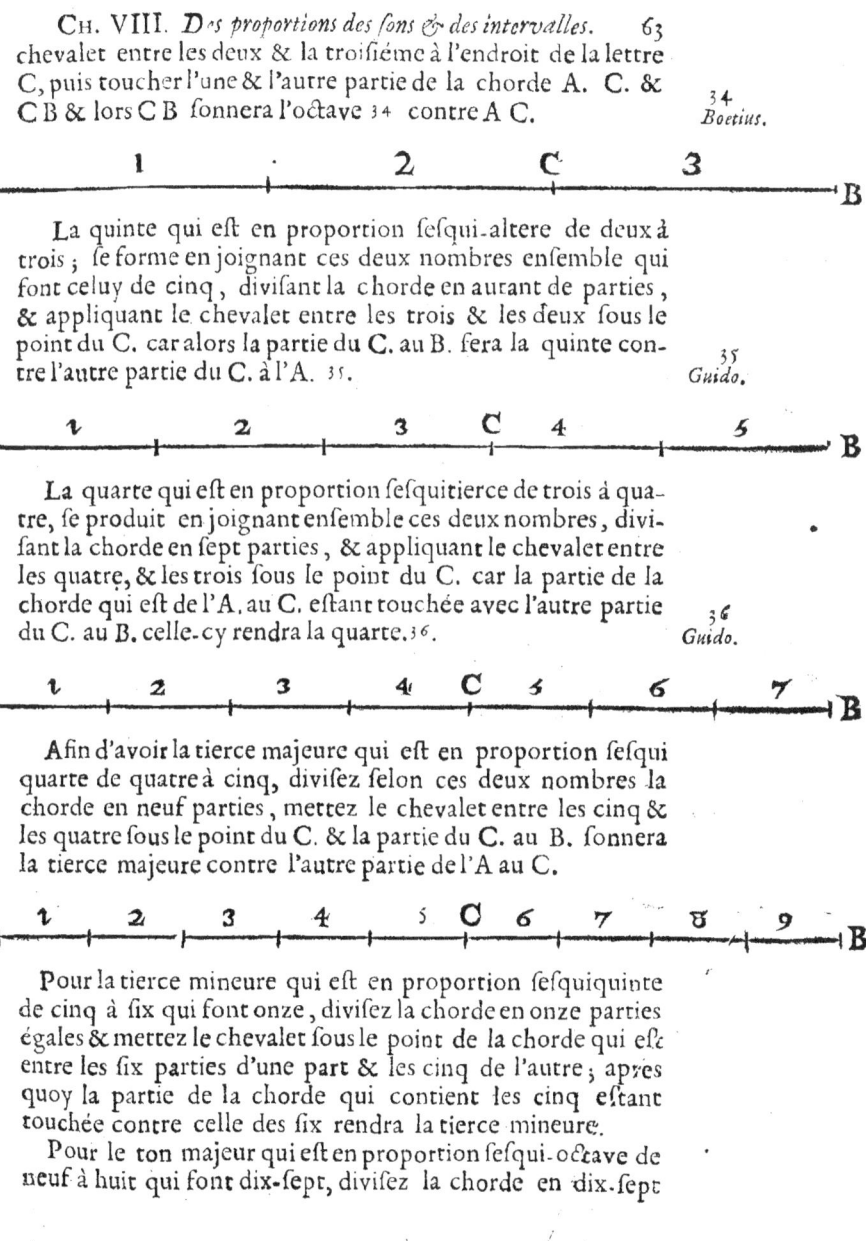

La quinte qui est en proportion sesqui-altere de deux à trois ; se forme en joignant ces deux nombres ensemble qui font celuy de cinq, divisant la chorde en autant de parties, & appliquant le chevalet entre les trois & les deux sous le point du C. car alors la partie du C. au B. sera la quinte contre l'autre partie du C. à l'A. [35]. 35 *Guido.*

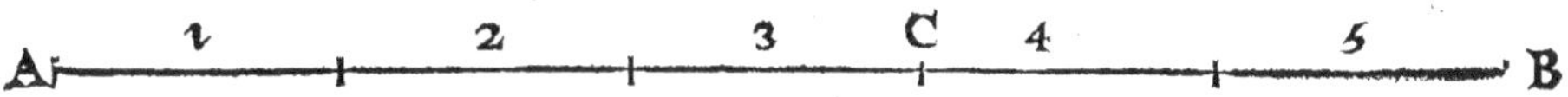

La quarte qui est en proportion sesquitierce de trois à quatre, se produit en joignant ensemble ces deux nombres, divisant la chorde en sept parties, & appliquant le chevalet entre les quatre, & les trois sous le point du C. car la partie de la chorde qui est de l'A. au C. estant touchée avec l'autre partie du C. au B. celle-cy rendra la quarte. [36]. 36 *Guido.*

Afin d'avoir la tierce majeure qui est en proportion sesqui quarte de quatre à cinq, divisez selon ces deux nombres la chorde en neuf parties, mettez le chevalet entre les cinq & les quatre sous le point du C. & la partie du C. au B. sonnera la tierce majeure contre l'autre partie de l'A au C.

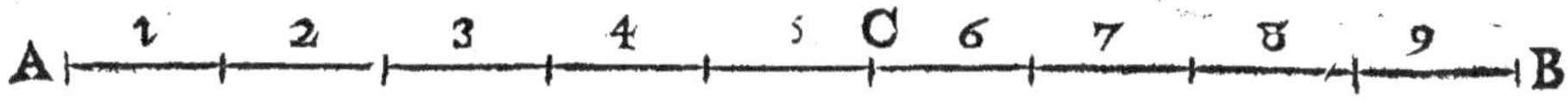

Pour la tierce mineure qui est en proportion sesquiquinte de cinq à six qui font onze, divisez la chorde en onze parties égales & mettez le chevalet sous le point de la chorde qui est entre les six parties d'une part & les cinq de l'autre ; apres quoy la partie de la chorde qui contient les cinq estant touchée contre celle des six rendra la tierce mineure.

Pour le ton majeur qui est en proportion sesqui-octave de neuf à huit qui font dix-sept, divisez la chorde en dix-sept

parties, mettez le chevalet sous le point de la chorde qui est entre les neuf parties d'un costé & les huit parties de l'autre, & le costé des huit parties estant touché contre celuy des neuf
37 *Guido.* produira le ton majeur. 37

Pour le demy-ton mineur en proportion sesqui vingt-quatriéme de vingt-quatre à vingt-cinq qui font quarante-neuf divisez la chorde en autant de parties, & ayant mis le chevalet sous le point de la chorde qui est entre les 25 d'un costé & les 24. de l'autre, ce costé de chorde estant touché contre l'autre formera le ton mineur.

Pour la sexte majeure qui est en proportion surbipartiente les tierces de trois à cinq, joignant ensemble ces deux nombres qui font huit, divisez pareillement la chorde en huit parties, & mettez le chevalet en sorte que cinq parts demeurent à l'un de ses costez & trois de l'autre; puis le costé des trois estant touché contre celuy des cinq sonnera la sexte majeure.

Pour la sexte mineure qui est en proportion surtripartiente les quintes de cinq à huit qui font treize, divisez aussi en treize la chorde; & le chevalet estant mis entre les cinq & les huit, le costé des cinq rendra la sexte mineure contre le costé où il y en a huit.

Pour la dixiéme majeure qui est en proportion double sesquialtere ou sesquiseconde de deux à cinq, divisez la chorde en sept, & mettant le chevalet entre les deux & les cinq, le costé où sont les deux fera la dixiéme majeure contre le costé des cinq, lors qu'ils seront touchez l'un contre l'autre.

Pour la dixiéme mineure en proportion double surbipartiente les quintes de douze à cinq qui font 17. divisez la chorde en autant de parties, & mettant le chevalet sous le point de la chorde qui fait le milieu entre les cinq parties d'un costé, & les douze de l'autre, le costé des cinq estant touché contre le costé des douze rendra la dixiéme mineure.

Pour l'onziéme qui est en proportion double surtripartiente les tierces de huit à trois, divisez la chorde en onze, & mettez le chevalet en sorte qu'il ait d'un costé huit, & de l'autre trois de ces parties, lors le costé des trois estant touché contre celuy des huit rencontrera l'onziéme.

La douziéme qui est en proportion triple de trois à un, se trouvera pareillement en divisant la chorde en quatre, & laissant

sant à vn costé du chevalet trois de ces parties, & seulement une à son autre costé.

La treiziéme majeure en proportion triple sesquitierce de dix à trois, sera formée en divisant la chorde en treize, & mettant le chevalet entre les trois d'un costé & les dix de l'autre; car les trois estant touchées contre les dix, rendront cette treiziéme.

La treiziéme mineure en proportion sursextipartiente les dixiémes de dix à seize sera produite, divisant la chorde en vingt-six, & posant le chevalet sous le point qui est entre les seize parts d'un costé, & les dix de l'autre, qui estans touchées contre les seize, feront la treiziéme mineure.

Le disdiapason ou la double octave, en proportion quadruple de quatre à un, ne manquera pas de se rencontrer, si divisant la chorde en cinq, l'on met le chevalet sous le point de la chorde qui a quatre parties à l'un de ses costez, & seulement une à son autre costé: car celle-cy touchée contre l'autre, rendra la double octave.

IX. Ces exemples suffisent pour faire voir la maniere avec laquelle toute sorte d'autres intervalles, soit qu'ils ayent une bonne ou mauvaise suite, soit qu'ils soient consonans ou dissonans, peuvent estre formez par la division du monochorde. Car le triton, par exemple, qui est de trente-deux à quarante-cinq sera produit, si divisant la chorde en septante-sept portions égales, l'on applique le chevalet sous le point de la chorde qui divise le costé de la chorde où sont les trente-deux portions, d'avec l'autre costé où sont les quarante-cinq.

La septiéme mineure qui est de cinq à neuf, se rencontrera si divisant la chorde en quatorze parties, l'on place le chevalet en sorte qu'un costé de la chorde contiene cinq parties, & l'autre costé en contiene neuf. Ce qui peut par proportion estre verifié en parcourant le reste des consonances. Or en toutes ces sortes de divisions, il est aisé de remarquer le merveilleux accord qui se trouve entre les rapports des nombres de l'arithmetique, & les proportions de la geometrie, & l'uniformité avec laquelle la multitude des nombres, & la grandeur des proportions conviennent ensemble pour designer les sons bas ou graves d'une part; & de l'autre comme la moindre quantité des nombres, & la petitesse des proportions s'ajustent fort bien ensemble pour marquer les sons hauts ou aigus.

X. Un autre façon de diviſer le monochorde, & par ſa diviſion d'exprimer en particulier chaque intervalle, eſt d'avoir deux chordes ou deux lignes paralleles de meſme longueur, dont laiſſant l'une entiere ſans aucune diviſion, l'on applique les diviſions ſur l'autre. Car alors la moitié de la ligne A. B. par exemple, ou de l'A à l'E. ou de l'E au B. eſtant touchée contre la chorde indiviſe de C D, rendra l'octave.

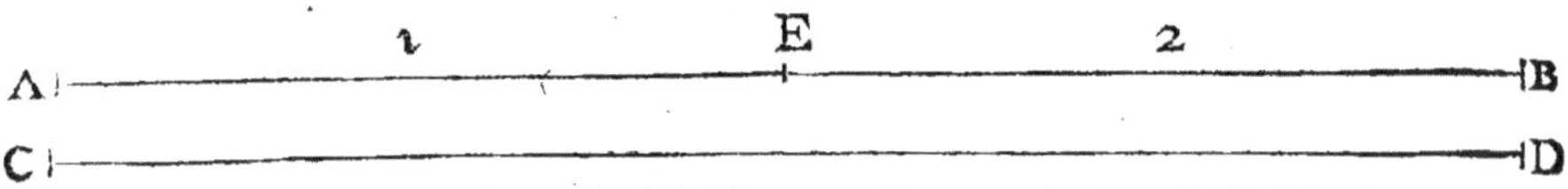

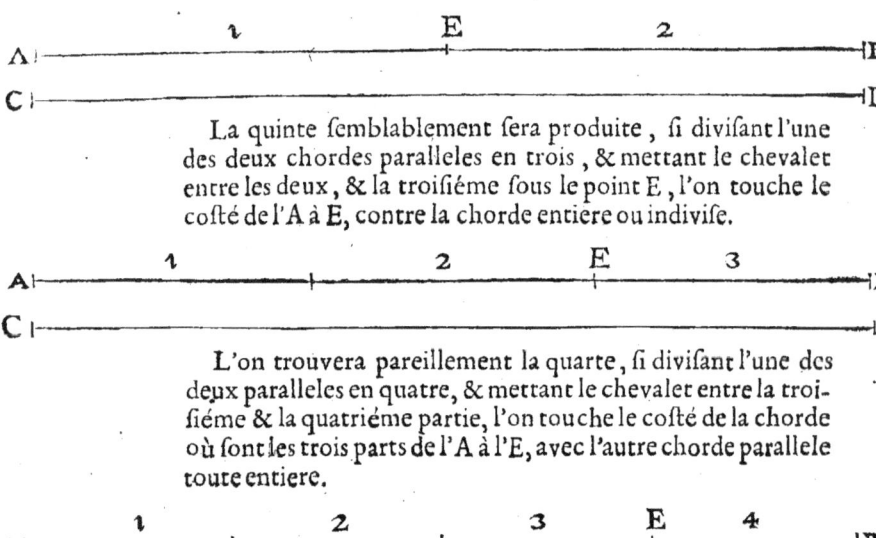

La quinte ſemblablement ſera produite, ſi diviſant l'une des deux chordes paralleles en trois, & mettant le chevalet entre les deux, & la troiſiéme ſous le point E, l'on touche le coſté de l'A à E, contre la chorde entiere ou indiviſe.

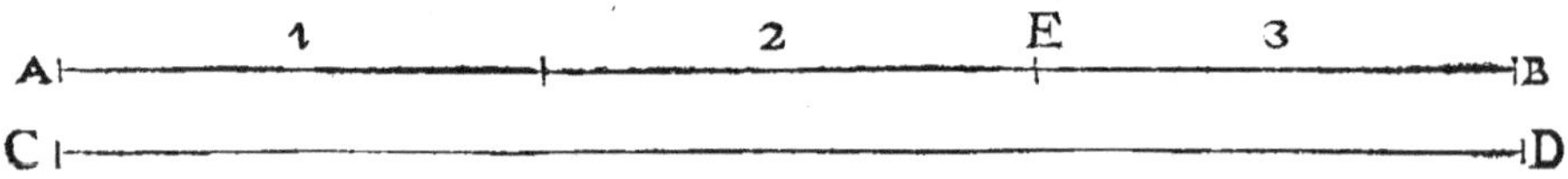

L'on trouvera pareillement la quarte, ſi diviſant l'une des deux paralleles en quatre, & mettant le chevalet entre la troiſiéme & la quatriéme partie, l'on touche le coſté de la chorde où ſont les trois parts de l'A à l'E, avec l'autre chorde parallele toute entiere.

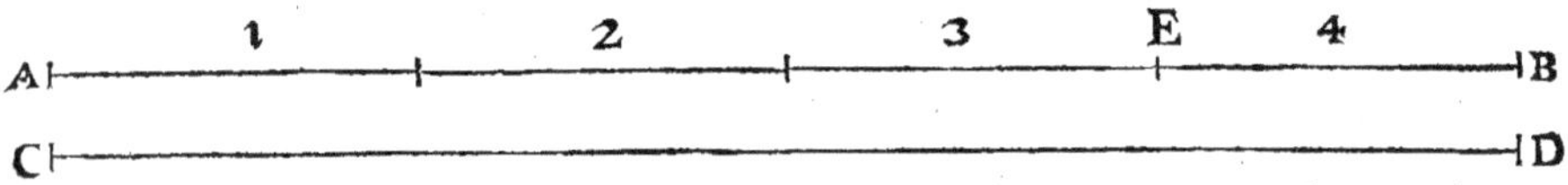

Toutes les autres ſortes d'intervalles ſe peuvent former de la meſme maniere par les diviſions de l'une de ces deux chordes qui leur ſoient proportionées.

XI. Outre ces deux façons de diviſer le monochorde, qui ne ſervent chacune qu'à former un des intervalles. L'on peut diviſer la chorde en ſorte que dans ſes diviſions il s'y rencontre pluſieurs intervalles enſemble : Par exemple, ſi on la diviſe en ſix parties égales, l'on y trouvera 5.

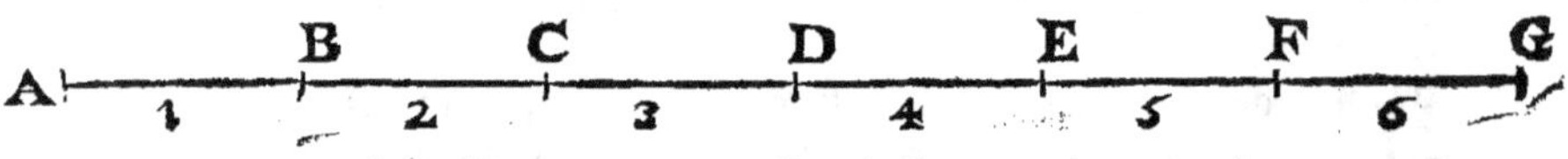

des principaux intervalles, & des premieres conſonances. Ca A. C. rendront l'oct a ve contre B. C. en proportion double.

A. C. contre A. D. feront la quinte, ou ſeſquialtere.
A. D. contre A. E. la quarte ou ſeſquitierce.
A. E. contre A. F. la tierce majeure, ou ſeſquiquarte.
A. F. contre A. G. la tierce mineure ou ſeſquiquinte.

Et ſi la multiplicité des diviſions d'une ſeule chorde n'eſtoit pas expoſée à quelque danger de confuſion, il ne ſeroit pas malaiſé d'y en marquer un plus grand nombre avec autant des differens intervalles qui y peuvent correſpondre : Par exemple, ſi l'on vouloit diviſer une chorde en ſeize parties, l'on y rencontreroit les intervalles ou les conſonances qui s'enſuivent.

Et premierement ſi l'on diviſe la chorde A. B. au C. il en ſortira l'uniſſon de l'A. C. à C. B. & l'octave de l'A. C. à l'A. B.

2. Si on diviſe le C. B. de la meſme chorde en D. il en reviendra
la quarte de l'A. D. à l'A. B.
l'octave de l'A. C. à C. D.
la quinte de l'A. D. à l'A. C.
l'octave avec la quinte ou douziéme de l'A. D. à C. D.
la double octave ou didiaſpaſon de D. à l'A. B.

3. Si l'on diviſe le C. D. en E. ou le D. B. en F. il s'y rencontrera
la tierce majeure de l'A. E. à l'A. C.
le diſdiapaſon avec la tierce maj. ou 17e ma. de l'A. E. à C. E.
le diſdiapaſon ou 15e de l'A. C. à C. E.
le diſdiapaſon avec la quinte ou 19e de l'A. D. à l'E. D.
la ſexte majeure de l'A. E. à E. B.
la ſexte mineure de l'A. B. à l'A. E.
le triſdiapaſon ou 22e de l'A. B. à B. F.

4. Si l'on diviſe E. C. en G. il y aura
Le ton mineur de l'A. G. à l'A. E.
Le ton majeur de l'A. G. à l'A. C. &c.

CHAPITRE IX.

Des diverses Gammes, ou Systemes des sons, & des intervalles du chant.

I. LE mot de Gamme ou de Systeme ne signifie autre chose qu'un amas ou assemblage, [1] & une suite ou composition de plusieurs dictions, ou syllabes, ou lettres, qui signifient & donnent à connoistre les sons graves & les aigus, leur difference & leurs intervalles, leur harmonie, & leur melodie, leur bonne suite & leurs consonances; afin que par leur moyen l'on puisse non seulement discerner, lire & chanter toute sorte de pieces de chant, mais aussi les composer. De sorte que les Systemes ou les Gammes sont à l'égard du chant, ce que les Alphabets sont au regard de la Grammaire; c'est à dire les premiers élemens des sons, de leurs intervalles, & de tout le reste qui concerne le chant, comme les Alphabets le sont des syllabes, des dictions des discours, des livres, de leur lecture ou prononciation, & de tout le reste qui appartient à la Grammaire. C'est pourquoy [2] Franchin leur a donné le nom d'introduction & d'introductoire au chant & à la musique.

1 Franchin.

2

II. Mais comme il y a eu divers Alphabets selon la difference, ou des langues, ou des temps, ou des lieux (quoy qu'ils n'ayent tous esté dressez que pour signifier les mesmes voyelles & les mesmes consones:) de mesme les philosophes & les musiciens par succession de temps ont pareillement inventé diverses façons de systemes, composez de differentes dictions, ou characteres, ou lettres, ou syllabes, selon qu'il leur a semblé le plus commode pour mieux exprimer ou representer les mesmes sons, & leurs intervalles.

III. Le premier de ces systemes, dont la memoire se soit conservée dans la succession des siecles, a esté celuy des Grecs, qui ayant commencé par un tetrachorde, fut dans la suite du temps augmenté par divers philosophes & musiciens Grecs, jusques à un second, troisiéme, & quatriéme tetrachorde, & au nombre de quinze chordes, qui font le disdiapason, ou la double octave. L'on peut voir dans Boëce [3] & dans Plutarque ceux à qui les payens ont attribué l'invention de ces chordes.

3

IV. Mais parce que les noms de ces quinze chordes, par exemple, de *proslambanomenos*, *hypate*, *hypaton*, & les autres suivantes ne pouvoient pas commodement estre écrites avec le texte, tant à cause de leur [4] longueur, que de la difficulté qu'il y pouvoit avoir à les prononcer ou à les retenir, les anciens musiciens s'aviserent de substituer en leur place de certaines lettres, ou caracteres, ou chiffres, qui fussent propres à signifier les noms des mesmes chordes: Ils employerent premierement leurs lettres grecques diversifiées dans leur situation ou figure, desquelles Alipius & le mesme [5] Boëce ont fait une exacte description.

4 *Boetius & alii.*

5

V. Et d'autant que ces sortes de caracteres ou de chiffres estoient trop difficiles à retenir, tant à cause de la varieté de leurs figures, [6] que de leur excessive multitude qui selon la supputation qu'en a fait Kirchier monte jusques au nombre de mil deux-cent quarante [7]. Les Latins ennuyez de ces caracteres étrangers, employerent en leur lieu premierement les quinze premieres lettres de leur Alphabet. A. B. C. D. E. F. G. H. I. K. L. M. N. O. P. ainsi qu'on le peut voir dans le mesme Boëce [8]. Puis S. Gregoire, au rapport de Franchin & de Kirchier, reduisit le nombre de ces quinze lettres à celuy des sept [9] premieres. A.B.C.D.E.F.G. en sorte toutefois qu'elles fussent reïterées autant qu'il en seroit besoin pour satisfaire à l'étenduë, soit des pieces de chant, soit de la voix humaine, soit des instrumẽs. En suite dequoy l'õ se servit au lieu de ces lettres de certaines notes en façon de points, les uns sãs queuës, les autres avec des queuës, ainsi qu'õ le peut voir en plusieurs manuscrits du 8e ou 9e siecle. Mais parce que des notes sans aucune lettre estoient trop difficiles à discerner (particulierement aux chants extraordinaires ou de grande étenduë,) il se trouve quelques manuscrits d'environ les mesmes siecles, ou les lettres & les points sont conjointement marquez au dessus du texte; les lettres immediatement au dessus, & les points qui leur correspondent immediatement au dessus de chacune des lettres qu'ils representent, & dont ils sont les signes. Il y a toutefois grande apparence que dans le dixiéme siecle l'on ne se servoit communément que des lettres ou bien des points: parce que lors que Guy Aretin, qui a écrit à la fin de ce siecle, propose quelques exemples de chant en son Micrologue, ou au Prologue de son Antiphonaire, ou au Formulaire de ses modes, il les explique toûjours ou par les lettres, ou par les points, comme par les choses qui estoient

6 *Franch.*

7

8

9

lors les plus connuës & les plus familieres dans l'usage. Mais il ajoûte une ligne & une lettre aux points, afin d'enrendre d'abord la connoissance plus aisée.

10 VI. Enfin dans l'onziéme siecle, environ l'an [10] 1024, sous
Baron. le Pontificat de Jean xx. & l'Empire de Henry III. (bien que
11 Sigebert & [11] Crantzius disent que ce fut en 1208.) Guy Aretin natif de la ville d'Arezze en Toscane, & de profession Moine Benedictin du Monastere de Nostre-Dame de Pompose, au Duché de Ferrare, mit au jour la façon de la Gamme, des lignes, des notes, & des lettres, ou clefs, dont l'Eglise & tous les chantres se sont depuis toûjours servis dans la pratique du plain-chant, au moyen dequoy les enfans, qui (comme dit le mesme Aretin) ne sçavoient encore pas assembler ou prononcer les mots du texte, pouvoient neanmoins en chanter la note en peu de jours avec plus de facilité, que la plusspart des chantres n'eussent pû faire auparavant avec l'é-
12 tude & le travail d'une centaine d'années. [12]

Guid. VII. Kirchier fait [13] encore mention de deux ou trois autres
13 manieres de marquer les caracteres du systeme des Grecs, qu'il prétend estre plus anciennes que celle d'Aretin, à cause de la qualité des manuscrits grecs où elles se voyent, qu'il estime estre de sept-cent ans, dont les uns à ce qu'il dit sont au Monastere de S. Sauveur de Messine, & les autres sont citez par Vincent Galilée. Il dit donc qu'afin de mieux distinguer les notes ou les points qui estoient les signes de ces caracteres, il y a huit lignes dans ces manuscrits, & qu'au commencement de chaque ligne ceux de Messine ont les premieres lettres grecques, en sorte que la premiere, qui est *l'alpha*, est au commencement de la plus basse ligne, & la huitiéme, qui est le *theta*, est à la plus haute; mais ceux de Vincent Galilée n'ont que sept lettres grecques, sçavoir l'*omega* au commencement de la plus basse, le *phi* à la suivante, le *tau* à la troisiéme, le *pi* à la quatriéme, le *my* à la cinquiéme, le *lambda* à la sixiéme, le *eta* à la septiéme, & la huitiéme ligne est sans aucune lettre, pour marquer vray-semblablement la reïteration de l'*omega*, afin d'achever l'octave. Pour ce qui est des points ou des notes de ces huit lignes, ils ne sont placez que sur les mesmes lignes, & il n'y en a aucun dans leurs interlignes. Le mesme Kirchier fait aussi mention de quelques anciens antiphoniers manuscrits de Vallombreuse qui n'ont

que deux lignes avec des points [14] ou des notes au dessus & au dessous de chacune, sans aucune lettre; pretendant que tant ceux-cy que ces autres manuscrits grecs ont esté faits avant le temps d'Aretin : Neanmoins il est bien plus vray-semblable que les uns & les autres luy sont posterieurs. Car premierement pour ce qui est de Vallombreuse, Aretin publia sa nouvelle methode avant la fondation de cette Abbaye, qui ne fut bâtie que vers l'an 1040. Et si les deux lignes de ces manuscrits sont colorées, elles sont par consequent marquées des lettres que signifient leurs couleurs, dont la rouge designoit alors la lettre *F.* & la verte la lettre *C.* Que si elles ne sont accompagnées d'aucune couleur ni d'aucune lettre, elles reviendront à la façon de noter du neufiéme siecle, dont il a esté parlé cy-dessus; vû que dans les manuscrits de ces temps-là on ne laissoit pas de traçer quelques lignes pour conduire l'assiette des points en écrivant. Quant aux Grecs, si ces sortes de lignes, de lettres & de notes avoient esté en usage parmy eux, & dans l'Orient, les Latins qui avoient tant de commerce avec eux, en auroient eu quelque connoissance, & Aretin n'auroit pas manqué à se prevaloir de leur exemple pour se mettre à couvert des insultes de ceux qui poussez d'envie tâchoient de décrier sa nouvelle methode. Il n'auroit pas eu la hardiesse d'en attribuer l'invention immediatement à la grace [15]; & Kirchier ni les autres autheurs qui en ont écrit avant luy n'auroient pas eu raison de l'imputer [16] à un mouvement plus divin qu'humain. Ainsi il y a grande apparence que ces manuscrits grecs, dont Kirchier & Galilée font mention, ont esté faits aprés l'établissement de la pratique d'Aretin; & que les grecs voulant l'imiter y ont employé huit lignes & huit lettres dans ces commencemens, pour y pouvoir marquer l'octave entiere dont les pieces de chant ont accoûtumé d'estre composées, & n'estre pas obligez de mettre des notes dans les interlignes à la façon d'Aretin.

14
15 *Guido.*
16

VII. Mais parce que outre ces manuscrits qui sont citez par Kirchier, il s'en trouve quelques autres avec des notes & des lignes, qui sont effectivement avant le siecle d'Aretin, il est necessaire de remarquer la difference qui est entre leurs lignes & leurs notes, & entre celles dont Aretin s'est depuis servy, afin de ne se pas tromper dans le jugement que l'on peut porter de leur antiquité. Les lignes donc qui se voyent dans les manuſcrits qui ont precedé le ſiecle d'Aretin, n'y ont eſté employées que pour conduire la main des écrivains, afin qu'en ſuite tant l'écriture du texte que les points ou les notes du chant fuſſent tirées avec plus de droiture ou de cimetrie. Du reſte tant ces lignes que leurs notes n'ont eu aucune lettre ni couleur, & partant elles ſont qualifiées aveugles par Aretin, d'autant qu'elles ſont privées de la lumiere qui eſt neceſſaire pour faire connoiſtre la difference des ſons, & pour conduire le chant. Que ſi en quelques-uns de ces meſmes manuſcrits il ſe voit maintenant quelque lettre à l'endroit de leurs points ou de leurs notes, il n'y a qu'à les regarder de prez, & à les examiner un peu plus exactement, & l'on trouvera qu'elles ne ſont pas écrites de la meſme main, & qu'elles y ont eſté ajoûtées depuis qu'on a pû leur donner de la lumiere par le moyen des lettres d'Aretin, afin de les tirer de l'obſcurité & de la confuſion où elles eſtoient auparavant. C'eſt ainſi que je l'ay moy-meſme veû & obſervé en quelques manuſcrits, & entre autres en celuy du Monaſtere de Ripouille qui eſt de l'année 842.

IX. Quant aux lignes & aux notes d'Aretin, elles ont eſté d'abord d'une qualité bien differente; car ſes lignes ont eſté parfaitement diſtinguées par la varieté de leurs couleurs & de leurs lettres, & ont rendu les notes qui eſtoient placées deſſus & dans leurs entre-deux, non ſeulement plus intelligibles, mais auſſi viſibles & palpables. Pour cet effet il donna à deux de
17 ſes quatre lignes deux diverſes couleurs, [17] à l'une le rouge, pour marquer la lettre ou la clef *F.* à l'autre le vert, pour marquer la lettre ou la clef du *C.* Aux deux autres de ſes lignes qui n'avoient aucune couleur, il mit à leur commencement deux autres des ſept premieres lettres: de ſorte que chacune de ſes quatre lignes ayant ſa lettre ou ſa clef, les points ou les notes qui ſe trouvoient aſſiſes tant ſur lignes, qu'au deſſus ou au deſſous, & dans les interlignes, eſtoient d'abort diſcernées avec tant d'évidence, qu'en ſuite il n'a pas eſté beſoin, ni de continuer à diſtinguer les lignes par des couleurs, ni de multiplier les lettres ou les clefs; C'eſt pourquoy il y a déja pluſieurs ſiecles que l'on s'eſt contenté d'en marquer une ſeule à l'une des quatre lignes, ainſi qu'on le voit à preſent dans les livres de chant, & qu'il ſera cy-deſſous declaré plus au long dans le ſyſteme des notes; mais il faut auparavant ſçavoir en
quoy

quoy consistoient, tant le systeme des Grecs, que ceux d'Aretin; & dautant que celuy des Grecs est le fondement & l'origine de tous les autres, & que ceux d'Aretin n'ont esté inventez que pour rendre celuy des Grecs plus intelligible, & sa pratique infiniment plus aisée & plus commode qu'elle n'estoit auparavant; Il est du bon ordre de commencer leur explication par celuy des Grecs. Quant à leurs figures, elles sont mises au premier exemple, afin qu'on en puisse prendre l'idée avant que d'en voir l'explication, & se la renouveller quand il en sera besoin. Ceux qui auront la curiosité de voir les anciennes façons des lignes, & des points ou notes, desquelles il a esté fait mention cy-dessus, les trouveront au troisiéme exemple, dont celuy des quinze premieres lettres latines appliquées sur l'*Exultet* qui se chante à la benediction du cierge Paschal, est extraite du fragment d'un manuscrit de l'Abbaye de Jumieges en Normandie: Ce fragment est fort ancien, & paroist avoir six ou sept cens ans; il est fort bien écrit & fort bien noté, & se conserve dans la Bibliotheque de l'Abbaye de S. Germain des Prez.

La seconde façon qui concerne les points est tiré d'un manuscrit de l'Abbaye de Ripoüille, située aux confins de la Catalogne, & d'un manuscrit de l'Abbaye de Corbie, qui contient le Sacramentaire de S. Gregoire, sur le dos duquel est écrit, *Missale S. Eligii.* L'un & l'autre sont fort bien écrits. Celuy de Ripoüille est à présent dans la Bibliotheque de S. Germain des Prez, à laquelle il fut donné par feu Monseigneur de Marca, qui aprés avoir esté Intendant pour le Roy en Catalogne, fut depuis Archevesque de Tolouse, & de Paris. La datte de ce manuscrit y est marquée de l'an deuxiéme aprés le decez de Loüis le Debonaire, qui est l'an de nostre Seigneur 842. Celuy de Corbie est environ du mesme temps.

La troisiéme façon avec les points & les 15 lettres, est prise d'un manuscrit fort ancien, bien écrit & bien noté, de l'Abbaye de S. Germain des Prez, où il a vray semblablement esté porté avec le corps de S. Thuriave Evesque de Dole en Bretagne, dont il contient l'Office propre. Or ce S. Corps fut porté au Monastere de S. Germain, lors que les Normans ravagerent la Bretagne, environ l'an 850.

La quatriéme avec les sept premieres lettres de l'Alphabet latin, est extraite du manuscrit d'Aretin de l'Abbaye de saint

Evroult, dont il a esté parlé dans la Preface.

La cinquiéme avec des points & une ligne, est du mesme manuscrit d'Aretin.

La sixiéme avec les deux lignes de couleur, les deux autres lignes tracées sans couleur, & leurs deux lettres, est prise de l'Antiphonaire ou Graduel du mesme manuscrit.

CHAPITRE. X.

Explication du Systeme des Grecs.

I. LE systeme des Grecs est surnommé le systeme parfait & immuable, parce que la parfaite disposition de ses chordes & de leur étenduë contient toutes les consonances avec toutes leurs especes, & tous les tons ou modes du chant; en sorte qu'il ne luy manque rien de tout ce qui peut estre utile à la melodie, & qu'il ne contient rien qui y soit superflu. C'est pourquoy il est non seulement parfait, mais aussi immuable dans la disposition de ses chordes, qui sont au nombre de quinze, dont voicy les noms, avec les lettres de Guy Aretin qui leur répondent à costé.

	aa Nete hyperboleon		
Tetrachordon	g Paranete hyperboleon		
Hyperboleon	f Trite hyperboleon		
	e Nete diezeugmenon		
	d Paranete diezeugmenõ	d Nete Sinemenon	Tetra-
Tetrachordon	c Trite diezeugmenon	c Panete Sinemenõ	chordõ
Diezeugmenõ	♮ Paramese - - - - - -	b Trite Sinemenon	Sino-
	a Mese - -	a Mese	menon
Tetrachordon	G Lychanos meson		
Meson	F Parhypate meson		
	E Hypate meson		
Tetrachordon	D Lychanos hypaton		
Hypaton	C Parhypate hypaton		
	♮ Hypate hypaton		
	A Proslambanomenos		

C'est à dire,

Tetrachorde des plus hautes.	aa	La derniere des excellentes ou des plus hautes.			
	g	La penultiéme des excellentes ou des plus hautes.			
	f	La troisiéme des excellentes ou des plus hautes.			
Tetrachorde des dis-jointes.	e	La dernieres des dis-jointes.			
	d	La penultieme des dis-jointes.	d	La derniere des conjointes	Tetr. des cõjointes.
	c	La troisiéme des dis-jointes.	c	La penult. des conjointes.	
	♮	La sous-moyene. - -	b	La troisiéme descõjointes.	
Tetrachorde des moyenes.	a	La moyene.	a	La moyene.	
	G	L'indice ou la monstre des moyenes.			
	F	La sous-principale des moyenes.			
	E	La principale ou la plus basse des moyenes.			
Tetrachorde des plus basses.	D	L'indice ou la monstre des principales ou des plus basses.			
	C	La sous-principale des principales ou des plus basses.			
	♮	La principale des principales, ou la plus basse des plus basses.			
	A	L'acquise ou ajoûtée.			

Ces quinze chordes font le didiapason, c'est à dire la double octave, & chacune de ces deux octaves est composée de deux tetracordes ou quartes, qui ne faisans ensemble qu'un *heptacorde* ou septiéme, l'on a ajoûté au dessous du plus bas tetrachorde nommé *hypaton*, c'est à dire des principales, la chorde de *proslambanomenos*; c'est à dire ajoûtée, afin d'achever la plus basse octave, & faire que la *mese*, selon que son nom le porte, soit la chorde du milieu de ce systeme qui joigne ensemble les deux octaves si [1] étroitement, qu'elle soit la plus haute chorde de la plus basse octave, & la plus basse chorde de la plus haute octave.

[1] *Boëtius.*

II. Il faut toutefois remarquer que comme le second tetrachorde appellé *meson*, c'est à dire des moyenes, peut estre joint avec le troisiéme qui est immediatement au dessus par la chorde de mese. Il en peut pareillement estre separé par la chorde de *paramese*, c'est à dire la plus proche au dessus de la *mese*. Quand donc le troisiéme tetrachorde est joint avec le second, il est avec les trois chordes qui sont immediatement au dessus de la mese, appellé tetrachorde *sinemenon*, c'est à dire des [2] conjointes; bien que d'autre part il soit separé d'avec le tetrachorde *hyperboleon*, c'est à dire des excellentes, (qui est le dernier & le plus haut du Systeme) par la chorde *nete diezeugme-*

[2] *Euclid. & alij.*

non, c'est à dire la derniere des disjointes, qui en ce cas là conserve seule le nom de son tetrachorde, à cause qu'elle seule de son tetrachorde demeure lors disjointe des autres trois chordes de son tetrachorde, qui demeurants unies au tetrachorde *sinemenon*, en prenent aussi le nom; & qu'en outre elle separe lors le quatriéme & dernier tetrachorde *hyperboleon*, d'avec le tetrachorde *sinemenon*, qui est lors le troisiéme. Mais quand le troisiéme tetrachorde est disjoint du second de la plus basse octave nommé *meson*, il change le nom de *sinemenon* en celuy de *diezeugmenon*,[3] & a la chorde de *paramese* entre la *mese* & les trois chordes qui portent son mesme nom *diezeugmenon*, quoy qu'alors il soit d'autre part conjoint par sa plus haute chorde, qui est *nete diezeugmenon* avec le tetrachorde *hyperboleon*. De sorte que quand la conjonction se fait entre le second tetrachorde *meson*, & le troisime qui est lors appellé *sinemenon*, il se fait disjonction entre ce troisiéme & le quatriéme *hyperboleon* : Et au contraire lors que la disjonction se fait entre le second tetrachorde & le troisiéme qui alors est nommé *diezeugmenon*, il se fait conjonction entre ce troisiéme tetrachorde, & le quatriéme *hyperboleon*; c'est ce qui a pû donner occasion à Bacchius & à quelques autres anciens de dire qu'il y a deux disjonctions; quoy que Euclide & les autres n'en content qu'une, laquelle toutefois se peut rencontrer aux deux endroits qui viennent d'estre marquez.

3 *Euclid.*

III. Les deux tetrachordes du milieu de ce systeme peuvent donc estre conjoints ou disjoints selon que la melodie ou l'harmonie le demandent soit pour eviter le triton[4] ou la mauvaise suite des voix; soit pour empescher la dissonance des parties; soit afin de pouvoir commodement transposer les modes du chant[5] sans outrepasser les extremes du systeme. Quant aux autres tetrachordes, ils sont regulierement conjoints[6]; de sorte que lors qu'on y fait quelques autres conjonctions ou disjonctions qui ne sont pas dans la suite reguliere de leurs chordes, c'est par une espece de licence, & par des chordes feintes ou ajoûtées, que maintenant l'on appelle communément notes feintes.

4 *Franch.*

5 *Franchin & alij.*

6 *Euclid. & alij.*

IV. Le nombre des voix ou chordes de ce systeme n'est que de quinze, parce que ce nombre égale la portée naturelle de la voix humaine, qui ordinairement ne peut s'étendre avec harmonie au dela de deux octaves[7]. 2°. Parce que ce nombre

7 *Franchin.*

rend ce systeme si accomply, qu'il contient les sept especes de l'octave, les quatre especes de la quinte, les trois de la quarte, & toutes les autres consonances, & intervalles simples; comme aussi tous les modes du chant, avec les differences, & [8] les nombres harmoniques qui se peuvent rencontrer aux uns ou aux autres. 3°. parce que l'aditiõ des autres octaves, dont on peut augmenter ce systeme pour luy faire égaler le nombre de trois ou quatre ou davantage d'octaves, ausquelles plusieurs instrumens peuvent monter, n'est autre chose qu'une repetition du mesme systeme de quinze chordes, & de ses octaves; c'est pourquoy Ptolemée a dit que sa plus haute chorde est la mesme que la plus basse [9]. 4°. A cause que ce mesme systeme unit & conjoint tous les sons d'une maniere la meilleure, ou la plus parfaite; qui consiste, selon Saint Augustin, en ce que le milieu soit entierement [10] d'accord avec ses extremes, & les extremes reciproquement d'accord avec leur milieu.

8 *Franch.*

9

10

V. Et quoy qu'il semble que Euclide, Boëce, Bede, & quelques autres autheurs donnent à ce systeme le nombre de dix-huit chordes, [11] lors qu'ils distinguent ce systeme en cinq tetrachordes; il est toutefois certain que la conjonction ou la disjonction des tetrachordes *sinemenon*, & *diezeugmenon*, ne fait que changer le nom de leurs chordes sans en augmenter ny multiplier aucunement le nombre; parce qu'ils ne sont jamais employez tous deux ensemble, mais seulement l'un au defaut de l'autre; en sorte que quand l'harmonie demande l'un, l'autre est toûjours omis, & n'est point alors compté. Ainsi que Ptolemée, Boëce & Franchin le témoignent [12] en d'autres endroits; ce que Bacchius semble aussi avoir voulu donner à entendre lors qu'il a dit que le systeme immuable contient cinq tetrachordes en puissance [13]: mais cela se voit encore mieux à l'œil dans la figure de ce systeme qui est au premier exemple, & au commencement de ce chapitre.

11

12

13

VI. Les musiciens mettent encore une autre espece de distinction entre les chordes de ce systeme, en veuë de laquelle ils appellent les unes stables ou immobiles; les autres mobiles. Les immobiles sont celles qui ne varient point dans la distinction des genres, mais qui demeurent toûjours dans la mesme teneur, ainsi que font les extremes des tetrachordes, qui sont toûjours les mesmes en chaque genre. Les mobiles au con-

traire sont celles que l'on a coûtume de changer dans la mutation des genres, & qui ne demeurent pas toûjours en un mesme son ou teneur : comme sont celles qui sont entre les extremes des tetrachordes. Les immobiles donc répondent au *mi* & au *la* du systeme d'Aretin, ausquelles *l'A re* du *proslambamenos* est ajoûté, de sorte qu'elles sont sept en nombre, sçavoir est, *pr slambanomenos*, *hypate hypaton*, *hypate meson*, *mese*, *paramese*, *nete dieuzeugmenon*, & *nete hyperboleon*. Les mobiles sont toutes les autres qui sont comprises entre celles-cy, sçavoir est, *parhypate hypaton*, & *lichanos hypaton*; *parhypate meson*, & *lichanos meson*; *trite diezeugmenon*, & *paranete dieuzeugmenon trite hyperboleon* & *paranete hyperboleon*. Mais parce que cette sorte de distinction ne concerne que la difference des genres, de la theorie ou pratique desquels il n'est pas icy traité, il suffira d'en avoir fait mention, afin que ceux qui voudront en sçavoir davantage puissent voir Euclide, Boëce & les
14 autres qui en ont écrit plus au long.[14]

VII. Dans la figure de ce systeme, qui est au 1. exemple, l'on a ajoûté à costé des noms de ses quinze chordes les quinze premieres lettres de l'alphabet, dont les latins se sont anciennement servis pour en signifier les noms, & le nombre : & à costé de ces quinze lettres l'on a mis les lettres & les syllabes des systemes ou gammes d'Aretin, afin de faire voir par ce parallele l'accord & la correspondance qui est entre les chordes l'un, & les lettres & les syllabes des autres.

CHAPITRE XI.

Explication de la premiere & seconde figure du systeme ou gamme de Guy Aretin.

1 I. QUoy que Aretin ait donné à son systeme le nom de monochorde[1] parce que tous les sons y sont divisez avec autant de justesse qu'ils le pourroient estre dans une chorde; neantmoins il a depuis esté communément appellé Gamme, à cause de la lettre grecque de *Gamma*, par laquelle il le commença; de mesme que les alphabets de grammaire ont esté ainsi nommez à l'occasion de leurs deux premieres lettres *Alpha Béta*. Les autheurs donnent diverses raisons pour lesquelles il le commença par *Gamma*; les uns qu'il le fit ainsi

pour monſtrer que ſon ſyſteme tiroit ſon origine de celuy des Grecs, & n'en eſtoit que l'explication ; les autres que ce fut pour ne pas reïterer la lettre capitale G. D'autres qu'il le fit à deſſein d'y marquer ſon nom ; ce qu'il ſemble confirmer luy-meſme par les deux acroſtiques qui ſont l'un avant [2] l'Epiſtre dedicatoire de ſon Micrologue à Theodalde Eveſque d'Arezze ; l'autre à la fin du meſme Micrologue. [3] *2 Guido.*

II. Quant aux figures qu'il donna au meſme ſyſteme, elles ſemblent n'eſtre parvenuës à nous que par tradition, laquelle toutefois eſt fondée ſur ce qu'il en a laiſſé dans ſes écrits : car bien qu'il n'y faſſe mention que du nombre & de la diſpoſition des lettres ; & qu'il ne leur y applique pas en particulier les ſyllabes ; neanmoins la raiſon nous oblige de croire qu'il a auſſi donné les tables, ou les figures, que Franchin & tous les autheurs luy [4] attribuënt, afin par leur moyen de faire plus aiſément comprendre ſon ſyſteme ou monochorde, & en rendre la pratique plus familiere & plus commune. Ce qui a pû eſtre la cauſe pour laquelle ceux qui ont tranſcrit ſes opuſcules avant l'uſage de l'impreſſion n'ont pas eſtimé neceſſaire de les inſerer parmy ſes écrits, parce que elles eſtoient déja ſi communes, qu'elles eſtoient entre les mains d'un chacun, & ſeules capables de faciliter les premieres leçons du chant à ceux qui vouloient l'apprendre. Ce chapitre contient l'explication des deux premieres figures du meſme ſyſteme, dont l'une eſt en façon d'échelle, l'autre en façon de main ; parce que bien qu'en apparence elles ſemblent diverſes, neanmoins elles ne ſont en effet qu'une meſme choſe, l'uſage de laquelle Aretin a voulu rendre plus familier en marquant la difference des voix, & de leurs lettres ou ſyllabes ſur les diverſes jointures ou articles des cinq doigts de celle qui eſt en façon de main. *3 Guido.* 4

III. Ce ſyſteme donc en l'une & en l'autre de ces deux figures eſt compoſé de lettres qui en marquent les octaves ; de ſyllabes qui les accompagnent, & qui en diſtinguent les hexacordes, de divers ordres, & de la muance des meſmes ſyllabes, qui donnent à connoiſtre la conjonction, & la ſeparation des tetrachordes. Les lettres en ce ſyſteme ne ſignifient pas le premier ou le plus ſimple commencement d'une ſyllabe ou d'une diction, ainſi qu'elles font en grammaire ; mais plûtoſt à la façon de l'arithmetique elles tiennent lieu de nombre &

d'une eſpece de chiffre propre à exprimer la multitude des differens ſons, & à en faire la diſtinction & le diſcernement, afin de donner au chant & l'ouverture & la conduite, qui luy eſt neceſſaire. Elles ſont ſept en nombre, ſçavoir A. B. C. D. E. F. G. Quoy que le nombre des ſyllabes qui ſont à leur coſté ne ſoit que de ſix; parce que les ſept lettres marquent les octaves dont ce ſyſteme eſt compoſé, en ſorte que chaque octave s'acheve toûjours apres la ſeptiéme lettre, lors que l'on arrive à la meſme lettre par laquelle l'on a commencé le chant: mais les ſyllabes ne leur ſont jointes que par maniere d'exemple, ou pour marquer les hexachordes ſuivant ce qui ſera dit cy-apres.

IV. Chacune de ces ſept lettres gouverne le nombre des ſyllabes qui ſont à ſa ſuite, & marque la difference qui eſt entre le ſon de ces meſmes ſyllabes, & le ſon des ſyllabes qui ſont ſous chacune des autres lettres; de ſorte que bien que les ſyllabes qui ſont ſous une même lettre ſoient differentes dans leur prononciation, ou qu'elles ſoient ſemblables à celle des autres lettres, elles ne laiſſent pas toutefois d'avoir le meſme ſon ſous leur lettre, & d'y eſtre parfaitement uniſſones, à l'exception neanmoins des deux ſyllabes qui ſont ſous le B. qui ont leurs ſons differens de meſme que leurs noms & la figure de leur *B*. dont l'une eſt ronde & plus douce, qui s'appelle b. rond, & plus communément *b. mol*, ou *b. fa*, à cauſe qu'on l'accompagne de la ſyllabe *fa*, l'autre figure eſt carrée & plus rude; que l'on nomme ♮ *carre*, ♮ *dur* ou ♮ *mi* à cauſe qu'on luy joint le *mi*. La raiſon pour laquelle Aretin a varié la figure de cette lettre, & en a fait une ronde, a eſté pour marquer que de la lettre *A*, au *b mol*, il n'y doit avoir qu'un demy-ton, qui eſt l'intervalle le plus doux du chant diatonique; ce qu'il a encore confirmé en luy joignant la ſyllabe *fa*, à laquelle l'on ne monte dans aucun hexachorde de ſon ſyſteme que par le demy-ton; Et au contraire il a rendu l'autre figure carrée pour monſtrer qu'il y doit avoir un ton entier de la meſme lettre *A* au ♮ *carre*, qui ſelon ſ Ariſtote eſt un intervalle plus rude que le demy-ton; en confirmation de quoy il l'a voulue accompagner de la ſyllabe *mi*, à laquelle l'on ne monte que par un ton dans tous les autres hexachordes de ſon ſyſteme. Or le ſujet pour lequel Aretin a diſpoſé ces deux differens ſons ſous la lettre B. a eſté afin de pouvoir faire par leur moyen, ce

que

que les Grecs font par leurs deux tetrachordes *ſinemenon & diezeugmenon* pour joindre ou ſeparer le ſecond tetrachorde (qu'il appelle des finales & qui répond à celuy de *meſon* du ſyſteme des Grecs) & le troiſiéme (qu'il nomme des affinales, & qui tient le lieu de *ſinemenon*, ou de *diezeugmenon* des Grecs) de ſorte que quand le *b mol* eſt marqué, c'eſt un ſigne que le troiſiéme tetrachorde des affinales eſt conjoint avec le ſecond afin d'éviter le triton, & que le *fa* qui accompagne le *b*, répond à l'*ut* de *f* [6]. mais lorſque le ♮ *carre* y eſt, c'eſt une marque que le troiſiéme tetrachorde eſt disjoint du ſecond, & que le *mi* qui l'accompagne répond à l'*ut* du *G*. D'où il arrive par une tres-belle ſuite, que le demy-ton de chaque hexachorde s'y rencontre toûjours en meſme ſituation; que les ſept hexachordes de ce ſyſteme y ſont entiers & accomplis; que les trois eſpeces de quarte ſe trouvent également en chaque hexachorde : & qu'il eſt tres-facile d'éviter la mauvaiſe ſuite & la diſſonance du triton.

6 *Guido.*

V. Ces ſept lettres y ſont reïterées, afin de marquer la diſtinction des octaves par leur repetition, & par la diverſité de leurs figures; car les ſept lettres de la plus baſſe octave ſont capitales ou [7] majuſcules, pour ſignifier que c'eſt l'octave des voix les plus baſſes ou graves, celles de la ſuivante minuſcules, pour marquer l'octave des voix hautes ou aigues : & celles du tetrachorde de la troiſiéme octave y ſont doubles, pour donner à connoiſtre les voix hautes ou ſuraigues. Je dis tetrachorde, & non pentachorde, parce qu'Aretin le qualifie ainſi & dans le manuſcrit de S. Evroult & dans celuy de Bochel, & que l'un & l'autre terminent ſa gamme au double *dd*, & non pas au double *ee*, auquel tous les autres écrivains ont accoûtumé de la terminer afin que leur ſeptiéme hexachorde de ſyllabes ſoit entier en finiſſant par le *la*: mais Aretin n'a peut eſtre pas eu égard à cela d'autant qu'il ne compte jamais les octaves par les ſillabes, mais toûjours par les lettres, & d'une lettre à l'autre [8], comme de l'*A* à l'*a*, du ♮ au ♮ du *C* au *c*. & ainſi des autres : Il en uſe de la meſme maniere par proportion toutes les fois qu'il veut marquer la diſtinction de tous les autres intervales; qui eſt le ſujet pour lequel il les appelle notes au premier paſſage qui eſt cité en ce nombre, & qu'au paſſage qui eſt cité au n. XI. ſuivant, il exprime la difference des

7 *Guido.*

8 *Guido.*

intervalles par les divers rapports que ces lettres ont les unes aux autres.

VI. Chacune de ces octaves est divisée en deux tetrachordes ; dont le plus bas de l'octave des voix graves en retient le nom & est appellé tetrachorde des graves ; parce qu'il en marque les plus basses voix ; & le second tetrachorde des finales, dautant que les finales des principaux & plus anciens modes y sont prises ; & que les quatre especes de leur quinte y sont commencées, la premiere à la lettre *D.* la seconde à *E.* la troisiéme à *F.* la quatriéme à *G.* le plus bas tetrachorde de la seconde octave des voix hautes ou aigues est nommé tetrachorde des affinales à cause de l'affinité que ses quatre voix ont avec les quatre voix du tetrachorde des finales, & que plusieurs autres modes comme le neuviéme, le dixiéme, l'onziéme & le douziéme y prennent leur finales, & les quatre premiers plagaux leurs confinales, c'est à dire la plus basse voix de leurs octaves, par le rabaissement qui se fait de leur quarte sous la quinte : de sorte que chaque voix affinale est toûjours celle qui fait la quinte au dessus de la finale, ou bien la quarte au dessous, lors que la quarte est renversée sous la quinte. Or il faut icy remarquer que conformémẽt à leur nom
9 *Guido.* elles ont seulement quelque ressemblãce 9 & non pas une identité avec les finales qui leur correspondent, d'autant que leurs octaves different toûjours des octaves des mesmes finales, ou en la quinte ou en la quarte. Quant au second tetrachorde de cette octave des voix aigues, il en retient le nom, & est appellé tetrachorde des aigues ; parce qu'il acheve le disdiapason ou la double octave, qui est le terme ordinaire au quel le plus haut de la voix humaine a coûtume d'estre borné. Enfin le pentachorde ou quinte de la troisiéme octave des suraigues qui n'est pas achevée, a esté ajoûtée au systeme des Grecs par Aretin, dautant qu'il a estimé qu'il valoit mieux avoir quelques voix de reste que d'en mãquer : outre qu'il a pû marquer par là le dernier terme auquel la plus haute voix humaine peut atteindre, qui selon le sentiment d'Aristoxene l'un
10 des plus anciens & des plus illustres 10 musiciens qui ait esté parmy les mesmes Grecs, est une quinte au dessus le disdiapason. De plus encore que cette quinte surpasse la portée ordinaire d'une seule voix, toutefois elle ne sert pas peu à la

musique à plusieurs voix ou parties, pour l'usage desquelles la disposition des octaves, & des tetrachordes d'Aretin est aussi commode qu'elle est ingenieuse : car par leur moyen chaque partie y trouve sa clef & son ton parfaitement distinguez de ceux des autres parties, la basse l'ayant à f. des majuscules; la taille au c. des minuscules ; le superius au g. des mesmes minuscules : & toutes ces parties jointes ensemble y rencontrent l'étenduë ordinaire à laquelle leurs voix peuvent on monter ou descendre. Que si cette disposition est commode à la multitude des voix de la musique, elle ne l'est pas moins à une seule voix, & à la pratique du plain-chant ; en ce que les finales ne sont pas prises au tetrachorde des graves, qui contient le plus bas son de la voix & le plus proche du silence ; mais au tetrachorde superieur qui pour ce sujet est surnommé des finales, [11] afin que lors qu'il est besoin de descendre sous la finale, l'on le puisse faire avec melodie. Il reste pareillement une quinte au dessus l'étenduë des modes les plus hauts, afin que quand il leur arrive de passer les bornes de leur étenduë ordinaire, la voix semblablement puisse s'y élever avec melodie.

[11] *Guido, &c.*

VII. Or tous ces tetrachordes & le pentachorde contenus en ce systeme joints ensemble font le nombre de vingt voix differentes ; parce que les deux de plus, qui sont comptées par Aretin, ne consistent qu'aux deux doubles B de *b mol* & de ♮ ; qui selon la regle du mesme Aretin citée cy-dessus au n. IV. ne devant estre jamais tous deux employez ensemble ; mais toûjours l'un en l'absence, ou au defaut de l'autre, (ainsi qu'il a esté dit cy-dessus des deux tetrachordes, *sinemenon* & *diezeugmenon*) ils n'augmentent pas plus le nombre des vingt voix du systeme d'Aretin ; que le tetrachorde *sinemenon* augmente les quatre tetrachordes, ou les quinze chordes du systeme des Grecs.

VIII. Ces vingt voix peuvent estre considerées, ou par tetrachordes conjoints qui ne rendent qu'un heptachorde ou septiéme ; ou par tetrachordes disjoints qui rendent l'octochorde ou l'octave à cause du ton qui se rencontre entre deux lors qu'ils sont dis-joints. Les dis-joints sont cinq en nombre, & la marque ordinaire de leur dis-jonction, tant feinte que naturelle est le ♮ *carre* ; de mesme que la marque de leur conjonction, soit feinte soit naturelle, est le *b mol*. Or par le mot de

naturelle au preſent ſujet, l'on entend la dis-jonction ou conjonction de voix qui ſe fait en ſuivant la diſpoſition reguliere des intervalles diatoniques contenus en cette gamme ou ſyſteme : & par celuy des feintes (que Franchin en autres termes
12 appelle acquiſes [12] ou ajoutées) l'on y ſignifie celles que l'on employe ſous d'autres lettres ou clefs que celles où elles devroient eſtre ſuivant l'ordre des degrez [13] ordinaires de la
13 *Glarean.* meſme gamme ou ſyſteme : comme ſont par exemple le *mi* au
& alij. lieu du *fa*, ſous les lettres *F* ou *C* : ou bien le *fa* au lieu du *mi*, ſous les lettres *A* & *E*, ou autres ſemblables qu'il eſt neceſſaire
14 de feindre quelquefois au chant, [14] ſoit afin de maintenir en
Rhau. une bonne ſuite les intervalles diatoniques ; ſoit pour conſerver l'accord & les conſonances entre les diverſes parties de la muſique. Les exemples de ces notes feintes ſont au XVII. exemple.

IX. Quoy que chacune de ces ſept lettres puiſſe donner
15 l'ouverture au chant, & pour ce ſujet eſtre appellée [15] clef ;
Finaus. l'on n'a toutefois pas coûtume de donner ce nom qu'à trois ou quatre, parce qu'il n'y a que celles là que l'on marque à preſent dans les livres du plain-chant, non pas toutes enſemble, mais ſeulement une ou deux qui y ſont placées au commencement de l'une des quatre lignes paralleles qui ſont au deſſus du texte, afin qu'au ſeul aſpect de leur ſituation l'on puiſſe auſſitoſt reconnoiſtre toutes les autres, qui bien qu'elles n'y ſoient pas exprimées, ne laiſſent pas d'y eſtre ſous-entenduës ſelon le rang & la ſuite qu'elles doivent tenir au deſſus & au deſſous de celle qui eſt marquée de meſme que les lettres du Calendrier qui marquent les jours de la ſemaine, peuvent eſtre ſous-entenduës & connuës par la ſeule veuë de la lettre Dominicale en ſuite dequoy l'on vient pareillement à la connoiſſance des ſyllabes que les lettres gouvernent, & de l'ordre auquel elles appartiennent.

X. Quant aux figures de ces clefs, il y a déja pluſieurs ſiecles, qu'au lieu de la figure des lettres dont Aretin s'eſtoit ſervy dans ſon antiphonaire, on leur a donné les figures avec leſquelles nous voyons qu'on a coûtume de les repreſenter maintenant aux livres de chant. Mais les muſiciens varient un peu touchant le nom de ces figures ; car il y en a qui le tirent de l'*ut* de chacun des trois ordres qui ſe voyent dans les figures des gammes ; & partant appellent la clef de *b mol*, clef de *f fa, ut*,

La clef de nature, clef de *C, sol, fa, ut*. La clef de ♮ *carre*, clef de *G, sol, re, ut*. Et ainsi ils ne comptent que trois clefs. D'autres au contraire leur font prendre le nom du *fa* de chacun des trois ordres; en sorte que le *b fa*, soit la clef de *b mol: f fa, ut*, soit celle de nature, & *C, sol, fa, ut*, celle de ♮ *carre*. Ce qui est plus conforme à l'usage communément receu [16] fondé sur l'authorité de Guy Aretin, qui au chapitre 1. du prologue de son antiphonaire veut que l'on marque toûjours chaque piece de chant avec les deux lettres *F.* & *C.* & que pour les mieux distinguer & reconnoistre plus facilement, l'on mette la ligne de *F.* en couleur rouge, & la ligne du *C.* en couleur verte (ce qu'il a tres-exactement observé en tout le cours de son antiphonaire ou graduel) & en un autre endroit traitant des formules des modes, lors qu'il parle de celle du cinquiéme qui embrasse ces deux lettres avec leurs deux diverses couleurs, il leur donne la qualité non seulement de clefs, mais aussi de portes de la voix [17]; vray semblablement parce que le demi-ton, qui est le plus important intervalle du genre diatonique, le plus artificieux, & le plus difficile, se rencontrant toûjours entre les lettres *e* & *f*, & entre ♮ & *c*, c'est à dire entre le *mi* & le *fa*, il semble plus à propos d'y fixer la clef de *fa*, afin de le faire mieux reconnoistre, & de l'indiquer plus precisément. A quoy l'on peut ajoûter que cette denomination de *fa* est encore necessaire, afin de garder l'ordre qui doit estre suivi dans les muances. Car supposé qu'elles ne se doivent faire qu'au dessus du *fa* en montant, & au dessous du *fa* en descendant (ainsi qu'il est remarqué cy-dessous) il faut necessairement conclure que le *fa* est d'un autre ordre, que n'est la syllabe de celuy auquel on monte ou auquel on descend; puis qu'il sert comme de terme au dessus, ou au dessous duquel les muances se doivent commencer. Pour ce qui est de la quatriéme clef de *G. sol, re, ut*, elle n'est que comme une seconde clef de ♮ *carre*, à cause de son *ut*. C'est pourquoy Aretin ne s'en est servi en aucun endroit de son antiphonaire, & l'on ne l'employe point non plus à present aux livres du plain-chant, quoy qu'on s'en soit servi aux siecles precedens en quelques pieces du mesme chant, & qu'on s'en serve encore utilement aux livres de musique à plusieurs parties. Les figures de ces clefs, & les diverses façons de les placer sur les quatre lignes se peuvent voir au V. exemple.

16 *Franch.*

17

XI. La ſeconde choſe qui ſe voit en la gamme d'Aretin, ſont les ſyllabes, qui en ce ſyſteme ne ſignifient pas le ſecond inſtrument de grammaire, qui eſt l'élement de la diction ſujette à l'accent, mais ſignifient plutoſt les notes qui marquent les differentes voix ou ſons, que les diverſes lettres donnent à connoiſtre. Car Guy Aretin ne les a employées dans les figures ou tables de ſon ſyſteme ou gamme, que par maniere d'exemple, afin de faire voir comment l'on peut accompagner les lettres de ſyllabes, & par leur moyen faciliter à ceux qui chantent la prononciation des ſons & intervalles que les lettres ſi-
18 gnifient [18], ainſi qu'on le peut voir au paſſage du meſme Aretin, qui eſt cité cy-deſſous en la VI. partie, ch. VI. n. I. & dans
19 celuy de Franchin [19]: Où l'on voit que ce ne fut que par accident & par occaſion qu'Aretin choiſit les ſix ſyllabes, *ut, re, mi, fa, ſol, la* (avec leſquelles l'on a coûtume depuis ſon temps & à ſon exemple d'exercer ceux à qui l'on enſeigne le chant) parmi les autres ſyllabes des trois vers de la premiere ſtrophe de l'hymne de S. Jean Baptiſte.

Vt queant laxis, *Re* ſonare fibris,
Mi ra geſtorum *Fa* muli tuorum,
Sol ve polluti *La* bii reatum.

Prenant à cét effet la premiere ſyllabe de chacun de ſes trois vers ſaphiques, avec la premiere qui ſuit aprés la cæſure de chacun de ſes trois vers, ſuivant l'ordre & la proportion des degrez harmoniques qu'avoit lors la melodie de ces trois vers, qui en montant de bas en haut faiſoit un hexachorde ou ſexte majeure compoſée de quatre tons, & d'un demy ton au milieu des quatre tons, avec une ſi belle diſpoſition, que les trois eſpeces de quarte y ſont contenuës, & que les tons s'y élevent toûjours de bas en haut depuis les ſyllabes d'*ut* à *re*, de *re* à *mi*, de *fa* à *ſol*, & de *ſol* à *la*, & deſcendent reciproquement du haut en bas depuis les ſyllabes de *la* à *ſol*, de *ſol* à *fa*, de *mi* à *re*, & de *re* à *ut*. Et ſemblablement que le demy-ton s'y éleve toûjours du bas en haut depuis la ſyllabe *mi* à celle de *fa*, & deſcend toûjours du haut en bas depuis la ſyllabe *fa* à celle de *mi*, de quelque ordre qu'ils puiſſent eſtre. Que ſi par fois le ton ou le demy-ton ſe rencontrent hors de cét ordre & de cette diſpoſition, ce n'eſt que par une eſpece de licence, ou pour parler aux termes des chantres & des muſiciens, par des notes feintes, afin d'éviter la mauvaiſe ſuite des voix au plain-chant, ou les diſſonances en la muſique, ainſi qu'il a eſté remarqué cy-deſſus n. VIII. & au chapitre precedent n. III.

XII. Or dautant que la parfaite harmonie ſurpaſſe l'hexachorde de ces ſix ſyllabes, & que la correſpondance, qu'elles doivent avoir avec les lettres qu'elles accompagnent demande que leur nombre egale celuy des vingt lettres de ce ſyſteme, ſoit par leur multiplication, ſoit par leur repetition, Aretin voulant éviter la multiplication d'un ſi grand nombre de ſyllabes, qui euſt pû confondre ou ſurcharger la memoire, & rendre leur uſage plus difficile, s'eſt ſervy de leur repetition, comme eſtant plus aiſée & plus commode; c'eſt pourquoy il les a reïterées dans les tables ou figures de ſon échelle & de ſa main harmonique juſques à ſept fois; mais avec un tel ordre & un tel enchaiſnement [20] que par le moyen des muances que l'on fait des unes avec les autres, la lettre B. y rencontre toûjours les deux differentes ſyllabes, *fa* & *mi* qui correſpondent à ſes deux differentes figures, le *fa* au *b mol*, qui pour ce ſujet eſt auſſi nommé *b fa*: le *mi* au ♮ *carre*, qui eſt pareillement ſurnommé ♮ *mi*, & par cette correſpondance tous les hexachordes y ſont entretenus dans leur ſuite diatonique; & tant la conjonction que la disjonction des tetrachordes y eſt auſſi parfaitement obſervée qu'au ſyſteme des Grecs, ſoit qu'on les commence par l'*ut* ſuivant la gamme d'Aretin; ſoit qu'on les commence par le *re*, ou par le *mi*, à la façon des Grecs. De plus leur repetition y eſt tellement diſpoſée, qu'elle ne rend en tout que le nombre de vingt voix differentes conformément au nombre des vingt lettres; & qu'elle eſt terminée en ſes deux extremes par l'unité de la ſyllabe *ut* en bas. Γ *ut*, & par celle de *la* en haut, ee *la*.

20 *Franch.*

XIII. Et afin que leur repetition ſi frequente ne donne point occaſion à quelque confuſion, Aretin a diſtingué les meſmes ſix ſyllabes en trois ordres, à l'un deſquels il a donné le nom de ♮ *carre*, dont les hexachordes commencent par les *ut* des trois *G.* ſçavoir eſt du gamma grec, & des deux latins, le majuſcule, & le minuſcule. Au ſecond le nom de *nature*, les hexachordes duquel commencent par les *ut* des deux *C.* le majuſcule, & le minuſcule. Au troiſiéme celuy de *b mol*, qui commence ſes hexachordes par les *ut* des deux *F*, la majuſcule & la minuſcule: de ſorte que les meſmes ſix ſyllabes ſont reïterées trois fois dans l'ordre de ♮ *carre*, une fois à la plus basse octave des voix graves, une autre fois en celle des aigues, & la troisiéme en celle des sur-aigues. Deux fois en l'ordre de *nature*, l'une en l'octave des voix graves, & l'autre en celle des aigues; & deux fois en l'ordre de *b mol*, dont l'une commence au dessous de l'octave des aigues, & l'autre au dessous des suraigues.

XIV. De plus ces six syllabes sont tellement disposées dans la repetition de ces sept hexachordes de divers ordres, que lors que le chant s'éleve au dessus d'un hexachorde, ou s'abaisse au dessous, l'on passe à l'un des hexachordes d'un autre ordre, soit pour élever, soit pour abbaisser la voix; en sorte toutefois que l'on ne passe jamais immediatement de l'ordre de *b carre* à celuy de *b mol*; ni de l'ordre de *b mol* à celuy de *b carre*, mais toûjours tant de l'un que de l'autre à celuy de *nature*, duquel reciproquement l'on passe tantost à celuy de ♮ *carre*; tantost à celui de *b mol*, selon que la melodie le demãde. Et c'est ce passage d'un ordre à l'autre, qui se fait en changeant une syllabe de l'un de ces ordres en un autre syllabe d'un autre ordre qui est sous la mesme lettre & qui a le mesme son, quoy qu'elle ait un nom different, que l'on nomme commu-
21 nement muance [21]. De la quelle l'on a accoûtumé de se ser-
Finaus. vir lors qu'il est besoin de monter au dessus, ou de descendre au dessous de ces six syllabes; si ce n'est qu'il ne faille monter que d'une syllabe au dessus du *la*; car il suffit alors de prendre le *fa*, qui se rencontre immediatement au dessus du *la*, sans faire d'autre muance: Ou bien qu'il falle d'un plein
22 saut aller à l'octave, ou à la sexte, ou à la quinte; [22] parce
Glarean. que la muance n'est pas lors considerée dans ces sortes d'intervalles disjoints. Ces muances donc ne consistent qu'au seul changement du nom des syllabes, & n'apportent aucune variation ny à l'ordre des sons, ni à celuy de leurs lettres, qui sont toûjours les mesmes sans aucune muance ni alteration, & partant elles ne sont qu'accidentelles à l'essence de la melodie, & à l'harmonie de ses sons & de ses intervalles & à l'ordre des sept lettres qui en sont la marque invariable, de laquelle seule Aretin a toûjours coûtume de se servir.

XV. L'endroit ou les muances de ces syllabes ont accoûtumé d'estre commencées est toûjours au dessus le *fa* en montant; & par dessous le *fa* en descendant. Mais tant celles qui

se

ſe rencontrent en montant en haut, que celles qui ſe font en deſcendant en bas peuvent eſtre faites ou immediatement, ou bien mediatement apres le meſme *fa*; en ſorte que celles qui ſe font immediatement ſous le *fa* marquent que la muance ſe fait par des tetrachordes conjoints; & au contraire celles qui ne ſe font que mediatement, denotent que la muance ne s'y fait que par des tetrachordes disjoints: leſquelles conjonctions & disjonctions de tetrachordes en ces muances mediates & immediates ſont marquées & ſe peuvent voir dans la figure de cette gamme; parce que quand la muance ſe fait immediatement, ou par tetrachordes conjoints, elle ſe prend dans la deduction qui luy eſt contiguë; mais lors que la muance ne ſe fait que mediatement ou par tetrachordes disjoints, alors elle ne ſe prend auſſi que dans la deduction qui eſt au delà de la prochaine.

Les muances donc en montant ſe font immediatement lors qu'au lieu du *ſol* qui eſt par deſſus le *fa*, l'on prend le *re* de l'ordre auquel il faut monter: elles ne ſe font que mediatement lors qu'au lieu du *la* qui eſt par deſſus le *fa* l'on prend l'ordre auquel on monte. En deſcendant les muances pareillement ſe font immediatement quand au lieu du *mi* qui eſt ſous le *fa* l'on employe le *la* de l'ordre auquel on doit deſcendre; & elles ne ſe font que mediatement lors qu'au lieu du *re* qui eſt inferieur au *fa* l'on prend le *la*.

XVI. Et partant le nombre des muances eſt de quatre en montant, & pareillement de quatre en deſcendant. Car pour monter de ♮ *carre* en *nature*, ou de *nature* en *b mol*, le *ſol* de la lettre *D*, qui eſt immediatement au deſſus le *fa* de ♮ *carre*, ou le *ſol* de la lettre G, qui eſt immediatement au deſſus le *fa* de *nature* ſe change au *re* des meſmes deux lettres *D* ou G. Mais pour monter de *b mol* en *nature*, ou de *nature* en ♮ *carre* le *la* des lettres *D* ou *A*, qui n'eſt que mediatement ſur le *fa*, ſe change au *re* des meſmes lettres *D* ou *A*.

XVII. Semblablement entre les quatre muances qui ſe font en deſcendant les deux qui deſcendent, l'une de *b mol* en *nature*, l'autre de *nature* en ♮ *carre*, changent le *mi* des lettres *A* ou E, qui eſt immediatement ſous le *fa* de *b mol*, ou de *nature*; au *la* des meſmes lettres *A* ou E reſpectivement.

Mais pour deſcendre de ♮ *carre* en *nature* ou de *nature*, en *b mol*, le *re* des lettres *A* ou *D*, qui n'est que mediatement sous le *fa* de ♮ *carre* ou de *nature*, se change au *la* des mesmes lettres *A* ou *D*. Les exemples de toutes ces muances se peuvent voir dans la Partie III. exemple VIII.

CHAPITRE XII.

Explication de la gamme commune.

I. CEtte gamme est appellée commune, tant parce qu'elle est propre à servir à l'étenduë de la voix humaine, & à celle des instrumens de musique, qu'à cause qu'elle a esté plus communement mise en usage depuis deux siecles. Elle est en substance la mesme que les deux precedentes; quoy que les figures des trois soient un peu diverses; car elle a les mesmes sept lettres, les mesmes clefs; les mesmes six syllabes, & les mesmes muances de ces syllabes, qu'ont les deux autres figures: C'est pourquoy ce qui a esté dit pour l'explication des deux precedentes figures pouvant estre pareillement appliqué à celle cy, & en donner l'intelligence, je me contenterai de remarquer ce en quoy la commune semble differer des deux autres, & les avantages que cette difference peut donner à celle cy ou aux autres.

II. La premiere difference qui se rencontre entre ces deux gammes, consiste au nombre des voix ou syllabes, qui dans les deux premieres est fixé ou terminé à vingt; & dans la commune est fixé au nombre de sept, qui peut estre multiplié sans aucunes bornes ni limites.

La seconde est, que les trois ordres de ♮ *carre*, de *b mol*, & de *nature* semblent estre interrompus aprés le troisiéme hexachorde dans les deux premieres figures, & que dans la gamme commune ils sont si bien distinguez, que l'ordre de *nature* se rencontre toûjours au milieu entre les ordres de *b mol* & de ♮ *carre*.

La troisiéme consiste en la varieté des lettres majuscules, minuscules, & doubles, qui se voyent aux deux premieres, bien qu'en la commune l'on n'ait pas accoûtumé d'y en employer d'autres que les majuscules; parce que l'on n'en marque ordinairement qu'une octave.

La quatriéme difference est à l'égard des cinq tetrachordes , des graves, des finales, des affinales, des aiguës & des furaiguës, qui ne font point diftinguez dans la gamme commune, comme ils le font dans les deux autres ; & ainfi que la conjonction ou la disjonction des tetrachordes n'eft pas fi apparente en celle cy, comme elle l'eft en celles là.

III. Mais ces differences, qui femblent rendre defectueufe la gamme commune, donnent occafion de reconnoiftre plufieurs avantages qu'elle peut avoir fur les deux autres : dont le premier fe prend de la plus grande étenduë de fes voix ou fyllabes, puis qu'elle eft proportionnée à la multitude des fons, qui peuvent generalement fe rencontrer dans l'harmonie tant de la voix que des inftrumens. Car il y a des baffes dont le creux eft fi bas, & des deffus au contraire dont le fauffet eft fi haut, que joignant l'harmonie de l'un avec celle de l'autre, ils peuvent atteindre jufques à trois ou quatre octaves.

Il y a pareillement des inftrumens, comme les clavecins, les épinettes, & les orgues, qui montent chacun jufques à quatre ou cinq octaves, [1] & qui peuvent en avoir davantage ; & partant il ne femble pas que l'on doive borner au nombre de vingt voix ce qui en a vingt-neuf ou trente-cinq, & qui en peut avoir davantage ; Car les principes & les preceptes d'un art & d'une fcience doivent regler tout ce qui eft dans l'étenduë de fon objet.

1 *Merfen. & alij.*

Comme donc non feulement les voix ou les fons, & leurs intervales, mais auffi leur nombre & leur multitude ne font pas moins partie de l'objet de la fcience & de l'art du chant, que les nombres & leur quantité de celuy de l'arithmetique ; auffi les voix & les fons doivent naturellement participer à la proprieté des nombres [2] : dont les hommes ont en quelque façon reduit l'infinité au nombre de dix [3] chiffres ou figures, quoy que par la repetition de ce mefme nombre de dix ils fe puiffent multiplier jufques à l'infini. De mefme l'infinité des fons & des voix differentes eft naturellement fixée au nombre de fept ; mais ils peuvent eftre multipliez par la repetition de ce mefme nombre jufques à l'infini, felon que l'étenduë des voix, ou du fon des inftrumens le peut demander. L'alphabet, dont l'ufage ne pourroit point paffer au delà de quinze ou vingt volumes, feroit avec raifon eftimé defectueux ; car pour eftre parfait il doit eftre fi univerfel, qu'il n'y ait aucun nombre ni aucune forte foit de difcours, foit de livres, foit

2 *Auguft.*
3 *Auguft.*

de volumes, que l'on ne puisse composer, lire ou reciter par son moyen. Il en est de mesme de la gamme qui est comme l'alphabet du chant : car pour estre accomplie, elle doit generalement comprendre & embrasser toute sorte de voix, & de chants. C'est pourquoy les autheurs mesme qui ont traitté ou qui se sont davantage servis des deux premieres figures de la gamme ont reconnu que l'on pouvoit ajoûter d'autres lettres avec leurs syllabes, tant sous le Γ qui est la plus basse, que sur le double *ee* qui est la plus haute des lettres des mesmes gammes.

4 *Glarean. & alij.*

IV. Le second avantage de la gamme commune sur les deux premieres est pareillement tiré de leur seconde difference; car la distinction des trois ordres de *b mol*, de *nature* & de ♮ *carre*, qui est continuée dans la gamme commune, semble preferable à l'interruption & à l'entrelassement qui s'en fait aux deux premieres; d'autant que la maniere avec laquelle les muances se doivent faire d'un ordre à l'autre semble demander naturellement, & la distinction, & la situation immobile de ces trois ordres, selon qu'ils sont commencez dans les trois premiers hexachordes des deux premieres gammes, & qu'ils sont commencez & continuez dans la gamme commune. Car puis que les muances ne se font jamais immediatement ni de *b mol* en ♮ *carre*; ni de ♮ *carre* en *b mol*; mais seulement de *b mol*, ou de ♮ *carre* en *nature*; & reciproquement de *nature* en *b mol*, ou en ♮ *carre*; il s'ensuit que les ordres de *b mol* & de ♮ *carre* ne doivent point estre contigus, ni se suivre l'un l'autre immediatement; mais qu'ils doivent toûjours avoir l'ordre de *nature* entre deux. C'est pourquoy aussi les syllabes de ces trois ordres, qui sont sous chaque lettre y doivent pareillement tenir le mesme rang, & celle de *nature* y doit toûjours estre placée entre celles de *b mol* & de ♮ *carre* conformement à la disposition qui s'en voit dans la gamme commune; ou sous la lettre *C*, par exemple, l'*ut* de *nature* se trouve placé au milieu entre le *sol* de *b mol* & le *fa* de ♮ *carre*, en cette maniere *C, sol, ut, fa*. Et ainsi de toutes les autres syllabes qui sont sous les autres lettres; au lieu que dans les deux premieres gammes sous une mesme lettre, l'*ut* de *nature* est à l'une des extremitez, & le *sol* de *b mol*, & le *fa* de ♮ *carre* y sont contigus : *C, sol, fa, ut.* Ce qui par proportion se rencontre pareillement sous toutes les autres lettres.

V. Quant à la troisiéme difference elle est telle, que si elle donne quelque avantage aux deux premieres figures de la gamme, on peut aisément en conserver un semblable à celle de la commune en doublant ou triplant son octave; & appliquant à la plus basse les lettres majuscules; à la seconde des minuscules; & à la 3e les doubles minuscules; donnant au plus bas tetrachorde le nom ou la qualité des voix graves; au second celuy de finales; au 3e celuy d'affinales; au 4e celuy d'aiguës, & au 5e celuy de suraiguës; suivant la disposition qui s'en voit au premier exemple; & selon qu'il peut estre plus convenable, ou plus commode pour la bonne conduite de la voix humaine, soit dans la musique à parties, soit au plain-chant. Mais comme il y a d'autres moyens autant ou plus propres pour fixer tant les voix graves, que les finales, ou leurs affinales, & les voix aiguës, desquels il est fait mention cy dessous en la quatrieme partie; & que d'ailleurs ces divisions d'octaves, & de tetrachordes ne peuvent pas également s'approprier aux voix & aux instrumens qui surpassent de deux ou trois octaves les cinq tetrachordes des deux premieres figures, il semble que c'est encore un avantage à la gamme commune de ne la point assujettir aux noms des octaves & des tetrachordes des deux premieres; parce que ces octaves excedantes, & leurs tetrachordes demeureroient alors sans noms; ou plûtost devroient prendre les noms des octaves de ces deux premieres gammes, & de leurs tetrachordes: puis qu'ils seroient ou plus graves ou plus aigus que ceux de ces premieres gammes.

Quant à la conjonction ou disjonction des tetrachordes, elles ne se rencontrent pas moins dans les muances qui se font en cette gamme, qu'en celles qui se font aux autres deux; puis qu'elles s'y font toûjours apres le *fa* mediatement ou immediatement, comme aux deux autres; & que la muance immediate apres le *fa*, est le signe de la conjonction des tetrachordes, comme la muance mediate est la marque de leur disjonction, suivant ce qui a esté dit au chapitre precedent. n. 15.

VI. Une autre prerogative de la gamme commune est, qu'elle paroist plus simple, plus courte, & plus aisée à concevoir, à retenir, & à pratiquer, que les deux autres: Ce qui est fort considerable dans les élemens ou les premiers principes d'une science ou d'un art, tels que le sont les gammes à l'égard du chant. Il semble donc que la gamme commune ait encore cet avantage au dessus des autres deux, puis que la plus part des musiciens & des chantres modernes la trouvent bien plus 5 facile 5, & s'en servent plus volontiers que des deux premieres.

Mersen.

CHAPITRE XIII.

Explication du systeme ou de la gamme sans muances.

I. IL n'y a aucun principe que Guy Aretin ait établi avec plus de soin, & qu'il ait si souvent reïteré que celuy 1 qui ne reconnoist que sept voix differentes [1], parce que la 8e *Guido.* est toûjours la mesme que la premiere; c'est pour ce sujet qu'il ne met que sept lettres dans son monochorde ou systeme, & qu'il ne distingue jamais les intervalles de leurs sons par les syllabes; mais toûjours par la distance que ces sept lettres ont de l'une à l'autre. C'est pourquoy bien que pour s'accommoder au systeme des Grecs, il ait dans son micrologue posé au bas de sa gamme leur *gamma* pour servir comme de terme ou de borne à la plus basse voix, ou à son plus bas degré, & qu'il y ait commencé sa gamme, ou pour parler selon ses termes, son monochorde par la lettre *A*, qui est la premiere dans l'ordre de l'alphabet; neantmoins il témoigne assez en d'autres endroits de ses œuvres qu'il ne l'a fait ainsi, que par une espece de condescendance à l'ancien usage du systeme des Grecs, qui estoit lors le seul qui fust dans la pratique universelle de tous les chantres; & pour ne pas choquer les personnes peu intelligentes, ni accroistre la jalousie que plusieurs avoient déja conçuë contre sa nouvelle methode, dont il fait souvent des plaintes apres avoir éprouvé en cette rencontre ce que dit le Sage, que l'industrie & la capacité des hommes est ordinaire-2 ment exposée [2] aux insultes de l'envie. Cet autheur traitant *Eccles.* donc des formulles du premier mode authentique qu'il distingue en deux parties à cause des deux finales qui le terminent, l'une dans la lettre *D*, l'autre dans son affinale la lettre *a*; il donne le nom de premiere partie aux formules de ce mode qui se terminent en *D*, & apres en avoir marqué en particulier quasi toutes les pieces qui se finissent sous cette lettre dans les offices ecclesiastiques, il traite de la seconde partie du mesme mode, sous laquelle il fait semblablement mention de plusieurs pieces des mesmes offices qui finissent par la lettre *a* affinale du *D*. Rendant en ſuite raiſon pourquoy il a mis les formules de la lettre *D*, dans la premiere partie de ce mode, quoy que le *D* ne ſoit que la quatriéme ſelon l'ordre de l'alphabet ; & qu'il n'a mis les formules de la lettre *A* que dans la ſeconde partie du meſme mode, bien que cette lettre ſoit la premiere du meſme alphabet ; il declare qu'il le fait ainſi, parce que la lettre *C* (qui n'eſt que la troiſiéme ſuivant l'ordre de l'alphabet) doit eſtre la premiere ſelon l'ordre du ſyſteme [3] & du monochorde ; & partant que le *D* eſt la ſeconde, & que l'*A* n'eſt que la ſixiéme & le *B* la ſeptiéme, ainſi qu'il le dit encore dans la formule du ſecond mode, ou plagal du premier [4].

3 *Guido.*

4 *Guido.*

II. De ſorte que joignant enſemble tous ces principes, la gamme ſans muances ſe trouve bien plus nettement exprimée dans les ecrits d'Aretin, que les autres trois gammes avec muances : vû qu'elle ne contient autre choſe que ſept voix differentes, diſtinguées les unes des autres par les ſept premieres lettres de l'alphabet, en ſorte toutefois que le *C* y tient le premier rang ; le *D*, le ſecond ; l'*E*, le troiſiéme ; l'*F*, le quatriéme ; le *G*, le cinquiéme ; l'*A*, le ſixiéme ; & le *B*, le ſeptiéme. Auquel *B* Aretin donne deux diverſes figures, l'une ronde *b*, l'autre carrée ♮, afin de marquer par la diverſité de ces figures les deux differens ſons que cette ſeptiéme voix peut avoir. Enfin il ne reconnoiſt aucune autre muance, ni dans ſon monochorde ou ſyſteme, ni dans le reſte de ſes écrits.

III. Quant aux ſyllabes, Aretin ne les employe dans aucun endroit de ſes ouvrages pour denoter la difference des ſons, mais ſeulement pour accompagner les ſept lettres [5] qui en ſont les marques, & faire voir par maniere de'xemple la façon d'appliquer les ſyllabes ou les notes du chant ſelon la difference des meſmes lettres : Neantmoins les ſix notes *ut re, mi, fa, ſol, la*, que luy meſme a choiſies pour ſervir d'exemple à ceux auſquels il enſeignoit ſa nouvelle façon de pratiquer le chant, & qui depuis ce temps-là ont eſté dans l'uſage commun de tous les chantres & muſiciens, ſont ſi propres non ſeulement pour accompagner les ſept lettres, mais auſſi pour ſignifier la difference de leurs voix, qu'elles ſeules peuvent ſervir à les marquer au lieu des lettres, ainſi qu'il le dit luy meſme [6] ; & qu'en effet elles y ſont ordinairement em-

5 *Guido.*

6 *Guido.*

ployées dans la pratique pour signifier les voix des six premieres lettres, *C*, *D*, *E*, *F*, *G*, *A*, & mesme le *B*, qui est la septiéme ; parce que quand immediatement apres le *la* qui est la siziéme syllabe il n'y a qu'un demy-ton, l'on y redouble le *fa* qui entre ces six syllabes sert à marquer le demy-ton au dessous de soy, & le ton au dessus ; ou bien lors qu'apres le *la* le ton y est entier, l'on y repete le *mi*, qui represente le ton au dessous de soy, & le demy-ton au dessus ; & pour marquer plus distinctement la differente situation de ce ton & de ce demy-ton, l'on joint le *b rond au fa*, & le ♮ *carre* au *mi*, en cette sorte, *b fa*, ♮ *mi.*

IV. Que si pour éviter toutes les occasions d'équivoque qui pourroient arriver par la repetition de ces deux syllabes, l'on aime mieux en substituer en leur place deux autres, ou bien une seule qui ait deux differentes terminaisons dans sa voyelle, comme séroit *fa*, & *fi*, afin que les syllabes qui accompagnent les sept lettres soient aussi immuables que le sont les mesmes lettres & les sept sons qu'elles signifient, dans lesquels consiste toute l'essence du chant, Guy Aretin (qui n'a proposé ces syllabes que par maniere d'exemple) non seulement ne s'y oppose pas, mais il donne luy mesme une liberté encore bien plus grande au dernier passage du nombre precedent lors qu'il dit, que quand il y a sept syllabes differentes & soigneusement distinguées par les lignes & les clefs, elles peuvent elles seules representer les lettres, & en tenir la place. De laquelle liberté plusieurs musiciens modernes se sont servis en ce dernier siecle prenans au lieu des lettres & des anciennes syllabes, les uns *BO*, *CE*, *DI*, *GA*, *LO*, *MA*, *NI*, *BO* ; les autres *ta*, *ra*, *ma*, *fa*, *sa*, *la*, *za*, *ta*, ou autres semblables. Neantmoins il semble bien plus à propos de continuer l'usage des syllabes anciennes, pour lesquelles tous les autheurs, musiciens & chantres ont eu tant de consideration depuis six à sept cens ans qu'ils n'ont pas voulu en employer d'autres: ce qui les rend maintenant plus necessaires, soit pour entendre plus aisément les mesmes autheurs & musiciens qui expliquent le chant par les termes de ces syllabes ; soit pour se faire plus facilement entendre en usant des termes qui sont universellement receus dans l'usage de tous les chantres ; soit parce qu'elles sont plus propres à entretenir la correspondance qui est entre les anciennes gammes, leurs clefs, & leurs

vox

voix, ou leurs ſyllabes; ſoit à cauſe que les deux ſons, leſquels
la ſeptiéme voix peut avoir, y ſont beaucoup mieux diſtinguez
par le double *B* de *b mol*, & de ♮ *carre*, & par la double ſyllabes de *ſa* & de *ſi*; qui ſelon Aretin doivent toûjours correſpondre à la double figure du *b mol* & du ♮ *carre*: Ce qui toutefois
n'eſtant point diſtingué par les ſyllabes des modernes, laiſſe
le double ſon de leur ſeptiéme ſyllabe expoſé non ſeulement
à l'équivoque, mais auſſi à la confuſion; ce que neanmoins
Aretin recommandé fort d'éviter. [7]

V. Les raiſons pour leſquelles Guy Aretin, & apres luy pluſieurs autres muſiciens de ce ſiecle, entr'autres Ericius Puteanus diſciple de Lipſe, ſon ſucceſſeur en l'univerſité de Lou-
vain, & homme docte, ont reduit les lettres & les ſyllabes de
cette gamme au nombre de ſept, ſont en premier lieu, que
l'harmonie des ſons & des voix, qui ſont l'objet de la muſique
demandant neceſſairement le rapport des uns aux [8] autres, il 8
il ſe rencontre que le premier, le plus naturel, & le plus parfait *Boëtius.*
rapport qu'elles peuvent avoir enſemble, eſt celuy de la multiple, qui ne ſe rencontre preciſément qu'à la huitiéme voix qui
fait l'octave, où il y eſt ſi accompli, qu'elle rend un ſon équi-
ſone, [9] & entierement ſemblable au ſon de la premiere. La 9
neufviéme un ſon ſemblable à celuy de la ſeconde. La dixié- *Boëtius.*
me un pareil ſon à la troiſiéme. La onziéme le meſme ſon que
la quatriéme. La douziéme comme le ſon de la cinquiéme.
La treiziéme comme la ſixiéme. La quatorziéme comme la
ſeptiéme. Et derechef la quinziéme comme la huitiéme, dont
elle fait l'octave: & ainſi de toutes les ſuivantes, en quelque 10
nombre qu'elles puiſſent eſtre. [10] *Glarean.*

VI. De l'identité de cette huictiéme voix avec celles dont elle fait l'octave, s'enſuit une autre proprieté de la meſme octave
qui eſt fort conſiderable à noſtre ſujet. C'eſt que l'octave eſt la
voix qui eſt la plus aiſée à diſcerner, & qui ſe fait connoiſtre la
premiere[11]. C'eſt pourquoy la reïteration ou la repetition des 11
ſyllabes n'a pû eſtre faite dans une conjoncture ni plus natu- *Boëtius.*
relle, ni plus propre, qu'apres cette ſeptiéme voix, qui termine tellement les ſons, que la huitiéme ne fait autre choſe que
redoubler & recommencer les meſmes ſons avec toute la conſonance poſſible, & avec une ſi bonne ſuitte qu'elle ne ſe rencontre pas ſeulement dans la premiere, ſeconde, ou troiſiéme
octave; mais auſſi dans toutes les ſuivantes juſques à l'infini,

12 *Guido.* si les voix & les instrumens s'y pouvoient estendre. [12]
13 *Ptolem. & alij.* VII. Puis donc que la nature a elle mesme borné les voix differentes au nombre de sept [13] & que la huitiéme & les suivantes
jusques à l'infini ne sont jamais differentes des sept premieres,
mais sont toûjours équisones ou de mesme son, & qu'elles demandent aussi naturellement d'estre redoublées ou recom-
mencées dans le chant, comme le nombre de dix est artificiellement reïteré en l'arithmetique, ou que les sept jours de
la semaine sont recommencez dans la supputation du temps:
il faut par consequent conclurre qu'il n'y a aucune harmonie ni melodie, qui ne puisse naturellement estre nombrée
ou chantée par la repetition des sept voix; de mesme qu'il n'y
a point de nombre quel qu'il soit, qui ne puisse estre compté
en reïterant le nombre de dix; ni de temps qui ne puisse estre
mesuré en recommençant les sept jours de la semaine: mais
c'est avec cet avantage, que ce qui ne se rencontre ou ne se
pratique qu'artificiellement dans l'arithmetique & dans le
cours du temps, se fait naturellement dans la musique. C'est
donc avec grand sujet que les anciens philosophes & musi-
14 ciens n'ont reconnu que sept voix [14] & sept chordes, & qu'ils
Isidor. ont donné le nom de diapason à l'octave [15] qui les contenoit;
& alij. que Aristote l'a appellée la mesure de la melodie [16]; & que
15 Guy Aretin mesme la compare aux sept jours de la semaine [17],
Guido. en ce que comme le huitiéme jour est toûjours semblable, &
& alij. de mesme nom que le premier, ou que celuy duquel il fait l'o-
16 ctave, par exemple: le dimanche du dimanche; le lundi du lun-
17 di; & ainsi des autres. De mesme la huictiesme voix a toûjours
le mesme son, & porte le mesme nom, que celle de qui elle
fait l'octave; le *C* du *c*, le *D* du *d*, l'*E* de l'*e*, le *F* de *f*, le *G* du *g*,
l'*A* de l'*a*. Ou bien: l'*ut* de l'*ut*, le *re* du *re*, le *mi* du *mi*, le *fa*
du *fa*, le *sol* du *sol*, le *la* du *la*; & le *si* du *si*, ou le *sa* du *sa*.

VIII. Or cette repetition n'est pas seulement naturelle, &
fort propre à multiplier les voix avec une parfaite harmonie;
mais elle est mesme tellement necessaire, que leur multiplication ne se peut pas faire avec melodie d'une autre maniere;
parce que suivant les principes de l'arithmetique il n'y a que la
seule raison multiple double, ou triple, &c. qui soit propre à
faire une multiplication parfaite, (c'est à dire en laquelle les
proportions croissent à mesure que les nombres augmentent)
veu que les raisons surparticulieres diminuent toûjours les

proportions[18], ſelon que leurs nombres s'accroiſſent; & que les ſurpartientes ſont encore moins propres à l'accord & à la melodie que les ſurparticulieres, & ne conſervent rien d'entier[19], d'où vient que la multiplication qui ſe fait par les ſurpartientes & les ſurparticulieres n'eſt ni ſimple, ni entiere, ni accomplie; mais au contraire defectueuſe en tous ſes points. Comme donc, ſelon d'autres principes receus dans la muſique, tous les intervalles qui ſe rencontrent parmi les ſept premieres voix, ſont en la raiſon ſuparticuliere, ou en la ſurpartiente (ainſi qu'on l'a pû voir cy deſſus au chapitre VIII) & que le premier ſon qui ſe trouve eſtre en raiſon multiple eſt l'octave, qui eſt en raiſon double. Il n'y a point de doute qu'aucune des ſept premieres voix ou intervalles ne pouvant faire cette multiplication, c'eſt la ſeule octave qui la doit neceſſairement commencer, & la continuer avec la meſme proportion dans les octaves ſuivantes.

18 *Beda.*

19 *Boetius.*

IX. Ce qui eſt encore confirmé par un principe d'arithmetique ſemblable au precedent, par lequel dans la naturelle diſpoſition des nombres la multiple eſt comparée & correſpond à l'unité[20], qui eſt ſon premier principe; mais la ſurparticuliere ne ſe fait que par la diſpoſition des autres nombres qui ſont ajoûtez à l'unité, comme de trois à deux, de quatre à trois, &c. & la ſurpatiente ne ſe forme que par une pluralité de nombres, non pas contigus, comme ils ſont en la ſurparticuliere, mais interrompus avec tant de varieté, qu'ils ſont encore beaucoup plus éloignez de l'unité & de la ſimplicité, qui eſt convenable à la multiplication. Comme donc il n'y a que la huitiéme voix, qui ſoit la premiere en raiſon multiple; & que toutes les autres ſept voix ne ſont que dans les raiſons ſuparticulieres ou ſurpartientes; auſſi n'y a-t-il que la ſeule octave, qui correſponde à l'unité, & qui l'imitant en ſa qualité de premier principe, puiſſe faire cette multiplication ſuivant la diſpoſition naturelle des nombres.

20 *Boëtius.*

X. De ſorte que l'octave eſt en quelque façon, *l'alpha* & *l'omega*, le commencement & la fin de toute la melodie; car en la terminant elle la recommence, & en la recommençant elle la termine par la ſeconde, la troiſiéme, & les autres octaves ſuivantes, qui eſtans ajoûtées les unes aux autres peuvent eſtre multipliées ſans fin. D'où vient qu'elle eſt non ſeulement le commencement & la fin, mais encore le milieu; parceque c'eſt

21 elle seule qui fait la liaison parfaite [21] entre les extremes; tous
August. lesquels avantages ont fait que les Saints l'ont prise pour le
xxi. symbole de l'eternité bien heureuse [xxi].
August. & aliy. XI. Une autre raison prise des principes de la musique mesme
est que les sons ou les voix ne peuvent, ni ne doivent estre
multipliez par aucun intervalle, qui par sa multiplication produise
ou quelque dissonance, ou quelque mauvaise suite, qui
ne soit pas propre à la melodie: mais doivent seulement estre
multipliez par des intervalles, qui rendent quelque consonance,
ou qui ayent toûjours une bonne suite. Or selon d'autres
principes de la mesme science, il n'y a aucune des autres
consonances qui doublée, triplée, ou autrement multipliée
22 ne produise du discord ou de la dissonance [22]; il n'y a non plus
Mersen. aucun autre intervalle moindre que les consonances, qui
& alii. estant multiplié, se trouve toûjours avoir la suite bonne ou
propre à la melodie; & l'octave est la premiere & la seule consonance
ou intervalle, qui estant doublé, triple, ou autrement
multiplié jusques à l'infini, rend toûjours non seulement des
consonances, ou des intervalles tres melodieux; mais aussi
23 *Beda.* des equisonances [23], & les mesmes sons. [24] Elle est pareillement
24 la seule consonance qui estant jointe à une autre consonance,
Ptolem. quelle qu'elle soit, ne produit jamais aucun discord ni
25 dissonance. [25] Et partant il n'y a que la seule octave qui puisse
Boët. & commencer & continuer la multiplication des sons & de
leurs intervalles ou consonances, en doublant, triplant, ou
reïterant les sept voix differentes autant de fois qu'il en peut
estre besoin, soit pour l'étenduë des voix, soit pour celle des
instrumens, & de toute sorte de pieces de chant.

XII. Il y a encore d'autres raisons, qui estant jointes aux
precedentes, font mieux reconnoistre l'utilité & la commodité
de cette gamme: sçavoir les difficultez qu'il y a, soit à concevoir,
soit à retenir, soit à pratiquer les autres gammes, tant
26 à cause de la longueur des deux premieres, qu'à raison de [26]
Mersen. l'ennuy, de la [27] gesne, & de la [28] mort des muances: Ce sont les
27 termes dont quelques autheurs les qualifient, & ce à quoy les
Alsted. mesmes gammes & toutes les autres sont sujettes; comme aussi
28. à plusieurs equivoques ausquels les muances donnent occa-
Ericius. sion; tant en ce que des syllabes qui sont diverses ou de noms
differens y ont le mesme son sous une mesme lettre: que parce
que une mesme syllabe qui sous diverses lettres a des sons dif-

ferens, ne laisse pas d'y retenir le mesme nom : ainsi qu'il est aisé à voir dans les octaves, les quintes & les quartes, où l'équivoque s'y rencontre également en montant, & en descendant. Par exemple en l'octave du 1. mode d'un *D* à l'autre *d*, montant d'un plain saut du plus bas au plus haut, l'on dira selon les gammes des muances, *re*, *sol*; & descendant du plus haut au plus bas; *sol*, *re*: Or l'un & l'autre sont fort équivoques, puis qu'il se peut beaucoup plus naturellement entendre de la quarte contenuë dans l'hexachorde des six syllabes, que non pas de l'octave. Semblablemẽt si l'on divise la mesme octave en quinte & en quarte, il faudra dire en montant *re*, *re*, *sol*, & en descendant *sol*, *la*, *re*, où il ne se rencontre pas moins d'équivoque, car en montant d'un *re* à un autre *re* il n'y a quelquefois qu'une quarte, & non pas une quinte, comme on voit en la quarte du 2. mode depuis le *re* de l'*A* au *re* du *D*: & en descendant du *sol* au *la* il ne s'y rencontre d'autres fois qu'une tierce, & non une quarte; car au 2. mode & au 9. il n'y a qu'une tierce depuis le *sol* du *G* jusques au *la* de l'*E*. L'on peut encore remarquer aux autres modes & en leurs octaves des équivoques semblables ou plus grandes : Par exemple aux trois *fa*, *fa*, *fa*, du 5. mode, dont les deux peuvent aussi bien signifier la quinte, ou la quarte; comme l'octave, & ainsi des autres.

XIII. Il reste maintenant à voir si la figure de la gamme qui est cottée la quatriéme dans le 1. exemple, & qui y a deux colomnes & deux ordres, l'un de *b mol*, l'autre de ♮ *carre*, est celle qui est icy décrite, & si elle merite le nom de gamme sans muances. Quelques musiciens ou chantres modernes semblent vouloir le luy attribuer; mais avec peu de fondement & de raison; d'autant que contenant deux ordres, & par consequent chaque lettre y gouvernant deux syllabes qui ont des noms differens quoy qu'elles n'ayent qu'un mesme son, elle n'est point exempte de muances lors qu'une partie de la piece de chant est par *b mol*, & l'autre par ♮ *carre*; puis qu'il est alors necessaire de changer une syllabe en une autre de mesme son, quoy que le nom en soit different : & mesme de passer immediatement de l'un de ces deux ordres à l'autre contre la maxime receuë de tous les musiciens.

XIV. C'est pourquoy tout ce qui est dit en ce chapitre de la gamme sans muances ne doit estre entendu que de sa cinquiéme figure, où toutes les syllabes qui n'ont qu'une mesme lettre n'y ont aussi qu'un mesme nom, de mesme qu'elles n'y ont qu'un mesme son : afin que comme les sons & leurs lettres n'y varient point ; aussi les syllabes qui les accompagnent ou qui les signifient, soient pareillement invariables ; à l'exception toutefois de la lettre *B*, à laquelle comme Aretin a donné deux differentes figures, l'une ronde, l'autre carrée, à cause des deux differens sons qu'elle peut avoir ; il permet pareillement de les accompagner de deux diverses terminaisons, comme sont *fa*, & *si* ; afin de marquer la varieté de ses deux sons, non seulement par la diversité des figures de la lettre, mais aussi par la diversité des syllabes qui l'accompagnent. De sorte que la syllabe *fa*, que le *b rond* ou *b mol* y gouverne, signifie que le tetrachorde y est conjoint, & qu'il n'y a qu'un demy-ton de *la* à *fa* ; & qu'il y a un ton de *fa*, à *ut* : & la figure du ♮ *carre* à l'opposite, qui a sous soy la syllabe *si*, donne à connoistre que le tetrachorde y est disjoint, qu'il y a un ton du *là* au *si*, & qu'il n'y a qu'un demy ton du *si* à l'*ut*. C'est pourquoy la diversité des deux sons de cette septiéme lettre & syllabe ne consiste que dans l'ordre que le ton & le demy-ton tiennent dans la tierce mineure, qui est du *la* à l'*ut*, ou de l'*ut* au *la*. Car bien que les deux extremes soient toûjours les mesmes sans aucune variation ; il y en peut neantmoins avoir dans les deux intervalles du ton & du demy-ton qui sont entre ces extremes ; parce que tant le ton que le demy-ton peut y estre, ou le premier ou le second en ordre ; & par ce moyen faire que cette tierce mineure soit ou de l'une ou de l'autre de ses deux especes. Afin donc d'en faire mieux le discernement dans le plain-chant l'on se sert du *b mol* & de la syllabe *fa*, quand le demy-ton est contigu, ou joint immediatement à l'*ut* : mais l'on employe le ♮ *carre* avec la syllabe *si*, lors que au contraire le ton est contigu ou joint immediatement au *la*, & le demy-ton immediatement au *si*. Et bien que ce changement de la situation du ton & du demy-ton semble causer quelque muance ; neantmoins elle ne s'y fait pas ni aux termes, ni à la façon que les muances se font aux autres gammes, car elles ne se font en celles là qu'en des lieux où il n'y a aucun changement, ni aucune difference de son ; mais seulement du nom de la syllabe ; & ne se font jamais sous le *B*, où il y a difference de son, aussi bien que du nom de la syllabe. C'est pourquoy comme la muance de cette gamme ne se fait que sous le *B*, & les syllabes qu'il y gouverne, le changement qui s'y fait ne doit non plus estre appellé muance que celuy qui s'y fait dans les gammes precedentes. Et comme d'autre part il y est necessaire, & qu'il demande regulierement d'y estre fait, à cause du double son que cette septiéme lettre peut avoir, afin de conjoindre ou de disjoindre les tetrachordes, à l'imitation de ceux de *sinemenon*, ou *diezeugmenon* des Grecs; ou bien du *b fa ♮ mi* des autres gammes & qu'elle en tient icy la place & produit les mesmes effets, ce changement ne doit aucunement empescher que ce systeme ne porte à bon droit le titre de gamme sans muances.

XV. De plus la figure de cette gamme donne une grande facilité à discerner d'abord les voix de *nature* d'avec celles de ♮ *carre*; car les six premieres, *ut*, *re*, *mi*, *fa*, *sol*, *la*, lesquelles ne souffrent aucun changement ni en leur son, ni en leur nom, sont aussi toûjours dans l'ordre de *nature*, qui est pareillement immuable; en sorte qu'il n'y a que la seule septiéme placée au au milieu, entre le *la* & l'*ut*, qui soit sujette à varier, & à estre tantost de l'ordre de *b mol*, tantost de celuy de ♮ *carre*; & par consequent qui soit sujette à changement [29] selon la diverse situation que le demy ton & le ton tiennent dans la mesme tierce. 29 *Mersen.*

XVI. Cette mesme figure donne encore un moyen fort aisé pour rendre raison du nom que l'on a donné à l'ordre de *nature*, laquelle le pere Mersenne [30] avouë n'avoir encore pû découvrir. Et cette raison se trouve d'autant mieux fondée, qu'elle est appuyée sur la definition qu'ont accoûtumé d'en donner ceux là mesme qui ne se servent point d'autre gamme que de celle d'Aretin. On appelle chant naturel, dit Oronce finée[31], celuy qui ne monte ni ne descend au *bmol*, ni au ♮ *carre*. L'on reconnoist encore dans cette gamme comme quoy le changement mesme qui s'y fait est toûjours de *nature* en *b mol* ou en ♮ *carre*; ou bien de *b mol* ou de ♮ *carre* en *nature*; & jamais de *b mol* en ♮ *carre*, ni de ♮ *carre* en *b mol*. L'on y peut encore remarquer comme quoy les trois clefs de *C ut*, *F fa*, & de *G sol*, sont toutes trois en l'ordre de *nature*; & que celles de *b mol*, & de ♮ *carre* y sont reduites à la seule septiéme lettre ou elles ne font que l'office de simples signes; comme en effet Guy Aretin en son antiphonaire ne les employe jamais comme

30

31

clefs, mais toûjours en qualité de signes; c'est pourquoy ils en doivent plustost porter le nom que celuy de clefs, vû mesme que plusieurs de ceux qui se servent des gammes à muances, ne les mettent pas au nombre des clefs[32]. Enfin il est tres aisé de voir en cette gamme la difference qui est entre la plus basse octave & les superieures, puis que cette difference ne consiste qu'en l'application des sept lettres majuscules a la plus basse octave & des minuscules à la superieure, selon qu'Aretin mesme en a usé, ainsi qu'on le peut voir au passage de son prologue rythmique cité au commencement de ce chapitre; où il faut aussi remarquer comme son *gamma* n'y sert que comme de terme de la plus basse voix seulement; & n'entre aucunement dans le nombre, ou la liste des deux octaves; chacune desquelles il ne commence que par la lettre *A*, & par le chiffre 1. au dessous. L'on peut pareillement voir en cette gamme la distinction des cinq tetrachordes, des graves, des finales, des affinales, des aiguës, & des suraiguës; & des tetrachordes conjoints & disjoints; en la mesme maniere qu'elle se fait, ou se peut faire dans les autres gammes; c'est à dire, soit par la suite naturelle de leurs voix, soit par la suite des voix feintes.

32 *Lystenius.*

XVII. Tout ce qui a esté dit cy dessus touchant la disposition de cette gamme, n'est pas moins confirmé par la disposition des instrumens harmoniques, que par la raison; car leurs cordes, ou leurs tuyaux ont d'ancienneté esté composez du[33] nombre de sept, en chaque octave; & plusieurs de ces instrumens sont encore à present disposez de mesme: en sorte que suivant le nombre des octaves qu'ils contiennent, le nombre de ces sept voix, & de leurs cordes ou de leurs tuyaux se multiplie; ainsi qu'ō le peut voir dans l'orgue, le clavecin, la harpe, & dans quelques instrumens à chorde, où la premiere voix de leurs octaves commence par le C, & leurs six premieres voix, à l'imitation des six premieres lettres & syllabes de cette gamme, n'ont pareillement chacune qu'une corde ou un tuyau, de mesme qu'elles n'ont chacune qu'un son; mais leur septiéme voix, qui conformement à la septiéme lettre & syllabe de cette gamme peut avoir deux divers sons, a pareillement deux cordes ou deux tuyaux differens pour marquer la diversité des sons du ♮ *carre* & du *b mol.*

33 *Isidor. & alij.*

XVIII. Que si maintenant l'on veut comparer ce systeme

ou cette derniere gamme avec les autres, il ne sera pas malaisé devoir qu'elle seule comprend les avantages & les perfections de tous les autres, & ne contient aucun de leurs defauts ou manquemens. Car elle a d'une part toutes les bonnes qualitez du systeme parfait des Grecs, & d'autre part elle est exempte de la multitude, diversité, & longueur des noms de ses voix; comme aussi des limites ausquels ils sembloient borner l'étenduë des sons. Elle a semblablement la commodité des lettres, & des syllabes des gammes precedentes. Mais elle n'est aucunement sujette ni aux bornes trop courtes qu'elles donnent à l'étenduë de leurs sons; ni à l'embarras des muances de leurs syllabes, ni à l'occasion d'équivoque qui se rencontre dans ces muances : vû que cette gamme depuis chacune de ces syllabes jusques à sa semblable, par exemple du *re* inferieur, au *re* superieur; ou du *re* superieur au *re* inferieur, il y a toûjours une octave; laquelle si l'on veut diviser harmoniquement, c'est à dire mettant la quinte en haut, l'on trouve toûjours sa quinte en montant du *re* au *la*, & sa quarte du mesme *la* au *re* superieur : & reciproquement l'on y rencontre en descendant sa quarte depuis le *re* superieur jusques au *la*, & sa quinte depuis le mesme *la* jusques au *re* inferieur : & ainsi par proportion du reste de ses octaves. Mais si outre ces choses l'on veut considerer en ces gammes ou systemes leur qualité d'élemens, ou de premiers principes de la science, & de l'art du chant, l'on verra que cette mesme gamme en a toutes les proprietez & toutes les qualitez beaucoup plus excellemment, que n'ont pas les autres gammes. Car elle a sa certitude establie sur des principes plus infaillibles soit de la mesme science, soit des autres parties de mathematiques; & sur l'authorité des plus sçavans philosophes & musiciens. Elle est si universelle, qu'elle comprend generalement tout ce qui peut appartenir à l'harmonie, & à la melodie des sons, tant des voix que des instrumens. Elle contient une disposition qui n'est pas moins évidente & claire, qu'elle est certaine. Enfin elle est naturelle, & sans grand artifice, brieve, courte, facile à concevoir; & encore plus facile à mettre en pratique. 34 Toutes lesquelles conditions ne se rencontrant point jointes ensemble dans aucune des autres gammes ou systemes auec la perfection où elles se retrouvent en celle cy; il semble estre hors de doute, qu'elle les surpasse toutes, qu'elle merite de leur 34 *Mersen.*

estre preferée, & qu'il seroit inutile d'employer avec difficul-
35 *Aristot.* té plusieurs [35] choses où une seule peut facilement suffire ; ou
36 *Guido.* de diviser ce qui peut demeurer uni. [36]

CHAPITRE XIV.

Explication du systeme des notes, ou des quatre lignes paralleles sur lesquelles l'on a coûtume de marquer les notes.

I. TOut ainsi que les lettres ont esté inventées pour signifier & le nombre & la difference des sons [1] & des voix ; de mesme les notes ont esté établies pour donner à connoistre les mesmes lettres, & consequemment les sons, les voix ou les syllabes dont elles sont les signes. C'est pourquoy les notes ne sont autre chose, que les signes des lettres, ou des syllabes que l'on employe au lieu des voix ; de mesme que les lettres & les syllabes ne sont aussi que les signes des voix.

1 *Franch.*

II. Le sujet pour lequel l'on s'est servi aux livres de chant de notes ou de figures au lieu de lettres ou de syllabes, a esté afin d'exempter la lettre ou le texte de leur meslange, de distinguer plus nettement l'un d'avec l'autre, & par ce moyen éviter toute occasion de confondre les lettres du texte avec les lettres qui servent de notes.

III. La façon avec laquelle ces notes sont placées n'augmente pas peu cette distinction, & rend leur usage aussi facile que commode. Car au plain-chant elles sont appliquées ou bien sur les quatre lignes paralleles des livres de chant, ou bien dans les interlignes des mesmes lignes, ou bien dans l'espace qui est immediatement au dessus ou au dessous les deux lignes extremes ; tous lesquels espaces joints ensemble font le nombre de neuf, qui peuvent recevoir un pareil nombre de notes ou de voix, auquel chaque mode de chant a accoûtumé d'estre borné. Ces quatre lignes paralleles sur lesquelles les notes sont posées, sont en autres termes appellées pattée, à cause qu'avant l'impression l'on avoit coûtume de les tracer à la main avec une plume à quatre pieds faite en forme de patte. Le V. exemple fait voir tant ces lignes, que le nombre de leurs espaces, & de leurs notes.

IV. La figure de ces notes est ordinairement quarrée ou

rhomboïde, & la quarrée eſt ou avec queuë ou ſans queuë, ce qui ſera cy-deſſous expliqué plus au long au chap. IV. de la III. partie & au IV. exemple: il faut ſeulement remarquer icy qu'à l'occaſion de ces diverſes formes, Bede le venerable & quelques autres leur ont auſſi donné le nom de figures. [2] 2

V. Les clefs de ces lignes & de ces notes ont pareillement leurs figures differentes, qui les diſtinguent les unes des autres. La place de ces clefs eſt ordinairement ſur l'une des quatre lignes paralleles, à la reſerve toutefois de *b mol*, qui ſe met indifferemment ou ſur la ligne ou dans l'interligne, ſelon que le *b fa* ſe trouve ſitué en l'un ou en l'autre; bien que le plus ſouvent elle ſoit placée dans l'interligne au deſſous de la de clef *C*, *ſol, ut fa*; avec laquelle lors qu'il y eſt continué il ne fait qu'une ſeule clef, que ſelon le ſtile des gammes à muances l'on nomme de *b mol*; mais ſuivant la gamme ſans muances elle n'eſt qu'un ſimple ſigne, ainſi qu'il a déja eſté remarqué au precedent chapitre. Que s'il n'y a aucun *b mol* marqué ni au commencement des lignes, ni des interlignes de la pattée, le chant y eſt toujours ou par *nature*, ou par ♮ *carre* ſelon les gammes à muances, quoy que le ♮ *carre* n'y ſoit aucunement marqué. Semblablement lors que le *b mol* n'eſt pas continué au commencement de chaque pattée de la piece, mais ſeulement appliqué en quelque endroit particulier de la ligne, ou de l'interligne de la lettre *B* on ne luy attribuë point alors dans les gammes (meſme à muances) la qualité de clef, mais ſeulement celle d'un ſimple ſigne, qui donne à connoiſtre que quelque note qui le ſuit doit eſtre chantée par *b mol* & non par ♮ *carre*. Il en eſt de meſme de ♮ *carre* lors qu'il eſt ajoûté en quelque endroit particulier des lignes ou des interlignes; car il n'eſt lors qu'un ſigne, qui à l'oppoſite du *b mol* donne à connoiſtre que quelqu'une des notes qui le ſuivent, ſe doit chanter par ♮ *carre*, & non pas par le *b mol*.

VI. Outre l'aſſiette naturelle que ces deux ſignes de *b mol* & de ♮ *carre* ont droit d'avoir ſous la lettre *B*; il arrive encore quelquefois qu'on les place ſous d'autres lettres, par exemple, que le *b mol* eſt poſé ſur la ligne de [3] *E, mi, la*; ou de *A, mi, la, re*, pour denoter qu'il y faut mettre un *fa* au lieu du *mi*, 3
ou bien que le ♮ *carre* eſt appliqué ſur la ligne ou l'interligne

de *f*, *ut*, *fa*, ou de *C*, *sol*, *ut*, *fa*; pour designer qu'il y faut chanter *mi* au lieu de *fa*: & lors les notes qui se trouvent ainsi placées sous ces deux signes, & sous d'autres lettres que celles de *B*, sont communément appellées notes feintes; parce que l'on feint qu'elles sont, ou que l'on les doit appliquer en un endroit auquel elles ne devroient pas estre suivant la disposition ordinaire de la gamme. Ce qui ne se pratique pas toutesfois (ainsi qu'il a esté dit cy dessus) si ce n'est qu'il soit besoin d'éviter au plain-chant le triton ou la fausse quinte, ou quelqu'autre mauvaise suite; ou bien d'empescher en la musique le discord & la dissonance entre les differentes parties; auquel cas l'on marque dans la musique au lieu du ♮ *carre* quatre lignes croisées à la façon d'un double X au net qui vulgairement, quoy qu'improprement sont appellées du nom de *Diese*.

VII. Il arrive aussi que ces deux mesmes signes de *b mol* & de ♮ *carre* sont quelquefois sous entendus, bien qu'ils ne soient pas exprimez; ce qui se rencontre plus frequemment sous leur lettre naturelle *B*, & beaucoup plus rarement sous les autres lettres, où quelquefois il est necessaire de les feindre pour éviter la mauvaise suite ou la dissonance des notes. Les exemples des clefs & de ces signes se voyent au v. exemple.

VIII. Quand les notes excedent le nombre de neuf, (ainsi qu'il a coûtume d'arriver aux nombres mixtes) l'on change ou transpose la clef sur une autre ligne ou plus haute ou plus basse, suivant que le chant demande à monter ou à descendre; & en mesme temps l'on ajoûte un renvoy, ou guidon immediatement apres la derniere note, qui precede le transport de la clef. Quand toutefois cette transposition se peut remettre au commencement de la pattée elle est bien plus commode que lors qu'on est contraint de la mettre au milieu. Voyez en les exemples au XII. & XIII.

IX. Outre les notes, les clefs & les signes qui sont appliquez sur les pattées ou les quatre lignes paralleles, il y a des marques, qui donnent à connoistre la suite des nottes d'une pattée à l'autre, afin de discerner plus facilement l'intervalle qui se rencontre entre la derniere note d'une pattée, & la premiere de la pattée suivante; ces marques sont une espece de renvoy, que communément l'on appelle guidon, & que l'on applique apres la derniere notte de chaque pattée d'une mesme piece de chant; sa forme ordinaire au plain-chant

eſt en façon d'une demy-note avec une queuë à droite, 
& dans la muſique en cette ſorte  : exemples xii. & xiii.

X. Les cadences ont pareillement leurs ſignes dans les meſmes pattées, afin d'y denoter leur diſtinction, leur diverſité, & les endroits où les pauſes ſe doivent faire, & où il faut garder les ſilences. Ces ſignes ne ſont autre choſe que des lignes ou des barres de diverſe grandeur, qui traverſent ou toutes les lignes de la pattée, ou ſeulement quelques unes. Et quoy que en la pluſpart des livres de chant qui ſont imprimez en ce ſiecle, l'on ait appliqué ces lignes apres chaque mot, & que les imprimeurs ou ceux qui ſe ſont meſlez de les conduire en ayent vrayſemblablement ainſi uſé, afin d'empeſcher que les enfans, les villageois ou les autres perſonnes, (qui ignorans le latin ne laiſſent pas d'eſtre employez au chant dans pluſieurs egliſes) ne confondiſſent pas enſemble les differents mots du texte, neantmoins ce n'a eſté que par une eſpece d'entrepriſe dont en pareille occaſion Guy Aretin a autrefois fait des plaintes[4], parce qu'il eſt certain que ce n'a jamais eſté l'ancien uſage 4
du chant; & que ces lignes ne doivent point eſtre appliquées aux pattées du plain-chant, ſi ce n'eſt aux endroits ſeulement où il y a des cadences ou des ſilences à obſerver. Car elles ne ſont que pour diſtinguer les divers membres du chant, dont les cadances font[5] la diviſion, & pour deſigner les endroits 5
où les pauſes ſe doivent faire[6]; & nullement pour faire la di- *Guido.*
ſtinction, ni des dictions, ni des membres, ni des periodes du 6
texte; parce qu'il y a pour cet effet d'autres marques, qui *Franch.*
ſont propres & particulieres à la lettre & à la grammaire qui ſont entierement ſeparées de celles du chant; ſçavoir le point pour monſtrer le terme ou la fin de la periode; les deux points pour faire voir les diviſions de ſes membres, les virgules pour en diſtinguer les diverſes ſections, une certaine diſtance entre chaque diction pour en reconnoiſtre la diſtinction; & parce que la multitude des notes, dont quelques ſyllabes ſont chargées, oblige aſſez ſouvent de laiſſer une diſtance autant ou plus grande entre les ſyllabes d'un meſme mot, comme elle ſe rencontre entre deux differentes dictions. L'on a pourvû dans la lettre meſme à la reünion des ſyllabes qui appartiennent à une meſme diction, par l'addition qui s'y fait d'une petite ligne tirée apres chacune des ſyllabes qui doivent eſtre

reünies, à la façon à peu pres des petites lignes avec lesquelles l'on a accoûtumé de lier ensemble la moitié d'un mot qui se trouve à la fin d'une ligne avec l'autre moitié qui commence la ligne suivante. - Revenant maintenant aux barres qui sont destinées à la division ou distinction des membres & des periodes du plain-chant, elles sont de deux sortes; les unes petites qui ne traversent que deux des quatre lignes paralleles de la pattée, les autres grandes qui les traversent toutes quatre ensemble: celles cy marquent les cadences qui finissent les diverses periodes des pieces de chant; celles-là denotent les medianes, ou les autres moindres, qui n'en distinguent que les membres : exemples XII. & XIV.

XI. Outre ces barres qui servent à distinguer les silences ou les pauses du chant; l'on peut encore en ajoûter deux autres grandes en chaque piece de chant; l'une vers le commencement pour designer l'endroit où ceux qui commencent le chant doivent s'arrester, lors que d'autres doivent continuer ce qu'ils ont commencé; ainsi qu'on le peut voir aux mesmes exemples XII. & XIV. l'autre vers la fin de la mesme piece, pour marquer le lieu où ceux qui l'ont chantée separément des autres doivent s'arrester, afin que les autres s'unissent avec eux pour l'achever. Ainsi qu'on peut voir en l'exemple XVI. aux mots, *bono*, *tuum*, & *Christus*. Or ces barres sont pour suppléer au defaut des neumes, dont l'on avoit anciennement accoûtumé d'user, & dont l'on use encore à present dans les eglises cathedrales & dans les dioceses qui ont conservé leur ancien chant, afin de signifier par ce neume, que les chantres qui entonnent les pieces ne doivent passer au delà du mot qui en est chargé; mais y attendre que le chœur poursuive. Voyez l'exemple XVI.

XII. Les cadences des chants rythmiques ont semblablement leurs marques, qui sont differentes de celles du plain-chant. Car le psalmodique a eu d'ancienneté deux points pour signe de la mediation de ses versets; & un point pour celuy de sa fin ou terminaison; & lors que le verset a esté trop long depuis le commencement jusques à la mediation, ou depuis la mediation jusques à la fin, l'on y a ajoûté ou une virgule, ou un point avec une virgule; afin de designer le lieu où ceux qui chantent ensemble pûssent conjointement respirer, pour achever soit la mediation, soit la fin du verset, avec plus de facilité, & un accord plus accomply. Voyez la fin de l'exemple XVIII. Ces meſmes marques du point & des deux points ſont encore employées aux cadences des autres chants rythmiques, comme des Epiſtres, des Evangiles, des chapiteaux des leçons, des oraiſons & autres choſes ſemblables, afin de deſigner les endroits où les inflexions des voix, les reſpirations, & les pauſes ſe doivent faire. C'eſt pourquoy il eſt neceſſaire que le point, les deux points, & meſme les virgules ſoient appliquez comme il faut à la lettre; & que les accens (particulierement les deux derniers) qui precedent ſoit le point, ſoit les deux points, y ſoient convenablement aſſis ſur les ſyllabes, qui les demandent; parce qu'ils ſervent comme de fondement ſur lequel l'on prend ſes meſures pour faire à propos les inflexions de ces ſortes de chant, qui ſe doivent faire ſoit aux mediations, ſoit aux terminaiſons.

XIII. Les diverſes eſpeces de chant, & les differens modes ne demandent pas moins d'eſtre marquez que les autres choſes dont il a eſté fait mention cy deſſus; car d'une part l'on ne peut chanter aucune piece de chant ſelon ſon air & ſa meſure, ni la commencer au ton qu'il faut, ſi l'on ignore à quelle eſpece de meſure, & à quel ton ou mode elle appartient; & d'autre part il n'y a point de chant plus defectueux que celuy qui ſe fait ſans ton ni meſure. Afin donc de ne donner aucune occaſion à un pareil deſordre, l'on doit encore ajoûter deux marques ſoit au commencement, ſoit à la fin de chaque piece de chant; l'une pour indiquer l'eſpece du chant metrique, l'autre pour denoter le ton ou le mode. Car bien que la figure & la diſpoſitiou des notes du chant metrique appliquées ſuivant ce qui en ſera dit en la partie ſuivante puiſſent ſuffiſamment ſervir à faire le diſcernement de ſes epeces; neantmoins comme à preſent il n'y a quaſi point de livres correcͭts où cette façon de notes ſoit gardée; & que quand elle le ſeroit, un chacun n'a pas le diſcernement égallement prompt; il ſera toûjours utile d'y mettre quelque marque, comme pourroit eſtre la lettre *D* lors que le chant eſt dactylique, le *T* lors qu'il eſt trochaïque, & l'*I* quand il eſt jambique: car pour ce qui eſt de l'eſpece du plain-chant, elle ſera aſſez connuë lors que la piece de chant n'aura aucune de ces marques metriques, ſans qu'il ſoit beſoin d'y mettre le *P*, ou quelqu'autre lettre ſemblable. Quant à l'autre marque pour denoter le ton ou le

mode, les musiciens l'estimoient d'une telle consequence, qu'ls
7 avoient des notes diverses pour y employer selon la difference
Boetius. des modes, afin d'en faire mieux connoistre la distinction 7 :
mais à present l'on n'use que des chiffres des huit premiers nombres, l'un desquels l'on a accoûtumé de mettre à la fin de chaque piece de chant, & en suite d'y ajoûter *e, u, o, u, a, e,* lors qu'elle est accompagnée du chant de quelque pseaume ou de quelque cantique, afin d'en faire voir la terminaison sur les syllabes des mots *sæculorum Amen* qui sont alors signifiées par leurs voyelles : exemples XIV. & XVIII.

PARTIE TROISIÉME.

PARTIE TROISIEME.

De la durée ou mesure des sons.

CHAPITRE I.

En quoy consiste la mesure des sons ou des notes, & combien cette mesure est necessaire dans le chant.

LA seconde chose à quoy il faut avoir un égard particulier dans l'exercice du chant, est la durée des sons ou des voix qui le composent, ou en autres termes, le temps [1] qui doit estre employé à prononcer chacune de ses syllabes ou de ses notes [2]: Car le son ne se forme que par le mouvement. Or le mouvement est un changement qui se fait avec succession, & par consequent dans le temps [3]: D'où vient que reciproquement le temps est defini la mesure [4] du mouvement. Par où il est clair que le son dependant du mouvement, depend aussi du temps, & a une certaine étenduë successive qui est mesurée par le temps. C'est pourquoy la melodie & l'agréement du chant ne consiste pas seulement à observer les proportions qui sont deuës aux intervalles ou à la distance qui est entre les voix ou entre les sons qui sont hauts & bas: mais aussi à garder les proportions que demandent la durée & le temps des mesmes voix & des mesmes sons. C'est donc ce temps & cette durée de chaque son, de chaque voix, ou de chacune de leurs notes, qui dans le chant est appellé mesure, lors qu'il y est reglé suivant les proportions qui luy sont deuës & convenables: Et cela est si different de la distance ou de l'intervalle des sons, qu'il est souvent necessaire de peser davantage ou de faire une mesure bien plus longue sur une note qui n'est éloignée d'une autre que d'un ton, ou d'un demy-ton, que sur d'autres qui

1 *Plato. & alij.*
2 *August.*
3 *Aristot.*
4 *Aristot.*

ſeront éloignées d'une tierce, ou d'une quarte, ou d'une quinte, ou d'une octave. De ſorte que la meſure non ſeulement ne ſuit pas les proportions des intervalles, mais meſme leur eſt ſouvent oppoſée, & moindre ou plus courte aux endroits où leur diſtance eſt plus grande; & au contraire plus longue aux endroits où leur diſtance eſt plus petite.

II. La neceſſité de cette meſure des ſons ou des notes du chant eſt ſi grande, qu'elle y peut eſtre égalée à celle des intervalles: car tout ainſi qu'il n'y peut avoir ni harmonie, ni melodie, quand les ſons ne ſe ſuivent pas bien, & que leurs intervalles ne ſont pas bien ordonnez, ni proportionnez comme il le faut: de meſme le chant ne peut avoir d'agréement dans ſon harmonie lors que les meſmes ſons ou leurs notes n'ont ni le temps qui leur doit eſtre proportionné, ni la juſte
5 meſure qui leur eſt deuë [5]. C'eſt pourquoy S. Auguſtin a fait
Auguſt. tant d'eſtat de ce temps & de cette meſure, que dans les ſix livres qu'il a compoſez de la muſique, c'eſt à dire, de la ſcience du chant, il ne traitte que des proportions, du temps, & de la meſure qui doit eſtre gardée, tant dans les ſons, que dans leurs ſilences: car quoy qu'il les écriviſt à l'occaſion du chant des
6 hymnes & des pſeaumes que S. Ambroiſe avoit peu de temps
Auguſt. auparavant établi dans l'Egliſe de Milan [6], & qu'il euſt deſſein
7 de traiter de leurs intervalles par apres [7]: ce n'eſt pas toute-
Auguſt. fois un petit témoignage de l'eſtime qu'il a fait de l'importance & de la neceſſité de la meſure, d'avoir voulu commencer le traité de cette ſcience plûtoſt par celuy de la meſure, que par celuy de ſes intervalles. Que ſi Boëce, qui a tres ſoigneuſement écrit du chant, en a uſé autrement, & s'il n'a rien obmis de ce qui appartient à la ſcience du chant que la meſure; ce n'eſt pas qu'il n'en ait parfaitement ſceu l'importance, ou qu'il ait manqué d'en faire l'eſtat qu'elle merite: Mais plûtoſt il ſemble que par cette ſorte de conduite il ait voulu marquer qu'il ne faiſoit que continuer le deſſein que S. Auguſtin avoit eu d'écrire un ſemblable traité: & ainſi ſuppoſant celuy que S. Auguſtin avoit laiſſé de la meſure quelques années aupara-
8 vant, & dont les ouvrages eſtoient alors entre les mains de tous
Caſſiod. les gens doctes [8], & n'ayant rien à ajoûter à ce qu'un ſi grand Docteur en avoit écrit, il s'eſt contenté de pourſuivre le reſte qui concerne le chant, ce qu'il a fait avec tant de ſoin & d'exactitude, qu'il y a recueilli tout ce que les anciens philoſo-

phes & musiciens avoient laissé par écrit sur ce sujet [9]; afin que les latins peussent trouver tout ce qui concerne la science du chant dans les cinq livres qu'il en a composez, & dans les six que saint Augustin avoit faits auparavant. 9 *Kircher. & alij.*

III. Mais afin de mieux reconnoistre la necessité de cette mesure du chant, il faut remarquer qu'il se rencontre trois sortes de quantité dans la pronõciation d'une syllabe ou d'une diction [10], dont l'une consiste dans l'élevation ou l'abbaissement de la voix; l'autre dans le temps plus long ou plus court auquel elle est proferée : & la troisiéme dans la maniere de l'accent, qui prolonge plus ou moins dans l'air non la syllabe, mais les especes de la mesme syllabe accentuée. Comme donc ces trois sortes de quantité se rencontrent à leur façon dans les mots & syllabes du chant, aussi bien qu'en celles de grammaire; & qu'outre le haut ou le bas, le continu ou le discontinu, elles ont encore leurs longues & leurs breves, leur accent euphonique & leurs cadences. L'on doit pareillement s'estudier d'assortir les syllabes ou les notes du chant de ces trois sortes de quantité selon qu'elle leur est proportionnée ou convenable, afin que leur chant & leur prononciation soit renduë parfaite & accomplie. 10 *Kircher. & alij.*

CHAPITRE II.

Des especes du chant, eü égard au temps ou à la mesure des sons & des notes.

I LEs especes de chant, dont l'usage est le plus commun dans les offices Ecclesiastiques, sont celles du plain-chant surnommé Gregorien, & du chant poëtique, qui autrement est appellé Ambroisien : Celuy cy est sous divisé en chant rythmique ou psalmodique, & en chant metrique [1] : & le metrique est derechef divisé en chant dactylique, en chant trochaïque, & en chant jambique; qui sont ainsi nommez à cause des pieds dont ils sont composez, ou qui ont accoûtumé d'y dominer, quoy qu'ils soient assez souvent entremeslez d'autres sortes de pieds qui ont la mesme valeur [2] : par exemple, le dactylique de spondées, d'anapestes, ou de proceleumatiques; le trochaïque & le jambique de tribraques : mais alors le chant approche plus du rythmique que du metrique [3]. 1 *Isidor. & alij.* 2 *Guido.* 3 *Quintil. & alij.*

L'on eust pû pareillement former plusieurs autres especes de chants metriques selon la diversité des autres sortes de pieds, comme des bacchiques, des peoniqnes, & autres semblables; mais la difficulté d'user de leurs mesures a fait que l'on ne s'est pas accoûtumé d'employer au chant de l'Eglise d'autres especes que ces trois, la dactylique, la trochaïque, & la jambique.

II. Or afin de mieux comprendre la nature de toutes ces especes, il faut se ressouvenir de ce qui a esté dit cy dessus au chapitre VIII. de la II. partie touchant les differentes proportions des intervalles : car comme ces proportions prennent leur origine de celles que les nombres ont estans comparez les uns aux autres : de mesme la division & la difference de ces especes de mesure procede semblablement des diverses proportions de la durée du temps, que leurs sons peuvent avoir estans comparez selon cette mesme durëe les uns aux autres. Car ce temps est ou égal, ou inégal; & quand il est inégal, ou son inegalité se peut mesurer par un temps precis & certain; ou bien elle ne peut estre mesurée par aucun temps si juste, qu'il n'y ait quelque difference entre les parties mesurées.

III. Quand donc la durée est égale, comme elle est fondée sur la raison ou proportion d'égalité, qui estant indivise & toûjours la mesme ne peut avoir aucune autre espece sous soy, elle n'établit aussi que l'unique espece du plain-chant, surnommé Gregorien, [4] parce que ce grand Pape le rétablit dans sa pureté, & en ordonna l'usage dans l'Eglise: & l'essence de ce chant ne consiste que dans l'égalité du temps & de la mesure [5] de ses sons ou de ses notes; à laquelle l'on a un particulier égard dans cette espece, sans s'arrester ni aux accens, ni à la quantité des dictions, ou des syllabes. D'où vient que l'on y voit souvent des syllabes breves de la lettre, qui sont chargées d'un plus grand nombre de notes que ne sont pas les syllabes longues; & plusieurs tant longues que breves, qui ont une plus grande multitude de notes que n'ont pas d'autres syllabes qui leur sont semblables. L'on y voit pareillement des syllabes qui y sont élevées à l'aigu quoy qu'elles n'ayent point l'accent aigu, ni ne le puissent avoir.

[4] *Kircher.*

[5] *Glarean. & alij.*

IV. Mais si la durée des sons est inégale, en sorte toutefois qu'elle ne se puisse pas exactement determiner par un nombre certain, ni avoir une mesure precise de son inégalité, elle pro-

duit une autre espece de chant que l'on appelle rythmique ou psalmodique ; dont la nature est établie sur cette inégalité incommensurable ou irrationnelle de ses notes ou syllabes [6],aux 6
accens desquels & à la rythme ou rencontre de leurs sons elle a *Aristides.*
plus d'égard que non pas à leur quantité. D'où vient que les *Quintil.*
endroits où les principaux accens des membres & des periodes *& aly.*
de la lettre sont assis, servent à cette espece de chant comme de fondement ou de base pour appuyer les accens euphoniques [7] & rythmiques de ses cesures ou mediations, & de ses 7
terminaisons. *Kircher.*

V. Que si la durée inégale des sons est telle, qu'elle puisse avoir une mesure de son inégalité qui soit certaine ; elle produit une differente espece de chant que l'on nomme metrique ou Ambroisien [8], à cause que S. Ambroise en rendit l'usage 8
commun, ordonnant le chant des Hymnes dans l'Eglise com- *Alstedius.*
me le plus doux [9] & le plus agreable : & c'est cette espece de 9
chant qui a pour fondement l'inégalité commensurable ou ra- *Franchin.*
tionnelle, & pour son objet particulier la quantité des sons ou des notes ; à laquelle, & à la cadence de leurs cesures elle a un égard particulier, sans s'arrester ni à la quantité [10], ni aux ac- 10
cens de la lettre. *August. & alij.*

CHAPITRE III.

Des mesures particulieres de chaque espece de chant.

I. CEs mesures sont differentes selon la diversité des especes de chant dont il a esté fait mention au precedent chapitre. Elles se battent où se mesurent toutes avec ἄρσι ϗ θέσι, c'est à dire, avec [1] l'élevation & la position de la 1
main ou du doigt, dont l'elevation marque un temps, & la po- *Isidor.*
sition un autre temps égal ; lesquels temps joints ensemble font la [2] mesure entiere qui contient un lever & un fraper égaux en- 2
tr'eux. Mais parce que l'un & l'autre peut estre ou plus viste ou *August.*
plus lent, les anciens philosophes & musiciens ont estimé que leur durée pouvoit estre convenablement reglée par le mou- 3
vement naturel du cœur, ou bien par le battement naturel du *Franch.*
poux, ou de la systole & de la diastole qui en proviennent & en sont des effets plus sensibles. D'où S. Isidore a pris occasion d'en faire deriver le nom des [4] chordes du chant. 4
Isidor.

II. Le plain-chant donc qui eſt fondé ſur l'égalité de ſes ſons ou de ſes notes, a toûjours une meſure égale dans chacune de ſes notes, laquelle eſt communément appellée *plana* ou meſure plaine.

III. Le chant rythmique ou pſalmodique a pareillement une eſpece de meſure égale pour ſes notes ou ſyllabes qui ſont longues; d'autant qu'elle doit eſtre une fois ou environ plus longue, & quaſi double à l'égard de la meſure des autres notes ou ſyllabes qui ſont breves ou paſſent pour telles. Mais comme cette meſure n'eſt point determinée par aucun nombre certain, auſſi participe-t-elle quaſi autant de la recitation ou prononciation 5 que du chant. C'eſt pourquoy en cette eſpece de chant il n'y a que les ſyllabes qui ont l'accent aigu ou circonflexe qui ſoient cenſées longues; & toutes les autres qui n'ont aucun accent, ou qui n'ont que le grave, y ſont conſiderées comme ſi elles eſtoient breves.

5 *Auguſt.*

IV. Le chant metrique ſemblablement a des meſures qui ſont proportionnées à ſes eſpeces differentes: car le dactylique a la meſure entiere de deux temps pour marque de ſes notes longues, & n'a qu'un temps ou demy meſure pour marque de ſes notes breves. C'eſt pour cette conſideration, & auſſi parce que ſes deux notes breves meſurent toutes les pieces de cette eſpece de chant, qu'il y a des muſiciens qui vulgairement, bien que improprement, ſurnomment ſa meſure double ou binaire, & la marquent d'un 2. de chiffre. Quant à l'iambique & au trochaïque, ils ont trois temps pour leur meſure entiere, deux deſquels ſervent à la meſure de leurs notes longues, & le troiſiéme à la meſure de leurs notes breves; avec cette difference toutefois, que quand le chant eſt trochaïque, la meſure commence par la longue & par le frapper; mais lors qu'il eſt jambique elle commence par la breve & par le lever, ſuppleant auparavant le premier baiſſer ou poſition par un ſilence de deux temps: afin que conformement à la nature des notes, la breve qui eſt plus legere que la longue ſe rencontre toûjours au lever. Or d'autant que ces deux eſpeces ſe meſurent à trois temps égaux, ſçavoir deux au frapper qui contiennent le baiſſer & le toucher ou le repos, & un au lever; & que les trois breves de ces deux eſpeces en meſurent toutes les pieces, quelques muſiciens donnent à la meſure de ces deux eſpeces le nom de *tripla*, ou de meſure ternai-

re, & les marquent d'un 3 de chiffre quoy que ce nom de mesure ternaire leur convienne aussi [6] improprement, que la bi- 6
naire aux chants dactyliques: car ces termes n'appartiennent *Glarean.*
proprement qu'à la musique figurée, ou au concours de plusieurs voix ou parties, dont les unes, par exemple, proferent
deux notes, pendant que les autres n'en prononcent qu'une [7], 7
si c'est en la mesure binaire; ou bien trois contre une, si c'est *Glarean.*
en la mesure ternaire. Mais on ne peut les appliquer qu'im- *& alij.*
proprement aux voix qui conjointement & en mesme temps
chantent à l'unisson, ou des notes longues, ou des notes breves; parce que alors les jambiques & les trochaïques forment plûtost une mesure double semblable à l'octave, qu'u-
ne mesure ternaire; puis que deux bat contre un [8]. De mes- 8
me le dactylique, l'anapestique & le spondaïque forment *Mersen.*
plûtost une mesure égale, que binaire; d'autant qu'elle est *& alij.*
de deux contre deux, & qu'elle a du rapport à l'unisson. C'est
pourquoy Glarean a traitté des mesures de ces chants metriques, non pas au troisiéme livre de son dodecachorde, où il
explique le triplat & les autres chants figurez de la musique à [9] 9
parties; mais bien au second livre, où il parle du plain-chant,
& des autres chants à l'unisson.

V. Or toutes ces differentes mesures peuvent se faire en deux façons, l'une plus lente & l'autre plus viste: par exemple, l'on peut ne donner à la longue qu'un des deux temps, & à la breve la moitié d'un temps; ou bien abreger un peu chaque temps ou battement de la longue, & celuy de la breve avec une pareille proportion. Quand donc l'on abrege ainsi les temps qui conviennent naturellement à la longue & à la breve, cette sorte de mesure est qualifiée du nom d'air & de battement en air.

VI. Secondement toutes ces sortes de mesures se peuvent
faire, ou en les battant actuellement avec élevation & position ou autre semblable mouvement de la main ou du doigt,
ou bien en les battant seulement mentalement [10] par le 10
moyen de la memoire; car l'on peut aussi bien se ressouvenir & *August.*
conserver l'idée de la durée qui est convenable aux sons: com- *& alij.*
me l'on se ressouvient & que l'on conserve l'idée de la distance
que les mesmes sons doivent avoir [11]. Ceux donc qui com- 11
mencent à s'exercer au chant ne doivent pas se contenter du *Isidor.*
battement mental seulement, mais ils doivent aussi employer *& alii.*

l'actuel jusques à ce qu'ils en ayent acquis l'idée & l'habitude par l'usage : de mesme que lors qu'ils commencent à solfier les notes ou à apprendre les intervalles du chant ils s'accoûtument premierememment à les chanter effectivement , & par cet exercice ils se forment l'idée de leurs sons, & se rendent capables de les bien exprimer , & de les associer à la lettre.

CHAPITRE IV.

Des notes propres à marquer la mesure de chaque espece de chant.

I. TOut ainsi qu'il y a des notes qui donnent à connoistre les sons graves & les sons aigus ; & qui font discerner les intervalles des uns aux autres ; de mesme il y a eu anciennement une seconde sorte de notes que l'on appliquoit auprès [1] des autres pour servir de marque du temps & de la mesure qu'elles devoient avoir. Mais d'autant que cette multiplicité de notes appliquées sur un mesme texte estoit moins commode dans l'usage , & pouvoit donner occasion de confondre celles des intervalles avec celles de la mesure , & tant les unes que les autres avec la lettre , l'on inventa depuis un moyen beaucoup plus aisé pour designer la mesure des notes sans qu'il fust besoin de les multiplier ; ce qui fut fait en donnant quelque sorte de diversité aux figures rondes ou carrées dont on se servoit pour marquer les intervalles du chant ; & pour ce sujet on les plaça tantost sur leur base ou quarré, tantost sur leur angle ; tantost on leur donna des queuës à leur costé droit, tantost à leur costé gauche ; & ces mesmes queuës quelquefois relevées en haut, d'autres fois panchées en bas. L'on appliqua pareillement des queuës aux notes qui sont assises sur leur angle, tantost à celuy d'en bas, tantost à celuy d'en haut ; quelquefois crocheuës : & le vuide de leur carré fut ou laissé blanc & de la couleur du papier , ou rempli de noir , ainsi qu'on le peut voir dans les figures des notes des livres de musique.

[1] *Gassend.*

II. L'invention de cette varieté de figures & de leurs valeurs est communément attribuée à Jean des Murs Docteur de Paris, qui vivoit vers l'an 1330. ainsi qu'il se void par un manuscrit de sa theorie de la musique qui est dans la bibliotheque de

S. Victor

S. Victor de Paris, & par ce que Gassendus en a écrit [2]. Neantmoins il est beaucoup plus vraysemblable qu'il n'en a pas tant esté l'autheur que le collecteur & le compilateur, qui le premier a le plus amplement & le plus methodiquement laissé par écrit ce qui se pratiquoit de son temps dans la musique touchant la valeur des notes, & la perfection ou l'imperfection de leurs temps; ainsi qu'il paroist par les termes desquels il use en expliquant ces choses dans la theorie de sa musique dont l'on en marque plusieurs dans les notes de ce [3] chapitre, pour lesquels mieux entendre il est à propos de sçavoir que dans la theorie de sa musique il ne traite que des proportions qu'ont les sons estans comparez les uns aux autres: & que pour cet effet il la divise en trois parties. Dans la premiere il parle des proportions des nombres en general; dans la seconde des proportions des consonances & des intervalles du chant, & de leur monochorde; dans la troisiéme des proportions de la durée ou du temps des mesmes sons, & des signes ou notes avec lesquels l'on avoit lors accoûtumé de les marquer, dont l'on peut voir les figures dans les notes de ce Chapitre & à la fin du III. exemple au nombre 7. ausquelles figures depuis ce temps-là il a esté fait quelques additions & petits changemens. De sorte qu'avant le siecle de Jean des Murs il y avoit varieté non seulement dans le temps & dans la mesure des sons, mais aussi dans les signes, ou les notes qui en marquoient la valeur: & quoy qu'il en soit des notes de musique, il est certain que Guy Aretin entendoit trop bien la theorie & la pratique du chant pour omettre un point si important à la metrique, & qu'il sçavoit avoir esté si soigneusement cultivé par S. Ambroise & par S. Augustin. C'est pourquoy non seulement il fait mention expresse de ces chants metriques, mais encore apres avoir traitté des lignes, des notes, & des clefs avec lesquelles les intervalles doivent estre marquez. Il témoigne qu'il n'a pas eu moins de soin de distinguer dans les figures de ses notes [4] leurs temps & le temps de leurs cadences, que leurs intervalles.

III. Maintenant donc l'on employe communement au plain-chant la note quarrée, comme celle qui semble la plus propre tant à marquer l'égalité de la mesure de ses notes, qu'à faire la liaison des unes avec les autres [5]. Car lors qu'en descendant il y a deux notes sur une mesme syllabe, l'on a accoûtumé de les lier

2 *Gassend.*

3 *Ioannes de Muris.*

4 *Guido.*

5 *Ioannes de Muris.*

avec une queuë à gauche de la premiere en cette façon, 

& quand il y en a trois & que la derniere remonte, l'on joint les deux premieres ſous une meſme figure oblique qui a pareillement une queuë à coſté gauche; ce qui ſe pratique non ſeulement à l'égard des intervalles conjoints; mais auſſi à l'égard des disjoints, dont on a pareillement coûtume de ne marquer que les deux extremes notes:  que ſi apres les deux premieres notes il y en a davantage qui en deſcendant s'entreſuivent par degrez conjoints, l'on met une queuë à la droite de la premiere, & l'on donne aux ſuivantes une figure biaiſe ou rhomboïde.  Que ſi la liaiſon ſe fait en montant, on lie quarrément toutes les notes qui ſont ſur une ſyllabe par degrez conjoints ajoûtant ſeulement une queuë à la droite de la derniere.  Mais quand il y a des degrez disjoints entre les notes, on les lie ou à la façon moderne en cette ſorte.  Or comme les queuës que l'on met en deſcendant dans cette eſpece de chant ne ſont que pour ſervir d'ornement à la liaiſon de ſes notes, & ne varient aucunement l'égalité de leur meſure; auſſi ne s'y aſſujettit-on pas en telle ſorte, qu'on ne les omette ſi l'on veut, tant en deſcendant, qu'en montant; ainſi qu'il ſe peut voir en pluſieurs livres modernes. où le plain chant ſe trouve imprimé ſans avoir aucunes queuës, meſme en deſcendant.

Quant à la figure rhomboïde, l'on s'en ſert toûjours en deſcendant, ſoit qu'il y ait des queuës, ſoit qu'il n'y en ait pas; à cause qu'elle est plus commode ou plus propre à faire la liaison des notes les unes sous les autres. Du reste elle n'apporte alteration quelconque à l'égalité de la mesure des notes de ce chant [6], non plus que les queuës lors qu'on y en met: joint que 6 la figure rhomboïde dans la rigueur geometrique se trouve *Franch.* égale à la quarrée, parce que l'une & l'autre sont assises sur des bases égales, & entre les mesmes paralleles. 

IV. Les chants rythmiques ou psalmodiques, & leurs ligatures sont pareillement notez avec la mesme note quarrée, soit parce qu'il n'est pas aisé de leur assigner d'autres notes, qui marquent bien leur inégalité incommensurable ; soit parce que l'on ne note ordinairement que fort peu de pieces de cette espece de chants, sçavoir les intonations & les notes fondamentales des mediations & des terminaisons des versets, ou autres choses semblables ; dont l'inégalité n'est pas malaisée à regler, non plus que la teneur qui se rencontre dans leur milieu, lors que l'on sçait bien l'endroit où les accens doivent estre assis, particulierement ceux des deux ou trois dictions qui entrent dans les cadences des mediations, & dans celles des terminaisons, ou bien qu'ils y ont marquez comme il faut.

V. Dans les chants metriques on employe encore la note carrée pour la valeur de la mesure entiere des deux temps; mais pour marquer la demy-mesure ou un seul temps l'on se sert d'une autre note quarrée assise sur l'un de ses angles, & contenuë dans le quarré de l'autre dont elle ne fait aussi geometriquement que la moitié.  C'est pourpuoy la quarrée de deux temps se peut appeller longue, & celle d'un seul temps breve, selon Franchin [7] & selon S. Augustin cité cy-dessus. Car 7 quoy que dans l'usage moderne de la musique à plusieurs par- *Franchin.* ties l'on nomme à present breve, celle qui a la valeur des deux temps ou d'une mesure, & semi-breve, celle qui ne vaut qu'un temps ou demy-mesure ; & que l'on doive user en musique des termes qui y sont universellement receus ; & mesme qu'on puisse s'en servir à l'égard des chants metriques qui se rencontrent parmi les pieces du plain-chant: Neantmoins comme les termes de longue & de breve sont plus simples, & ont la signification plus naturelle & plus facile à concevoir, ils semblent aussi estre plus commodes pour l'usage de ceux qui n'ont connoissance que du plain-chant, des chants metriques, & de leurs notes. Outre ces deux notes la longue & la breve l'on en employe une troisiéme, qui dans les chants trochaïques vaut la mesure entiere des trois temps de cette espece qui sont designez par un point qui est mis immediatement apres la carrée, laquelle pour ce sujet l'on peut appeller ponctuée ■. L'on peut semblablement ajoûter aux chants metriques une quatriéme espece de note qui n'ait la valeur que d'un demy-temps ou quart de mesure; afin de servir aux elisions des notes breves, que l'on est quelquefois obligé de faire dans quelques chants metriques. Car comme leur temps est lors divisé en deux & diminué de moitié, l'on peut aussi le designer par la division de leur breve en deux moitiez ◀ ▶ sans qu'il soit besoin d'emprunter pour ce sujet la figure qui en musique est appellée minime, & qui ne vaut que le quart d'une mesure. Que si outre ces sortes de notes il se rencontre parmy quelques chants metriques quelque note carrée avec une queuë pendante en bas à costé droit  ainsi que l'on en voit dans quelques chants du *Credo* sur les mots *& homo factus est* ou *adoratur*, ce sera lors un signe que la mesure y doit estre double de la longue ou plus lente; & partant on luy pourra lors donner le mesme nom de double, ou celuy de grande. Ceux qui voudront voir la figure que Guy Aretin donnoit à cette sorte de notes longues la trouveront vers la fin de l'exemple III. sur le mot de *crucis*.

VI. Or d'autant que la façon de lier toutes ces notes des chants metriques varie souvent leur valeur; il est encore necessaire de sçavoir, que quand on lie deux breves ensemble, l'on a accoûtumé d'emprunter la figure carrée de la longue, comme estant plus propre à la liaison que celle de la breve; & & de leur ajoûter aussi quelques queuës. C'est pourquoy quand on veut lier deux breves, soit en montant, soit en descendant, l'on ajoûte à costé gauche de la premiere une queuë relevée en haut  Que si apres ces deux breves l'on y ajoûte une troisiéme, elle sera longue & aura la mesure

des deux temps  : Si une quatriéme

ou un autre plus grand nombre, celles qui suivent apres

les deux premieres seront toutes longues. 

Que si on lie ensemble les longues, si c'est en descendant la premiere aura toûjours une queuë à gauche pendante en bas, & la seconde qui luy est jointe immediatement sera toujours longue; comme aussi la troisiéme, la quatriéme, ou davantage, s'il y en a, à la reserve toutefois de la derniere, qui en musique est toujours double des autres. 

Que si la liaison se fait en montant, les mesmes notes longues seront jointes les unes aux autres en tel nombre qu'on voudra, sans aucune queuë, ni alteration quelconque de leur valeur.

Les façons de toutes ces sortes de notes se voyent encore dans la VIII. partie au IV. exemple.

CHAPITRE V.

De la maniere dont les notes doivent estre disposées dans les differentes especes de chants metriques.

I. APres avoir parlé de la figure, du nom, de la valeur, & de la liaison des notes des chants metriques, il reste à voir en quel nombre, & de quelle façon elles ont accoûtumé d'estre appliquées pour former les pieds de chacune de leurs especes. Le dactylique donc demande que ses notes breves soient meslées ou avec les longues ou avec les breves liées (qui ont la mesme valeur que les longues) en nombre pair, c'est à dire deux à deux, ou bien (ce qui est équivalent) quatre à quatre.

Quant aux autres deux especes, sçavoir le trochaïque & l'iambique, les breves y doivent estre meslées avec les longues ou bien avec les breves liées (qui valent autant que les longues) en nombre impair; sçavoir une à une, ou trois à trois: avec cette difference toutefois, que la trochaïque commence toûjours par une longue; & au contraire l'iambique commence toûjours par une breve.

II. Or cette disposition des notes breves & des notes longues doit estre ainsi observée en tous ces chants metriques, encore que les dictions ou syllabes de grammaire ou de poësie, sur lesquelles les notes du chant sont appliquées, se trouvent avoir d'autres pieds & une quantité differente de celle des notes du chant; parce que le chant à les temps, les pieds & la quantité, qui sont propres à sa melodie & à sa mesure, independamment de ceux de la grammaire & de la poësie. De sorte que quoy que l'on doive avoir un soin particulier d'accommoder l'harmonie au sens de la lettre, soit dans la composition, soit dans la modulation des pieces du chant; il n'est toutefois pas necessaire d'y suivre tellement la quantité des longues & des breves de la mesme lettre, que l'on ajuste & conforme toûjours à leur quantité les notes longues & les breves du chant. Et mesme l'on ne peut souvent en user de la sorte, sans rendre le chant defectueux & la prononciation ridicule[1]. C'est pourquoy bien que les compositeurs doivent prendre garde de ne pas faire longues quelques unes des syllabes breves, & à ne pas faire breves quelques unes des longues, lorsque cette rencontre ne se trouve pas estre dans la bienseance (ce qui arrive rarement selon Aretin [2]) & qu'il soit fort à propos qu'ils accommodent autant qu'ils peuvent l'accent eufonique du chant avec celuy de la grammaire ou de la poësie lors qu'ils mettent des vers en chant metrique; & que mesme ils puissent si bien disposer la poësie des vers avec leurs chants metriques, que non seulement l'accent eufonique avec le poëtique; mais aussi la mesure du chant s'accorde parfaitement avec la quantité de la poësie (ainsi que Pyndare & quelques autres excellens poëtes & musiciens l'ont quelquefois pratiqué) & que ce merveilleux assemblage soit un chef d'œuvre qui comprend ensemble la perfection de ces deux [3] arts ou sciences; neanmoins comme cela n'est point absolument ne-

1 *Kircher.*

2

3 *Guido.*

cessaire 4, aussi ne se trouve-t-il quasi aucune piece de chants metriques dans les livres ecclesiastiques, & peu parmi les airs des chansons, soit spirituelles, soit prophanes, ou l'un soit si precisement ajusté avec l'autre, qu'il n'y ait toûjours quelque difference entre les pieds & la mesure du chant, & les pieds ou la mesure de la poësie; ainsi qu'on le peut voir dans l'exemple XXI. qui contient quelques uns de ces chants metriques appliquez sur la poësie de la lettre, où l'on pourra remarquer qu'il arrive souvent que le chant dactylique, au lieu d'avoir des vers heroïques, elegiaques, ou d'autres équivalens, sera appliqué sur des vers saphiques, jambiques, ou d'une autre sorte; ou que le chant trochaïque, ou l'iambique, au lieu d'avoir un texte depuis trochées, ou d'iambes, ou de tribraques qui ont la mesme valeur, auront des vers ou des metres d'une autre sorte: ce qui a déja esté remarqué cy dessus en pareille rencontre, lors qu'au nombre 3. du chapitre 2. l'on a parlé de mesure du plain-chant; où l'on voit souvent plusieurs dictions ou syllabes de la lettre qui bien que breves sont chargées de beaucoup plus grand nombre de notes que plusieurs autres qui sont longues; & parmi les longues on en voit pareillement qui sont beaucouq plus chargées les unes que les autres. L'on voit encore qu'il y a plusieurs syllabes sur lesquelles il n'y a ni ne doit avoir aucun accent (comme les dernieres syllabes des dictions, ou autres semblables) qui ne laissent pas d'y estre élevées par le moyen des notes, quoy que d'autres qui ont l'accent aigu, y soient abbaissées par la note; ce qui toutefois ne devroit pas estre de la sorte si la mesure des syllabes ou des notes estoit assujettie à la mesure ou à la quantité de poësie, ou aux accens de la grammaire.

4 *Guido.*

III. C'est pourquoy il est necessaire de mettre de la difference entre ce qui appartient à la grammaire & à ses accens, ou à la poësie & à sa quantité, & ce qui est dû à l'harmonie & à la mesure du chant; parce que chaque art demande que ses regles y soient gardées: par exemple, lors qu'on prononce quelque harangue, ou que l'on recite des vers, l'on doit ponctuellement observer la phrase, les accens, & la quantité suivant les regles de la grammaire ou de la poësie; de mesme lors que l'on applique des notes & du chant sur leur texte, elles doivent demeurer entierement sommises tant à la phrase du mode, qu'à la mesure 5, & à l'accent ou cadence que demandent

5 *Franch.*

les regles du chant, soit plain, soit metrique, soit rythmique: ainsi qu'il a déja esté remarqué cy-dessus à la fin du chapitre II. à la note 10. qui est de S. Augustin dont l'authorité doit avoir d'autant plus de poids, qu'outre son grand esprit & la profondeur de sa science, il n'estoit pas moins habile ni moins consommé dans la grammaire & dans la poësie que dans l'art de chanter, puis qu'il avoit publiquement enseigné & fait leçon de grammaire & de rethorique avant que de composer les livres qu'il a escrits de la musique.

IV. L'on peut joindre la raison à l'authorité, vû que la musique est une des quatre mathematiques, qui sont les premieres & les plus universelles des sciences; & partant les autres sciences qui participent de ces premieres leur sont posterieures, & leur doivent estre sujettes. D'où vient que Quintilien
6 reconnoist la musique comme la maistresse [6] de la grammaire:
7 & quand bien elle ne le seroit pas, elle l'est au moins de la poë-
Mersen. sie qui depend tellement du chant & de la musique [7], que mes-
& alij. me elle en enprunte ses tẽps & sa mesure, sa quantité, ses pieds,
8 ses metres, ses rythmes & ses cesures [8]: Car toutes ces choses
Isidor. appartiennent premierement & principalement à la science
& alij. du chant, & des autres mathematiques. D'où vient que les nombres & leur rapport (qui sont le naturel objet du chant) ont une telle liaison avec le rythme, qu'ils en portent mesme le nom, car ῥυθμὸς en grec signifie nombre; & ces nombres sont tellement disposez, qu'ils doivent toûjours estre accompagnez de rapport. La mesure semblablement (qui est une proprieté si naturelle au chant) en a esté traduite & tirée pour estre appliquée ou appropriée à la poësie, en sorte qu'elle a mesme donné le nom à ses metres; car μέτρον en grec ne signifie autre chose que mesure; & par consequent les temps & les pieds dont les mesmes metres sont composez sont pareillement de sa dependance. Les cadences sont encore une proprieté inseparable du chant, & du rapport qui doit estre entre ses nombres & ses mesures; or elles ne se rencontrent ni dans les cesures, ni dans la fin des vers, que par l'imitation de celles qui sont naturellement au chant. Enfin la poësie ne tire cette vertu secrette & divine qu'elle a sur les esprits & sur les cœurs, que des mouvemens harmoniques qui conviennent premierement & principalement au chant. Toutes lesquelles choses se voyent verifiées dans le vers heroïque qui est le plus noble

noble [10] & le plus auguste de toute la poësie; vû que sa noblesse & sa perfectiõ ne provient que de ce qu'il a une plus grande ressemblance avec l'octave, qui est la plus parfaite de toutes les consonances, & l'harmonie la plus accomplie de tout le chant. Il est donc composé de cinq pieds & de deux demy-pieds; de mesme que l'octave l'est de cinq tons & de deux demy-tons. Il est divisé en quinte & en quarte dans quelques-uns de ses vers, par exemple en ceux cy,

10 *Aristot.*

Imperium sine fine tuum 5e, *laudésque manebunt* 4e.
Infandum regina jubes 5e, *renovare dolorem* 4e.

Et en d'autres il est divisé en quarte & en quinte, comme aux suivans,

Arma virùmque cano 4e, *Troïæ qui primus ab oris* 5e
Nulla salus bello 4e, *pacem te poscimus omnes.* 5e

C'est à dire que dans quelques uns de ses vers les trois pieds & demy y precedent quelque-fois les deux pieds & demy; & qu'au contraire en d'autres vers les deux pieds & demy y precedent les trois pieds & demy: de mesme que dans la division harmonique de l'octave, la quinte qui est de trois tons & demy est au dessous, & la quarte qui n'est que de deux tons & demy est au dessus: ou bien, qu'en la division arythmetique de la mesme octave, la quarte est au dessous, & la quinte au dessus. De plus le mesme vers hexametre est formé de l'assemblage de ses deux [11] mettres inegaux; comme l'octave de ses deux consonances ou intervalles inegaux la quinte, & la quarte. Il est rendu agreable par la cesure du milieu & par celle qui le termine; de mesme que l'octave par sa cadence mediane, & par sa cadence finale. Il contient tous les pieds, tous les rythmes, & tous les metres [12]; de mesme que l'octave tous les intervalles, & toutes les consonances du chant. Enfin il est terminé avec autant d'agréement que de repos [13]; ainsi que l'octave donne l'accomplissement & l'entier agréement à l'harmonie: avec cette difference toutefois que l'harmonie de l'octave est d'autant plus parfaite qu'elle luy est naturellement acquise, & qu'elle est inseparable de son essence; au lieu que celle de la poësie n'est employée dans ses metres ni dans ses vers, si ce n'est par le hazard (selon l'opinion de Mersenne [14]) ou ce qui est plus vray-semblable, par la tradition, & [15] par l'authorité de ceux qui avec l'art ont voulu imiter ce qu'ils voyoient naturellement se rencontrer dans les nombres, l'har-

11 *August.*
12 *August.*
13 *August.*
14
15 *August.*

monie, & les proportions du chant, & de la musique. De sorte qu'outre que les sciences des mathematiques (ausquelles ces trois choses appartiennent) sont les premieres de toutes, & independantes des autres, elles conservent encore à meil-
16 leur titre ce droit à l'égard des autres arts ou sciences[16] qui est
Aristox. sont composées, ou n'en font que partie, dont la poësie est une des principales. C'est pourquoy l'antiquité n'a point reconnu de poëtes qui ne fussent aussi musiciens, & elle a confondu le nom des uns avec celuy des autres; & mesmes le nom de la poësie avec celuy de la musique, ainsi que Kircher l'a
17 remarqué [17] apres Quintilien.

CHAPITRE VI.

A quelle espece de chant appartiennent les diverses pieces de chant des livres Ecclesiastiques.

I. LA multitude & la difference des pieces de chant qui se trouvent dans les eglises de diverses nations, Dioceses ou communautez ne permettant pas de les marquer toutes. L'on ne fera seulement que toucher icy succintement quelques pieces des livres Romains dont l'usage semble le plus universel, pour y servir comme d'exemple, & de modele sur lequel ceux qui ont des chants particuliers se puissent instruire, pour en marquer les pieces sur leurs livres, conformement à ce qui a esté dit cy dessus au dernier chapitre de la seconde partie.

II. Toutes les antiennes & tous les repons des antiphonaires & psautiers Romains, & toutes les messes de ses graduels se chantent en plain-chant & à notes égales, à la reserve de la teneur des versets des introïts, & de leurs *Gloria Patri*, du *Credo*, du *Gloria in excelsis* des festes simples, & de la prose *Veni sancte spiritus*, qui se chantent selon qu'il est marqué cy dessous.

III. Tous les versets des pseaumes & des cantiques, ceux mesme qui suivent apres les introïts, ou apres les antiennes *Asperges*, & *Vidi aquam*, apres la communion de la messe des defunts, apres le *mandatum* du Jeudi saint, les versets apres les hymnes, où apres les capitules se doivent chanter en chant rythmique ou psalmodique, à l'exception toutefois des ligatures qui se rencontrent aux intonations & aux mediations solemnelles des mesmes versets, & des neumes qui se trouvent sur leurs dernieres syllabes; lesquelles ligatures, & neumes se doivent chanter en plain-chant.

IV. Il y a encore plusieurs autres choses qui se chantent en chant rythmique, comme les Epistres, les Evangiles, les prefaces, le *Paternoster*, le *Gloria in excelsis* des simples, le *Te Deum*, les *Kyrie*, les *Sanctus*, & les *Agnus* des feries de caresme. Les leçons, les propheties, les lamentations, les passions, les absolutions, les benedictions, les répons brefs, les capitules, & autres choses semblables, qui sur les derniers mots qui precedent le point & les deux points, ont accoûtumé de recevoir & les accens & certain nombre de notes tellement disposées qu'elles y font une espece de rythme, & de cadence de chant.

V. La psalmodie mesmes qui se fait tout droit ou à l'unisson, & le reste des offices qui en plusieurs communautez religieuses se font pareillement tout droit, ne laissent pas d'appartenir aucunement à la mesme espece de chant rythmique, ou psalmodique; car les voix n'y estant point continuës comme elles le sont dans un simple recit [1] & dans le discours, & n'y estant non plus discrettes comme elles le sont dans le chant, elles participent quelque chose de l'un & de l'autre, & ont quelque ressemblance avec la prononciation des vers, ou des rythmes, cõme en effet les versets des pseaumes en ont esté composez [2], de sorte que cette maniere de chanter imite [3] celle de la prononciation des vers, ou des rythmes, & tient comme le milieu entre les sons continus & les sons discrets; n'estant proprement ni un vray chant ni un simple recit.

1 *Franchin.*

2 *August. & aliy.*

3 *Boëtius. & aliy.*

VI. Quant aux pieces qui dans les mesmes livres de l'usage Romain appartiennent aux chants metriques, le *Credo* y est dactylique, à la reserve des mots *Et homo factus est*, qui sont en plain-chant. Le chant de l'hymne *Vt queant laxis*, & des autres hymnes qui ont un pareil chant sont aussi dactiliques.

La prose *Veni sancte spiritus* est en chant trochaïque. Les hymnes des vespres des feries de l'année, ceux des petites heures des feries de l'avent & du carême, & l'hymne *Conditor alme syderum* du temps de l'avent sont en chant jambique, &c.

PARTIE QVATRIE'ME.

Des tons ou modes du chant.

CHAPITRE I.

Du nom des tons ou modes, leur definition & leurs diverses divisions.

LE mot de ton en matiere de chant peut signifier quatre [1] choses, premierement un simple son, duquel il a esté cy dessus parlé au chapitre VII. de la II. partie. 2° L'intervalle d'un son à un autre son prochain & immediat, dont il a esté traité au chapitre IV. de la mesme partie. 3° Le mode du chant qui est le sujet de cette IV. partie[2]. 4° Le son de la voix haut ou bas ou moderé, avec lequel la piece du chant doit estre commencée & continuée, dont il sera parlé cy apres au chapitre VI.

1 *Euclid. & alij.*

2 *Boëtius.*

II. Les tons donc en leur troisiéme signification ont anciennement esté ainsi nommez, parce que le ton & le degré de voix auquel on les commençoit, en faisoit lors quelque espece de difference [3]. Ils ont aussi esté appellez τρόποι en grec, qui en françois signifie mœurs, à cause de leur pouvoir & des differens effets qu'ils ont accoûtumé de produire dans les cœurs. On leur a en suite donné le nom de modes [4], tant pour le mesme sujet, que parce qu'ils contiennent diverses façons [5] ou qualitez ou especes de melodie & de chant, qui sont regulierement contenuës dans l'étenduë & entre les extremitez de l'une des sept especes de l'octave [6] ou diapason, & qui sont propres à exprimer les mouvemens enfermez dans le sens & dans les rythmes de la lettre, & à produire les affections qui y répondent dans ceux qui les chantent & dans ceux qui les écoutent. Le mot regulierement est ajoûté à cette definition des

3 *Ptolem.*

4 *Guido.*

5 *Guido.*

6 *Glarean. & alii.*

modes, parce qu'il y a plusieurs pieces de chant qui n'ont pas l'étenduë entiere de l'octave, ou bien qui la surpassent d'une quarte ou d'une quinte ; & Boëce mesme semble la leur accorder jusques à la double [7] octave. 7 *Boëtius. & alij.*

III. La premiere division des modes est en authentiques, autrement appellez principaux ou impairs, & en plagaux, autrement nommez collateraux ou pairs. Les authentiques ou impairs sont ceux qui divisent harmoniquement l'octave dans l'étenduë de laquelle ils sont contenus, c'est à dire qui ont la quinte au dessous & la quarte au dessus [8]. Mais les plagaux ou pairs sont ceux qui divisent arithmetiquement leur octave, c'est à dire qui ont la quarte au dessous & la quinte au dessus. De sorte que la quinte demeurant immobile, & sa note la plus basse estant toûjours finale, le ton peut estre ou authentique, ou plagal ; authentique lors que la quarte est au dessus, & que toute l'estenduë de son octave est au dessus de la finale ; plagal quand la quarte est au dessous la finale de sa quinte. Ainsi qu'on le peut voir aux exemples II. IX. X. & XI. Or les authentiques ou principaux ont esté ainsi nommez, parce qu'ils ont esté inventez les premiers, & qu'ils ont esté en usage avant les plagaux. Ils sont encore appellez impairs, à cause des nombres impairs 1. 3. 5. 7 dont l'on a accoûtumé de les marquer. Les plagaux au contraire ou collateraux ont esté ainsi qualifiez, d'autant qu'ils ont esté ajoûtez ou associez aux principaux par la transposition de leur quarte au dessous de la finale [9] ; & on leur a donné le nom de pairs, à cause des nombres pairs 2. 4. 6. 8. qui ordinairement leur sont appliquez pour les distinguer des impairs. 8 *Franch. & alij.* 9 *Franch. & alij.*

IV. La seconde division ou plûtost sous division des modes authentiques est en Dorien, Phrygien, Lydien, & Myxolydien [10] : Et des plagaux en sous-Dorien, sous-Phrygien, sous-Lydien, & sous-Myxolydien : qui sont les noms des nations chez lesquelles ils estoient davantage en usage [11]. A tous lesquels Glarean & plusieurs autres musiciens ajoûtent encore les quatre suivans [12] ; sçavoir deux authentiques l'Eolien & le Jonien (auquel Aristoxene a donné le nom de Jastien) & deux plagaux le sous-Eolien, & le sous-Jonien appellé par d'autres sous-Jastien : de tous lesquels il sera parlé plus au long dans le chapitre qui suit. 10 *Boetius. & alij* 11 *Boetius.* 12 *Glarean.*

V. La troisiéme division des modes est en naturels & transf-

poſez que quelques uns en autres termes appellent modes de
13 ♮ *carre* & de *b mol*; & que Guy Aretin nomme transformez [13].
Mais cette diviſion ne ſemble eſtre qu'accidentelle, parce qu'elle n'empeſche pas qu'ils ne ſoient entierement ſemblables les uns aux autres, tant dans leurs octaves & dans les quintes & quartes qui les compoſent, que dans la ſituation de leurs deux demy-tons & de leurs tons: & qu'ils n'ayent une pareille correſpondance entre leurs finales & leurs affinales, vû que les finales des naturels ſervent d'affinales aux tranſpoſez: de meſme que les finales des tranſpoſez ſont affinales des naturels; ainſi qu'on le peut voir en l'exemple II. & aux exemples IX. & X. Doù vient qu'il eſt facile de tranſpoſer ceux de ♮ *carre en b mol*; & reciproquement de remettre en ♮ *carre* ceux de *b mol*.. Car pour tranſpoſer les naturels ou ceux de ♮ *carre* en *bmol* il ne faut que deſcendre une quinte plus bas, ou monter une quarte plus haut, transferant par exemple, la finale de la lettre *D* à la finale du *G* inferieur d'une quinte, ou ſuperieur d'une quarte, diſant *fa* ou *ſa* ſous la lettre *b*: & faire par proportion le ſemblable aux finales des autres modes quand on a pareillement deſſein de les tranſpoſer. Que ſi au contraire l'on veut reduire les tranſpoſez aux naturels; il n'y a qu'à rehauſſer avec une ſemblable proportiõ leur finale d'une quinte, ou bien la rabbaiſſer d'une quarte: élevant par exemple, la finale du *G* à finale du *D* plus haut d'une quinte, ou l'abbaiſſant au *D* plus bas d'une quarte, & prenant la ſyllabe *mi*, ou la ſyllabe *ſi* ſous la lettre ♮. Et faire une ſemblable reduction des autres modes tranſpoſez lors qu'on veut les rendre naturels.

VI. Guy Aretin fait encore mention d'une autre eſpece de tranſpoſition des modes, qui ſe fait en tranſpoſant les modes
14 des lettres finales aux modes des lettres affinales, [14] laquelle
Guido. peut donner occaſion à une autre diviſion des modes en finaux & affinaux; les finaux ſont ceux qui finiſſent par une des lettres du tetrachorde des finales; les affinaux ceux qui ſe terminent par les lettres du tetrachorde des affinales; Franchin & quelques autres muſiciens appellent en autres termes les modes finaux, reguliers; & les affinaux, irreguliers: mais pour éviter l'occaſion d'équivoque que ces termes pourroient donner, il faut remarquer que les affinaux peuvent eſtre conſiderez en deux façons, l'une comme eſtant tout à fait diſtinguez des

8. premiers & de leurs quatre finales; l'autre comme faisans partie des huit premiers à cause de l'affinité qu'ils ont avec leurs finales & avec leurs quintes, ou avec leurs quartes. Estans donc considerez comme separez des huit finaux, ils constituent le neuviéme, le dixiéme, l'onziéme, & le 12e modes, qui ne sont pas moins reguliers dans leurs quintes, leurs quartes, & leurs finales, que les huit finaux le sont dans les leurs: Mais si l'on a égard à l'attribution ou reduction, & à l'union que l'on en fait aux huit finaux à cause de leur affinité ou ressemblance, ils peuvent passer pour irreguliers en comparaison des finaux, vû qu'ils n'ont pas la mesme espece d'octave, & qu'ils different toûjours des finaux en la quarte ou en la quinte; ainsi qu'il sera plus particulierement remarqué au chapitre suivant.

VII. La quatriéme division des modes est en modes simples, en modes mixtes, & én modes excedans ou superflus. Les simples sont ceux qui sont renfermez dans l'étenduë de leur octave, & qui la remplissent effectivement, ou au moins qui la peuvent remplir[15]. C'est pourquoy ils sont derechef sous-diuisez en ceux qui ont leur octave entiere, que pour ce sujet l'on peut nommer complets ou parfaits, & en ceux qui n'en contiennent qu'une partie[16], qui à cette occasion sont appellez incomplets ou imparfaits[17]. Les modes mixtes sont ceux qui surpassent l'étenduë de leur octave, & qui ont une quarte ou au moins une tierce sous leur quinte s'ils sont authentiques, ou une quarte sur leur quinte s'ils sont plagaux: Ce qui pouvant se faire en deux façons, l'une en laquelle la quarte de l'authentique qui est sur sa quinte soit encore placée au dessous de la mesme quinte, ainsi qu'elle l'est en son collateral; l'autre en laquelle la quinte ait deux quartes differentes, l'une au dessus, l'autre au dessous; Ces modes mixtes sont aussi sous-divisez en ceux qui ne sont composez que de l'authentique & de son plagal, que l'on peut appeller mêlez[18]; & en ceux qui ont l'octave d'un mode, & l'une des quartes d'un autre mode, que l'on peut qualifier entremeslez; duquel nom l'on peut pareillement appeller les modes, qui bien qu'ils n'outrepassent pas l'octave, paroissent neantmoins en leur commencement estre d'un mode, en leur milieu d'un autre, & en leur fin d'un troisiéme, ainsi qu'on le peut remarquer dans l'introït de la messe du S. esprit, *spiritus Domini*, qui en ces deux mots semble estre du premier mode; aux trois

15 *Lystenius.*

16 *Guido.*

17 *Gassend. & alij.*

18 *Franch. & alij.*

ſuivans du cinquiéme, & aux derniers du huitiéme : ou bien dans quelques répons & graduels qui changent de mode dans leurs verſets. Quant aux modes ſuperflus, ce ſont ceux qui excedent leur octave d'un ton ou d'une tierce en haut lors que le mode eſt authentique, ou bien d'un ton ou d'une tierce en bas quand le mode eſt plagal. Les exemples de ces modes ſe voyent aux exemples XI. XII. XIII. & XIV.

VIII. Il faut encore icy remarquer qu'il y a des muſiciens qui font quelque difficulté de donner le nom de modes à ceux qui ſont incomplets ou imparfaits à cauſe qu'ils n'ont pas l'étenduë entiere de leur octave, ou que la terminaiſon des pſeaumes qui ſe chantent apres les antiennes (ſoit completes ſoit incomplettes) ne ſe fait pas ſouvent à la finale. De ſorte que pour mettre une plus grande diſtinction entre ces modes incomplets & les complets, ou entre les chants pſalmodiques & les autres chants, ils donnent le nom de modes à ceux ſeulement qui ſont complets, & celuy de tons aux autres qui ſont imcomplets ou pſalmodiques. Il ſemble toutefois plus à propos de ſe tenir à l'uſage commun qui eſt plus ancien, auquel ces deux noms ont toûjours ſignifié la meſme choſe, & ont eſté employez indifferemment l'un pour l'autre, ſoit dans les pieces completes ou incompletes, ſoit dans la pſalmodie. Car les plus anciens autheurs du chant, Euclide, Cleonide, & Ptolemée, dont les paſſages ſont citez au commencement de ce chapitre & du ſuivant, ont qualifié du nom de ton les pieces les plus completes des modes ; & les incompletes ne laiſſent pas d'appartenir ou de ſe reduire à quelques uns des modes, à cauſe de leurs notes modales la finale & la dominante. Enfin la pſalmodie meſme a un tel rapport & liaiſon avec ſes antiennes, qu'elle eſt eſtimée ne faire qu'un meſme mode de chant conjointement avec elles [19].

19 *Merſen.*

CHAPITRE II.

Du nombre des modes.

I. LES opinions des philoſophes, & muſiciens ſemblent avoir eſté fort partagées touchant le nombre des modes, Ariſtote [1], Athenée, & Porphyrion [2] n'ont fait mention que de trois, Lucien de quatre, Apulée de cinq, Boëce avec le commun des philoſophes de ſept [3] Ptolemée en a reconnu

1 *Franch.*
2 *Glarean.*
3

connu huit, [4] Ariſtoxene douze [5] ou treize, d'autres quator- 4 *Boëtius.*
ze, Alipius, Caſſiodore, S. Iſidore, & autres quinze [6]: Et il ſe
trouve des modernes qui au rapport de Merſenne font mon- 5 *Euclid.*
ter leur nombre à vingt-deux [7]; d'autres à ſoixante douze; & *& alij.*
quelques uns juſques à deux cent dix. Il y en a d'autres au 6
contraire qui n'en veulent que deux, ſçavoir de ♮ *carre* & de *Alpius*
b mol. Mais cette varieté d'opinions ſemble eſtre provenuë *& alij* 7
plûtoſt de la diverſe maniere de les expliquer, ou d'en faire le *Merſen.*
compte, que de la choſe meſme laquelle en ſoy paroiſt aſſez
claire, & n'eſt pas moins certaine parmi les bons autheurs [8]: 8
ainſi qu'on le peut voir par l'explication de leurs opinions, *Glarean.*
dont les plus ſuivies ſe peuvent reduire à trois principales.

II. La premiere eſt celle qui n'en reconnoiſt que [9] ſept, à 9
cauſe qu'il n'y a que ſept octaves qui ſoient de differentes eſ- *Ptolem.*
peces; & qu'il n'y a aucune ſorte de chant qui ne ſe puiſſe ré- *& alij.*
duire à l'un des ſept modes qui ſont formez de ces ſept eſpeces d'octave.

III. La ſeconde eſt celle de Ptolemée qui en ajoûte un huitiéme [10] à ces ſept, afin que la quinziéme chorhe de l'ancien 10
& parfait ſyſteme des grecs ou diapaſon, ſçavoir *nete hyper-* *Boetius.*
boleon n'ait pas moins ſon octave & ſon mode, que toutes les
autres cordes du meſme ſyſteme; & que la meſe (qui acheve
la plus baſſe des deux octaves du diſdiapaſon) ſerve de baſe à
la plus aiguë qui eſt terminée au meſme *nete*, & qu'ainſi l'ordre de toutes ſes quinze cordes ſoit entierement rempli, ou
bien afin que (ſuivant l'uſage que l'on fait ordinairement de
ce huitiéme mode) le quatriéme authentique n'ait pas moins
ſon [11] plagal que les autres trois authentiques; ce qui s'accom- 11
plit parfaitement en renverſant la quarte de ce huitiéme mode *Guido.*
ſous ſa quinte: au moyen de quoy il ſe rencontre un rapport & *& alii.*
une convenance entre les ſept modes & le huitiéme quaſi
ſemblable à celle qui eſt entre les ſept premiers ſons & le huitiéme qui en fait l'octave. Guy Aretin reduit pareillement les
modes au nombre de huit: car encore qu'il diſe quelquefois
qu'il y a quatre modes à cauſe des quatre authentiques ou
principaux; neantmoins il diviſe toûjours chacun de ſes [12] 12
quatre modes en deux membres (ainſi que Boëce l'a fait dans *Guido.*
la table du XV. chapitre du IV. livre de ſa muſique) & il en appelle l'un authentique, & l'autre plagal, qui font le nombre

de huit. Il reduit pareillement la finale du ♮ à celle de l'*E*, & la finale du *C* à celle de *f*; en sorte que dans la pratique il ne
13 *Guido.* met que quatre finales, non à cause de l'identité, mais de l'affinité [13], ou de la ressemblance qui se rencontre entre celles là & celles cy, suivant ce qui sera expliqué plus au long au chapitre IV. de cette partie.

IV. La troisiéme de ces opinions est d'Aristoxene, laquelle
14 *Glarean.* Glarean [14] a appuyée de si bonnes raisons qu'elle est communément suivie de la pluspart des autheurs [15] & des musiciens
15 *Mersen.* modernes. Elle établit le nombre de douze modes, ajoûtant aux huit precedens les quatre suivans, dont deux sont authentiques, sçavoir l'Eolien & le Jastien qui est plus communément nommé Jonien, & deux sont plagaux, sçavoir le sous-Eolien & le sous-Jastien ou sous-Jonien. Les principales raisons de cette opinion sont, 1° que le nombre des modes se doit prendre, non seulement des sept especes d'octave, mais aussi de l'une & l'autre de leurs deux divisions, l'harmonique & l'arithmetique; d'autant que la melodie des modes qui provient de la division harmonique est bien differente de celle qui est produite par les modes qui sont formez de la division
16 *Glarean.* arithmetique [16], à cause de la differente chûte de l'un & de l'autre chant, de la diversité de leurs intervalles, & de leurs cadences, & de la varieté de leur phrase. 2° Que les autheurs qui ajoûtent un 8e mode à ceux qui sont pris des sept especes d'octave ne le peuvent autrement distinguer d'avec le 1r autentique, que par la division harmonique que l'on fait de leur octave dans le premier, & par la division arithmetique que l'on fait de la mesme octave dans le 8e; ou bien en autres termes par
17 *Guido. & alij.* [17] l'inversion de la quarte de l'octave qui est commune à ces 2. modes sous la quinte de la mesme octave; afin que suivant la forme des autres collateraux, il ait au dessous la quarte que le premier authentique a au dessus. D'où il s'ensuit, que comme entre les sept especes d'octave il n'y en a que cinq qui soient
18 *Glarean.* capables de recevoir l'une & l'autre division, [18] l'harmonique & l'arithmetique, sçavoir l'octave de l'*A* à un autre *A*, du *C* à un autre *C*, du *D* à un autre *D*, de l'*E* à un autre *E*, & du *G* à un autre *G*, & les deux autres especes d'octave ne pouvant souffrir que l'une de ces deux divisions, sçavoir l'octave de *f* à un autre *f*, la division harmonique, & l'octave du ♮ *carre* à
19 *Guido.* un autre ♮ *carre* l'arithmetique, d'autant que [19] si l'octave de *f*

estoit divisée arithmetiquement, elle auroit le Triton en bas & la fausse quinte en haut,& si l'octave du ♮ estoit divisée harmoniquement, elle rencontreroit la fausse quinte en bas & le Triton en haut. Il faut conclure que le veritable nombre des modes est celuy de douze, dont dix sont formez de l'une & l'autre division des cinq octaves, qui en rendent cinq authentiques & cinq plagaux, & les deux autres de l'unique division de chacune des deux autres octaves, de l'une desquelles il en revient un authentique, & de l'autre un plagal ou collateral, afin que ce nombre de douze soit accompli, & que les six authentiques & les six plagaux s'y rencontrent.

V. Ce mesme nombre peut encore estre confirmé par les differentes combinaisons que les quatre especes de quinte ont avec les trois especes de quarte: car bien qu'on en puisse faire[20] vingt quatre; neantmoins les intervalles du genre diatonique ne permettent pas d'en retenir que douze; sçavoir, premierement les deux de la premiere espece de quarte des lettres *D* & *a*, *re la*, avec la premiere espece de quarte des lettres *A* & *D*, *re sol*, ou selon la gamme sans muances, *la re*, l'une qui a la quarte sur la quinte, d'où procede le premier authentique; l'autre qui a la quarte sous la quinte, d'où provient le second & le plagal du premier. En second lieu les deux combinaisons de la seconde espece de quinte des lettres *E* & ♮, *mi mi*, ou *mi*, *si*, avec la seconde espece de quarte des lettres ♮ & *E*, *mi la*, ou *si mi*, l'une la quarte dessus pour l'authentique & troisiéme mode; l'autre la mesme quarte dessous pour le quatriéme son plagal. En troisiéme lieu les deux combinaisons de la troisiéme espece de quinte des lettres *F*, & *c*, *fa fa*, ou *fa ut*, avec la troisiéme espece de quarte des lettres *C*, & *F*, *ut fa*, la quarte dessus pour l'autentique & le cinquiéme, ou la mesme quarte dessous pour le 6e son plagal. En 4e lieu les deux combinaisons de la 4e espece de quinte, des lettres *G* & *d*, *ut sol* ou *sol re*, avec la premiere espece de quarte des lettres *d* & *g*, *re sol*, la quarte au dessus pour l'autentique & le 7e, ou bien au dessous, pour le huitiéme son plagal. En cinquiéme lieu, les deux combinaisons de la premiere espece de quinte des lettres *a* & *e*, *re la*, ou *la mi*, avec la seconde espece de quarte de lettres *e* & *a* *mi la*, la quarte au dessus pour le 9e & l'authentique, ou bien au dessous pour le dixiéme son plagal. En sixiéme lieu, les 2e combinaisons de la 4e espece de quinte des lettres *c* & *g*, *ut sol*, avec

20 *Glarean.*

la troisiéme espece de quarte des lettres *g*, & *c*, *ut fa*, ou
sol ut, la quarte au dessus pour l'authentique & l'onziéme ; ou
bien au dessous pour son plagal & le douziéme. Or comme
ces douze façons de combiner les quintes & les quartes ne sont
pas moins differentes les unes des autres que les octaves le sont
entre elles mesmes : aussi produisent-elles un pareil nombre
d'especes de modes. Car bien que les modes neuviéme & le
21 *Glarean.* dixiéme se trouvent avoir la premiere espece de quinte[21] de
l'*a* à l'*e* de mesme que le premier & le second mode ont la
leur du *D* à l'*a* ; & que les modes onziéme & douziéme ayent
la quatriéme espece de quinte du *c* au *g*, comme le septiéme &
le huitiéme l'ont du *G* au *d* : toutefois parce que leur quarte
est differente, & que celle du premier & du second mode est
de la premiere espece de l'*A* au *D*, au lieu que celle du neuviéme & du dixiéme est de la seconde espece de l'*e* à l'*a* : Et
que la quarte du septiéme & du 8e mode est de la premiere
espece du *d* au *g*, au lieu que la quarte de l'onziéme & du
douziéme & de la troisiéme du *c* au *d*. Cette diversité de quartes ne doit pas avoir moins de pouvoir pour distinguer & rẽdre
les modes differens les uns des autres ; qu'elle en a pour former
les especes differentes d'octave, & pour en faire la distinction.
Comme donc il est certain, qu'encore que la premiere espece
d'octave d'un *A* à l'autre *a*, & la quatriéme espece d'un *D* à
l'autre *d* ayent la mesme espece de quinte, & que la 3e espece
d'octaue d'un *C* à l'autre *c*, & la septiéme espece d'un *G* à l'autre *g* ayent aussi une semblable espece de quinte, toutefois
la diversité d'espece de la seule quarte fait sans contredit la distinction entre les deux especes de la premiere & de la quatriéme octave ; & entre les deux autres de la troisiéme & de la septiéme octave. Aussi bienque les quintes ou les quartes
de quelques modes se rencontrent estre semblables, toutefois la diversité qu'ils ont dans l'espece de leurs quartes ou
de leurs quintes met entre eux une suffisante distinction &
difference ; & ainsi le neuviéme & le dixiéme mode seront d'un
autre espece que le premier & le second : pareillement le onziéme & le douziéme seront d'une autre espece que le septiéme & le huitiéme, ou que le cinquiéme & le sixiéme.

VI. La chose donc estant ainsi deduite paroist si évidente,
qu'il n'y a philosophe ni musicien qui n'en doive demeurer
d'accord. C'est pourquoy les autheurs de l'ancien chant de

l'eglise, qui mesme n'ont fait mention que du nombre de huit modes, n'ont pas ignoré celuy de douze, puis qu'ils ont meslé parmi ces huit quelques pieces des neuviéme, 10e, 11e, & 12e modes [22], ainsi qu'on le peut voir au XXIII. exemple. Ils ont toutefois plûtost voulu en fixer le nombre à huit qu'à 12. soit pour se conformer à l'authorité de Ptolemée qui est le prince des musiciens parmi les Grecs; soit à celle de Boëce qui en cette matiere n'a pas moins de credit [23] parmi les Latins, soit à celle de Guy Aretin le plus versé dans la pratique, qui nonobstant la connoissance qu'il a euë de [24] la diversité des octaves des modes & de leurs divisions, aussi bien que ces grands personnages, n'a pas laissé de les reduire au nombre de huit: soit parce que le nombre de huit ou de l'octave est mysterieux [25] dans le chant de l'eglise, soit enfin que si l'on a égard à la façon d'entonner tous ces modes, ils peuvent commodement estre reduits à ce nombre; ainsi que Glarean le plus grand deffenseur des douze modes est contraint luy mesme de l'avoüer, lors qu'il reconnoist l'identité des systemes du neuviéme mode avec le second, du dixiéme avec le troisiéme, de l'onziéme avec le sixiéme, du douziéme avec le septiéme; & qu'à cause de cette identité il permet d'appeller le neuviéme mode le second sous-Dorien [26], le dixiéme le second sous-Phrygien, l'onziéme le second sous-Lydien, & le douziéme le second myzolydien, c'est à dire, le second septiéme. Toutefois la maniere de reduction de Guy Aretin de laquelle il a esté fait mention cy-dessus, & dont l'Eglise se sert communement dans la pratique du chant, se fait selon la ressemblance que les quatre derniers modes ont avec les huit premiers en leurs quintes ou en leurs quartes, en leurs finales, en leurs dominantes, en leurs intonations & en leurs terminaisons. Au moyen dequoy le neuviéme & le dixiéme mode sont reduits au premier & au second, l'onziéme & le douziéme au cinquiëme & au sixiéme, les authentiques aux authentiques, & les plagaux aux plagaux; car le neuviéme & le dixiéme ont non seulement une semblable finale que le premier & le second, mais aussi une mesme espece de quinte; les dominantes pareilles, & la mesme façon d'intonation. L'onziéme & le douziéme pareillement sont une quinte au dessus la finale *F*, & le *c* qui est leur finale est l'affinale du cinquiéme & du sixiéme mode; & quoyque leurs quintes ne soient pas de mesme espece, il suffit que leurs quar-

22 *Glarean.*

23 *Kircher. & alij.*

24

25 *Guido.*

26 *Glarean.*

tes le ſoient, & que leurs dominantes, leurs finales, leurs intonations & leurs terminaiſons ſoient ſemblables: d'où vient que
27 Glarean meſme appelle l'onziéme [27] le cinquiéme nouveau,
& le douziéme le ſixiéme nouveau, ſuivant quoy il devoit à
meilleur titre nommer le neuviéme le premier nouveau, & le
10ᵉ le ſecond nouveau, vû qu'outre l'affinité de leurs finales
ils ſont plus étroitement unis dans leurs quintes, que ne le ſont
pas le onziéme & le douziéme avec le cinquiéme & le ſixiéme. C'eſt pourquoy Aretin dit ſimplement qu'ils ſont du
28 meſme mode que le premier & le ſecond [28]; & que pour ce ſujet leurs notes finales ſont nommées affinales, à cauſe de l'affinité qu'ils ont entr'eux; ainſi qu'il a eſté dit cy deſſus au n. VI.
du chapitre XI. de la II. partie, & en d'autres endroits il les
met au rang de ceux qui ſont doubles, & diviſe chacun de ſes
modes en deux parties, & leur donne deux faces à cauſe des
deux differentes lettres auſquelles ils peuvent finir; & place
dans leur premiere partie ceux qui ſe terminent par leurs lettres finales, & dans la ſeconde ceux qui ſe terminent par les lettres affinales; ainſi qu'on le peut voir aux formules du meſme
29 Aretin, lors qu'il traitte [29] du premier & de ſon plagal, du
30 cinquiéme [30] & de ſon plagal. Suivant laquelle diviſion l'on
peut appeller le neuviéme, non le premier nouveau, comme
a fait Glarean; mais le premier affinal ou l'affinal du premier;
le dixiéme, ſecond affinal ou l'affinal du ſecond; le onziéme,
cinquiéme affinal ou l'affinal du cinquiéme; le douzieme, le
ſixiéme affinal ou l'affinal du ſixiéme.

VII. Quant aux autres opinions, elles ſont encore moins
contraires au nombre des huit modes que celle qui en met
douze. Car celles qui ne font mention que de [31] trois ou de
31 cinq modes ne parlent que des plus celebres ou des princi-
Glarean. paux; ou bien de ceux dont l'uſage eſtoit lors le plus frequent.
Semblablement celle des quatre modes ne comprend que les
authentiques; & ce qu'on peut alleguer en ſa faveur, qu'il n'y
a que quatre finales & que quatre octaves qui ayent leurs demy-tons dans des ſituations entierement differentes, n'eſt aucunement conſiderable: car pour ce qui eſt des octaves, il n'y
en a, & n'y en peut avoir que trois de cette qualité, à cauſe
que n'y ayant que trois eſpeces de quarte, il faut neceſſairement que la quatriéme eſpece de quinte ait la meſme eſpece de
quarte que la 1ʳᵉ pour former la 4ᵉ eſpece d'octave, & par con-

sequent l'un de ses demy-tons en mesme lieu que la 1re espece d'octave. Quant à l'instance des quatre finales, elle ne conclud pas mieux, parce qu'elles ne servent pas moins aux quatre modes plagaux qu'aux quatre authentiques; de plus il n'y a pas seulement quatre finales, mais il y a aussi des affinales ou [32] confinales qui diversifient la melodie, & terminent l'octave des plagaux & leur quarte lors qu'elle est rabbaissée au dessous de leur quinte [33], de mesme que la finale termine l'octave & la quinte des authentiques.

32 *Franch.*

33 *Glarean.*

VIII. Pour ce qui est des modes treiziéme & quatorziéme, qui sont appellez en autres termes, hypereolien ou Sureolien & hyperphrygien du surphrygien, ils sont rejettez generalement de tous les musiciens à cause que l'octave d'un ♮ *carre* à l'autre ♮ *carre* ne peut souffrir la division harmonique pour faire le treiziéme, ni celle d'un *f* à l'autre *f* ne peut souffrir la division arithmetique pour former le quatorziéme, ainsi qu'il a déja esté remarqué cy dessus. Que si dans quelques livres du chant Ecclesiastique il se rencontre quelque exemple de surPhrygien, tel qu'est l'offertoire de la ferie quatriéme apres le troisiéme dimanche de caresme, *Domine fac mecum*, ou le *Gloria in excelsis* du temps paschal, & peu d'autres semblables. Comme ces sortes de chants sont rares & irreguliers, il les faut necessairement reduire à celuy des modes reguliers avec la finale duquel ils ont plus de conformité, & partant l'on chantera ou entonnera les deux exemples cy dessus, qui se finissent au *si* ou *mi* de ♮ *carre*, au lieu de se terminer au *mi* de l'*E*, comme s'ils estoient du quatriéme mode. C'est ainsi qu'Aretin cy dessus cité au n. 6. a toûjours accoûtumé de les reduire.

IX. Les autheurs des quinze modes n'ont pas tous le mesme fondement de leurs opinions: car S. Isidore apres Plutarque, Cassiodore, & quelques autres, semble l'establir suivant les quinze degrez qui se rencontrent dans le systeme de la double octave [34] ou disdiapason depuis sa plus basse corde jusques à la plus haute, quoyque les octaves basses d'une des sept lettres ne soient point d'une autre espece [35] ou nature que les octaves hautes de la mesme lettre. Mais les modernes establissent leurs quinze octaves d'une differente maniere par le moyen des ♮ *carres* des *b mols*, & des *Diezes*, dont ils les entrelassent: Toutefois ni l'une ni l'autre façon d'expliquer ce nõbre ne conclut

34

35 *Ptolem.*

rien contre l'opinion receuë : autrement il s'ensuivroit, selon S. Isidore, qu'il y auroit non seulement quinze modes, mais mesme un aussi grand nombre qu'il y peut avoir de degrez aux sons de la 3e,4e, cinquiéme, ou plus grand nombre d'octaves. C'est pourquoy il faut remarquer que bien que les sept octaves qui correspondent aux sept degrez de la plus basse octave se trouvent estre differentes en leurs especes; neantmoins leur difference specifique ne provient point precisément de ce que l'une est d'un degré ou plus haute ou plus basse que l'autre; mais seulement de ce qu'elles sont composées de diverses especes de quintes ou de quartes ; ou bien en autres termes, parce que la situation des demy-tons de l'une est diverse de la situation des demy-tons de l'autre ; de sorte que les octaves hautes qui ont les demy-tons en mesme lieu que les octaves basses ne sont point differentes en espece ni en nature des octaves basses; mais seulement dans le ton ou son de voix plus haut ou plus bas : ce qui n'est qu'une chose accidentelle a l'essence des octaves. L'autre façon des modernes pour distinguer leurs quinze octaves & autant de modes par le moyen des ♮, des *b*, & des Diezes n'est pas meilleure que celle de S. Isidore; puis qu'elle n'a pas de lieu au genre Diatonique, ni au plain chant dont on traite icy. Il en est de mesme des autres opinions qui augmentent le nombre des modes au delà de quinze : car celle qui en met vingt-deux avec autant d'octaves, le fait en plaçant leurs deux demy-tons en tous les lieux où ils se peuvent rencontrer par le meslange du genre chromatique & de l'enharmonique avec le Diatonique. Et l'opinion qui en compte vingt quatre, double les quintes & les quartes pour cet effet, en combinant diversement les tons & les demy-tons tant majeurs que mineurs, afin d'en former pareil nombre d'octaves. Celle qui en marque soixante douze se sert aussi pour le mesme sujet des six differens lieux ausquels les tons majeur & mineur se peuvent rencontrer en chacun des douze modes, de sorte que les pouvant varier de situation six fois en chaque mode, ce nombre de six fois douze rend celuy de soixante-douze modes. Enfin celle qui les augmente jusques à deux cens dix, diversifie chacune des quinze octaves dont il a esté fait mention cy-dessus en quatorze façons differentes, qui font ensemble le mesme nombre de 210. Mais comme ces sortes de multiplications ne se font que par le meslange, tant des genres que des tons & de-

my-tons

my-tons majeurs & mineurs, elles n'ont point de lieu au plain-chant diatonique. Quant à ceux qui à l'opposite veulent restraindre les modes au nombre de deux, sçavoir de ♮ *carre* & de *b mol*, leur distinction d'une part est trop generique, & de l'autre illusoire ; parce que les modes de ♮ *carre* & de *b mol* ne different effectivement point les uns des autres, ni en leurs octaves, ni en la division de leurs quintes & de leurs quartes, ni en la situation de leurs tons, ni en celle de leurs demy-tons ; comme on le peut voir au 11. exemple les confrontant les uns aux autres, c'est à dire, le premier de ♮ *carre* ou naturel, avec le premier de *b mol* ou transposé ; le second de l'un avec le second de l'autre ; & ainsi des autres suivans jusques au douziéme, ou sixiéme affinal. Ce qui ne se verifie pas moins dans la pratique que dans la theorie : vû qu'il arrive souvent que dans le chant alternatif des voix & des instrumens (par exemple de lorgue) l'instrument sera touché en un ton transposé, & que la voix y répondra par le ton naturel, ou que les voix chanteront au ton transposé, & que les instrumens seront toûchez au ton naturel, sans que pour ce sujet il s'y rencontre aucun discord.

CHAPITRE III.

Des notes modales.

I. LES notes modales sont celles qui sont les plus propres tant à l'établissement d'un mode, qu'à sa distinction d'avec les autres ; telles sont les deux extremes de leur octave, leurs finales, & leurs dominantes. Ces mesmes notes sont encore appellées principales [1], parce qu'elles ont accoûtumé d'estre chantées plus souvent que les autres dans les pieces de leur mode, ou bien Cardinales à cause qu'elles se rencontrent aux cadances sur lesquelles les chants de chaque mode retombent ou retournent plus frequemment.

[1] *Mersen.*

II. Quand les modes ont l'étenduë entiere de leur octave, les principales de ces notes sont quatre ou cinq en nombre, sçavoir les deux extremes de la quinte de chaque mode avec la mediane qui la divise en deux tierces, & les deux extremes de chaque quarte des mesmes modes : mais d'autant qu'un des extremes de la quinte est toûjours conjoint avec l'un des extremes de la quarte, d'autant qu'aux modes authentiques le dessus ou la dominante de la quinte est la mesme note que le dessous de la quarte ; & qu'aux modes plagaux, à l'opposite, la finale ou le dessous de la quinte est la mesme note que le dessus de la quarte; il s'ensuit que leur nombre n'est effectivement que de quatre, quoy qu'à cause des differents rapports elles puissent avoir cinq noms. Mais lors que les modes n'ont pas l'étenduë de leur octave, leurs principales notes modales ne sont que trois, sçavoir, la finale, la dominante, & la mediane, qui en autres termes est nommée discretive.

III. La finale est la derniere note de la cadence finale qui termine la piece de chant ou le mode [2] & sert à le reconnoistre.
2 *Guido.* La dominante est comme la maistresse ou la Reyne des autres notes, & celle sur qui le chant a davantage son cours,
3 *Aristot.* son retour [3], & son soustien, & qui jointe avec la finale donnent ensemble la principale forme & la distinction à chaque mode.

La discretive ou mediane est celle qui se rencontre à la tierce (soit majeure soit mineure) au dessus de la finale; de sorte que quand la dominante est aux mesmes tierces (comme il arrive au second & au sixiéme modes) elle n'est aussi alors point distincte de la dominante. On la nomme mediane, à raison de sa situation, qui fait le milieu des deux tierces qui composent la quinte de chaque mode; & discretive, parce qu'elle facilite la distinction ou le discernement des modes, & la reduction qu'il est besoin d'en faire, ou à l'authentique, ou au plagal, lors qu'ils n'ont pas l'étenduë entiere de leur octave. Aretin toute-
4 tefois remarque [4] que la discretive du sixiéme (qui est le plagal du troisiéme authentique) est plûtost à la finale ou au dessous qu'à la tierce au dessus. Et que le huitiéme ou le plagal du quatriéme authentique, a la sienne un ton au dessus, ou un ton au dessous de sa finale. Les exemples de toutes ces notes modales se voyent au II. IX. & X. exemples.

IV. Pour ce qui est des notes qui commencent les modes, elles ne sont point mises au rang des modales: Il faut toutefois prendre garde que ces sortes de notes ne soient jamais éloignées
5 *Guido.* de la finale plus d'une quinte quand le mode est authentique [5], ni plus d'une quarte lors qu'il est plagal.

Du reste le I. mode naturel peut estre commencé [6], non
6 *Guido. & alij.* seulement par les lettres *D*, *F*, *a*; mais aussi par le *C* ou le *G*, & mesme par *E*, qui ne sont point modales.

Le II. par les lettres *A*, *C*, *D*, *E*, *F*.
Le III. par *E*, *F*, *G*, *c*.
Le IV. par *C*, *D*, *E*, *F*, *G*, *a*.
Le V. par *F*, *G*, *a*, *c*.
Le VI. par *C*, *D*, *F*, *a*.
Le VII. par *E*, *F*, *G*, *a*, ♮, *c*, *d*.
Le VIII. par *D*, *F*, *G*, *a*, *c*.
Le IX. ou I. affinal par *G*, *a*, *c*, *d*, *e*.
Le X. ou II. affinal par *E*, *G*, *a*, *c*.
Le XI. ou V. affinal par *c*, *d*, *e*, *g*.
Le XII. ou VI. affinal par *G*, *a*, *c*, *e*.

Les exemples des divers commencemens de ces modes, particulierement des huit premiers se voyent dans la VIII. partie au XXIII. & dernier exemple des formules des modes dans le rapport qui est entre les divers commencemens des antiennes de chaque mode & ses differentes terminaisons.

V. Quant aux modes transposez ils peuvent estre commencez suivant la mesme proportion par leurs lettres qui correspondent à celles qui commencent les naturels; de sorte que le premier peut avoir pour commencement *F*, *G*, *b*, *c*, *d*: & ainsi des autres.

CHAPITRE IV.

De la maniere de discerner les modes.

I. IL n'est pas moins necessaire de connoistre quel est le mode de chaque piece de chant, qu'il est necessaire de commencer chaque piece en bon ton; parce qu'il n'est pas possible de s'acquitter de l'un sans sçavoir l'autre [1]. Afin donc de pouvoir discerner les modes les uns d'avec les autres, il faut premierement prendre garde aux finales de chaque piece de chant [2] qui sont au nombre de six, sçavoir quatre sous les lettres *D*, *E*, *F*, *G*, du tetrachorde des finales, & deux sous l'*a* & le *c* du tetrachorde des affinales; ou bien en autres termes, les six syllabes *re*, *mi*, *fa*, *sol*, *la*, *ut*, qui sont sous ces six mesmes lettres. Secondement il faut avoir égard aux dominantes qui correspondent à ces finales: car ce sont proprement ces deux voix la finale & la dominante qui donnent la forme aux modes [3] & qui en font la distinction ou la difference. Quand donc quelque piece se termine en l'une des deux lettres *D* ou *a*, ou (ce qui est la mesme chose) en la syllabe *re*, ou en la syl-

[1] *Guido. & alij.*
[2] *Guido.*
[3] *Guido.*

labe *la* qui les accompagne, elle eſt toûjours du premier ou du ſecond mode [4], où ſe reduit à l'un des deux : au premier, lors que la quinte eſt ſous la quarte [5] & que l'une des deux lettres *a* ou *e* ou l'une de leurs ſyllabes, ſoit qu'on la nomme *la* ſoit qu'on l'appelle *mi* ſelon la gamme ſans muances, eſt la dominante. Au ſecond, quand la quarte eſt ſous la quinte & que l'une des deux lettres *F* ou *c*, ou l'une de leurs ſyllabes eſt la dominante.

4 *Guido.*
5 *Guido.*

Que ſi la finale de la piece eſt un *mi* ou un *ſi* des deux lettres *E* ou ♮, le mode ſera du troiſiéme ou du quatriéme : ou bien ſe reduira à l'un ou à l'autre des deux : Au troiſiéme ſi ſa quarte eſt ſur la quinte & que ſa dominante ſoit au *fa*, ou ſelon la gamme ſans muances à l'*ut* de la lettre *c* (d'autant que le chant Gregorien ou Romain éleve cette dominante à la ſexte [6] mineure) ou bien qu'à la façon du chant de l'Egliſe de Milan, ſurnommé Ambroiſien, ſa dominante ſoit au *mi* ou au *ſi* de ♮ *carre.* Au quatriéme, ſi ſa quarte eſt ſous la quinte, & que ſa dominante ſoit le *la* ou le *mi* des lettres *a* ou *e*.

9 *Guido. & alij.*

Mais ſi la finale eſt un *a* ou un *ut* des lettres *F* ou *c*, il ſera du cinquiéme ou du ſixiéme mode, ou s'y reduira. Du cinquiéme, quand la quarte ſera ſur la quinte, & que le *fa* ou le *ſol*, ou aux termes de la gamme ſans muances l'*ut* ou le *ſol* des lettres *c* ou *g* en ſera la dominante. Du ſixiéme, lors que la quarte ſera ſous la quinte & que le *la* ou le *mi* des lettres *a* ou *e* ſera la dominante.

Enfin ſi la finale eſt un *ſol* de la lettre *G* le mode ſera du ſeptiéme ou du huitiéme : du ſeptiéme, quand la quarte ſera ſur la quinte, & que la dominante ſera un *ſol* ou un *re* de la lettre *d*. Du huitiéme, lors que la quarte ſera ſous la quinte, & que le *fa* ou l'*ut* de la lettre *c* ſera la dominante.

II. De ſorte que ſuivant cette diſpoſition le neuviéme & le dixiéme modes qui ont pour finale le *re*, ou bien (ſelon les termes de la gamme ſans muances) le *la* de la lettre *a*, & qui ont pour dominantes, le neuviéme le *la* ou ſans muances le *mi* de la lettre *e*, & le dixiéme le *fa* ou ſans muances l'*ut* de la lettre *c* ſont attribuez au premier & au ſecond modes ; Car bien que le neuviéme ait la meſme octave que le ſecond ; & que le dixiéme ait la ſienne ſemblable à celle du troiſiéme ; Neantmoins parce que la diviſion des meſmes octaves eſt differente, & que la diviſion de l'octave du neuviéme eſt harmonique, &

celle du ſecond n'eſt qu'arithmetique : Et qu'au contraire la diviſion du dixiéme n'eſt qu'arithmetique, & celle du troiſiéme eſt harmonique, ils appartiennent plûtoſt au premier & au ſecond, qu'à aucun autre mode. C'eſt pourquoy Guy Aretin 7 7
les a auſſi attribuez à ces deux modes, encore qu'il connuſt parfaitement & l'identité d'octaves qu'ils ont d'une part, & la diverſité d'octaves qu'ils ont de l'autre.

Semblablement les modes onziéme & douziéme qui ont pour finale l'*ut* de la lettre *c* & pour dominantes l'un le *ſol* du *g*, l'autre le *la*, ou ſelon la gamme ſans muances le *mi* de l'*e* ſe reduiſent ou (ſelon les termes d'Aretin) ſont attribuez [8] au 8
cinquiéme & au ſixiéme modes ; quoy que ſuivant l'identité de leurs octaves l'onziéme dûſt eſtre du ſixiéme, & le douziéme duſt eſtre du ſeptiéme ; mais la differente diviſion des meſmes octaves qui change les cadances de leur melodie empeſche pareillement l'effet de leur entiere identité.

Il ne faut toutefois pas oublier que ces ſortes d'attributions ſe font plûtoſt eu égard à l'intonation ou à la façon de prendre en ton, qui ſont les meſmes aux uns & aux autres de ces modes, que non pas au regard de la nature de l'harmonie dont il ne faut pas douter que l'eſſence ne ſoit differente à cauſe de la variation qui ſe rencontre dans un de leurs demy-tons ; en ſorte que s'ils ont la meſme quinte, leur quarte eſt diſſemblable ; & lors que leur quarte eſt ſemblable, ils ne s'accordent pas dans la quinte ; ainſi qu'Aretin l'a expreſſement
remarqué [9], & qu'il eſt aiſé de le reconnoiſtre à l'oreille, lors 9
que l'on compare ces chants les uns aux autres ; Par exemple, le chant des antiennes du 9e *Cum inducerunt*, ou *Hodie Chriſtus natus eſt*, avec l'antienne *Domine quinque* qui eſt du 1. ou bien *Magnum hereditatis myſterium*, qui eſt du 10e avec *O doctor optime*, qui eſt du 2. quoy qu'à preſent elles ſoient toutes notées ſous les meſmes clefs.

III. Or tout ce qui eſt dit touchant la maniere de diſcerner les modes naturels, doit auſſi par proportion s'entendre des modes tranſpoſez ; car les ſix lettres *G*, *a*, *b*, *c*, *d*, *f* ou les ſix ſyllabes qu'elles gouvernent, *re*, *mi*, *fa*, *ſol*, *la*, *ut*, ou ſelon les termes de la gamme ſans muances, *ſol*, *la*, *ſa*, *ut*, *re*, *fa*, ſont les finales des tranſpoſez ; de ſorte que quand le *re* ou autre ſemblable ſyllabe des lettres *G* ou *d*, termine la piece de chant elle eſt du premier ou du ſecond mode tranſpoſé :

du premier ſi la dominante eſt au *d* ou à l'*a* : du deuxiéme ſi elle eſt au *b* ou à *f*. Que ſi la finale eſt un *mi*, ou bien, aux termes de la gamme ſans muances, un *la* de la lettre *a*, le mode ſera du troiſiéme ou du quatriéme : du troiſiéme ſi la domiminante eſt en la lettre *f* ſelon l'uſage Romain, ou bien en la lettre *e* ſuivant l'uſage Ambroiſien : du quatriéme ſi la dominante eſt en la lettre *d*. Mais ſi la finale eſt un *fa*, ou ſelon la gamme ſans muances un *fa* ſous la lettre *b*, le mode ſera du cinquiéme ou du ſixiéme; du cinquiéme ſi la dominante eſt en *f* ou en *c* : du ſixiéme ſi la dominante eſt en *d*, ou en *a*. Enfin ſi la finale eſt au *ſol* ou aux termes de la gamme ſans muances à l'*ut* du *c*, le mode ſera du ſeptiéme ou du huitiéme ; du ſeptiéme ſi la dominante en la lettre *g* ; du huitiéme ſi la dominante eſt en *f*. Les tables des modes tant naturels que tranſpoſez qui ſe voyēt au 11. exemple font voir à l'œil ce qui en a eſté dit icy.

10 *Guido.*

IV. Mais parce que cette maniere de diſcerner les modes ne ſuffit pas pour en faire la diſtinction [10] lors que les pieces de chant n'ont pas l'étenduë entiere de leur octave, ou qu'elles ne ſe ſouſtienent pas aſſez ſur leur dominante, ou bien quand elles excedent l'octave & qu'elles ont tout enſemble la quarte au deſſus & au deſſous de la quinte, ainſi qu'on le voit aux proſes, *Victimæ paſchali laudes. Lauda Sion Salvatorem*, & en d'autres pieces ſemblables, il faut lors avoir égard à celle des dominantes qui eſt la plus frequente, & ſur laquelle le chant a le plus ſouvent ſon retour, ou bien en autres termes, qu'elle eſt la phraſe qui domine au mode [11], & au cas qu'il y ait égalité de part & d'autre, il faut en ſecond lieu avoir recours aux notes diſcretives qui ſont une tierce au deſſus de la finale [12] : parce que quand les notes ſe trouvent eſtre plus frequentes au deſſus qu'au deſſous de cette tierce (particulierement dans les pieces de chant qui ſont un peu longues) alors la dominante & le mode ſont ordinairement authentiques ou impairs. Mais lors que les notes ſont plus frequentes au deſſous qu'au deſſus de la meſme tierce, la dominante & le mode ont accoûtumé d'appartenir aux plagaux ou pairs.

11 *Glarean.*
12 *Franchin.*

V. Comme neantmoins cette regle des notes diſcretives ne ſe verifie pas également dans les pieces courtes & de peu de notes, ainſi que dans celles qui ſont plus longues. Il faut en troiſiéme lieu remarquer, que la maniere ou la qualité des intervalles qui donnent commencement aux pieces de chant, leur donnent aussi quelquefois un autre mode que celuy qu'elles devroient regulierement avoir. C'est pourquoy lors qu'elles commencent par la quinte, elles appartiennent ordinairement à l'authentique plûtost qu'au plagal ; & quand elles commencent par la quarte, elles ont accoûtumé d'estre du plagal plûtost que de l'authentique[13] ; ainsi qu'on le peut voir dans l'antienne *Iuravit Dominus*, & en d'autres semblables. De sorte qu'à cause de toutes ces difficultez, le plus court & le meilleur moyen est de marquer dans les livres de chant le ton de chaque piece, suivant ce qui a esté dit cy dessus au chapitre XIV. de la II. partie, & qu'Aretin l'a remarqué au chapitre IX. de son epilogue de la formule des modes & qu'il l'a luy mesme pratiqué, mettant sous la formule de chaque mode quasi toutes les pieces du chant Ecclesiastque qui luy peuvent appartenir.

13 *Franchin. & alij.*

CHAPITRE V.

Des diverses affections que les modes ont accoûtumé de produire dans les cœurs.

I. LE principal usage de la voix humaine est de faire connoistre les pensées de l'esprit, & la disposition du cœur, & elle est un signe si efficace de ces choses, que non seulement elle les découvre & les manifeste à celuy qui écoute ; mais mesme elle touche sa volonté, & y imprime les mesmes affections dont est prevenu celuy qui parle. Elle n'opere pas seulement ces effets lors qu'elle est prononcée distinctement, & soustenuë des gestes du corps, ainsi qu'en usent les orateurs, elle les produit encore bien plus efficacement quand on joint le chant[1] à la prononciation de la lettre: ou bien mesme lors qu'on employe les sons harmonieux des instrumens sans les accompagner de la voix. Car encore que ces sons proviennent de choses inanimées, ils ne laissent pas de participer aux proprietez de la voix. Ils ont une sympatie & une correspondance secrette avec les esprits animaux, ils y impriment avec facilité leurs mouvemens, & ces esprits qui sont comme une corde unie à l'ame, l'émeuvent en suite en luy communiquant l'impression qu'ils ont receuë des sons par l'entremise de l'oüye. D'où vient que les poëtes ont fort in-

1 *August. & alij.*

genieuſement écrit qu'Orphée & Amphion apprivoiſoient
par le ſon de leurs luths les beſtes ſauvages & farouches ; &
que meſme ils emouvoient & tranſportoient les choſes inanimées & depourveuës de ſentiment, comme ſont les pierres,
les rochers, & les arbres ; pour faire entendre par ces fictions
combien grande eſt la force & la vertu de l'harmonie des
ſons, meſme ſans aucun diſcours, & combien elle eſt capable
de moderer les paſſions les plus vehementes ; & de toucher les
cœurs les plus durs & les plus inſenſibles. En effet l'experience fait voir quelle eſt la force de la trompete & des autres inſtrumens de guerre pour bannir la timidité naturelle, & in-
ſpirer du courage & de la fermeté dans les plus grands perils ;
& que non ſeulement les hommes, mais auſſi les chevaux, les
elephants, & les autres beſtes dont on ſe ſert à la guerre, reſ-
ſentent cet effet. La ſainte eſcriture nous enſeigne auſſi que
2 les ſons harmonieux ſont utiles & efficaces, ſoit pour chaſſer [2]
1. Reg. le mauvais eſprit, ſoit pour ſe diſpoſer à recevoir les impreſ-
3 ſions de l'eſprit divin [3].
4. Reg. II. Le chant donc & la ſeule harmonie des ſons ſans aucun diſcours ne laiſſe pas d'eſtre un ſigne dont la vertu & le pouvoir
ſe fait connoiſtre d'une certaine façon qui luy eſt propre, de
meſme que le diſcours & la lettre a auſſi ſa maniere de toucher
le cœur & de faire impreſſion dans l'ame. C'eſt pourquoy il
n'eſt pas moins beſoin d'avoir cõnoiſſance de celle là pour biẽ
chanter, que de celle cy pour pouvoir bien parler, reciter, ou
déclamer ; joint que le chant & le texte ayant ordinairement
& devant auſſi avoir enſemble du rapport & de la convenan-
4 ce, & la melodie de l'un n'eſtant que pour animer [4] le ſens de
Guido. l'autre, il eſt neceſſaire de s'appliquer & d'avoir conjointemẽt
de l'attention non ſeulement au ſens du texte, mais auſſi
à la façon de la melodie ; afin de conſerver au chant auſſi bien
qu'à la lettre ſon energie & ſa perfection. C'eſt donc pour
ce ſujet que l'on marque icy ſuccintement quelques unes des
proprietez de la differente harmonie des modes, ſelon qu'elles leur ſont plus communement attribuées par les autheurs,
5 car ils ne conviennent pas tous preciſement des [5] meſmes ; par-
Kircher. ce que auſſi tous ceux qui les chantent ou qui les entendent,
n'eſtant pas diſpoſez également, n'en ſont auſſi pas également
touchez. Ceux qui en voudront ſçavoir davantage pourront
6 voir [6] Franchin, Glarean, Kircher, le Cardinal Bona, & les au-

tres

tres qui ont écrit sur ce sujet, & trouveront dans les notes ce que Guy Aretin en a laissé par écrit [7]. 7

III. Le premier mode, ou en autres termes le Dorien, est éstimé propre à marquer la noblesse, la grandeur, & l'importance d'une chose; à témoigner une joye modeste & grave, à porter à la pieté & à la vertu, à la haine de soy mesme, au mépris des choses de la terre, & à l'amour de celles du ciel. Il s'accommode fort bien avec les vers heroïques, & avec leur chant dactylique.

Le second (autrement le sous-Dorien) est propre à exprimer l'aversion que l'on a du mal; à exciterr à la douleur & à la penitence des pechez, à deplorer les miseres de cette vie; & à moderer ou appaiser la colere.

Le troisiéme ou le Phrygien est severe, & propre à exciter le cœur aux actions genereuses & difficiles. D'où vient que les Lacedemoniens s'en servoient [8] pour s'animer au combat; 8 *Franch.*
& qu'Alexandre à la melodie de ce mode couroit aux armes [9]. 9 *Basilius.*

Le quatriéme ou le sous-Phrygien au contraire est flatteur, charmant, propre aux larmes, aux douces plaintes, & aux tendresses d'amour.

Le cinquiéme ou le Lydien est semblable au son d'une trompete non pas qui appelle au combat, mais qui chante la victoire; de sorte qu'il est rempli d'allegresse, convenable aux triomphes, propre à recueillir l'esprit & à le retirer des soins & des embarras de la terre [10]. Guy Aretin dit qu'il s'ac- 10
commode mieux que les autres au chant du fauxbourdon,
qu'il appelle en autres termes [11] diaphonie, & qu'il semble 11
que S. Gregoire pour ce sujet l'ait plus cheri que les autres.

Le sixiéme ou sous-Lydien est religieux, devot, & propre à porter à la pieté, à la penitence, & aux larmes.

Le septiéme ou le Myxolydien est ardent, & propre tant à exprimer, qu'à émouvoir les passions d'amour & de colere.

Le huitiéme ou le sous-Myxolydien est remply de pudeur, de modeste gayeté, de tranquillité de douceur; & il est tout celeste & mystique; ainsi que Guy Aretin le remarque aux passages qui ont esté cy dessus indiquez au chapitre II. nombre 6. & au nombre 2. de ce chapitre. Ce que le 8e irregulier a de particulier est marqué dans la formule du mesme ton, au XXIII. exemple.

Le 9e ou l'Eolien, & le premier affinal est poli & ajusté, il émeut à la clemence & à la benignité, à la devotion & à l'amour divin, à donner courage pour surmonter les difficultez & souffrir les miseres de la vie presente. Il s'accommode fort bien avec les vers lyriques. Les antiennes *Hodie Christus natus est*, & *Cùm inducerent* sont de ce mode suivant lequel elles sont notées au XXIII. exemple dans les formules du 9e mode.

Le 10e ou sous-Eolien, & le second affinal participe aux proprietez du second, & convient à l'amour & à la devotion, ainsi que le neuviéme. Les chants des hymnes, *Quem terra, pontus, æthera*, & de *Sanctorum meritis* sont de celuy cy; comme aussi l'antienne de Pasques, *Hæc dies*, & de la circoncision, *Magnum hæreditatis mysterium.*

Le 11e ou l'Ionien, qui est le cinquiéme affinal, est gay, agreable & fervent; il porte à l'esperance, & s'accommode bien avec les vers jambiques & trochaïques. Le chant des *Alleluia, assumpta est, Te gloriosus Apostolorum chorus*; *Te Martyrum*, & autres semblables sont de ce ton: & celuy des antiennes *Alma Redemptoris*, & *O sacrum convivium* sont aussi du mesme ton, mais transposé en *b mol.*

Le 12e ou le sous-Jonien, & le sixiéme affinal participe aux qualitez du sixiéme, avec lequel il a plus de ressemblance. Les chants de l'introït *Hodie scietis*, *Dicit Dominus*, *Requiem æternam*, le Répons *Gaude Maria*, & la prose *Inviolata* appartiennent à celuy cy: & les chants des antiennes *Ave Regina cælorum*, *Regina cæli lætare*, & *O quàm suavis est Domine*, sont semblablement de ce mesme ton, mais transposé.

IV. Outre les proprietez que les modes ont accoûtumé d'avoir à cause de la suite de leurs sons & de leurs cadences, ils ont encore d'autres proprietez selon la qualité de leurs rithmes, ou du metre & de la mesure dont leurs chants sont accompagnez : ainsi que Quintilien Aristide ancien autheur
12 Grec & philosophe payen l'a plus amplement remarqué [12], &
13 que Boëce & Aristote l'ont succinctement touché [13].

V. A toutes lesquelles proprietez l'on peut pareillement ajoûter celles que par l'addresse de l'art & de la composition l'on peut donner aux diverses pieces de chant de quel mode qu'elles puissent estre; & qui effectivement leur ont esté don-
14 nez dans le chant Gregorien [14], où les répons y ont esté
Franch. & alii. composez d'une maniere qui est propre à exciter les paresseux

& les endormis. Les antiennes y ont une douce & coulante melodie : les introïts invitent à l'attention & à la devotion convenable aux divins offices : les *Alleluia* & leurs versets à se réjoüir en Dieu : les graduels & les traits au recueillement, à la gravité & à l'humilité ; & les offertoires & les communions à produire les saintes affections qui doivent accompagner ces deux actions sacrées. Les Pneumes qui ne sont autre chose qu'une repetition de plusieurs notes sur un mesme mot ou sur quelqu'une de ses syllabes, comme sur l'*a* final d'*Allelnia*, ou sur la derniere syllabe des graduels, des traits, ou autres syllabes semblables, sont pour signifier le redoublement des affections, l'embrasement du cœur, & l'excez de la joye & de l'allegresse interieure qui ne peut estre exprimée par les [15] paroles. Or les effets de toutes ces pieces & autres semblables ne proviennent pas seulement de la diversité des modes qui peuvent estre les mesmes en ces differentes especes ; mais aussi de l'addresse & de l'artifice avec lequel elles sont composées. Car un compositeur adroit & habile peut souvent disposer les modes pour d'autres mouvemens, & d'autres affections que celles qu'ils ont accoûtumé de produire, & qui leur convienent naturellement [16].

15 *August.*

16 *Glarean.*

CHAPITRE. VI.

De l'utilité & de la necessité qu'il y a de commencer chaque mode en bon ton.

I. LE mot de ton est icy pris en sa quatriéme signification, c'est à dire, pour un son de voix qui ne soit ni trop bas ni trop haut, mais moderé & proportionné tant à l'étenduë de la piece de chant qu'à la portée de la voix. La necessité de commencer en ce ton provient premierement de la nature de la voix humaine [1] qui demande de n'estre ni forcée [2] ni violentée ; mais d'estre exercée selon la portée de sa force & de sa vigueur naturelle. En second lieu de l'union qui doit estre entre les differens modes ou pieces de chant qui composent un mesme office, afin d'en faire une agreable liaison & d'en entretenir l'accord [3] par une mutuelle correspondance de leurs sons. Troisiemement de la part de ceux qui chantent, afin qu'ils le puissent faire avec grace sans se con-

1 *Boëtius.*

2 *August.*

3 *August. & alij.*

traindre, ſans violenter l'organe & ſans incommoder ni la te-
4 *Boëtius. & alij.* ſte, ni l'eſtomach [4]. Quatriémement du coſté de ceux qui entendent chanter, crainte qu'un ton exhorbitant ou diſcordant ne bleſſe leurs oreilles au lieu de les ſatisfaire, & [5] n'empeſche en ſuite que le chant ne produiſe l'effet qu'il doit dans l'eſprit & le cœur des aſſiſtans.
5 *Quintil. & alij.*

II. Cette moderation de ton dans les pieces de chant a eſté de tout temps en une ſinguliere recommandation, ainſi qu'il paroiſt par deux des plus anciennes & des plus celebres ſolemnitez de l'antiquité, dont l'une ſe fit apres que le peuple de Dieu eut paſſé à pied ſec la mer rouge, & l'autre quand le Roy David transfera l'arche dans ſa ville capitale; car en la premiere ce
6 *Exod. 15. & Philo.* fut Moyſe meſme [6] qui fut le conducteur du ton & de la meſure du chant; & en la ſeconde ce fut David, qui eſtant fort intelligent dans l'art de chanter donna la conduite du chant de la pſalmodie à Choneïas, non pas tant en veuë de ſa belle
7 *Paralip. 1.* voix, qu'à cauſe de [7] ſa grande ſageſſe; afin de nous apprendre par là que la prudence eſt beaucoup plus neceſſaire pour donner convenablement le ton en commençant le chant, que
8 *Philo. & alij.* n'eſt pas la belle voix. C'eſt auſſi pour ce meſme ſujet & ſur ce modelle que les premiers Chreſtiẽs [8]; & les plus illuſtres Egliſe l'orient & de l'occident ont établi un chantre d'office & luy ont mis un baſton en main pour marquer qu'elles ne l'ont pas eſtimé moins neceſſaire à la conduite du chant, qu'eſt le Doyen ou l'Abbé au gouvernement du chapitre ou du monaſtere. D'où vient qu'en pluſieurs de ces egliſes il n'entonne pas ſeulement ce qui eſt particulier à ſon office ou dignité; mais il recommence meſme les autres choſes qui ont accoûtumé d'eſtre chantées par ſes ſous-chantres ou par d'autres perſonnes du chœur, comme ſont les graduels & les *Alleluia* de la meſſe; afin que par la repetition qu'il fait de ce qu'ils ont commencé, il confirme le ton qu'ils ont donné lors qu'il eſt convenable; ou bien qu'il en remette un meilleur au lieu quand ils manquent à prendre celuy qu'il faut.

III. L'importance de ce ton moderé n'a pas eſté moins re-
9 *Quintil.* connuë des grammairiens [9] & des orateurs, que des muſiciens; & il eſt ſi commode aux uns & aux autres, que dans ſa ſuite ou continuation il peut eſtre comparé à un batteau qui pouſſé par le courant d'une eau tranquile fait beaucoup de chemin, ſans fatiguer ni incommoder ceux qui ſont dedans; ou bien à

un chemin uni, droit, & agreable, où l'on marche ſans peine & ſans crainte de chopper ou de ſe deſtourner. Au contraire le ton dereglé qui excede tantoſt en haut, tantoſt en bas, reſſemble à une nacelle que des flots agitez élevent maintenant en haut, & peu apres l'abbaiſſent dans les abyſmes. Ou bien à un chemin rude & égaré entre les montagnes & les vallées ſans aucune ſuite ni agréement; & qui cauſe une fatigue inſuportable à ceux qui le ſuivent. C'eſt pourquoy le chant qui eſt conduit de cette ſorte ne manque jamais d'eſtre ou violent par l'excez du ton, ou lanquide & contraint par defaut du meſme ton, & par le meſlange qui ſe fait de ce defaut avec cet excez de paroiſtre auſſi deſagreable & auſſi choquant que pourroit eſtre un entretien de ſourds. D'où il arrive qu'au lieu de recueillir l'eſprit & d'émouvoir le cœur à la devotion, il ne fait que cauſer de la [10] confuſion, du degoût, de la diſtraction, & de l'ennuy.

10 *Cardin. Bona.*

CHAPITRE VII.

De la maniere de commencer en bon ton les pieces de chant en toute ſorte de modes.

I. LE principal & le plus aſſeuré moyen pour commencer toute ſorte de pieces de chant en ton convenable, & pour les bien entonner, eſt de tellement moderer & compaſſer la voix en tout ce que l'on commence, que les dominantes de chaque mode ſe rencontrent toutes en pleine voix, nonobſtant que leurs clefs ou leurs notes ſoient differentes. Car quoy que la diverſe ſituation des clefs ou des lettres & des notes qui ſont ſur leurs cordes ait eſté la marque des tons dont diverſes nations avoient accoûtumé d'uſer anciennement en la melodie de leurs modes, & que la meſe ou la dominante du premier mode dont les Doriens uſoient, par exemple, fuſt plus baſſe d'un ton [1] que n'eſtoit celle du troiſiéme mode dont les peuples de Phrygie ſe ſervoient. La meſe des Phrygiens pareillement, d'un demy-ton plus baſſe que la meſe du cinquiéme qui eſtoit en vogue dans la province de Lydie: La meſe des Lydiens plus baſſe d'un ton que celle du 7e ou Myxolydien; celle du Myxolydien plus baſſe d'un ton que celle du neuviéme & de l'Aeolien; & celle de l'Aeo-

1 *Boëtius.*

lien plus basse d'une tierce mineure que celle de l'onziéme & de l'Ionien qui estoit la plus gaye & la plus haute de leur systeme : & que l'on pourroit encore maintenant avoir un semblable égard à la diversité de ces dominantes, si l'on ne se servoit que d'un seul mode de l'une de ces nations : Neantmoins quand tous ces differens modes s'entresuivent, ou sont entremeslez les uns parmy les autres, comme ils le sont dans les offices ecclesiastiques, il n'est pas possible de conserver ni l'accord ni la bienseance qu'il faut entre leurs differens tons en suivant cette sorte de pratique ; tant à cause de la difficulté qu'il y a de bien ajuster leur inegalité & de proportionner leur meslange, que parce que les voix qui sont propres aux tons

2 *Mersen.* bas ne peuvent ordinairement[2] s'accommoder aux tons hauts ; & que les voix hautes ne descendent que difficilement aux tons bas. Semblablement quoyque dans la musique à plusieurs parties la differente situation des clefs soit tres propre

3 *Franch. & alij* pour marquer le ton que chacune y doit garder, & que la taille ou la voix qui fait le milieu des parties[3] corresponde à peu pres au ton de la pleine voix & de la dominante du plain-chant ; neantmoins la diverse situation de ces clefs dans le plain-chant ne doit servir à autre chose qu'à solfier & à conduire le chant du bas en haut ou du haut en bas ; & non pas à luy donner le ton, dont les dominantes prises en pleine voix sont la regle la plus facile & la plus certaine ; ainsi qu'il a esté dit cy-dessus. L'exemple XV. en fait voir la façon.

II. Or cette pleine voix n'est autre chose qu'un son qui remplit entierement l'organe, & fait le milieu de sa portée naturelle entre les deux extremitez où elle peut atteindre, sçavoir entre le son le plus bas où elle peut descendre & le son le plus haut où elle peut monter. Tout ainsi qu'on appelle la lune pleine lors que sa rondeur est entierement remplie de lumiere & qu'elle est également distante du commencement de son croissant, & de la fin de son decours. De sorte que la pleine

4 *Franch. & alij.* voix correspond & revient à peu pres à la taille de la musique[4], & à la mese du systeme des Grecs, qui est la chorde qui

5 *Franchin. & alij.* fait le milieu du disdiapason[5] ou de la double octave, & la liaison de la plus basse octave avec la plus haute, estant la fin de celle là & le commencement de celle cy. C'est cette chorde qui dans les instrumens a accoûtumé d'estre touchée plus souvent, comme la plus agreable & la maistresse ou la do-

minante des autres, puis que les autres ne sont touchées que par rapport [6] à elle & pour la faire trouver plus excellente. Toutes lesquelles qualitez se rencontrent pareillement au son de la pleine voix ou de la dominante des modes; car c'est le son qui est le plus naturel & auquel la voix s'arreste [7] plus volontiers & plus commodement qu'à aucun autre; c'est ce ton qui est le plus agreable[8], & le maistre ou le guide de tout le chant [9], qui en fait la liaison, & entretient la mutuelle [10] correspondance qui est entre les differentes pieces d'un mesme office, estant en quelque façon à leur égard, ce que le medium a accoûtumé d'estre au regard des parties du syllogisme [11].

III. Ce qui estant ainsi supposé, il ne reste qu'à marquer icy la meilleure ou la plus aisée maniere de fixer l'organe à cette pleine voix [12], puis qu'elle est le siege & la regle de toutes les dominantes. Ce qui se pouvant faire en deux manieres, l'une en descendant du son le plus haut de la voix jusques à l'octave au dessous; l'autre en montant depuis le son le plus bas [13] de la mesme voix jusques à l'octave au dessus; le meilleur est de se servir de celle-cy qui semble plus naturelle & plus commode. C'est pourquoy apres avoir vû de quel ton ou mode est la piece qu'on veut commencer, quelle en est la finale, quelle en est la dominante, quelle est la note par où elle commence [14], & combien il y a de degrez ou d'intervalles depuis la dominante jusques à la mesme note; il faut en suite solfiant en son particulier commencer par le son le plus grave ou le plus bas auquel la voix puisse descendre avec harmonie, & appliquant l'*ut*, par exemple, sur ce plus grave son, monter par degrez jusques à cette note par laquelle le chant de la piece ou du mode se doit commencer, sur laquelle arrestant le degré de la voix qui y est arrivé, & en conservant le son dans l'idée, ouvrir le chant par ce mesme son, qui estant ainsi mesuré ou compassé, la dominante ne manquera point de se rencontrer à peu pres en pleine voix, & au son naturel de la mese. Quand donc il arrive que la note par où la piece commence est une tierce au dessous de la dominante, il faudra monter en son particulier depuis l'*ut* le plus grave jusques au *la*, c'est à dire une sexte, & commencer la piece par le son de ce *la*. Que si la mesme note qui commence est une quarte plus bas que la dominante, l'on ne montera depuis l'*ut* plus grave, que jusques au *sol*, c'est à dire une quinte, & l'on commencera la piece par le son de

6 *Mersen. & alij.*
7 *Ptolem.*
8 *Mersen. & alii.*
9 *Aristot.*
10 *Capella.*
11 *Euclid.*
12 *Guido.*
13 *Boetius.*
14 *Guido.*

ce *sol*. Mais si cette mesme premiere note se trouve une quinte au dessous de la dominante, il ne faudra lors monter qu'au *fa* ou à la quarte, si une sexte, l'on ne montera que jusques au *mi* ou à la tierce; & ainsi du reste des intervalles par où la piece peut commencer, dans lesquels l'on gardera une semblable proportion à l'égard de leurs dominantes.

IV. Il y a encore deux autres façons qui peuvent estre propres à bien entonner & à commencer en bon ton. L'une est d'avoir ou de se former une idée familiere de la pleine voix & de la taille, dont on descende en son particulier jusques à la note par où la piece ou le mode du chant commence; & conservant l'idée du son qui est eschû sur cette note commencer la piece par ce mesme son. Mais il n'est pas aisé d'acquerir, ni de se former une semblable idée de la dominante ou de la taille qui soit certaine, si ce n'est que dans les commencemens l'on s'habituë à la mesurer par le son le plus bas ou le plus haut de la voix, dont il a esté fait mention dans la maniere precedente de commencer. L'autre façon est de conserver l'idée du son de la dominante de la piece qui a esté chantée immediatement auparavant, & l'appliquant à la dominante de la piece qui suit, ou que l'on veut commencer, descendre de ce son jusques à la note par où la piece commence, & la commencer par le son qui s'y sera ainsi rencontré. Ou bien sans appliquer le son d'une dominante à l'autre dominante, il n'y a qu'à remarquer la qualité de l'intervalle qui se trouve tant entre la finale & la dominante de la piece de chant qui a precedé, qu'entre la dominante de la piece suivante & la note qui la commence, afin que par la comparaison de ces deux sortes d'intervalles l'on voye si la note qui cõmence la piece suivante doit estre tenuë en mesme ton que la finale de la precedente, ou bien si elle doit estre haussée ou rabbaissée, & de combien de degrez. Car si la finale de la precedente piece, par exemple, a esté d'une quinte sous sa dominante, & que la piece suivante commence par une tierce mineure au dessous de sa propre dominante, sa premiere note doit estre commencée une tierce majeure au dessus la finale de la piece qui a immediatement precedé; & la mesme methode se doit observer avec une pareille proportion dans tous les autres differens intervalles, qui peuvent estre entre la finale du mode precedent & la note qui donne le commencement au mode suivant par comparaison à leurs dominantes.

Mais

Mais cette maniere de commencer & de lier ainsi les pieces suivantes avec les precedentes doit supposer que les precedentes ayent esté commencées & poursuivies en bon ton; car si elles ne l'avoient pas esté, ou qu'elles eussent fini en mauvais ton, au lieu de le continuer, ou d'y avoir égard dans la suite, il faut au plûtost remettre adroitement la dominante des pieces suivantes au ton naturel de la pleine voix selon ce qui a esté dit auparavant.

V. Il y en a qui proposent encore d'autres moyens pour prendre en bon ton, & se maintenir en cette pleine voix; Mersenne entr'autres veut que l'on marque à costé ou au bas de la piece de chant [15] un chiffre qui exprime le nombre des battemens d'air que ce son doit produire. D'autres veulent le son d'une clochette ou d'un tuyau d'orgue, qui y correspon- de, ou bien d'un monochorde qui soit dressé à cet effet. Ciceron & Quintilien rapportent [16] mesme de l'orateur Gracchus que lors qu'il harangoit, il avoit au derriere de soy un musicien qui avec le son dune flûte luy suggeroit le ton auquel il devoit élever ou abbaisser la voix selon la diversité du sujet & des mouvemens. Mais parce que ces instrumens ne sont pas si commodes, ni ne peuvent pas estre toûjours à main lors qu'il est besoin de commencer le chant, & qu'un chacun n'est pas capable d'en bien user, & beaucoup moins de discerner le nombre des battemens d'air que peut avoir un son; joint que celuy d'une clochette, d'un tuyau, d'une flûte ou d'une chorde à chaque commencement de piece se rendroit bientost ennuyeux aux assistans, & blesseroit leurs oreilles; Il est beaucoup plus à propos de se servir des autres moyens dont il a esté fait mention auparavant.

CHAPITRE VIII.

De la maniere d'accorder en bon ton les voix qui sont de diverse qualité.

I. LEs moyens qui ont esté donnez au precedent chap. sont si propres à faire cet accord, qu'il n'y a aucune sorte de voix quoy que differentes, qui n'y rencontrent le ton veritable & naturel de chaque piece de chant. Car si ce sont basses qui chantent ensemble & composent le chœur, elles y trouveront leur dominante proportionnée à leur pleine voix, au milieu de leur étenduë. Que si au contraire le chœur est seulement composé de voix hautes (comme sont celles des enfans, ou des filles), elles y trouveront pareillement le milieu de leurs octaves, ou de l'étenduë de leurs voix. Les tailles semblablement ne manqueront pas d'y rencontrer celuy qui leur est convenable, & qui naturellement fait le milieu entre les voix basses & les voix aiguës.

II. Mais parce qu'il y peut avoir plus de difficulté à accorder des voix de diverse qualité lors qu'elles chantent ensemble ou dans un mesme chœur; il faut alors prendre garde à deux choses, afin que cette diversité ne soit point occasion de trouble & ne fasse perdre le veritable ton des pieces de chant; premierement il faut avoir égard à la qualité des voix qui composent le chœur, & qui en gouvernent le ton: secondement à la qualité de celles qui leur sont entremeslées ou ajoûtées. Car celles-cy doivent ceder aux autres, & s'accommoder à leurs dominantes en tout ce qu'elles sont obligées d'y commencer, ainsi qu'il s'en suit.

III. Si donc dans un chœur composé d'un bon nombre de voix de taille par exemple, il s'y rencontre quelques voix de hautes-contres ou quelques voix d'enfant, afin d'accorder ce que celles cy pourront commencer avec le ton naturel des autres, qui estans en plus grand nombre, doivent avoir la conduite du chœur & de son ton, il n'y aura qu'à faire mesurer aux voix muées ou d'enfant ce qu'elles commencent par une dominante plus basse que celle qui est naturelle à leurs voix hautes, & la leur faire rabaisser soit d'une tierce, soit d'une quarte, soit d'une quinte, soit d'une sixiéme, soit d'une octave, selon la qualité ou la difference de ces voix, & la proportion qu'elles doivent avoir estans comparées avec les autres voix de taille, afin de les en faire approcher de plus pres, & de les mieux ajuster au ton de la dominante des mesmes tailles.

IV. Que si au contraire il se trouve quelques basses parmi un chœur de tailles, il faudra que pour commencer les pieces de chant au ton & à la dominante des tailles, elles rehaussent la dominante de leur pleine voix naturelle, ou d'une tierce, ou d'une quarte, ou d'une quinte, ou d'une sexte, ou d'une octave, selon la proportion que l'inégalité des unes aux autres peut demander pour revenir au ton & à la dominante de ces tailles.

V. De mesme s'il se trouve quelques voix de taille parmi un chœur de basses, les tailles pour se conformer à la dominante des basses rabaisseront leur dominante naturelle d'autant de degrez ou d'intervalles qu'il en sera besoin pour l'accorder avec celle des basses. Que si au contraire quelques tailles se rencontrent meslées avec un chœur de voix muées, ou d'enfant, alors les tailles pour s'ajuster à la dominante des mesmes voix ou muées ou d'enfant, rehausseront la dominante qui leur est naturelle d'autant de degrez qu'il sera necessaire pour atteindre à la dominante des mesmes voix muées ou d'enfant.

VI. Mais quand les basses sont obligées de chanter avec les voix muées ou d'enfant, & celles cy avec les basses. Ces sortes de voix n'ont pas accoûtumé de se répondre les unes aux autres, si ce n'est à l'octave ou à la double octave ; ainsi qu'on peut voir aux versets que chantent les enfans de chœur : parce que des extremes si éloignez que sont ceux de leurs voix, ne peuvent aisément se reünir dans l'accord, si ce n'est par l'équissonne de l'octave, ou des octaves.

CHAPITRE IX.

De la maniere d'accorder en bon ton les voix qui chantent alternativement avec les instrumens.

I. APres avoir vû la façon de maintenir en bon ton les pieces de chant nonobstant la diversité des voix ; il reste à voir la maniere avec laquelle l'on doit entretenir en bon ton les instrumens avec les voix, & les voix avec les instrumens lors qu'on les touche alternativement parmi le chant des voix. Il faut donc dans cette rencontre poser pour fondement, premierement que les voix doivent s'accommoder & s'assujetir au ton & à la dominante des instrumens ; d'autant que les cordes & les tuyaux de ceux-cy estans invariables dans leur son, & immobiles dans leur situation, ils ne peuvent pas estre ni maniez ni fléchis de mesme que les voix qui sont flexibles & variables ; & partant ce sont les voix qui doivent estre ajustées au ton des instrumens.

II. En second lieu ceux qui touchent les instrumens doivent avoir l'addresse d'approcher le plus pres qu'ils pourront du ton naturel de la dominante des voix; ce qu'ils peuvent faire facilement s'ils ont l'égard qu'ils doivent avoir à la qualité des instrumens & à celle des voix qui leur répondent.

III. Si donc c'est un orgue, avec lequel un chœur de tailles, par exemple, ait à chanter alternativement, il se trouvera qu'entre les quatre octaves dont il est ordinairement composé, sa mese, qui échoit sous la lettre *c* fournira un ton assez commode aux trois dominantes des modes qui se rencontrent sous la mesme lettre de *c*, parce que ce ton de la mese de l'orgue ne surpasse la pleine voix des tailles, qu'environ dun ton, ou au plus d'une tierce mineure. Quand toutefois les voix sont obligées de chanter quelques pieces de chant du troisiéme ou du cinquiéme mode alternativement avec l'orgue; & que ces pieces ne sont pas seulement des pseaumes, ou des cantiques, mais des répons, ou des graduels, ou des offertoires, ou autres choses semblables; Alors la finale du troisiéme pourra estre au *sol* ou *re* du G par *b mol*, & sa dominante au *fa*, ou au *fa* du *b*. Et la finale du cinquiéme sera au *c*, qui est la finale du cinquiéme affinal ou de l'onziéme, & sa dominante au *g*.

IV. De plus la lettre *a* inferieure d'une tierce au mesme *c* ou mese de l'orgue, donnera pareillement les trois autres dominantes du *la* qu'elle y gouverne, & qui sont si approchantes du ton de la pleine voix, que la difference n'en sera pas considerable.

V. Et partant il ne restera que deux dominantes qui ayent besoin d'estre transposées, sçavoir la dominante du second mode, qui estant située dans la lettre *F* de l'orgue se trouve plus basse que la pleine voix d'une tierce majeure ou environ, & la dominante du septiéme mode qui estant placée au *d* au dessus de la mese de l'orgue se rencontre estre plus haute que la pleine voix d'une tierce majeure ou environ. Afin donc de transposer convenablement ces deux modes, il n'y a qu'à monter le second d'une quarte, c'est à dire sa finale de la lettre *D* à celle de *G*, & sa dominante de la lettre *F* à la lettre de *b fa* ou *fa*: & rabbaisser le septiéme d'une quinte, c'est à dire sa finale de la lettre *G*, à la lettre *C*, & sa dominante de la lettre *d* à la lettre *G*. Car par le moyen de ces deux transpositions l'un & l'autre de ces modes se trouvera à un ton ou à un demy-ton pres du ton de la pleine voix des tailles, laquelle se rencontre ordinairement en ces sortes d'instrumens sur la touche de la lettre *a* qui est la plus proche des deux susdites dominantes du *b* & du *G*.

VI. Quant aux dominantes des modes neuviéme, dixiéme, onziéme, & douziéme, lors qu'il se rencontre des pieces de chant de ces modes l'organiste n'aura qu'à transposer le neuviéme au 9e par *b mol*, qui a sa finale au *D* & sa dominante à l'*a*. Laisser le dixiéme en son lieu qui a sa finale en *a* & sa dominante au *c*. Laisser pareillement le onziéme naturel dans lassiette de sa finale & de sa dominante : & rabbaisser l'onziéme transposé d'une quarte, afin que sa finale & sa dominante se trouvent en celles du naturel, qui a le *C* pour finale & le *G* pour dominante. Enfin transposer le douziéme naturel au 12e par *b mol*, dont la finale est en *F* & sa dominante en *a*.

VII. Que si le chœur avec lequel l'orgue est alternativement touché est de voix basses ou de voix hautes, il sera de la prudence & de l'addresse de l'organiste de retenir les tons des dominantes qui approchent de plus pres du ton naturel de la pleine voix qui est propre aux basses, ou qui convient aux voix hautes ; & de transposer les autres dont les dominantes sont trop éloignées de ces sortes de pleine voix ; afin de les faire joindre ensemble, autant que la disposition des cordes, & des tuyaux des instrumens le pourra permettre. Les organistes qui n'ont pas encore toute l'experience pourront se servir de la table suivante, qu'un organiste de Paris a depuis peu de temps donnée au public dans ses pieces d'orgue pour les hymnes & le *Magnificat*.

Les huit tons ordinaires de l'orgue pour les voix basses.	*Les tons ordinaires pour les voix hautes.*
Le 1. en *D. la, re, sol.*	Le 1. en *G. re, sol, ut* par *b*.
Le 2. & le 3. en *G, re, sol, ut*, par *b*.	Le 2. & 3. en *A. mi, la, re.*
Le 4. en *E. mi, la.*	Le 4. en *C. sol, ut, fa*, par *b*. à la dominante.
Le 5. en *C. sol, ut, fa.*	Le 5. en *F. ut, fa.*
Le 6. en *F. ut, fa.*	Le 6. en *G. re, sol, ut*, par ♮.
Le 7. en *D. la, re, sol*, diesé.	Le 7. en *F. ut, fa.*
Le 8. en *F. ut, fa.*	Le 8. en *G. re, sol, ut.*

Les tons extraordinaires pour les voix basses.	*Les tons extraordinaires pour les voix hautes.*
Du 1. en *C. sol, ut, fa.*	Du 1. en *D. la, re, sol.*
Du 1. ou du 2. en *e. mi, la.*	Du 1. en *E. mi, la.*
Du 3. en *A. mi, la, re.*	Du 2. en *G. re, sol, ut.*
Du 5. en *D. la, re, sol.*	Du 4. en *E. mi, la.*
Du 6. en *G. re, sol, ut.*	Du 5. en *C. sol, ut, fa.*
Du 6. en *A. mi, la, re.*	Du 5. en *D. la, re, sol.*
Du 8. en *G. re, sol, ut.*	Du 6. en *A. mi, la, re.*

CHAPITRE X.

De la maniere de continuer le chant en bon ton.

I. TOut ce qui a esté dit cy-dessus pour faire voir la maniere de commencer les modes en bon ton, donne pareillement le moyen de le continuer & de s'y maintenir: puis que selon les philosophes les choses ont accoûtumé d'estre conservées par les mesmes principes qui les ont produites. C'est donc par le moyen de la pleine voix que l'on pourra se maintenir en bon ton; & ce en deux façons: dont la premiere est qu'aussi-tost que la dominante a esté prise en pleine voix, tous ceux qui doivent ensemble continuer le chant, en conservent pareillement l'idée avec celle des autres cadences du mesme mode, particulierement de la finale, & se rendent attentifs tant à terminer nettement & au vray ton les dernieres notes de la finale, qu'à recommencer celles de la dominante; car ce sont les deux bases de chaque mode, lesquelles estant posées & affermies comme il faut, sont l'appuy & & le soustien de tout le chant; & ne manquent jamais de le maintenir en mesme estat & au mesme ton auquel il a esté commencé sans l'abbaisser ni le hausser. Et c'est pour ce sujet que quand les voix chantent alternativement avec l'orgue ou avec quelqu'autre instrument, elles n'abbaissent jamais: d'autant que les cordes & les tuyaux des instrumens estans fermes & immobiles dans le son de leurs finales & de leurs dominantes, ils obligent insensiblement les voix d'y correspondre, & sans leur causer aucune peine ni travail ils les empeſchent de mollir. Il en arrivera donc de meſme aux voix, ſi dans la pſalmodie & autres ſemblables chants alternatifs elles recommencent au ſon de la dominante, & ſe terminent préciſement à celuy de la finale, ſans le varier ni en l'une ni en l'autre; car pour lors la finale leur ſervira à remonter plus facilement à la dominante; & reciproquement la dominante les fera plus aiſément retomber ſur la finale à cauſe de la conſonance & du mutuel accord qui ſe rencontre toûjours entre ces deux cadences.

II. Mais ſi par un évenement contraire les premieres voix qui recommencent le chant, ſe relâchent & s'écartent du veritable ton à la repriſe, elles entraiſnent inſenſiblement les autres voix apres elles; parce que l'oreille qui abhorre naturellement le diſcord, & la ſcience qui enſeigne que le diſcord ſe rencontre toûjours entre les voix dont les unes ſont ou plus hautes ou plus baſſes que les autres d'un ton ou d'un demy-ton, ſe joignans ſecrettement enſemble, obligent imperceptiblement les autres voix à ſe laiſſer plûtoſt aller à ſuivre le faux ton de celuy qui a le premier, quoy que mal, commencé, que de s'efforcer à reprendre avec travail & avec diſcord le veritable ton. De ſorte que ceux qui recommencent les premiers apres les cadences du chant & apres les verſets ou leurs mediations, & qui les finiſſent les derniers, ſemblent faire à l'égard du chant le meſme office, que fait le patron dãs la conduite du navire: car comme celuy-cy fait aller droit cette grande machine, ou la fait tourner à gauche ou à droite ſuivant le mouvement qu'il donne au manche d'un petit gouvernail; de meſme ceux qui commencent ou finiſſent le chant, le maintiennent droit & en bon eſtat, ou le font hauſſer ou baiſſer ſelon le mouvement qu'ils donnent au commencement & à la fin de leurs voix. C'eſt pourquoy ils n'ont pas beſoin de moins d'addreſſe & d'experience, de ſoin & de vigilance pour maintenir en bon eſtat le chant, que le patron du vaiſſeau en doit apporter à la conduite du gouvernail pour maintenir en bon eſtat ſon vaiſſeau & le faire arriver à bon port.

III. La ſeconde façon avec laquelle les dominantes priſes en pleine voix aident beaucoup à entretenir le chant en meſme ton, conſiſte en ce qu'eſtans tout à fait conformes à la portée naturelle de la voix, elles empeſchent qu'elle ne ſoit jamais violentée, ni par des sons trop hauts, ni par des sons trop bas, & ainsi la delivrent de la violence, qui est le plus plus grand obstacle que l'on puisse mettre à la durée & à la continuation d'une chose ; car tout ce qui est violent ne peut estre de longue durée ni se maintenir long-temps en mesme estat. C'est pourquoy quand les dominantes du chant sont trop hautes, ou trop basses, l'on voit par experience que comme l'on ne peut chanter à des tons ainsi dereglez qu'avec effort & avec peine, l'on ne peut pas aussi s'y maintenir; & qu'au contraire lors que leur ton est moderé & bien reglé, l'on peut aisément continuer le chant aussi long-temps qu'on veut, sans en varier le ton & sans se fatiguer ; ainsi qu'on le peut voir dans le chant des grandes solemnitez, & des longues processions des eglises cathedrales ou autres semblables; où il a accoûtumé d'estre continué les demy-journéees sans aucune variation du ton ni alteration des voix.

IV. Une autre chose qui n'aide pas peu à maintenir le ton en estat, est, d'y observer soigneusement la mesure & les cadences qui sont deuës à chaque espece de chant & à chaque mode, en sorte qu'on ne chante jamais en plain-chant une piece qui appartient au chant metrique ou au chant psalmodique ; ni en chant metrique ou psalmodique ce qui doit estre chanté en plain-chant ; parce que l'alteration de la mesure & des cadences qui sont propres à ces diverses sortes de chants, s'étend insensiblement jusques au ton de la dominante mesme, & ne cause pas moins de corruption dans le chant, que feroient dans la poësie les vers que l'on reciteroit cõme si c'estoit de la prose ; ou dans la rethorique la prose qui seroit prononcée en façon de vers. C'est pourquoy avant que de commencer chaque piece de chant, il est fort important de prendre d'abord l'air non seulement de son mode, de ses principaux intervalles, & du ton de sa dominante ; mais aussi de sa mesure & de ses cadences, afin d'en conserver l'idée durant le chant, & de ne jamais les rompre ni les diviser, soit par une espece de pause ou de silence entre les syllabes ou les notes d'une mesme cadence, soit par une plus longue ou plus courte mesure que ne demandent les especes de chaque chant.

V. Voicy encore un mot d'avis pour ceux qui chantans seuls quelque chose qui est de durée, comme les leçons, les prefaces, ou autres choses semblables ont accoûtumé d'en

abbaisser

abbaiſſer ou d'en hauſſer le ton. Afin donc de corriger l'un & l'autre de ces manquemens, ils n'ont en chantant qu'à s'écouter eux meſmes, & cependant faire reflexion ſur la note de ce qu'ils chantent juſques à tant qu'ils ſe ſoient défaits de cette ſorte d'habitudes.

CHAPITRE XI.

De la maniere de commencer, & de continuer en bon ton ce qui ne ſe chante pas en notes, & ce qui ſe recite tant ſeulement.

I. SI le ton de la pleine voix eſt propre à regler celuy du chant en notes, il ne l'eſt pas moins pour moderer celuy du chant tout droit & celuy meſme des autres choſes que l'on ne fait que reciter, ou lire, ou declamer en public.

II. Quand donc le chant eſt tout droit ou à l'uniſſon, le ton de ſa teneur & de ſa dominante doit eſtre rabaiſſé d'une tierce au deſſous de la pleine voix & de la dominante du chant en notes; c'eſt à dire, qu'au lieu d'élever la voix depuis ſon plus bas ſon juſques à l'octave, il ne faut la monter que juſques à la ſexte: la raiſon eſt, que la voix eſtant lors obligée de tenir ferme ſur l'uniſſon du ton, & ainſi eſtant privée du ſoulagement que la viciſſitude de l'abbaiſſement & du rehauſſement ont accoûtumé de luy cauſer, elle a beſoin d'eſtre tenuë un peu plus baſſe, afin de pouvoir eſtre commodement continuée dans cette ſorte de teneur; joint que cette façon de chant eſtant plus continu que n'eſt pas le chant en notes, & ayant plus de reſſemblance avec le recit qu'avec le chant, il doit auſſi davantage participer au ton de celuy-là, que de celuy-cy; & par la difference de ce ton marquer la diſtinction qui doit eſtre entre l'un & l'autre chant.

III. Il faut encore obſerver une pareille proportion entre ce qui ſe chante tout droit, & ce qui ne doit eſtre que ſimplement recité; car afin que ce recit ſe puiſſe faire commodement & decemment, il eſt beſoin que la dominante ou teneur de cette ſorte de recit ſoit d'une tierce plus baſſe que la teneur du chant droit; c'eſt à dire, une quinte au deſſous de la pleine voix ou à la quarte la plus baſſe.

IV. Quant aux lectures, recits, ou diſcours qui ſe font en

public à une multitude de personnes, ou en des lieux vastes & spacieux, leur dominante ou teneur doit ressembler à celle du chant droit ; & estre plus basse que la pleine voix d'une tierce ou environ ; mais dans les predications ou autres sem-
1 blables discours la voix y peut estre [1] en quelques endroits re-
Quintil. haussée au dessus ou rabaissée au dessous d'une tierce, ou d'une quarte, ou mesme d'une quinte, selon que la diversité des mouvemens qui s'y rencontrent le peut demander, & que le
2 lieu de l'auditoire & l'éloignement des auditeurs [2] ou la qua-
Isidor. lité de la voix le peut permettre.

V. Or en cette diversité de tons il faut remarquer que bien que celuy de la pleine voix consideré physiquement soit indivisible, il ne laisse pas toutefois d'avoir moralement de l'étenduë jusques à un ton au dessus & un ton au dessous de la mesme pleine voix : & partant que tous les autres qui doivent se mesurer par celuy de la pleine voix peuvent avoir par proportion une pareille étenduë, dont on se peut convenablement servir dans la pratique, soit pour mettre quelque difference entre les offices de l'Eglise selon qu'ils sont ou plus ou moins solemnels tenant ceux-cy d'un ton un peu plus bas, & ceux là d'un ton un peu plus gay & plus élevé : soit pour mieux s'accommoder à la qualité ou à la pluralité des voix avec lesquelles l'on est obligé de chanter : soit pour mieux moderer le ton des pieces qui ont une grande étenduë, & qui dans cette étenduë ont quelque consistance dans leur quarte superieure ou inferieure. Car en ce cas là la dominante des impairs peut estre prise un peu plus basse lors que la quarte superieure de leur octave a une multitude de notes: & au contraire la dominante des impairs doit estre tenuë un peu plus haute quand il y a plusieurs notes dans leur quarte inferieure.

VI. Enfin il est necessaire de remarquer que quand l'étenduë des voix est moindre que celle de la double octave & qu'elle ne peut atteindre qu'à une douziéme ou treiziéme, alors la pleine voix ou la mese de ces sortes de voix ne sera par proportion qu'à leur sixiéme, ou à leur septiéme & non à leur octave.

PARTIE CINQVIE'ME.

Des cadences du chant, & de la mesure de leurs pauses ou silences.

CHAPITRE I.

Quelle est la nature, le nombre, & le lieu des cadences.

LEs cadences ne sont autre chose que certains sons ou notes qui sont propres à diviser chaque mode ou piece de chant en divers membres, & à en faire [1] la distinction & le terme; à cause que la voix y tombe plus doucement & y repose plus naturellement qu'elle ne fait pas sur les autres sons ou notes du mesme mode.

[1] *Guido. & alij.*

II. Le nombre des principales cadences de chaque mode est ordinairement de trois; dont la premiere & la plus considerée est appellée finale, parce que c'est celle qui l'acheve & le termine; la seconde est la dominante, que les autres notes par leurs frequens retours vers elle reconnoissent comme pour leur maistresse. La troisiéme est la mediane ou mediante qui se rencontre au milieu de la quinte de chaque mode, & à la tierce au dessus de la finale. Outre ces trois principales cadences il y en a d'autres qui sont moindres, lesquelles l'on a aussi accoûtumé d'employer, lors que les pieces de chant sont un peu longues; sçavoir les notes qui sont à la seconde dans les tons impairs; & aux tons pairs les notes qui sont à la quarte au dessous la finale: ou selon Franchin [2] toutes les notes par lesquelles le mode peut estre decemment & regulierement commencé; desquelles il a esté fait mention cy-dessus au chapitre III. de la IV. partie.

III. Les cadences du plain-chant sont ordinairement placées aux endroits de la lettre où sont les points, les deux points, ou les virgules, c'est à dire, sur les dernieres notes qui precedent les points & les virgules; afin de mieux accorder ensemble les incisions, les membres, & les periodes du chant avec ceux de la lettre, & la signification de ceux-là avec le le sens de ceux-cy. Ce qui toutefois n'empesche pas qu'il ne s'en rencontre assez souvent en d'autres endroits de la lettre, lors que ses articles ou ses membres sont un peu longs, & que les virgules où les points sont trop éloignez les uns des autres.

IV. Quant aux cadences des chants metriques, & aux cadences des hymnes, & des proses qui sont en plain-chant, elles sont placées à la fin ou à la clôture de chaque vers, & à leurs cesures quand ils en ont, soit qu'il y ait du sens, soit qu'il n'y en ait pas, soit que la cesure se trouve à la fin de la diction, soit qu'elle se rencontre au milieu; sur quoy l'on peut voir en la VIII. partie les exemples XIX. & XX.

V. Les cadences pareillement des chants rythmiques dans la psalmodie sont à la mediation ou cesure, & à la fin ou terminaison de chacun de ses versets. Celles des mesmes chants dans les leçons, capitules, epistres, evangiles, ou autres choses semblables sont pareillement aux mediations, & aux terminaisons de leurs versets, ou periodes; c'est à dire sur les derniers accens & syllabes, qui precedent immediatement les points, ou les deux points.

VI. Et quoy que toutes ces sortes de cadences puissent estre facilement discernées par ceux qui sont un peu versez dans la pratique du chant, neantmoins il ne sera pas inutile d'y mettre des marques soit au plain-chant, soit au chant metrique, suivant ce qui en a esté remarqué cy dessus au nombre 10. du chapitre XIV. de la II. partie, afin que ceux qui n'ont pas le discernement si prompt ou qui l'ignorent, puissent d'abord & sans hesiter les reconnoistre, & y faire les pauses ou silences convenables avec une plus grande uniformité.

CHAPITRE II.

Des pauses ou silences qu'il est necessaire de faire apres les cadences.

I. LEs pauses ne sont autre chose qu'une artificieuse & agreable omission de voix [1], ou un silence qui est fait à propos. Elles sont necessaires dans le cours du chant pour plusieurs raisons 1. à cause de la nature de la voix humaine qui n'est pas moins bornée dans la continuité de son discours & de son chant [2], qu'elle l'est dans l'élevation ou l'abbaissement de ses sons: car comme elle a une certaine étenduë au delà de laquelle elle ne peut ni s'élever ni s'abbaisser : elle a pareillement un certain terme de son haleine, qu'elle ne peut outrepasser ni en discourant ni en chantant, si de nouveau elle ne la reprend par quelque respiration, ou silence, ou repos.

[1] *Glarean.*

[2] *Boëtius.*

II. Une autre raison pourquoy les pauses sont necessaires est la distinction [3], la beauté, & l'agréement des pieces de chant, qui ne sont renduës ni accomplies ni propres à causer de l'agréement aux auditeurs, si ce n'est par les repos & par les silences qui se font à propos apres leurs membres ou leurs cadences: de mesme que la suite d'une piece de rethorique ou de poësie ne peut estre ni parfaite ni agreable, si elle n'est prononcée avec la distinction de ses membres ou de ses cesures. De sorte que comme les peintures sont renduës beaucoup plus éclatantes, plus gayes & plus vives par les ombres que l'on y ajoûte; aussi le chant est rendu plus doux & plus agreable par l'assortissement des silences, qui sont à l'égard des sons ce que les ombres sont au regard des couleurs.

[3] *Ausonius & alij.*

III. Troisiémement les pauses & les silences sont une partie fort considerable de la mesure totale & accomplie du chant [4]; car comme cette mesure consiste en la durée & au temps, & que le temps n'est pas seulement la mesure du mouvement, mais encore du repos [5], aussi la durée de ces pauses, de ces repos, & de ces silences ne doit pas estre moins reglée, que le temps & le mouvement des sons [6].

[4] *Aristides. & alij.*

[5] *Aristot.*

[6] *August.*

IV. En quatriéme lieu, l'accord & le concert, qui est la piece la plus necessaire au chant & à l'harmonie, ne peut se conserver & s'entretenir avec plusieurs qui chantent ensem-

7 *Glarean.* ble [7] si ces repos & ces silences ne sont aussi ponctuellement & uniformément observez, que les intervalles & la durée des sons le doivent estre. Il y a encore quelques autres raisons que les musiciens apportent pour faire voir la necessité des pauses ; mais parce qu'elles appartiennent plûtost à la musique qu'au plain-chant, il suffit de les ajoûter aux [8] notes de ce chapitre qui se voyent dans la VIII. partie.

8 *Rhau. & alij.*

CHAPITRE III.

De la durée ou mesure des pauses, & de la façon de les marquer.

I. La durée des silences qui se doivent garder apres les cadences tant du plain chant, que des chants metriques, ne doit estre que pendant le temps d'une de leurs breves.

II. Celle des pauses de la psalmodie soit aux mediations, soit à la fin des versets, doit estre reglée suivant l'usage de chaque eglise ou communauté, en sorte toutefois que la pause de la mediation, & celle qui se fait à la fin de chaque verset ait au moins un silence de la valeur d'une breve [1].

1 *August.*

III. Les pauses des autres chants rythmiques comme sont ceux des leçons, des epistres, des evangiles, des capitules, & autres choses semblables demandent le silence de deux de ses breves aux cadences medianes des deux points ; & le silence de trois breves ou environ aux cadences des points, d'autant que les pauses de ces chants non plus que leurs sons n'ont pas une regle si precise de leur mesure, que les especes des autres chants la peuvent avoir ; & que la continuité de ces sortes de chants demande un plus grand repos.

IV. Quant à la façon de marquer les pauses, elle n'est point differente de celle des cadences : c'est pourquoy il n'y a qu'à voir ce qui a esté dit cy-dessus touchant la marque des cadences, au n. 10. du chapitre XIV. de la II. partie.

PARTIE SIXIE'ME.

De la pratique du chant.

CHAPITRE I.

Qu'il est necessaire de joindre la pratique à la theorie, & de l'establir toûjours sur les principes de la science & les regles d'une bonne methode, d'y rendre l'oreille fort attentive, & d'y avoir pour guide un bon Maistre.

APRES avoir traitté des principaux points de la theorie du chant, & donné les principes & les preceptes de sa veritable pratique, il est à propos de voir l'ordre & la maniere qu'il faut garder pour s'y exercer utilement: car ce n'est pas assez d'avoir la connoissance de ces choses, il faut encore s'étudier à les bien [1] executer, & par leur frequent exercice se former une habitude qui nous les fasse accomplir avec facilité & avec justesse.

[1] *Boetius. & alij.*

II. Pour cet effet il faut en premier lieu que la pratique soit toûjours accompagnée de la memoire des principes & des regles de l'art & d'une bonne methode.

III. Il est necessaire en second lieu de joindre au souvenir de ces regles & de ces principes une attention continuelle du sens de l'oüye à tout ce qui concerne les sons, les intervalles, les mesures, les modes, le ton de voix, les cadences, & autres choses semblables. La necessité de l'un & l'autre de ces deux points s'ensuit évidemment de ce qui a esté remarqué au chap. v. de la I. partie, sçavoir que la raison formée par la science, & l'oüye conduite par la raison, sont comme les deux

2 *Boëtius. & alij.* instrumens de l'art du chant [2] : & par consequent que pour produire un chant qui en merite le nom on les y doit employer conjointement tous deux, de mesme qu'un artisan pour rendre accompli son ouvrage se doit servir de ses instrumens. De sorte que la raison, quoy que plus noble, ne suffit pas seule ; & mesme elle demeure comme liée, & n'a aucun pouvoir d'agir, si elle n'est accompagnée de l'attention de l'oüye ; car c'est cellec-y qui fournit à l'entendement les premieres especes des sons, afin qu'avec la raison il en puisse juger, & en conduire la melodie. Enfin l'attention de ce sens est si importante & si necessaire en cet art, que le commun proverbe qui porte qu'il vaut mieux chanter de l'oreille que de la bouche luy donne plus de part dans la conduite du chant, qu'à la voix mesme : c'est pourquoy l'on compare avec grand sujet la necessité de ce sens en fait de
3 *Plato.* chant, à celle que l'on a de la [3] veuë ou pour contempler les mouvemens des astres, ou pour faire quelque belle peinture. Car comme c'est la veuë qui discerne les couleurs de la peinture, qui en conduit le meslange & l'application, qui prend garde à la proportion des membres, à la situation des figures, à leurs distances, à leurs postures, à leurs jours, & à leurs ombres, qui en fait le rapport à la raison, qui veille à l'execution de ce qu'ils ont arresté ensemble, en un mot qui conduit entierement & la main, & le pinceau. De mesme c'est l'oüye qui connoist & discerne tous les sons, & tous leurs intervalles, leur bonne ou mauvaise suite, leurs consonances ou dissonances, leurs temps & leurs mesures, leurs cadences & leurs silences, leur ton moderé ou excessif, l'accord ou discord des diverses voix ; & universellement tou-
4 *Boëtius.* tes les autres choses qui concernent les sons & les [4] voix qui sont l'objet de cette science. Elle en fait le rapport à l'esprit & conjointement avec la raison elle approuve ce qui est con-
5 *Iob. 34.* venable ou rejette ce qui ne l'est pas [5], & conduit l'organe de la voix dans l'execution de ce qui a esté ordonné. De sorte qu'il est aussi peu possible à un sourd, ou à celuy qui n'a pas l'oreille attentive pour s'écouter soy mesme, & tout ensemble ceux avec lesquels il chante d'entretenir l'accord ou l'harmonie, & de bien chanter ; qu'il est possible à un aveugle ou à celuy qui divertit sa veuë ailleurs pendant qu'il mesle les couleurs & qu'il les applique avec le pinceau, de faire un tableau qui soit de tous points accomply.

IV. Comme donc cette attention de l'oüye est si necessaire à ceux qui chantent actuellement, elle leur peut aussi estre fort utile lors qu'ils ne font seulement qu'écouter le chant des autres, si en mesme temps ils veulent faire reflexion sur la maniere avec laquelle l'un conduit sa voix dans les differens intervalles; l'autre dans les diverses mesures des sons & des silences; celuy-cy dans la prise ou reprise du ton; celuy-là dans la continuation & dans l'accord avec les autres : d'autant que par le moyen de semblables observations ils peuvent mieux juger tant de ce qui est bon & qui merite d'estre imité, que de ce qui est defectueux & que l'on est obligé d'éviter dans l'exercice du chant.

V. En troisiéme lieu il est besoin d'un Maistre prudent [6] & bien versé dans cet art, qui puisse par son sçavoir & son addresse donner l'intelligence & enseigner la pratique de tout ce qui est contenu dans ce livre à ses disciples selon la disposition de leur voix, & la capacité de leur esprit. Car comme les bonnes impressions que l'on reçoit dans les commencemens peuvent facilement se conserver, & donnent un grand avantage pour se perfectionner dedans cet art; de mesme celles qui sont mauvaises ne s'effacent que difficilement; & estans fortifiées par la mauvaise habitude qu'on s'en est formé, rendent cet exercice beaucoup plus difficile.

6 *August. & alij.*

VI. Et quoy qu'il se puisse trouver des personnes qui ayent assez d'esprit & de capacité pour se former & se dresser d'eux mesmes dans la pratique du chant à la faveur d'une bonne methode dont ils ont déja l'intelligence & la theorie; neantmoins s'ils peuvent joindre à cette connoissance l'aide d'un maistre bien versé dans la pratique, ils prendront un chemin bien plus court, plus facile, & plus asseuré pour en acquerir la perfection. Quant à ceux qui n'ont ni l'âge, ni l'esprit, ni la capacité pour entendre ces choses, ils ne peuvent les apprendre que par l'instruction d'un bon Maistre, qui suivant la portée de chacun doit leur enseigner ce qui sera necessaire de la theorie, & leur montrer la pratique.

CHAPITRE. II.

L'ordre & la maniere de s'exercer en la note du chant ou à solfier.

I. AVant que de commencer à s'exercer en la note l'on doit apprendre & avoir connoissance de l'une des gammes à laquelle l'on trouvera plus d'ouverture & de facilité; de mesme que l'on a coûtume d'apprendre l'alphabet & d'en connoistre les lettres avant que de les assembler & de commencer à lire.

II. Apres cette connoissance de la gamme, de ses lettres, & de ses clefs, de ses syllabes & de ses intervalles, l'on s'éxercera premierement à tenir la voix ferme sur un mesme son, tantost plus bas, tantost plus haut & à le repeter ainsi plusieurs fois à l'unisson; afin qu'ensuite de ce fondement d'égalité, qui est le principe de toutes les proportions [1], l'on puisse faire suivre par ordre l'inégalité de tous les differents intervalles, & en faire un discernement plus parfait. Car si l'on ne peut pas marcher dans un chemin qui est plain, droit, & bien uni, l'on aura bien de la peine à courir dans celuy qui est haut & bas, & beaucoup plus difficile à tenir.

1 *Boëtius.*

III. Quand donc l'on se sera ainsi bien affermi dans l'unisson, l'on commencera à hausser la voix au dessus par le degré d'un ton different auquel on élevera ou la mesme syllabe dont l'on s'est servi à l'unisson, ou bien la suivante; puis on abbaissera la mesme syllabe un ton au dessous le mesme unisson, remarquant la difference sensible qui est entre le son égal ou uniforme de l'unisson, & le son inégal du ton, soit qu'il s'éleve en haut, soit qu'il descende en bas.

IV. De l'exercice du ton, il faudra passer à celuy du demy-ton, tant en montant qu'en descendant, y addoucissant toûjours la seconde des notes qui entre dans sa composition ou dans sa prononciation, & remarquant pareillement avec l'oüye la difference sensible qu'il y a entre deux sons, qui ont la distance d'un ton de l'un à l'autre [2], & deux autres sons qui ne sont éloignez l'un de l'autre que d'un demy-ton.

2 *Aristox.*

V. Lors que l'on aura appris à bien former ces deux intervalles, dont tous les autres sont composez, l'on s'exercera à solfier par degrez conjoints premierement en montant, puis en descendant les syllabes *ut*, *re*, *mi*, *fa*, *sol*, *la*; afin qu'avec l'idée de ces syllabes l'on ait en suite plus de facilité à prononcer en montant & en descendant, par degrez conjoints & par degrez disjoints tous les autres intervalles de l'octave; c'est à dire de la tierce majeure & de la mineure, de la quarte & de la quinte, de l'une & de l'autre sexte; & enfin de l'octave mesme. Ce que l'on doit faire avec d'autant plus de soin, que lors qu'on sçaura ce peu d'intervalles [3] dont tout le chant & toutes ses pieces sont composées, il ne se rencontrera plus aucune chose que l'on ne puisse facilement chanter: particulierement lors qu'apres s'estre accoûtumé à chanter tous ces intervalles au ton de la voix le plus naturel, l'on s'exerce pour la rendre encore plus souple dans la note des 7. especes d'octave, & qu'on les solfie par degrez conjoints l'une apres l'autre, commençant par la plus basse [4] où la voix puisse descendre, & les continuant par ordre jusques à la plus haute où elle puisse atteindre: c'est à dire commençant par exemple, par l'*ut* du *C* le plus grave jusques à l'octave des mesmes *ut*, & *c*, puis continuant par le *re* du *D* suivant jusques à l'octave des mesmes *re* & *d*, & du *mi* de l'*E* jusques à l'octave des mesmes *mi* & *e*, du *fa* de *f*, jusques à l'octave des mesmes *fa* & *f*, du *sol* du *G* jusques à l'octave des mesmes *sol* & *g*, du *la* de *l'a* jusques à l'octave des mesmes *la* & *a*, & du *mi* de ♮ *carre* ou du *si* jusques à l'octave des mesmes *mi* de ♮ *carre* ou du *si*. Apres donc s'estre exercé à monter du son le plus bas de chacune de ses octaves jusques au son qui en est le plus haut: l'on les solfiera incontinant en descendant du mesme son plus haut jusques au plus bas, afin de se façonner à les entonner ainsi de suite par tous les degrez de la voix hauts & bas, tant en montant qu'en descendant. Apres quoy l'on solfiera le disdiapason entier ou les deux octaves tout d'une suite, premierement en montant puis en descendant; où cependant l'on remarquera l'étenduë de la voix depuis l'extreme du son le plus bas jusques à l'autre extreme du son le plus haut, & passant sur la mese ou la note qui fait le milieu des deux octaves, l'on y arrestera quelque temps la voix ferme & à l'unisson pour en mieux remarquer le son & s'en former une idée plus familiere.

[3] *Guido.*

[4] *Ptolem.*

VI. Il faudra encore exercer la voix dans toutes les

eſpeces de chacun des autres intervalles de l'octave, premierement par degrez conjoints & incontinant apres par degrez disjoints, allant d'un extreme de l'intervalle à l'autre ſans toucher aux notes du milieu, l'un & l'autre tant en montant qu'en deſcendant; commençant par les moindres intervalles des tierces mineure & majeure, apres leſquels lon fera ſuivre ceux de la quarte, de la quinte, des ſextes mineure & majeure, & de l'octave. Ayant donc ainſi parcouru tous ces intervalles en l'une des ſept octaves, par exemple, en la plus baſſe on les pourſuivra avec un pareil ordre en chacune des autres octaves ſuperieures juſques à la plus haute, afin de s'accoûtumer à franchir toutes ces ſortes d'intervalles ſoit en bas ſoit en haut avec une aſſurance parfaite, & avec une voix [5]
5 *Ariſtox.* diſtincte, ferme, & vigoureuſe, qui n'ait rien de confus, de feint, ni de flatté. En ſuite de quoy Aretin eſtime qu'il ſera fort utile d'entremeſler les differens intervalles de l'octave les uns avec les autres, premierement en montant, puis en deſcendant, comme auſſi de commencer les meſmes intervalles d'une piece de chant par differentes lettres & differens ſons. Les exemples de tous ces intervalles ſe peuvent voir au VI. exemple, à la fin duquel l'on en voit quelques uns dont Aretin meſme ſe ſervoit.

VII. Si celuy qui a la conduite de cet exercice y remarque quelques defauts dans la prononciation, ou quelque voix
6 *Guido. & alij.* aigre ou rude; ou trop roide [6] & dure, ou molle & effeminée, ou vaine & affectée [7], ou triſte, ou criarde, ou ſourde,
7 *Quintil.* ou tremblante, ou peſante & laſche, ainſi qu'eſt la voix d'une perſonne, ou qui s'endort, ou qui eſt laſſe & hors d'haleine, ou venant moitié du goſier, ou moitié du nez, ou ſeulement d'une des levres, ou d'un organe qui eſt contraint [8],
8 *Quintil.* ſoit en baiſſant trop la teſte & le menton, ce qui empeſche de bien articuler les ſyllabes & de prononcer nettement les mots; ſoit en tenant la teſte & le col trop roides & trop élevez, ce qui rend la voix plus ſeche & plus rude, & l'oreille plus dure à cauſe de la trop grande tenſion des nerfs & des arteres; ſoit en tordant le col ou la bouche; il aura ſoin de don-
9 *Franch.* ner prudemment l'addreſſe & les moyens qu'il jugera eſtre les
10 *Ariſtot.* plus propres pour corriger ces defauts & autres ſemblables [9], afin de rendre la voix d'un chacun la plus nette, la plus clai-
11 *Merſen.* re [10], la plus diſtincte, & la plus [11] juſte qu'il ſera poſſible; &

par mesme moyen contenir aussi toutes les autres parties ou mouvemens du corps dans la modestie & dans la bienseance convenable.

VIII. Il faudra pareillement prendre garde durant cet exercice de ne pas enfler ou grossir la voix au delà de son ton naturel, parce que si l'effort en est grand il rendra la voix dure [12] & desagreable, & dans la continuation sera capable de l'alterer & de la corrompre. Il faut aussi éviter de l'attenuer avec affectation, d'autant que cela l'énerve & luy oste tout ce qu'elle peut avoir de masle & de vigoureux. Qui en voudra sçavoir davantage touchant les defauts de la voix pourra voir Quintilien au 3. chapitre de son livre onziéme.

12 *Aristot.*

IX. Il est encore necessaire de s'abstenir de toute sorte de mauvaise prononciation en proferant les notes, comme seroit de les marteler, ou croquer, ou hoqueter, au lieu de les faire couler doucement les unes apres les autres; ou bien d'y ajoûter ou entremesler des fredons, des roullades, des tremblemens, des accens estrangers, ou autres choses qui tiennent de l'affectation, ou quelque autre sorte de mauvaise prononciation, ou de routine. L'on aura semblablement soin de ne point ajoûter de notes ni de demy-notes entre les extremes des intervalles qui se font par degrez disjoints, qui est un defaut auquel les chantres donnent vulgairement le nom de pont aux asnes.

CHAPITRE III.

L'ordre & la façon de s'exercer dans la mesure des notes ou de leurs sons, & en celle de leurs pauses ou silences.

I. APres estre suffisamment instruit & affermi en tout ce qui concerne la distance des notes & de leurs intervalles, il faudra pareillement s'exercer à garder ponctuellement leurs temps & leur durée; à cet effet l'on commencera par leur mesure égale qui est le principe & le fondement de toutes les autres mesures inégales; de mesme que l'unisson ou le son égal est le principe de tous les sons inégaux; & qu'universellement la proportion d'égalité est le fondement de toutes les proportions d'inégalité.

II. En suite de l'exercice de la mesure égale des notes l'on passera à celuy de leurs mesures inégales aux chants trochaï-ques, jambiques, & dactyliques ; observant cependant la difference sensible, qu'il y a tant entre deux temps égaux en leur lever & leur poser ou fraper qui font la mesure entiere, & la durée d'un seul des deux temps qui ne contient que la demy-mesure, qu'entre les airs de ces trois sortes de chants.

III. Afin donc de mieux reconnoistre cette difference, la pratiquer plus exactement, & en contracter plus facilement une bonne habitude, il sera besoin dans les commencemens de cet exercice de la battre en particulier actuellement, jusques à ce que s'y estant ainsi accoûtumé l'on s'en soit rendu l'idée si familiere, qu'en la rappellant à la memoire l'on puisse la garder aussi ponctuellement en chantant comme si on la battoit effectivement [1] : car sa seule memoire ne donne pas moins de facilité à l'observer, que le souvenir de la difference ou de la distance des sons en peut causer pour bien solfier & rendre justes tous les intervalles du chant.

[1] *Mersen.*

IV. Le mesme ordre & la mesme maniere que l'on garde en la mesure des sons se doit par proportion observer dans la mesure des silences & des pauses qui se font apres les cadences ; car les commencemens s'en peuvent regler en particulier par le battement actuel ; mais apres que l'on en a contracté l'habitude, la seule idée de l'actuel ou la mesure mentale jointe à l'oreille [2] en peut rendre le temps ou la durée aussi juste comme pourroit faire le battement s'il estoit actuel.

[2] *Horatius.*

V. Un autre moyen fort aisé pour garder cette mesure, & mesme necessaire lors que l'on chante plusieurs ensemble, est qu'apres les silences on laisse toûjours recommencer ceux qui ont la conduite du chant, & que jamais on ne les devance ; ce qui n'est pas moins important pour entretenir l'accord des voix, que la mesure des pauses, ainsi qu'il sera plus amplement deduit cy dessous.

VI. Que si quelqu'un a besoin de respirer ou de reprendre haleine hors le lieu & le temps des silences & des pauses : non seulement il le peut en son particulier ; mais mesme il le doit faire, d'autant qu'il n'y a rien de plus necessaire pour pouvoir commodement chanter & continuer le chant sans travail [3], que de ménager tellement son haleine, qu'on ait toûjours la

[3] *Ovidius.*

liberté & le pouvoir de manier la voix comme l'on veut, & de la flechir sans aucune contrainte à toute sorte d'intervalles, de mesures, & de cadences, qui ont accoûtumé de se trouver dans la suite du chant. C'est pourquoy si le repos des silences ou des pauses communes n'est pas suffisant pour soulager la foiblesse de la poitrine de quelques particuliers, il leur est aisé d'y pourvoir sans troubler ni l'accord du chant ni la suite de la lettre, en observant ce qui en est remarqué au chapitre suivant.

VII. Quant à l'ordre & à la maniere de commencer & de continuer le chant en bon ton, il en a esté parlé fort au long dans les derniers chapitres de la quatriéme partie, où l'on trouvera comment on peut facilement s'y exercer, & s'en rendre la pratique aussi familiere que celle des intervalles, & des mesures. Il reste seulement à ajoûter icy deux petits avis sur ce sujet, le premier pour ceux qui doivent commencer les pieces de chant soit en notes soit tout droit, est qu'ils ne se contentent pas de leur donner seulement le ton, mais aussi qu'ils ayent soin d'y observer conjointement la mesure & le temps avec lequel elles doivent estre continuées par tous ceux qui les chantent ensemble; & qu'ainsi ces commencemens ne leur servent pas moins de regle pour la mesure, que pour le ton. C'est pourquoy ils doivent éviter avec autant de soin l'excez qui se peut commettre aux deux extremitez de la mesure ou trop lente ou trop precipitée, que celuy des deux extremitez du ton trop bas ou trop haut: parce que non seulement la mesure trop precipitée, mais aussi la trop [4] lente peut également blesser l'oreille, & alterer ou corrompre tant l'harmonie du chant, que la prononciation & le sens de la lettre.

4 *August. & alii.*

L'autre avis est pour ceux qui dans la continuation du chant recommencent les premiers soit immediatement apres que les chantres ont entonné, soit apres les silences ou les pauses, afin qu'ils le fassent avec la modestie & la bien-seance convenable [5], en sorte que tous ceux qui doivent chanter ensemble avec eux puissent aussi-tost & quasi imperceptiblement unir leurs voix avec la leur, de mesme que s'ils avoient recommencé tous ensemble & en mesme temps.

5 *Ambros.*

CHAPITRE. IV.

De la maniere d'appliquer la note à la lettre.

I. QUand celuy qui apprend à chanter sera assez affermi dans l'exercice de la note, il passera à celuy de la note jointe au texte, & s'il se sert des gammes à muances, il commencera par les pieces où il n'y a point de muances: puis par celles qui montent jusques à l'octave: apres par celles qui sont meslées de *b mol* & de ♮ *carre*, & en suite par celles où il se rencontre des notes feintes. La maniere donc d'appliquer la note sur la lettre, par exemple *fa*, *sol*, *la*, sur la syllabe *Do*, du mot *Domine*, sera d'élever les sons differens de ces trois mesmes notes sur la seule syllabe *Do*, & semblablement en prononçant les autres syllabes tant du mesme mot que des autres du texte, de se ressouvenir en mesme temps de la qualité des notes, & des intervalles qui leur répondent; car par le moyen de cette reflexion, & de l'application mentale des notes sur les syllabes de toute sorte de dictions l'on apprendra en peu de temps à chanter le texte avec autant de facilité que la note. Or cet avis est de telle importance, que Guy Aretin estime que ce ne sont pas seulement les commençans, ou bien ceux qui par une longue routine ont contracté de mauvaises habitudes dans le chant qui doivent s'assujettir à cette pratique; mais mesme les plus avancez, & qui sçavent déja le chant par cœur: d'autant, dit-il, qu'ils ne peuvent jamais ni sçavoir, ni estre asseurez de ce qu'ils chantent, & beaucoup moins acquerir la perfection du chant, s'ils ne s'accoûtument d'accompagner continuellement la lettre de la note; & ne se ressouviennent [1] toûjours des proportions que chaque note doit avoir soit en l'intervalle, soit en la mesure, soit au ton, soit en la cadence, soit en son silence. Parce que comme la perfection & l'agréement du chant consiste dans l'assemblage de toutes ces proportions, l'attention que l'on doit avoir à les observer n'est pas moins necessaire au chant que la regle l'est à la geometrie pour tirer les lignes droites, ou le compas pour former les circulaires, & le chiffre ou les jettons à l'arithmetique pour tenir compte de ses nombres. L'on peut encore faciliter dans les

[1] *Guido.*

les commencemens l'application de la note au texte en chantant la lettre pendant que le maistre ou quelque autre bon
chantre chante les notes dont elle est chargée. On les pourroit aussi toucher sur un instrument ou monochorde, mais
Aretin ne veut pas qu'on s'arreste ni qu'on fasse fond sur
cette sorte de pratique, qui n'a que le sens pour guide [2], 2
si elle n'est en mesme temps conduite par la science & par la
raison des proportions.

II. Or parce que le chant est principalement institué pour
animer la lettre & luy donner plus de grace & [3] de vigueur, il 3
faut bien prendre garde qu'au lieu de la relever & de l'embel- *August.*
lir, il n'y cause de l'alteration, & n'en détruise la force. Ce de- *& alij.*
sordre arrive lors que le ton, ou les intervalles, ou la mesure,
ou les cadences & les silences ne sont pas convenablement
appliquez à la lettre, ou que l'une de ces [4] choses luy man- 4
que, ou qu'à l'occasion du chant l'on ne prononce pas bien *Plutarch.*
distinctement les mots, ou les syllabes du texte, ou que l'on *& alij.*
y confond les membres & les periodes, ou qu'on y entremesle
des inflexions estrangeres qui empeschent d'en entendre la
suitte, ou la distinction des mots, & d'en comprendre le sens.
Tous lesquels defauts l'on est obligé d'éviter avec autant de
soin lors que l'on [5] chante, que quand on lit.

III. C'est pourquoy il faut bien prendre garde en chantant 5 *Beda &*
la note de ne jamais desunir les syllabes d'un mesme mot, ni *alij.*
les mots d'un mesme [6] membre, ni les syllabes ou les notes 6
qui composent une mesme cadence, soit par des pauses ou des *Guido.*
respirations faites mal à propos, soit par une mesure dereglée,
soit autrement; parce que en usant de la sorte il arriveroit
que d'un seul mot l'on en feroit plusieurs. Si donc l'on a besoin de respirer ou reprendre haleine au milieu de quelque
mot qui soit chargé de plusieurs notes, on le doit faire en sorte que la respiration ne se fasse jamais immediatement apres
la derniere note d'une syllabe qui est au milieu du mesme mot,
c'est à dire entre deux de ses syllabes; mais qu'elle se fasse toûjours sur quelque autre note du milieu des mesmes syllabes,
ou au moins sur leur note antepenultiéme [7] ou penultiéme; 7
afin que la derniere note de chacune des syllabes qui sont *Franchin.*
d'un mesme mot se trouve toûjours estre jointe avec les premieres notes de la syllabe immediatement suivante sous une
mesme haleinée; & qu'ainsi l'on voye l'union qu'elles ont

pour ne faire ensemble qu'un seul mot. Car autrement elles paroistroient tellement divisées, que d'un seul mot il s'en feroit plusieurs. Par exemple, si en ce mot *suspiramus*, l'on chante d'abord toutes les notes qui sont sur sa premiere syllabe *sus*, sans en reserver aucune; & qu'immediatement apres sa derniere note l'on respire; quand apres cette respiration l'on viendra à chanter celles qui sont sur sa seconde & sa troisiéme syllabe de la mesme façon que l'on a fait sur la premiere; il semblera aux auditeurs que l'on aura prononcé ces trois differentes dictions, *sus*, *pyra*, *mus*; & la mesme chose arrivera aux autres mots qui peuvent estre divisez par de semblables respirations, lesquelles à cause de leur incongruïté sont vulgairement appellées le point de savetier.

IV. Il est encore besoin pour le mesme sujet de ne jamais repeter la consone d'aucune syllabe, soit qu'elle commence soit qu'elle termine les syllabes des dictions de la lettre, quelque nombre de notes qu'il y puisse avoir sur la syllabe que la consone commence ou finit; & quelque silence que l'on soit obligé d'y faire pour respirer; mais il faut n'y prononcer la consone qu'une seule fois, avec cette difference neantmoins, que quand la consone precede la voyelle avec laquelle elle compose la syllabe, on la prononce sur la premiere des notes qui sont sur la mesme syllabe; mais lors que la consone suit la voyelle & termine la syllabe, l'on ne la prononce que sur la derniere note de la mesme syllabe; de sorte qu'en toutes les autres notes qui peuvent estre sur une syllabe l'on ne repete ni l'on ne fasse entendre autre chose que la seule voyelle. Autrement par la repetition des consones l'on multiplieroit le nombre des syllabes, dont ensuite se formeroient de nouveaux mots, qui non seulement ne seroient pas du texte, mais se trouveroient bien souvent estre barbares ou ridicules. Par exemple, en la seule diction *summus* l'on rencontreroit *sum*, *sum*, *sum*, *um*, *um*, *um*, *mus*, *mus*, *mus*, *us*, *us*, *us*, & plus ou moins de ces monosyllabes suivant le nombre des notes dont les syllabes de la mesme diction seroient chargées: & ainsi des autres dictions.

V. Comme donc il y a de l'inconvenient à faire plusieurs mots d'un seul, soit par la repetition de ses consones, soit par la division de ses syllabes; il y en a pareillement à ne faire de deux mots qu'un seul en joignant les syllabes de l'un avec celles de l'autre ; c'eſt pourquoy pour éviter ce defaut, il eſt beſoin de ne jamais unir aucune note d'une diction ou de ſa derniere ſyllabe avec les notes de la diction ſuivante ou de ſa premiere ſyllabe; mais prononcer toûjours chaque mot avec toutes les notes qui ſont ſur ſes ſyllabes ſeparément des notes qui ſont ſur le mot ſuivant & ſur toutes ſes ſyllabes; ſans toutefois que pour ce ſujet il ſoit beſoin de faire aucune pauſe ni reſpiration entre chaque mot, lors que les cadences du chant ne le demandent pas & qu'elles n'y ſont pas marquées.

VI. Quand ſur une meſme ſyllabe il ſe rencontre des neumes, c'eſt à dire une multitude de notes, ou qu'il s'y trouve des phtongues, c'eſt à dire des notes à l'uniſſon, comme ces ſortes de notes n'y ſont miſes que pour témoigner par ces redoublemens de ſons ce que l'on ne peut exprimer par [8] paroles, l'on ne doit pas moins chanter ces notes ſeparément les unes des autres que l'on fait toutes les autres notes qui montent, ou qui deſcendent, ni d'une autre façon ou meſure, comme ſeroit en allongeant ou donnant une double, triple ou quadruple durée à la voyelle de la ſyllabe qui en eſt chargée; mais il faut les repeter autant de fois, & avec autant de meſures, qu'il y a de ces notes ou phtongues en nombre, ſans que pour cela il ſoit beſoin de pauſer, ou de reſpirer entre deux, ſi ce n'eſt que la neceſſité de reprendre l'haleine y oblige, ou bien qu'il y ait quelque [9] pauſe qui y ſoit marquée. Leur exemple eſt le XVI de la VIII partie.

[8] *Gregorius.*

[9] *Guido.*

VII. Lors que le chant eſt poëtique ou metrique, l'on y doit obſerver toutes les cadences ou ceſures avec les ſilences que demande l'eſpece du chant, & y aſſujettir les ſyllabes de la lettre ſur leſquelles les cadences tombent, de meſme qu'alors l'on y accommode les autres ſyllabes de la lettre : car ſi l'on faiſoit autrement l'on ne commettroit pas une moindre incongruïté, que ſi en recitant ou declamant une piece de poëſie, l'on n'y gardoit pas les ceſures, & les ſilences aux endroits où ils doivent eſtre obſervez dans les vers.

VIII. Que ſi dans la lettre il ſe trouve quelque ſynalephe, c'eſt à dire quelque eliſion à faire [10] entre deux mots, ainſi qu'il arrive aſſez ſouvent au chant des vers, il faut voir à quelle note répond l'eliſion des deux ſyllabes, puis ſeparer cette meſme note en deux, & en mettre une moitié ſur l'une des ſyllabes ſujette à l'eliſion & l'autre moitié ſur l'autre ſyl-

[10]

labe pareillement sujette à l'elision. Par exemple, chantant le vers *monstra te esse matrem* sur le chant du vers *Ave maris stella* & voyant que l'élision se fait entre le monosyllabe *te* & la premiere syllabe du mot *esse*, l'on separera en deux la note qui répond au monosyllabe *te*, sur lequel commence l'elision, & luy laissant la moitié de la mesure qu'elle doit avoir suivant l'espece de ce chant, l'on donnera l'autre moitié de la mesme note & de sa mesure à la premiere syllabe du mot *esse*. La mesme forme qui se garde aux elisions des vers qui sont en plain chant s'observe avec une pareille proportion aux elisions de ceux qui sont en chant metrique; de sorte que l'élision arrivant sur quelque syllabe qui n'a qu'une note breve ou d'une demy-mesure, il faut partager en deux cette notte & sa mesure, & ainsi chaque syllabe de l'élision n'aura qu'une note d'un quart de mesure ou d'un demy-temps. Les exemples s'en voyent au XXII. de la VIII. partie.

IX. Mais quand on est obligé de joindre ensemble deux notes breves de deux syllabes d'un mesme mot pour suppléer à la valeur d'une longue, on le fait par le moyen d'une espece
11 de [11] syncope lors que les vers, par exemple, estans iambiques ont en leur second pied deux breves pour une longue; car alors comme dans la lettre l'on n'a point d'égard à la seconde, que comme faisant une seule syllabe avec la premiere, & qu'en recitant, par exemple, ces vers *speculator adstat desuper*, ou bien *oculive peccent lubrici* l'on prononce comme s'il n'y avoit que *speclator* ou bien *oclive*: de mesme en les chantant l'on joint en quelque façon la seconde & la troisiéme note qui sont breves pour n'en faire que la valeur d'une longue. L'on joint pareillement les deux notes breves d'un mesme
12 mot comme en une longue par une espece de synerese [12], lors qu'au lieu de deux voyelles de deux syllabes, par exemple, *teneàtque David regiam*, ou *pretium pependit sæculi*, l'on dit *teneat*, *pretium*, joignant en quelque façon les deux notes breves des deux dernieres syllabes ensemble pour n'en faire que la valeur d'une longue, suivant l'exemple XXII. de la VIII. partie.

X. Quant à la pratique des cadences il y a cela de particulier à observer dans celles des modes 1. & 2. 7. & 8. 9. & 10. que quand leur note antepenultiéme est sur la mesme chorde & la mesme ligne que leur finale, ou bien une chorde au des-

ſus, l'on a coûtume en deſcendant de l'antepenultiéme à la penultiéme, & remontant de celle-cy à la finale de n'y faire qu'un demy-ton lors que l'antepenultiéme & la finale ſont ſur la meſme corde; ou bien de n'y faire qu'une tierce mineure quand l'antepenultiéme eſt une corde au deſſus la finale, & la penultiéme une corde au deſſous la meſme finale, quoy que ſelon l'ordre des ſons de la gamme il y dûſt avoir ou un ton ou une tierce majeure. Ce que quelques muſiciens diſent ſe faire ſi naturellement dans ces ſortes de cadences que ceux meſme qui n'y font aucune reflexion le pratiquent ainſi, non ſeulement aux cadences finales; mais meſme lors qu'elles ſe rencontrent en d'autres endroits, comme à la fin d'une periode ou d'un membre, & quelque fois meſme [13] au commencement, par exemple, aux notes de ces deux mots *Salve Regina*, ou de l'introït *Ad te levavi*; dont Guy Aretin fait mention à l'occaſion de cette pratique, qu'il dit meſme eſtre plus agreable: A quoy toutefois il ajoûte, qu'il n'y a aucun inconvenient de prononcer les notes dans leur [14] ſon naturel ſans uſer de cette ſorte d'adouciſſement. Les muſiciens font encore une ſemblable remarque, lors que la note antepenultiéme de la cadence eſt plus baſſe que la finale & que la penultiéme, dont la pratique eſt neantmoins oppoſée à la precedente; parce que montant par degrez conjoints de l'antepenultiéme à la penultiéme ils diſent qu'on a coûtume d'y faire un ton entier, bien qu'il n'y dûſt avoir qu'un demy-ton ſelon les degrez de la gamme; ou ſi l'on y monte par degrez disjoints, que l'on y fait une tierce majeure, quoy qu'elle ne dûſt eſtre que mineure. Les exemples s'en voyent dans la VIII. partie exemple XVIII.

13 *Franchin & alij.*

14

CHAPITRE V.

De la maniere d'appliquer à la lettre la note des chants rythmiques ou pſalmodiques.

I. L'On a coûtume de diſtinguer quatre choſes en cette ſorte de chants. Premierement l'intonation qui donne le commencement à ſes verſets ou à ſes periodes. 2. La teneur qui continuë les meſmes verſets, ou les membres des periodes juſques à leur mediation; & depuis la mediation juſques à leur terminaiſon. 3. La mediation qui fait la ceſure ou la diviſion, ſoit de ſes verſets, ſoit des periodes. 4. La terminaiſon ou la cadence finale qui acheve les meſmes verſets, ou les periodes. L'on met en outre de la diſtinction entre les notes qui compoſent les cadences tant des terminaiſons que des mediations, parce que les unes y ſont fondamentales & comme eſſentielles; les autres n'y ſont qu'accidentelles, ou ſurvenantes aux fondamentales.

II. Afin donc de pouvoir convenablement appliquer les notes de ces qutre choſes à la lettre, il eſt neceſſaire de ſçavoir, premierement quelles ſont les formes des intonations, des mediations, des terminaiſons, & des teneurs dont l'on doit uſer. Secondement avoir connoiſſance des accens, & de l'endroit où ils doivent eſtre poſez ou marquez ſelon la difference des dictions, & de leurs ſyllabes. La raiſon eſt que dans cette ſorte de chant les accens ſervent comme de regle & de fondement pour placer les notes qui font les cadences des mediations & des terminaiſons, comme il a eſté remarqué cy deſſus, & ainſi l'on ne peut point appliquer convenablement les notes aux derniers mots qui ſont ſujets à ces ſortes de cadences, ſi l'on n'eſt bien inſtruit tant des formules des cadences des mediations, & des terminaiſons, que de la ſituation des accens. Ce qui eſt d'autant plus neceſſaire, que la diverſité des dictions qui ſe rencontrent aux mediations & terminaiſons, fait que les accens y doivent auſſi eſtre ou avancez ou reculez; & qu'enſuite les notes fondamentales des cadences le doivent eſtre avec une pareille proportion, & le nombre de leurs notes ſurvenantes ou augmenté, ou diminué, ſelon que la diverſe ſituation des meſmes accens le peut demander.

III. Ce n'eſt pas toutefois que l'on ait icy deſſein de marquer les formes des intonations, des mediations, & des terminaiſons de toutes les egliſes particulieres, vû que la diverſité en eſt quaſi auſſi grande qu'il [1] y a de provinces, de dioceſes, de communautez, & meſme d'egliſes differentes, ce qui en rendroit le recueil non moins difficile qu'ennuyeux, & du reſte n'apportroit pas grande utilité. Il ſuffit donc que chaque Egliſe ou communauté, ou dioceſe, ait des livres ou des cahiers dans leſquels les formes de toutes ces choſes ſoient notées ſuivant l'uſage qui y a eſté legitimement introduit, & conſervé par une ſucceſſion & une poſſeſſion immemoriale.

1 *Glarean & alij.*

Au defaut dequoy c'est le plus seür & le plus aisé d'avoir recours à l'usage du chant Romain; dont les livres sont les plus communs, & les plus universels. C'est pourquoy l'on en a mis l'extrait au XXIII. & dernier exemple de la VIII. partie. Auquel l'on a ajoûté les commencemens des antiennes qui ont du rapport aux diverses terminaisons de chaque mode, pour faire voir la convenance [2] qui doit estre entre leur commencement & leur fin: afin que ceux qui auront la curiosité de voir l'un & l'autre ou la volonté de s'en servir, ayent la commodité de les y trouver. 2 *Guido.*

IV. Or d'autant que la teneur qui se rencontre entre les diverses formes des mediations & des terminaisons est ordinairement égale, il faut icy remarquer qu'elle doit aussi y estre reglée par l'unisson de la note, & par l'application mentale qui s'en doit faire sur la lettre. C'est pourquoy il faut tellement y maintenir la voix par le mouvement égal de l'unisson & de la mesure, qu'on ne s'en écarte ni par l'inégalité des sons & des intervalles, ni par l'inégalité de la mesure: d'autant que l'une & l'autre de ces inégalitez rend la prononciation semblable au cours d'un ruisseau qui coule par ondes, ou selon Quintilien, à la maniere de marcher d'une personne qui cloche, ou qui ne va que par petits sauts. L'on doit de plus y observer les accens où il faut, & n'y prononcer rien contre la quantité. Il est aussi necessaire d'user d'une semblable addresse pour entretenir le chant droit en bon estat, & y prononcer la lettre suivant la forme que les grammairiens [3] en donnent qui se peut voir plus au long dans la VII. partie aux notes de ce chapitre. 3 *Quintil. & alij.*

V. Quant aux mediations & aux terminaisons, comme elles participent plus de l'harmonie, leurs notes doivent aussi estre prononcées un peu plus posément que celles des teneurs, qui ont accoûtumé d'estre prononcées d'une maniere un peu plus ronde, laquelle Guy Aretin a exprimé par la similitude de [4] la course d'un cheval, & de l'arrest que le cavalier en fait à la fin de la carriere; où il compare la teneur comme à la course, & les cadences des mediations & des terminaisons à l'arrest qui doit estre un peu plus mesuré & plus posé que n'est le pas ordinaire du cheval. A quoy l'on peut encore ajoûter la ressemblance qu'il y doit avoir entre les intonations & le commencement de cette course, parce que ces in- 4

5 *Quintil.* tonations doivent pareillement 5 estre commencées d'une maniere un peu plus mesurée & plus posée que la teneur. L'on ne distingue point icy une espece de seconde mediation qui se rencontre en quelques versets lors que la teneur depuis l'intonation jusques à la principale mediation est trop longue ; parce que l'usage le plus universel & le mieux receu des musiciens est de ne la point distinguer par aucune inflexion de voix, mais seulement par une espece de respiration, de silence & de pause que l'on y fait ; & quoy que dans la psalmodie du plain-chant l'on pûst employer dans cette seconde mediation l'inflexion à la tierce, l'on n'en doit toutefois point user dans le chant droit ; tant parce que sa principale mediation est droite, & n'a aucune inflexion ; qu'à cause que si cette seconde mediation reçoit quelque inflexion, le chant ne sera plus droit ni tel qu'on le suppose.

VI. Il ne reste donc à present qu'à donner quelque connoissance des accens latins, puis qu'ils n'appartiennent pas seulement à la grammaire, mais aussi à l'exercice de chant. Et quoyque la connoissance que l'on peut en prendre dans les livres fust suffisante si les accens estoient convenablement marquez dans les breviaires, dans les pseautiers, & autres semblables livres dont l'usage est dans l'Eglise ; & qu'ainsi l'on pûst avoir une façon uniforme pour la pratique de ces chants: neantmoins parce que les livres ne sont ordinairement pas tels qu'ils devroient estre ; & qu'il n'est pas seulement necessaire d'observer les accens dans l'écriture & dans l'impression de cette sorte de livres ; mais aussi dans le discours & dans la prononciation des mots ; & qu'il est beaucoup plus avantageux, plus commode, & plus asseüré de sçavoir par regles la situation des accens, que d'observer celle qui en est faite dans les livres sur chaque mot. Les lecteurs trouveront icy un recueïl de ce qui est le plus communement reçû des 6 grammairiens sur ce sujet, afin que ceux qui en ont besoin n'ayent pas la peine de le chercher ailleurs.

6 *La nouvelle methode & alij.*

VII. Les accens donc ne sont autre chose que certaines petites notes qui ont esté inventées pour marquer le ton & les inflexions de la voix dans la 7 prononciation des mots. Or ces inflexions ne peuvent estre que de trois sortes, ou celle qui s'éleve que les musiciens appellent ἄρσιν *elevationem*, ou celle qui se rabaisse qu'ils appellent θέσιν *positionem* : ou celle

celle qui participant des deux éleve & rabaisse tout de suite une mesme syllabe. En quoy la nature de la voix paroist [8] admirable, car elle se divise si bien qu'elle compose de ces trois inflexions toute l'harmonie & toute la douceur qui se peut treuver dans le discours, en sorte qu'elles en sont comme [9] l'ame, & sont encore la semence du chant particulierement du [10] rythmique & psalmodique.

8 *Cicero.*
9 *Capella.*
10 *Kircher.*

VIII. Il y a donc trois sortes d'accens qui correspondent à ces trois manieres d'inflexion, sçavoir l'aigu, le grave, & le circonflexe. L'aigu releve un peu la syllabe & est marqué par une petite ligne, qui monte de gauche à droite ainsi (´). Le grave rabaisse la syllabe, & se marque au contraire par une petite ligne qui descend de gauche à droite (`). Le circonflexe est composé des deux autres, & partant se marque ainsi (ˆ).

IX. Ces accens n'estant instituez que pour marquer ces inflexions de la voix, aussi ne marquent-ils point la quantité des syllabes, soit longues, soit breves; pour preuve dequoy l'on void que les mots qui ont plusieurs syllabes longues n'ont neantmoins qu'un accent, comme au contraire d'autres qui les ont toutes breves ne laissent pas d'avoir leur accent, comme *A'sia*, *Dóminus*. Ce qui toutefois n'empesche pas que l'on n'ait égard à la longueur ou breveté des syllabes de plusieurs mots pour y placer convenablement les accens.

X. Il faut maintenant voir quels accens se doivent mettre sur les dictions monosyllabes, sur les dissyllabes, & sur les polysyllabes, ou composées de plus grand nombre de syllabes, & l'endroit où ils doivent y estre appliquez.

La premiere regle sera pour les monosyllabes, qui pouvant estre brefs ou longs; & les longs estre tels ou par nature ou par position: s'ils sont brefs, ou seulement longs par position, ils reçoivent l'accent aigu, comme *spés*, *fáx*, *ós*, *óssis*; *fár*, *árs*; parce qu'ils n'en peuvent pas avoir d'autre. Mais s'ils sont longs par nature, on leur donne le circonflexe, *flôs*, comme qui diroit *flóòs*; *lûx*, *môs*, *ôs*, *oris*; *â*, *ê*: ces voyelles ainsi longues en valant deux.

La seconde regle est pour les mots de deux ou de plusieurs syllabes, desquels si la derniere est breve & la penultiéme longue par nature, on marque cette penultiéme d'un circonflexe, comme *flôris*, *Rôma*, *Românus*, &c. Hors cela les

Aa

dissyllabes ont tous un aigu sur la penultiéme, soit qu'elle soit breve ou longue; puis qu'ils ne le peuvent pas reculer plus loin : comme *hómo*, *párens*, *péjus*, &c.

Quant aux polysyllabes ils ont le mesme accent quelquefois sur la penultiéme, d'autres fois sur l'antepenultiéme : ils l'ont sur la penultiéme, lors qu'elle est longue : comme *antíqui*, *Christiáni*; *paréntes*, *Aráxis*, *Románo*, &c. & ils la rejettent sur l'antepenultiéme quand la penultiéme en est breve : comme *máximus*, *últimus*, *Dóminus*, &c.

XI. La raison pour laquelle l'accent doit estre ainsi donné aux polysyllabes, est, que les Romains ayant particulierement consideré la penultiéme pour regler leurs accens, comme les Grecs ont pris le fondement des leurs sur la derniere; lorsque le mot latin a la penultiéme longue, cette longue valant deux breves elle reçoit l'accent; *Rôma*, *Românus*, faisant à peu pres par leur longueur la mesme mesure dans l'oreille que *máximus*. Mais comme cette longueur peut estre de deux sortes, l'une par nature, & l'autre seulement par position; & que cette longueur de nature se marquoit autrefois par la voyelle redoublée; aussi cette penultiéme peut recevoir deux sortes d'accens; ou le circonflexe : comme *mâter* pour *máàter*; ou *Românus* pour *Romáànus*; ou simplement l'aigu : comme *Aráxis*, *párens*; bien que si apres une penultiéme longue par nature la derniere se rencontre encore longue, on se contente alors de mettre un aigu sur la penultiéme, *Rómæ* & non pas *Rômæ*; *Románo*, & non pas *Româno* : parce que cet accent circonflexe & cette derniere longue eussent pû donner trop de lenteur à la parole, ou trop retarder la prononciation des mots dans le discours.

XII. Quand toutefois la penultiéme de ces polysyllabes se trouve breve l'on rejette l'accent sur l'antepenultiéme, parce que l'accent n'estant qu'un petit élevement qui donne grace à la prononciation, & qui soustient le discours, il n'a pû estre placé plus loin que la troisiéme syllabe avant la fin, soit en Latin, soit en Grec, parce que s'il fust resté trois ou quatre syllabes apres l'accent, (comme qui diroit *pérficere*, *pérficeremus*) elles eussent esté comme entassées les unes sur les autres, & n'eussent formé de cadence dans l'oreille, laquelle, comme dit Ciceron, ne peut gueres juger que des trois dernieres syllabes pour l'accent, comme elle ne juge gueres que des trois derniers mots pour le nombre ou cadence des periodes. Ainſi le lieu le plus éloigné pour l'accent eſt toûjours l'antepenultiéme : comme *amáverant*, *mirabílibus*, *vivífica*, *vivificáverant*, &c.

XIII. Ces regles generales eſtant ainſi ſuppoſées, tout ce qui ſe peut trouver de contraire dans les autheurs ne doit eſtre conſideré, que comme des exceptions que l'on en fait. Dont la premiere eſt, qu'il y a des noms & des verbes composez qui ont quelquefois gardé le meſme accent que leur ſimple : comme *fidejúbes*, *uſucápis*, *ſatisdáre*, *vicecómes*, *vigintidúo*, & les compoſez de *fácio* avec les particules *bene*, *male*, *cale*, *frige*, qui partant ont l'accent ou ſur la penultiéme de la ſeconde & troiſiéme perſonne, quoy qu'elles ſoient breves, comme *calefácis*, *calefácit*; *benefácis*, *benefácit*. ou ſur la derniere quand ils ont eſté compoſez d'un monoſyllabe, qui n'eſt pas enclitique inſeparable : comme *calefís*, *calefít*, *tepefís*, *frigefít*, *benedíc*, *benefác*. Auſquels l'on a encore ajoûté les adverbes, qui dérivent des pronoms : comme *eó*, *illó*, *iſtó*, *illíc*, *iſthíc*; *poſthác*, *illác*, *iſtác*, *dehínc*, *illínc iſthínc*, *uſquequó*, *donéc*, &c.

XIV. La ſeconde exception eſt, que les noms compoſez au contraire retirent quelquefois leur accent à l'antepenultiéme, ſoit que la penultiéme ſoit longue ou non ; comme *orbísterræ virilluſtris*, *prefectúsfabrum*, *juriſcónſultus*, *intercáloci*.

XV. La troiſiéme exception eſt, que les particules indeclinables retirent auſſi quelquefois l'accent dans la compoſition: comme *síquando*, *néquando*, *alíquando*, *déinde*, *périnde*, *próinde*, *ſúbinde*, *éxinde*, *alíoquin*, *quínimo*, *rétrorſum*, *déxtrorſum*, *ſiniſtrorſum*, *ántrorſum*, *déorſum*, *séorſum*, *alíorſum*, *íntrorſum*, *exádverſum*, *quaquáverſus*, *nimirum*, *álonge*, *délonge*, *aliquantum*, *áforis*, *déforis*, *húcuſque*, *dúmtaxat*, *ſimúlatque*, *néquaquam*, *quápropter*, *enímvero*, *áppríme*, *áffatim* ; ces particules toutefois ne retirent pas ainſi l'accent, lors que leur derniere eſt longue, comme eſt celle de *deínceps*, parce que nul mot ne peut avoir l'accent ſur l'antepenultiéme ni en grec, ni en latin, lors que ſes deux dernieres ſyllabes ſont longues, d'autant que ces ſyllabes longues ayant chacune deux temps, cela reculeroit l'accent trop loin. Elles ne le retirent pas non plus dans les vers lors que la penultiéme y eſt longue ; parce que l'accent ne fait pas qu'une ſyllabe longue par poſition.

ſoit effectivement breve; c'eſt pourquoy on avance alors leur accent ſur la penultiéme; de meſme qu'on avance ou recule en poëſie celuy des mots qui ſont douteux, ou qui peuvent avoir des ſyllabes longues ou breves, bien qu'en proſe on les faſſe toûjours breves: comme *vólucris*, qui change l'accent & demande qu'il ſoit ſur la ſyllabe *lú* dans ce vers de virgile *pecudes pictæque volucres*, parce que le poëte a fait cette ſyllabe longue, & lors qu'Ovide l'a faite en un meſme vers breve & longue, il donne auſſi occaſion d'y varier la ſituation de l'accent. *Et primo ſimilis vólucris, mox vera volúcris*

XVI. La quatriéme exception eſt des vocatifs des noms terminez en *ius* qui ont l'accent ſur la penultiéme, quoy que breve, comme *Virgíli*, *Mercúri*, *Basíli*, *Remígi*, *Gervási*, *Protáſi*; Dont la raiſon eſt qu'autrefois ſuivant l'analogie generale ils avoient leur vocatif en *e*, *Virgílie* comme *Dómine*; mais parce que cet *e* final eſt fort foible & peu intelligible, il s'eſt enfin perdu tout à fait, & l'accent original qui eſtoit ſur l'antepenultiéme demeurant toûjours en ſon lieu, s'eſt trouvé ſur la penultiéme; la meſme choſe s'obſerve aux accens des genitifs de quelques noms terminez en *ij*, lors que par apocope l'on en retranche l'un des deux premiers: comme *ingéni* pour *ingénij*, *tugúri* pour *tugúrij*.

XVII. La cinquiéme exception peut eſtre des enclytiques inſeparables, *que*, *ne*, *ve*, qui attirent toûjours l'accent ſur la ſyllabe prochaine, c'eſt à dire, la derniere du mot auquel ils ſont joints, ou la penultiéme du mot qui en eſt compoſé: comme *armáque*, *terráque*, *littoráque*, *pluitne*, *altérve*, *alteráve*; Ce qui doit eſtre obſervé, ſoit que cette penultiéme ſoit longue, comme *terràque* l'eſt à l'ablatif, ſoit qu'elle ſoit breve comme elle l'eſt au nominatif, *terráque*, l'accent n'eſtant point la marque de la quantité, mais ſeulement de l'élevation ou du rabaiſſement de la voix. Les anciens diſtinguoient fort bien l'un de l'autre, relevant la derniere du nominatif ſans la faire longue, au lieu qu'à l'ablatif ils la relevoient & tout enſemble la faiſoient paroiſtre longue, comme s'il y avoit *terráàque*, d'où vient qu'en écrivant on devroit encore les diſtinguer par l'aigu au nominatif *terrque*, & par le circonflexe à l'ablatif *terrâque*; & meſmes y garder quelque diſtinction en les prononçant. Mais il faut icy remarquer deux choſes touchant ces enclytiques: la premiere qu'il y a certains mots finis par *que*, ou le *que* n'eſt pas enclytique, parce qu'ils ſont mots ſimples & non compoſez : comme *útique*, *dénique*, *úndique*, &c. qui pour cette raiſon ont l'accent ſur l'antepenultiéme. La ſeconde que le *ne* n'eſt enclytique que lorsqu'il exprime le doute, & non pas quand il ſert ſimplement pour interroger ; & qu'ainſi ſi la ſyllabe devant *ne* eſt breve ou commune, l'on doit mettre l'accent ſur l'antepenultiéme dans les interrogations : comme *tíbine? hǽccine? síccine? áſtrane? égone? Plátone? Cicérone?* &c. au lieu que dans l'autre ſens qui ſignifie le doute, le *ne* attire l'accent ſur la penultiéme, *Ciceróne*, *Platóne*, *illéne.*

Quant aux enclytiques ſeparables, lors qu'ils ſont joints à quelque autre mot avec lequel ils font quelque connexion de ſens, l'on n'y met point d'accent, ſoit que l'enclytique precede, ſoit qu'il ſuive le mot auquel il eſt joint : parce que deux accens ſemblables ne doivent jamais eſtre placez immediatement l'un auprès de l'autre : c'eſt pourquoy l'on ne dit pas *Réx nóſter, ín ſǽcula*, mais bien *Rex nóſter*, *in ſǽcula*, *te décet*, *nos aútem.*

XVIII. La ſixiéme exception eſt, que l'accent peut eſtre diverſement placé ſur un meſme mot ſelon la difference de ſon temps preſent, ou paſſé, ou de ſa ſignification. Par exemple, l'on marque *légit* au preſent avec un aigu & *lêgit* au preterit avec un circonflexe ; *óccido* le prenant de *cado* avec l'accent aigu ſur l'antepenultiéme, & *occído* le prenant de *cædo* ſur la penultiéme

A quoy la pluſpart des anciens ajoûtent que les dictions diſſyllabes ou polyſſyllabes, particulierement les indeclinables, lors qu'elles conviennent avec d'autres dictions ſemblables, peuvent & doivent recevoir un different accent, meſmes ſur leur derniere ſyllabe, où il en eſt beſoin : comme *circúm littora*, pour le diſtinguer de l'accuſatif de *circus*; *poné* adverbe pour ne le pas confondre avec l'imperatif de *póno*, *póne*, *forté*, *repenté*, *uná*, *ſeduló*, *meritò*, *conſultó*, *falſó*, *aliquó*, *intró*, *ergó* pour *cauſa*, *putá* pour *sicut*, &c. *qualém? quantúm?* avec un point interrogant ; *petít*, pour *pétijt* ; *Deúm* au lieu de *Deórum* ; *Alpinás*, pour *Alpinátis*, *cujás* pour *cujátis*, *noſtrás* pour *noſtrátis.*

XIX. Mais en mettant ainſi l'accent ſur la derniere ſyllabe, il faut éviter un abus que pluſieurs ont introduit, y mettant le grave au lieu de l'aigu ; bien qu'ils pretendent que dans la prononciation il doit avoir la mesme valeur que l'aigu: laquelle erreur vient des Grecs, qui font souvent la mesme faute à l'égard de ces deux accens, marquant l'un quand ils veulent designer l'autre.

Ce qui toutefois ne se doit jamais observer en latin, vû que l'accent grave n'y est plus en usage ; & que le circonflexe ne s'y trouve non plus jamais sur la fin d'un mot, selon Quintilien, quoy que les Grecs l'y mettent quelquefois quand la derniere est longue ; C'est pourquoy ou l'on ne doit point mettre d'accent sur la derniere syllabe des mots ; ou s'il y en faut mettre, l'on doit se servir de l'aigu ; vû mesme qu'on le met presque toûjours en tous les autres endroits où le circonflexe pourroit estre, parce que celuy-cy n'estant qu'un composé de l'aigu & du grave, c'est l'aigu qui domine en luy & qui naturellement se doit trouver dans tous les mots que l'on prononce, ainsi qu'observe Quintilien apres Ciceron. C'est aussi pour cette mesme raison, qu'on ne met plus d'accent dans les livres d'Eglise sur les monosyllabes, ni sur les dissyllabes ; parce que ayant perdu cette distinction de l'aigu & du circonflexe, il nous suffit de sçavoir en general, que les dissyllabes relevent toûjours la premiere.

XX. Or d'autant que les Latins ont tiré quelques mots tant du grec que de l'hebreu il reste à sçavoir quels accens il leur faut donner ; & premierement pour les mots qui sont grecs ou tout à fait ou en partie, en sorte qu'ils retiennent au moins quelque syllabe du grec, on les prononce ordinairement selon l'accent grec, ainsi l'on met l'aigu sur l'antepenultiéme en *eléison*, *lithóstrotos*, & d'autres, quoy que la penultiéme soit longue. Au contraire on le mettra sur la penultiéme quoy qu'elle soit breve dans *paralipoménon* & semblables. On mettra le circonflexe sur les genitifs pluriels en *ῶν periarchῶν*, & sur les adverbes en *ῶς ironicῶς*, *catholicῶς*, & semblables où on laisse *l'omega*.

Mais les mots qui sont entierement latinisez se doivent ordinairement prononcer selon les regles du latin, suivant le sentiment de Quintilien, de Capel, & d'autres anciens: quoy que ce ne soit pas une faute de les prononcer aussi suivant l'accent grec. Ainsi l'on dit l'accent sur l'antepenultiéme, *Aristóteles*, *An'tipas*, *Bárnabas*, *Bóreas*, *blasphémia*, *Córidon*, *Démeas*, *Ecclésia*, *Tráseas*, &c. parce que la penultiéme est breve. Et au contraire l'on dit l'accent ſur la penultiéme; *Alexandria, cithéron, erémus, meteóra, orthodóxus, paraclétus, pleurésis*, & ſemblables, parce qu'elle eſt longue.

Quant aux mots grecs qui ont la penultiéme commune, non par figure ou par licence, mais dans le bon uſage & dans les excellens poëtes, ou à cauſe de quelque dialecte particuliere, hors le vers ils ſe prononcent toûjours mieux ſelon la dialecte commune ou l'attique, ou ſelon qu'en ont uſé les excellens poëtes, qu'autrement. Ainſi il eſt meilleur de dire l'accent ſur la penultiéme en *Choréa, conopéum, platéa, Oribnis*, & ſemblables, parce que les meilleurs poëtes la font longue. Que ſi ces mots ont la penultiéme tantoſt longue & tantoſt breve dans ces meſmes poëtes, on la prononcera comme l'on voudra dans la proſe: comme *Buſiris, Eriphile:* mais dans les vers on ſuivra toûjours la meſure des pieds ſelon ce qui a eſté dit cy-deſſus.

Voilà les regles les plus generales de ces mots grecs: contre leſquelles neantmoins l'on eſt ſouvent obligé d'uſer d'exception, ou de ceder à l'uſage, & s'accommoder à la façon de prononcer qui eſt receuë parmi les ſçavans, ſelon le pays où l'on eſt. Ainſi nous prononçons *Ariſtóbulus, Basílius, idólium*, l'accent ſur l'antepenultiéme, quoy que la penultiéme ſoit longue, parce que c'eſt la coûtume. Et nous prononçons au contraire *Andræ'as, Idéa, María*, &c. l'accent ſur la penultiéme, quoy que breve, parce que c'eſt l'uſage. Les Italiens prononcent de meſme l'accent ſur la penultiéme *Antonomasía, harmonía, philoſophía, theología*, & ſemblables ſelon l'accent grec; parce que c'eſt la coûtume de leur pays; quoy que l'uſage de France, d'Allemagne & d'Eſpagne y ſoit contraire: & que les autheurs ſoient partagez dans leurs ſentimens touchant la prononciation de ces mots. Ce qui fait voir que depuis que l'on s'eſt departi des regles anciennes, la pratique n'en eſt ni aſſeurée, ni uniforme, puis qu'elle eſt differente ſelon les differens pays.

XXI. Il reſte à voir quels accens il faut donner aux mots hebreux; ceux donc qui prennent une terminaiſon & une declinaiſon latine, ſuivent les regles des mots latins pour l'accent, & partant on le fait ſur la penultiéme dans *Adámus, Iacóbus, Ioſéphus*, &c. parce qu'elle eſt longue, mais ſi ces mots demeurent dans la terminaiſon hebraïque & ſont indeclinables, on peut les prononcer ou ſelon les regles des mots latins, ou ſelon l'accent grec, ſi ces mots ont paſſé par la langue greque, avant que d'eſtre receus dans la latine; ou enfin ſelon l'accent hebreu. Que ſi ces trois choſes concourent enſemble, il n'y a nulle raiſon de prononcer autrement, ſi ce n'eſt peut-eſtre par un uſage receu & approuvé de tout le monde, auquel on eſt ſouvent obligé de s'accommoder. Et partant il faut, ſelon cette regle, poſer l'accent ſur la penultiéme, d'*Aggéus*, *Bethſúra*, *Cethúra*, *Debóra*, *Eleázar*, *Rebécca*, *Salóme*, *Sephóra*, *Suſánna*; parce que non ſeulement la penultiéme y eſt longue par nature, mais auſſi qu'elle reçoit l'accent dans le grec & dans l'hebreu. Quand meſme ces mots ſont entierement hebreux, il eſt mieux de les faire ſelon l'accent hebreu; & partant il faut relever la derniere en *Eloí*, *ephethá*, *ſabaóth*, & ſemblables. En quoy neantmoins il faut prendre garde que comme pluſieurs de ces mots ſont paſſez dans le ſervice de l'Egliſe, il eſt quelquefois d'autant plus neceſſaire de les prononcer ſelon l'uſage receu, qu'ils ſont preſque en la bouche de tous les peuples & de toutes les nations. C'eſt pourquoy contre cette regle on prononce ordinairement l'accent ſur l'antepenultiéme dans *Eliſabeth*, *Gólgotha*, *Melchiſedech*, *Móyſes*, *Sámuel*, *Sálomon*, *Samária*, *Siloë*, & quelques autres.

Par là on voit que c'eſt une erreur de croire, que tous les mots, non ſeulement hebreux, mais auſſi barbares ou eſtrangers ſe doivent prononcer l'accent ſur la derniere. Et quoy que cela ait eſté doctement refuté par Nebriſſenſis, & par Deſpautere apres luy, neantmoins l'uſage n'a pas laiſſé de s'en répandre, & demeure encore dans la pratique de pluſieurs Egliſes en la mediation de quelques tons des pſeaumes, à cauſe peut-eſtre de l'accent hebreu qui y domine.

CHAPITRE VI.

Ce qu'il faut obſerver quand on chante avec pluſieurs.

I. CE n'eſt pas aſſez de ſçavoir ce qui eſt neceſſaire pour bien chanter ſeul & en ſon particulier; mais il faut encore remarquer ce qui doit eſtre obſervé lors que l'on chante pluſieurs enſemble & en chœur. La principale choſe donc qui alors doit eſtre obſervée dans le plain-chant eſt

est de mesler tellement sa voix avec celles des autres, & de s'accoûtumer à la lier & à l'unir si parfaitement avec le son des autres voix qui chantent conjointement, qu'elle ne les excede ni en s'élevant, ni en s'abbaissant davantage, ni en durant plus ou moins de temps que les autres; en sorte que l'on ne puisse quasi entendre ni s'appercevoir qu'elle passe les autres en quoy [1] que ce soit; mais plûtost que toutes les voix ensemble paroissent ne sortir que comme d'une [2] mesme bouche, &ne rendre quasi qu'un mesme son composé de plusieurs voix.

1 *August. & alij.*

2 *Daniel. 3.*

II. Or afin de parvenir à la pratique de cette parfaite union dans laquelle l'harmonie, la beauté, la douceur, & la devotion du plain-chant consistent principalement, & laquelle est comme le dernier trait qui en acheve la perfection, ou comme le seau duquel tout le reste doit estre marqué, deux ou trois choses sont particulierement necessaires.

La premiere est, que tous ceux qui chantent ensemble ayent esté instruits ou formez au chant suivant les mesmes principes, les mesmes regles, & autant que faire se pourra selon la mesme methode.

La seconde qu'ils s'étudient tous de chanter à l'oreille, c'est à dire, à s'écouter eux mesmes & à écouter les autres avec lesquels ils chantent, afin d'accommoder modestement leurs voix [3] à celles des autres, d'autant que l'accord ne se produisant que par un entier & parfait meslange des voix les unes avec les autres, il ne peut se faire ni s'entretenir au plain-chant, que lors qu'on s'entr'écoute sans cesse, ainsi qu'il a esté dit cy-dessus. A quoy la situation de ceux qui chantent ensemble peut beaucoup aider, si ayant égard à la disposition du lieu où ils sont & à la qualité des voix, ils ne se placent ni trop pres ni trop loing les uns des autres: parce que la trop grande proximité n'empesche pas moins de s'entr'entendre que le trop grand éloignement, ainsi qu'on le peut experimenter quand on est trop pres du son d'une cloche qui alors ne fait qu'étourdir l'oreille & en confondre le sentiment, de mesme que l'objet qui est trop proche des yeux, ou dont la lumiere est trop grande éblouït la veuë, & la rend comme aveugle. Et c'est une des causes pourquoy dans les cathedrales & autres grandes eglises où le chant est regulierement conduit, l'on laisse une chaire vuide entre deux.

3 *Ambros. & alij.*

La troisiéme chose necessaire pour l'accord est qu'apres les silences & les pauses aucun ne recommence [4] jamais le chant avant ceux qui en ont la conduite, & qui comme ses premiers mobiles ont aussi la charge de le recommencer les premiers : en sorte que chacun ait seulement le soin de les suivre aussi-tost, & de se joindre si parfaitement tant à eux qu'aux autres, avec lesquels il chantent, que jamais il ne les previēne, ni ne les devance ; mais que sa voix soit toûjours comme renfermée entre le commencement & la fin des autres voix. A quoy l'on a eü un égard si particulier dans l'Eglise, que dés ses commencemens l'on y a establi des soûs-chantres [5] pour reprendre les premiers ce que les chantres mesmes avoient commencé ; & que l'on n'y a introduit l'ancienne coûtume qu'ont les chantres ou les sous-chantres de se pourmener d'un bout du chœur à l'autre pendant qu'on chante, sinon afin que chacun puisse mieux les entendre, & qu'eux mesmes puissent remarquer plus distinctement ceux qui y manquent, ou qui discordent, pour les en avertir & les redresser sur le champ, si ce sont Ecclesiastiques ; ou leur imposer silence, si ce sont des seculiers & des externes ; Ce qui est conforme à l'ordonnance [6] du concile de Laodicée, l'un des plus anciens de l'Eglise, qui porte qu'aucun à l'avenir n'ait à chanter dans l'Eglise, sinon ceux qui y sont destinez d'office, & qui sont accoûtumez à chanter regulierement. Platon mesme remarque [7] que dans les plus anciens chants du paganisme l'on y a observé une semblable police & discipline.

4 *Bernard. & alij.*
5 *Isidorus.*
6 *Concil. Laodic. & Turon.*
7

III. Ce n'est donc pas seulement dans la musique à plusieurs parties, qu'aucun ne doit recommencer apres les pauses ou silences jusques à ce que le maistre de psalette ou autre qui doit conduire ou poursuivre le chant, le recōmence soit par la voix soit par le battement de la mesure. Le plain-chant, & les autres chants à l'unisson n'en ont pas moins de besoin [8] que la musique, au contraire cette pratique paroist y estre beaucoup plus necessaire qu'elle n'est dans la musique mesme, parce que les parties de celle-cy ne chantent ordinairement que des sons differens qui demandent seulement d'estre consones pour estre d'accord ensemble ; mais au plain-chant les diverses voix ne peuvent en quoy que ce soit avoir des sons differens, non plus au temps qu'en la distance, qu'aussi-tost elles ne tombent dans la dissonance [9] & dans le discord. C'est

8 *Eveillon.*
9 *Nicomac.*

pourquoy elles ont besoin pour s'entretenir dans l'accord non seulement d'estre consones ou bien équisones, c'est à dire, d'avoir quasi un mesme son : mais aussi d'estre unisones [10] & de n'avoir toutes ensemble qu'un mesme son ; parce que la nature de l'unisson demande cette sorte d'unité dans les voix, & une union bien plus estroitte que n'est pas celle des consonances. D'où vient, que toutes les consonances le regardent comme leur origine, leur fondement, & leur fin, ne tendent naturellement qu'à l'unisson, & n'ont ni de douceur ni de perfection, qu'à proportion de la [11] ressemblance plus grande ou plus petite qu'elles ont avec le mesme unisson. De sorte que le plain-chant, & tous les autres qui se font à l'unisson, comme le metrique, le rythmique ou psalmodique, & mesmes le chant droit, devant avoir leurs voix bien plus étroitement unies que les chants à plusieurs parties n'ont les leurs dans les consonances, il est évident qu'il est autant ou plus necessaire d'attendre & de suivre la conduite de celuy qui doit recommencer dans le plain-chant pour y entretenir l'accord de plusieurs voix, que non pas dans la musique à plusieurs parties.

10 *Boëtius.*

11 *Boëtius. & alij.*

IV. Ce sera donc cette parfaite union des voix qui fera la closture de toute la pratique du chant, puis qu'elle est non seulement le principe de l'agréement du chant & de son pouvoir sur les cœurs & sur les esprits, mais aussi [12] sa derniere perfection ; & tout ensemble le [13] symbole, tant de l'union des cœurs & de la charité chrestienne qui est l'accomplissement de toute la loy dans l'Eglise militante, que de l'accord avec lequel les chœurs des anges & des saints dans la triomphante chantent sans fin des cantiques de loüange, de benediction, & d'action de graces à celuy qui est toute leur gloire, & leur éternelle felicité.

12 *August.*

13 *August. & ali.*

Loüez donc maintenant ensemble & benissez le nom du Seigneur de tout vostre cœur & de toute vostre bouche.[14]

14 *Eccli. 39. 41.*

PARTIE SEPTIE'ME.

DES NOTES ET AUTHORITEZ,

Qui confirment ou éclairciſſent ce qui dans les parties precedentes eſt marqué de chiffres à la marge.

Notes & authoritez de la Preface.

1. *GVido in prologo proſäico antiphonarij cap. 2. & in Micrologo cap. 15.*

2. Ut pote quod otium in primis, ac cogitationes minime diſtractas requirat. *Nicomachus lib. 1. Manualis harmonici cap. 1.*

3. Verum quia diebus iſtis libri antiquorum philoſophorum nedum de muſica, ſed de cæteris mathematicis non leguntur, & ob hoc accidit nos tanquam inintelligibiles, aut nimis difficiles abhorreri; viſum eſt mihi bonum de muſica Boëtij tractatum brevem elicere, in quo concluſiones pulchriores, & ad ipſam muſicæ artem eſſentialiter pertinentes, cum ſermonis claritate, ac evidentia ſententiæ manifeſtare conabor. *Ioannes de Muris præfatione in muſicæ theoriam.*

4. Cum vero in cantus conſtitutione ordo ſit admirabilis, confuſionis tamen ſummæ notam muſicæ inurere quidam non dubitarunt propter illos qui doctrinam dilucidandam ſuſceperant. Neque vero ex ſenſibilibus ullum eſt, quod tanto ac tali ordine ſit conſpicuum. *Ariſtoxenus lib. 1. harmonicorum elementorum non longe à principio.*

* Qua in re, cum pro ſua ipſi voluntate multa commutent, aut parum, aut nihil mihi indignari debent, ſi à communi uſu vix paucis abſcedo, ut ad communem artis regulam uniformiter omnis cantilena recurrat. Quoniam vero hæc omnià mala, & multa alia eorum culpa eveniunt, qui antiphonaria faciunt, valde moneo, & conteſtor, ne aliquis amplius præſumat antiphonarium neumare, niſi qui ſecundum ſubjectas regulas bene poteſt, & ſapit ipſam artem perficere: Alioquin certiſſime erit magiſter erroris, quicumque prius non fuerit diſcipulus veritatis. *Guido Aretinus in prologo proſäico antiphonarij. cap. 1.*

* In muſicis multa perperam tradita ab annis aliquot; multa etiam in vulgus falſó edita, quæ nemo non videt. Nonnullos quoque fuiſſe conſtat, qui hujus diſciplinæ ne nomina quidem declinare potuerint; & tamen editis libris artem docere conatos eſſe, non abſque rigida Ariſtarchi ferula, & philoſophico ſupercilio; quæ res ſæpe mihi riſum, ſed ſæpius bilem movit. *Glareanus lib. 1. dodechachordi cap. 16.*

* Pedagogi aut ſint eruditi plane, quam primam eſſe curam velim: aut ſe non eruditos ſciant: nihil enim pejus eſt ijs qui paulum aliquid ultra primas litteras progreſſi falſam ſibi ſcientiæ perſuaſionem induerunt. Nam & cedere præcipiendi peritis indignantur; & velut jure quodam poteſtatis, quo fere genus hoc hominum intumeſcit, imperioſi atque interim ſævientes, ſtultitiam

ſuam perdocent, &c. *Quintilian. lib. 1. inſtitut. cap. 1.*

5. Cuſtodes in hanc curam ſollicite debent incumbere, ne quid vitij & corruptelæ in eam inſtitutionem clam incidat, ſed in omnibus vitæ partibus exactam, diligentemque illius formulam obſervent; ne quid novi in muſicæ leges importetur; ſed in omni ſtudio, & induſtria obſerventur, &c. *Plato libro 4. de republica.*

* Mihi profecto propter has cauſas in muſica nutriendi videntur cuſtodes. *Plato lib. 3. de republica.*

* *Ariſtoteles lib. 8. politicorum.*

* *Navarrus infra ad notam ultimam n. 11. ſequentis ſub finem ejuſdem notæ.*

6. Pythagoras muſicam maxime coluit, & Socrates jam ſenex muſicæ operam dare non erubeſcebat. *Quintilianus lib. 1. inſtitut. cap. 10.*

* Plato muſices ſtudioſiſſimus fuit. *Plutarchus in commentario de muſica, & Quintilianus ubi ſupra.*

* Porro quod harmonia res ſit divina, veneranda, magna, Ariſtoteles Platonis diſcipulus his verbis confirmavit: Enim vero harmonia res eſt cæleſtis, ejuſque natura divina atque pulchra *Plutarchus, ibidem.*

* Namque & Herculem muſica uſum fuiſſe audimus, & Achillem, & alios multos, quorum magiſter fuit Cheiron ſapientiſſimus muſicæ ſimul, & juſtitiæ, & medecinæ doctor. *Plutarchus ibid.*

7. *Valfridus Strabo lib. de rebus Eccleſiaſticis cap. 22. & 25.*

* *Ioannes diaconus in vita S. Gregorij lib. 2. cap. 6.*

8. Ex ea hora cæpit Joannes hymnorum cantilenas, & melliflua cantica concinnare, quibus adhuc lætificat Eccleſiam, & locum tabernaculi admirabilis, ubi auditur ſonitus feſta celebrantium. *Ioannes Patriarcha Hieroſolim. In vita S. Ioannis Damaſceni.*

* *Cedrenus & Suidas in ejus vita.*

9. Qui autem curioſus fuerit, librum enchiridion, quem reverentiſſimus Oddo Abbas luculentiſſime compoſuit perlegat. *Guido Aretinus in prologo antiphonarij cap. 10. ſeu ultimo.*

10. *Auguſtinus infra citatus in notis partis 3. cap 1. n. 7.*

11. Hæc ergo diſciplina tam nobilis eſt tamque utilis, ut qui caruerit Eccleſiaſticum officium congrue implere non poſſit. *Rabanus Maurus lib. 3. de inſtitutione clericorum cap. 24.*

12. Horum autem quædam aliquis ſcire tenetur, illa ſcilicet ſine quorum ſcientia non poteſt debitum actum exercere: unde omnes tenentur ſcire communiter ea, quæ ſunt fidei, & univerſalia juris præcepta: ſinguli autem ea, quæ ad eorum ſtatum vel officium pertinent. *Et paulo infra.*

Manifeſtum eſt autem, quod quicumque negligit habere, vel facere id quod tenetur habere, vel facere, peccat peccato omiſſionis. Unde propter negligentiam ignorantia eorum quæ aliquis ſcire tenetur, eſt peccatum. *S. Thomas 1. 2. quæſt. 76. art. 2.*

* Peccare eos qui canere neſcientes tam notabiliter male canunt id ad quod tenentur, ut alijs excitent riſum, perturbationem, vel faſtidium, diſtrahendo eorum mentes ab attentione debita. Ex quo ſubinfertur eos eſſe obligatos ad minus tantam ſibi cantus notitiam parare, ut canere valeant id ad quod tenentur, citra provocationem ad aliquid ſupradictorum. Neque eos excuſat juvenilis, vel ſenilis ætas; tum quia nulla ſera eſt ætas ad diſcendum; tum quia nemo debet ſuſcipere munus, quo neſciat fungi; & ſi ſuſceperit, tenetur per conſcientiam deponere onus, aut diſcere id, ſine quo non poteſt eo, ut par eſt, fungi; per multa jura, per quæ id alibi latius probavimus, &c. *Navarrus in enchiridio de oration & horis canonicis cap. 16. n. 30.*

* Octava cauſa qua nonnulli ſe excu-

ſant à cantando in choro, & in proceſſionibus, licet non à recitandis horis, eſt ignorantia cantus, aut vocis ad id aptæ defectus, aut prælatio, qua nobilitate, ſcientia, & gradu alijs præcellunt. Quæ tamen cauſa non eſt juſta : tum quia qui non callet cantum aut aliquid aliud ſuo officio exercendo neceſſarium, non debet illud ſuſcipere, & ſi ſuſcipit, tenetur requiſita illi diſcere; quod ſi nequeat, vel nolit addiſcere, privandus eſt hujuſmodi officio vel beneficio: uti recte determinat Albertus; & probari poteſt per ea, quæ alibi fuſius ſcripſi, *&c.* tum quod præſtantia dignitatis non excuſat à cantu, quin imo ad eum magis obligat; uti declaratum fuit in ſtatutis Gallicanis ſupra relatis : tum quia nobilitas parum momenti habet ad excuſandum quempiam ab oneribus ſpiritualis muneris, ut multa jura inſinuant. *Navarrus eodem libro cap. 11. n. 41. & 42.*

13. Miſerum namque eſt cujuſlibet artis ac ſtudij diſciplinam quempiam profiteri, & ad perfectionem ejus minime pervenire. *Caſſianus collat. 4.*

* Miſerabiles autem cantores, cantorumque diſcipuli, qui etiam ſi per centum annos quotidie cantent, nunquam ſaltem perfecte unam parvulam cantabunt antiphonam. *Guido Aretinus in prologo proſäico antiphonarij cap. 1.*

14. Serlo uticenſis Abbas, factus Salarienſis ſeu Sagienſis Epiſcopus, ob perſecutionem Roberti Belleſmenſis comimis diu exulavit, nunc in Anglia, poſt in Italia. De eo Ordericus lib. 11. refert quod nullam, ut reor, elegantiorem Serlone, ſeu facundiorem Normanniæ prolem protulit. *Et paulo infra.* Erat idem tam ſecularium, quam divinarum eruditione litterarum doctiſſimus, & ad univerſa, quæ proponebantur reſpondere promptiſſimus. *Gallia Chriſtiana tomo 3.*

15. Feci regulas apertas, & antiphonarium regulariter perfectum contuli cantoribus, quale nunquam habuerunt reliquis temporibus. Precor vos beati fratres pro tantis laboribus pro me miſero Widone, meis adjutoribus, pium Dominum exorate, nobis ſit propitius. Operis quoque ſcriptorem adjuvate precibus. Pro magiſtro exorate, cujus adjutorio auctor indiget & ſcriptor : Gloria ſit Domino. Amen. *Guido in prologo rythmico antiphonarij in fine.*

Coppie de l'Epiſtre dedicatoire du Micrologue de Guy Aretin à Theodalde Eveſque de la ville d'Arezze, dont les mots qui y ſont écrits en italique, marquent les omiſſions ou la diverſité des mots du MS. dont Baronius a extrait celle qu'il a inſeré dans ſes annales en l'année 1022.

Divini timoris totiuſque prudentiæ fulgore clariſſimo, dulciſſimo patri, & reverentiſſimo *Domino* Theodado ſacerdotum ac præſulum digniſſimo. Guido ſuorum monachorum utinam minimus, quicquid ſervus & filius. Dum ſolitariæ vitæ ſalutem modicam exequi cupio quantitatem, veſtræ benignitatis dignatio ad ſacri verbi ſtudium meam ſibi voluit ſociari parvitatem. Non quod veſtræ deſint excellentiæ multi ac maximi *ſpirituales* viri, & virtutum effectibus abundantiſſime roborati, & ſapientiæ ſtudijs pleniſſime adornati, qui & commiſſam plebem unâ vobiſcum competenter erudiant; & divinæ contemplationi aſſidue & indeſinenter inhæreant : ſed ut meæ parvitatis, & mentis & corporis imbecillitas *miſerata* veſtræ pietatis & paternitatis fulciatur munita præſidio;ut ſi quid mihi divinitus utilitatis acceſſerit, veſtro Deus imputet merito. Qua de re cum *de* eccleſiaſticis utilitatibus *ageretur*, exercitium muſicæ artis, pro quo, favente Deo, non incaſſum *deſudaſſe* me memini : veſtra juſſit auctoritas proferri in publicum; ut ſicut eccleſiam beatiſſimi Donati Epiſcopi &

Martyris, cui Deo *auctore* jure vicario præſidetis, mirabili nimirum ſchemate peregiſtis: ita eidem miniſtros Eccleſiæ honeſtiſſimo, decentiſſimoque quodam privilegio cunctis pene per orbem clericis ſpectabiles redderetis. Et revera ſatis habet miraculi *& opticlonis* cum veſtræ eccleſiæ etiam pueri in modulandi ſtudio perfectos aliorum *quecumque* locorum ſuperent ſenes. *Vtrinque honoris ac meriti perplurimum cumulabitur celſitudo, cum poſt priores patres tanta ac talis* eccleſiæ per vos ſtudiorum evenerit claritudo. Itaque quia veſtro tam commodo præcepto nec volui *contraire* nec valui, offero ſolertiſſimæ paternitati muſicæ artis regulas quanto *lucilius* & brevius potui explicatas, philoſophorum neque eadem via ad plenum, neque eiſdem inſiſtendo veſtigijs, id ſolùm procurans quod eccleſiæ opportunitati, veſtriſque ſubveniat parvulis. Ideo enim hoc ſtudium hactenus latuit occultatum, *quia cum eſſet arduum, non eſt* à quolibet humiliter explanatum. Quod qua occaſione *humiliter aggreſſus ſim*, quave *humilitate* & intentione, abſolvam perpaucis.

Cum me & naturalis conditio, & *bonorum imitatio* communis utilitatis diligentem faceret: cæpi *inter alia muſicam tradere.* Tandem affuit divina gratia, & quidam eorum imitatione chordæ, & noſtrarum notarum uſu exercitati ante unius menſis ſpatium *inviſos* & inauditos cantus ita primo intuitu indubitanter cantabant, ut maximum ſpectaculum plurimis præberent. Quod tamen qui non poteſt facere, neſcio qua fronte ſe muſicum, vel cantorem audeat dicere. Maxime itaque dolui de noſtris cantoribus, qui etſi centum annis in canendi ſtudio perſeverent, nunquam tamen vel minimam *antiphonam* per ſe valent efferre, ſemper diſcentes (ut ait Apoſtolus) & nunquam ad ſcientiam pervenientes. Cupiens itaque tam utile noſtrum ſtudium in communem utilitatem expendere; de multis muſicis argumentis quæ adjutore Deo per varia tempora *conquiſivi*, quædam quæ cantoribus proficere credidi quanta potui brevitate perſtrinxi. Quæ enim de *muſica* ad canendum minus proſunt, aut ſi *qua* ex his quæ dicuntur non valent intelligi, nec memoratu digna judicavi, non curavi de his, ſi quorumdam liveſcat *animus* invidia, dum quorumdam proficiat diſciplina.

La table des chapitres du micrologue ſuit immediatement le prologue.

EXPLICIT PROLOGUS.

Incipit micrologus in musica. &c.

Apres le dernier chapitre on y lit les mots suivans.

Explicit micrologus, id est brevis sermo in musica, editus à Domno Widone peritissimo musico, & venerabili monacho directus ad Theodaldum Reatinæ civitatis Episcopum.

Les chapitres de ce micrologue ne sont timbrez dans le MS. de S. Evroult que dans le corps du livre & non dans la table; mais dans celuy de Laurens Bochel ils sont aussi timbrez dans la table, & ce jusques au nombre de vingt, quoy que le MS. de S. Evroult n'en marque que 19. Ce qui provient de ce que le MS. de Bochel divise en deux le penultiéme chapitre; ce que celuy de S. Evroult fait aussi dans le corps du livre: car apres le titre de diaphonia, &c. *il y met le suivant,* Dictę diaphonię per exempla probatio, *avant que d'y mettre le dernier.* Quomodo musica, &c.

Notes & authoritez de la partie I.

Authoritez du chapitre 1.

I. DIsciplinæ liberalium artium septem sunt. 1ª Grammatica, id est, loquendi peritia. 2ª Rhetorica, quæ propter nitorem & copiam eloquentiæ suæ, maxime in civilibus quæstionibus necessaria existimatur. 3ª Dialectica cognomento logica, quæ disputationibus subtilissimis vera secernit à falsis. 4ª Arithmetica, quæ continet numerorum causas & divisiones. 5ª Musica, quæ in carminibus, cantibusque consistit. 6ª Geometria, quæ mensuras terræ, dimensionesque complectitur. 7ª Astronomia quæ continet legem astrorum. *Isidorus lib. 1. orig. c. 2.*

2. Mathematica latine dicitur doctrinalis scientia, quæ abstractam considerat quantitatem; abstracta enim quantitas est, quam intellectu à materia separantes, vel ab alijs accidentibus, ut est par, vel impar, vel ab alijs hujusmodi sola ratiocinatione tractamus: cujus species sunt quatuor, Arithmetica, musica, geometria, & astronomia. Arithmetica est disciplina quantitatis numerabilis secundum se. Musica est disciplina, quæ de numeris loquitur, qui inveniuntur in sonis. Geometria est disciplina magnitudinis, & formarum. Astronomia est disciplina quæ cursus cælestium syderum, atque figuras contemplatur, atque habitudines omnium stellarum. *Isidorus præfatione in lib 3. originum.*

* Omnis quantitas secundum Pythagoram vel continua vel discreta est: sed quæ continua magnitudo appellatur; quæ discreta multitudo: quarum hæc est diversa proprietas. Multitudo enim à finita incohans quantitate, crescens in infinita progreditur, ut nullus crescendi finis occurrat. Estque ad minimum terminata, interminabilis ad majus, ejusque principium unitas est, quia minus nihil est. Crescit vero per numeros, atque in infinita protenditur, nec ullus numerus, quo minus crescat terminum facit. Sed magnitudo finita rursus suæ mensuræ recipit quantitatem; sed in infinita decrescit. Nam si sit pedalis linea, vel cujuslibet alterius modi, potest in duo æqua dividi, ejusque medietas in medietatem secari; ejusque rursus medietas in aliam medietatem ut nunquam ullus secundum magnitudinem terminus fiat. Ita magnitudo quantum ad majorem modum terminata est; fit verò, cum decrescere cœperit, infinita. At contra numerus quantum ad minorem modum finitus est, infinitus autem incipit esse, cum crescit. Cum igitur hæc ita sint infinita; tamen de rebus finitis philosophia pertractat, inque rebus infinitis reperit aliquid terminatum, de

quo possit jure acumen propriæ speculationis adhibere. Namque magnitudinis alia sunt immobilia ut terra, ut quadratum, ut triangulus, vel circulus. Alia sunt mobilia ut sphera mundi, & quicquid in eo rata celeritate convertitur. Discretæ vero quantitatis alia sunt per se, ut tres vel quatuor, vel cæteri numeri: alia vero ad aliud, ut duplum, triplum, aliaque, quæ ex comparatione nascuntur. Sed immobilis quantitatis geometria speculationem tenet; mobilis vero scientiam astronomia persequitur. Per se vero discretæ quantitatis arithmetica auctor est: ad aliquid vero relatæ musica probatur habere peritiam. *Boëtius lib. 2. musicæ cap. 3. & lib. 1. arithmeticæ cap. 1.*

3. Musica proprium sibi delegit ab arithmetica numeros, à geometria mutuari quantitates. *Franchinus lib. 1. musicæ instrumentalis cap. 5. & lib. 3. cap. 11.*

* *Ptolemæus lib. 3. harmonicorum cap. 3.*

* Omnis symphonia multiplex discretæ quantitatis proprietatem sequitur, non tamen ut infinitam, sed per tres tantum gradus, duplum scilicet, triplum, & quadruplum. Omnis autem superparticularis symphonia quantitatis continuæ naturam servat, non quidem in infinitum, sed per tres tantum gradus, sesquialteram, sesquitertiam, & sesquioctavam: duplicat namque superparticularis suam proportionem, quæcumque sit, & per dualem numerum denominat, atque à duali incohat, & in eum redigitur, neque pervenit ad unitatem; ideoque servat continuæ quantitatis proportionem. *Beda in musica theorica.*

4. Opinor tibi novum non esse omnipotentiam quamdam canendi musis solere concedi, hoc est, nisi fallor, illa quæ musica nominatur. *Augustinus lib. 1. musicæ cap. 1.*

* Et quoniam illud, quod mens videt, semper est presens, & immortale approbatur, cujus generis numeri apparebant: sonus autem quia sensibilis res est, præterfluit in præteritum tempus, imprimiturque memoriæ, rationabili mendacio jam poëtis favente ratione quærendum, ne quid propagini similiter inesset, Jovis & memoriæ filias musas esse, confictum est. Unde ista disciplina sensus, intellectusque particeps musicæ nomen invenit. *Augustinus lib. 2. de ordine cap. 14.*

* *Isidorus lib. 3. originum cap. 14.*

5. Aristophanes in fabula quæ hyppis inscripta est, musicam encyclopediam vocat, quod omnes amplectatur disciplinas, quod ostendit Plato 1. de legibus dicens musicam sine universa doctrina tractari non posse. *Franch. lib. 4. harmoniæ instrumentalis cap. 1.*

6. Quæ vero Boëtius, Ptolemæus, alijque de harmonia referunt, illa omnia de una voce, cui instrumentum conjungebatur, intelligenda sunt. *Et paulo infra.* Restat igitur veteres Græcos nullam aliam præter monodiam agnovisse; sed hanc ut plurimum, ad sonitum cytharæ, lyræ, aut tybiæ studio summo, & maxima solertia comparatam peregisse. *Kircherus to. 1. musurgiæ univers. lib. 7. erotemate 3.*

7. *Glareanus lib. 2. dodecachordi. cap. 18. & lib. 3. in proemio. & cap. 13.*

8. Porro Guido nec dum contentus hac nova cantandi methodo, inauditam antehac plurium vocum symphoniam excogitasse dicitur primus, nec ullam ipsius memoriam habemus apud veteres. *Gassendus tomo 5. in manuductione ad musicam cap. 3. Post Kircherum tomo 1. musurgiæ universalis lib. 5. cap 2. & lib. 7. parte 1. erotemate 3. & 5. § 3.*

* Et quia hæ tres species (*scilicet diatessaron, diapente, & diapason*) tantum se ad organi societatem, ac suavitatem permiscent, ut superius vocum similitudines fecisse monstratæ sunt; symphoniæ id est aptæ vocum copulationes dicuntur. *Guido Aretinus cap. 18. micrologi.*

9. Josaphat statuit cantores Domini, ut laudarent eum in turmis suis, & antecederent exercitum, ac voce consona dicerent: Confitemini Domino quoniam in æternum misericordia ejus. 2. *Paralip. 21.*

* Harmoniam ex his confici quæ prius discrepabant, acuto scilicet & gravi; deinde in unum tandem consensum coalescunt. Neque enim ex acuto & gravi discrepantibus harmonia fieri possit. Nam harmonia est concentus; concentus vero consensus quidam: consensus autem ex discrepantibus, quamdiu discrepant, fieri nunquam potest. Quod vero discrepat, neque concors est atque consentiens, non potest quadrare (id est harmonia quadam constare) quemadmodum rythmus ex veloci & tardo antea inter se discrepantibus, tandem vero in unum consensum compositis constituitur. Et quemadmodum in superiori exemplo medicina humoribus concordiam, ita etiam vocibus consonantiam musica tribuens, amorem consensumque mutuum gignit: ac proinde nihil est aliud musica, quam scientia amatoriarum seu concordantium rationum, quæ in harmonia, & in rythmo versantur. *Plato in convivio longe ante medium.*

* Non sine causa dictum est, omnia quæ ex contrarijs constarent, harmonia quadam conjungi atque componi. Est enim harmonia plurimorum adunatio, & dissentientium consensio. *Boëtius lib. 1. arithmeticæ cap. 32.*

10. Symphonia est temperamentum sonitus gravis ad acutum, vel acuti ad gravem modulamen efficiens, sive in voce, sive in percussione, sive in flatu. *Cassiodorus de septem disciplinis, ubi de musica.*

* Sicut musicus consonantibus choris efficit dulcissimum melos, ita dispositis congruenter accentibus metrum novit decantare grammaticus. *Cassiod. lib. 9. variarum epist. 21.*

* *Isidorus lib. 3 originum cap. 19.*

* *Beda in musica practica.*

11. Si ut Aristoteles perhibet laudem meruit, qui cujusvis disciplinæ principia reperit, reliqua enim (inquit ille) perfacile est super addere; non video quare prior ille artifex vocis simplicis (ita nunc tenorem appellare placuit) simplex plastes ei cedere debeat, qui non tam facile invenit, quam inventis addit; nam unius vocis tenorem, ut sunt simplices modi, diutius in usu fuisse, quam plurium vocum concentum vel modorum nomina à gentibus usuprata luce clarius ostendunt. Cum de pluribus nihil quod sciam certi apud veteres reperiatur. Non est igitur dubium, quin, ut unum plura antecedit, ita una voce quam pluribus canere sit multo antiquius. Porro quando musica est delectationis mater; utilius multo existimo, quod ad plurium delectationem pertinet, quam quod ad paucorum. Unius autem vocis insignis ac nobilis tenor, & verbis aptis prolatus, apud homines plures delectat doctos pariter & indoctos. Artificium enim illud quatuor, pluriumve vocum quotus quisque est, etiam inter eximie doctos, qui vere intelligat? *Et infra.* Cum qui primi phonasci inclaruerunt, non minus ingenij ostenderint, quam quisquam hac nostra ætate symphonetes in multarum vocum congerie. Ego sane ad Christianam pietatem, qua prisci Ecclesiastici viguerunt, plurimum simplicem cantum per modos erudite distinctum, conferre arbitror; nec parum facere ad animorum, ut nunc loquimur, devotionem; maxime quales apud Italos Ambrosius instituit: Gregorius item & Augustinus Ecclesię lumina. Deinde apud Gallos viri eximij, *& cet.* ut taceam quod ad puerorum os formandum nihil æque conducat atque simplex illa musica; nam altera musica pro paucorum admodum captu est. Quoties enim reperias (scire velim) tres aut duos saltem, qui te-

cum plures intonent voces ? Expertus id loquor, ſemper in hiis aliquid hiat, ſemper aliquid vel tædij vel moleſtiæ adeſt, *& cæt.* Ob has igitur & antea dictas cauſas ego eximios phonaſcos neutiquam ſymphonetis poſtpoſuero : ſed neque Eccleſiaſticum cantum arte vera ac modis naturalibus conſtantem cedere puto opportere multarum vocum garritui. Utrumque in honore atque ſua qua apud veteres viguere & hodie ſunt authoritate ac exiſtimatione permanere velim. *Glareanus libro 2. dcdecachordi cap.* 38.

* Imo abhorrebant Græci ab hujuſmodi polyodijs tanquam metrici carminis ſplendoris officientibus, verborumque energiæ turbatricibus. *Kircherus lib. 7. muſurgiæ univerſalis parte prima erotemate* 3.

* *Pontus Thiart Eveſque de Chalons au ſolitaire* 2.

* *Merſenne tome* 1. *de l'harmonie univerſelle liv.* 4. *de la compoſition, propoſition* 1.

Notes et authoritez *du Chapitre II.*

1. *Geneſis* 4. 21.

2. Laudemus viros glorioſos & parentes noſtros. *Et paulo infra.* In peritia ſua requirentes modos muſicos, & carmina ſcripturarum. *Eccli.* 44. 1. *&* 5.

3. *Iubal eſt marqué dans la huitiéme generation par la ligne de Caïn & Henoch dans la* 7ᵉ *par la ligne de Geneſis* 4. *&* 5. *cap.* 5.

4. *In epiſtola canonica Iudæ v.* 14.

* Jam vero ſi longe antiquiora repetam, & ante illud grande diluvium noſter erat utique Noë patriarcha, quem prophetam quoque non immerito dixerim: ſiquidem in ipſa arca quam fecit, & in qua cum ſuis evaſit, prophetia noſtrorum temporum fuit. Quid Henoch ſeptimus ad Adam ? Nonne etiam in canonica epiſtola Apoſtoli Judæ prophetaſſe prædicatur? Quorum scripta ut apud Judæos, & apud nos in autoritate non eſſent, nimia fecit antiquitas, propter quam videbantur habenda eſſe ſuſpecta, ne proferrentur falſa pro veris. Nam & proferuntur quædam quæ ipſorum eſſe dicuntur ab eis, qui pro ſuo ſenſu paſſim, quod volunt, credunt. Sed ea caſtitas canonis non recipit; non quod eorum hominum qui Deo placuerunt reprobetur auctoritas, ſed quod iſta non credantur ipſorum. *Auguſt. lib.* 18. *de civit. Dei. cap.* 38.

5. *Geneſis.* 31. 27.

6. *Iob.* 21. 12. *&* 30. *Item cap.* 9. *&* 31.

7. *Actor.* 7. 22.

* Cum eſſet Moyſes ætate grandior arithmeticam & geometriam, rythmicam & harmonicam, & præterea medicinam ſimul & muſicam doctus eſt ab ijs qui erant inſignes inter Ægyptios; & præterea eam, quæ traditur per ſymbola ſeu ſigna, philoſophiam quam in litteris oſtendunt hierogliphicis. Alium autem doctrinæ orbem tanquam puerum regium Græci eum docuere in Ægypto : ut dixit Philo in vita Moſis, *&c. Clemens Alexandr. lib.* 1. *ſtromatum, verſus finem.*

* *Doctrinæ autem orbem idem Clemens ſic explicat:* Ægyptij, *inquit*, ſuam quamdam ac peculiarem exercent philoſophiam. Hoc autem maxime oſtendunt ſacræ illorum ceremoniæ Primus enim procedit cantor unum aliquid afferens ex ſymbolis muſicæ. Eum dicunt accipere oportere duos libros, ex quibus unus quidem continet hymnos deorum ; alter vero rationes vitæ regiæ. Poſt cantorem vero prodit horoſcopus, qui in manu habet horologium & palmam ſymbola & ſigna aſtrologiæ, *&c. Clemens Alex. lib.* 6. *ſtrom. longe ante medium.*

* *Euſebius lib.* 7. *de præparatione Evang. cap.* 7.

* *Iosephus lib. 2. antiquit.*

* *Philo lib. de opificio mundi & libris* 1. 2. & 3. *de vita Mosis.*

* Est itaque noster Moses propheticus, legum ferendarum peritus, ordinandæ & instruendæ aciei gnarus, exercitus ducendi artem tenens, politicus, & philosophus. *Et infra.* Mosaïca quidem philosophia quadripartito dividitur, & in partem historicam, & in eam quæ proprie vocatur legitima, quæ quidem fuerit proprie morum tractationis : tertiam autem eam quæ pertinet ad sacrificia, quod quidem est naturæ contemplationis, & postremo quartam, speciem theologicam, quæ est superna contemplatio, quam dicit Plato esse revera magnorum mysteriorum. *Clemens Alexandr. lib.* 1. *strom. versus finem.*

8. *Exodi* 15. 1. *Deuter.* 31. 30. *Item* 32.

9. *Exodi* 15. 1. 20. & 21.

* Hebræi stupentes quod prodigiosam, insperatamque sine sanguine victoriam nacti essent, & videntes hostem deletum momento temporis, duos choros alterum virorum, alterum mulierum statuerunt in littore ; cecineruntque hymnos gratulatorios, præeunte carmen viris Moyse, sorore vero mulieribus; nam hi choreas ductabant. *Philo de vita Moysis. lib.* 1. & 3.

10. Et factis cantantium choris ingressi sunt fanum Dei sui. *Iudicum* 9. 27. & *Iudic.* 5.

11. *Moyse selon la chronologie qui est à present le plus communement receuë sortit de l'Ægypte l'an du monde* 2544. *Barac & Debora jugerent en* 2672. & *David commença à regner en* 2979.

* *Lib.* 3. *Reg.* & 2. *Paralip.*

12. *Danielis* 3. 5. 10. 26. 51.

13. *Cyrillus Alexand. lib.* 3. *in Iulianum.*

* *August. lib.* 15. *de civit. Dei. cap.* 18.

* *Hugo Victorin. in Genesin.*

* *Abulensis in cap.* 4. *Genesis* 26.

14. Vidi Dominum sedentem super solium excelsum & elevatum: & ea quæ sub ipso erant replebant templum. Seraphim stabant super illud: sex alæ uni; & sex alæ alteri &c. & clamabant alter ad alterum, & dicebant Sanctus, Sanctus, Sanctus Dominus Deus exercituum: plena est omnis terra gloria ejus. Et commota sunt superliminaria cardinum à voce clamantis. *Isayæ* 6. *Apoc.* 4. 8.

* Tibi Cherubim & Seraphim incessabili voce proclamant Sanctus, &c. *In hymno Te Deum.*

* Et ideo cum Angelis, & Archangelis, cum Thronis, & Dominationibus, cumque omni militia celestis exercitus hymnum gloriæ tuæ canimus, &c. *In præfat. missæ.*

15. *Iob.* 38. 4. 5.

16. Credimus Deum docuisse Adam divinum cultum, quo ejus benevolentiam recuperaret, quam amiserat per peccatum transgressionis ; & ipse docuit filios suos. *Hugo victorin. in Genesin.*

17. *Torniellus ad annum mundi* 136. *n.* 4.

* Tempore ergo Enos videntur cætus hominum instituti, & in Ecclesiam congregari cæpisse, ad publicas preces, ad publicas conciones & cathecheses, ad publicum Dei cultum per sacrificia ; aliosque ritus & ceremonias. *Cornelius à Lapide in Genesis cap.* 4. 26.

18. Addit Thomas Valdensis, & ex eo Bellarminus lib 2. de monachis cap. 5. Enos instituisse peculiarem aliquem cultum & sublimiorem, quam esset religio vulgi : Nam ante Enos Seth, Abel & Adam, invocaverant Deum : unde censent ipsi Enos instituisse quasi præludium, & initium vitæ religiosæ & monasticæ. *Cornelius à Lapide in Genesis cap.* 4.

* *Bolduc lib.* 1. *de Ecclesia ante legem.*

* *Thomas Valdensis lib.* 3. *doctrinæ*

fidei artic. 1. *cap.* 1.

Per ſæculorum millia, incredibile dictu, gens Eſſenorum æterna eſt, in qua nemo naſcitur, &c. *Plinius lib.* 5. *hiſtoriæ cap.* 17.

Philo libro quod omnis probus liber circa medium. Et in Apologia pro Iudæis. Apud Euſebium lib. 8. *de præparat. evang. cap.* 11.

19. Ædificavit autem Noë altare Domino, & tollens de cunctis pecoribus & volucribus mundis, obtulit holocauſta ſuper altare *Geneſis* 8. 20.

20. Sed quid ſibi vult degradatio numerorum hujuſmodi? Numquid homo cum Deo loquens caſu & ſine ſcientia & ſenſu, ſicut in buccam venerunt, ita inſertas effudit diminutiones numerorum? Non utique, ſed cum ratione elocutus eſt, quæ etſi non ad plenum liquent, nonnihil tamen pulchritudinis ſenſibus noſtris exinde ſublucet. Illud namque præclarum in his numeris divinitus proviſum animadvertimus, quod non ſolum arithmeticis qualibuſcumque rationibus, ſed & muſicis proportionibus ita contexti ſunt, ut omnes muſicæ concordiæ ſymphonias complectantur. Nam quadraginta quinque cum 40. comparati epogdoum, id eſt, ſeſquioctavam proportionem reddunt, quam muſici tonum appellant. Quadraginta cum triginta collati epitritam; id eſt ſeſquitertiam proportionem efficiunt. *&c. Rupertus lib.* 6. *in Geneſin. cap.* 5.

21. *Ioſephus lib.* 1. *antiquitatum Iudaïcarum.*

* *Auguſt. lib.* 18. *de civitate Dei c.* 37.

* *Eupolemus & Artapanus apud Euſebium de præparatione Evangelica lib.* 9. *cap.* 17. & 18.

22. Conſtituit eum Dominum domus ſuæ, & principem omnis poſſeſſionis ſuæ; ut erudiret principes ejus ſicut ſemetipſum, & ſenes ejus prudentiam doceret. Unde enim fieri poſſit, ut vir tantus unius veri Dei cultor in Ægypto alendis tantummodo corporibus, & rebus tantum corporalibus gubernandis eſſet intentus: & quo meliores eos redderet, curam non gereret animorum. *Auguſt. in pſal.* 104.

* *Salianus tomo* 2. *Annalium ad annum mundi* 2470. *n.* 28.

23. *Salianus to.* 2. *Annal. ad annum* 2470. *n.* 5. & 28.

24. *Auguſt. lib.* 18. *de civit. Dei cap.* 37.

* Nemo, niſi iniquus forſan rerum arbiter, negare poteſt omnes ſcientias uti ab Hæbræis primum partim ad Græcos, partim ad Ægyptios; ita & muſicam ad eoſdem tranſlatam, ingentia nullo non tempore utrobique incrementa ſumpſiſſe. Quis enim curioſiſſima Græcorum ingenia continere poterat, quominus fama illa per univerſum mundum de incomparabili, tum Davidis, tum Salomonis ſapientia ſparſa, quominus inquam eo ſe conferrent, ubi erat tanta rerum admirandarum facies, tanta cantorum, cantatricumque multitudo, tanta inſtrumentorum muſicorum exquiſitiſſimo ingenio conſtructorum varietas, tam inexhauſtus denique omnium artium, ſcientiarumque, potiſſimum vero exactæ rerum naturalium notitiæ oceanus? Ubi totius humanæ ſapientiæ reſidebat oraculum, Salomon. Certe Orphæum, Linum, Amphionem, prima ſapientiæ græcæ lumina illinc omnia ſua traxiſſe facile hoc loco demonſtrare poſſem, niſi hanc materiam exquiſitiori argumento pertractandam muſicæ hieroglyphicæ reſervaſſem. *Kircherus tomo* 1. *muſurgia univerſalis lib.* 2. *cap.* 6.

25. Quem Hæbræi Moſen; Græci Muſæum vocant. *Euſebius lib.* 9. *de præparat. Evang. cap.* 8. & 27.

26. *Proverb.* 1. 2. & 3.

27. Nos vero noſtræ religionis hiſtoria fulti auctoritate divina, quicquid ei reſiſtit, non dubitamus eſſe falſiſſimum, quomodolibet ſe habeant cœtera in ſæ-

cularibus litteris. *August.* 18. *de civit. Dei cap.* 40.

* *La chronologie, selon la façon moderne de compter le plus communement receuë, marque la naissance de Moyse en l'an du monde 2464. & que Mercure fleurissoit en 2560. Orphée en 2786. Linus, Zetus, Amphion & Arion environ le mesme temps. Pythagore en 3514. Platon en 3660. Aristote & Aristoxene en 1690. Euclide en 3730. &c.*

28. Denique Moyses in populo Dei constituit, qui litteris docendis præessent, priusquam divinæ legis ullas litteras nossent. Hos appellat scriptura grammaton isagogos, qui latine dici possunt litterarum inductores, vel introductores, eo quod eas inducant quodam modo in corda discentium, vel in eas potius ipsos quos docent.

Nulla igitur gens de antiquitate sapientiæ suæ super Patriarchas & Prophetas nostros, quibus inerat divina sapientia, ulla se vanitate jactaverit, quando nec Ægyptus invenitur, quæ solet falso & inaniter de suarum doctrinarum antiquitate gloriari, qualicumque sapientia sua patriarcharum nostrorum tempore prævenisse sapientiam. Neque enim quisquam dicere audebit mirabilium disciplinarum eos peritissimos fuisse, antequam litteras nossent, id est antequam Isis eo venisset, easque ibi docuisset. Ipsa porro eorum memorabilis doctrina, quæ appellata est sapientia, quid erat nisi maxime astronomia, & si quid aliud talium disciplinarum, quod magis ad exercendum ingenia, quam ad illuminandas vera sapientia mentes valere solet. Nam quod attinet ad philosophiam, quæ se docere aliquid profitetur, unde fiunt homines beati, circa tempora Mercurij, quem Trismegistrum vocaverunt, in illis terris hujuscemodi studia claruerunt: longe quidem ante sapientes vel philosophos Græciæ; sed tamen post Abraham, Isaac, & Jacob, & Joseph: nimirum etiam post Moysen. Eo quippe tempore quo Moyses natus est, fuisse reperitur Athlas ille magnus astrologus Promethæi frater, maternus avus Mercurij majoris, cujus nepos fuit Trismegistus iste Mercurius. *August.* 18. *de civit. Dei cap.* 39. *item cap.* 37. 14. & 8.

* Tempora autem eorum qui fuerunt principes & authores ipsorum philosophiæ sunt dicenda consequenter, ut in conferendo ostendamus Hebræorum philosophiam fuisse generationibus multis antiquiorem *&c. & infra.* Jam dicendum est de temporibus Moysis, per quæ ostendetur citra ullam controversiam Hebræorum philosophiam esse quavis philosophia longe antiquiorem. *&c. Clemens Alexandr. lib.* 1. *stromatum circa medium.*

* *Eusebius de præpar. Evangelica lib.* 10. *& sequentibus. Item lib.* 7. *c.* 7. *&* 9.

29. Timagenes auctor est omnium in litteris studiorum antiquissimam musicen extitisse: & testimonio sunt clarissimi poëtę, apud quos inter regalia convivia laudes heroum, ac deorum ad cytharam canebantur. Jopas vero ille Virgilij nonne canit *Errantem lunam solisque labores, &c.* Quibus certe palam confirmat auctor eminentissimus musicen CUM DIVINARUM RERUM COGNITIONE ESSE CONIUNCTAM. *Quintil. lib.* 1. *institut. orator. cap.* 10.

Remarquez en passant, que le commencement & la fin de cette authorité de Quintilien ne confirme pas peu ce pourquoy les authoritez des chiffres 2. 3. 6. 7. 12. 13. 16. 17. 19. 20. 21. 22. *de ce chapitre y sont rapportées, sçavoir que le chant a toûjours accompagné le culte de Dieu.*

* Per idem temporis intervallum (*priorum scilicet judicum*) extiterunt poëtæ; qui etiam theologi dicerentur, quoniam de dijs carmina faciebant. *August. lib.* 18. *de civit. Dei cap.* 14.

NOTES ET AUTHORITEZ *du Chapitre III.*

1. NUmeros muſice habet duplices, in vocibus, & in corpore: utriuſque enim rei aptus modus deſideratur. *Quintilian. lib. 1. inſtitut. cap. 10.*

2. Omnia in numero menſura, & pondere diſpoſuiſti. *Sapientiæ* 11. 21.

* Cum igitur muſica ſive harmonia nihil aliud ſit, quam numerus, menſura, pondus, ut fuſe in præcedentibus oſtenſum eſt. Mundus autem *&c. Kircherus lib. 10. Muſurgiæ univerſ. parte 1. cap. 1.*

3. Cæli enarrant gloriam Dei, *&c.* In omnem terram exivit ſonus eorum, *&c. pſal.* 18.

* Laudate eum ſol & luna, laudate eum omnes ſtellæ & lumen. Laudate eum cœli cœlorum, & aquæ omnes quæ ſuper cælos ſunt laudent nomen Domini, *&c.* Laudate Dominum de terra dracones & omnes abyſſi, *&c. pſal.* 148.

* Benedicite omnia opera Domini Domino, laudate & ſuperexaltate eum in ſæcula. *Daniel* 3. 57.

4. Pythagoras res omnes ad numeros & muſicam retulit, ac orbem quoque harmonia quadam compoſitum dixit: quod idem etiam intelligebat de ſphæris cæleſtibus, quarum ſummam acutiſſimum ſonum efficere ſcripſit, ultimam graviſſimum. *Macrobius lib. 2. de ſomnio Scipionis.*

* Plato Pythagoræ diſciplina imbûtus pleraque retulit ad numeros, & muſicam, animamque mundi muſica quadam compoſitam eſſe aſſeruit. *Turnebus*

* *Plato in Timæo & de legibus.*

5. *Boëtius lib. 1. muſicæ cap. 2.*

6. *Georgius Venetus de harmonia mundi.*

* *Kircherus tomo 2. lib. 10. de decachordo naturæ.*

7. Jam vero æquiore, liberalioreque conſideratione aſſerendum eſt hujuſmodi facultatem neceſſario etiam omnibus, quæ principium in ſe motus habent quodam tenus ineſſe, quemadmodum & alias: maxime tamen, plurimumque his quæ perfectiorem, & majori cum ratione ſortitæ ſunt naturam, ob ortus familiaritatem; in quibus etiam ſolis videri poteſt omnino & manifeſte, ſervans quam exquiſitiſſime poteſt, earum quæ congrui & conſoni in differentibus, formis opifices ſunt, rationem, *&c. Ptolemæus lib. 3. harmonicorum. cap. 4. & ſequentibus.*

8. Duplici diſciplina uti convenit, ad corpus quidem gymnaſtica; ad animum vero muſica. *Plato 7. de legibus paulo ante medium.*

9. Quibus quatuor partibus (*mathematicis ſcilicet*) ſi careat inquiſitor, verum invenire non poſſit: Ac ſine hac quidem veritatis ſpeculatione nulli recte ſapiendum eſt. Eſt enim ſcientia earum rerum quæ vere ſunt agnitio, atque integra comprehenſio. *Boëtius lib. 1. arithmeticæ cap. 1.*

10. Erat tam turpe muſicam neſcire quam litteras. Interponebatur autem non modo ſacris, ſed & omnibus ſolemnibus, omnibus lætis, vel triſtibus rebus. *Iſidor. lib. 3. originum cap. 15.*

* In rebus humanis nulla actio eſt quæ ſine muſica perficiatur. *Ariſtides Quintil. lib. 2. de muſica.*

11. Sine muſica nulla diſciplina poteſt eſſe perfecta; nihil enim eſt ſine illa. *Iſid. lib. 3. orig. cap. 18.*

12. Inter ſeptem artes liberales muſica obtinet principatum; nihil enim ſine illa manet. *Beda in muſica practica.*

13. Tum nec circa muſicen grammatica poteſt eſſe perfecta; cum ei de metris rhythmſque dicendum ſit. *Quintilianus lib. 1. inſtitut. orat. cap. 10.*

* Numeros muſice duplices habet, in vocibus & in corpore, utriuſque enim rei aptus quidam modus deſideratur.

Vocis rationem Ariſtoxenus muſicus dividit in ῥυθμὸν & μέλος ἔμμετρον: quorum alterum modulatione, alterum canore ac ſonis conſtat. Num igitur non hæc omnia oratori neceſſaria? Quorum unum ad geſtum, alterum ad collocationem verborum, tertium ad flexus vocis, qui ſunt quoque in agendo plurimi, pertinet. Niſi forte in carminibus tantum & canticis exigitur ſtructura quædam, & inoffenſa copulatio vocum in agendo ſupervacua eſt? Aut non compoſitio & ſonus in oratione quoque varie pro rerum modo adhibetur, ſicut in muſice. Namque & voce & modulatione grandia elate, jucunda dulciter, moderata leniter canit: totaque arte conſentit cum eorum quæ dicuntur, affectibus. Atqui in orando quoque, intenſio vocis, remiſſio, flexus, pertinet ad movendos audientium affectus: aliaque & collocationis & vocis (vt eodem utar verbo) modulatione concitationem judicum, alia miſericordiam petimus: cum etiam organis, quibus ſermo exprimi non poteſt, affici animos in diverſum habitum ſentiamus. Corporis quoque decens & aptus motus qui dicitur εὐρυθμία est neceſſarius: nec aliunde peti poteſt: in quo pars actionis non minima conſiſtit: qua de re ſepoſitus nobis eſt locus. Age ſi habebit in primis curam vocis orator, quid tam muſices proprium? *&c. Quintil. lib.* 1. *inſtitut. cap.* 10.

* *Kircherus to.* 2. *muſurgiæ univerſ. lib.* 2. *parte* 8. *cap.* 1.

14. *Vitruvius lib.* 1. *cap.* 1.

15. *Ficinus lib.* 1. *Epiſtolarum.*

* *Diocaſſius lib.* 37.

16. Summam eruditionem Græci ſitam cenſebant in nervorum, vocumque cantibus. *Et paulo infra.* Ergo in Græcia muſici floruerunt, diſcebantque id omnes, nec qui neſciebat, ſatis excultus doctrina putabatur. *Cicero lib.* 1. *tuſcul. quæſt. non longe ab initio.*

* Claros nomine ſapientiæ viros nemo dubitaverit ſtudioſos muſices fuiſſe, quam Pythagoras atque eum ſecuti acceptam ſine dubio antiquitus opinionem vulgaverint, mundum ipſum ejus ratione eſſe compoſitum, quam poſtea lira ſit imitata. Nec illa modo contenti diſſimilium concordiam, quam vocant ἁρμονίαν, ſonum quoque his motibus dederunt. Nam Plato cum in alijs quibuſdam, tum præcipue in Timæo ne intelligi quidem, niſi ab ijs qui hanc quoque partem diſciplinæ diligenter perceperint, poteſt. Quid de philoſophis loquar, quorum fons ipſe Socrates jam ſenex inſtitui lyra non erubeſcebat, *&c. Quintilian. lib* 1. *inſtitutionum capite* 10.

17. Quis ignorat muſicem tantum jam illis antiquis temporibus, non ſtudij modo; verum etiam venerationis habuiſſe; ut ijdem, muſici, & vates, & ſapientes judicarentur. *Quintilian. lib.* 1. *inſtitut. cap.* 10.

18. *Auguſt. lib.* 2. *de doctrina Chriſt. cap.* 16.

* Muſica vero numquid peregrina eſt ab iſta, de qua loquimur, ſcriptura ſancta? Imo familiaris valde apud eam, & conſecretalis vernacula, atque præ alijs officialis, magiſque eſt neceſſaria. *Rupertus de operibus ſpiritus ſancti lib.* 7. *cap.* 16.

19. Cæteræ ad inveſtigationem veritatis laborant, muſica vero ſon ſolum ſpeculationi; verum etiam mortalitati conjuncta eſt. *Boëtius libro* 1. *muſicæ cap.* 1.

* Muſica & hujus dux philoſophia ad emendationem animi à dijs, legibuſque conſtitutæ, aſſuefaciunt, & ſuadent, & & cogunt partem animi expertem rationis obtemperare rationi. *Plato in Timæo prope finem.*

* Apud priſcos hortamentum ad virtutem muſica fuit. *Athenæus lib.* 14.

* Qui enim τρόποι græce, & modi, & mores

mores latine interpretari possunt. *Augustinus enarratione in psalmum* 67.

* Quoniam & mores intellectus quodammodo per cantus indicabant, Aristides Quintilianus non absurde eos modos vocitatos putat. Cum autem circa animi atque corporis affectus modorum ipsorum consideratio habita sit & excitatio, mores quoque vocati sunt. *Franchinus lib.* 4. *musicæ instrum. cap.* 1.

* Quid illa præstantius quæ naturæ convenientiam ubique dispersam virtutis suæ gratia comprehendit? quicquid enim in conceptum alicujus modificationis existit, ab harmoniæ concinentia non recedit. Per hanc competenter cogitamus, pulchre loquimur, convenienter movemur: quæ quoties ad aures nostras disciplinæ suæ lege pervenerit, imperat cantum, mutat animos: artifex auditus & operosa delectatio. Hæc cum de secreto naturæ tanquam sensuum regina tropis suis ornata processerit; reliquæ cogitationes exiliunt, ut ipsam solummodo delectet audiri. Hæc tristitiam noxiam jucundat, tumidos furores attenuat, cruentam sævitiam efficit blandam; excitat ignaviam, soporantemque langorem: vigilantibus reddit saluberrimam quietem; vitiatamque turpi amore ad honestum studium revocat castitatem: sanat mentis studium bonis cogitationibus semper adversum; perniciosa odia convertit ad auxiliatricem gratiam; & quod beatum curationis genus est, per dulcissimas voluptates expellit animæ passiones. Incorpoream animam corporaliter mulcet, & solo auditu ad quod vult deducit, & per insensibilium obsequium prævalet sensuum exercere dominatum. *Cassiodorus lib.* 2. *variarum epist.* 40. *ad Boëtium.*

20. Maximam esse Reipublicæ custodiam Plato arbitratur musicam optime moratam, prudenterque conjunctam: ita ut sit modesta, & simplex, & mascula: nec effæminata, nec fera, nec varia. Quod Lacedemonij maxima ope servavere, dum apud eos Taletas Cretensis, & Gortinus magno prætio accitus pueros disciplina musicæ artis imbueret. *Boëtius lib.* 1. *musicæ cap.* 1.

* Non igitur frustra Plato civili viro quem πολιτικὸν vocant, necessariam musicem credidit. *Quintil. lib.* 1. *institut. cap.* 10.

* *Plato* 2. *de legibus.*

21. Nulla enim magis ad animum disciplinis via, quam auribus patet; cum ergo per eas rhythmi, modique ad animum usque descenderint, dubitari non potest, quin æquo modo mentem atque ipsa efficiant, atque confirment. *Boëtius lib.* 1. *musicæ cap.* 1.

* De voce autem & auditu eadem omnino dicantur, ad eadem, eorumdemque causa à dijs tributa esse. Orationis enim facultas propter hæc ipsa data est, maximam omnino ad hæc opem collatura: quicquid nimirum in illa est musicæ vocis, ad auditum concentus, harmoniæque causa tributum: harmonia autem cognatos habens ijs motus qui in animo nostro sunt illi hominum generi data est, qui musis cum ratione & intelligentia utuntur: non vero ad temerariam, & rationis expertem voluptatem; quemadmodum hodie in nonnullis videtur ad illum usum musica instituta: quum potius hic verus sit ejus usus, & ad eam rem maximum tribuat adjumentum, ut animorum nostrorum intemperies è perturbatis illis, qui in nobis sunt, motibus manantes ad decorum, congruentemque quemdam concentum revocentur. Rhythmus vero, modulatioque deorum munere hac de causa etiam accessit; eo nimirum, qui in nobis omnibus est, immoderato; in complurimis vero cunctis etiam carente gratijs, carente naturæ habitu, corrigendo, atque emendando. *Plato in Timæo post* 3. *circiter partem.*

De

* Cur inter omnia, quæ sensum patiuntur, solum id mores obtinet, quod auribus obvium esse potest? Nam & si quid sermone modulamur, mores tamen præ se ipsa modulatio fert; quos non color, non odor, non sapor gerere potest. An quod numeri musici & moduli motibus continentur, quomodo etiam actiones? *&c. Aristot. sectione* 19. *problemate* 27. *&* 29.

22. Excitat hæc cantio cum voluptate quadam animam, & flagrans ad ejus, quod carmine celebratur, desiderium, affectiones & concupiscentias carnis sedat: cogitationes malas inimicorum, quos cernere non est, suggestione oborientes amolitur: mentem ad fructificationem divinorum bonorum rigat: pietatis decertatores generosos & fortes per constantiam in rebus adversis efficit: omnium rerum, quæ in vita tristes & luctuosæ accidunt, pijs affert medicinam, *&c. Author apud Iustinum Martyrem qu.* 107.

* Nihil animam æque erigit, & elatam quodammodo efficit, & à terra liberat, & exolvit à vinculis corporis, & amore sapientiæ afficit, & ut res omnes ad vitam istam pertinentes irrideat, perficit, ut versus modulatus, divinum canticum numero compositum. Nostra certe natura usque adeo delectatur canticis & carminibus, & tantam cum eis habet necessitudinem & convenientiam, ut vel infantes ab uberibus pendentes, si fleant & affligentur, ea ratione sopiantur. *Hæc & alia plura Chrisost. homilia in psal.* 41.

* Movet intus musica vi quadam & potentia naturali spiritum hominis; & cum decenter convenit cum verbo vel sensu divinæ laudis, concutit penetralia cordis & illam quam accepit homo, in eo ressuscitat gratiam spiritus sancti. Quod optime expertus est, & experiens primus Psaltes inclitus dicit, Os meum aperui, & attraxi spiritum. *Rupertus commentario in libros Regum, lib.* 5. *cap.* 23.

* Agit quippe cantus in spiritum, eumque potentissime afficiens, ad cælestes influxus recipiendos idoneum effice censetur. *Richardus à S. Vict. lib.* 5. *de contemplat. cap.* 17.

* Nunc autem adducite mihi psaltem; cumque caneret psaltes, facta est super eum manus Domini. 4. *Reg.* 3. 25.

23. Re enim vera primum hoc ejus est, atque pulcherrimum officium grata adversum deos remuneratio: proximum animæ pura & concinna, sibique conveniens constitutio. *Plutarchus in commentario de musica.*

* Apud antiquos ne notam quidem musicam quæ theatris inserviret; sed totam scientiam illam deorum venerationi adolescentumque institutioni impensam fuisse. *Plutarchus ibidem.*

24. Nulla enim scientia ausa est subintrare fores Ecclesiæ, nisi ipsa tantummodo musica. *Beda in musica practica.*

25. *Isayæ* 6. *Apocalipsis* 4. 5. 11. 14. *cap.*

26. In peritia sua requirentes modos musicos. *Eccli*, 44. 5.

27. Cecineruntque Debora & Baruc filius Abinoen in illo die dicentes. *Iudicum*. 5. 1.

28. 1. *Reg.* 2. 1.

29. 3. *Reg. &* 2. *Paralipom.*

30 Constituit quoque Ezechias Levitas in domo Domini cum cymbalis, & psalterijs, & cytharis, secundùm dispositionem David Regis, & Gad videntis, & Natham Prophetæ: siquidem DOMINI PRÆCEPTUM FUIT per manum Prophetarum ejus. 2. *Paralipom.* 29. 25.

* Dixitque Angelus eis: pax vobis nolite timere: etenim cum essem vobiscum, per voluntatem Dei eram: ipsum benedicite, & cantate illi. *Tobiæ* 12. 18.

31. Isayæ 5. & 26. & 38. 10.

* Tunc cantavit canticum hoc Domino Judith dicens. *Iudith* 16. 1. *&c.*

32. *Lucæ.* 1. 46.

33. Sit in singulis spiritus Mariæ, ut exultent in Deo. *Ambrosius in Lucam.*

34. *Luc.* 1. 68.

35. *Luc.* 2. 14.

36. *Luc.* 2. 28.

37. Et hymno dicto exierunt in montem olivarum. *Math.* 26. 30.

38. Hymni cantus sunt continentes laudes Dei: si sit laus, & non sit Dei, non est hymnus: & si sit laus, & Dei laus, & non cantetur, non est hymnus. Oportet ergo ut sit hymnus habeat hæc tria, & laudem, & Dei laudem, & canticum. *August. in psal.* 148.

* Modulata laus est hymnus, ut quidem arbitror: cum cantione psalmus est psalmodia. *Gregor. Nazianz. carmine jambico* 15.

* Hymnus est canticum laudantium, seu carmen lætitiæ & laudis. *Isid. lib.* 6. *orig. cap.* 10.

39. De hymnis & psalmis canendis cum & ipsius Domini, & Apostolorum habeamus documenta, & exempla, & præcepta, *&c. Augustinus epist.* 119. *cap.* 18.

40. Loquentes vobismet ipsis in psalmis, & hymnis, & canticis spiritualibus cantantes & psallentes in cordibus vestris Domino. *Ad Ephes.* 5 19. *Ad Coloss.* 3. 16.

41. Therapeutæ non solum contemplantur; sed etiam cantica & hymnos in laudem Dei componunt vario metrorum genere, rythmisque concinnantes in augustiorem & religiosam speciem. *Et infra.* Nonnulli ex his vix tertio quoque die famem sentiunt attenti magis ad disciplinarum scientiam: nec desunt, qui prælaute accepti epulo sapientię copiose præbentis sua placita perdurant duplum ejus temporis, & vix sexto die degustant cibum necessarium, assueti, sicut cicadæ, rore vivere; canticis, opinor, solantes inediam. *Et lõge infra versus finem.* Tum assurgens præses hymnum in laudem Dei primus canit, aut recens à se compositum, aut desumptum ab aliquo veterum. *&c. Philo de vita contemplativa sive supplicum virtutibus.*

* Christiani soliti sunt stato die ante lucem convenire, carmenque Christo quasi Deo dicere secum invicem. *Plinius* 2° *lib* 10. *epist.* 97. *ad Trajanum.*

* *Lucianus in Philopatr.*

42. Gratos nos illi exhibentes, rationalesque pompas, & hymnos illi celebramus atque decantamus. *&c. Iustinus martyr. in oratione ad Antoninum pium.*

* *Clemens Alexand. oratione ad gentes.*

* Sonant inter duos psalmi & hymni, & mutuo provocant, quis melius Deo succinat. *Tertullianus ad uxorem lib.* 2. *in fine.*

* *Basilius epist.* 69.

* Diei ortus psalmum resultat, psalmum resonat occasus. Mulieres Apostolus in Ecclesia tacere jubet; psalmum etiam bene clamant. Hic omni dulcis ætati, hic utrique aptus est sexui. Hunc senes rigore senectutis deposito canunt, hunc veterani tristes in cordis sui jucunditate respondent. Hunc juvenes sine invidia cantant lasciviæ, hunc adolescentes sine lubricæ ætatis periculo, & tentamento concinunt voluptatis. Juvenculæ ipsæ sine dispendio matronalis psallunt pudoris: puellulæ sine prolapsione verecundiæ cum sobrietate gravitatis hymnum Deo inflexæ vocis suavitate modulantur: Hunc tenere gestit pueritia, hunc meditari gaudet infantia, quæ alia declinat ediscere. Psalmum Reges sine potestatis supercilio resultant, Psalmus cantatur ab imperatoribus, jubilatur à singulis. Certant clamare singuli quod omnibus proficit. Psalmus virtutum organum est, quod sancti spiritus plectro pangens propheta venerabilis cælestis sonitus fecit in terris

dulcedinem resultare. *Ambros. præfat. in psalmos.*

43. Psalmus Angelorum opus est; cœleste munus atque administratio, incensum spirituale. Psalmus mentium illuminatio, ac corporum sanctificatio. In hoc nunquam fratres exerceri desistamus; & domi & extra in vijs, & dormientes & excitati loquentes nobismet ipsis in psalmis & hymnis & canticis spiritualibus. Psalmus piorum gaudium: hic otiosiloquium exterminat, risum reprimit, judicium suggerit, animam in Dei laudem excitat, cum Angelis choros agit. *S. Ephrem. to.* 1. *pag.* 13.

* Ubique credimus divinam esse præsentiam, & oculos Domini in omni loco speculari bonos & malos, maxime tamen hoc sine aliqua dubitatione credamus cum ad opus divinum assistimus. *S. Benedictus cap.* 19. *regulæ.*

* Ad horam divini officij mox ut auditum fuerit signum, summa cum festinatione curratur, cum gravitate tamen. *Et paulo infra.* Ergo operi Dei nihil præponatur. *S. Benedict. cap.* 43. *regulæ. Item.* Festinent se prævenire ad opus Dei. *cap.* 22.

* Ex regula nostra nihil operi Dei proponere licet. Quo quidem nomine laudum solemnia, quæ Deo quotidie in oratorio persolvuntur, Pater ideo Benedictus voluit appellari, ut ex hoc clarius aperiret, quam nos operi illi velit esse intentos. *Bernard. serm.* 47. *in cantica.*

NOTES ET AUTHORITEZ *du chapitre IV.*

1. MUsica est scientia bene modulandi. *August. lib.* 1. *musicæ cap.* 2.

2. Modulatio non incongrue dicitur movendi quædam peritia; vel certe quo fit ut bene aliquid moveatur: non enim dicere possumus bene moveri aliquid, si modum non servat. *&c.* Ergo scientiam modulandi jam probabile est esse scientiam bene movendi, ita ut motus ipse per se appetatur; atque ob id per se delectet. *Aug. lib.* 1. *mus. cap.* 2.

3. Ut intelligas modulationem posse ad solam musicam pertinere, quamvis modus unde flexum est verbum, possit etiam in alijs rebus esse: quemadmodum dictio proprie tribuitur oratoribus, quamvis dicat aliquid omnis qui loquitur, & à dicendo dictio nominata sit. *August. ibid.*

4. Musica est scientia bene movendi, sed quia bene moveri dici potest, quidquid numerositatis temporum, atque intervallorum dimensionibus movetur, jam enim delectat, & ob hoc modulatio non incongrue vocatur, fieri autem potest ut ista numerositas atque dimensio delecter quando non opus est; ut si quis suavissime canens, aut saltans, velit eo ipso lascivire, cum res severitatem desiderat; non bene utique numerosa modulatione utitur, id est ea motione, quæ jam bona, ex eo quia numerosa est, dici potest, male ille, id est incongruenter utitur; unde aliud est modulari, aliud bene modulari. Nam modulatio ad quemvis cantorem, tantum qui non erret in illis dimensionibus vocum, ac sonorum; bona vero modulatio ad hanc liberalem disciplinam, id est, musicam pertinere arbitranda est. *August. lib.* 1. *mus. cap* 3.

* Opportunæ modulationis, vel importunæ conformatio hujusmodi vires habet, ut illa quidem pulchram, hæc contra turpem & indecoram efficiat orationem; quin etiam consonum atque dissonum eodem modo, quandoquidem modulus id est, ῥυθμὸς, & concentus, id est, ἁρμονία orationem, non contra oratio hos consequitur. *Plato lib.* 3. *de republica.*

* *August. l.* 1. *mus. cap.* 4.

5. Harmonica est facultas differentias acutorum ac gravium sonorum sensu ac

ratione perpendens, sensus enim & ratio quasi quædam facultatis harmonicæ instrumenta sunt. Sensus namque confusum quiddam ac proxime tale, quale illud est, advertit: ratio autem dijudicat integritatem., atque universas persequitur differentias. *Et infra.* Nam ut singulæ artes habent instrumenta quædam, quibus partim confuse aliquid informent, ut asciculam; partim vero quod est integrum deprehendant, ut circinum: ita etiam harmonica vis duas habet judicij partes, unam quidem hujuscemodi per quam sensus comprehendit subjectarum differentias vocum; aliam vero per quam ipsarum differentiarum modum, mensuramque considerat. *&c.* Idcirco non est aurium sensui dandum omne judicium; sed exhibenda est etiam ratio, quæ errantem sensum regat, ac temperet, qua labens sensus, deficiensque veluti baculo innitatur. *Boëtius lib. 5. musicæ cap. 1. & lib. 1. cap. 9.*

* *Ptolem. lib. 1. harmonic. cap. 1.*

6. A Ptolemæo autem quodammodo harmonicæ definitur intentio; ea scilicet ut nihil auribus rationique possit esse contrarium. Id enim secundum Ptolomæum harmonicus videtur intendere, ut id quod sensus judicat, ratio quoque perpendat; & ita ratio proportiones inveniat, ut ne sensus reclamet; duorumque horum concordia omnis harmonicæ intentio misceatur. *Boëtius lib. 5. mus. cap. 2.*

7. Musica est peritia modulationis sono cantuque consistens. *Isid. lib. 3. orig. cap. 14.*

* Musica est disciplina, quæ de numeris loquitur, qui inveniuntur in sonis. *Isid. præfat. in lib. 3.*

8. Musica est liberalis scientia cantandi copiam subministrans. *Et infra.* Harmonica est illa quæ discernit inter sonos gravem & acutum; vel quæ consistit dupliciter in numeris & mensuris. Una localis secundum proportionem sonorum, vocumque; alia temporalis secundum proportionem longarum breviumque figurarum. *Beda in musica practica.*

* Musica nihil est aliud, quam scientia concordantium rationum, quæ in harmonia & rythmo versantur. *Plato in convivio, longe ante medium.*

* Musica est ars qua novimus canentes regere in choris *Plato in Theage circa initium.*

* Musica est scientia contemplandi & exercendi concentum: Concentus vero est id quod certum habet ordinem ex sonis, & intervallis compositum. *Euclides in musica.*

* Musica est notitia & ars decori in vocibus & motibus. Scientia igitur est seu notitia certa existit, quæque errorem non admittat. *Aristid. Quintil. lib. 1. de musica.*

9. Is vero musicus est, qui ratione perpensa canendi scientiam, non servitio operis, sed imperio speculationis assumit. *Et infra.* Is musicus est, cui adest facultas secundum speculationem rationemque propositam ac musicæ convenientem de modis ac rythmis, deque generibus cantilenarum ac de permixtionibus, ac de omnibus de quibus posterius explicandum est, ac de poëtarum carminibus judicandi. *Boëtius lib. 1. cap. 34.*

* In tonorum acutorum & gravium rationibus ita se res habet; qui enim voces aptis sonorum modulis una temperatas, aut contra cognoscit, musicus ille est; qui vero illarum rerum minime est peritus, musices expers est. *Plato in sophista paulo post medium.*

NOTES ET AUTHORITEZ *du chapitre V.*

I. RAtio simpliciter & in universum ordinis & commensurationis est opifez, harmonia vero proprie ejus, quæ in eorum genere est quæ audiuntur, ut visiva ejus quæ in visibili, & judicatrix in intelligibili, præstatque in ijs quæ audiuntur, ordinem, quem concentum peculiari nomine appellamus: ac quia contemplando invenit commensurationes, mentem respicit; & quod manus opera eas ostendat, artem: denique ob consequentem experientiam, ad mores attinet: idque quod in universum ratio recte considerans invenit, affirmat deprehensum evidentia, & simile ipsi fit consuescendo subjectum: ut merito etiam communis ad rationem attinentium formarum scientia, quæ proprie mathematica dicitur, non contemplationi inhæret tantum pulchrorum, ut quidam forte opinantur, sed ostensione simul & meditatione, quæ ex ipsa consecutione ei suppetunt, instructa est: utitur enim instrumentis, quemadmodum ministris, hujusmodi facultas supremis & maxime mirificis, sensibus visu & auditu, qui præ alijs potissime ordinati sunt ad principem nostri partem ac soli inter illos non voluntate tantum judicant subjecto, quin multo potius honesto. *Et infra.* Unde fit ut soli hi sensus mutuas tradant operas in subministrando ipsorum rationalis animæ parti perceptiones, sæpe numero revera tanquam fratres effecti, visibilia quidem solum ostendente auditu per interpretationes, audibilia vero solum visu enuntiante per descriptiones, & sæpe evidentius utroque, quam si solus alter sua interpretetur, ut quando ratione tradita per delineationes aut notas facilius tum discuntur à nobis, tum memoria commendantur, ac visu cognita per poëticas enarrationes apparent imitabiliora. *&c. Ptolem. lib.* 3. *harmonic. cap.* 3.

2. Ea quæ discernenda sunt primum sensibus accidunt, ac per sensum sentiuntur, & postremo ratione discernuntur. Multa enim varietas est inter sensum & rationem: medio itinere feruntur, qui nec ex toto discretionem tribuunt auribus nec ex toto rationi, sed partim auditui, partim rationi: sonum videlicet acutum vel gravem auditui, differentias autem consonantiarum rationi. *Beda in musica theorica.*

* Ut autem universe dicam sensum & intelligentiam oportet in judicandis musicæ partibus concurrere, ut neque præeant sensus, quod accidit præcipitibus, neque à tergo relinquantur, quod usuvenit tardis. Contingit autem in sensibus utrumque, ut ob naturæ inæqualitatem, & antecurrant, & tardius æquo veniant. Hoc igitur adimendum est sensui, ut possit imitari intellectum: semper enim necesse est tria hæc unà in auditum incidere: sonum, tempus, litteram, seu syllabam: fiet autem, ut è sono, ejusque ingressu harmoniam; è tempore rythmum, è littera, aut syllaba, id, quod dicitur, intelligas. Quæ cum simul procedant, simul etiam sensus ea excipere debet. *Plutarch. in comment. de musica.*

* Harmonicos sermones auditurus, necesse experientia exercitatum habeat auditum ad sonos accurate audiendos, intervalla pernoscenda tam consona, quam dissona: ut perceptis, quæ circa sonos sunt, proprietatibus, rationem consequenter adjungens, perfectam scientiam experientia ac ratione adauctam efficiat. *Gaudentius initio introductionis harmonicæ.*

3. Intendenda vis mentis est, ut id quod natura est insitum, scientia quoque possit comprehensum teneri: sic non sufficit cantilenis musicis delectari, nisi etiam quali inter se conjunctæ sint vocum proportione discatur. *Boët. l.* 1. *c.* 1.

4. Num tibi videtur bene modulari luscinia verna parte anni? nam & numerosus, & suavissimus est ille cantus, & nisi fallor tempori congruit. Numquid non hujus liberalis scientiæ perita est? vides igitur nomen scientiæ definitioni pernecessarium D. video prorsus M.

Dic mihi quæso te, nonne tales tibi videntur, qualis illa luscinia, qui sensu quodam ducti bene canunt, id est numerose id faciunt & suaviter, quamvis interrogati de ipsis numeris vel de intervallis acutarum, graviumque vocum respondere non possint. D. Eos simillimos puto M. nonne pecoribus comparandi sunt. D. censeo *Aug. l.* 1. *musicæ cap.* 4.

5. Qui canit quod non sapit, definitur bestia. Unde versus : Bestia, non cantor, qui non canit arte; sed usu. Non verum cantorem facit ars, sed documentum. *Beda in musica practica.*

* *Guido Aretinus in prologo rythmico antiphonarij.*

6. Aliud est sonare quod corpori tribuitur. Aliud audire, quod in corpore anima de sonis patitur. Aliud operari numeros vel productius, vel correptius, quod est in ipso usu & opere pronunciantis. Aliud ista meminisse; nam & taciti apud nos-metipsos possumus aliquos numeros peragere ea mora temporis, qua etiam voce peragerentur. *Aug. lib. 6. musicæ cap.* 3. Aliud de his omnibus vel annuendo vel abhorrendo quasi quodam naturali jure ferre sententiam. *Idem lib. 6. cap.* 4.

* Nos ergo in istis generibus numerandis & distinguendis unius naturæ, id est animæ motus, affectionesque dispicimus. Quare sicut aliud est ad ea, quæ corpus patitur, moveri, quod fit in sentiendo. Aliud movere se ad corpus; quod fit in operando. Aliud quod ex his motibus in anima factum est, continere; quod est meminisse. Ita est aliud annuere, vel renuere his motibus, aut cum primitus exeruntur; aut cum recordatione resuscitantur; quod fit in delectatione convenientiæ, & offensione absurditatis talium motionum sive affectionum. Et aliud æstimare utrum recte an secus ista delectent quod fit ratiocinando. Necesse est fateamur ita hæc esse duo genera, ut illa sunt tria. Et si recte nobis visum est, nisi quibusdam numeris esset ipse sēsus delectationis imbutus, nullo modo eum potuisse annuere paribus intervallis, & perturbata respuere. Recte etiam videri potest ratio, quæ huic delectationi superimponitur, nullomodo sine quibusdam numeris vivacioribus de numeris, quæ infra se habet, posse judicare. Quæ si vera sunt, apparet inventa esse in anima quinque genera numerorum; quibus cum addideris corporales illos, quos sonantes vocavimus, sex genera numerorum; disposita, & ordinata cognosces. *Aug. eodem lib. 6. mus. cap.* 9.

* Aliud est habere numeros; aliud posse sentire numerosum sonum, *&c.* Non facile dixerim carere sensum numeris talibus in se constitutis, etiam antequam aliquid sonet; non enim aliter aut eorum mulceretur concinnitate, aut absurditate offenderetur. Id ipsum ergo quicquid est, quo aut annuimus, aut abhorremus, non ratione sed natura, ipsius sensus numerum voco : non enim tunc fit in auribus meis, cum sonum audio, hæc vis approbandi, aut improbandi; aures quippe non aliter bonis sonis, quam malis patent, *&c.* Quare ista duo distinguenda sunt, & fatendum numeros, qui sunt in ipsa passione aurium, cum aliquid auditur, sono inferri, auferri silentio. Ex quo colligitur numeros qui sunt in ipso sono, posse esse sine istis, qui sunt in eo quod est audire; cum hi sine illis esse non possint. *August. eodem lib. 6. cap.* 2.

Notes et authoritez *du Chapitre VI.*

1. *Boetius lib.* 1. *musicæ cap.* 2.

2. Non sunt loquelæ neque sermones quorum non audiantur voces eorum. In omnem terram exivit sonus eorum, & in fines orbis terræ verba eorum. *Psal.* 18. 3. *&* 4.

3. *Beda in mus. practica.*

4. Organum vocabulum est generale vasorum omnium musicorum. *Isid. lib.* 3. *cap.* 20.

5. Hæc verò adminiſtratur, aut intentione ut nervis : aut ſpiritu, ut tibijs, vel his quæ ad aquam moventur ; aut percuſſione quadam, ut in his quæ in concava quadam virga ærea feriuntur : Atque diverſi inde efficiuntur ſoni. *Boët. lib.* 1. *muſicæ cap.* 2.

* Intellexit nihil aliud ad aurium judicium pertinere quam ſonum, eumque triplicem, aut in voce animantis, aut in eo quod flatus in organis faceret aut in eo quod pulſu ederetur. *Aug. l.* 2. *de ordine cap.* 14.

6. Tres ſunt partes muſicæ, videlicet harmonica, quæ diſcernit in ſonis acutum & gravem ; rythmica, quæ requirit incurſionem verborum, utrum bene ſonus an male cohæreat. Metrica, quæ menſuram diverſorum metrorum, u, g, heroïcum, iambicum, *&c.* probabili ratione cognoſcit. *Iſidor. lib.* 3. *orig. cap.* 17. *&* 18.

* Harmonia ſeu muſica conſtat ſono, numeris, atque verbis : ſed quæ ſonis ad melos pertinent, harmonica dicuntur : quæ ad numeros rythmica, quæ ad verba metrica. Martianus *Capella lib.* 9. *cap. de generibus muſicæ.*

7. Cantus duplex eſt, alter ſimplex ac uniformis, quo nunc vulgo in templis utuntur, & de hoc tractat muſica plana, quam Gregorianam vocant ; Alter varius ac multiformis, de quo eſt muſica, quam alij figuralem, alij menſuralem nunc vocant. *Glarean lib.* 1. *dodecachordi cap.* 1.

* Duplex cantus in eccleſia catholica uſurpatus huc uſque fuit, eccleſiaſticus, ſive cantus firmus vel planus ; deinde cantus figuratus, quorum utrumque nos non male monodicum, & polyodicum dicimus. Ille monodicus dicitur, quod omnes idem canticum ſub ijſdem intervallis concinant : hic polyodicus, quod pluribus, diverſiſque harmonice diſpoſitis vocibus concinatur. Monodici ſive eccleſiaſtici cantus inſtitutores fuere magna illa eccleſiæ lumina SS. Ambroſius & Gregorius magnus, à quo & in hanc uſque diem Gregorianus dicitur. *Kircherus tomo* 1. *muſurgiæ univerſalis cap.* 8.

8. Muſicalis harmonia eſt extremarum, contrariarumque vocum communi medio conſonantias complectentium ſuavis & congrua ſonoritas, quam idcirco à conſonantia differre conſtat. Hæc namque ſola proportione, duabus illa ſaltem producitur. Nam quanquam harmonia conſonantia eſt, omnis tamen conſonantia non facit harmoniam: conſonantia namque ex acuto & gravi generatur ſono; harmoniam vero *(muſicalem ſcilicet)* ex acuto & gravi conficiunt, atque medio. *Franchinus lib.* 3. *muſicæ inſtrumentalis cap.* 10.

9. Symphonia eſt modulationis temperamentum ex gravi & acuto concordantibus ſonis, ſive in voce, ſive in flatu, ſive in pulſu : per hanc quippe voces acutiores gravioreſque concordant ; ita ut quiſquis ab ea diſſonuerit ſenſum auditoris offendat. Cujus contraria eſt diaphonia, id eſt voces diſſonæ. *Iſid. l.* 3. *orig. cap.* 19.

* Et quia hæ tres ſpecies (diateſſaron ſcilicet, diapente, & diapaſon) tantum ſe ad organi ſocietatem, ac ſuavitatem, permiſcent ; Symphoniæ, id eſt aptæ vocum copulationes dicuntur; cum ſymphonia & de omni cantu dicatur. *Guido Aret. cap* 18. *micrologi.*

10. *Kircherus tomo* 1. *muſurgiæ univerſalis lib.* 7. *cap.* 10.

11. Officium aliud habet muſica practica, aliud theorica. Practica enim eſt harmonias componere, & artem quæ humanos poſſit movere affectus. Theorica vero eſt in ſumma comprehendere cognitionem ſpecierum harmonicarum, & id ex quo componuntur: vel eſt etiam figuras longas & breves, nec non corpora & menſuras earumdem, qualitates, & quantitates, ſimilitudines & diſſimilitudines,

dissimilitudines proportionum sonorum & vocum, & orthographiam cognoscere, & conservare, & regulariter eam describere : ita quod omnis cantus qualiscumque fuerit diversificatus, congrue per illam possit declarare. *Beda in musica practica.*

12. Melopeia est usus harmonicæ tractationi subjectorum, seu eorum quæ canenda proponuntur ad decorum propositi argumenti ; Atque hic est finis & scopus tractationis harmonicæ. *Euclid. in musica.*

13. Scientia in sola ratione esse potest, ars autem rationi jungit imitationem, & exercetur per corpus; cujus operatio non impedit, quin scientia ejus non resideat in animo. *Aug. lib. 1. mus. cap. 4.*

NOTES ET AUTHORITEZ du Chapitre VII.

I. *MErsenne tome 1. de l'harmonie universelle livre 2. des chants, proposition 1.*

* Musica patetica nihil aliud est, quam harmonica melothesia, sive compositio ea arte, & ingenio à perito musurgo instituta, ut ad datum quemcumque animi affectum auditorem concitet. Requiruntur autem ad eam rite instituendam quatuor conditiones ; quarum prima est, ut symphoneta peritus seligat thema affectui concitando aptum. 2. Ut assumptum thema congruo tono adaptet. 3. Ut rythmum sive mensuram verborum harmonico rythmo, mensuræque exacte coaptet. 4. Ut compositam juxta dictas conditiones melothesiam à peritissimis phonascis pronunciandam, cantandamque loco congruo & tempore exhibeat. *Kirch. to. 1. musurg. l. 7. c. 3.*

2. Isidor. lib. 3. cap. 19.

* Cantus est inflexio vocis secundum varios acutiei, gravitatis, celeritatis & tarditatis gradus vel modos ; unde & modulari idem est quod canere. *Gassend. to. 5. in proëmio manuduct. ad musicam.*

* Cantus est intentio & remissio, quæ fit per sonos concinnos. *Bacchius in introductione ad musicam.*

* Cantus autem est & quidem perfectus, qui ex harmonia, & rythmo, & dictione constat. Specialius vero sumptus, ut in harmonica, nexus sonorum gravitate, & acumine dissimilium. *Aristides Quintilianus. lib. 1. de musica circa medium.*

NOTES ET AUTHORITEZ du Chapitre VIII.

I. QUi tibijs aut cythara, vel hujusmodi instrumentis canunt, distant à luscinia, quod in istis artem quamdam esse video, in illa vero solam naturam. *August. lib. 1. musica cap. 4.*

2. Ars est ratio quædam *&c.* & quisquis ratione uti non potest, arte non utitur, licet imitatione assequatur ; ut Pica, Psittacus, Corvus, *&c. August. ibidem.*

* Quæ casu, vel ex consuetudine & habitu fieri contingit, licet eadem etiam facere certa via & ratione. *Aristot. l. 1. Artis rethor. cap. 1.*

* Nihil credimus esse perfectum, nisi ubi natura cura juvatur. *Quintilian. lib. 11. instit. c. 3. non longe ab initio.*

3. Omnis ars, omnisque disciplina honorabiliorem naturaliter habet rationem, quam artificium, quod manu atque opera exercetur, multo enim majus atque aptius est scire quod quisque faciat, quam ipsum illud efficere, quod sciat. Est enim artificium illud corporale, quod serviens famulatur ; ratio vero quod domina imperat : & nisi manus secundum quod ratio canit operatur, frustra fit. In tanto igitur præclarior est scientia musicæ in cognitione rationis, quam in opere efficiendi atque actu, in quanto mente corpus superatur, quod scilicet rationis expers sine ratione degit ; illa vero imperat, atque ad rectum

deducit; quod nisi ejus pareatur imperio expers opus rationis titubabit. Unde fit ut speculatio rationis operandi actu non egeat; manuum vero nulla sint opera, nisi ratione ducantur. *Boët. lib.* 1. *musicæ cap.* 34.

* Nulla res sine arte valet, & comitatur semper artem decor. *Quintil. lib.* 1. *institutionum cap.* 4. *non longe à principio.*

4. Qui disciplina recte excultus est cantare bene potest. *Plato* 2. *de legibus.*

* Omnem ordinatum arte concentum, quamquam vocis suavitas deest, 7° legum divus Plato longe meliorem putat, quam cum est sine ordine. *Franchin. l.* 3. *musicæ practicæ cap.* 1.

* Cur numeris, modulis, canticis denique omnibus concinendi generibus oblectari omnes consuevere? An quod motibus naturalibus oblectari datum est omnibus à natura? Indicium, quod pueri nuper editi his adeo moveri, oblectarique possunt; modis tamen adjectitijs canticorum ut delectemur, efficere assuescendi ratio potest. Sed enim numeri propterea mulcent, quia ratum ordinateque computandi numerum habent, moventque nos pro sua æquabili ratione ordinate. Motus enim naturæ familiarior est ordinatus, quam inordinatus: itaque hic secundum naturam magis esse probatur. Argumentum, quod cum ORDINATE ET LABORAMUS, ET BIBIMUS ET COMEDIMUS, NATURAM VIRESQUE NOSTRAS ET SERVAMUS ET AUGEMUS. Contra, inordinate cum agimus, depravamus naturam atque de suo statu dimovemus. *Aristot. sect.* 19. *problem.* 38.

5. Quoniam necessaria quædam ad utilitatem cantantium tractare proponimus, necesse est ut subtilissimas regulas summopere subjectas intelligere studeamus. *Beda in musica practica.*

* Igitur qui disciplinam nostram petit has regulas sæpe meditetur, donec vi & natura vocum cognita ignotos & notos cantus suaviter cantet. *Guido Aretinus initio micrologi.*

6. Intelligere debemus, ut humana ratione, non quasi avium more cantemus; nam & meruli, & psittaci, & corvi, & picæ, & hujusmodi volucres sæpe ab hominibus docentur sonare, quod nesciunt. Scienter autem cantare, non avi, sed homini divina voluntate concessum est. *August. expositione* 2. *in psal.* 18.

NOTES ET AUTHORITEZ
du Chapitre IX.

I. EST enim absurdum à concentu universo discrepare, & singulis rythmis minime tribuere consentanea. Horum igitur concentuum formæ certis legibus necessario sunt definiendæ, & utrisque congruenter attribuendæ. *Plato* 7. *de legibus.*

2. Illud quoque quis non defleat, quod tam gravis est in sancta Ecclesia error, tamque periculosa discordia; ut quando divinum celebramus officium, sæpe non Deum laudare, sed inter nos certare videamur: vix denique unus concordat alteri non magistro discipulus, nec discipuli cum discipulis. *Guido Aretinus in prologo prosaïco antiphonarij.*

3. Ita quisque, ut audit, movetur. *Quintilianus lib.* 11. *institut. cap.* 3. *in initio.*

* Hoc etiam in auribus facilius advertitur, nam quicquid jucunde sonat, illud libet, atque ipsum auditum illicit: quod autem per eundem sonum bene significatur, nuntio quidem aurium, sed ad solam mentem refertur. *Aug. l.* 2. *de ordine cap.* 11.

* Quæ melius cantantur, melius adhærent nostris sensibus. *Ambros. serm.* 7. *in psal.* 118.

* Auditus sonorum concinnitate mulcetur, & absurditate offenditur. *Aug. l.* 6. *mus. cap.* 2.

* In ſono verſuum dimenſio quædam numerorum delectat, quo perturbato delectatio illa exhiberi auribus non poteſt, imo nec ſine offenſione audiri. *Aug. l. 2. muſ. cap. 3.*

5. Pudet me pleroſque eccleſiaſticos viros totius vitæ curſu in cantu verſari; ipſum verò cantum, quod turpe eſt, ignorare. *Cardinalis Bona De divina Pſalmodia cap. 17. §. 3.*

6. Tam nobilis eſt tamque utilis recte canendi diſciplina, ut qui ea caruerit eccleſiaſticum officium congrue implere non poſſit. Quicquid enim in lectionibus decenter pronuntiatur; ac quicquid de Pſalmis ſuaviter in eccleſia modulatur, hujus diſciplinæ ſcientia ita temperatur, ut per eam omne Dei ſervitium impleatur. *Rabanus Maurus De inſtitut. clericorum lib. 3. cap. 24.*

7. Si ergo concors & decens fuerit modulatio noſtra, nos ipſos delectabit, & audientes ædificabit, & Deo ſuavis & grata erit, qui unanimes habitare facit in domo. *Auguſtin. ſerm. de utilitate & cantu pſalmorum juxta milleloquium. verbo pſalmus & pſallere. Et Dioniſium Carthuſ. ſermone 5. in Dom. 2. Adventus.*

8. Eſt igitur cantus eccleſiaſticus plenus majeſtate, & neſcio quam vim animos in Deum concitandi poſſidet, præſertim cum decore & ſtudio requiſito peragatur. Neque quidquam ad animam tranquillandam efficacius inveniri poſſe puto, quam monachos aut clericos cantantes dictos hymnos & cantica, uniſona illa alternarum æqualium vocum ſymphonia, conſtanti tenore, ſervata temporis & menſuræ proportione requiſita, auſcultare. *Kirch. to. 1. muſurgiæ univerſ. lib. 7. cap. 3.*

* Princeps & primaria illa in muſica educatio, quæ in modulorum concentuumque rationibus verſatur, efficaciſſime in interiores animi partes influit, & venuſtate quadam animum vehementiſſime tangit, eumque adeo eodem venuſtatis decore afficit, ſi in ea accurate elaboret & inſtituatur, ſin minus, contra. *Plato. lib. 3. de republica.*

9. Quantum flevi in hymnis & canticis tuis, ſuaveſonantis eccleſiæ tuæ vocibus commotus acriter, voces illæ influebant auribus meis, & eliquabatur veritas tua in cor meum, & ex ea æſtuabat affectus pietatis, & currebant lachrymæ, & bene mihi erat cum eis. *Aug. lib. 9. confeſſ. cap. 6.*

10. Non ergo debemus quaſi cœci ſine ductore procedere, ſed ſingulorum ſonorum, omniumque depoſitionum & elevationum diverſitates proprietateſque alte memoriæ commendare. *Guido cap. 3. prologi proſaici.*

11. Atque hic maxime illud eſt retinendum, quod ſi quoquo modo per parviſſimas mutationes, hinc aliquid permutaretur, recens quidem minime ſentiri; poſt vero magnam facere differentiam, & per aures ad animum uſque delabi. *Boëtius lib. 1. muſ. cap. 1.*

* Aſſentior Platoni, nihil tam facile in animos teneros atque molles influere, quam varios canendi ſonos; quorum vix dici poteſt, quanta ſit vis in utramque partem. *Et paulo infra.* Quamobrem ille quidem ſapientiſſimus Græciæ vir, longeque doctiſſimus, valde hanc labem veretur, negat enim mutari poſſe muſicas leges ſine mutatione legum publicarum. *Cicero lib. 2. de legibus.*

12. Tales ad legendum, cantandum & pſallendum in eccleſia conſtituantur, qui non ſuperbe, ſed humiliter debitas Deo laudes perſolvant, & ſuavitate lectionis ac melodiæ, & doctos demulceant, & minus doctos erudiant; pluſque velint in lectione vel cantu populi ædificationem, quam popularem vaniſſimam adulationem. Qui vero hæc docte peragere nequeunt, erudiantur prius à magiſtris; & inſtructi hæc adimplere ſtudeant, ut audientes ædificent. *Conc. Aquiſgranenſe lib. 1. cap. 133.*

NOTES ET AUTHORITEZ DE LA II. PARTIE.

Notes et authoritez *du Chapitre I.*

I. Sonus est aëris percussio indissoluta usque ad auditum. *Boëtius lib. 1. Mus. c. 3.*

* Si foret rerum omnium quies, nullus auditum sonus feriret; id autem fieret, quoniam cessantibus cunctis nullæ inter se res pulsum cierent. Ut igitur sit vox pulsu opus est; sed ut sit pulsus, motus necesse est, antecedat: ut ergo sit vox, motum esse necesse est. Sed omnis motus habet in se tum velocitatem tum etiam tarditatem; si igitur sit tardus in pellendo motus, gravior redditur sonus; nam ut tarditas proxima stationi est; ita gravitas contigua taciturnitati. Velox vero motus acutam voculam præstat. *Boët l. 4. mus. cap. 1.*

* Sonus est affectio aëris pulsati, prima & generalissima earum, quæ audiuntur. *Ptolemaus lib. 1. harmonic. c. 1.*

2. Tale enim quiddam fieri consuevit in vocibus, quale cùm paludibus vel quietis aquis, jactum eminus jacitur saxum; primum enim in parvissimum orbem undam colligit, deinde majoribus orbibus undarum globos spargit, atque eo usque, dum fatigatus motus ab eliciendis fluctibus conquiescat; semperque posterior & major undula pulsu debiliore diffunditur. Quod si quid sit, quod crescentes undas possit offendere, statim motus ille revertitur, & quasi ad centrum unde profectus fuerat, eisdem undulis rotundatur. Ita igitur cum aër pulsus fecerit sonum, pellit alium proximum, & quodam modo rotundum fluctum aëris ciet, itáque diffunditur, & omnium circumstantium ferit auditum; atque illi est obscurior vox, qui longius steterit, quoniam ad eum debilior pulsi aëris unda pervenit. *Boët. l. 1. cap. 14.*

3. Vox autem magna tunc oritur, cum aëris multum agitur: utque acuta cum celeriter, sic gravis cum tarde aër incitatur. *Aristoteles sect. 11. Problem. 3. 21. 32. 34. 35. 40. 53. & sectione 19. Probl. 51.*

* Differentiæ vero eorum quæ sonant, in sono qui actus est, patefiunt, Ut enim sine lumine colores non cernuntur, ita sine sono acutum & grave non percipitur. 21. Hæc autem dicuntur per translationem ab ijs quæ sub tactum cadunt, acutum enim brevi tempore multum movet sensum; grave autem longo tempore parum. Non igitur acutum est velox, & grave tardum; sed illius propter celeritatem fit motus talis; hujus autem propter tarditatem. Ac videntur proportione respondere acuto & obtuso, quod in tactu cernitur: acutum enim quasi pungit, obtusum vero quasi pellit: quoniam alterum brevi, alterum longo tempore movet. Unde fit ut alterum sit velox, alterum tardum. 22. De sono igitur hæc definita sunto. *Aristoteles lib. 2. de anima cap. 8. n. 20. 21. & 22.*

* Unde fit ut tensior chorda velociorem agat pulsum; celeriusque revertatur; atque frequentius & spissius aërem feriat. Laxior vero solutos ac tardos pulsus efferat, atque raros ipsa imbecillitate feriendi; nec diutius tremat. Sed neque quoties chorda pellitur, unum tantum edi putemus sonum, aut unam in his esse percussionem; cum toties aër feriatur quoties eum chorda tremebūda percusserit: Verum quoniam junctæ sunt sonorum velocitates, nulla intercapedo auribus sentitur; unus namque sonus sensum pellit, vel gravis, vel acutus, quamquam uterque ex pluribus constat: gravis quidem ex tardioribus, & rarioribus; acutus vero ex celerioribus & spissis. *Franch. l. 2. theor. mus. c. 1.*

* Fit autem soni gravitas cum ex intimo quidam spiritus trahitur. Acumen vero cum ex superficie oris emittitur. *Martian. Capella lib. 9. cap. de septem partibus harmoniæ.*

4. Vox est aër spiritu verberatus, unde & verba sunt nuncupata. *Isid. l. 3. c. 19.*

* *Lactantius lib. de opificio Dei c. 15.*

* Vox est sonus quidam animati; nullum enim inanimatum vocem emittit : sed per similitudinem dicitur habere vocem, ut tibia & lyra, & quæcumque inanimata extensionem habent, & melos & locutionem : sic enim videtur, quia & vox hæc habet. *Aristot. l. 2. de anima c. 8 n. 23.*

5. Sonus igitur est vocis casus ἐμμελής id est aptus melo in unam intensionem. Sonum vero non generalem volumus definire, sed eum qui græce φθόγγος dicitur à similitudine loquendi φθέγγεσθαι. *Boëtius lib. 1. cap. 8.*

6. Sonus directus est, præcedit autem sonus cantum. *Isidorus l. 3. cap. 19.*

* Sonus est vocis casus in unam tensionem. *Aristox. l. 1. harm. elem. circa medium.*

* Sonus est concinnus vocis casus in unam intentionem. *Euclides in musica.*

* Sonus est concinnæ vocis tensio latitudine carens : Tensio vero mansio aliqua & identitas secundum magnitudinem soni intervallo carentis. *Nicomachus lib. 1. manualis harmonices.*

7. Sicut numeri unitas, lineæ punctum, & momentum temporis; ita harmoniæ phtongus. Vox quidem individua, elementi hoc in negotio fungens vice, ex quo omne melos constat, & in quem resoluitur. *Glarean. l. 1. dodecachordi cap. 9.*

8. Unum semen esse numeri, non numerum volunt, nam numerus est multitudo ex unitatibus constituta. *Isid. lib. 3. orig. cap. 3.*

9. Chordas autem dictas à corde: quia sicut pulsus est cordis in pectore, ita pulsus chordæ in cythara. *Isid. l. 3. orig. c 21.*

10. Hinc etiam existimamus appellatam esse cordam, quod facile chorda moveat. Ubi tanta vocum collecta est sub diversitate concordia, ut vicina chorda pulsata, alteram faciat sponte contremiscere, quam nullum contigit attigisse. Tanta enim est vis convenientiæ, ut rem insensualem sponte se movere faciat, quia ejus sociam constat agitatam. Hinc diversæ veniunt sine lingua voces, *&c. Cassiod. lib. 2. variarum epist. 40.*

11. Restat musicas interim notas apponere, ut cum divisam lineam ijsdem notulis signaverimus, quod unicuique sit nomen facillime possit agnosci. Veteres enim musici propter compendium scriptionis, ne integra semper nomina necesse esset apponere, excogitavere notulas quasdam, quibus nervorum vocabula notarentur. Easque per genera modosque divisere, simul etiam hac brevitate captantes, ut si quando melos aliquod musicus voluisset ascribere super versum rythmica metri compositione distentum, has sonorum notulas ascriberet, ita miro modo reperientes, ut non tantum carminum verba, quæ litteris explicarentur; sed melos quoque ipsum, quod his notulis signaretur in memoriam, posteritatemque duraret. *Et infra.* Nos vero cavemus aliquid ab antiquitatis authoritate transvertere. *Boët. lib. 4. musicæ cap. 3.*

12. Quæ, vel quales sint notæ, & quot; seu De numero & de mensione notarum; De dispositione earum in monochordo; De diapason, & cur tantum septem sint notæ, *&c. Guido in tabella capitum microl. post epist. dedicatoriam.*

13. *Guido c. 3. prologi prof. antiphon.*

NOTES ET AUTHORITEZ *du Chapitre II.*

1. SUaves voces sunt *subtiles* & spissæ, claræ atque acutæ. Perspicuæ voces sunt, quæ longius protrahuntur, ita ut omnem impleant *continuo*

locum, ſicut clangor tubarum, Subtiles voces ſunt, quibus non eſt ſpiritus ſpiſſus, qualis eſt infantium, vel mulierum vel ægrotantium, ſicut in nervis, quæ enim ſubtiliſſimæ chordæ ſunt, ſubtiles ac tenues ſonos emittunt. *Pingues* ſunt voces; quando ſpiritus multus ſimul egreditur, ſicut virorum. *Acuta* vox, tenuis, alta, ſicut in chordis videmus. *Dura* vox quæ violenter emittit ſonos, ſicut tonitruum, ſicut incudis ſonus, quoties in durum malleus percutit ferrum. *Aſpera* vox eſt rauca, & quæ diſpergitur per minutos & indiſſimiles pulſus. *Cæca* vox eſt, quæ mox ut emiſſa fuerit, conticeſcit, atque ſuffocata nequaquam longius producitur, ſicut eſt in fictilibus. *Vinnolata* vox, eſt levis & mollis atque flexibilis, & vinnolata dicta à vinno, hoc eſt cincinno molliter flexo. *Perfecta* autem vox, eſt alta, ſuavis & clara; alta, ut in ſublimi; clara, ut aures impleat; ſuavis, ut animos audientium blandiat; ſi aliquid ex eis defuerit, vox perfecta non erit. *Iſid. l. 3. orig. cap. 19.*

2. Cum ſit autem omnis actio, ut dixi, duas diviſa in partes, vocem, geſtumque, quorum altera oculos altera aures movet, per quos duos ſenſus omnis ad animum penetrat affectus; prius eſt de voce dicere, cui etiam geſtus accommodatur. In ea prima obſervatio eſt, qualem habeas; ſecunda quomodo utaris. Natura vocis ſpectatur quantitate & qualitate; Quantitas eſt ſimplicior, in ſumma enim grandis aut exigua eſt; ſed inter has extremitates mediæ ſunt ſpecies; & ab ima ad ſummam; ac retro multi ſunt gradus. Qualitas magis varia: nam eſt & candida & fuſca: & plena, & exilis: & levis & aſpera: & contracta, & fuſa: & dura, & flexibilis: & clara, & obtuſa: ſpiritus etiam longior, breviorque, nec cauſa, cur quicquam eorum accidat, perſequi propoſito operi neceſſarium eſt, *& conſequenter.*

3. Eorũne ſit differentia in quibus aura illa concipitur; an eorum per quæ velut organa meat, an ipſi propria natura, an prout movetur lateris pectoriſve firmitas, an capitis etiam plus adjuvet. Nam opus eſt omnibus, ſicut non oris modo ſuavitate, ſed narium quoque, per quas, quod ſupereſt vocis egeritur. Dulcis tamen eſſe debet, non exprobans ſonus. *Quintil. lib. 11. inſtitut. cap. 3. non longe ab initio.*

* *Ariſtot. lib. de audibilibus.*

4. Gravitatis & acuminis differentiam diverſa ratione ponebant Ariſtoxenum ſecuti, & Pythagorici. Ariſtoxenus quippe ſonorum differentias ſecundum gravitatem atque acumen arbitrabatur in qualitate conſiſtere; Pythagorici in quantitate ponebant. Ptolemæus autem Pythagoricis propior videtur, idcirco quod ipſe quoque gravitatem atque acumen non in qualitate putat, ſed in quantitate conſtitui. Etenim ſpiſſiora ac ſubtiliora corpora acumen, rariora & vaſtiora edere gravitatem, ut nihil nunc de intenſionis, relaxationiſque modo dicatur. Quamquam etiam cum relaxatur aliquid, quaſi fit rarius, atque craſſius, cum vero intenditur, ſpiſſius redditur, ſubtiliuſque tenuatur. *Boët lib. 5. muſicæ cap. 3.*

5. Motuum vero alij ſunt velociores alij tardiores, eorumdemque motuum alij rariores ſunt, alij ſpiſſiores. Igitur quoniam acutæ voces ſpiſſioribus, & velocioribus motibus incitantur, graves vero tardioribus & raris: liquet additione quadam motuum ex gravitate acumen intendi; detactione vero motuum laxari de acumine gravitatem; ex pluribus enim motibus acumen quam gravitas conſtat. In quibus autem pluralitas differentiam facit, eam neceſſe eſt in quadam numeroſitate conſiſtere, omnis vero paucitas ad pluralitatem ſe habet ut numerus ad numerum comparatus. Eorum vero quæ ſecundum numerum

conferuntur, partim sibi sunt æqualia, partim inæqualia : quocirca soni quoque partim sunt æquales, partim inæqualitate distantes. *Boëtius lib.* 1. *musicæ cap.* 3.

* Sicut tarditas proxima stationi est, ita gravitas contigua taciturnitati. Velox vero motus acutam voculam præstat. Præterea quæ gravis est, intensione decrescit ad medium, quæ vero acuta remissione decrescit ad medium. Unde fit ut omnis sonus quasi ex quibusdam partibus compositus esse videatur. Omnis autem partium conjunctio quadam proportione committitur: sonorum igitur conjunctio proportionibus constituta est ; proportiones autem principaliter in numeris considerantur, *&c. Boët. l.* 4. *mus. cap.* 1.

6. Omnis vox aut συνεχὴς est quæ continua, aut διαστηματική quæ dicitur cum intervallo suspensa: & continua quidem est qua loquentes, vel prosam orationem legentes verba percurrimus ; festinat enim tunc vox non inhærere in acutis & gravibus sonis, sed quam velocissime verba percurrere, expediendisque sensibus, exprimendisque sermonibus continuæ impetus vocis operatur. Diastematice autem est ea, quam canendo suspendimus, in qua non potius sermonibus, sed modulis inservimus. Estque vox ipsa tardior, & per modulandas varietates quoddam faciens intervallum ; non taciturnitatis, sed suspensæ ac tardæ potius cantilenæ. His ut Albinus autumat additur tertia differentia, quæ medias voces possit includere, sicut Heroum poëmata legimus ; neque continuo cursu, ut prosam, neque suspenso, segniorique modo vocis, ut canticum. *Boët. l.* 1. *mus. cap.* 12.

* *Euclides in musica non longe ab initio.*

* *Martianus Capella lib.* 9. *cap. de voce.*

7. Differentias sonorum Ptolemæus dividit hoc modo. Vocum aliæ sunt unisonæ, aliæ minime ; unisonæ sunt quarum unus sonus est, vel in gravi, vel in acuto. Non unisonæ vero, quarum alia est gravior, alia acutior. Harum partim ita sunt, ut earum inter se differentia communi fine jungatur. Non enim discreta est, sed à gravi in acutum ita deducitur ; ut continua videatur. Aliæ vero sunt non unisonæ, quarum differentia silentio interveniente distinguitur. Ut vero voces communi fine jungantur, fit hoc modo. Sicut enim cum in nubibus arcus aspicitur, ita colores sibimet sunt proximi, ut non sit certus finis, cum alter ab altero disgregatur: sed ita v. g. à rubro discedit in pallidum, ut per continuam mutationem in sequentem vertatur colorem, nullo medio certoque interveniente, qui utrosque distinguat. Ita etiam fieri solet in vocibus unisonis, ut si quis percutiat nervum ; eumque dum percutit torqueat, evenit ut in principio pulsus gravior sit, dum torquetur vero, vox illa tenuetur, continuique fiant gravis vocis sonitus & acutæ. *Boët. l.* 5. *mus. cap.* 4.

* *Ptolemæus lib.* 1. *harmonicorum cap.* 4.

8. Cum igitur non unisonarum vocum aliæ continuæ sint, aliæ discretæ, *&c.* Continuæ quidem non unisonæ voces ab harmonica facultate separantur ; sunt enim sibi ipsi dissimiles, nec unum aliquid personantes. Discretæ vero voces harmonicæ subjiciuntur arti ; potest enim distantium, sibique dissimilium vocum differentia deprehendi. *Boët. l.* 5. *mus. cap.* 5.

9. Non unisonarum quidem vocum aliæ quidem sunt æquisonæ, aliæ consonæ, aliæ dissonæ. Æquisonæ sunt quæ simul pulsæ unum ex duobus, atque simplicem quodammodo efficiunt sonum, ut est diapason, atque duplicata bis diapason. Consonæ autem sunt quæ compositum, permixtumque, suavem ta-

men, efficiunt sonum, ut diapente & diatessaron. Dissonæ vero sunt quæ non permiscent sonos, atque insuaviter feriunt sensum. *Boët. l. 5. mus. cap.* 10.

* Consonæ sunt quæ simul pulsæ suavem permixtumque inter se conjungunt sonum. Dissonæ vero quæ simul pulsæ non reddunt suavem neque permixtum sonum. *Boët. l. 4 mus. cap.* 1.

* *Ptolem. lib.* 1. *harmonic. cap.* 7.

10. consonantia est dissimilium inter se vocum in unum redacta concordia. *Boët. lib.* 1. *mus. cap.* 3.

11. Consonantia est acuti soni, gravisque mixtura suaviter uniformiterque auribus accidens. Dissonantia vero est duorum sonorum sibimet permixtorum ad aurem veniens aspera injucundaque percussio: nam dum sibimet misceri volunt, & quodammodo integer uterque nititur pervenire, cumque alter alteri officit, ad sensum insuaviter uterque transmittitur. *Boëtius lib.* 1. *cap.* 8. & 28.

12. Quidam est circa concinnum & inconcinnum ordo, qualis est circa litterarum compositionem in sermocinando; non enim ex litteris quomodolibet compositis, fit syllaba, sed alio quidem, alio non. *Aristoxenus lib.* 2. *harmonic. elementorum.*

13. In quibus quæ junctæ efficere melos possunt ἐμμελεῖς dicuntur: ἐκμελεῖς autem quibus junctis effici non potest. *Boët. lib.* 5. *mus. cap.* 5.

Item cap. 10 Aliæ emmelis, aliæ ecmelis. Emmelis autem sunt quæcumque consonæ non sunt, possunt aptari tamen recte ad melos, ut sunt hæ quæ consonantias jungunt, vel quæ diapente ac diatessaron dividunt, ut tonus, cæteræque simplices earum partes; sicut enim æquisonæ junguntur quodammodo ex consonantibus ut diapason ex diatessaron ac diapente; ita consonantiæ ex his, quæ emmeles soni vocantur, ut eadem diapente, & diatessaron tonis, cæterisque posterius dicendis proportionibus. Ecmeles vero sunt, quæ non recipiuntur in consonantiarum conjunctione. *Boët. lib.* 5. *mus. cap.* 10. & 11.

14. Sunt enim concinni soni quicumque conjuncti invicem auribus accommodantur. Inconcinni vero, qui è converso se habent. *Franch. lib.* 1. *harm. instr. cap* 2.

NOTES ET AUTHORITEZ *du chapitre III.*

I. Refert Nicomachus canendi disciplinam primitus adeo simplicem fuisse, ut solo tetrachordo consisteret: cujus prima chorda ad ultimam diapason consonantiam respondebat: ad secundam vero diatessaron; sed ad tertiam diapenten: Atque tertia ipsa ad quartam diatessaron; sed secunda ad tertiam ducebat tonum. Mercurium enim hujus quadrichordi Græci asserunt fuisse inventorem. *Franch. l.* 5. *theor. c.* 1.

2 Melodia dicitur, quæ & antiquior, quamvis subasperior, quando consonantia ex duobus tonis & semitonio, vel hemitonio & duobus tonis complectur. Chromatica quæ & posterior & ad delectationem aurium sua varietate permulcet animos, constatque ex tono & & tribus semitonijs, vel tribus semitonijs & tono. Enharmonium totam possidet harmoniam & sui dignitate alias præcellit, & constat ex duabus diesis & duobus tonis, vel duobus tonis & duabus diesis. *Et paulo infra.* Nam prima consonantia musicæ artis est sesquitertia, hoc est diatessaron, inde pervenitur ad sesquialteram, hoc est diapente, inde ad duplum quæ est diapason. *Beda in musica theorica.*

* Tetrachordum autem est quatuor sonorum in ordine positorum congruens fidaque concordia. *Martianus Capella lib.* 9. *cap. de tonis.*

* *Kircherus musurgiæ univers. to.* 1. *lib.* 3. *cap.* 8.

3. Videtur itaque consonantium intervallorum minimum ab ipsa cantus natura esse definitum. Etenim multa modulamur intervalla ipso diatessaron minora ; sed dissona omnia. *Et infra.* Consonorum minimum quatuor sonis est contentum. *Aristoxen. lib. 1. harmonic. elementor. post medium.*

* Quoniam primum omnium , & simplicissimum consonum est ipsum diatessaron , in tetrachordo continuo , ratione vero supertertia, merito secundum hoc trium modulationis generum variationes inter se inveniuntur. *Nicomach. l. 1. manualis harmonices.*

4. His quippe nervis quatuor , alij inseruntur quatuor ; primæ partes minoribus dum dividuntur motibus. Octochordo nos utimur pro eorum quatrifido , & pro triatis vocibus , septenas nos recipimus. Unius modi cantica sonabant illi rigida. Octo nunc modis concrepant sonora nostra organa. *Guido in epilogo rythmico post modorum formulas.*

5. Atque idcirco hæc potissima fuit causa , cur Pythagoras , & post eum reliqui Philosophi perfectum ac plenum systema per tetrachorda disjunctum sane composuerint ; nam qua ratione & progressione unumquodque tetrachordum procederet, ea ipsa consideratione & reliqua possent tetrachorda pervideri omni prorsus errore semoto. Uniuscujusque enim tetrachordi , in quovis genere eadem semper ratio dimensionis apparet : secus in pentachordorum dispositione , nam aliud pentachordum perfectam diapentem consonantiam ducit tribus scilicet tonis ac semitonio plenam ; aliud diminutam ostendit & imperfectam duobus tantum tonis ac duobus minoribus semitonijs dispositam diatonice ; quum potissima secundum ordinem specierum successive procedunt : ut constat diligenter intuenti. *Franch. lib. 1. harmoniæ instrumentalis cap. 6.*

6. *Gassend. to. 5. in manuductione ad theoriam musicæ.*

7. Genus autem in harmonia seu modulatione est habitudo inter se invicem sonituum qui diatessaron consonantiam composuerint. *Ptolem. l 1. cap. 13.*

* Genus est certa quædam habitudo sive convenientia sonorum, qui inter se componunt quartam sive diatessaron. Vel genus est relatio quædam quam ad invicem habent quatuor soni vel tria intervalla quartæ alicujus. *Kircher. to. 1. musurg. univers. l. 3. c. 13.*

* Genus est certa quatuor sonorum visio. *Euclides in musica.*

8. *Euclides in musica.*

* His igitur expeditis , dicendum est de generibus melorum , sunt autem tria diatonum , chroma , enharmonium : & diatonicum quidem aliquanto durius & naturalius: chroma vero est quasi iam ab illa naturali intensione descendens. Enharmonium vero optime atque apte conjunctum. Cum sint igitur quinque tetrachorda , hypaton, meson , sinememon , diezeugmenō, hyperboleō; in his omnib[9] secundum diatonum cantilenæ procedit vox per semitonium , tonum ac tonum in uno tetrachordo. Rursus in alio tetrachordo per semitonium , tonum & tonum ac deinceps progreditur. Ideoque vocatur diatonicum , quasi quod per tonum & tonum progreditur. Chroma autem, quod dicitur color, quasi jam ab hujusmodi intensione prima , mutatio ; cantatur per semitonium & semitonium, & tria semitonia: Tota enim diatessaron consonantia est duorum tonorum ac semitonij non pleni. Tractum est vero hoc vocabulum, ut diceretur Chroma, à speciebus , quæ cum permutantur in alium transeunt colorem. Enharmonium vero quod est majus coaptatum , est quod cantatur in omnibus tetrachordis per diesin , & diesin & ditonum. Diesis autem est semitonij dimidium. *Boët. lib. 1. mus. cap. 21.*

* Diatonicum genus id est quod semitonio minore, tono & tono incedit. Alterum chromaticum, quod semitonio minore, semitonio majore, ac tribus semitonijs, sive quod idem est, semiditono constat. Tertium enharmonicum, quod diachismate ac diachismate, *(quam diesin vocat Boëtius)* & ditono conflatur : vocatur autem diachisma dimidium semitonij minoris. *Glarean. l. 1. dodecach. cap. 5.*

* *Faber stapulensis initio l. 4. elem. musicalium.*

9. Chromaticum à coloribus dictum ; quod veteres hoc à diatonico diversis coloribus contra distinguebant, *&c. Kirch. to. 1. musurgiæ univers. lib. 3. cap. 8.*

10. Inde chromatica appellatur, quasi in alteram speciem transmutata, quemadmodum quod inter album est, & nigrum chroma vocatur. Rursusque dum superficies permutantur in alterum colorem ; sic hoc canendi genus à diatonico quod naturalius & antiquissimum est, tamquam color permutatus, alia varians diastemata, chroma nuncupatur. *Franch. l. 2. harmoniæ instr. c.* 11

11. *Franch. l. 2. mus. instrument. cap. 1. 2. & 7.*

12. *Boët l. 1. mus. cap. 23.*

* *Euclides in musica.*

13. Sicut in diatonico tetrachordo semitonium situm ter mutat, ita in tetrachordo chromatico semiditonus ter situm mutat : & quemadmodum semitonium in diatonico omnem varietatem inducit, ita in chromatico semiditonus. *Kirch. to. 1. musurg. univers. lib. 7. c. 7.*

14. Commune autem est, quod statis phtongis componitur. mixtum denique, in quo duorum vel trium generum vestigia apparent, diatoni nempe & chromatis ; vel diatoni & harmoniæ ; vel diatoni, chromatis & harmoniæ. *Et infra.* Colorum vero qui sunt in chromatica divisione alius vocatur chroma molle, alius chroma sesquialterum, alius chroma tonium, & molle quidem, *&c.* Colorum denique divisionis diatonicæ, alter vocatur mollis diatonicus, alter diatonicus syntonus, id est concitatus, *&c. Euclides in musica.*

* *Boëtius lib. 5. mus. cap. 15.*

15. Nimis improvide quis differentiam se scire arbitratur earum vocum, quarum magnitudinem nullam, mensuramque constituat. *Boët. lib. 5. musicæ cap. 12.*

16. *Aristox. lib. 1. harmonic. element. post medium.*

17. Est autem diesis enharmonica dimidium semitonij minoris, intervallum duobus sonis circumscriptum, ac minimum quod concinnitati congruat. *Franchin. lib. 2. musicæ instrumentalis. cap. 8. & 15.*

* Itaque in parvitatem unâ videntur vox & auditus deficere ; neque enim vox diesi minima minus adhuc intervallum distincte proferre potest, nec intellectus dijudicare, vel percipere quænam pars sit, num dieseos, an alterius cujusdam notorum intervallorum. *Et infra.* Quæ his sunt minora intervalla omnia cani nequeunt, *&c.* Illud enim non posse cani dicimus, quod per se non collocatur in systemate. *Aristox. lib. 1. harmonic. elementorum.*

18. *Ptolem. lib. 2. cap. 14.*

* *Mersenne tome 2. de l'harmonie universelle livre 2. des instrumens, proposition* 8e.

19. Primus quod sciam, qui aliquid circa compositiones trium generum machinatus est, fuit Nicolaus Vincentinus : hic cum videret partitionem tetrachordorum juxta tria genera à Boëtio descriptorum polyphoniæ melothesiæ, & nostræ componendi rationi convenire non posse : aliam methodum architectatus est, quam & integro libro fuse pertractat. *Et paulo infra.* Diatonicum igitur, quo utitur Vincentinus, non est

idem cum antiquo: Boëtius enim diatonicum tetrachordum format & semitonio minori, & duobus tonis majoribus sesquioctavam proportionem habentibus; diatonicum vero tetrachordon, quo Vincentinus utitur constat & semitonio majori, & duobus tonis uno minore sesquinono, & altero majore sesquioctavo. Sunt igitur quartæ & quintæ apud Boëtium in hoc genere perfectæ, nec ullum ditonum, semiditonum, aut hexachordon admittunt; sive quod idem est, nec tertiæ nec sextæ ulla ratione possunt in dicto genere associari. In nostro vero diatonico maximus tertiarum, atque sextarum usus est; emerguntque ex divisione quartæ in semitonium majus & duos tonos, quorum unus minor alter major est. Ex hoc enim quarta paululum prolongata, & quinta abbreviata assignabit consonantias auditui gratissimas, ut vel hinc pateat multo majorem hoc sæculo esse musicæ varietatem, quam olim, cum nullus eo tempore esset tertiarum, sextarumque usus, nec possent esse, retento dicti generis diatonici tetrachordo. Unde musica moderna non immerito participata dici potest, & mista ex partibus, intervallisque trium generum, & quibusdam speciebus chromaticis.

Genus chromaticum Boëtiarum similiter differt à Vincentini & modernorum quorumdam ratione. Boëtius ad generis chromatici tetrachordon requirit semitonium minus & majus unâ cum semiditono, idest trihemitonio. Vincentinum chromaticum requirit contra semitoniũ majus & minus, & deinde semiditonum, sive tertiam minorem incompositam.

Enharmonici denique generis à Boëtio descripti tetrachordon constat duabus diesibus, & ditono incomposita. Vincentinum vero tetrachordon constat subinde duabus diesibus, nonnunquam duabus diesibus cum commate, & ditono, hoc est tonis duobus, quorum unus major alter minor est; iisque, prout conditio melothesiæ fert, utitur. *Kircher. to. 1. musurgiæ univers. lib. 7. c. 7.*

20. Notandum aliud esse monodium diatonicum, chromaticum, enharmonicum; aliud polyodium; Atque monodia antiquis in usu fuisse nullum dubium est: & hodierna die hujusmodi & componi & cantari posse ambigere nullus debet. Quæritur tantum utrum hujusmodi genera pluribus vocibus accommodari, sive an compositiones polyodiæ diatonicæ, chromaticæ, enharmonicæ fieri possint. Respondeo itaque breviter; quod si stricte tenenda sit regula à Boëtio præscripta circa triplicis generis processum, eam in plurium vocum concentu nulla ratione impleri posse; cum processus de tono in tonum incompositum & in semitonium, salva harmonia, in diversis vocibus, ob diversas reliquarum vocum cadentias incongruus sit, nisi singulis vocibus eadem intervalla attribuere velimus. At illud tunc non polyphonium, sed isophonium, sive monodium pluribus vocibus cantabile dicendum esset. Potest tamen tetraphonium fieri simpliciter diatonicum, ita ut semper in singulis vocibus processus diatonicus alterius vocis processum per modum fugæ excipiat, reliquis interim vocibus alia & alia intervalla tam composita quam incomposita servantibus. *Et infra.* At in hujusmodi simpliciter diatonica polyodia, intervalla quædam occurrunt tantæ asperitatis & duritiei, ut aures vix ea sustineant; neque ea vitari possint. Unde Vincentinus paradigmate ostendit musicam modernam minime simpliciter diatonicam esse; sed mistam sive participatam: cum sine hac mistura & participatione intervallorum, ab alijs generibus mutuatorum, nulla varietas, neque gratia harmoniæ conciliari possit: quidquid alij contra dicant. *Kirch. ibid. circa initium ejusdem cap. 7.*

21. Hinc perspicuum est diapason

continere duos tonos minores, tres majores & duo semitonia majora. *Herigon. in musicam Euclidis.*

22. Diatonum, ita dictum ob tonos, quos frequentiores habet, virilius & austerius; chromaticum à chrosin, quia coloret reliqua intervalla, non tamen illorum quoquam indigeat, suavissimum est, & flebile. Porro enharmonium, quia in modulatæ seriei perfecta distantia sumatur (nec enim ditono majora, nec diesi minora licebat secundum sensum sumereintervalla) excitandi vim habet, & est mansuetum. *Aristid. Quintil. lib. 2. de musica in fine.*

NOTES ET AUTHORITEZ *du chapitre IV.*

1. ENharmonio enim vix etiam magno cum labore sensus assuescit. *Aristox. lib. 1. harmonic. element. post medium.*

2. Intervallum vero est soni acuti, gravisque distantia. *Boëtius lib. 1. musf. cap. 8.*

* Intervallum est quod continetur duobus sonis acumine & gravitate differentibus. *Euclid. in musica. Vel.* Quod duobus sonis non eamdem tentionem habentibus finitur. *Aristox. lib. 1. harmonic.*

3. Intervallorum autem differentiæ sunt quinque, nam & magnitudine inter se differunt; & genere; & ut consona à dissonis; & ut simplicia à compositis; & ut explicabilia ab inexplicabilibus. Et magnitudinis quidem differentia est secundum quam intervallorum quædam sunt majora, quædam minora, ut ditonus, sesquiditonus, tonus, semitonium, diesis, diatessaron, diapente, diapason, & similia. Generis vero, qua intervallorum alia diatonica sunt, alia chromatica, alia enharmonica. Differentia consoni à dissono, qua intervallorum quædam sunt consona quædam dissona, *&c.* Composita à simplici, qua intervallorum alia sunt simplicia, alia composita, *&c.* Differentia, qua explicabilia differunt ab inexplicabilibus, est qua alia sunt explicabilia, alia inexplicabilia; explicabilia sunt quorum magnitudines assignari possunt, ut tonus, semitonium, ditonus, tritonus & his similia. Inexplicabilia vero, quæ explicabilibus majora minora-ve sunt magnitudine aliqua inexplicabili. *Euclides in musica.*

* *Aristox. lib. 1. harmonic. element. circa medium.*

4. *Euclides in musica.*

* Composita intervalla sunt, quæ inter non continuos phtongos considerantur, ut ab hypate hypaton, ad hypaten meson, & similia quæ inter extrema alios phtongos intercipiunt. Non composita vero & simplicia intervalla sunt, quæ è continuis, id est, à propinquioribus phtongis continentur, ut ab hypate hypaton, ad perhypaten hypaton. *Franchinus lib. 1. harmoniæ instrument. cap. 3.*

5. Semitonium diatonicum est minus semitonium. *Franchinus lib. 1. harmoniæ instrumentalis cap. 5. & lib. 2. cap. 20.*

* *Glarean. lib. 1. dodecach. c. 8.*

6. Semitonium est quando tonus in duas, non æquas, sed inæquales partes secatur. Alterum semitonium majus; alterum semitonium minus dici maluerunt. *Beda in musica theorica.*

* Videntur semitonia nuncupata, non quod sint tonorum medietates, sed quod sint non integri toni. *Boët. lib. 2. musf. cap. 27.*

7. Tonus in duas plures-ve æquales partes dividi non potest. *Euclid. in sect. regulæ harm. proposit. 16.*

* *Boët. l. 1. musf. cap. 16. & c. 33. infra cicato ad n. 11.*

* Constat enim proportionem sesquioctavam, ac rursus omnem super particularitatis habitudinem in duas partes proportione æquas dividi non posse.

Franchinus lib. 2. harm. instrum. cap. 12. & 22.

8. Quando augetur dies vel minuitur, non statim præsentatur, nisi per multos dies : sic etiam musica quando augetur vel minuitur per hemitonia vel diesin, non continuo percipitur, donec illæ partes supercrescant. *Beda in musica theorica.*

9. Quod igitur in singulis tonis minus pervidetur, id collectum in consonantiam evidenter apparet. *Boët l. 5. musicæ cap. 1.*

10. Est enim tonus legitimum sesquioctavæ dimensionis spatium duobus sonis circumscriptum. *Et infra* Semitonium ipsum liceat deffiniri intervallum quod duabus sesquioctavis appositum sesquitertiam ducit proportionem ; seu spatium quod duobus tonis conjunctum sonoris extremis terminis diatessaron perficit consonantiam Namque concors & suave tonis ipsis & consonantijs præstat temperamentum ; cum potissime in diatonica introductione ante vel post, vel inter duos tonos naturaliter noscatur esse deductum. Abstracto autem ab ipso tono semitonio minore, relinquitur apothome, quo difficillime discors transitus procedit in vocibus. *Franch. l. 1. mus. pract. cap. 2.*

11. Tonum sesquioctavam facere proportionem, eumque in duo æqualia dividi non posse, sicut nullam ejusdem generis proportionem, id est superparticularis. Diatessaron etiam duobus tonis semitonioque consistere ; semitonia vero esse duo majus ac minus. Diapente autem tribus tonis ac semitonio minore contineri. Diapason vero quinque tonis ac duobus semitonijs minoribus expleri; neque ad sex tonos ullo modo pervenire. Hæc omnia posterius & numerorum ratione, & aurium judicio comprobabo. *Boët. l. 1. mus. c.33.*

* *Franchinus lib. 2. harmoniæ instrum. à cap. 33. ad 37.*

* *Euclides in sectione regulæ harmonicæ.*

12. Hi discreti duo motus totum cantum construunt. *Guido Aret. in epilogo rhythmico post modorum formulas.*

* Porro ex his duobus intervallis tono, ac hemitonio minore reliqua omnia conficiuntur ; itaque primum memoriæ commendanda præcipue minorum hemitoniorum loca. Nam ex ijs intervallorum species potissimum sumuntur. *Glarean. l. 1. dodecach. cap. 8.*

* Et si diatonica dimensione semitonium intervallum minimum quidem est, maximam tamen consonantijs vim conferre percipitur. *Franch. l. 1. musicæ instrum. cap. 15.*

13. Generalis est canon. Omne intervallum unam minus habere speciem, quam sit numerus phtongorum quod divus Severinus asserit. *lib. 4. music. 13. Glarean. l. 1. dodech. c. 8.*

14. *Ptolemæus lib. 1. harmonic. c. 16. sub finem.*

15. Diatessaron est, cum inter duas voces quocumque modo duo sunt toni & unum semitonium ; Diapente vero uno tono major est, cum inter quaslibet voces tres sunt toni & unum semitonium. *Guido Aret. cap. 4. microl.*

16. Diapason est consonantia octo sonorum secundum diatonicum genus compositorum quinque tonis, & duobus semitonijs minoribus ducta. Fit enim ex diatessaron & diapentes commixtione, medio ac communi existente conjunctionis termino, quem quidem communem dixero, quum finis diatessaron, fuerit & diapentes principium, aut è converso. *Franchinus lib. 1. mus. pract. cap. 7.*

17. Dispositis itaque vocibus inter vocem & vocem, alias majus spatium cernitur, ut inter Γ & inter A, & inter A & B. Aliàs minus ut inter B & C & reliqua. Et majus quidem spatium tonus dicitur ; minus vero semitonium, semis

videlicet est, non plenus tonus. Item inter aliquam vocem & tertiam à se disjunctam tum ditonus est, id est duo toni, ut C in E. Tum hoc ex altera parte semiditonus, qui habet tantum tonum & semitonium, ut A, C, D, F, & reliqua. Diatessaron est cum inter duas voces quocumque modo duo sunt toni & unum semitonium, ut ab A ad D, à B ad E, & reliqua. Diapente vero uno tono major est, cum inter quaslibet voces tres sunt toni, & unum semitonium, ut ab A in E, & à C in G, & reliqua. Habes itaque sex vocum consonantias scilicet tonum, semitonium, ditonum, semiditonum, diatessaron, diapente. In nullo enim cantu alijs modis vox voci conjungitur, vel intendendo vel remittendo. Cumque tam paucis clausulis tota harmonia formetur, utillimum est eas alte memoriæ commendare & donec plene in canendo sentiantur, & cognoscantur, ab exercitio nunquam cessare, ut his velut clavibus habitis canendi possis peritiam sagaciter, ideoque facilius possidere. *cap.* 4. *micrologi.* Diapason autem est in qua diatessaron & diapente junguntur, cum enim ab A in D sit diatessaron & ab eodem D in A sit diapente. Ab A in alteram A diapason existit; cujus est eamdem litteram habere in utroque latere, ut à *B in* ♮ *& le reste qui est cité cy dessous au* 1. *nombre du chapitre* 13. *suivant. Guido cap.* 5. *micrologi.*

* Atque ij dicuntur sex motus vocum, quibus ad se invicem voces moventur. Ea autem concordia quæ est inter gravem aliquam litteram & eamdem acutam, sicut à prima in primam, vel secunda in secundam, diapason dicitur; hoc est de omnibus. Habet enim voces omnes, & tonos quinque cum duobus semitonijs, hoc est diatessaron & diapente. Hæc diapason in tantum concordes facit voces, ut non eas dicamus similes, sed easdem. Omnes autem voces in tantum sunt similes, & faciunt similes sonos, & concordes neumas, in quantum similes elevantur & deponuntur; secundum dispositionem tonorum & semitoniorum: utputa prima vox & quarta (1. *A & D*) similes & unius modi dicuntur, quia utraque in depositione tono; in elevatione vero habent tonum, & semitonium, & duos tonos. Atque hæc est prima similitudo in vocibus, id est primus modus, *&c. Guido in prologo prosaïco antiphonarij. cap.* 7.

18. Inter alias secunda (1. *B*) vox tacet innobilis contra tertia & sexta (1. *c & f*) frequentatur sæpius, cujus rei mihi testis sanctus est GREGORIUS principalem quoque esse, quia ipsam noluit. Deuterus autentus sumpsit loco ejus tertiam, cujus fini quamvis sexta, sæpe ipsum incohat. *Guido in prologo rythmico antiphonarij*

19. Et hæc uno saltu vix admittitur; est enim oppido quam dura. *Glarean. l.* 1. *dodecachordi cap.* 8.

20. Spatiosis namque formis, maximeque vacuis, raro utitur in cantu breviore spatio, atque minus interruptas frequens usus approbat. Cumque formæ sint majores factæ de minoribus, non est dubium quod si quis minimas cognoverit, de majoribus nequaquam dubitare poterit. *Guido in prologo rythmico antiphonarij versus finem.*

NOTES ET AUTHORITEZ
Du chapitee V.

I. IN cantu ficto præcipue debet observari *fa* in *A* & *e*; & *mi* in *f*, &c. Sicque facile occurret tertia, in qua *re* vel *la* accipiatur. *Georgius Rhau in musica practica cap.* 3.

2. *Boëtius lib.* 3. *mus. cap.* 5. 6. 7 *&* 8.

* *Pontus Thiard Evesque de Chalons. Au solitaire* 2.

* *Franchinus lib.* 2. *mus. instrument. cap.* 14.

3. Quæ diachismata Philolaus, posteri dieses (*scilicet enharmonicas*) nominarunt. *Franch. lib. 2. mus. instrum. cap.* 15.

4. Minimum enim intervallum concinnitati ipsi congruum est diesis, quam constat enharmonico generi convenire. *Franch. lib.* 1. *mus. instr. cap.* 15. *& lib.* 2. *cap.* 33.

5. Cum comma minimum spatium sit, in nullo genere chordam possidet congruam concinnitati. *Franch. ibid.*

*. Auditus quod minimum est insensibilium differentijs (quamquam ratione examussin exquiritur) sentire non potest; quod & cæteris evenit sensibus; nam visus, *&c. Franch. l.* 2. *mus. instr. cap.* 14.

* Hoc ideo, quia per processus quidem rationi locus accrescit, deficit sensui. *Boët. l.* 5. *mus. c.* 1.

NOTES ET AUTHORITEZ *Du chapitre VI.*

1. SPecies vero intervallorum authore Cleonida in harmonico introductorio potissimum sumuntur ex vario hemitoniorum positu. *Glarean. l.* 1. *dodecachordi cap.* 8.

2. Prima species consonantiæ diatessaron est cujus semitonium ad graviorem partem est quam toni; secunda cujus semitonium medio loco. Tertia cujus semitonium acutior est tonis. *Euclid. en musica.*

3. In diatono autem prima species consonantiæ diapente est in qua semitonium primum & gravissimum locum habet. 2ª In qua semitonium primum locum habet ad partem acutissimam. 3ª In qua penultimum locum habet tendendo à gravi in acutum. 4ª In qua semitonium penultimum locum habet tendendo ab acuto in grave. *Eucl. in music.*

4. In genere vero diatonico 1ª species consonantiæ diapason est, in qua hemitonium alterum est in parte gravissima, alterum vero in quarto loco, si à gravi in acutum pergas 2ª species est cujus hemitonium alterum habet locum tertium à gravissimo, alterum vero locum septimum & acutissimum. 3ª est in qua utrumque semitoniorum ab altero extremorum abest uno loco, *&c. Euclid. ib.*

5. *Franchinus lib.* 5. *musicæ theoricæ cap.* 7.

* *Lib.* 2. *harm. instrum. cap.* 31. *&* 32. *& lib.* 1. *cap.* 11. 12. *&* 13.

* *Glareanus lib.* 2. *dodecachordi cap.* 2. *&* 9.

6. *Mersenne tome* 1. *de l'harmonie universelle levre* 3. *des genres & des modes proposition* 18. *à la fin.*

NOTES ET AUTHORITEZ *du Chapitre VII.*

1. CUm inter consonantias pulcherrima sit diapason, ut inter rationes dupla præstantissima: illa quod æquitono sit proxima: hæc quia sola excessum æqualem facit ei, quod exceditur; & quia diapason componi contingit ex duobus ordine se consequentibus & primis consonantijs diapente scilicet & diatessaron: duplam vero ex duobus ordine sequentibus primisq; superparticularibus puta sesquialtera, & sesquitertia: utque hic majorem sesquitertia, constat esse sesquialteram rationem, ita illic quam diatessaron, diapente consonantiam; quare & excessus eorum, videlicet tonus ponatur juxta sesquioctavam rationem, qua sesquitertiam excedit sesquialtera. *Ptol. l.* 1. *harm. c.* 5. *&* 7.

2. Canuntur autem tam diapente, quam diatessaron consonantiæ per se in ea quæ ad viciniorem est ipsius diapason habitudine. At diatessaron cum diapason, atque iterum diapente cum diapason in ea quæ ad remotiorem; quare merito eadem fiet auditui perceptio diatessaron & diapason, quæ solius diatessaron; ac ipsius diapente & diapason perceptio eadem, quæ solius diapente: atque hac de

causa omnino consequitur, ex eo quod consonum est diapente, etiam cum diapason diapente consonum esse; ex eo vero quod diatessaron consonum est etiam diapason & diatess. consonum esse; eodemque modo se habere perceptionem diapente & diapason ad eam quæ est diatessaron & diapason, quomodo se habebat solius diapente ad eam, quæ solius erat diatessaron, convenienter his, quæ ab evidenti experientia accipiuntur. *&c. Ptolem. lib.* 1. *harmonic. cap.* 6.

3. Id quoque est sciendum, quod cum de compositis consonantijs loquimur, unum sonum esse communem, videlicet consonantiæ gravioris acutiorem, atque acutioris consonantiæ graviorem intelligamus. Diapente enim & diatessaron simul junctæ faciunt diapason, quæ si disjungerentur unico eam sono excederent & intervallo. *Franch. lib. musica theor. cap.* 8.

4. *Boët. lib.* 1. *mus. cap.* 6. *&* 7.

5. *Franchin lib.*3. *musica pract. cap.* 2.

6. Hæ tres species, simphonias, id est, suaves vocum copulationes memineris esse vocatas, quia in diapason diversæ voces unum sonant: diapente vero & diatessaron, diaphoniæ, id est organi, jura possident, & voces utcumque similes reddunt. *Guido Aretinus c.* 6. *micrologi.*

7. Cum diapason prima sit, ac minor æquisonantia, quæ harmonice mediata est; Aristoteles ipse 18° problemate, solam asserit perfecte consonare. *Franch. lib.* 3. *musica pract. c.* 2.

* Inter tria genera inæqualis toni distinctasque voces, præcedit virtutis gratia genus univocarum; (1. *æquisonarum*) secundum est consonantium, tertium cantui aptarum. Manifeste enim differunt diapason & bis diapason ab alijs consonantijs, ut illæ ab idoneis cantui; quare illas proprie univocas quis appellet, *&c.* Quocirca componuntur etiam univocæ ex consonantibus; porro consonantes ex cantui aptis. *Et infra.* Cæterum, ut uno verbo expediam, inter numeros univoci sunt multiplex dimensique ab illo; consoni vero duo primi superparticularium, quique ex illis & univocis componuntur; apti cantui, qui sub tertia superparticulares sunt. *Ptolem. lib.* 1. *harmonic. cap.* 7.

8. *Boëtius lib.* 1. *mus. c.* 6. *& l.* 2. *c.* 5.

* *Beda in musica theorica.*

* *Mersennus lib.* 4. *harmonic. proposit.* 22.

* *Mersenne to.* 1. *de l'harmonie universelle livre* 1. *des consonances proposit.* 22. *& aux suivantes.*

9. *Mersenne tome* 1. *de l'harmonie universelle liv.* 1. *des consonances, proposit.* 9.

10. Et quoniam modulandi mensuram hæc tenet, merito omnium elegantissima constat. *Aristot. sect.* 19. *problemate* 35.

11. Diapason nominatur quasi ex omnibus sonitibus constans, ex omnibus harmonijs scilicet congregata, ut virtutes quas universum melos habere potuisset, hæc adunatio mirabilis contineret, *&c.* Hinc etiam appellatam existimamus chordam, quod facile chorda moveat. Ubi tanta vocum collecta est sub diversitate concordia, ut vicina chorda pulsata, alteram faciat sponte contremiscere, quam nullum contigit attigisse. Tanta enim vis est convenientiæ, ut rem insensualem sponte se movere faciat, quia ejus sociam constat agitatam. Hinc diversæ veniunt sine lingua voces: hinc varijs sonis efficitur quidam suavissimus chorus, illa acuta nimia tensione, ista gravis aliqua laxitate, hæc media tergo blandissime temperato; ut homines se ad tantam perducere non prævaleant unitatem, in quantam ad socialem convenientiam ratione carentia pervenerunt. Ibi enim quicquid excellenter, quicquid ponderatim, quicquid rauce, quicquid purissime, aliasque distantias

ſtantias ſonat, quaſi in unum ornatum conſtat eſſe collectum. Et ut diadema oculis varia luce gemmarum, ſic cythara diverſitate ſoni blanditur auditui. *Caſſiod. l. 2. variarum epiſt.* 40.

* Diapaſon ambitu primo continetur omnis cantilenæ forma, quare veriſimile eſt diapaſon vocari, id eſt per omnia & non diocto ſicut diapente & diateſſaron à numero continentium ipſas ſonorum. *Ptolemæus lib. 3. hormonic. cap. 1.*

12. Inter numeros quorum intervallum ſit ſuperparticulare; medij proportionales, neque unus, neque plures cadent. Si intervallum non multiplex duplicetur, producetur intervallum quod neque multiplex erit neque ſuperparticulare. *Euclid. in ſect. regulæ harmon. propoſit. 3. & 4.*

* Bis diapente aut bis diateſſaron conſonantia componi non poteſt, nec inſtitui. *Ariſtot. ſect. 19. problem.* 34.

* *Pontus Thiard au ſolitaire 2. folio 83 de la premiere impreſſion.*

* *Merſennus lib. 4. harmonicorum propoſit. 15.*

13. Omni enim intervallo conſono ad diapaſon addito, & majore, & minore & æquali; totum evadit conſonum. *Ariſtox. lib. 1. harm. element. poſt medium, & lib. 2. circa medium.*

* Diapaſon pene una vocula eſt, taliſque conſonantia, ut unum quodammodo effingat ſonum; & ſicut denario numero qui fuerit additus, integer inviolatuſque ſervatur; cum in cæteris id ita minime eveniat; ita in hac conſonantia. Nam ſi duo tribus adjicias, quinque continuo reddis, & ſpecies numeri immutata eſt: ſi vero eoſdem denario addas, duodecim feceris; & binarius junctus denario conſervatus eſt: Item ternarius, cæterique eodem modo. Ita igitur ſymphonia diapaſon quamcumque aliam ſuſceperit conſonantiam, ſervat, nec immutat, nec ex conſona diſſonam reddit. *&c. Boëtius l. 5. muſicæ c. 9.*

* Diapaſon non mutat conſonantiam, vel diſſonantiam intervalli cui additur. *Euclides in ſectione regulæ harmonicæ. Axiomate.* 4.

14. Cur ſi nervus medio ex ſuo intentionis modo dimotus ſit, cæteri quoque omnes incompoſitos ſonos reddent; ſed ſi integre illo manente aliquis ex cæteris ſit dimotus, ſolus hic aberrabit, qui modo ſuo caruerit? An quod ratio concinendi nervis omnibus apta intenſione continetur, quæ non niſi per habitudinem quandam ad medium accommodanda omnibus eſt, ordoque ratione illius diſponi ſingulis debet: ergo ſublata continendi, concinendique cauſa, concentus æque cuſtodiri præterea non poteſt? Cum tamen nervo medio ſibi conſtante unus ex cæteris aliquis diſcreparit, merito illius dumtaxat deeſt: cæteri namque omnes modum ſuæ concinentiæ ſervant integrum. *Ariſtotel. ſect. 19. problem. 36. Item eadem ſectione problem. 20.*

15. Diſſona vero ſeu diaphona intervalla ea omnia dicuntur, quæ trihemitonio minora ſunt, ut dieſis, ſemitonium, tonus. *Franch. lib. 1. muſ. inſtr. cap. 3.*

NOTES ET AUTHORITEZ *du Chapitre VIII.*

I. NImis improvide quis differentiam ſe ſcire arbitratur earum vocum, quarum magnitudinem nullam, menſuramque conſtituit. *Boët. lib. 5. muſicæ cap. 12.*

2. Si foret rerum omnium quies nullus auditum ſonus feriret. Id autem fieret, quoniam ceſſantibus cunctis nullæ inter ſe res pulſum cierent. Ut igitur ſit vox pulſu opus eſt; ſed ut ſit pulſus, motus neceſſe eſt, antecedat. Ut ergo ſit vox, motum eſſe neceſſe eſt. Sed omnis motus habet in ſe tum velocitatem, tum etiam tarditatem. Si igitur ſit tardus in pellendo motus, gravior redditur ſonus; nam ut tarditas proxima eſt ſtationi, ita

gravitas continua taciturnitati. Velox vero motus acutam voculam præstat. Præterea quæ gravis est, intensione decrescit ad medium : quæ vero acuta remissione decrescit ad medium. Unde fit ut omnis sonus quasi ex quibusdam partibus compositus esse videatur. OMNIS AUTEM PARTIUM CONIUNCTIO QUADAM PROPORTIONE COMMITTITUR. Sonorum igitur conjunctio proportionibus constituta est. Proportiones autem principaliter in numeris considerantur. Proportio vero simplex numerorum, vel in multiplicibus vel in superparticularibus, vel superpartientibus invenitur. Secundum vero multiplices proportiones, vel superparticulares, consonæ, vel dissonæ voces exaudiuntur. *Boëtius lib. 4. musicæ cap. 1.*

* *Euclides in sectione regulæ harmonicæ.*

3. Ratio seu proportio est duarum quantæcumque sint ejusdem generis quantitatum certa alterius ad alterum habitudo. *Euclid. lib. 5.*

* *Boëtius lib. 2. arithm. cap. 40.*

* Proportio est duorum ad se terminorum quædam comparatio ; terminos autem voco numerorum summas.

4. Proportionalitas est æquarum proportionum collectio. Proportionalitas autem in tribus terminis minimis constat. Constat autem plerumque in pluribus ut in 4. vel sex terminis. Cum enim primus ad secundum terminum eamdem retinet proportionem, quam secundus ad tertium, dicitur hæc proportionalitas, estque medius qui secundus est.

5. Has igitur proportiones medij conjungentis trina partitio est. Aut enim æqua est differētia minoris termini ad medium, & medij ad maximū; sed non æqua proportio, ut in his 1. 2. 3. Inter unum quippe ac duo, & inter duo & tres tantum unitas differentiam tenet ; non est autem æqua proportio : duo quippe ad unum dupli sunt ; ternarius ad duo sesquialter. Aut est æqua proportio in utrisque, non vero æqualibus differentijs constituta; ut in his numeris 1. 2. 4. nam duo ad unum ita sunt dupli ; quemadmodum quaternarius ad binarium: sed inter quaternarium binariumque binarius ; inter binarium & unitatem, unitas differentiam facit. Est vero tertium medietatis genus quod neq; eisdem proportionib⁹, neque eisdem differentijs cōstat: sed quemadmodū se habet maximus terminus ad minimum, ita se habet majorum terminorum differētia ad minorum differentiam terminorum : ut in his numeris 3. 4. 6. nam sex ad tres duplus est, inter sex vero & quatuor binarius interest ; inter quaternarium vero & ternarium unitas. Sed binarius comparatus ad unitatem rursus duplus est; ergo ut est maximus terminus in numeris ad minimum : ita majorum differentia, ad minorum differentiam terminorum. Vocatur igitur illa medietas, in qua æquæ sunt differentiæ, arithmetica. Illa vero in qua æquæ proportiones, geometrica. Illa autem quam tertiam descripsimus, harmonica. Quarum hæc subjiciamus exempla.

Arithmetica	Geometrica	Harmonica
1. 2. 3.	1. 2. 4.	3. 4. 6.
Æquæ differentiæ	æquæ proportiones	diversæ differentiæ, & proportion.

Non vero ignoramus alias quoque esse proportionum medietates, quas quidem in arithmetica diximus, sed ad præsentem tractatum hæ sunt necessariæ. Sed inter has tres medietates, proportionalitas quidem proprie, & maxime geometrica nuncupatur; idcirco quoniam æquis proportionibus tota contexitur. Sed tamen eodem utemur promiscue vocabulo, proportionalitates etiam cæteras nuncupantes. *Boët. lib. 2. musf. cap* 12.

6. *Boëtius libro 2. arithmeticæ cap.* 47.

7. Harmonica autem vocatur, quoniam ita est coaptata, ut in differentijs ac terminis æqualitas proportionum consideretur. *Boët. l. 2. musicæ cap.* 14.

* Arithmetica dispositio æquas tantum per differentias dividit quantitates, geometrica vero terminos æqua proportione conjungit; at vero harmonica ad aliquid quodammodo relata consideratione, neque solum in terminis speculationem proportionis habet, neque solum in differentijs, sed in utrisque communiter. Quærit enim ut quemadmodum sunt ad se extremi termini; sic majoris ad medium differentia, contra differentiam medietatis ad ultimum. Ad aliquid autem considerationem harmoniæ proprie esse, in primi libri rerum omnium divisione monstravimus. Ipsarum quoque musicarum consonantiarum (quas symphonicas nominant) proportiones in hac pene sola medietate frequenter invenias. Namque symphonia diatessaron, quæ princeps est, & quodammodo vim obtinens elementi. *&c. Boët. l. 2. arith. cap.* 48.

8. *Boëtius libro 2. arithmeticæ. cap.* 47.

9. *Boët. l. 2. arith. cap.* 37. *& cap.* 54. *seu ultimo.*

10. Est autem quemadmodum unitas pluralitatis numerique principium, ita æqualitas proportionum..*&c. Boët. l. 2. musf. cap.* 2.

* Quod in numero valet unitas, idem in proportionibus æqualitas valet: & sicut numeri caput est unitas; ita proportionum æqualitas est principium. *Boët. lib. 2. musf. cap.* 15.

* Quemadmodum per se constantis quantitatis unitas principium & elementum est, ita ad aliquid relatæ quantitatis æqualitas mater est. Demonstravimus enim, quod hinc & ejus procreatio prima foret, & in eam rursus postrema solutio est. *Boëtius lib. 2. arithmet. cap.* 1.

11. Unitas propria virtute perfecta est, quod & prima est, & incomposita; & per se ipsam multiplicata sese ipsa conservat. *Boëtius lib. 1. arithmeticæ cap.* 20.

* Ad aliquid relatæ quantitatis duplex est prima divisio; Omne enim aut æquale est, aut inæquale quidquid alterius comparatione metitur: & æquale quidem est, quod ad aliquid comparatum neque minore summa infra, neque majore transgreditur, ut denarius denario, vel ternarius ternario, vel pes pedi & & his similia: Hæc autem pars relatæ ad aliquid quantitatis, id est æqualitas naturaliter indivisa est; nullus enim dicere potest, quod æqualitatis hoc qui dem tale est, illud vero ejusmodi. Omnis enim æqualitas unam servat in propria moderatione mensuram. *Et infra.*

12. Inæqualis vero quantitatis gemina divisio est, secatur enim quod inæquale est in majus atque minus, quæ contraria sibimet denominatione fungũtur. Namque majus, minore majus est, & minus, majore minus est; & utraque nõ eisdem vocabulis, quemadmodum secũdum æqualitatem dictum est; sed diversis distantibusque signata sunt ad modum discentis scilicet vel docentis; vel cædentis, vel vapulantis: vel quæcumque ad aliquid relata aliter denominatis contrarijs comparantur. Majoris vero inæqualitatis quinque partes sunt. Est enim una quæ vocatur multiplex. Alia superparticularis. 3ª superpartiens 4ª multiplex superparticularis. 5ª multiplex superpartiens. His igitur quinque majoris partibus inæqualitatis oppositæ sunt aliæ quinque partes minoris; quemadmodum

ipsum majus minori semper opponitur ; ita tamen ut eisdem nominibus nuncupentur, sola tantum, sub, præpositione distantes. Dicitur enim 1ª submultiplex. 2ª subsuperparticularis. 3ª subsuperpartiens. 4ª multiplex subsuperparticularis. 5ª multiplex subsuperpartiens. *Boëtius l. 1. arithm. cap. 21. & 22. usque ad 32. Item lib. 1. musica cap. 4. 5. 6. & 7. & lib. 2. musicæ cap. 4.*

* *Isidorus lib. 3. orig. cap. 6. & seqq.*

13. Quæ vero inæqualia sunt, quinque interse modis inæqualitatis momenta custodiunt. Aut enim alterum ab altero multiplicitate transcenditur, aut singulis partibus, aut pluribus. Et primum quidem inæqualitatis genus multiplex appellatur. Est vero multiplex ; ubi major numerus minorem numerum habet in se totum, vel bis, vel ter, vel quater, ac deinceps ; nihilque deest, nihilque exuberat : appellaturque duplum, vel triplum vel quadruplum : atque ad hunc ordinem in infinita progreditur.

Secundum vero inæqualitatis genus est, quod appellatur superparticulare, id est cum major numerus minorem habet in se totum & unam ejus aliquam partem, eamque vel dimidiam, ut tres duorum, & vocatur sesquialtera proportio : vel tertiam, ut quatuor ad tres & vocatur sesquitertia: Ad hunc etiam modum in posterioribus numeris pars aliqua à majoribus super minores numeros continetur.

Tertium vero inæqualitatis genus est, quotiens minor numerus totum intra se minorem continet, & ejus aliquantas insuper partes : & si duas quidem supra continet, vocabitur proportio superbipartiens ; ut sunt quinque ad tres. Sin vero tres super se continet, vocabitur supertripartiens ut sunt septem ad quatuor. Et in cæteris quidem eadem similitudo esse potest.

Quartum vero est inæqualitatis genus, quod ex multiplici & superparticulari conjungitur ; cum scilicet major numerus habet in se minorem, vel bis, vel ter, vel quotieslibet, atque ejus unam aliquam partem. Et si eum bis habet, & ejus dimidiam partem, vocabitur duplex sesquialter, ut sunt quinque ad duo : sin vero bis minor continebitur, & ejus tertia pars, vocabitur duplex sesqui tertius, ut sunt septem ad tres : sin vero tertio continebitur, & ejus dimidia pars, vocabitur triplex sesquialter ; ut sunt 7. ad duo. Atque ad hunc eumdem modum in cæteris & multiplicitatis, & superparticularitatis vocabula variantur.

Quintum est genus inæqualitatis, quod appellatur multiplex superpartiens, quando major numerus minorem habet in se totum plusquam semel & ejus plusquam unam aliquam partem. Et si bis major numerus minorem numerum continebit, duasque ejus insuper partes, vocabitur duplex superbipartiens ; ut sunt tres ad undecim. Ac de his nunc strictim, ac breviter explicamus, quoniam in libris quos de arithmetica institutione conscripsimus diligentius enodavimus. *Boëtius lib. primo mus. c. 4.*

* *Glarean. lib. 3. dodecach. cap. 12.*

14. Ea namque probantur comparationi consentanea, quæ sunt natura simplicia. Et quoniam gravitas & acumen in quantitate consistunt, ea maxime videbuntur servare naturam concinentiæ, quæ discretæ proprietatem quantitatis poterunt custodire. Nam cum sit alia quidem discreta quantitas, alia continua: ea quæ discreta est, in minimo quidem finita est, sed in infinitum per majora procedit ; namque in ea minima unitas, eademque finita est. In infinitum vero modus pluralitatis augetur, ut numerus, qui cum à finita incipiat unitate, crescendi non habet finem. Rursus quæ est continua, tota quidem finita est ; sed per infinita minuitur : linea enim, quæ continua est, in infinita semper partitione dividitur ; cum sit ejus summa vel

bipedalis, vel quæcumque alia definita mensura. Quocirca numerus semper in infinita concrescit : continua vero quantitas in infinita minuitur.

15. Multiplicitas igitur quoniam crescendi finem non habet, numeri maxime servat naturam. Superparticularitas autem quoniam in infinitum minorem minuit, proprietatem servat continuæ quantitatis. Minuit autem minorem, cum semper eum continet, & ejus vel dimidiam partem vel tertiam vel quartam vel quintam: nam semper pars à majore numero denominata ipsa decrescit : nam cum tertia à tribus denominata sit; quarta vero à quatuor ; cum quatuor tres superent, quarta potius quam tertia minutior invenitur. Superpartiens vero jam quodam modo à simplicitate discedit : duas enim, vel tres, vel quatuor habet insuper partes, & à simplicitate discedens exuberat ad quamdam partium pluralitatem.

Rursus multiplicitas omnis in integritate se continet. Nam duplum bis habet totum minorem ; atque ad eumdem modum, & cætera. Superparticularitas vero nihil integrum servat ; sed vel in dimidio superat, vel tertia parte, vel quarta, vel quinta ; sed tamen divisionem singulis ac simplicibus partibus operatur. Superpartiens autem inæqualitas nec servat integrum, nec singulas adimit partes ; atque ideo secundum Pythagoricos consonantijs musicis minime adhibetur. Ptolemæus tamen etiam hanc proportionem inter consonantias ponit. *Boët. l. 1. musi. c. 6.*

* Obtinere igitur majorem ad consonantias potestatem videtur multiplex ; consequenter autem superparticularis : superpartiens vero, ab harmoniæ concinentia separatur, ut quibusdam, præter Ptolemæum videtur. *Boët. lib. 1. musica cap. 5.*

16. Multiplex prima pars inæqualitatis cunctis alijs antiquior, naturaque præstantior. *Boët. lib. 1. arithmetica c. 23.*

17. Naturalis enim numeri dispositio in multiplicibus unitati, quæ prima est, comparatur. Superparticularis vero non unitatis comparatione perficitur, sed ipsorum, qui post unitatem dispositi sunt terminorum, ut ternarij ad binarium, quaternarij ad ternarium : & in cæteris ad hunc modum. Superpartientium vero longe retro formatio est, quæ nec continuis numeris comparatur, sed intermissis; nec semper æquali intermissione, sed nunc quidem una, nunc vero duabus, nunc tribus, nunc quatuor : atque ita in infinita succrescit. Amplius multiplicitas ab unitate incipit ; superparticularitas à binario ; superpartiens proportio à ternario initium capit. *Boët. l. 2. mus. c. 5.*

18. Neque nunc locus est, ut ostendam, quantum valeat consonantia simpli ad duplum, quæ maxima in nobis reperitur, ut sit nobis insita naturaliter : à quo itaque, nisi ab eo qui nos creavit? ut nec imperiti possint eam non sentire, sive ipsi cantantes sive alios audientes; per hāc quippe voces acutiores gravioresq; concordant: ita ut quisquis ab ea dissonuerit non scientiam, cujus expertes sunt plurimi ; sed ipsum sensum auditus nostri vehementer offendat. Ut ipsis auribus exhiberi potest ab eo qui novit in regulari monochordo. *Augustinus lib. 4. de trinitate cap. 2.*

* Quale est unumquodque per semetipsum, tale & deprehenditur sensu : si igitur cunctis notior est ea consonantia quæ in duplicitate consistit, non est dubium primam esse omnium consonantiam, meritoque excellere, quoniam cognitione præcedat : Reliquæ vero hunc necessario secundum Pythagoricos ordinem tenent, quem dederint multiplicitatis augmenta, vel superparticularis habitudinis detrimenta. *Boëtius. lib. 2. mus. cap. 17.*

19. Quia superparticularis in decrescentibus partibus similis est continuæ

quantitati, non eamdem quam multiplex ad consonantias vim retinet; sed tamen propter singularitatem partium secundo loco admittitur. Superparticularis etiam consonantias tantum; multiplex vero non tam consonantias, quam æquisonantias efficit. *Beda in musica theor.*

20. In multiplicibus quippe quanto major est numerus, tanto major fit proportio. In superparticularibus vero crescente numero decrescunt proportiones. *Beda ibidem.*

21. Majores & minores proportiones hoc modo intelliguntur. Dimidia major est quam tertia; tertia major quam quarta; quarta major quam quinta; ac deinceps eodem modo. Unde fit ut sesquialtera proportio major sit quam sesquitertia & sesquitertia sesquiquintam vincat. Atque idem in cæteris. Atque hinc evenit, ut in majoribus numeris minor; & in minoribus major semper videatur proportio superparticularium numerorum. Quod apparet in numero naturali 1. 2. 3. 4. Binarius igitur ad unitatem duplus est, ternarius ad binarium sesquialter est: quaternarius vero ad ternarium sesquitertius. Majores vero sunt numeri tres & quatuor: minores vero binarius & unitas. In majoribus igitur minor, & in minoribus major proportio continetur. *Boët. l. 2. muſ. cap. 9.*

22. Tonus est quando vocula voculam tota sui quantitate superaverit, & insuper ipsius superatæ voculæ octava parte, vel in intensione acuminis, vel in remissione gravitatis. Semitonium est quando tonus in duas non æquas partes secatur. Alterum semitonium majus, alterum semitonium minus dici maluerunt.

Consonantia Diatessaron est, quando vocula intensione sui acuminis voculam in remissione gravitatis totam possidet, insuper & tertiam partem superatæ voculæ.

Diapente consonantia est, quando vocula voculam tota sui quantitate superat, videlicet & superatæ vocis, insuper & ejus medietate, vel in intensione acuminis vel in remissione gravitatis.

Diapason non consonantia, sed æquisonantia est, quoties vocula voculam, sui acumine si fuerit in intensione; aut sui gravitate si fuerit in remissione, tota sui quantitate superatæ vocis quantitatem bis occupat.

Et ut aperte advertas quid sit intensio, quid remissio, quæ in omnibus consonantijs videnda est; ita noveris. Quando primam vocem ex ore vel corde, vel in aliqua materia organi emiseris; fige metam, & quicquid per illam primam vocem in altum sui gerit; aut tonum aut diapason aut diapente aut diatessaron, noveris illas omnes consonantias in intensione acuminis esse factas. Quicquid vero per illam primam vocem, ubi terminum figendum esse diximus, deorsum remittendum fluxerit, sive tonus, sive diatessaron, sive cætera: scito omnes illas consonantias in remissione gravitatis fieri. Si autem toni sonum, vel diatessaron, ac reliquarum consonantium nosse cupis, talem cape conjecturam. Accipe regulam ligneam manibus magistri formatam, & præparatis tribus articulis vel arculis ex omni parte æque libratis & cavatis, extende nervum super regulam, *&c. Beda in musica theorica.*

23. *Beda ibid.*

24. *Boët. lib. 4. muſ. c. 10. & ult. & lib. 5. in proemio.*

* *Franch. l. 1. muſ. inſtr. c. 5. 6. & ſeqq.*

* *Pontus Thiard Au ſolitaire 2.*

* *Merſennus harmonicorum lib. 4. de conſonantijs propoſit. 15. & 16. & l. 5. de diſſonantijs propoſition 13. & 21.*

* *Kircher. to. 1. muſurg. univerſ. l. 4. cap. 4. & ſeqq.*

25. Quia unisonus cæteris concordantijs (namque derivantur ab ipso) plurimum conferat augmenti, velut & numeris unitas; ac lineæ punctus. Musici ipsum unitatis loco observantes, concor-

dantijs concorditer adſcripſerunt. *Franchin. l. 3. muſicæ pract. c. 2.*

26. Radices proportionum dicuntur in quibuſcumque generibus illi numeri, qui primum naturaliter efficiunt illas proportiones; ideoque radices ſunt conſimilium proportionum. *Franch. l. 1. muſicæ theor. cap. 6.*

27. Conſonantia diapaſon eſt quæ fit in duplo, ut hæc eſt : 1. 2. Diapente vero, quæ conſtat his numeris : 2. 3. Diateſſaron vero, quæ in hac proportione conſiſtit : 3. 4. Tonus vero ſeſquioctava proportione concluditur, ſed in hoc non dum eſt conſonantia, ut 8. 9. Diapaſon vero & diapente tripla comparatione colligitur hoc modo. 2. 4. 6. Bis diapaſon quadrupla collatione perficitur. 2. 4. 8. Diateſſaron vero & diapente unum perficiunt diapaſon hoc modo 2. 3. 4. *Boët. lib. 1. muſ. cap. 16. & l. 2. cap. 25. Item lib. 1. muſ. cap. 7. & lib. 2. arith. cap. 3.*

* Bis diapaſon ita ſe habet ad diapente & diapaſon, id eſt quadrupla ratio ad triplam, ut ſola diapaſon ad ſolam diapente, ſeu dupla ratio ad ſeſquialteram; ſiquidem enim cum numeri alicujus accipiantur tripla & quadrupla, denuoque ſeſquialtera & dupla; referent ſeſquitertiam rationem quadruplus numerus erga triplum, & duplus ad ſeſquialterum : adeoque quanto conſonantius eſt diapaſon quam diapente, tanto conſonantius fiet bis diapaſon, quam diapaſon cum diapente. *Ptolem. lib. 1. harmonicor. c. 6.*

28. Monochordum eſt inſtrumentum muſicum oblongum, unam habens chordam per longum extenſam, ſecundum conſonantiarum proportiones in partes quandoque, quæ chordæ ſive voces dicuntur, diviſum. Hæ namque partes non ſemper ſunt chordæ realiter, ſed ſectiones, ſuper quibus, ſi chorda in longum extenſa premitur, & movetur, omnium dictatum ſectionum voces, ſive ſonos reddit. *Orontius Finæus lib. 5. Margaritæ philoſophicæ tractatu primo cap. 14.*

29. Quocirca Pythagoras mortẽ cum vita commutans monochordi uſum diſcipulis commendavit, ut inquit Ariſtides; quaſi qui muſices ſummam magis intellectu per numeros, quam ſenſu per auditum percipiendam eſſe doceret. *Franchinus libro 4. muſicæ inſtrumentalis cap. 15.*

30. *Ptolemæus lib. 1. harmonicorum cap. 2.*

31. *Ptolemæus lib. 1. harmonicorum cap. 1.*

32. Qui vero monochordum deſiderat facere, & qualitates, & quantitates, ſimilitudines & diſſimilitudines ſonorum, tonorumve diſcernere, pauciſſimas quas ſubjecimus regulas ſummopere ſtudeat intelligere. In monochordo autem iſtis menſuris diſponuntur : Γ Græcum hoc eſt G latinum pone in capite, & incipiens totam lineam, quæ ſonanti chordæ ſubjacet, per novem partes ſtudioſiſſime divide, & ubi prima pars fecerit finem. *&c. Guido Aretinus c. 6. prologi proſaici antiphonarij.*

* Sed quia voces, quæ hujus partis prima ſunt fundamenta, in monochordo melius intuemur, quomodo eas ibidem ars naturam vocum imitata diſcrevit, primitus videamus. In monochordo hæ ſunt, *&c.* Γ Gamma itaque in primis affixa, ab ea uſque ad finem ſubjectum chordæ ſpatium per novem partire, & in termino primæ nonæ partis A litteram pone, in qua omnes antiqui fecerunt principium. Item ab A ad finem nona parte collecta, eodem modo B litteram junge. Poſt hæc ad gamma revertens ad finem uſque metire per 4. & in primæ partis inveniens termino C; eademq; diviſione per quatuor, ſicut cum gamma inventum eſt C; ſimili modo per ordinem cum A invenies D. Cum B invenies E, & cum C invenies F, & cum D, G, & cum E, A, & cum F, b rotundam. Quæ vero

ſequuntur ſimilium & earumdem omnes per ordinem medietate facile colliguntur, ut puta à B ad finem in medio ſpatio pone aliam ♮ :ſimiliterq;Cſignabit aliam c; d deſignabit aliam d:& e, aliam e : & f, aliam : f & G aliam g ; & reliqua eodem modo. Enimvero ſicut per F grave inventum eſt b molle partitione per 4. ita per f, invenies aliam bb molle diviſionein quatuor. Poſſes in infinitum ita progredi ſurſum vel deorſum niſi artis præceptum ſua te autoritate cōpeſceret.

De multiplicibus, diverſiſque monochordi diviſionibus, unam appoſui ut cum de multis ad unam intenderetur, ſine ſcrupulo caperetur, præſertim cum ſit tantæ utilitatis, ut & facile intelligatur, & intellecta vix obliviſcatur. Alius vero dividendi modus ſequitur, qui etſi memoriæ minus adjungitur, eo tamen monochordum velociori celeritate componitur hoc modo.

Cum à Γ ad finem novem paſſus, id eſt particulas facis : Primus paſſus terminabitur in A, ſecundus vacat. Tertius in D quartus vacat. Quintus in a. Sextus in d. Septimus in aa, reliqui vacant. Item cum ab A ad finem novenis partiris : Primus paſſus terminabitur in B ſecundus vacat. Tertius in E, quartus vacat. Quintus in ♮. Sextus in e. Septimus in ♮♮, reliqui vacant. Item cum à Γ ad finem quaternis dividis ; Primus paſſus terminabitur in C. Secundus in G. Tertius in g. Quartus finit. AbC vero ad finem ſimiliter quatuor paſſuum. Primus terminabitur in F. Secundus in C. Tertius in cc. Quartus finit. Ab F vero quatuor paſſuum. Primus terminabitur in b rotundum. Secundus in f. De diſpoſitionibus vocum hi duo regularum modi ſufficiant ; quorum ſuperior quidem modus ad moderandum facillimus : hic vero ad faciendum celerrimus. *Guido Aret. c. 3. microl.*

33. *Boët. l. 4. cap. 18.*

34. Tanto chorda major eſt in acumine, quanto fuerit minor in ſpatio : & quæ eſt dimidia in quantitate, erit dupla in acumine. *Boëtius lib. 4. muſ. cap. 4. & lib. 5. c. 4.*

* Quod vel in fiſtulis æque perſpicere licet ; vox enim quæ per medium foramen emergit, diapaſon reſonat cum ea quæ per totam fiſtulam promitur. *Ariſt. ſect. 19. probl. 23.*

* In hac diapaſon ſpecie gravior vox duo habet ſpatia, acuta unum. *Guido c. 6. micrologij.*

35. Diapente dicitur de quinque, ſunt autem in ejus ſpatio voces quinque, ut à D in a : ſed gravis vox ejus tria habet ſpatia, acuta duo. *Guido. cap. 6. microl.*

36 Diateſſaron ſonat de quatuor ; nam & quatuor habet voces, & gravior ejus vox quatuor habet ſpatia, acuta vero tria ; ut à D in G. *Guido ibid.*

37. Tonus autem ab intonando, id eſt ſonando, nomen accepit, qui majori voci novem, minori vero octo paſſus conſtituit. *Guido cap. 6. microl.*

NOTES ET AUTHORITEZ *du chapitre IX.*

I. SYſtema eſtconglobatio ſeu congeries plurium ſonorum uno aut pluribus diaſtematibus compoſita. Hinc diateſſaron atque diapente ſyſtemata nuncupari poſſunt. Ptolemæus vero ſyſtema ſimpliciter conſiderans, magnitudinem quamdam eſſe dixit ex conſonantijs compoſitam, quemadmodum conſonantiam cenſuit magnitudinem quandam eſſe ex concinnitatibus ductam verum Briennius ſyſtema velut conſonantiam conſonantiarum eſſe aſſerit, ut diapaſon, ac diſdiapaſon. Ac diapaſon quidem perfectum ſyſtema dicitur, quod diatonice diſpoſita omnes ſuæ continuæ conſonantiæ ſpecies contineat : habet enim diapaſon conſonantia diapentem ſibi continuam, ſcilicet minorem ; & diapente habet diateſſaron, &c. Hinc perfectum ſyſtema minus atque mutabile diapaſon

diapaſon vocamus, quia ex minoribus ac ſimplicioribus, diateſſaron ſcilicet ac diapentes diaſtematibus fiat : mutabile inquam, quoniam intenſione & remiſſione per ſpecies variatur.

Diſdiapaſon vero quia majoribus atque compoſitis diaſtematibus deductum eſt, omneſque conſonantias, omnes item conſonantiarum ſpecies continet, diatonica quindecim chordarum diſpoſitione, perfectum, atque majus, & immutabile ſyſtema merito nuncupatur. Nihil enim eidem ad totius harmonici modulaminis integritatem deeſt, nihilque exuberat; & immutabile quia uni eidemque diſpoſitioni ſemper inhæret. *Franchinus lib. 1. harmon. inſtrument. cap. 14.*

* *Ptolemæus libro 2. harmonicorum cap. 4.*

2. Hanc igitur litterarum ſyllabarumque proprijs tonis, atque fixis ſemitonijs dimenſam deſcriptionem introductorium muſicæ duximus nuncupandum : cum primo actu introducendis præponatur, ut alphabetum pueris grammatici tradere ſoliti ſunt. *Franchinus l. 5. theoria muſicæ cap. 6.*

3. *Boëtius lib. 1. muſ. cap. 20.*

* *Plutarchus in commentario de muſica.*

4. Veteres enim muſici propter compendium ſcriptionis ne integra ſemper nomina neceſſe eſſet apponere, notulas quaſdam quibus nervorum vocabula notarentur, eaſque per genera modoſque diviſere; ut ſi quando melos aliquod muſicus voluiſſet aſcribere ſuper verſum rythmica metri compoſitione diſtentum, has ſonorum notulas aſcriberet. Ita miro modo reperientes, ut non tantum carminum verba, quæ litteris explicarentur; ſed melos quoque ipſum, quod his notulis ſignaretur, in memoriam poſteritatemque duraret. *Et infra.* Sane ſi quando diſpoſitionem notarum, græcarum litterarum nuncupatione deſcripſero, lector nulla novitate turbetur. Græcis enim litteris fiunt in quamlibet partem imminutis; nunc etiam inflexis tota hæc notarum deſcriptio conſtituta eſt. Nos vero cavemus aliquid ab antiquitatis authoritate tranſvertere. *Boët. lib. 4. muſ. cap. 3.*

5. *Alipius in muſ. apud Meibomium.*

* *Boët. lib. 4. c. 14.*

6. Verum cum ante litterarum hujuſmodi diſpoſitionem difficillimis quibuſdam ziffris chordas ſonantes ſignarent ſcriptores, alterum harum ſcilicet litterarum annotandi modum providi muſici facilitate devicti dicũtur inſtituiſſe, ad Guidonis uſque tempora celebratum; quod carmine ipſe teſtatus eſt; *ſolis litteris notare optimum probavimus, quibus ad diſcendum cantum nil eſt facilius. Franch. lib. 5. theor. cap. 6.*

7. Norant Græci non niſi tres conſonantias; harumque conſonantiam non niſi per nervos in polychordo ordine extẽſos addiſcebant : id tamen non niſi ſimpliciſſimi contrapuncti rationem habebat; ad quam tamen antequam pervenirent, 1240. caracteres muſici ad aliquam ſibi ſymphoniam comparandam, ex notis, ſeu litteris unicuique tono, & generi proprijs, addiſcendi erant : quæ res & ſummam memoriam cum ſumma patientia requirebat; multis quoque ob laborem in his addiſcendis exhantlandum prorſus videbatur intolerabilis. A tempore vero quo Guido Aretinus æternæ memoriæ vir muſicam veterem in meliorem, facilioremque methodum tranſtulit. *&c. Kircher. to. 1. muſurg. univerſ. l. 7. parte 1. Eromate 5. §. 3.*

8. *Boëtius libro quarto muſicæ cap. 13. & 16.*

9. Septem tantum eſſe eſſentiales chordas ſeptenis litteris à Gregorio deſcriptas, 6. Æneïdos hoc carmine Maronis auctoritas celebravit;

Nec non Trahitius longa cum veſte ſacerdos

Obloquitur numeris septem discrimina vocum. *Franch. l. 1. practica cap. 2.*

* Servatis præterea septem litteris, quæ in signando cantu in illum usque diem à tempore S. Gregorij in usu fuerant, videlicet *A*, *B*, *C*, *D*, *E*, *F*, *G*, post quarum curriculum ad absolvendam octavam ad *A* revolutio fit. *&c. Kircherus tomo 1. musica univers. lib. 5. c. 2.*

10. His postremis temporibus Benedicti Octavi Papæ sedis, Guido Aretinus professione monachus, musicus insignis innotuit, vocatus ab eodem Pontifice Romam. Hic enim maxima omniũ admiratione, novam addiscendi musicam rationem invenit, adeo ut puer paucis mensibus addisceret, quod pluribus annis vix homo quilibet pollens ingenio addiscere potuisset; magnoque miraculo accidere videretur, ut pueri senum & magistorum magistri evaderent. Delata est res ad eumdem summum pontificem, qui hujuscemodi rei tantæ experimentum fieri videre cupiens, ipsum Romam ad se accersendum curavit. *&c. Baronius tomo 11. Annalium ad annum Christi.* 1022.

* *Kircherus to. 1. lib. 5. c. 2.*

11. *Sigebertus in chronico.*

12. Tales apud nos pueruli sæpe & ipsius antiphonæ, quam per se sine magistro possunt cantare, verba & syllabas nesciunt pronuntiare. Miserabiles autem cantores, cantorumque discipuli, etiamsi per centum annos cotidie cantent, nunquam per se sine magistro unam vel saltem parvulam cantabunt antiphonam. *Guido cap. 1. prologi prosaici.*

* Quidam eorum imitatione chordæ, & nostrarum notarum usu exercitati ante unius mensis spatium invisos & inauditos cantus ita primo intuitu indubitanter cantabant, ut maximum spectaculum plurimis præberent: quod tamen qui non potest facere, nescio qua fronte se musicum vel cantorem audeat dicere. Maxime itaque dolui de nostris cantoribus, qui, & si centum annis in canendi studio perseverent, numquam tamen vel minimam antiphonam per se valent afferre. *Guido in epist. dedicatoria micrologi ad Theodaldum episcopum.*

13. Ita igitur disponuntur voces, ut unusquisque sonus, quantumlibet in cantu repetatur, in uno semper & suo ordine inveniatur. Quos ordines ut melius possis discernere, spissæ ducuntur lineæ, & quidam ordines vocum in ipsis fiunt lineis: Quidam vero inter lineas in medio intervallo & spatio linearum. Quanticumque ergo soni in una linea, vel in uno sunt spatio, omnes similiter sonant. Ut autem & illud intelligas, quantæ lineæ, & spatia unum habent sonum quibusdã lineis vel spatijs quædam litterę de monochordo præfiguntur; atq; etiam colores superducuntur. Unde datur intelligi, quia in toto antiphonario & in omni cantu quantæcumque lineæ, vel spatia unam eamdemque habent litteram, vel eumdem colorem, ita per omnia similes sonant, tanquam si omnes in una linea fuissent. Quia sicut linea unitatem sonorum, ita per omnia littera & color unitatem significat linearum; ac per hoc etiam sonorum. Quod si secundum ordinem sonorum ab ipsa littera vel colorata linea ubique inspicias, & illud aperte cognosces, quia in omnibus secundis ordinibus *(c'est à dire dans les entrelignes des lettres aux lignes)* eadem vocum & neumarum est unitas. Similiter & de tertio, vel quarto ordine, & reliquis intellige, sive superiores sive inferiores ordine cernas. Igitur certissime constat quia omnes neumæ vel soni in ejusdem litteræ vel coloris lineis similiter positi, vel absimiliter litteræ vel colorata linea pariter elongati, per omnia similiter sonant. Ideoque quamvis perfecta sit positura neumarum; cæca omnino est, & nihil valet sine adjutorio litterarum, vel colorum. Duos enim

colores ponimus, croceum ſcilicet & rubeum, per quos colores valde utilem tibi regulam trado, per quam apertiſſime cognoſces de omni neuma; & unamquamque vocem de quali tono ſit, & de quali littera monochordi; ſi tamen ut valde eſt oportunum, monochordum & tonorum formulas in frequenti habeas uſu. Septem vero ſunt litteræ monochordi, ut plenius poſtea demonſtrabo. Ubicumque videris crocum, ipſa eſt littera tertia (id eſt C,) & ubicumque videris minium, ipſa eſt littera ſexta *(i, f)* ſive in lineis, ſive inter lineas ipſi ducantur colores. Igitur tertio ordine ſub croco prima eſt littera. *(i, A)* & tonus primus vel ſecundus; ſuper hanc autem juxta crocum, ſecunda littera *(i, B)* in qua eſt tonus tertius vel quartus. Deinde in ipſo croco, eſt vox vel littera tertia: *(i, c)* in qua tonus quintus eſt ſextus. Ultima ſuper crocum, & tertia ſub minio eſt littera quarta *(i, D)* in qua eſt tonus primus vel ſecundus. Proxima eſt ſub minio quinta *(i, E)* in qua tonus tertius vel quartus. In ipſo eſt minio ſexta *(i, F)* in qua tonus quintus vel ſextus. Juxta ſuper minium ſeptima *(i, G)*, in qua eſt tonus ſeptimus & octavus. Deinde prima *(i, A)* reperitur tertio ordine ſuper minium *(i, f)* & tertio ordine ſubtus crocum. *(i, c)* in qua tonus primus, vel ſecundus, ut dictum eſt; poſt quam aliæ omnes reïterantur, prioribus in nullo diſſimiles. Quæ omnia plenius te hæc figura docebit.

v C vi. iii B iiii. i A ii. vii Γ viii.
vii G viii. v F vi. iii E iiii. i D ii.
i d ii. v c vi. iii ♮ iiii. i a ii.
i a ii. vii g viii. v f vi. iii e iiii.

Quamvis autem duo ſemper toni in una ſint littera, vel voce, tamen multo melius & frequentius conveniunt ſingulis neumis ac ſonis formulæ ſecundi toni, quarti, ſexti, octavi: Nam formulæ primi, tertij, quinti & ſeptimi non conveniunt, niſi cum cantus ab alto deſcendens in gravem devenerit finem. *Et paulo infra.* Et ſimplicibus quidem ad cognoſcendas ſimpliciter neumas iſta ſufficiant. *Guido Aretinus in prologo proſaïco antiphonarij cap. 1.*

* Ut proprietas ſonorum diſcernatur clarius, quaſdam lineas ſignamus varijs coloribus, ut quo loco quis ſit ſonus, mox diſcernat oculus. Ordinem tertiæ vocis ſplendens crocus radiat. Sexta ejus ſed affinis flavo rubet minio, eſt affinitas colorum reliquis inditio. Et ſi littera vel color neumis non intererit, tale erit quaſi funem dum non habeat puteus, cujus aquæ, quamvis multæ, nihil proſunt videntibus. *Guido in prologo rythmico antiphonarij.*

Notes et Authoritez
du chapitre X.

1. *Boëtius libro quarto muſicæ capite quarto.*

2. Tetrachordum conjunctum eſt, cujus principium eſt præcedentis tetrachordi finis; disjunctum vero cujus primordialis nervus à proximo præcedentis tetrachordi finali nervo uno tono disjungitur. *Stapulenſis lib. 4. muſices element.*

* Sinaphe eſt, quam conjunctionem dicere poſſumus, quoties duo tetrachorda unius termini medietas continuat atque conjungit. *Boëtius lib. 1. muſi. c. 24.*

* Eſt autem conjunctio duorum tetrachordorum conſequenter ordineque modulatorum & ſpecie ſimilium communis phtongus. *Euclides in muſica.*

3. Disjunctio vero eſt duorum tetrachordorum conſequenter ordineque modulatorum, & ſpecie ſimilium toni interpoſitio. *Euclides in muſica.*

* Diezeugſis eſt cum inter duo tetrachorda tonus fuerit medius, & ſonorum ſpecies per diapente inter ſe conſonant. *Bacchius in introductione ad muſicam.*

* Diezeugſis appellatur quæ & disjunctio dici poteſt, quoties duo tetrachorda toni medietate ſeparantur. *Boët. lib. 1. muſ. cap. 25.*

4. Est enim adjunctum tetrachordum sinemenon, & cum chorda mese ligatum, ad demulcendam tritoni duritiem, cujus dissonum, asperumque modulamen ars abjicit, & perhorrescit natura. Ad placitum idcirco disponitur adhærens meses chordæ, atque inde aufertur ad placitum. *Franch, l. 5. theor. c. 1 & 2.*

5. Exachordum b molle dictum, quod & conjunctum dici potest, superductum est, ut & tritoni asperitas fiat in modulatione suavior; & nonnullorum tonorum compositio possit per varias consonantiarum species commixte atque item acquisite procedere. *Franch. lib. 1. musicæ pract. cap. 2.*

* Ad hoc inventum est tetrachordum sinemenon, ut systemata infima (*modorum scilicet*) in superioribus quoque clavibus locum haberent, & voces omnes potius intra scalam continerentur, quam extra temere vagarentur. *Glarean. lib. 2. dodecach. c. 15.*

6. Sunt autem in universum conjunctiones tres, media, acutissima, & gravissima. Et gravissima quidem est duorum tetrachordorum, quorum alterum est tetrachordum hypaton, alterum vero tetrachordum meson; communis enim phtongus ea conjungit quæ est hypate meson. Media est conjunctio tetrachordi meson, & tetrachordi sinemenon, quæ conjunguntur communi phtongo, qui est mese. Acutissima demum conjunctio est tetrachordi diezeugmenon, & tetrachordi hyperboleon: ea enim unus communis phtõgus nete diezeugmenon conjungit. Disjunctio unica est duorum tetrachordorum quorum alterum est tetrachordum mediarum; alterum vero tetrachordum netarum disjunctarum, quæ uno communi tono disjunguntur, qui est inter mesen, & paramesen. *&c. Euclid. in musica.*

* *Boëtius lib. 1. mus. cap. 20.*

7. Pythagoras ipse quindecim chordarum excessum in sonis importunum & infructuosum esse censebat. *Franch. l. 1. mus. instrum. c. 5. & 4. & l. 2. c. 39.*

* Pythagorici ultra bis diapason nullam exquirere tentaverunt consonantiam ob maximam inconvenientemque extremorum distantiam: & quanto ultra bis diapason protensi fuerint soni, tanto extremorum sonorum distantia auribus dissonantiam afferre videtur: quoniam extremi æquisonantiarum soni in ea prolixiori distantia, à sua æquitate discedere aurium judicio, atque naturali multiplicium proportionum dispositione facile judicantur. *Franch. l. 4. theor. cap. 8.*

8. *Franchinus lib. 1. mus. instrum. cap. 11. 12. 13. & 14.*

9. Ultima excellentium una eademque est cum assumpta. *Ptol. l. 2. harmon. c. 5.*

10. Tunc è pluribus unum aliquid maxime fieri, cum extremis media, & media extremis consentiunt. *Aug. l. 1. mus. c. 12.*

11. *Euclides in musica.*

* *Boët. l. 1. mus. c. 25. & l. 4. c. 10. & 11.*

* *Beda in musica theorica.*

12. *Ptolem. l. 2. harmonic. cap. 6.*

* *Boët. l. 1. mus. c. 20. 24. 25. & seqq.*

* *Franc. l. 5. theor. c. 1. & 3. cité au n. 4.*

13. Sunt tetrachorda in systemate immutabili multitudine quidem infinita, potentia vero quinque. *Bacchius in introductorio artis musicæ.*

14. *Euclides in musica.*

* *Boëtius lib. 4. mus. cap. 12.*

NOTES ET AUTHORITEZ du Chapitre XI.

1. Quia voces quæ hujus artis prima sunt fundamenta, in monochordo melius intuemur; quomodo eas ibidem ars naturam imitata discrevit, primitus videamus. *Guido cap. 1. micrologi.*

* Supponantur itaque vocales per ordinem septem litteris monochordi, & quia quinque tantum sunt, tam diverse repetantur, donec unicuique sono sua suscribatur vocalis. *Guido c. 17. microl.*

2. G ymnasio musas placuit revocare solutas ;
U t pateant parvis , habitæ vix hactenus altis.
I nvidiæ templum perimat dilectio cæcum.
D ira quidem pestis tulit omnia commoda terris.
O rdine me scripsi primo , qui carmina finxi.
Guido ante epistolam dedicatoriam micrologi.

3. G liscunt corda meis hominum mollita camenis :
U na mihi virtus numeratos contulit ictus ,
I n cælis summo gratissima carmina fundo.
D ans aulæ Christi munus cum voce ministri ,
O rdine me scripsi primo qui carmina finxi.
Guido in fine micrologi.

4. Constat itaque Guidonem ipsius frugiferæ musicæ introductorium descripsisse septem litteris , atque sex syllabis chordas omnes denominantibus ad instar quindecim chordarum naturalis & perfecti diatonici systematis perornatum. Et ecclesiastici nostri Guidonis hujusmodi traditionem , quam manum vocant , in grave , acutum & superacutum distinctam : ut viginti ac duarum chordularum lineis & intervallis ; seu spatijs alternatim inscriptarum (connumeratis scilicet ipsius sinemenon tetrachordi causa & imitatione duabus conjunctis) octo priores, quasi silentio proximas , appellant graves. *&c. Franch. l. 1. mus. pract. cap. 1.*

* Guido Aretinus quæque obscura viderentur , & ignota faciliori perceptione aperuit. *Et paulo infra.* Guidonis traditionem imitatus Joannes Cartasinus , *&c. Franch. l. 1. mus. theor. c. 1. sub finem.*

* Latini musici Guidonem Aretinum introductorij musicalis , quod monochordum sive manum appellant , sex tantum syllabis , ut , re , mi , fa , sol , la, septies replicatis , institutorem venerari noscuntur. *&c. Franch. lib. 5 theor. cap. 2.*

5. *Aristoteles sectione 19. problemate 4.*

6. b vero rotundum , quod minus & regulare , quod adjunctum , vel molle dicitur cum f , habet concordiam ; & ideo additum est ; quia cum quarta à se ♮ tritono differente nequibat habere concordiam : utrumque autem b & ♮ in eadem neuma ne jungas. *Aret. cap. 8. micrologi.*

7. Sed quia voces , quæ hujus artis prima sunt fundamenta in monochordo melius intuemur quomodo eas ibidem ars naturam vocum imitata discrevit primitus videamus. Notæ autem in monochordo hæ sunt. In primis ponitur Γ Græcum , gramma à modernis adjunctum. Sequuntur septem alphabeti litteræ graves , ideoque majoribus litteris insignitæ hoc modo A, B, C, D, E, F, G. Post has eædem septem acutæ litteræ repetuntur , sed minoribus litteris describuntur. In quibus tamen inter a & ♮ aliam b ponimus , quam rotundam facimus , alteram vero quadravimus : ita a , b , ♮ , c , d , e , f , g. Addimus his eisdem litteris sed varijs figuris tetrachordum superacutarum , in quo aa, bb , ♮♮ , cc,dd, similiter duplicavimus ita. Hæ à multis superfluæ dicuntur ; nos autem maluimus abundare , quàm deficere. Fiunt itaque omnes simul XXI. hoc modo , Γ , A , B , C , D , E , F, G, a , b , ♮ , c , d , e , f , g. aa, bb, ♮♮, cc , dd. Quarum dispositio ab auctoribus aut tacita , aut nimia obscuritate perplexa, adest etiam pueris breviter,& & planissime explicata. *Guido Are-*

tinus cap. 2. micrologi & cap. 5. prologi antiphonarij.

8. Diapaſon eſt in qua diateſſaron & diapente junguntur : cum enim ab A in D ſit diateſſaron, & ab eadem D in a ſit diapente, ab A in alteram a diapaſon exiſtit ; cujus eſt litteram habere in utroque latere ; ut à B in ♮, à C in c, à D in d, & reliqua. Sicut enim utraque vox eadem littera notatur, ita per omnia ejuſdem qualitatis perfectiſſimæque ſimilitudinis utraque habetur & creditur. *Guido cap. 5. microl.*

9. Quævis quamvis ſint affines, non perfecte conſonant. *Guido in prol. rhytmico antiphonarij.*

* Unaquæque vero vocum habet aliquid proprium, dum eorum affinitas non ex toto acumine, vel gravitate concordant ; & aliqua ſemper ſimilitudine cum extraneis admiſcentur, id eſt, cum eis qui alterius modi ſunt : ut pote D & A quæ affines ſunt, id eſt unius modi, non ſunt per totum ſimiles ; ſed ſingillatim proprias retinent qualitates : id eſt dum D deponitur tono, ſemitonio ; & iterum elevatur tono, ſemitonio, tritono, & ſemeditono, uſque ad d acutum, Itemque A ditono deponitur & ſemitonio ; elevatur autem per tonum, ſemitonium & ditonum, & alium ſemitonium, & ditonum, uſque ad altum a acutum. *&c. Guido Aretinus cap. 6. epilogi in modorum formulis.*

10. Apparet autem minimum intervallorum conſonorum ab ipſa cantus natura determinatum eſſe : modulamur enim minora quam diateſſaron intervalla complura quidem, tamen omnia diſſona : quam minimum ſic in ipſa vocis natura definitum eſt : magnitudo non itidem videtur deffiniri, quippe quæ in infinitum augeſcere videtur, juxta ipſam cantus naturam, quemadmodum & diſſonum. Siquidem omni conſono intervallo ad diapaſon appoſito, ſive majore, ſive minore, ſive æquali totum conflatur conſonum : Quocirca non videtur hac ratione maximum intervallorum perhiberi poſſe ; nihilominus pro uſu noſtro, qui ab humana fit voce, videtur quoddam eſſe maximum intervallorum conſonorum : id autem ERIT DIAPENTE, ET BIS DIAPASON ; etenim ad ter diapaſon non progreditur intenſio. *Ariſtoxenus lib. 1. harmonicorum poſt medium.*

11. A finali itaque voce ad quintam in quolibet cantu juſta eſt depoſitio, & uſque ad octavas elevatio : licet contra hanc regulam ſæpe fiat, cum ad nonam, decimamve progrediamur. Unde & finales voces ſtatuerunt D, E, F G, quod his primum prædictam elevationem vel depoſitionem monochordi poſitio commodaverit ; habent enim deorſum unum tetrachordum gravium ; ſurſum vero duo acutarum. *Guido Aret. cap. 11. micrologi.*

* Tonorum modulationes regulariter propriæ diapentes initia ſuis pariter terminationibus adſcripſerunt, propterea quidem quod vox humana in acutum ducta amplius defatigatur quam in grave : namque ex acuto in gravitatem remiſſa fit quieti propinquior, quatuor ipſas finales tonorum chordas in gravium vocum ordine deligendas duxerunt. Eas, inquam, quibus congrue ſubſiſteret conjunctum in grave uniuſcujuſque collateralis toni tetrachordum. *Franch. l. 1. muſ. pract. cap. 8.*

12. Tonum extra naturalem, ac primariam ejus diſpoſitionem ductum poſſumus fictum, vel acquiſitum appellare. *Franch. lib. 1. muſ. pract. c. 8. & lib. 3. cap. 13.*

13. Neque vero has voces recte fictas quis vocet, quæ in octavis reperiuntur ; ſed eas potius fictas dixeris, quas neque eæ claves ; ubi licentia uſurpantur, neque octavæ earum continent, ut mi in f, fa, ut : *ſol* in e, *mi*, la ; *fa* in A, la, mi, re. *&c. Glar. l. 1. dodech. c. 3.*

* *Orontius finæus l. 5. margarita philos. tractatu 2. cap. 2.*

14. Musica ficta fingit in quacumque clave quamcumque vocem consonantiæ causa. *Georgius Rhau. in mus. practica cap. 3.*

15. Litteræ claves nominantur, quia occulta & incognita monochordi nobis referant & manifestant, videlicet voces cantus & tonos quorum claves sunt. *Finæus lib. 5. margaritæ philosoph. tract. 2. cap. 2.*

16. Verum *fa* acutior nascitur quam *mi* solo semitonij minoris spatio; inde eodem intervallo *mi* quam *fa* graviorem esse necesse est. Neque inconvenienter uno consensu musici ei notulæ, quæ ad gravem sibi propinquiorem semitonium deduceret, clavem adscripserunt; namque semitonium ipsum magis artificiosum, & ipsa proportione atque prolatu, natura & arte difficilius est tono; hinc magis indiget demonstratione. *Franchinus lib. 1. musicæ practicæ cap. 2. & 3.*

17. Troporum quintus, tritus agricole dictus insequitur splendens croceo rubroque colore. *Et infra.* Claviger ac fortis referat sic ostia vocis. *Guido in modorum formulis c. 7. formula autenti triti.*

* Præfatus ergo tritus, qui vocum aliorumque modorum est quasi formator & ostensor, coloribus tingitur croceis & rubeis; ut eo modo cæteros circa se signet, signatus quibus ipse cernitur coloribus. *Guido ibid. cap. 8.*

18. Deinde nota, quod inter secundam & tertiam litteram (*i, B & C*) & inter quintam & sextam (*i, E & F*) parvissima spatia veniant, quæ semitonia vocantur. A tono, B semitonio, C tono, D tono, E semitonio, F tono, G. Inter alias vero voces majora intervalla sunt, & dicuntur toni. *Guido c. 6. prologi prof. antiph.*

19. Quo actum est ut Guido ipse introductorium seu monochordum à nonnullis manus appellatum, eo quod in sinistra manu frequenter percipiatur, sex ipsis syllabis mira dispositione duxerit exornandum. Et quemadmodum in distributione litterarum, inter B & C atque inter e & f, & quandoque inter A B, ubi potissime tritoni asperitatem, duritiemve effugere liceret, semitonium minus diatonica progressione evenire depræhensum est; ita hac mira syllabarum deductione, unica tantum (quod ornatius atque excellentius est) pronuntiatione, ac descriptione omnia minora semitonia disposuit: eaque adimadversione semitonium inter mi & fa repertum est, quæ ad se suavitate quadam conferuntur, ut minori earum intercapedini inter se solæ ipsæ conveniant, quod in reliquis evenire non contingit. *Franchin. lib. 5. theor. cap. 6.*

20. Tanta fuit ad commixtorum septem exachordorum dispositionem ipsius Guidonis animadversio, ut uniuscujusque exachordi principium, vel primo præcedentis exachordi tetrachordo conjunxerit, vel ipsum ab eo toni disjunctum instituerit intervallo. Qua ex re in eptachordo duorum exachordorum prima cōprobantur tetrachorda. At ubi primum secundi exachordi tetrachordum terminatur; tertium hexachordum b molle dictum, (quod & conjunctum dici potest) sumit exordium: Quartum vero exachordum à primo secundi hexachordi tetrachordo toni intervallo disjungitur in acutum. Quintum autem exachordum primo quarti exachordi conjungitur tetrachordo. Verum primo quinti hujus exachordi tetrachordo sextum connexum est exachordum, quod sinemenon, seu conjunctum potest appellari. Septimum exachordum à primo quinti exachordi tetrachordo toni distantia disjungitur in acutum. *Franch. l. 1. musicæ pract. cap. 2.*

21. Mutatio vocum est unius in aliam

ſub eodem ſono variatio. *Finæus lib.* 5. *margarita philoſophica tractatu* 2. *cap.* 5.

22. Illud poſtremo notandum in longis ſaltibus, ut in octavis, ſeptimis, ac ſextis nullam fieri mutationem; Item in quintis mi, mi; fa, fa; (nam hæ exachordorum ordinem egrediuntur.) Sed ſimpliciter voces ſunt apprehendendæ, ut in clavibus inveniuntur. *Glarean. lib.* 1. *dodecach. c.* 6.

NOTES ET AUTHORITEZ *Du chapitre XII.*

I. CUm tamen uſque ad quatuor octavas hac ætate voces; & ad ſeptem vel octo inſtrumenta muſica protendantur. *Merſen. lib.* 7. *harmonicorum propoſit.* 16.

* *Franch. l.* 2. *muſ. inſtrument. c.* 39.

2. Quoniam de numeroſis motibus agimus; abs te quæro utrum ipſos debeamus conſulere numeros, ut quas eis leges certas fixaſque monſtraverimus, eas in illis motibus animadvertendas, obſervandaſque judicemus. D. Placet vero; non enim quicquam ordinatius fieri poſſe arbitror. *Auguſt. lib.* 1. *muſ. cap.* 11.

3. Quænam eſt ratio; ut quamvis per infinitum, ut dictum eſt, numerus progrediatur, articulos quoſdam homines in numerando fecerint, in quibus ad unum rurſus redeant, quod eſt principium numerorum; in numerando enim progredimur ad decem, atque inde ad unum revertimur. *Et infra.* Nam ut decem decies habent unum, ita centum decies habent decem, & mille decies habent centum: & ita deinceps, quouſque libitum eſt, progrediuntur in hujuſmodi quaſi articulis, quod in denario numero præfinitum eſt. *Auguſt. lib.* 1. *muſ. cap.* 11. & 12.

4. Si notula aliqua caſu, ut ſæpe fit, infra Γ ut, ponatur: rogas quid ibi canendum? Aïo reſpiciendam eſſe ab ea octavam clavem. Ut enim infra G, ſol, re, ut, eſt f, fa ut. Ita infra Γ ut, erit f fa, ut. Ita conſimili modo, ſi extra ee, la, obveniet notula, ea quoque venit ad rationem octavæ clavis judicanda. Humana vero vox hos limites non egreditur: tametſi quatuor vocum cantilenæ, & inſtrumenta ipſa muſica ſæpius hanc diſpoſitionem excedant. Neque vero has voces recte fictas quis vocet, quæ in octavis reperiuntur: ſed eas potius fictas dixeris, quas neque eæ claves, ubi licentia uſurpantur, neque octavæ earum continent; ut mi, in f, fa, ut; ſol in E, la, mi; fa in A, la, mi, re. &c. *Glareanus lib.* 1. *dodecach. cap.* 3.

* Si ergo extra limites ſcalæ vel in imo, vel in ſupremo loco aliquæ voces expatiantur, oportet illas ad octavã referre. Quælibet enim octavarum habet ſibi ſimilem in octava. *Georgius Rhau in enchiridio muſicæ pract. cap.* 1. *de clavibus.*

* Si vero volueris Γ ut deſcendere, tunc oportet b molle ſervare etiam in gravibus, ea ratione qua b molle in acutioribus ponitur, & bb in excellentibus. Hoc enim pacto ex abſciſſione ſemitonij majoris miteſcit tritonus, ſiquidem natura numerorum, & ratio ſonorum ſemper diapaſon gignit ex diapaſon, ut dictum eſt. *Kirch. lib.* 3. *muſurg. univerſ. c.* 9. *propoſit.* 7.

5. Recentiorum practicorum methodum ſequemur, quam præferunt antiquæ Guidonicæ, quod omnes notæ cujuſlibet exachordi, quæ pertinent ad aliquam ex tribus clavibus, ſe invicem immediate conſequantur uno tenore; cum tamen in antiqua methodo interturbentur. *Merſen. lib.* 6. *harmonicorum propoſitione* 15ª.

NOTES ET AUTHORITEZ *Du chapitre XIII.*

I. DIapaſon eſt eamdem litteram habere in utroque latere, ut à *B* in ♮, à *C* in *c*, à *D* in *d*, & reliqua.

qua. Sicut enim utraque vox eadem littera notatur, ita per omnia ejusdem qualitatis perfectissimæque similitudinis utraque habetur & creditur. Nam sicut finitis septem diebus, eosdem repetimus, ut semper primum & octavum diem eumdem dicamus; ita octavas semper voces esse easdem figuramus & dicimus, quia naturali eas concordia consonare sentimus. Unde verissime poëta dixit esse septem discrimina vocum, quia etsi plures fiant, non est adjectio, sed earumdem renovatio, & repetitio. Hac nos de causa omnes sonos secundum Boetium & antiquos musicos septem litteris figuravimus; cum moderni quidam nimis incaute quatuor tantum signa posuerint, quintum & quintum videlicet sonum eodem ubique caractere figurantes; cum indubitanter verum sit, quod quidam soni à suis quintis omnino discordent, nullusque sonus cum suo quinto perfecte concordet. *Guido Aret. c. 5. microl. quod habet pro titulo.* De Diapason & cur septem tantum sint notæ.

* Cum septem sint voces, quia aliæ ut diximus sunt eædem, septenas sufficit explanare, quæ diversorum modorum & diversarum sunt qualitatum. *Guido. c. 7. micrologi.*

* Septem sunt litteræ monochordi, (*il appelle ainsi sa gamme*) sicut plenius postea demonstrabo. *Et infra.* Sicut in omni scriptura xx. & III. litteras, ita in omni cãtu septem tantum habemus voces: nam sicut septem sunt dies in hebdomada, ita septem sunt voces in musica. Aliæ vero, quæ super VII. adjunguntur eædem sunt, & per omnia cantus similiter in nullo dissimiles, nisi quod altius dupliciter sonant: Ideoque septem dicimus graves, septem vero vocamus acutas; septem autem litteris dupliciter sed dissimiliter designantur hoc modo.

A	B	C	D	E	F	G
I.	II.	III.	IIII.	V.	VI.	VII.
a	♮	c	d	e	f	g
I.	II.	III.	IIII.	V.	VI.	VII.

Remarquez en passant, qu'Aretin ne fait aucune mention du Gamma en ce passage; & que s'il le marque au passage suivant il ne le timbre point.

Et infra. Diapason in tantum concordes facit voces, ut non eas dicamus similes, sed easdem. *Guido cap. 5. prol. pros. antiphonarij.*

* Igitur sicut ex ipsa monstratur natura, & per beatum Gregorium divina protestatur auctoritas, septem sunt voces sicut & septem dies. Unde & sapientissimus poëtarum septem cecinit discrimina vocum; quam sententiam & ipsi philosophi pari concordia firmaverunt. *Guido c. 8. prol. antiphon.*

* Notis ergo illis spretis, quibus vulgus utitur, qui sine ductore nusquam ut cæcus progreditur: septem istas disce NOTAS SEPTEM CARACTERIBUS.

Γ	A	B	C	D	E	F	G
	I.	II.	III.	IIII.	V.	VI.	VII.
	a	♮	c	d	e	f	g
	I.	II.	III.	IIII.	V.	VI.	VII.

Namque aliæ septenæ, quæ sequuntur postea, non sunt aliæ, sed una replicantur regula, quia vocum ut dierum æque fit hebdomada. *Et paulo infra.* Tunc à prima sic octava locum sumit proprium. Imo prima fit à prima, neque mutat numerum. Sic secunda dat secundam, tertiaque tertiam, quarta quartam, quinta quintam, quæque suam alteram: gravium acutum signat per eamdem litteram; vocis primæ ad octavam vel eamdem litteram. Hanc concordiam sonorum diapason nominant. Cujus nomen est de cunctis translatum ad litteram: omnes quia habet voces, vel quod tota linea, per duos partitur passus in eamdem litteram; eaque bis geminata monochordum terminet. Quinque habet ipsa tonos, duo semitonia, Habet in se diapente, atque diatessaron. Maxima symphoniarum, & vocum est unitas. Miror quatuor fecisse quosdam signa vocibus; Quasi quatuor sint eædem, quarum quædam dissonant. Quædam quamvis sint affines, non perfecte consonant. *Et infra.* Semitonia & toni, quia dissimiliter septem tonis coaptantur, septem sunt discrimina, ut nullius vocis sonus idem sit in altera. Vocibus tamen in septem quædam est concordia, sæpe enim, si non semper, eadem antiphona divisis cantatur sonis, nec mutat harmoniam. *Guido Aret. in prol. rythmico antiphonarij.*

* Cum diapason in se diatessaron & diapente habeat, & easdem litteras latere utroque contineat, semper in medio ejus spatio aliqua est littera, quæ ad utrumque diapason latus ita convenit, ut cui litteræ à gravibus diatessaron redditur, eidem in acutis per diapente conveniat: Et cui à gravibus diapente contulit, eidem à superioribus diatessaron dabit, ut *A, E, a. Guido Aret. cap.* 8. *microl.* item *c.* 7. *& alibi passim.*

2. Rursus contemplatus sum omnes labores hominum; & industrias animadverti patere invidiæ proximi. *Ecclesiastæ* 4. 4.

* Hactenus latentes musas in luce produximus, & benevolis præstantes invidos offendimus. Quia tempore à multo desuevit musica, dum invidia & torpor cuncta tollunt studia. *Guido in prologo rythmico antiphonarij & in epist. dedicatoria micrologi ad Theodaldum Episcopum.*

3. Explicit prima pars primi modi.
Secunda pars ejusdem incipit.

Superscriptus autem protus in voce quarta apud quosdam agitur cum omnibus formulis sibi adsignatis. Quoniam autem C littera, quæ apud veteres tertia habebatur, pro certo comperimus ex numerorum ratione fore primam. Idcirco hunc protum in *D*, id est secunda littera, cum omnibus formulis adsignatis disposuimus. Noluimus autem vocum modum in litteris mutare, ne error minus capacibus fieret permaximus. Hoc tantum studuimus, ut ea vox, quæ secundum numerorum rationem prima erat, loco primo poneremus; & in monochordo prima affigeretur; servata tibi antiquitatis forma, & specie. Quoniam vero protum in secunda & sexta diximus esse voce differentem, tamen libet antiphonas cum proprijs formulis tantum in autentum protum intexere, eas solummodo, quæ penitus motuum positione recedunt à proto jam superius relato. Nec videatur absurdum, si parum permutari videatur à priori; quem qui cupit, accipiat; qui autem noluerit, minus compellitur: invidia solummodo ne agat: Utatur vero, quem libens exceperit. *Guido in formulis modorum c.* 2. *in formula* 2. *partis primi modi.*

4. Finalis ergo vox hujus symphoniæ deponatur tono, & mox apparebit certissime eam esse quarti modi SEPTIMÆ VOCIS (*i*, ♮) qui quarto loco à finali voce omnes distinctiones mittit. *Guido in formula secundi modi plagis proti.*

5. *Guido Aret. cap.* 5. *micrologi. Ce passage est cité cy-dessus au n.* 8. *des notes du chap.* XIII.

* *Guido cap.* 3. *&* 4. *prologi prosaïci antiphonarij. Ces deux passages sont citez au nomb.* 1. *du chap.* 4. *de la sixieme partie.*

6 Solis litteris notare optimum probavimus quibus ad discendum cantum nihil facilius si assidue utantur saltem tribus mensibus. Causa vero breviandi neumæ solent fieri: quæ si curiose fiant habentur pro litteris; hoc si modo disponantur litteræ cum lineis. *Guido in prol. rythmico antiphonarij.*

7. Utramque autem *b* & ♮ in eadem

neuma non jungas. *Guido cap. 8. micrologi.*

8. Discretæ vero quantitatis alia sunt per se, ut tres, quatuor, vel cæteri numeri. Alia vero ad aliud ut duplum, triplum, aliaque quæ ex comparatione nascuntur. Per se vero discretæ quantitatis arithmetica auctor est; ad aliquid vero relatæ quantitatis musica probatur habere notitiam. *Boët. lib. 2. mus. cap. 3.*

9. Æquisonæ vero voces sunt, quæ simul pulsæ unum è duobus, atque simplicem quodammodo efficiunt sonum; ut est diapason; eaque duplicata quæ est bis diapason. *Boëtius lib. 5. musica cap.* 10.

10. Notandum eamdem esse primam & octavam speciem diapason, auctore Ptolemæo; quippe qui eum modum hypermyxolydium nominarit, quem à mese ad neten hyperboleon constituit; eumdem quidem natura cum hypodorio sive æolio. Eandem igitur & secundam cum nona existimare oportet, & tertiam cum decima, siquidem octavas repetere licet. *Glareanus lib. 2. dodecachordi cap.* 28.

11. Quale est unumquodque per semetipsum, tale & deprehenditur sensu: si igitur cunctis est notior ea consonantia, quæ in duplicitate consistit; non est dubium primam esse omnium diapason consonantiam meritoque excellere, quoniam cognitione præcedat. *Boëtius lib. 2. mus. cap.* 17.

12. Posses in infinitum ita progredi sursum vel deorsum, nisi artis præceptum sua te auctoritate compesceret. *Guido Aretinus microl. cap.* 3.

13. *Ptolemæus lib.* 2.

* Septem tantum essentiales chordas septenis litteris à Gregorio descriptas 6. Æneides hoc carmine Maronis auctoritas celebravit.

Nec non thraycius longa cum veste sacerdos.
Obloquitur numeris septem discrimina vocum.

Inde & introductorium ipsum Guido septem commixtis perfecit exachordis. *Franch. lib. 1. mus. pract. c. 2. & fusius lib. 1. theor. cap.* 1.

14. Antiquitus autem cythara septem chordis erat: Unde Virgilius, septem discrimina vocum. Discrimina autem ideo quod nulla chorda vicinæ chordæ similem reddat vocem, sed ideo septem chordæ vel quia totam vocem implent, vel quia septem motibus sonat cælum. *Isidorus lib. 3. orig. cap.* 21.

* Est mihi disparibus septem compacta cicutis, fistula, *Virgil. in Alexi.*

* Tuque testudo resonare septem callida nervis. *Horatius lib. 3. carmin. ode* XI.

15. Diapason autem interpretatur de omnibus, sive quia omnes habet, sive quia antiquitus cytharæ octo per eam fiebant chordis. *Guido cap. sexto micrologi.*

* Dicta enim diapason per omne, quasi omnibus discretis sonis melopeiam seu modulationis effectionem sustinens. Omnes enim discretos sonos septem tantum esse constat, octavum vero diapason suscipit, primò quidem ipso sono iteratione persimilem: quare æquisonam vocant. Sane inquam à Ptolemæo dictum diapason consonantiam talem vocis efficere conjunctionem, una ut eademque vox videatur simul esse prolata: Quot enim sunt diapason species, tot Bacchæus asserit consonantiarum formas, quibus totius extat modulationis plenitudo. *Franchin. lib. 1. mus. pract. cap.* 7.

* Sane diapason dicta est, quod omnes essentiales, ut vocant, chordas comprehendat; quicquid enim ultra septem claves est, in priora recidit, ut haud temere dictum sit, de octavis idem esto ju-

dicium. *Glarean. lib. 1. dodecachordi cap.* 8.

16. Ariſtote appelle l'octave μέτρον τῆς μελωδίας, la meſure de la melodie, à cauſe que ſa raiſon eſtant la premiere des multiples, & conſequemment la meſure de toutes les autres raiſons multiples; ſuivant la maxime generale que la moindre choſe eſt la meſure des plus grandes, qui ſont de meſme nature qu'elle. *Merſenne tome 1. liv. 1. des conſonances, propoſ. 12. n. 1.*

17. *Guido Aret. cap 5. microl. & alijs locis. Citatur ſupra.*

18. In multiplicibus quippe quanto major eſt numerus, tanto major fit proportio. In ſuperparticularibus vero, creſcente numero decreſcunt proportiones, *Beda in muſ. theor.*

19. *Boetius liv. 1. muſ. cap. 6.*

20. Naturalis enim numeri diſpoſitio in multiplicibus, unitatis quæ prima eſt comparatur. Superparticularis vero non unitati cōparatione perficitur, ſed ipſorum qui poſt unitatem diſpoſiti ſunt numerorum; ut ternarij ad binarium; quaternarij ad ternarium: & in cæteris ad hunc modum. Superpartientium vero longe retro formatio eſt, quæ nec continuis numeris comparatur, ſed intermiſſis; nec ſemper æquali intermiſſione, ſed nunc quidem una nunc vero duabus, nunc tribus, nunc quatuor, atque ita in infinita ſuccreſcit. Amplius multiplicitas ab unitate incipit, ſuperparticularitas ab binario: ſuperpartiens proportio à ternario initium capit. *Boët. lib. 2. muſ. cap. 5.*

21. Quælibet rerum copulatio, atque connexio tunc maxime unum quiddam efficit; cum & media extremis; & medijs extrema conſentiunt. *Aug. l. 1. muſ. cap. 12.*

XXI. *Auguſt. in pſalm. 11. & pſ. 6.*

* *Ambroſ. l. 5. in Luc. cap. 6.*

* *Bernardus ſerm. 2. in circonciſione Domini.*

22. Nullæ præter octavam conſonantiæ duplicatæ conſonantiam, ſed omnes diſſonantiam efficiunt. Quia duæ quintæ faciunt nonam, quæ eſt diſſonantia: duæ quartæ faciunt ſeptimam: duæ tertiæ majores faciunt quatuor tonos ſexta minori minores, atque ideo diſſonos: duæ tertiæ minores faciunt diſſonantiam quinta minorem, quarta vero majorem, *&c.* De duabus ſextis par eſto judicium, ac de duabus tertijs; quod non ſolum de duplicatis, ſed etiam de triplicatis, quadruplicatis, & ſic infinitum conſonantijs intelligendum eſt. *Et infra.* Simile quidpiam contingit minoribus muſicæ intervallis, qualia ſunt ſemitonia & toni, hiſque minora, quæ duplicata nullum faciunt intervallum melo aptum, ut libro de diſſonantijs oſtendetur v, g, duo ſemitonia majora, qualia ſunt inter *fa* & *mi*, faciunt gradum inconcinnum tono ſeſquioctavo majorem minori commate: Duo toni majores faciunt ditonum Pythagoricum ingratum, quia commate majore vero ditono majorem: Duo vero toni minores ditonum efficiunt commate, quam par eſt, minorem: & ita de reliquis. *Merſ. lib. 4. harmonic. propoſit. 15. & quæſt. 56. in Geneſ. art. 2.*

* Nullus ſonus cum ſuo quinto perfecte concordat; nullaque vox cum altera, præter octavam, perfectam efficit conſonantiam. *Franch. l. 3. muſica practicæ cap. 1.*

* *Franchinus lib. 2. muſ. inſtrument. cap. 38.*

* *Ariſtot. ſect. 19. problem. 42.*

* *Guido Aret. citatus ſupra n. 1.*

23. Diapaſon non conſonantia, ſed æquiſonantia eſt. *Item.* Multiplex non tam conſonantias, quam æquiſonantias efficit. *Beda in muſica theor.*

24. Ptolemæus ſonos diapaſon vel bis diapaſon reddentes ὁμοφώνους appellat; eos vero ex quibus aliæ conſonantiæ fiunt συμφώνους *Ptolem. lib. 1. har-*

monicorum cap. 7.

25. Junctæ vero consonantiæ cum æquisonis alias efficiunt consonantias, ut diapente ac diapason in triplo, diatessaron ac diapente in ea proportione, quæ est octo ad tres. *Boëtius lib. 5. mus. cap. 10. & fusius cap. 9 cité cydessus au n. 13. des notes du chap. 7.*

26. Multi jam scala breviore utuntur, ut mutationum difficultatem, atque molestiam eludant. *Mersennus lib. 1. harmonicorum proposit. 15.*

* L'avantage que l'on reçoit de cette maniere, est que l'entendement s'en trouve soulagé, la memoire & la veuë n'y ont pas beaucoup d'employ, & n'y a quasi que l'oüye & la voix du disciple qui travaillent: doù vient que l'esprit ne se rebutte pas. *&c. Mersenne tome 2. de l'harmonie universelle, livre 6. de l'art de bien chanter, propos. 1.*

27. *Alstedius tomo 2. encyclopediæ lib. de musica cap. 5.*

28. Quæ enim mors mutationum, confusio clavium, substitutio vocum? *Critius Puteanus in musathena cap. 9.*

29. Afin d'expliquer l'autre partie de la proposition, qui consiste à chanter sans autre muance, que celle qui arrive en *b fa*, ♮ *mi, &c. Mersenne tome 1. de l'harmonie universelle, l. 3. des genres, proposition 19.*

30. Je n'ay sceu reconnoistre encore la raison sur laquelle est fondé le troisiéme nom de *nature*, qu'on a donné au chant, chaque espece de chant me paroissant naturelle. *Mersenne tome 2. de l'harmonie univers. l. 5. de l'art de bien chanter, propos. 1.*

31. Cantus naturalis, is est, qui mollitie aut duritie non excedit, sed naturali progreditur sonoritate. *Orontius Finæus in margar. philosoph. lib. 5. tract. 2. mus. practicæ cap. 4.*

32. *Nicolaus Listenius c. 3. mus.*

33. Antiquitus cythara septem chordis erat. *Isid. l. 3. orig. cap. 21.*

* Est mihi disparibus septem compacta sicutis fistula. *Virgil. supracitatus in Alexi.*

* Nec non Treicius longa cum veste sacerdos
Obloquitur numeris septem discrimina vocum:
Jamque eadem digitis, jam pectine pulsat eburno. *Virgil. Æneid. 6.*

Ἑπτὰ δὲ συμφώνους ὀΐων ἐτανύσσατο χορδάς

id est, septem autem concinnas ovium extendit pelles. *Homer. hymno in Mercurium.*

34. Monebo solum quempiam longe facilius posse canere, si novam methodum sequatur, de qua jam fuse proposit. 15. lib. de generibus; quam si notis Guidonicis varias mutationes implicantibus innitatur. *Mersennus lib. 8. harharmonic. de compositione mus. proposit. 2.*

* Nec ullus error in eo depræhenditur. *Mersen. ibid. proposit. 7.*

35. Frustra fit per plura, quod per pauciora fieri potest. *Aristot.*

36. De similitudine vocum pauca perstrinximus, quia quantum in diversis rebus similitudo conqueritur, tantum ipsa diversitas, per quam mens confusa diutius poterat laborare, minuitur. Semper enim adunata, divisis facilius capiuntur. *Guido Aret. microl. cap. 8.*

NOTES ET AUTHORITEZ du Chapitre XIV.

I. FRanchinus *lib. 1. musicæ instrument. cap. 5. & lib. 2. c. 39.*

2. *Beda in musica practica.*

3. Secunda conjuncta (*i, ficta*) reperitur inter *D, sol, re*, & *E, la, mi*, & signantur *E, la, mi*, per *b molle*, quia ibi loco *mi* cantatur *fa*. Unde in descensu in *f, fa, ut*: *ut* in *sol* mutamus. Exempla sunt in ℞ Gaude Maria in verbo *interemisti*. Quod si ℞ in *E, la, mi*, sive *A la, mi, re*, incæperis, conjunctas evitabis. 4ª accipitur inter *G, sol, re, ut*,

& *A, la, mi, re*; & signatur in *A, la, mi, re*, per *b molle*, quia ibi cantatur *fa* pro *mi*, mutando *re* in *fa* per ascensum. Exempla sunt in communione *Fidelis servus* ubi canitur *in tempore*, & in ℟ *Formavit igitur*, ubi canitur, *Et factus est homo*. 3ª conjuncta est inter *G, sol, re, ut*, & *f, fa, ut*, & signatur in *f, fa, ut*, per ♮ *durum*, quia ibi pro *fa* canitur *mi* in descensu, mutando *re* in *sol*, in *A, la, mi, re*, contra naturam quia ibi *sol* non est, sed in *la* mutari deberet. Exempla sunt in communione *Beatus servus*, cum cantatur *invenerit vigilantem*, & ℟. *Quæ est ista* in verbo *per desertum*: vitabis tamen conjunctas incipiendo *Beatus servus* in *A, la, mi, re*. Quinta accipitur inter *C, sol, fa, ut*, & *D, la, sol, re*; signaturque per ♮ *durum* in *C, sol, fa, ut*, eo quod ibi pro fa cantatur *mi*, accipiendo in mutatione in *E, la, mi*; *sol*, loco *mi*. Exempla sunt in *Alleluia* de Assumptione B. M. si incipitur in *A, la, mi, re*, quia incipiendo in *f, fa, ut*, evitatur conjuncta. *Et infra.* Si quis in omnibus dictis conjunctas evitare voluerit, aut saltem pro majore parte à finalibus cantuum ad affinales suas confugiat, altius incohando, & signando quam prima compositio habet. *Orontius Finæus l. 5. margaritæ philosophicæ tractatu 5. cap. 6.*

4. Qua in re cum pro sua ipsi voluntate multa commutent, aut parum aut nihil mihi indignari debent, si à communi usu vix in paucis abscedo, ut ad communem artis regulam uniformiter omnis cantilena recurrat. Quoniam vero hæc omnia mala & multa alia eorum culpa eveniunt, qui antiphonaria faciunt, valde moneo & contestor, ne aliquis amplius præsumat antiphonarium neumare (*i, notare*) nisi qui secundum subjectas regulas bene potest, & sapit ipsam artem perficere. Alioquin certissime erit magister erroris quicumque prius non fuerit discipulus veritatis. *Guido Aretinus in prologo sui Antiphonarij. cap. 1.*

* Taliter enim Domino auxiliante hoc antiphonarium notare disposui, ut per eum leviter aliquis sensatus & studiosus cantum discat, si cum quanto studio neumæ disponuntur curet agnoscere. De quo si quis me mentiri putet, veniat, experiatur & videat. *&c. Guido in prologo prosaïco antiphonarij c. 1.*

5. Illud vero late patet quod fiat de vocibus, velut syllabæ & partes; cola atque commata; concinuntque sæpe versus arte sicut metrica. *Guido Aretinus in prologo rhythmico antiphonarij.*

6. Est enim figura pausæ linea, seu virgula quædam per spatium, seu spatia, seu spatij partem protracta, nulli notulæ addita, sed à notulis penitus disjuncta. *Franchinus lib. 2. mus. pract. c. 6.*

7. Sed quoniam per singulos modos à veteribus musicis unaquæque vox diversis notulis insignita est, descriptio prius notularum videtur esse ponenda, ut his primum per se cognitis, in modorum descriptione facilis possit esse dispectio. *Boëtius lib. 4. musicæ capite 14.*

NOTES ET AUTHORITEZ DE LA PARTIE III.

NOTES ET AUTHORITEZ *du Chapitre I.*

1. NIhil est aliud musica quam scientia amatoriarum seu concordantium rationum, quæ in harmonia, & in rythmo versantur. *Et paulo supra.* Rythmus ex veloci & tardo antea inter se discrepantibus; tandem vero in unum consensum compositis constituitur. *Plato in convivio longe ante medium.*

* In musica & figuræ & concentus insunt; quum musica in rythmo & harmonia versetur; ut quidem boni rythmi & commodæ harmoniæ figuram liceat dicere. *Plato* 2. *de legibus.*

* Officium musicæ est bene modulandi solertia; quæ rythmicis & melicis astructionibus continetur. *Martianus Capella lib.* 9.

* Harmonica consistit in numeris dupliciter, & mensuris; una localis secundum proportionem sonorum, vocumque; alia temporalis secundum proportionem longarum, breviumque figurarum. *Beda in musica pract.*

* Melodia ex vocibus constat & intervallis atque temporibus. *Franchinus lib.* 3. *musicæ practicæ cap.* 1. post *Bacchium seniorem in introductione ad musicam, & Aristidem Quintilianum lib.* 1. *de musica.*

2. Aliud est operari numeros vel productius, vel correptius, quod est in ipso opere pronuntiantis. *Aug. l.* 6. *musicæ cap.* 4.

* Incipiamus syllabas sibimet comparare, & videre quos numeros ad sese habeant, sicut de motibus jam inter nos tam lõga superius ratione tractatum est. Motus est enim etiam omne quod sonat, & syllabæ utique sonant. Cum ergo syllabæ inter se conferuntur, motus quidam inter se conferuntur, in quibus possint numeri quidam temporis mensura diuturnitatis inquiri. *August. lib.* 2. *mus. cap* 3.

3. *Aristoteles* 5. *Physicorum.*

4. *Aristoteles* 4. *Physicorum.*

5. In sono versuum dimensio quædam numerorum delectat, quo perturbato, delectatio exhiberi auribus non potest; imo nec sine offensione audiri. *&c.* Quod fit in syllabis pronuntiandis diu & non diu. *Augustinus lib.* 2. *musicæ c.*3.

* Videamus ille ipse sensus, cur alias delectetur in sonis vel productis, vel correptis; alias offendatur: id est enim quod ad diu & non diu pertinet. *Augustinus lib.* 2. *mus. cap.* 1. *& lib.* 1. *cap. ultimo.*

* Si homo faciendi carminis artifex novit quas quibus moras vocibus tribuat, ut illud quod canitur, decedentibus ac succedentibus sonis pulcherrime currat, ac transeat; Quanto magis. *&c. August. epist.* 28.

* In versu quidem theatra tota reclamant, si fuerit una syllaba, aut brevior, aut longior. Nec vero multitudo pedes novit, nec ullos numeros tenet: nec illud, quod offendit, aut cur, aut in quo offendat, intelligit: & tamen omnium longitudinum, & brevitatum in sonis, sicut acutarum, graviumque vocum, judicium ipsa natura in auribus nostris collocavit. *Cicero in oratore.*

6. De musica sex volumina, quantum ad eam partem attinet, quæ rythmus vocatur; sed eosdem sex libros jam baptisatus, jamque ex Italia regressus in Africam scripsi. Incohaveram quippe tantummodo istam apud Mediolanum disciplinam. *Augustinus lib.* 1. *retract. cap.* 6.

* Non longe cæperat Mediolanensis Ecclesia genus hoc consolationis, & exhortationis celebrare magno studio fratrum concinentium vocibus, & cordibus. Nimirum annus erat, aut non multo amplius, cum Justina Valentiniani pueri mater, hominem tuum Ambrosium persequeretur hæresis suæ caussa, qua fuerat seducta ab Arrianis. Excubabat pia plebs in Ecclesia, mori parata cum episcopo suo, servo tuo. Ibi mater mea ancilla tua, sollicitudinis & vigiliarum primas partes tenens, orationibus vivebat. Nos adhuc frigidi à calore spiritus tui excitabamur tamen civitate attonita atque turbata. Tunc hymni & psalmi ut canerentur secundum morem orientalium partium, ne mæroris tædio contabesceret, institutum est; & ex illo in hodiernum

retentum, multis jam ac pene omnibus gregibus tuis, & per cætera orbis imitantibus. *Augustinus lib. 9. confession. cap. 7.*

7. Verum quia in omnibus rerum motibus, quid numeri valeant, facilius consideratur in vocibus, eaque consideratio quibusdam quasi gradatis itineribus nititur ad superna intima veritatis, in quibus vijs ostendit se sapientia hilariter, & in omni providentia occurrit amantibus. Initio nostri otij, cum à curis majoribus, magisque necessariis vacabat animus, volui per ista, quæ à nobis desiderasti, scripta proludere, quando conscripsi de solo rythmo sex libros, & de melo scribere alios forsitan sex disponebam, cum mihi otium futurum sperabam. Sed posteaquam mihi curarum ecclesiasticarum sarcina composita est, OMNES ILLÆ DELICIÆ FUGERE de manibus; ita ut vix nunc ipsum codicem inveniam, quoniam tuam voluntatem, nec petitionem, sed jussionem contemnere nequeo. *Aug. epist.* 131.

8. Scripsit etiam & Pater Augustinus de musica sex libros, in quib⁹ humanam vocem rythmicos sonos, & harmoniam modulabilem in longis syllabis atque brevibus naturaliter habere monstravit. *Cassiod. de septem disciplin. ubi de mus.*

* Duos libros retractationum S. Augustini studiosa lectione percurrat. *&c. Et paulo infra.* Longum est illius viri singula quæque memorare, dum de ejus opusculis indicandis codex non parvus existat. (*Possidij scilicet*) qui quamlibet dicta ipsius breviter commemoret; tamen in numerosas progressus est paginas. *Cassiodorus de divinis lectionibus cap. 15. & à capite 1. ad idem cap. 16.*

9 Græca musicorum veterum monimenta pene omnia, quæ extant, si rite contuleris, (quemadmodum ego summo studio non semel unum cum altero comparando contuli) nihil adeo diversum reperies in uno, quod non in alijs omnibus inveniatur. Nam præter musicam analogam cælestem, humanam, divinam. Primo omnes sunt in tetrachordorum & systematum diapason multiplici compositione, divisione, commixtione. Deinde in tonorum sive modorum differentium determinationem singuli summo studio incumbunt. Tertio in triplici diatonico, chromatico, enharmonico genere componendo, determinando, & in minutissima intervalla subdividendo, tota ipsorum versatur industria: Quorum exactissima & ingeniosissima descriptione omnibus merito palmam eripuisse videtur Boëtius: nam singula veterum musicorum præcepta tam subtiliter volvit; obscura tam clare elucidat; defectuosa supplet tam dextere; ita se perfecte in doctissimo opere gerit; ut nihil eum veteris musicæ latuisse demonstret, priorum inventa innumeris à se inventis cumulando, veterum musicam non descripsisse tantum, sed & instaurasse videatur: ut proinde quicquid in alijs sparsum, in BOETIO COLLECTUM, auctum, atque exquisitissimo studio digestum spectetur. *Kircherus to. 1. musurg. univers. l. 7. parte 1. Erotemate 5. §. 1. & parte 2. cap. 1.*

* Latinorum opera omnia, exceptis sex D. Augustini libris, admiratione Boëtiani operis, quo harmonia copiosissime pertractata est, interierunt. *Meibomius præfatione in Gaudentij harmonicam introductionem.*

* Boëtius cujus ingenium neminem post eum legimus attigisse. *&c. Franch. lib. 1. mus. theor. c. 1.*

* *Glareanus lib. 1. dodecach. c.* 18. *& lib. 2. cap. 7.*

10. Triplex quantitas in syllabæ pronuntiatione considerari potest. Prima est temporis, quo syllabæ concentu immoramur, antequam ab ejus prolatione cessemus; & hæc est illa, quæ ab authoribus intelligitur, cum syllabam brevem esse, aut longam dicunt: Ad brevem

vem enim proferendam uno tempore; ad longam duobus temporibus utebantur; ut in notis musicis hic positis patet.

E. ◊. Hinc antiqui, ut Quintilianus lib. 1. cap. 7. docet, syllabas longas gemina vocali pronunciabant, ut maater, pro mâter; deemit, pro dêmit; poonit, pro pônit; puunit pro pûnit. Secunda quantitas est intensiva tenoris, qua altius elevatur, aut remissius deponitur tonus vocis; & hæc cernitur in scalæ musicæ gradibus. Tertia quantitas orta ex accentu, est mora qua non tam syllaba eadem, quam ejus imago per aërem propagata perdurat in aëre, & in spatio, quod cum aëre occursat. Nam syllaba acuta, aut circumflexa longius intervallum penetrat, & plures sui similes syllabas propagat in aëre; ideo & diutius vivit ejus imago audibilis, & à distantibus melius percipitur, & majori intervallo repetitur ab echo, quam syllaba gravis aut syllabico accentu remisse prolata: non secus ac fit in chorda intensius ducta, quam in ea, quæ remissius: & hinc nimirum est, ut syllaba acuta videatur semper longior, quam gravis; spectata scilicet mora, non qua ipsi insistitur, dum est in ore proferentis; sed qua ejus species in aëre vivit. *Kircherus tomo 2. musurgiæ universalis lib. 8 parte 2. cap. 2.*

* Pronuntiatio est triplex, scilicet melica, metrica, prosaïca. Melica est, quæ attenditur in cantu, & illi adjacet neuma. Metrica, quæ attenditur in scansione metrorum, & illi adjacet tempus. Prosaïca, quæ attenditur in communi sermone, & illi adjacet accentus. Accentus vero est triplex acutus, gravis, & circumflexus. Acutus est, qui fit per elevationem vocis: ut in prima hujus nominis Dominus. Gravis, qui fit per inclinationem vocis, & depressionem, ut in media & ultima dictionis Dominus. Circumflexus, qui fit partim per elevationem, partim per inclinationem vocis, ut penultima illius infinitivi amare; qui tamen non est in usu nostro: sed pro eo utimur acuto. *Orontius Finæus in marg. Philosophica lib. 1. tract. 3. cap. 13. de accentibus.*

NOTES ET AUTHORITEZ *Du chapitre II.*

I. TRes sunt partes musicæ, videlicet harmonica, quæ discernit in sonis acutum & gravem: rythmica, quæ requirit incursionem verborum, utrum bene sonus vel male cohæreat: metrica, quæ mensuram diversorum membrorum v, g, heroïcum iambicum, probabili ratione cognoscit. *Isidorus lib. 3. originum c. 17. post Cassiodorum lib. de septem disciplinis, ubi de musica.*

* Sunt vero quasi prosaïci cantus, in quib⁹ non est curæ, si aliæ majores, aliæ minores partes, & distinctiones per loca sine discretione inveniantur more prosarum. Metrici autem sunt & cantus; quia ita sæpe canimus, ut quasi versus pedibus scandere videamur; sicut fit cum ipsa metra canimus. In quibus cavendum est, ne superflue continuentur neumæ dissyllabæ sine admixtione trissyllabarum, ac tetrasyllabarum. Sicut enim lyrici poëtæ nunc hos, nunc alios junxere pedes; ita & qui cantum faciunt, rationabiliter discretas ac diversas neumas componant. Rationabilis vero discretio est, si ita sit, neumarum & distinctionum moderata varietas, ut tamen neumæ neumis, & distinctiones distinctionibus quadam semper similitudine sibi consonanter respondeant; id est, sit similitudo dissimilis more prædulcis Ambrosij. Non autem parva est similitudo in metris & cantibus, cum & neumæ loco sint pedum, & distinctiones loco sint versuum: utpote ista neuma DACTILICO, ILLA VERO SPONDAÏCO, ALIA IAMBICO MORE DECURRIT; & distinctionem nunc tetrametram, nunc pen-

tametram, alias quasi hexametram cernas: Et multa alia ad hunc modum. *Guido Aretinus cap. 15. micrologi.*

Et en suite du passage du mesme Aretin qui est cité au n. 2. prochain, il continuë à donner divers avis touchant la disposition des vers metriques en ces termes. Item ut more versuum distinctiones æquales sint, & aliquotiens eædem repetitæ, aut aliqua vel parva mutatione variatæ. Et cum perpulchre fuerint duplicatæ, habentes partes non nimis diversas, & quæ aliquotiens eædem transformentur per modos, aut similes intense & remisse inveniantur. Item ut reciprocata neuma eadẽ via qua venerat redeat ac per eadem vestigia. Item ut qualem ambitum vel lineam unam facit saliendo ab acutis, talem altera inclinata è regione opponat respondendo à gravibus; sicut fit cum in puteo nos cum imagine nostra contra expectamus. Item aliquando una syllaba unam vel plures habeat neumas, aliquando una neuma plures dividatur in syllabas. Variabuntur autem eæ vel omnes neumæ, cum alias ab eadem voce incipient, alias à dissimili, secundum laxationis & acuminis varias qualitates. Item ut ad principalem vocem, id est, finalem, vel si quam affinem ejus pro ipsa elegerint, pene omnes distinctiones currant; & eadem sicut & vox neumas omnes, aut perplures distinctiones finiat aliquando & incipiat: qualia apud Ambrosium, si curiosus sis, invenire licebit. *Guido Aret. cap. 15. micrologi.*

* Illud vero quis nesciat quod de vocibus quasi syllabæ, & partes, & distinctiones, vel versus fiunt; quæ omnia inter se invicem suavitate concordant; tantum sæpe concordiores, quantum similiores. *Guido Aret. in prologo prof. antiphonarij cap. 9.*

2. Proponat sibi musicus quibus ex his divisionibus incedentem faciat cantum, sicut metricus quibus pedibus faciat versum: nisi quod MUSICUS NON SE TANTA LEGIS NECESSITATE CONSTRINGAT. Quia in omnibus se hæc ars in vocum dispositione rationabili varietate permutat. Quam rationabilitatem etsi sæpe non comprehendimus; rationabile tamen creditur id, in quo mens, in qua est ratio, delectatur. Sed hæc, & hujusmodi MELIUS COLLOQUENDO, QUAM VIX SCRIBENDO MONSTRANTUR *Guido Aretinus cap. 15. micrologi.*

3. Omnis structura, ac dimensio, & copulatio vocum constat aut numeris (numeros rythmos acipi volo) aut metro, id est, dimensione quadam; quod etiam constat utrumque pedibus: habet tamen non simplicem differentiam: Nam rythmi, id est numeri spatio temporum constant, metra etiam ordine: ideoque alterum esse quantitatis videtur, alterum qualitatis. Rhythmus aut par est, ut dactylus, unam enim syllabam parem brevibus habet. Est quidem vis eadem alijs pedibus, sed nomen illud tenet. Longam esse duorum temporum, brevem unius, etiam pueri sciunt. Aut sescuplex ut pæon: cujus vis est ex longa & tribus brevibus: quique ei contrarius, ex tribus brevibus & longa, vel alio quoquo modo tempora tria ad duo relata sescuplum faciunt. Aut duplex ut iambus: nam est ex brevi & longa, quique est ei contrarius. Sunt & hi metrici pedes; sed hoc interest, quod rythmo indifferens est, dactylus ne illas priores habeat breves, an sequentes: tempus enim solum metitur, ut à sublatione ad positionem ijsdem sit spatijs pedum. In versu pro dactylo poni non poterit anapæstus aut spondæus: nec pæon eadem ratione à brevibus incipiet ac desinet. Neque solum alium pro alio pedem metrorum ratio non recipit, sed ne dactylum quidem, aut forte spondæum alterum pro altero. Itaque si quinque continuos dactylos ut sunt in

in illo. Panditur interea domus omnipotentis Olympi, confundas, solveris versum.

Sunt & illa discrimina, quod rythmis libera spatia, metris finita sunt: & his certæ clausulæ; illi quo modo cæperunt currunt usque ad metabolin, id est transitum in aliud genus rythmi: & quod metrum in verbis modo, rythmus etiam in corporis motu est. Inania quoque tempora rythmi facilius accipient, quamquam hæc & in metris accidunt. Major tamen illic licentia est, ubi tempora etiam animo metiuntur, & pedum & digitorum ictu intervalla signant quibusdam notis, atque æstimant quot breves illud spatium habeat, inde τετράσημον, πεντάσημον. *Quintil. lib.9. institut. orat. cap.* 4.

* Rythmus igitur prout tempus & motum spectat, tam poëtis & oratoribus, quam musicis communis est, cum tam hi quam illi voces, vocumque periodos certis temporibus distinguant. *Et paulo infra.* Proinde rythmus late sumptus nihil aliud est, quam sonus quidam proportionatus ex tardis & velocioribus motibus. Strictius vero sumptus nihil aliud est, quam conformatio quædam, & veluti caracter qualitatis vocis, quo vox hoc, vel illo modo conformata rhythmum perficit. Aristoteles quoque in rhythmis motionem in sonorum gravium & acutorum ordine imitationem habere, omnesque rhythmos cantico & symphonijs gaudere asserit; adeo ut omnes motus ordinati & certa lege astricti rhythmi dici possint. *Kircherus tomo secundo musurg. univers. lib.*8. *parte* 2. *cap.* 3.

* Rhythmus secundum Dydimum est certæ cujusdam vocis figura. Vox itaque certo quodam modo figurata rhythmum efficit, atque ita fieri amat, aut in verbis, aut in cantu, aut etiam in corporis motu. *Bacchius senior in introduct. ad musicam.*

4. Ad majorem itaque ecclesiastico cantui decorem conciliandum Gregorius magnus primus adhibitis rei musicæ peritissimis viris, cujus & ipse peritissimus erat, serio in hoc incubuit, ut cantum ecclesiasticum certis notis insigniret, missas, hymnos, psalmosque juxta tonorum artificium per cantus regulas ita disponeret, ut psallentes perfecta vocum mensura intentum pietatis affectum auditoribus ingenerarent. Quod & tandem summo totius Christianæ Reipublicæ bono peregit. *Kircherus to.* 1. *musurg. univers. l.* 7. *c.* 3.

* Atque hic est choralis ille cantus, sive monasticus, quem & Gregorianum omnes, quidam planum, eo quod harmonicis diversarum vocum intervallis careat: firmum etiam nonnulli vocant. *Kircherus tomo* 1. *musurgiæ universalis lib.* 5. *cap.* 8.

5. Cantus planus, quo ad notulas attinet, simplex ac uniformis est. *Glarean. lib.* 3. *dodecach. in proemio.*

* Musica Gregoriana vetus & plana in suis notulis æqualem servat mensuram. *Alstedius tomo* 2. *Encyclopediæ lib.* 20. *de musica cap.* 10

* *Lystenius musicæ cap.* 1.

* *Georgius Rhau. de divisione musicæ.*

* Cæterum S. Gregorius magnus cantum planum instituit, qui de plano procedens singulas notas brevis temporis æquali mensura dimetitur. *Cardinalis Bona de divina psalmodia cap.* 17. §. 4.

* Cantus plani notulas æqua temporis mensura musici disposuerunt. *Franchinus libro secundo musicæ practicæ cap.* 5.

6. Quarta differentia pedum rhythmi est rationalium, quorum rationem dicere possumus elationis ad positionem; & irrationalium, quorum rationem inter se partium temporalium eodem modo dicere nequimus. *Aristid. Quintil. l.* 1. *de musica circa medium.*

* Rhythmus connexus est tribus tem-

poribus, longo, brevi & irrationali. Breve est minimum, quod nullas divisiones recipit; longum, hujus duplum. Irrationale, quod brevi quidem est longius, at longo minus: quoniam vero, quanto sit minus, aut majus, evidenti ratione tradi nequit, hoc ipso accidenti irrationale est appellatum. *Bacchius in introductione ad musicam.*

* Eorum temporum, quæ ad numeros copulantur; alia suntque enrhithmetica tempora nominãtur; alia quę arhythmata: tertia quæ rhythmoides perhibentur. Et enrhythmetica quidem sunt, quæ ratione certa ordinem servant; ut in duplici vel hemiolio, vel in alijs quæ alia ratione junguntur. Arhithmata sunt, quæ sibi nulla omnino lege conjuncta sunt. Rhythmoides vero in alijs numerum servant, in alijsque despiciunt. *Martianus Capella l. 9. versus finem.*

* Irrationalis autem proportio est duarum quantitatum incommensurabilium invicem relatio, ut diameter quadrati ad costam ejusdem, quorum nulla reperitur mensura communis ambas ipsas quantitates præcise mensurans, ideoque Euclides eas surdas vocat. *Franch. l. 4. mus. pract. cap. 1.*

7. Accentus vocantur ab accinendo, eo quod cantum sive recitationem numerosam moderentur. *Kirch. to. 2. musurg. univers. l. 8. parte 2. cap. 2.*

8. Ambrosiana vero musica, cujus notæ inæquales mensuram variant, vocatur mensuralis & nova, Ambrosiana vero ab authore. *Alstedius tomo 2. encyclopediæ. lib. 20. de musica cap. 10.*

9. Ambrosius (ut inquit Guido) cum ecclesiastica describeret cantica; in sola dulcedine mirabiliter laboravit. *Franchinus lib. 3. musicæ pract. cap. 14.*

10. Musicæ ratio, ad quam dimensio ipsa vocum rationabilis, & numerositas pertinet; non curat nisi ut corripiatur, vel producatur syllaba, quæ illo, vel illo loco est, secundum rationem mensurarum suarum. Nam si eo loco, ubi duas longas syllabas poni decet, hoc verbum cano posueris, & primam, quæ brevis est, pronuntiatione longam feceris, nihil musica omnino succenset, tempora enim vocum ea pervenere ad aures, quæ illi numero debita fuerunt. *Aug. l. 2. musicæ cap. 1.*

* Halicarnasse 32. & 33. de collocatione verborum, assujetit la lettre à la musique, en sorte qu'il soit permit aux compositeurs de musique de faire les syllabes breves, longues, & les longues, breves, & de mettre deux accens graves ou aigus dans une mesme diction. *Mersenne tome 2. de l'harmonie universelle de l'embellissement des chants, proposition 26. & 23. Et au mesme tome 2. livre 8. de l'utilité de l'harmonie, proposition 2. page 8.*

NOTES ET AUTHORITEZ *du Chapitre III.*

I. ARsis est vocis elevatio, id est initium; thesis, vocis positio, hoc est finis. *Isid. l. 3. orig. c. 19.*

2. Morulam, vel minimum spatij, quod brevis obtinet syllaba, unum tempus veteres vocaverunt, à brevi enim ad longam progredimur. Quoniam ut in numeris ab uno ad duo est prima progressio, ita in syllabis à brevi ad longam progredimur: ita ut longa duplum temporis habere debeat, ac per hoc duo tempora. *Augustinus lib. 2. musicæ cap. 3.*

3. Systole est cordis thoracisque contractio inter expirandum. Diastole, dilatatio seu elevatio thoracis, quæ fit cum spiritum attrahimus. *Franch. lib. 2. mus. pract. cap. 1.*

4. Chordas autem dictas à corde, quia sicut pulsus est cordis in pectore; ita pulsus chordæ in cythara. *Isid. l. 3. orig. cap. 21.*

5. De Alexandrino episcopo Athanasio sæpe mihi dictum commemini, quod tam modico flexu vocis faciebat sonare lectorem psalmi, ut pronuntianti vici-

nior esset, quam canenti. *Aug. lib.* 10. *confess. cap.* 33.

6. Cæterum triplam, hemioliam, ac trochaïcam formam multi distinguere, imo discernere nequeunt, cum tripla ad hemioliam in celeritatis ratione sit dupla. At trochaïcæ & alia mensura, & alia canendi formula, longe à tripla, atque hemiolia distincta. *Glarean. lib.* 3. *dodecachordi cap.* 11.

* Ut manifestius fieret, quantum erroris admittant, qui triplam uno ternarij caractere, aut duplam binario indicari falso putant; cum nulla proportio paucioribus, duobus numeris notari debeat. *Glareanus lib.* 3. *dodecachordi cap.* 12. *post exemplum sescuplæ sive sesquialteræ proportionis.*

7. Ut in numeris ac sonorum collatione id negotij fieri habet, ita in notulis diversarum vocum, quoad valorem attinet, accidit, atque hic fit comparatio. *Glareanus lib.* 3. *dodecachordi cap.* 12.

* Dupla est musicè quando major notularum numerus minori æquipollet, hoc est quando duæ notæ contra unam sibi similem ponuntur. *Lystenius parte* 2. *musicæ cap.* 12.

8. *Mersenne tome* 1. *de l'harmonie universelle livre* 6. *de l'art de bien chanter, proposition* 24. 25.

* *Kircherus to.* 1. *musurg. universalis, lib.* 7. *cap.* 10.

9. Absoluto nunc hoc libro de cantu, ut vulgo appellant, plano, egrediar bonis avibus, ad hujus ætatis inventum, nempe ad cantum mensuralem, ut vocant. *Glarean. lib.* 2. *dodecach. cap. ult. in fine.*

10. Agimus numeros vel in sola cogitatione, vel etiam in membrorum motu, quos egimus aliquando. *August. lib.* 6. *musicæ cap.* 8.

* Aliud est operari numeros vel productius vel correptius, quod est in ipso usu pronunciantis; aliud ista meminisse. Nam & taciti apud nosmet-ipsos possumus aliquos numeros peragere ea mora temporis, qua etiam voce peragerentur. *Augustinus lib* 6. *mus. cap.* 3. & 4.

* *Mersenne tome* 2. *de l'harmonie univers. liv.* 5. *proposition* 11.

11. Sonus quia sensibilis res est, præterfluit in præteritum tempus, imprimiturque memoriæ. Inde à poëtis Jovis & & Minervæ filias esse musas confictum est. Nisi enim memoria ab homine teneantur soni pereunt, quia scribi non possunt. *Isidorus lib.* 3. *orig. cap.* 14.

* Solum sub nocte canentem audieram: Numeros memini, si verba tenerem. *Virgilius Egloga* 9.

Notes et authoritez du chapitre IV.

1. Cum antiqui suis cantilenis duos quosdam ordines caracterum superscriberent, unum eorum quibus chordæ syllabis quibusque efferendis destinatæ designarentur; alterum eorum quibus tempora, in eisdem singulis efferendis insumenda essent. Fuit deinceps artificium eidem muneri præstando longe facilius excogitatum, per Joannem scilicet Muriam. &c. *Gassendus in manuductione ad theoriam musicæ cap.* 3.

2. *Gassendus tomo* 5. *in manuductione ad theoriam musicæ cap.* 3.

Titulus totius operis.

3. Incipit præfatum (*id est præfatio*) magistri Joannis de Muris in musicæ theoriam per eundem Copulatam & compilatam. &c. Explicit præfatio.

Quoniam musica est de sono relata ad numeros, vel è contra: ideo necessarium est utrumque numerum scilicet & sonum considerare. &c. *cap.* 1.

Cum ergo sit ostensum musicam constare ex sonis, qui proportionales sunt ad invicem quodammodo secundum numeros motuum in eis repertos, non est inutile percurrere proportiones generater numerorum. Omnis autem numerus ad alterum comparatus, aut est ei æqualis aut inæqualis. *&c. cap. 2.*

Titulus secundæ partis sic habet.

Quod prius est operis scriptum, pars prima vocetur. Circa symphonias postquam secunda sequetur. *(id est consonantias, & earum monochordum.) &c.*

Titulus tertiæ partis.

Incipit musica super modos & prolationes cujuscumque temporis continens omnia principia METHODORUM.

Partes prolationis quot sunt? Quinque. Quæ? Maxima, longa, brevis, semibrevis, minima? Maxima quæ est? Bispartita est. Quomodo? Aut enim longissima, au longior APPELLATUR. Longissima quæ est? Quæ sub uno accentu quatuor longis temporibus mensuratur. Longior quæ est? Quæ sub uno accentu tribus longis temporibus profertur. Quid est tempus in generali? Mensura vocis prolatæ sub uno motu continuo. Quid est tempus longum? *&c. Et infra.* Quæ est longa perfecta? Quæ sub uno accentu tria tempora comprehendit. Longa imperfecta quæ est? Quæ sub uno accentu duo tempora brevia comprehendit. Quid est tempus breve? *&c.* Minima quæ est? Impartita est. Quare? Quia non est minimo dare minus. Quid est minimum absolute? Quod est metrum & mensura omnium quæ in eodem genere continentur. Quid est mensura? Quæ totiens repetita, quotiens mensurato fuerit finaliter adæquata. Quid vult dicere mensuram adæquari? Id est plures cantus sub multitudine vocum in bona proportione musicam consonari. Quid est musica? Ars & Domina scientiarum, continens omnia principia methodorum in primo gradu certitudinis confirmata, in natura rerum omnimodo mirabili proportionaliter intimata; delectabilis in intellectu; amabilis in auditu; tristes lætificans; avaros amplificans; confundens invidos; confortans languidos; insopiens vigilantem; evigilans dormientem; nutriens amorem; honorans possessorem; in fine debitum assecuta ad laudem Dei naturaliter instituta. Aliter musica est scientia recte modulandi secundum Augustinum. *&c.* Adhuc sic potest definiri. Musica est scientia docens artem canendi per notulas debite figuratas. Quid est notula? Figura quadrilatera soni numerati tempore mensurati ut plurimum significativa. Quid est figura quadrilatera? Quæ quatuor angulis continetur. Quid est angulus? Triplex est; rectus, obtusus, & acutus Quid est rectus? Qui causatur ex casu lineæ perpendicularis super rectam. Quid est obtusus? Qui major est recto. Quid est acutus? Qui minor est recto. Figuræ quot accidunt? Unum. Quid? Significatio tantum. Significationes figurarum quot sunt? Quinque. Quæ? Maximæ, longæ, brevis, semibrevis, & minimæ. Da de maximis. 81. Da de longis. 27. Da de brevibus. 9. Da de semibrevibus. 3. Da de minimis. 1. Da ulterius. 0. Quot modis notulæ variantur? Tot modis & figuræ. Figuræ quot sunt? Figurarum alia est æquilatera, rectangula, vel obtusiangula: caudata, vel incaudata; sursum vel deorsum; punctuata vel non; ante vel retro; dextrorum vel sinistrorsum sæpius ordinata; Maxima qualiter figuratur? Quadrilatera; inæquilatera, rectangula, caudata dextrorsum, sursum, vel deorsum,

Figura maxima nominatur ut hîc 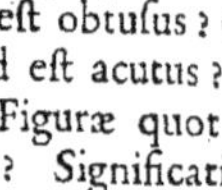

Longa qualiter figuratur? ut hîc 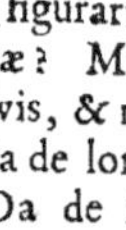

Brevis qualiter figuratur? ut longa, nisi

quod ſcribitur incandauta, ut hîc ■ ■ ſemibrevis qualiter figuratur ? quadrilatera, obtuſiangula, æquilatera, non caudata, ut hîc ♦ ♦ Minima qualiter figuratur? ut ſemibrevis, niſi quod ſurſum eſt caudata, ut hîc Perfectum figuratur ſicut imperfectum. Ubi poſſunt hæc diſcerni ? In ſitu vel ordine quæ ponuntur in figuris. Quot modis cognoſcitur perfectum ? Quinque modis Quibus ? quando figuratur ſimili ſibi & ipſi aut duabus, vel tribus ſui partibus, vel puncto, vel pauſæ ſui valoris præponitur. Unde valor in hac figura patet in quatuor gradibus manifeſte.

Maxima primus gradus

Longa ſecundus gradus

Brevis tertius gradus

Semibrevis quartus gradus

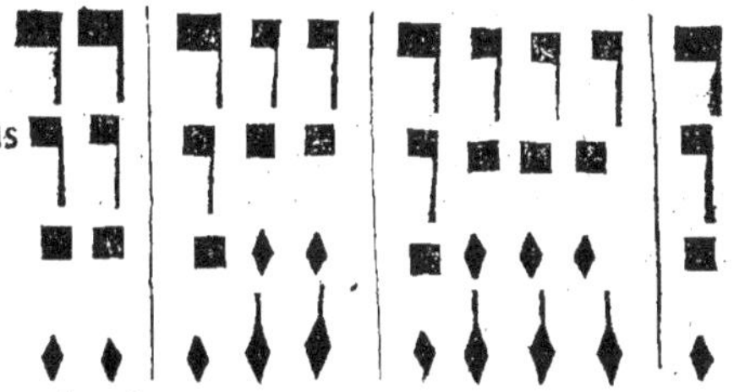

Supradictæ notulæ cujus figuræ ? Simplicis. Quare ? Quia ab invicem ſunt diſtinctæ, & nullo modo componuntur. Da horum compoſita: Ligaturæ. Ligaturæ quot ſunt? Duæ recta & obliqua. *&c.*

Quot modis fit cantus in generali ? Duobus ; regulariter & irregulariter. Quid eſt cantus regularis ? Quando cantus fit de tempore perfecto contra perfectum : vel de imperfecto contra imperfectum ; & imperfectiones ſimiliter incipiunt, & ſimiliter terminantur. Et per oppoſitum fit cantus irregularis. Qualiter ? Quando fit cantus de perfecto contra imperfectum ; vel è contra : perfectioque unius in medio alterius eſt incæpta, ut in moteto *Thoma tibi obſequia*, etſi qua ſunt ſimilia. Cum de ſignis temporis variationem demonſtrantibus explicite ſuperius facta fuerit mentio ; NE SUPER ALIQUIBUS ADDITIO FIERI POSSET : QUIA IN MODERNIS CANTIBUS, TAM IN MODO QUAM IN TEMPORE FIAT VARIATIO, ſunt alij cantus perfecti de modo & tempore ; alij imperfecti ; alij perfecti de modo, & non de tempore ; alij è contra ; alij partim perfecti, partim imperfecti, tam de modo, quam de tempore. Et ut notitiam tam modi quam temporis variatione perfectam habeamus, ſignificativa certa tempus perfectum & tempus imperfectum denotantia dare affectamus. Sed primo de diverſa cantuum variatione videamus. Modus perfectus dicitur quando tria tempora ſive perfecta ſive imperfecta pro perfectione qualibet capiuntur : modus vero imperfectus, quando duo. In modo perfecto longa ante longam ſemper valet tria tempora ; in modo imperfecto ſimplex longa valet duo ; nunquam valet tria, niſi punctus diviſionis apponatur. *&c.*

Quoties vero duæ pluresve reperiuntur pauſæ mediatæ quarum una valeat duo tempora, modus eſt imperfectus, ut in moteto *Adeſto ſancta Trinitas. &c.*

Tempus partim perfectum & partim imperfectum, & modus continetur in moteto *Guariſon ſelon nature.* Et iſta ſufficiant de diviſione temporis & modi. Qua de cauſa RUBEÆ NOTULÆ PONANTUR IN MOTETIS ? NE ID SOLUM VIDEAMUR IGNORASSE, quia principaliter duabus de cauſis ponuntur, vel quia rubeæ de alia prolatione menſurantur vel canuntur, ut in *Thoma tibi obſequia*, apparet, quia in tenore illius moteti nigræ ex tempore imperfecto & modo perfecto cantantur, rubeæ vero è contra: vel rubeæ ponuntur, quia reducuntur sub alio modō; ut in moteto, *In arboris cpyro*. Nam in tenore illius moteti NIGRÆ NOTULÆ SUNT IMPERFECTÆ DE TEMPORE IMPERFECTO, ET RUBEÆ PERFECTÆ DE TEMPORE PERFECTO. VEL RUBEÆ ALIQUANDO ponuntur in elegijs & rondellis huc & illuc, ut ad invicem possint cum alijs perfectionibus computari. Secundo modo rubeæ ponuntur, ut pronuntiantur in diapason, ut in moteto *lampadis os manuum*. In hujus moteti tenoribus omnes notulæ rubeæ dicuntur in diapason. Aliquoties vero ponuntur, ut longa ante longam non valeat tria tempora; vel ut secunda duarum brevium inter longas posita non alteretur ut in tenore *In nova fert animus*.

Cum de figuratione temporum perfecti scilicet & imperfecti superius particulariter SIT OSTENSUM, ET CUM CAUSA VETUSTATIS ALIQUA SINT DIMISSA, super figuratione seu prolatione duplicis perfecti, & temporis imperfecti tam in genere quam specie videamus. Et primo quod in musica mensurabile tempus est duplex perfectum scilicet & imperfectum; sed subdividendo sciendum est, quod figuratio temporis perfecti est triplex, videlicet major, minor & minima. Major autem figuratio sive prolatio temporis perfecti est illa quæ in tres æquales semibreves dividitur, quarum quælibet earum in tres minimas dividi potest, tunc novem minimæ pro isto tempore terminantur. Ut in moteto *Qui dolereux*. Minor vero est prima, quæ in tres æquales semibreves dividitur, & quælibet semibrevis in duas minimas. Sic sex minimæ pro præsenti tempore figurantur, ut in moteto *Imperatrix Anglica*. Minima autem illa est, quæ in tres æquales semibreves dividitur, quarum ulla earum nunquam dividi potest; ut in moteto *O Maria affectu*. Prolatio seu significatio temporis imperfecti duplex est, major scilicet & minor. Major autem est prima, quæ in æquales duas semibreves dividitur, & quælibet semibrevis in tres minimas: Tunc sex minimæ pro tempore enodantur: ut in moteto. *Gratissima virginis species*: & tunc posset aliquis dicere, quia minor prolatio temporis perfecti, & major imperfecti essent eadem; responsio, verum est in valore, nam valoris est proportio ut in proportione hemiolia, & proportione sesquisecunda, non autem sunt eadem in divisione & prolatione. Minor vero prolatio temporis imperfecti est prima, quæ in duas semibreves æquales dividitur, & quælibet earum semibrevium in duas minimas: & sic quatuor semiminimæ pro tempore terminantur, ut in moteto. *Qui aux promesses de fortune se fie*. SOLENT etiam quædam signa ad temporis & modi temporalis designationem talia figurari: circulus in se continens tres tractulos, qui tractuli designant modum perfectum, forma vero rotunda tempus perfectum: semicirculus tempus imperfectum, ut in moteto. *Guarison selon nature*. Ad modi imperfecti, & temporis imperfecti designationem figuratur C talis semicirculus continens duos tractulos, qui tractuli designant modum imperfectum; semicirculus tempus imperfectum ut in moteto *Nazareaque decora*. semicirculus autem pro modo perfecto, & imperfecto indifferenter ponitur; ut in prædictis duobus motetis reperitur.

Quæritur utrum punctus per sui additionem possit causare brevem alterari. *&c.*

Quæritur utrum punctus positus inter duas semibreves positas inter duas breves faciat modi divisionem. *&c.*

Quæritur utrum longa possit imperfici per brevem imperfectam per semibrevem imperfectam ex minima. *&c.*

Quæritur utrum longa possit imperfici per unam semibrevem. *&c.*

Quæritur

Quæritur utrum brevis poſſit imperfici per ſemibrevem. *&c.*

Cum ſine cognitione figurarum non poſſit haberi menſurabilis muſicæ perfecta cognitio ; Ideo quid ſit figura & de ſpeciebus ejus videamus. Figura eſt repræſentatio vocis in aliquo modorum ordinatæ ; & per hoc patet, quod ſignare figuræ debent modos, & non è contra ; licet quidam poſuerint, quod figura eſt repreſentatio vocis ſecundum ſuum modum. Modus eſt cognitio ſoni longis, brevibus, menſurati. Unde quinque ſunt modi ut prædiximus : ſcilicet primus, qui procedit ex omnibus longis, vel ex longa & brevi. Secundus è contra ſcilicet ex brevi & longa. Tertius ex longa perfecta, & duabus brevibus & longa. Quartus ex duabus brevibus & longa. Quintus ex omnibus brevibus & ſemibrevibus. Figurarum aliæ ſimplices, aliæ figuratæ. Simplicium tres ſunt ſpecies, longa, brevis, ſemibrevis. Longa autem in tres dividitur ; in longam perfectam, & imperfectam, & duplicem longam. Longa perfecta quæ eſt ? cujus figuratio eſt quadrangularis, proprietatem habens in parte dextera deſcendentem vel aſcendentem per quam longitudinem repreſentat, ut hîc

& dicitur perfecta eo quod ſub uno accentu tribus temporibus menſuratur. Longa vero imperfecta ſub figuratione perfectæ duo tempora tantum ſignificat, & dicitur imperfecta eo quod ſine adjutorio brevis præcedentis vel ſubſequentis nullatenus invenitur in tempore tamen perfecto, ut hîc

Duplex longa ſic formatur

duas perfectas ſignificans, quæ idcirco in uno corpore duplicatur, ne ſeries plani cantus ſumpti in tenoribus dirumpatur. Brevis autem in rectam & alteram dividitur, & eſt quadrangularis figuræ pro utraque ſine aliquo tractu ; ut hîc

Semibrevium alia major, alia minor, ſed quælibet ſic formatur.

Aut enim longa ſequitur longam, aut brevis, aut ſemibrevis ; Si autem longam ſequatur longa, tunc longa præcedens perfecta eſt. Si vero longam ſequatur brevis, hoc eſt dupliciter, aut ſola, aut plures ; ſi ſola, tunc ipſa longa imperfecta eſt : niſi inter longam & brevem quidam ponatur tractulus, qui eſt ſignum perfectionis, & alio nomine diviſio modi appellatur. *&c. Ioannes de Muris huc uſque.*

4. Quomodo autem liqueſcant voces, & an adhærentes, vel diſcretæ ſonent ; quæve ſint MOROSÆ, vel tremulæ, vel ſubitaneæ ; vel quomodo cantilena diſtinctionibus dividatur : & an vox ſequens ad præcedentem gravior, vel acutior ; vel æquiſſona ſit, facili colloquio IN ISTA NEUMARUM FIGURA MONSTRATUR, SI SICUT DEBENT EX INDUSTRIA COMPONANTUR. *Guido Aretinus in prologo antiphonarij. cap. 2.*

* Sicque opus eſt, ut qua metricis pedibus cantilena plaudatur, & aliæ voces ab alijs morulam duplo longiorem, vel duplo breviorem, aut tremulam habeant, id eſt varium tenorem, quem longum aliquotiens appoſita litteræ VIRGULA PLANA ſignificat. Ac ſummopere caveatur talis neumarum diſtributio, ut cum neumæ tum ejuſdem ſoni repercuſſione, tum duorum aut plurium connexione fiant, ſemper tamen aut in numero vocum, aut in ratione tonorum neumæ alterutrum conferantur, atque reſpondeant. Nunc æquæ æquis ; tunc duplæ vel triplæ ſimplicibus ; atque alias collatione ſeſquialtera vel ſeſquitertia. Proponat ſibi muſicus, quibus ex his diviſionibus incedentem faciat cantum,

ficut metricus quibus pedibus faciat verſum ; niſi quod muſicus non ſe tanta legis neceſſitate conſtringat. *Et le reſte qui ſe voit aux notes du chap. 11. de cette partie n. 2. Guido Aretinus cap. 15. micrologi.*

5. Ligatura eſt conjunctio figurarum ſimplicium per tractus debitos ordinata. Alia aſcendens, alia deſcendens. *&c. Ioannes de Muris in muſica ſuper modos & prolationes cujuſcumque temporis. cap. 9.*

6. Omnes igitur muſicæ hujuſmodi progreſſionis notulæ, & ſi diverſis figurationibus deſcribuntur, æquali temporis menſura debent pronuntiari. *Franchinus lib. 1. muſ pract. cap. 2.*

7. Brevis autem notula, quæ primum ſolo tempore; & longa, quæ duobus temporibus conſtet, in ipſo ſoni menſurabilis tempore proprijſſima dicuntur elementa : quarum magnitudines concinnis toni diſtantijs ſunt æquales. Tonus enim, vt Ariſtides & Anſelmus poſuere, in quatuor concinnas dieſes enharmonias dividitur, atque ita longa notula in quatuor ſemibreves; & brevis in quatuor minimas reſolvuntur. *& cæt. Franchinus. lib. 2. muſ. practicæ cap. 3. Item chap. 1.*

NOTES ET AUTHORITEZ *du chapitre V.*

1. QUi putant pedes metricos ita modulis harmonicis aptandos eſſe ut ſyllabæ breves reſpondeant notis minoris temporis, longæ, majoris ; ingentes in ſyllabica harmonia errores, & ridiculas omnino pronuntiationes. *Et infra* infinitos ſolæciſmos in pronuntiatione pariunt. *Kircherus tomo. 2. Muſurgiæ univerſalis lib. 8. parte 2. cap. 4. §. 1.*

2. In unum terminentur partes & diſtinctiones neumarum atque verbornm; Nec tenor longus in quibuſdam brevibus ſyllabis, aut brevis in longis, quia obſcenitatem paret : quod tamen raro opus erit curare. *Guido cap. 15. micrologi.*

3. Perſæpe videmus tam conſonos & ſibi alterutrum reſpondentes verſus in metris, ut quamdam quaſi ſymphoniam grammatice admireris ; cui ſi muſica ſimili reſponſione jungatur, duplici modulatione dupliciter delecteris. *Guido Aret. cap. 17. microl.*

4. Proponat ſibi muſicus, quibus ex his diviſionibus incedentem faciat cantum, ſicut metricus quibus pedibus faciat verſum, niſi quod muſicus non ſe tanta legis neceſſitate conſtringat, quia in omnibus ſe hæc ars in vocum diſpoſitione rationabili varietate permutat, Quam rationabilitatem & ſi ſæpe non comprehendamus, rationale tamen creditur id quod mens, in qua eſt ratio, delectatur. Sed hæc & hujus modo melius colloquendo, quam vix ſcribendo monſtrantur. *Guido Aret. cap. 15. micrologi.*

5 Sed neque inficiabor hanc ipſam muſicam actionem grammaticæ plurimum eſſe diſcordem : quum in hac dum brevi vel producta ſyllaba ſit utendum ; omnino eorum, qui ante nos iverunt, authoritate id facimus : muſicum vero rationabili vocum dimenſioni inſervire neceſſe eſt, nec illam vel illam ſyllabam ante pronuntiare, quam ſibi per vocis ac temporis menſuram licere ſciat. *Franchinus lib. 1. muſ. pract. cap. 1. & 4. & lib. 2. cap. 1.*

6. Tranſeamus id quoque quod grammatice quondam ac muſice junctæ fuerunt; ſi quidem Architas atque Ariſtoxenus etiam ſubjectam grammaticen muſicæ putaverunt; & eoſdem utriuſque rei præceptores fuiſſe. *Et infra.* Num igitur poetę ſine muſice ? At ſi quis tam cœcus animi eſt, ut de alijs dubitet, illos certe, qui carmina ad lyram compoſuerunt. *&c. Quintilianus lib. 2. inſtitut. orator. cap. 10.*

7. Ubi velim obſerves muſicam veluti poëtices dominam habendam eſſe, cum eam regat, & pro libito huic aut illi rei accommodet : hinc fit, ut ſyllabam alicujus pedis, quæ tantummodo brevis eſt, breviorem & breviſſimam faciat, quando judicat id eſſe neceſſarium ut melius, ad hunc, aut illum affectum animum hominis flectat. *Merſennus quæſtionibis in geneſin articulo 6*.

* Tria ſunt genera quæ circa artem muſicam verſantur; unum quod inſtrumentis agitur; aliud fingit carmina : tertium, quod inſtrumentorum opus, carmenque dijudicat. *Boëtius. lib.* 1. *muſicæ. cap. ultimo.*

8. Ejuſdem muſicæ perfectione etiam metra conſtant, in arſi & theſi, id eſt, elevatione, & poſitione. *Iſidor lib.* 3. *orig. cap.* 22.

* Et primo ab auribus cæpit, *&c.* Et intellexit nihil aliud ad aurium judicium pertinere quam ſonum. *Et paulo infra.* Videbat autem hanc materiam eſſe viliſſimam, niſi certa dimenſione temporum, & acuminis gravitatiſque moderata varietate ſoni figurarentur. Recognovit hinc eſſe illa ſemina, quæ in grammatica, cum ſyllabas diligenti conſideratione verſaret, pedes & accentus vocaverat. Et quia in ipſis verbis brevitates & longitudines ſyllabarum prope æquali multitudine ſparſas in oratione attendere facile fuit, tentavit pedes illos in ordine certos diſponere, atque conjungere : & in eo primo ſenſum ipſum ſecuta, moderatos impreſſit articulos, quæ & cæſa & membra nominavit. Et ne longius pedum curſus provolueretur quam ejus judicium poſſet ſuſtinere, modum ſtatuit unde reverteretur, & ab eo ipſo verſum vocavit. Quod autem non eſſet certo fine moderatum, ſed tamen rationabiliter ordinatis pedibus curreret, rhythmi nomine notavit, qui latine nihil aliud quam numerus dici potuit. Sic ab ea poëtæ geniti ſunt : in quibus cum videret non ſolum ſonorum, ſed etiam verborum rerumque magna momenta plurimum eos honoravit, eiſque tribuit quorum vellent rationabilium mendaciorum poteſtatem. *Auguſtinus lib.* 2. *de ordine cap.* 14.

* Poëma nemo dubitaverit perito quodam initio fuſum; & aurium menſura, & ſimiliter decurrentium ſpaciorum obſervatione eſſe generatum : mox in eo repertos pedes. *Quintilianus. lib.* 9. *Inſtitutionum. cap. ult.*

9. Certe divinam hanc & impenetrabilem vim (ut cum Platone loquar) originem ſuam non habere, niſi à motu harmonico, alibi fuſius declaravimus : præſertim ſi is internis animi affectibus commenſuratus reſpondeat. *Et infra.* Et quamvis hæc ſicut in metrica ſeu rhythmica arte vim mirificam poſſidet; certe multo majorem in muſica poëſi ſive rhythmica energiam habere compertum eſt : illa enim huic conjuncta veluti omnibus numeris completa, prodigioſos prorſus effectus in animis hominum obtinere infinita prope hiſtoricorum monimenta teſtantur. Eſt enim ut paulo ante quoque dixi, neſcio quid inter motus harmonicos & rhythmicos ſympaticum, ut ſimul ac auribus metrica harmonia ſiſtitur, mens varijs agitata affectibus, nunc gaudij, modo amoris, compaſſionis, iræ, gemitus aliaque pathematum indicia præbeat. Quæ tantum ſubinde incrementum habet, vt mens internis animi clauſtris contineri neſcia, externa quoque membra ad actus pathemati reſpondentes excitet. *Et paulo infra.* Comprehendimus autem ſub hac metrica noſtra arte non tantum poëſim, ſed & rhetoricam, id eſt, ſolutæ orationis concinnas periodos efficere, atque apta ſyllabarum prolatione muſicis modulis applicare. *Kircherus tomo* 2. *muſurgiæ univerſalis lib.* 8. *parte* 2. *cap.* 2.

10. Heroïcum enim firmissimum & tumidissimum est metrorum. Jambicum vero & tetrametrum mobilia sunt. *Aristotel. lib. de poëtica cap. 24.*

11. Scias oportet à veteribus doctis, in quibus magna est authoritas, *& cæt.* hunc definitum & vocatum esse versum qui duobus quasi membris, sed inæqualibus constaret, certa mensura & ratione conjunctis. *August. lib. 3. mus. cap. 3. & 9.*

* *Item. Lib. 6. musicæ. cap. 10.*

12. Omnis versus est rhythmus, & metrum. *August. lib. 3. musicæ cap. 2.*

13. Non enim tam suavi sonaret æqualitate, aut motu tam concinno clauderetur; si non inesset illa numerositas, quæ profecto esse, nisi in hac parte musicæ non potest. *August. lib. 3. mus. cap. 7.*

14. *Mersenne tome. 2. lib. 6. de la Rhythmique proposition 31.*

15. Videntur autem genuisse in universum poëticam causæ duæ, atque ipsæ naturales, nam imitari insitum à pueris est & hac re differunt ipsi ab alijs animalibus, quod homo est animal maxime accommodatum ad imitationem; & perceptiones faciunt primas per imitationem. Et gaudent omnes rebus imitatione expressis. Signum autem hujus rei. *&c.* Verum cum secundum naturam sit in nobis ipsum imitari, & harmonia & numerus (nam metra particulas esse numerorum manifestum est) à principio qui natura apti erant, ad hæc ipsa maxime, paulatim promoventes & generunt poësin ex ijs quæ subito dicebantur. *Aristoteles lib. de poëtica cap. 4.*

* Non enim ut in producenda corripiendave syllaba non nisi auctoritatem veterum hominum quærimus, ut quemadmodum sint usi verbis quibus nos quoque loquimur, ita & nos utamur: quia & in hujusmodi re nullam observationem sequi desidiæ est; & novã instituere, licentiæ: ita in metiendo versu inveterata voluntas hominum, ac non æterna rerum ratio cogitanda est, cum & moderatam ejus longitudinem prius naturaliter aure sentiamus, deinde approbemus rationabili consideratione numerorum, & eum insigni fine claudendum esse judicet quisquis judicat certius. *August. lib. 5. musicæ cap. 5.*

* Scias velim totam illam scientiam quæ grammatica græcè, latinè autem litteraria nominatur, historiæ custodiam profiteri, VEL SOLAM UT SUBTILIOR DOCET RATIO : VEL MAXIME, UT ETIAM PINGUIA CORDA CONCEDUNT. Itaque verbi gratia cum dixeris, cano, vel in versu forte posueris, ita ut vel tu pronuntians producas hujus verbi syllabam primam, vel in versu eo loco ponas, ubi esse productam oportebat, reprehendet grammaticus, custos ille videlicet historiæ; nihil aliud asserens, cur hanc corripi oporteat, nisi quod hi, qui ante nos fuerunt, & quorum libri extant, tractanturque à grammaticis, ea correpta, non producta usi fuerint. Quare hic quicquid valeat, AUCTORITAS VALET. At vero musicæ ratio, ad quam dimensio ipsa vocum rationabilis, & numerositas pertinet, non curat, nisi ut corripiatur, vel producatur syllaba, quæ illo vel illo loco est SECUNDUM RATIONEM MENSURARUM SUARUM. *&c. August. lib. 2. musicæ cap. 1.*

* Jam vero numeri disciplina cuilibet tardissimo clarum est, quod non sit ab hominibus instituta, sed potius indagata atque inventa. Non enim sicut primam syllabam Italiæ, quam brevem pronunciaverunt veteres, voluit Virgilius, & longa facta est: ita potest quisquam efficere cum voluerit, ut ter terna aut non sint novem, aut non possint efficere quadratam figuram, aut non ad ternarium numerum tripla sint, ad senarium sescupla, ad nullum dupla, quia intelligibiles numeri semissem non habent. Sive ergo in se ipsis considerentur, si-

ve ad figurarum, aut sonorum, aliarumve motionum leges numeri adhibeantur, incommutabiles regulas habent, neque ullo modo ab hominibus institutas, sed ingeniosorum sagacitate compertas. *August. lib. 2. de doctr. christ. cap. 38. & 13.*

16. Poëtica musicæ pars. *Aristoxenus lib. 1. harmonicorum elementor. circa initium.*

17. *Kircherus musurgiæ universalis to. 1. lib. 2. cap. 6. §. 2. & lib. 7. parte 1. Eromate 1. §. 2.*

* *Quintilianus lib. 1. Institut. cap. 10.*

NOTES ET AUTHORITEZ *du Chapitre VI.*

1. QUum vox ita movetur, ut nullo modo stare videatur, continua vocatur; discreta vero vox in omnibus huic contraria est, nam & stare videtur. Idque genus vocis non loqui, sed cantare potius dicendum est. *Franch. l. 1. harmon. instrumental. c. 2.*

2. Quibus numeris consistant versus Davidici non scripsi, quia nescio. *Et infra.* Certis tamen eos constare numeris credo, illis qui jam linguam probe callent. Amavit enim vir ille sanctus musicam piam, & in ea studia nos magis ipse, quam ullus alius auctor accendit. *August. epist. 131.*

* Omnes hi mire efferunt carmina Davidis, causasque, quæ ipsum ad condenda carmina pepulerunt tractant. *Augustinus eadem epist. & lib. 17. de civitate Dei cap. 14.*

* *Hieronimus in prologo Bibliorum ad Paulinum, & in præfatione super libros Regum.*

* *Ambrosius præfat. in psalmos.*

* *Cassiod. prologo in psalterium cap. 15.*

* *Eusebius lib. 11. de præparat. evangelica cap. 3.*

* *Iosephus lib. 7. cap. 10.*

* Sacerdotes stabant in officijs suis & levitæ in organis carminum Domini, quæ fecit David Rex, hymnos David canentes per manus suas. *2. Paralip. 7. Item.* Hæc sunt verba novissima, quæ dixit David filius Isaï, egregius Psaltes in Israël. *2. Reg. 23.*

* Stare fecit cantores contra altare, & in sono eorum dulces fecit modos. *Eccli. 47.*

3. *Boëtius cité cy dessus aux notes du chap. 11. de la partie 11. n. 6.*

* *Mersenne tome 1. de l'harmonie universelle livre 2. des chants proposition 2.*

NOTES ET AUTHORITEZ DE LA PARTIE IV.

NOTES ET AUTHORITEZ *du Chapitre I.*

1. *EVclides in musica.*

* Tonus dicitur quatuor modis; ut phtongus, & ut intervallum, & ut vocis locus, & ut tenor. Ut phtongus, Eptatonum, quadrisonum; ut intervallum, cum dicimus à mese ad paramesen tonum esse. Ut vocis locus, scilicet in systemate, ut cum dicimus Dorium, vel Phrygium, vel Lydium. *&c.* Ut tenor autem, quatenus dicimus quempiam acutitonum, aut medio vocis tono uti. *Cleonides in introductorio musicæ cap. de tono.*

2. Ex diapason igitur consonantiæ speciebus existunt, qui appellantur modi, quos eosdem tropos, vel tonos nominant. *Boëtius lib. 4. musicæ cap. 14.*

* Philosophi has septem diapason species modos à modulando vel moderando dixerunt: cum eos omnem modulaminis progressum certis intensionum remissionumque terminis moderari perciperent. *Franch. l. 5. musicæ theoricæ c. 8.*

* Veteres Græci eosdem & tropos, & systemata, & harmonias; latini modos & constitutiones vocabant. *Glarean. lib. 2. dodecachordi cap. 2.*

3. Definiendum vero denuo, quod earum quæ secundum totas constitutiones fiunt mutationum, quas vocamus proprie tonos, eo quod tensione acquirant differentias, potentia quidem infinita est multitudo, sicut etiam sonorum: una enim hac re differt à sonitu is qui sic appellatur tonus, quod compositus sit cum illo collatus qui simplex est: ut linea collata ad punctum: nihilque hic impedit quominus sive punctum totum sive totam lineam transferamus in continua loca: actu vero qui ad sensum finita, cum & sonorum numerus finitus sit. *Et infra.* Idem cantus aliquando quidem ab acutioribus locis incæptus, aliquando vero à gravioribus conversionem quamdam efficit moris. *Ptolem. lib. harmonic. cap.* 7.

4. *Guido Aret. cap.* 12. & 13. *micrologi & alibi passim.*

5. Musicus motus continet qualitatem & quantitatem. Quod si desierit qualitatem quantitatemve motus habere, jam non musicus motus erit. Qualitas autem motus est utrum sit protus, vel deuterus, aut quilibet alius motus. Quantitas autem, utrumnam sit duplus, vel sesquialter, aut sesquitertius. Igitur qualitas in modorum speciebus; quantitas in magnitudine præscribitur motuum. *Guido cap.* 7. *epilogi in modorum formulis & cantuum qualitatibus.*

6. Modi musici nihil aliud sunt, quam ipsius diapason consonantiæ species, quæ & ipsæ ex varijs diapentes & diatessaron speciebus constantur. *Glarean. lib.* 1. *dodecachordi cap.* 11.

* Est enim hujusmodi tonus apud Guidonem regula per ascensum & descensum omnes descriptas, ac etiam pernotabiles modulationes in fine dijudicans. *Franch. lib.* 1. *musicæ pract. cap.* 7.

7. Sunt autem tropi seu toni constitutiones, in totis vocum ordinibus vel gravitate vel acumine differentes. Constitutio vero est plenum veluti modulationis corpus ex consonantiarum conjunctione consistens; quale est, vel diapason & diapente, & diatessaron; vel bis diapason. Est enim diapason constitutio à proslambanomenos in meson, cæteris quæ sunt mediæ vocibus annumeratis: vel à mese rursus in netem hyperboleon cum vocibus interjectis, &c. *Boët. lib.* 4. *mus. cap.* 14.

* Modum hic vocamus remissionem aut intensionem omnium tetrachordorum gradatim in aliquo genere melorum sui generis progressionem servans. *Faber Stapulensis l.* 4. *musicalium element.*

8. Quatuor autenti plagas geminantur adepti. Entimema sonos claudit, signatque remotos. Concordant flexu diatessaron addita nexum. Comparat intentos diapente relatio gressus: jus tenet ambarum spatium dipason harum: refert alterius cum suscipit altera vires. Unde duo signum variant loca cujus ad ipsum. *Guido in fin prologi rhythmici antiphonarij.*

* Componitur autem diapason ex diapente & diatessaron dupla semper dimensione producta: quam duæ primæ ac majores superparticulares naturaliter dispositæ sesquialtera & sesquitertia harmonicæ medietati subjiciunt, hinc mediatam hujusmodi diapason harmoniam dicunt. Verum cum chordæ intervallum, quo diapason solvitur per sesquitertiam in grave, & sesquialteram in acutum fuerit mediatum, diapason hujusmodi modulata non poterit harmonia vocari propter dissonam mediæ & communis chordæ sonoritatem. Erunt quippe æquę ambę diapasonici intervalli partes; quum gravior fuerit diatessaron, acutior diapente: quo fit ut diapason hujusmodi mediata, arithmeticæ mediocritati noscatur esse subjecta. *Et infra* Ordinem namque confundit, qui secundam speciem primæ præposuerit. Quo circa ad subvertendam modorum modulationem, conso-

narum hujuſmodi converſionem muſici inſtituêre. *Franchin. lib. 2. muſinſtrum. cap. 32.*

* *Glarean. lib. 2. dodecach. cap. 3. & ſequentibus.*

* Hanc arithmeticam, illam harmonicam appellavere diſpoſitionem, nam termini proportionum, qui dant formam quintæ & quartæ cujuſmodi ſunt 6. 4. 3 poſiti ſunt in proportionalitate harmonica; medius enim terminus dividit extremos modo conveniente chordis ejus ordine prorſus naturali diſpoſitis: Altera vero diſpoſitio cum terminos ſuos 4. 3. 2. in arithmetica proportione ordinatos habeat, cordáſque ſuas non tam naturali ordine, quam accidentali diſpoſitas habeat, certe multo priori ignaviorem cauſabit conſonantiam. *Kircherus tomo* 1. *muſurg. univerſ. lib. 3. cap.* 17.

* *Pontus Thiart au ſolitaire 2.*

9. Collaterales dicti, quoniam conſimilibus ducuntur lateribus, ſcilicet diateſſaron & diapentes ſpeciebus: vel ex converſione unius lateris, ſcilicet diateſſaron ſuperioris deorſum ducta. *Franchinus lib. 1. muſicæ practicæ capite* 7.

* Apparet item in hoc negotio ingens naturæ miraculum; quod bini modi poſitu ac diapaſon ſpecie diverſi unius tamen prope ſint corporis. Quippe diapente eadem eſt, diateſſaron poſitu dumtaxat non natura alia: atque inde porro nata eſt principum modorum, ac plagiorum appellatio. Omnes autem principes à plagijs in quarta conſiſtunt diapaſon ſpecie duabus interjectis. Ita Hypodorius cum de prima ſit ſpecie, Dorius de quarta eſt. Hypophrygius autem, cum de ſecunda ſit ſpecie, Phrygius de quinta eſt. Rurſus cum Hypolydius de tertia, Lidius de ſexta. Denique Hypomyxolydius cum de quarta ſit, Mixolydius de ſeptima erit. *&c. Glareanus lib. 2. dodecachordi cap.* 28.

10. *Boëtius lib. 4. muſ. cap.* 15.

* *Franch. lib 1. muſicæ pract. cap.* 7.

11. Quo enim quaſi unaquæque gens gaudet, eodem ipſe modus vocabulo nuncupatur. Gaudet enim gens modis morum ſimilitudine: neque enim fieri poteſt, ut mollia duris, dura mollioribus annectantur, aut gaudeant: Sed amorem, delectationemque, ut dictum eſt, ſimilitudo conciliat. *Boëtius. lib. 1. muſ. cap.* 1.

12. *Glarean. l. 2. dodec. c. 6. 7. & 15.*

13. In eo vero cantu maxime b. molli utimur, in quo f. f. amplius continuatur, gravis vel acuta; ubi quandam confuſionem & transformationem videtur facere, ut G. ſonet protum, A deuterum, cum ipſa b. ſonet tritum. Unde ejus a multis nec mentio facta eſt. *Guido Aret. cap. 8. microl. G. ſonet protum &c. c'eſt a dire aux termes dont Aretin à coutume de ſe ſervir, que le G. ſert de finale au 1. & 2. mode; l'A au 3. & quatriéme; le b mol au cinquiéme & ſixiéme. &c.*

14. Quod ſi ipſam b mollem vis omnino non habere, neumas in quibus ipſa eſt, ita tempera, ut pro F, G, a, & ipſa b, habeas G, a, ♮, c: aut ſi talis eſt neuma, quæ poſt D, E, F, in elevatione vult duos tonos & ſemitonium, (quod ipſa b facit) aut poſt D, E, F, in depoſitione vult duos tonos; pro D, E, F, aſſume A, ♮, c, quæ ejuſdem ſunt modi & eaſdem depoſitiones & elevationes regulariter habent. Hujuſmodi enim elevationes & depoſitiones inter D, E, F, & a, ♮, c. Si clare diſcernis confuſionem maxime contrariam tollis. *Guido Aret. cap. 8. micrologi.*

15. Aſcenſus ille & deſcenſus potentia magis, quam actu conſiſtit: inveniuntur enim cantilenæ in quibus nec autentus nec plagalis ſuum numerum complet. *Lyſtenius in ſua muſica cap. 10. de tonis.*

16. Præmissi ergo modi cum subsequentibus ex diapason consonantiæ existunt speciebus, quos tropos vel tonos nominamus. Est autem constitutio in totis vocum ordinibus gravitate differens, aut acumine. Constitutio vero plenum veluti modulationis corpus consistens ex consonantiarum conjunctione, quale est diapason, vel diapente, vel diatessaron aut diapason & diapente, vel bis diapason. Vnde & quasdam in autentis ac plagis symphonias reperimus quæ ex sola diatessaron, aut ex sola efficiuntur diapente, vel diapason. Sonorum perfectissima diapason est, quæ ex toto autenticum, aut ex toto plagalem efficit cantum. Ex diatessaron vero, vel diapente medius efficitur modus, qui nec autenticam, nec gravem proprie reddit partem cantilenæ. Unde cujus modi fuerit discerni non valet, utrum autento aut plagæ conferri valeat, nisi ex distinctionibus. Ex diapason ergo & diapente efficitur modus, qui & autenticam & plagalem unisone resonat quantitatem. *Guido in formulis modorum cap. 9. ubi de formula tetrardi.*

17. Modus quispiam dicitur perfectus, cum inter canendum usque ad diapason seu octavam extenditur : imperfectus seu diminutus, cum non attingit : excedens vero cum ultra excurrit. *Gassendus tomo. 5. in manuductione ad theoriam musicæ. cap. 4.*

* Principio cantilenæ adeo simplices fuere apud primores Ecclesiæ, vt vix diapente ascensu ac descensu implerent. Cui consuetudini proxime accessisse dicuntur Ambrosiani. Deinde paulatim ad diapason deventum verum omnium modorum systema. Porro deinde, ut in alijs rebus fieri solet, ne his quidem permansere limitibus; sed superne inferneque illam excessere, ut id passim videre licet. Quare non inepte modi ipsi intra diapason limites incedentes simillimum quiddam cum flumine intra alvei ripas labente obtinere videntur ; Ut enim flumen vel calore, vel alia de causa imminutum non semper implet alveum; non numquam vel imbre, vel nivibus auctum etiam egreditur ; Ita modi ipsi, quoties forte phonascis placuit, diapason non semper implent, non nunquam pro cantus qualitate etiam superant, atque egrediuntur. Ad diapason autem Ecclesiastici cantus modis imparibus frequenter adjiciunt inferne tonum, ut patet in primo ac septimo. Tertio nonnumquam ditonum. Quinto vero semitonium minus. Contra vero paribus superne tonum, ut sexto & octavo : at in secundo semitonium, sed rarius : in quarto autem idem frequentissimé. Non nunquam connectuntur duorum modorum systemata ut primi & secundi in cantico Victimæ paschali laudes. *Glareanus libro primo dodecachordi capite 14.*

18. Commixtus tonus dicitur si autenticus est cum in eo species alterius quam sui collateralis disponuntur. Sin autem fuerit plagalis, dicetur commixtus, cum alterius quam sui ducis & imparis consonantes continet formas. Mixtus tonus dicitur, si autenticus est, cum vel totum gravius sui plagalis attigerit tetrachordum, vel duas saltem ejus chordas. Imperfectus tonus, sive autenticus sive plagalis est qui non implet proprie diapason figuram deficiens vel ex parte diapentes, vel ex parte diatessaron, vel ex parte utriusque, hunc proprie diminutum dicunt. Plusquam-perfectum, vel superfluum putant tonum, cum, si autenticus fuerit, ultra diapason notulam unam, aut duas diatonice tenuerit in acutum; cum autem plagalis fuerit, tunc in grave. *Franchinus lib. 1. musicæ pract. cap. 8.*

* Itaque καθολικῶς modi fere inferiore proxima incedere possunt, ut tamen & phrasis observetur, & clavis finalis infima diapente chorda non negligatur.

gligatur. *Glarean. lib. 2. dodecachordi cap. 36.*

* A finali itaque voce ad quintam in quolibet cantu justa est depositio, & usque ad octavas elevatio : licet contra hanc regulam sæpe fiat, cum ad nonam decimamve progrediamur. *Guido Aret. cap. 11. microl.*

* Memineris præterea quod sicut usu altum cantuum attestatione perhibetur. Autenti vix à suo fine plus una voce descendunt, ex quibus tritus rarissime id facere propter subjectam semitonij imperfectionem videtur. Plagæ autem ad quintas remittuntur, & intenduntur : Sed intensioni & sexta autoritate tribuitur ; sicut in autentis nona & decima. Plagæ vero proti, deuteri, & triti; aliquando in a, ♮, c, acutas necessario finiuntur. Supradictæ autem regulæ permaxime caventur in antiphonis & responsorijs, quorum cantus ut psalmis & versibus coaptentur ; oportet communibus regulis fulciantur. Alioquin plures cantus invenies, in quibus adeo confunditur gravitas & acumen, ut non possit adverti, cui magis, id est autento, an plagæ conferantur. Præterea & ignotorum cantuum inquisitione, prædictarum neumarum & subjectione & appositione plurimum adjuvamur ; cum talium aptitudine soni cujusque proprietatem per vim tropicam intuemur. *Guido Aret. cap. 13. micrologi.*

19. *Mersennus harmonicorum lib. 6. de generibus & modis proposit. 26. corollario 3.*

NOTES ET AUTHORITEZ
Du chapitre II.

1. ARistoteles tres tantum modos Dorium, Phrygium, & Lydium, qui fuere antiquissimi ; ex quibus Dorius ad graviores vocis actiones æstimatus est : Lydius ad acutiores ; Phrygius ad medias, Lucius Apuleius 1º Floridorum quinque describit ; Hiastiumque, & Æolium tribus præcedentibus adjicit. *Franchinus lib. 4. harmoniæ instrument. cap. 1.*

2. *Glareanus lib. 2. dodecachordi capite 10.*

3. *Boëtius lib. 4. musicæ cap. 14.*

4. *Boëtius lib. 4. musicæ cap. 16.*

5. Sunt enim tredecim toni ut vult Aristoxenus. *Euclides in musica.*

* *Glareanus libro 2. dodecachordi capite 10.*

6. *Alipius in introduct. musica.*

* *Cassiodorus de septem disciplinis.*

* *Isidorus lib. 3. orig. cap. 19.*

7. *Mersennus lib. 6. harmonicorum propositione 24. & au tome 1. de l'harmonie universelle livre 2. des genres & des modes. proposition 15. 16. 17. 18. & 19.*

8. Constat itaque hanc difficultatem totam in nominibus esse non in rebus. *Glarean. lib. 1. dodecachordi cap. 21.*

* Nec fieri potest ullo pacto, ut plures revera sint modi, quam diapason species ; quocumque enim instituatur harmonia, necessario in has septem incidet diapason species. Hic cardo est, hæc summa totius negotij, ideoque nomina non turbent nos ; manet certe, manet, inquam, rerum immutabilis ordo, in infinitum multiplicatis nominibus. *Glareanus ibid. lib 1. cap. 21.*

9. Induxit ergo nos sermo ad numerum tonorum, de quo pulchre res se habebit, si totidem quot sunt species diapason eos fecerimus. *Ptolemæus lib. 2. harmonicorum cap. 9.*

* Has igitur constitutiones, si quis totas faciat acutiores, vel in gravius remittat, secundum supradictas diapason consonantiæ species, efficiet modos septem : quorum nomina sunt hæc ; Hypodorius, Hypophrygius, Hypolydius, Dorius, Phrygius, Lydius, Mixolydius. *Boët lib 4. musicæ cap. 14.*

* Tonus sive modus nihil aliud est, quam forma quæpiam modulationis,

quæ in unaquaque specie diapason seu octavæ est varia, quatenus initium illius, ac intra ipsam semitonia ad varias chordas pertinent. Unde quia veteres fixere septem diapason species, septem quoque modos. *&c. Gassendus in manuductione ad theoriam musicæ tomo 5.*

10. Septem quidem prædiximus esse modos : sed nihil videatur incongruum, quod octavus seperannexus est : hujus enim connexionis rationem paulo posterius eloquemur. *Et infra.* Cur autem octavus modus, qui est hypermyxolydius adjectus est ; hinc patet: sit bis diapason. *&c. Boëtius lib. 4. musicæ cap. 16.*

* Relinquitur ergo extra H, P, (*id est extra septem species octavæ, 8ª & 15ª chorda*) quæ, ut totus ordo impleatur adjecta est. Atque hic est octavus modus, quem Ptolemæus super-annexuit. *Boëtius lib. 4 musicæ cap. 17.*

11. Quatuor autenti plagas geminantur adepti,
Ni quartus simplex septem discrimina firmet.
Unde poëta canit septem discrimina vocum.
Octavus primo similis quapropter adhæsit. *Guido in prologo rithmico antiphonarij prope finem. Qui per quartum (autenticum scilicet) septimum intelligit.*

* Tetrradus Mixolydij, & collega (*Hypermixolydius scilicet*) quem reflexo sub diapenten tretrachordo, reliquorum similitudine, Hypomixolydium possumus nominare. *Franch. lib. 1. musicæ practicæ cap. 7.*

12. Interea cum cantus unius modi utpote proti ad comparationem finis tum sint graves & plani, tum acuti & alti ; versus & psalmi & si quid, ut diximus, fini aptandum erat ; uno eodemque modo, prolatum diversis aptari non poterat : quod enim subjungebatur, si erat grave, cum acutis non conveniebat ; si erat acutum à gravibus discordabat. Consilium itaque fuit, ut quisquis modus partiretur in duos, id est acutum & gravem: distributisq; regulis, acuta acutis, & gravia convenirent gravibus : & acutus quisque modus diceretur autentus, 1, auctoralis, & princeps; gravis autem plaga vocaretur, 1, lateralis & minor. Qui enim dicitur stare ad latus meũ, minor me est : Cæterum si esset major, ego aptius dicerer stare ad latus ejus. Cũ ergo dicatur autẽtus protus & plaga proti, & similiter de reliquis; qui naturaliter in vocibus (*finalibus scilicet*) erant quatuor, in cantibus facti sunt octo. Abusio autem tradidit Latinis dicere pro autento proto & plaga proti, primus, & secundus. Pro autento deutero, & plaga deuteri, tertius, & quartus : pro autento trito & plaga triti, quintus & sextus : pro autento tetrardo, & plaga tetrardi, septimus & octavus. Igitur octo sunt modi, ut octo partes orationis, & octo formæ beatitudinis, per quos omnis cantilena discurrens octo dissimilibus qualitatibus variatur. Ad quos in cantibus discernendos etiam quædam neumæ inventæ sunt, ex quarum aptitudine ita modum cantionis agnoscimus, sicut sæpe ex aptitudine corporis, quę cujus sit tunica reperimus : ut PRIMUM QUÆRITE REGNUM DEI. Mox enim ut cum fine alicujus antiphonæ hanc neumam bene viderimus convenire ; quod autenti proti sit, non opus est dubitare : sic & de reliquis. *Guido Aret. cap. 12. & 13. micrologi & alibi passim in formulis modorum.*

Item. cap. 1. prologi prosaïci antiphonarij. Le passage duquel est cité à la dix-septiéme note du ch. IX. de la II. partie.

* Ideoque habes in formulis modorum duas formulas in unoquoque modo. Prima namque & secunda formula, primi est modi. Tertia & quarta secundi; quinta & sexta tertij. Septima & octava quarti. Ideo enim octo dicuntur to-

ni, quia octo habent formulas. Prima autem & tertia, quinta & septima formula quatuor modorum altos continent cantus. Secunda & quarta, sexta & octava eorumdem modorum gravia, vel minus alta obtinent cantica. Unde Græci multo melius pro primo & secundo dicunt autentum protum, & plagam proti. Vel pro tertio & quarto, autentum deuterum, & plagam deuteri. Pro quinto & sexto, autentum tritum & plagam triti. Pro septimo & octavo, autentum tetrardum & plagam tetrardi. *Guido in prologo antiphonarij cap. 7.*

13. Quædam quamvis sint affines, non perfecte consonant. *Guido in prologo rhythmico antiphonarij. Item cap. 7. micrologi.*

14. Nos sex principes harmonicos divisos, quemadmodum priore libro diximus, Dorium, Phrygium, Lydium, Mixolydium, Æolium, ac Jonicum constituemus, cum sex plagijs Hypodorio, Hypophrygio, Hypolydio, Hypomixolydio, Hypoæolio, ac Hypoïonico. Eamque nomenclaturam toto deinde, quantum poterimus, servabimus librorum contextu: atque adeo in ipsorum exemplorum ordine. *Glarean. lib. 2. dodecachordi cap. 7.*

15. Eos tantum modos explico, quibus nostrates practici, & alij musici ubique terrarum utuntur. Sunt autem numero duodecim, sex nempe primarij, atque præcipui, quos authenticos, & Dominos, atque reges; & sex secundarij, quos Plagales, Ministros, Subjugalesque vocant. Nihilque aliud sunt; quam prædictæ species octavæ, quarum varia divisio producit modum authenticum, ejusque plagalem. *&c. Mersen. lib. 1. harmonic. proposit. 23.*

16. Verum systemata ipsa cum per diapente, ac diatessaron consonantias medientur omnia, varias ex ipsis accipiunt formas, & velut novas subinde ascensu, & descensu species. Quod in ipsa statim prima diapason formula, quæ ex *A* est ad *a*, videre licebit. Nam si arithmetice mediata fuerit inferiore cantilenæ parte primam diatessaron speciem sol, re, frequenter audies, superne vero la, re, primam diapente speciem divisam per fa in medio, ut in Hypodorio fieri solet. Sin harmonice divisa fuerit; superne secundam diatessaron speciem la mi audies frequenter, inferne autem la re, ut in Æolio fieri consuetum est, quod latius prosequi non est necesse, copiose enim ea luculentis item exemplis ostendimus. Sed id ea causa hic referimus, quod cantus ex lapsu qui fit secundum arsin ac thesin plurimum notitiæ nobis præbet. *Et infra.* Ut lector ex his consideret, quantum discriminis cujusque modi phrasis in cantu habeat. Nec temere ficta esse, quæ priore libro retulimus. Primum *re, la*; secundum *re, fa*; tertium *mi fa. &c. Glarean. lib. 2. dodecachordi cap. 36.*

17. Octavus ponitur sic sub superhicque vocatur. *Guido in formula plagis tetrardi cap. 10.*

* Quare si octavus modus vulgo alius est modus ab septem illis veris atque indubitatis, idque ob unicam systematis inversionem; necesse est quatuor reliquos modos, nonum, decimum, undecimum, ac duodecimum quos nos ita nominamus, etiam in modorum numerum admittere. *Glarean. lib. 2. dodecachordi cap. 6.*

* At mixolydius plagium habere non potuit ab alijs disjunctum. Si enim diatessaron quam supra diapente habet, ei inferne annectas, recidet in systema Dorij, ut sæpe jam dictum est. Eaque causa fuisse videtur primis Ecclesiasticis, cur hũc modum, octavum nominarint, eumque septem alijs adjecerint modis, ne Mixolydius solus inter quatuor apud eos principes plagio careret. Cum vero eumdem octavum à primo natura separare non possent, necessitate coacti ad

systematis conversionem confugerunt. Quod cum fæliciter cessisse viderent, de alijs item modis vertendis arithmeticos, harmonicosque cogitarunt: Sic ad hos octo modos quatuor præterea invenerunt, sed systemata eadem manserunt, videlicet ut in octavo dorij, ita in nono Hypodorij systema, in decimo Phrygij, in undecimo Hypolydij, in duodecimo Mixolydij mansit. Hypophrygius autem, ac Lydius sic verti non poterant: ut antea ostensum est, manet tamen in eis etiam si improprie vertantur, eadem Diapason species. Cæterum hi quatuor ultimi cum non minus essent veri modi ex systematis inversione nati, atque est octavus modus, minus tamen curæ fuere vulgò, neglectique videntur, vel quod non omnibus noti; vel quia priores octo satis videbantur ad omnes cantilenas constituendas. Nos autem novos hos, ut quibusdam visum est, cum nihil minus sint, modos ita ordinavimus, ut impari numero appellaremus nonum undecimumque, qui harmonicos dividuntur, pari vero numero qui arithmeticos decimum duodecimumque. *Glareanus lib. 2. dodecach. cap. 7.*

18. Habent itaque ex septem diapason speciebus quinque binos modos. Videlicet prima Hypodorium, atque Aeolium. Tertia Hypolydium, ac Jonicum. Quarta Dorium, ac Hypomixolydium. Quinta Phrygium ac Hypoæolium. Septima mixolydium, ac Hypoïonicum; Duæ vero reliquæ species singulos; nêpe secunda Hypophrygium; sexta Lydium, duo enim rejecti sunt, de quibus nunc sæpissime. *Glareanus lib. 2. dodecach. cap. 15. & in tabellis cap. 7. & 28. ejusdem libri 2.*

19. Dissonantia quoque per falsitatem ita in canendo subripit; cum aut de bene dimensis vocibus parum quid demunt gravantes, vel adjiciunt intendentes. *Guido cap. 10. micrologi.*

20. Viginti quatuor connexionibus, quæ superne ac inferne fieri possunt; inter tres diatessaron species, & quatuor diapente, duodecim dumtaxat diatonicum genus accipit, totidemque abjicit, sex videlicet superne, & totidem inferne quatuor de causis, vel quod quatuor habeant tonos continuos, vel quinque; vel quod dumtaxat unum tonum inter duo hemitonia minora habeant; vel duo hemitonia minora continua. Itaque relinquuntur duodecim connexiones; reliquæ 12. rejiciuntur; ac inter priores duodecim sex arithmeticé, sex item harmonice dividuntur. *Glareanus lib. 2. dodecach. cap. 3. ubi connexionum typum mox subjicit.*

21. Hoc quoque consideratione dignum, primam diapente *re*, *la*, quatuor modis esse communem Aeolio, Hypoæolio, Dorio, Hypodorio. Secundam vero *mi*, *mi* duobus dumtaxat Phrygio, ac Hypophrygio; Tertiam *fa*, *fa* rursus duobus Lydio, ac Hypolydio. At quartam *ut*, *sol* itidem quatuor, ut primam, Jonico, Hypoïonico, Myxolydio, ac Hypomyxolydio. Annexiones autem diatessaron non esse ad eum modum variatas, sed tres ejus species quaternûm esse modorum. Et primam quidem *re*, *sol* his quatuor communem Dorio, Hypodorio, Myxolydio ac Hypomyxolydio. Secundam autem speciem *mi*, *la*, his quatuor Aeolio, Hypoæolio, Phrygio, ac Hypophrygio. Tertiam denique *ut*, *fa* hisce, Lydio, Hypolydio, Jonico, ac Hypoïonico. *Glareanus lib. 2. dodecach. cap. 28.*

22. Inter quatuordecim modos, qui ex septem diapason speciebus nascuntur, nostra ætas octo dumtaxat novit; etiamsi tredecim, alijs perpetuo, alijs rarius utatur. *Glarean. l. 1. dodecach. c. 11.*

23. Quum nulli plus, quam huic judiciosissimo authori adhærendum sit. *Kircherus musurgiæ universalis to. 1. lib. 7. parte. 2. cap. 1.*

* Non paruæ authoritatis eſt ſolida hujus viri clariſſimi doctrina adamantinis fundata ſubſtructionibus, ad quam hæc noſtra, qualiacumque lectoribus videbuntur, ordinamus. *Glarean. lib.* 1. *dodec. cap.* 18.

Item. Hujus diſciplinæ præcipuum decus. *lib.* 2. *cap.* 7.

24. In *D.* Vero & *A*, quæ unius ſunt modi ſæpiſſime poſſumus eumdem cantum incipere, vel finire. Sæpiſſime autem dixi, & non ſemper, quia ſimilitudo niſi in diapaſon perfecta non eſt; ubi enim eſt diverſa tonorum, ſemitoniorumque poſitio, fiat neceſſe eſt & neumarum. In prædictis namque vocibus, & quæ unius modi dicuntur, diſſimiles inveniuntur. *D* enim deponitur tono; *A* vero ditono: ſic & in reliquis. *Guido Aret. cap.* 9. *microl.*

Item. cap. 8. *prologi proſaici antiphonarij.*

Item. In formulis modorum.

25. Deſcriptis etiam tropis tam autenticis, quam plagalibus, ultimi reſtat plagalis pars, quam præ omnibus alijs partibus optamus, & diligimus. Dulcior etenim cunctis fertur modis; & ut figurate loquamur, cum à primo uſque ad ſextum labores hujus vitæ ſignificentur; cum ad ſeptimum venitur, in quamdam tranſitur theoricam & contemplativam vitam, ſed quæ adhuc carne gravatur. Octava autem pars in omnibus perfecta eſt, & tranſcendit labores & erumnas; nec jam dedita eſt lamentis, niſi his qui amore ſuperno fiunt. Unde & difficile & ineptum eſt ex eodem modo fieri lamentabile carmen. *Guido Aretinus in formulis modorum cap.* 10. *in formula plagis tetrardi. Où pour le premier exemple de ce mode il propoſe le chant ſur ces mots, octo ſunt beatitudines. que l'on peut voir dans la partie* VIII. *Exemple* XXIII. *en la formule myſtique du* VIII. *ton.*

26. Quanquam pro nono modo dicere poſſumus ſecundus Hypodorius aut Aeolius: pro 11° ſecundus Hypolydius, aut Jonicus: pro 10 ſecundus Phrygius, vel Hypoæolius; Denique pro duodecimo ſecundus myxolydius, vel Hypoïonicus. *Glareanus lib.* 2. *dodecach. cap.* 6.

27. Jaſtium autem (quem Porphyrio in horatium, & Lucianus in harmonide Jonicum nominant) nos undecimum, ſive quintum novum putamus, Hypojaſtium autem, ſive Hypoionicum, duodecimum ſive ſextum novum. *Glarean. lib.* 2. *dodecachordi cap.* 7.

28. Pro D. E, F, aſſume a, ♮, c, quæ ſunt ejuſdem modi. *Guido cap.* 8. *microl. & cap.* 7.

* In D vero & a, quæ unius ſunt modi, ſæpiſſime poſſumus eumdẽ cantum incipere vel finire: ſæpiſſime autem dixi, & non ſemper, quia ſimilitudo, niſi in diapaſon, perfecta non eſt. Ubi enim eſt diverſa tonorum, ſemitoniorumque potio, fiat neceſſe eſt & neumarum: in prædictis namque, & quæ unius modi dicuntur, diſſimiles inveniuntur. D enim deponitur tono; a vero ditono, ſic & in reliquis. *Guido cap.* 9. *microl.*

29. Incipit prima pars primi modi (*id eſt quæ habet pro finali D.*) Explicit prima pars primi modi; ſecunda pars ejuſdem incipit (*id eſt quæ habet pro finali a.*) *Guido cap.* 1. *&* 2. *in formulis modorum.*

* Igitur quemadmodum in proto autentico DUAS DISCRETAS FACIES depinximus, & ſecundum quod in ipſo deffinivimus, in cæteris autentis convenire diximus; ſic & IN PLAGIS DIVERSAS ET ANNUMERATAS DISTINXIMUS PARTES. Habebit autem plagis proti duas DISIMILES FINES, ID EST VOCES, ex quibus prima deſcripta eſt, nunc poſterior ſubſcribitur. *Guido in formulis modorum. cap.* 4.

30. Poſt proti, deuterique digeſtas or-

dine formas, tam plagales quam autenticas, triti ac tetrardi utriusque indagines debētur. Ex quibus primus DUPLEX, & ulterior simplex habetur. Ex supradigestis autem tropis vel tonis, qui similiter DUPLICES habentur, is modorum in omnibus dignitatem sortiebatur nominis, qui in elevatione plurioribus pollebat tonis. *&c. Guido in formulis modorum cap. 7. in formula triti autentici.*

* Plagis autem tritus interea propria in voce finitur, quæ duobus elevatur tonis, interdum in affini, quæ prædictam elevationem habet: In eo tamen differunt, quod ille semitonio deponitur; iste autem tono. *Guido ibidem in formula plagis triti cap. 8.*

31. Athenæus tres dumtaxat modos asserit Dorium, Æolium, ac Jonicum, quod Græci ipsi in tria divisi sint genera, Dores, Æoles, & Jones. Idem, sed aliquanto diversius tradit Porphyrio doctus homo commentario in odem ultimam lib. 4. carminum Horatij. Verum respondemus Athenæum quidem tres nominasse modos, sed principes, sed maxime celebres, apud Græcos, quippe qui Lydij ac Phrygij mentionem quidem facit, sed barbaros esse existimet. Alios item vel obscuros, vel priorum subditos ac species. Porphyrio quoque de vulgari loquitur usu: quemadmodum hoc quoque tempore Tibicines, Fidicinesque in usu habent. Sex enim modos Jonicum, Hypoïonicum, Lydium, Hypolydium, Myxolydium, Hypomixolydium, qui & hyperjastius in *ut* modulantur. Quatuor vero Dorium, Hypodorium, Æolium, Hypoeolium, & si licet addere, Hypermyxolydium in *re*. Denique in *mi* Phrygium, aut Hypophrygium, ut numerus duodecim, aut tredecim, si Hypermyxolydium seu Hyperastium non excludamus, expleatur. Lucianus autem in harmonide quatuor numerat, ac cujusque harmoniæ proprietatem; Phrygiæ impetum, Lydiæ furorem, Doriæ severitatem, Jonicæ jucunditatem; Sed non videtur hoc egisse Lucianus, ut omnes nominaret modos, verum præcipuos dumtaxat. Sic & Apulæius Floridorum lib. 1. quinque numerat Æolio adjecto. Sed Apuleius simplices, quoad appellationem attinet, nominat videlicet à gentibus nomina habentes, & Jastium vocat, quem Lucianus Jonicum. *Glarean. lib. 2. dodecach cap. 10.*

32. Sunt enim quatuor cōfinales chordæ, secundum videlicet octo tonorum combinationem. Est enim chorda confinalis in quacumq; manerie vox illa in qua diapētes formula terminatur in acutum: Hinc distat confinalis cujuscumque toni à sua finali integro diapentes intervallo. Namque primus & secundus tonus reriter terminantur in *D, sol, re*, irregulariter vero in *A, la, mi, re*. Tertius & quartus regulariter in *E, la, mi*, gravem. Irregulariter in ♮ *mi* acutam. Quintus & sextus regulariter in *F, fa, ut*, gravem. Irregulariter in *C, sol, fa, ut*, acutam. *Franchinus lib. 1. musicæ practicæ cap. 8.*

33. Finalis clavis alia atque alia fit propter systematis inversionem. *Glarean. lib. 2. dodecachordi cap. 6.*

34. Tonus est acuta enuntiatio vocis, est enim harmoniæ differentia & quantitas, quæ in vocis accentu vel tenore consistit: Cujus genera quindecim partibus musici distinxerunt; ex quibus Hyperlydius novissimus, & acutissimus est; Hypodorius omnium gravissimus est. *Isidorus libro tertio originum capite 19.*

* *Plutarchus comment. in musicam.*

* *Cassiodorus de septem disciplinis.*

35. Quod nō oporteat multitudine terminorum ipsius diapason metiri ejus facultates, sed numero componentium ipsam rationum, impromptu est exemplum appositissimum à speciebus, quæ sub ipsa continentur; quippe quas septē

dumtaxat omnes semel simpliciterque suppofuimus, cum qui eas efficiunt soni octo sint. Neque ullus sane dixerit eum, qui à gravissimo v, g, in graviorem partem accipitur, speciem efficere aliam à prima, & in eamdem partem ab acutissima, propterea quod & in universum ab utroque extremo diapason, ad eumdem modum accepto initio, ad eamdem devenitur facultatem. *Ptolem. lib. 2. harmonicorum cap. 8. & cap. 7.*

NOTES ET AUTHORITEZ *du Chapitre III.*

I. MErsennus *lib.6. harmonic. de generibus & modis. propositione 26.*

2. Cum quilibet cantus omnibus vocibus & modis fiat, vox tamen quæ cantum terminat obtinet principatum, ea enim & morosius sonat; & præmissæ voces, quod tantum exercitatis patet, ita ad eam aptantur, ut mirum in modum quamdam ab ea coloris faciem ducere videantur: per supradictas nempe sex consonantias voci, quæ neumam terminat, reliquæ voces concordari debent; voci vero quæ cantum terminat principium ejus cunctarumque distinctionum fines, vel etiam principia oportet adhærere. Præterea cum aliquem cantare audimus, primam ejus vocem cujusmodi sit ignoramus; quia quemadmodum toni, semitonia, reliquæve species sequuntur, nescimus: finito vero cantu, ultimæ vocis modum ex præteritis aperte cognoscimus. Incepto enim cantu quid sequatur ignoras; finito vero quid præcesserit vides. Itaque finalis vox est, quam melius intuemur. Deinde si eidem cantui versum aut psalmum, aut aliquid velis subjungere, ad finalem vocem permaxime opus est coaptare; non ad primæ vel aliarum ideo inspectionem redire. Additur quoque & illud quod accurati cantus in finalem vocem maxime distinctiones mittant. Nec mirum regulas musicæ à finali voce sumere, cum & in grammaticæ partibus pene ubique vim sensus in ultimis litteris vel syllabis per casus, numeros, personas, tempora, discernimus. *Guido Aretinus cap. 11. micrologi.*

* Ut ad principalem vocem, id est finalem, vel si quam affinem ejus pro ipsa elegerint, pene omnes distinctiones currant. Et eadem, sicut & vox neumas omnes, aut perplures distinctiones finiat aliquando & incipiat: qualia apud Ambrosium, si curiosus sis, invenire licebit. *Guido cap. 15. micrologi*

3. Omnia egregia modulandi genera medio nervo sæpe utuntur, omnesque probi fidicines crebro ad medium veniunt, & si discesserint, mox redeunt eodem, nec ullum alium toties repetunt. *Aristot. sect. 19. problem. 20.*

4. At plagis triti finali voce fere omnes distinctiones mittit; rariusque in tertia super se: sub se autem tanto frequentius, quanto & liberius; tono vero nunquam super se distinctiones habebit. Plagis autem tetrardi distinctiones facit supra & subtus suam finalem vocem tono; quo alij penitus carent. *Guido in formulis modorum cap. 10. in formula plagis tetrardi, id est 8. modi.*

5. Fini quoque debet esse consonum principium, unde quintum à finali non excedat calculum. Plagæ vero super quartas non tendant principium. *Guido in prologo rhythmico antiphonarij & cap. 10. prologi prosaici,*

6. Principia quoque cantuum in omnibus illis vocibus esse possunt quæ secundum prędictas sex consonantias cum finali voce conveniunt. Si quicquam aliter inveneris, ex ipsa raritate cognosces, quod auctoritate præsumpta, non autem sunt regulæ firmitate districta. *Guido cap. 9. prologi prosaïci antiphonarij, & passim in formulis modorum.*

* *Franchinus lib 1. musicæ pract. cap. 8. & Seqq.*

* *Finæus lib. 5. Margaritæ philosophicæ. tractatu 2. cap. 10.*

NOTES ET AUTHORITEZ *du chapitre IV.*

1. AD modos in cantibus discernendos etiam quædam neumæ inventæ sunt, ex quarum aptitudine ita modum cantionis agnoscimus, ut sæpe ex aptitudine corporis quæ, cujus sit tunica reperimus : ut in antiphona. *Primum quærite regnum Dei.* Mox enim ut cum fine alicujus antiphonæ hanc neumam bene viderimus convenire, quia autenti proti sit, non opus est dubitare : & sic de reliquis, Ad hoc etiam plurimum valent & versus nocturnalium responsoriorum, & psalmi officiorum, & omnia quæ in modorum formulis præscribuntur. Quas qui non novit mirum est si quam partem eorum quæ dicuntur intelligit. Ibi enim prævidetur quibus in vocibus singulorum modorum cantus rarius, sæpiusve incipiant ; & in quibus minime id fiat, ut plagis quidem minime licet vel principia vel fines distinctionum ad quintas intendere, cum ad quartas perraro soleat evenire. In autentis vero præter deuterum (*autentum scilicet qui est tertius in ordine*) eadem principia & fines distinctionum minime licet ad SEXTAS intendere. Plagæ autem proti vel triti ad tertias intenduntur. Et plagæ siquidem deuteri, vel tetrardi (*autenti scilicet qui est septimus*) ad quartas intenduntur. *Guido Aret. cap. 13 micrologi.*

* Aure tamen curiosa valde erit utile, si avertas & cognoscas harmonia qualiter quatuor cantus modis transformata facie quatuor ex quibus modos octo dehinc facimus; quia gravia & alta cantica discernimus, cum autentos atque plagas more Græco dicimus. *&c. Guido in prologo rhythmico antiphonarij*

* Omnis qui melos incohat, præ cunctis systema debet advertere. *Martian. Capella lib. 9. cap. de modulatione.*

* Primum igitur cupiens quicquam decantare, præ omnibus tonum ac repercussionem ejus diligenter animadvertat. *Claudius Sebastianus in bello musicali.*

* Si cantum quempiam volueris solfizare, consideres oportet in-primis ejus tonum; quoniam qui cantum sine agnitione toni canit, idem facit quod is, qui syllogismum extra modum ac figuram componit. *Georgius Rhau. in enchyridio musicæ practicæ cap. 4.*

* Nullum cantum vel moderari, vel modulari possumus, nisi prius cognoscamus ipsius tonum *Alstedius to. 2. encyclopediæ lib. 20. de musica cap. 9.*

2. Quamvis omnes voces cantus, atque modos habeat, ejus tamen erit modi quam finalem resonat, nam ab ipso sumit normam qualiter se habeat. *Guido in prologo rhythmico antiphonarij.*

3. Protus, tritus, & tetrardus quinto tenent formulas :
Quibus possunt sua satisfacere principia.
Sexto autem tenet loco deuterus differentias
Plagæ, proti, atque triti loco insunt tertio.
At tetrardi, deuterique quarto pollent solio :
Quorum cantus his arctantur semper sub terminibus *&c. Guido in epilogo rhythmico post formulas modorum.*

* Quique cantus ad octavas salit regulariter,
Et ad quintam à finali poterit descendere,
Quando plagæ & autentis non sunt differentiæ.
Quod si plagas ab autentis convenit discernere ;
Plagæ saliunt ad quintas, nec vadunt ulterius,
Et ad quintas declinando sibi satisfaciunt.

At autenti ad octavas competenter saliunt ;
A finali uno tono neque cadunt amplius.
Trito tonus cum non subsit, finis est gravissimus.
Fini quoque debet esse consonum principium ;
Unde quintum à finali non excedat calculum.
Plagæ vero super quartas non tendant principium.
Inter alias secunda vox tacet innobilis ; (i, B)
Contra tertia & sexta frequentatur sæpius,
Cujus rei mihi testis sanctus est Gregorius :
Principalem quoque esse quia ipsam voluit,
Deuterus autentus sumpsit loco ejus tertiam ;
Cujus fini quamvis sexta, sæpe ipsum incohat. *Guido in prologo rhythmico antiphonarij.*
* Cum autentos atque plagas more Græco dicimus,
Alti cantus sunt autenti, graves plagas nominant,
Dumque quatuor in tonis hoc utrumque supputant,
Octo formulas tonorum vel modorum indicant.
Protus est autentus primus, plagis proti secundus.
Autentus tertius extat, tertium quem dicimus.
Quartus erit plagis ejus ordinem qui sequitur.
Quintus est autentus tritus, sextus est plagis ipsius.
Hinc autentus est tetrardus, quem vocamus septimum.
Plagis tetrardi octavus, septimum qui sequitur.
Quorum duo unam vocem tenent, ut prædiximus. *Guido in prologo rhythmico antiphonarij.*

4. Quoniam vero protus duas diversas in una terminatione habere videtur formulas ; libet intueri uberius quibus distinctionibus utræque discerni valeant ; cum una ex eis sit autentica, altera plagalis : ut secundum quod in proto definitum fuerit, teneatur & in reliquis. Formulas itaque autenti proti quinto loco à finali voce disponimus, quod & in reliquis autentis similiter facimus. Formulas autem ejusdem plagæ tertio à finali voce constituimus. Hinc itaque constituendum, ut in plagis distinctionum fines vel principia nullo modo super formulas sibi attributas ponantur. Quod si evenerit mox in autenti transit potestatem ; quia solis autentis licet intendere fines principiave distinctionum ad quintam. Et quemadmodum illicitum est plagis super proprias formulas distinctionum summam intendere ; ita & autentis non est opportunum, si in imam eorumdem plagarum vim transferantur. Sicque singuli propriam amittunt vim, dum alterius nituntur assumere gradum. *Guido cap. 1. in modorum formulis.*

5. Notatoque, quod tres sint vocum ordines, id est graves mediæ & acutæ : ex quibus mediæ semper annectuntur utrisque : Acutæ autem connectuntur autentis, & graves plagibus : & sic semper tres ex ambabus partibus utrorumque sunt propriæ. *Guido cap. 7. epilogi (vel forte prologi) in modorum formulis & cantuum qualitatibus.*

6. Iste autem modus non adeo aliorum autentorum servat regulam : cum enim alij quinto habeant formulas, iste insuper sexto : unde & fines, vel etiam principia distinctionum in sexto à se gradu constituuntur. Quod non authoritate, sed ex necessitate habet : erat enim difficile tres continuos tonos sine semitonio exprimere ; idcirco postposita regulari vocum connexione, necessitas est secuta. *Guido in formulis modorū cap. 5. in formula autenti deuteri.*

* Hic notandum est quod tertius modus maluit contra omnem usum & regulam incipere suam differentiam in superiori sexta à suo fine, quam in quinta, quia vox secunda, quæ super ejus finem est quinta, quamvis ipsi fini possit convenire, discordabat tamen à sexta: Consulto igitur agens modus tertius abjecit sorurculam ♮; ne vicinam amitteret c. *Guido ibidem.*

* Eu, o, u, a, e, autem tertij toni incipitur in *C, sol, fa, ut*, scilicet in sextam supra finalem antiphonæ secundum Gregorianos, ubi tetrachordum in principio psalmodiæ sumptum terminatur. Ambrosiani autem suavius procedentes principium hujus tertij toni in quintam supra finalem antiphonæ chordam, in qua scilicet sua diapentes figura terminatur, tamquam harmonica medietate suaviorem, sicuti in reliquis autenticis disposuere. *Franch. lib.* 1. *musica practica cap.* 10.

7. In *D* vero & *a*, quæ sunt unius modi, sæpissime possumus eumdem cantum incipere, vel finire. *Guido cap.* 9. *microl.*

8. Adnotandum etiam quod aliquando suprascriptus autentus tetrardus in VOCE TERTIA (*id est c*) finitur, quæ trito ascribitur. *Guido cap.* 9. *in formulis modorum, in formula tetrardi autenti. Où il faut remarquer que le quatriéme autentique est celuy que nous appellons le septiéme, & que le troisiéme plagal est celuy que nous comptons le sixiéme.*

9. Has itaque octo modorum formulas præcipue debet scire quisquis canendi peritiam vult habere; ut qualiter in singulorum modorum cantibus quælibet vox neumalis sonet, possit advertere. Præterea quamvis primam, secundam, & tertiam vocem (*id est A, B, C,*) cum quarta, quinta, & sexta, *id est D, E, F,* concordare dixerim, in eo tamen differunt, neque omnes neumas similiter faciunt: Quoniam A, B, C, habent post se in depositione tres tonos, ante se vero in elevatione duos tonos: At vero D, E, F, unum tantum tonum in depositione habent, tres vero tonos in elevatione. IDEOQUE MULTI CANTUS EIUSDEM SUNT MODI, SED NON EIUSDEM SONI. Quidam vero minus prævidentes istam differentiam, adjungunt unam vocem in acutis inter primam & secundam, ut sint duo toni & unum semitonium post D, E, F, sicut post A, ♮, c, in elevatione; & rursus d, e, f, acutæ possint deponi duobus tonis, sicut a, ♮, c, quatenus nulla sit differentia inter D, E, F, & A, ♮, c. Quando id cantatur in A, ♮, c, & in D, E, F, possit cantari. Ut autem SINGULIS VOCIBUS SUA PROPRIETAS MANEAT, MELIUS EST UT CANTUUM INSPICIATUR NATURA. Et cum hos tres tonos videtur admittere, fiat hoc modo, F, G, A, ♮. Cum vero post duos non nisi semitonium sumit, fiat hoc modo c, d, e, f, *&c. Guido in prologo antiphonarij cap.* 8.

* Notandumque est, quia eæ unius esse dicantur modi habentes similes elevationes & depositiones: NULLATENUS TAMEN ALIQUA EX HIS CUM ALIQUA SIBI DEPOSITIONE CONCORDANTI, ELEVATIONE CONCORDAT; AUT CONVENIENTI IN ELEVATIONE, DEPOSITIONE CONCORDAT. *Guido Aretinus cap.* 5. *epilogi in formulis modorum & cantuum qualitatibus.*

10. Unde & quasdam in autentis & plagis reperimus symphonias, quæ ex sola diatessaron, aut ex sola efficiuntur diapente, vel diapason. Sonorum perfectissimus diapason est, quæ ex toto autenticum, aut ex toto plagalem efficit cantum. Ex diatessaron vero, vel ex diapente medius efficitur modus, qui nec autenticam, nec gravem proprie reddit partem cantilenæ: unde cujus modi fuerit, discerni non valet, utrum

autento an plagæ conferri valeat, nisi ex distinctionibus. Ex diapason ergo & diapente efficitur modus, qui & autenticam & plagalem unisone resonet quantitatem. *Guido Aret. in formulis modorum cap. 9. in formula tetrardi.*

11. Ut lector ex his consideret, quantum discriminis cujusque modi phrasis in cantu habeat; nec temere ficta esse, quæ priore libro retulimus, primum *re, la*, secundum *re, fa*, tertium *mi, fa, &c.* & *paulo infra.* Ut non facile perspiciatur cujusmodi phrasis dominetur. *Glarean. lib. 2. dodecachordi cap. 36.*

12. Sunt insuper nonnullæ modulationes paucioribus notulis descriptæ; Has si suum E, u, o, u, a, e, non consequitur, difficile an authentico, an plagali tono adscribendæ sint, poterit quis judicare. Quocirca certis judicialibus chordis nonnulli discretionem hujus modi concessere. Primæ namque maneriei, qua primus & secundus tonus concluduntur; *f. Fa, ut*, gravem adscribunt. Secundæ, quæ tertium & quartum regit tonum, *G. re, sol, ut*, gravem. Tertiæ cui quintus & sextus tonus insunt, *a. la, mi, re*, acutum, Quartæ vero quæ septimum tonum continet, & octavum, ♮ *mi* acutum. Ita scilicet ut unaquæque judicialis chorda à finali propriæ maneriei distet in acutam per tertiam inclusive vocem diatonica dispositione. Atque idcirco judiciales chordæ primæ & secundæ maneriei à finalibus suis semiditoni intervallo recedunt in acutum. Tertiæ vero & quartæ maneriei judiciales chordæ ditoni distantia à proprijs finalibus in acutum sejunctæ sunt: id enim expetit naturalis, & diatonica chordularum dispositio. Quare cum in cujusuis maneriei modulatione plures fuerint numero notulæ supra judicialem ipsam chordam, scilicet in acutum dispositæ, quam quæ in grave subductæ sunt, authenticæ adscribitur ipsa modulatio considerationi: secus autem, si inferiores majorem impleverint numerum; tunc enim plagalem existimant hujusmodi modulationem: verum notulas judicialibus ipsis chordis inscriptas neutris connumerandas instituerunt. Plerumque tamen, & si in prolixioribus modulatibus, qui scilicet pluribus notulis descripti sunt, veritas ipsa hujusmodi judicio sæpius perlucescit; in his quos paucitas notularum exprimit, ut in antiphona *Vbi charitas & amor*, hujusmodi judicium commentitium est. *Franch. l. 1. mus. pract. cap. 15.*

13. Complurimorum vero consensu repetita pluries à finali in acutum sua diapentes figura, unico potissimum intervallo, authenticam declarabit modulationem. Verum quartæ tantum chordæ ab ejus finali in acutum hujusmodi iteratione canticum, plagalem putant. *Franchinus lib. 1. musicæ pract. cap. 15.*

* Igitur curiose intendendum est de omni melo, secundum cujus modi proprietatem sonet, sive in principio sive in fine, quamvis de sola fine dicere soleamus. *Guido cap. 8. prologi Antiphonarij.*

NOTES ET AUTHORITEZ *du chapitre V.*

1. IPsis sanctis dictis religiosius & ardentius sentio moveri animos nostros in flammam pietatis cum ita cantantur, quam si non ita cantarentur & omnes affectus spiritus nostri pro sui diversitate habere proprios modos in voce atque cantu, quorum nescio qua occulta familiaritate excitentur. *Augustin. lib. 10. Confess. c. 33.*

* Aristoteles sect. 19. problem. 27. & 29. quærens cur inter omnia sensibilia musica sola mores spectare videatur, & cur musici moduli sese moribus ita similes exhibeant, ut illud neque saporibus, neque coloribus, vel odori-

bus congruat; hanc rationem affert, quia musici moduli motibus sicut & ipsæ actiones constant; Unde affirmat ipsam modulationem sine sermone mores præ se ferre. *Mersennus quæstione in genesin art.* 1.

* Tametsi rhetorica multum in animis hominum in quamcumque partem inflenctendis concitandisque possit, musicam tamen majorem in ijs permovendis impressionem obtinere is solus ignorat, qui veterum scriptorum monimenta non legit. *Et infra.* Major ergo vis sub musica latet, major energia, & in mentibus mortalium varie afficiendis efficacia, quam in rethorica. *Kircherus tomo* 2. *musurgia univers. lib.*8. *parte* 3. *de musurgia mirifica cap.* 8. *de musurgia rethorica in proëmio: & lib.* 9. *parte* 1. *cap.* 1. *&* 2.

* At nos certo quodam modo moratos per musicam fieri, cum ex alijs multis intelligere liceat, tum maxime ex Olympi carminibus modulatis. Hæc enim sine controversia animos afflatu quodam divino permovent & concitant. At animi concitatio ex afflatu divino nata, morum & affectionum animi perturbatio est; Præterea vero omnes homines cum imitationes audiunt, animis permoventur ex consensione & contagione naturæ, etiam sine numeris & modis ipsis. Quoniam porro evenit, ut musica sit è numero rerum jucundarum, virtus autem in eo versatur, ut quis recte lætetur, & amet, & oderit; oportet nihil ita discere nullique rei sic assuefieri, ut his, nempe recte judicare, & probis moribus, honestisque actionibus delectari. At in numeris & modis præter veras naturas insunt maxime iræ, & levitatis, & vero etiam fortitudinis, & temperantiæ & omnium his contrariorum habituum, aliarumque rerum moralium simulacra quædam expressa. Atque hoc facta ipsa declarant: Cum enim talia audimus, animorum fit in nobis mutatio, & perturbatio *&c.* Evenit autem ut in alijs quidem rebus sub sensum cadentibus nullum insit morum simulacrum; v. g. in ijs quæ tactum & gustatum movent: verum tamen in aspectabilibus inest aliquantulum; (tales enim sunt figuræ;) Sed parum ad modum. *&c.* At in modis ipsis & cantibus insunt imitationes, assimilationesque morum, atque hoc in promptu est. Tantum enim differunt, ac distant inter se harmoniarum naturæ, ut qui audiunt, aliter atque aliter afficiantur, neque eodem modo ad unamquamque earum moveantur. Sed ad has quidam aliquanto mœstius, & contractius, ut ad eam qua myxolydia, seu mixtolydia appellatur: ad illas mentibus remolescant, ut ad remissas & molles: ad aliam moderati fiant maximeque sedati: cujusmodi quiddam efficere videtur sola ex harmonijs Doria. Phrygia autem ad mentem instinctu divino concitandam valet. Hæc enim probe dicunt, qui in ea disciplina studiose versati sunt. Namque ex factis ipsi sumunt eorum quæ dicunt testimonia *&c* Ex his igitur perspicuum est musicam mores animi cujusdammodi efficere, & conformare. *Aristot.* 8. *politic. cap* 5. *Item. cap.* 7.

* Est autem tropus species cantionis, qui & modus dictus est; & adhuc de eo dicendum est. Horum quidam troporum exercitati, ita proprietates & discretas, ut ita dicam, facies extemplo ut audierint, recognoscunt. Sicut peritus gentium coram positis multis habitus eorum intueri potest, & dicere, hic Græcus est, ille Hispanus, hic Latinus, ille Theutonicus, iste vero Gallus. Atque ita diversitas troporum diversitati mentium coaptatur: ut unus autenti deuteri fractis saltibus delectetur: Alius plagæ triti eligat voluptatem, uni autenti tetrardi garrulitas magis placet: alter ejusdem plagæ suavitatem probat. Sic & de reliquis. Nec

mirum si varietate sonorum delectatur auditus, cum varietate colorum gratuletur visus; varietate odorum foveatur olfactus; mutatisque saporibus lingua congaudeat. Sic enim per fenestras corporis habilium rerum suavitas intrat mirabiliter penetralia cordis. Inde est quod sicut quibusdam saporibus, & odoribus, vel etiam oculorum intuitu salus tam cordis, quam corporis vel minuitur, vel augescit; ita quondam legitur quidam freneticus canente Asclepiade medico ab insania revocatus. Et item alius quidam sonitu cytharæ in tantam libidinem incitatus, ut cubiculum puellæ quæreret effringere dementatus; moxque cytharedo mutante modum voluptatis pœnitentia ductus, dicitur recessisse confusus. Item & David Saul demonium cythara mitigabat, & demoniacam feritatem hujus artis potenti vi ac suavitate frangebat. Quæ tamen vis divinæ sapientiæ ad plenum patet, nos vero quasi in ænigmate abinde percepimus. *Guido Aret. cap.* 14. *micrologi.*

* Pro diversitate gentium ac mentium quod huic displicet, ab illo amplectitur; & hunc oblectant nunc consona; ille magis probat diversa. Iste continuationem & mollitiem secundum suæ mentis lasciviam quærit, ille ut pote gravis sobrijs cantibus demulcetur: Alius vero ut amens incompositis & anfractis vexationibus pascitur. Et unusquisque eum cantum sonorius multo pronuntiat, quem secundum suæ mentis insitam qualitatem probat. *Guido. cap.* 17 *microl.*

2. Quandocumque spiritus domini malus arripiebat saul, David tollebat cytharam, & percutiebat manu sua, & refocillabatur saul & levius habebat, recedebat enim ab eo spiritus malus. 1. *Regum.* 16. 23.

3. Cumque caneret Psaltes, facta est super eum manus Domini. 4. *Reg.* 3. 15.

4. Rerum eventus sic cantionis imitetur effectus, ut in tristibus graves sint neumæ, in tranquillis jocundæ, & in prosperis exultantes. Et reliquæ. *Guido cap.* 15. *micrologi.*

* Præterea & modorum diversæ species non minima præpollent quantitate seu qualitate, dum unus in modum historiæ recto & tranquillo feratur cursu. Alter vero anfractis saltibus concinatur. Alius videatur garrulus & sævus in sublime extollens audientium animos. Alter vero placidus, lætitiamque indicans morum. Quod cuique prudenti satis patebit, curare si studuerit. *Guido cap.* 8. *epilogi in modorum formulis & cantuum qualitatibus.*

5. Atque hi sunt affectus, quos duodecim tonis attribuunt veteres; in quibus tamen minime sibi cōstant; estque tanta in hujusmodi determinandis confusio, ut cui suscribas, nescias. Quem enim alij jucundum, alij severum: quem castum, alij lascivum; quem dein hilarem, alij lachrymosum appellant. Quæ diversitas & apud neotericos mirum in modum discrepat: cujus quidem rei ratio alia non est, nisi complexionum diversitas, qua fit ut tonus qui uni jucundus, alteri diversi temperamenti luctuosus videatur; & sic de cæteris. *Kircherus tomo* 1. *musurgiæ universalis lib.* 7. *parte* 1. *erotemate* 8. *corollario* 2.

* *Guido supra citatus numero* 1. *in fine.*

6. *Franchinus lib.* 4. *harmoniæ instrumentalis à capite secundo usque ad decimum.*

* *Glareanus lib.* 2. *dodecach. cap.* 10. *& seqq.*

* *Kircherus ubi supra, & ibidem parte* 3. *cap.* 2.

* *Cardinalis Bona de divina psalmodia cap.* 17. §. 4.

* *Gassendus to.* 5. *manuductionis ad musicam cap.* 4.

* *Aristoteles* 8. *politic. cap.* 7.

* *Plutarchus in commentar. de musica.*

* *Cassiodorus lib.* 2. *variarum epistolarum.* 40.

7. Sed libet in finem operis intexere, quæ vis unicuique accidat parti; per protum etenim melius ostendimus qualitates vel historias alicujus rei. Per plagin proti orare vel petere aliquid possumus. Per deuterum vero dignitates vel qualitates animorum indicare possumus. Per plagin ejusdem deuteri magnifice aliquid extollere possumus. Per tritum autem actio uniuscujusque exprimitur. Per plagam vero ejusdem triti repietatio, ac lamenta oportet fieri. Per tetrardum autem beatitudo exprimitur; sed quæ adhuc carne gravatur. Per ejus vero subjugalem æterna quies, & beatitudo exprimitur. *Guido in formulis modorum cap.* 10. *in formula plagis autenticæ tetrardi.*

8. Hujus Phrygij modulatione (quam anapesto pede declarant) ad arma Lacedemonios & Cretenses facile esse incitatos conscriptum est. *Franch. lib* 4. *musicæ. instrumentalis cap.* 5.

9. Timotheo tanta fuit artis excellentia, ut si quando auxteriorem acrioremque harmoniam emisset, animum ad iracundiam excitaret. Rursus si dulciorem ac mitiorem, eumdem emolliret ac mansuefaceret. Hac item arte quandoque ad Alexandrum, cum Phrygios modos tibijs ederet; illum in medio convivio ad arma concitasse dicitur; & rursus eumdem sono mutato, quietum ac sedatum convivis ac mensæ restituisse. *Basilius homil. de legendis libris gentilium.*

10. Cum ergo tritus (*id est tertius autentus, qui quintus habetur in ordine & ejus plagalis sextus*) adeo diaphonia obtineat principatum, ut aptissimum supra cæteros obtineat locum, videtur à Gregorio non immerito plus cæteris vocibus adamatum; etenim plurima melorum principia, & plurimas repercussiones dedit, ut sæpe si de ejus cantu triti *f* & *c* subtrahas, prope medietatem tulisse videaris. *Guido cap.* 18. *microl.*

11. Diaphonia vocum disiunctionem sonat, quam nos organum vocamus: cum distinctæ ab invicem voces & concorditer dissonant, & dissonanter concordant; qua quidam ita utuntur, ut canenti semper quarta chorda succedat, ut A. ad D. *&c. Guido cap.* 18. *microl.*

12. Ex rhytmis, qui in æquali ratione sunt positi, ob æqualitatem sunt gratiores. Sed qui in superparticulari ob caussam contrariam, commotiores. Medij sunt, qui in dupla, anomaliæ ob inæqualitatem participes: & æqualitatis ob rhythmorum integritatem. Porro in ratione æquali existentium illi qui per breves colos fiunt, celerrimi sunt ac calidissimi; qui permisté communes & epicœni. Quod si per longissima tempora pedes fieri contigerit, major mentis tranquillitas apparebit. Idcirco brevia in armatis saltationibus accommoda videmus: permista in medijs, longissima in sacris hymnis, quibus quam maxime extentis utebantur; tum unicum circa hæc sacra studium, ac retinendi diligentiam ostendentes: tum mentem suam æqualitate, ac longitudine temporum ad moderationem, quæ animæ est sanitas, adducentes *&c. Aristides Quintilianus lib.* 2. *de musica longe post medium.*

13. Cũ ergo per aures rhytmimodique ad animum usque descenderint dubitari non potest quin æquo modo mentem atque ipsa sint efficiant atque conforment. *Et infra* cum vinolenti adolescentes tibiarum etiam cantu (ut fit) instincti mulieris pudicæ fores frangerent, admonuisse tibicinam, ut spondeum caneret, Pythagoras dicitur. Quod cum illa fecisset, tarditate modorum & gravitate canentis, illorum furentem petulantiam consedasse. *Boëtius lib.* 1. *musi. cap.* 1.

* Afficit namque tristitia, quod inæ-

quale eſt, accommodaturque magnitudini calamitatis, aut mœroris: contra quod æquale atque continens eſt, minus id flebile auribus accidit. *Ariſtot. Sect.* 19. *Problem.* 6.

* Eorum quæ ad numeros ſpectant, qui à Græcis rhytmi dicuntur, eadem ratio eſt. Alij enim mores habent ſedatiores; alij ad movendum valent: atque horum alij motus habent ineptiores atque illiberaliores, alij politiores ac liberaliores. *Ariſtoteles* 8. *politicorum. cap.* 5.

* Si itaque muſurgus rhytmo Poëtico harmonicos rhythmos, ideſt numeros advexerit, is certe auditores non poterit non in admirationem rapere. Quid enim non poteſt numeroſa melodia? Et quo rhythmus elegantior aptiorque fuerit, eo facilius auditores movebit, per quorum animos arſi & theſi, veluti pedibus, decurret, motibuſque concinnis errabit: Ita pedibus longis ſpondæis, moloſſis, epitritis affectus graves; brevibus verò, ut pyrrichiis, choreis, tribrachiis, pæonibus hilares exprimentur. *Kircherus Muſurgiæ univerſalis to.* 2. *lib.* 8. *parte* 2. *cap.* 3.

14. Eſt item mirabile (ut Guidonis ipſius non abutar ſententia) quod ſummus ille Pontifex ſanctiſſimus Gregorius in nocturnis reſponſoriis ſomnolentorum more graviter, & vehementer & diſſolute ad vigilandum nos videtur exhortari. Et in Antiphonis plane atque ſuaviter ſonat. In introitibus vero quaſi voce præconis ad divinum clamat & evocat officium. In Alleluia & verſibus, quos Ambroſiani melodiæ adſcribebant, ſuaviter videtur divino jubilo gaudere. Sed in tractibus, & gradualibus plane & protenſe, atque humili voce incedere pernoſcitur. In offerendis autem, & communionibus, quantum in hujuſcemodi modulationis affectionibus prævaluerit, patefecit. Eſt enim in eis omnimoda hujus inſtitutionis elevatio, depoſitio, extenſio, duplicatio, ſuavis delectatio cognoſcentibus, laboris refrigerium diſcentibus: mira & ab aliorum modulantium inſtitutis longe diſtans diſpoſitio: nec modo hæc ipſa arte muſica introduxit; ſed & muſicæ diſciplinæ auctoritatem, & argumenta noſcitur contuliſſe. Divum vero Ambroſium ſolam modulationis dulcedinem mirabiliter exquiſiſſe Guidonis ipſius verba teſtantur. Franchinus *lib.* 1. *muſ. practicæ. cap.* 8. * *Guido ſupra citatus. n.* 4. & 7.

15. Illi enim qui cantant, cum cœperint verbis canticorum exultare lætitia, veluti impleti tanta lætitia, ut eam verbis explicare non poſſint, avertunt ſe à ſyllabis verborum, & eunt in ſonum jubilationis. Jubilus ſonus quidam eſt ſignificans cor parturire, quod dicere non poteſt. Et quem decet iſta jubilatio, niſi ineffabilem Deum? Ineffabilis enim quem fari non potes: & ſi eum fari non potes, & tacere non debes, quid reſtat, niſi ut jubiles? Ut gaudeat cor ſine verbis, & immenſa latitudo gaudiorum metas non habeat ſyllabarum. *Auguſt. in Pſalmum* 32. *conc.* 1.

16. Verum enimvero negari non poteſt antiquitatem hos variaſſe: ſed neque dubium eſſe modorum naturam alio torqueri poſſe; ut qui videatur levis modus, eum ad gravia adhiberi perdifficile non eſſe; modo accedat fœlix ingenium: & contra, gravem ad levia quoque. Quod in carmine elegiaco apud Ovidium contra generis hujus naturam factum grammatici contendunt. *Glareanus lib.* 2. *dodec. cap.* 25. & 11.

NOTES ET AUTHORITEZ *du Chapitre VI.*

I. RUrſus diaſtematicæ voci natura hominum fecit terminum, quæ acutam eorum vocem, gravemque determinat. Tantum enim quiſque vel acumen valet extollere, vel deprimere gravitatē, quantum vocis ejus naturaliter patitur modus. *Boët. lib.* 1. *musc. cap.* 13.

2. Quid aliud in luce & coloribus nisi quod oculis nostris congruit appetimus? Etenim à nimio fulgore aversamur, & nimis obscura nolumus cernere sicut à nimirum insonis & sonantibus abhorremus, & quasi susurrantia non amamus : quod non in temporum intervallis est, sed in ipso sono, qui quasi lux est talium numerorum; cui sic est contrarium silentium, ut coloribus tenebræ. Et consequenter.

3. In his ergo cum appetimus convenientia pro naturæ nostræ modo, & inconvenientia respuimus, nonne in his etiam quodam æqualitatis jure lætamur? Cum occultioribus modis paria paribus tributa esse cognoscimus. Hoc in odoribus, hoc in saporibus, & in tangendi sensu animadvertere licet: Nihil enim est horum sensibilium, quod nobis non æqualitate, aut similitudine placeat. *August. lib.* 6. *musicæ. cap* 12.

* In gravibus chordis is vocis modus est, ut non ad taciturnitatem gravitas usque descendat; & in acutis ille custoditur acuminis modus, ne nervi nimium tensi vocis tenuitate rumpantur : sed totum sibi sit consentaneum atque conveniens. *Boëtius lib.* 1. *mus. cap.* 2.

* Omnia, quæ recipiunt aliquam divisionem pulchriora sunt, si eorum partes aliqua parilitate concordent; quam si discordes & dissonæ sint. *August. lib.* 2. *musicæ. cap.* 2.

4. Ipse enim sensus æque maximis minimisque corrumpitur; nam neque minima sentire propter ipsorum sensibilium parvitatem potest; & majoribus sæpe confunditur. Ut in vocibus, quæ si minimæ sint, difficilius captat auditus; si sint maximæ, ipsius sonitus intensione surdescit. *Boëtius lib.* 1. *mus. c.* 9.

* Cur maxime in cantando paripaten vox rumpi non minus soleat, quam in nete supremisque, quamvis cum intervallo amphori? An quod ejus cantus & perdifficilis est, & cantandi primordium obtinet? Difficilis autem propter intensionem pressuramque vocis est, quibus in rebus nimirum urget. Corrumpi autem quæque maxime solent, quoties labore acrius opprimuntur. *Aristot. sect.* 19. *problemate.* 3.

5. Nihil intrare potest in affectum, quod in aure velut vestibulo quodam offendit. *Quintilian. lib.* 9. *institut. cap. ultimo.*

* Ita quisque, ut audit, movetur. *Quintilianus lib.* 11. *instit. cap.* 3.

* Temperatum quoque omne suavius, quam intemperatum est; præsertim si cum sensibile sit, pariter vim habeat utriusque extremi, quemadmodum consonantia ex proportionibus temperatur. *Aristot. sectione* 19. *problemate* 38.

6. *Exodi* 15. 20.

* *Philo Iudæus lib.* 1. *&* 3. *de vita Moysis. Le passage en est cité au n.* 9. *des notes du* 2. *chap. de la* 1. *partie.*

7. Choneïas autem princeps Levitarum prophetiæ præerat ad præcinendam melodiam; erat quippe valde sapiens. 1. *Paralip.* 15. 22.

8. Tum Præses assurgens hymnum in laudem Dei primus canit, aut recens à se compositum, aut desumptum ab aliquo vatum veterum. *Et paulo infra.* Cænam vero sequitur sacrum pervigilium his ritibus. Ubi omnes consurrexere, duo chori fiunt in medio cænaculo, alter virorum, alter fæminarum, cuique suus incentor præficitur, honore præstans & canendi peritia. Deinde cantant hymnos in laudem Dei compositos, variis metrorum carminumque generibus, nunc ore uno, nunc alternis, non sine decoris & religiosis gestibus, atque accentibus, modo stantes, modo prorsum retrorsumque gradum moventes, utcumque res postulat. Deinde postquam uterque chorus seorsum explevit se his delicijs, velut amore ebrij unum chorum faciunt promiscuum

promiscuum ad imitationem olim illius instituti in rubri sinus littore post mirandum prodigium. *&c. Philo de vita contemplativa sub finem.*

* Deinde uni ex ipsis hoc muneris dato, ut quod cantandum est, prior ordiatur, reliqui succinunt: atque in psalmodiæ varietate, precibusque subinde interjectis noctem superant *&c. Basilius Epist.* 63.

* Cantor autem vocatur, qui vocem modulatur in cantu. Hujus duo genera dicuntur in arte musica, sicut docti homines dicere potuerunt; præcentor, & succentor. Præcentor qui vocem præmittit in cantu, succentor autem, qui subsequenter canendo respondet, concentor autem dicitur qui consonat. Qui autem non consonat, nec cantor nec succentor erit. *Isidorus lib.* 7. *originum cap.* 12.

* *Codinus lib. de officialibus aulæ Constantinopolitanæ. quinario* 7.

9. Neque gravissimus in musica sonus, nec acutissimus oratoribus convenit. Nā & hic parum clarus, nimiumque plenus nullum afferre animis motum potest. Et ille prætenuis & immodicæ claritatis, cum est ultra verum, tum neque pronuntiatione flecti, nec diutius ferre intensionem potest. Nam vox, ut nervi, quo remissior, hoc gravior & plenior: quo tensior, hoc tenuis & acuta magis est: Sic ima vim non habet; summa rumpi periclitatur. MEDIIS IGITUR UTENDUM SONIS. *Quintilian. lib.* 11. *Institut. cap.* 3. *longe ante medium.*

* Vox autem ultra vires urgenda non est, nam & suffocata sæpe, & majore nisu minus clara est; Et interim elisa in illum sonum erumpit, cui Græci κλωσμὸν nomen ab immaturo gallorum cantu dederunt. *Quintilianus ibidem.*

10. Cum talis clamor immoderatus stomachum turbet, venas exhauriat, vires enervet, aures offendat, provocet risum, confusionem excitet, impediat devotionem. *Cardinalis Bona, de divina psalmodia cap.* 17. *§.* 5.

* Non solum ne dicamus omnia clamose, quod insanum est; aut intra loquendi modum, quod motu caret: aut summisso murmure, quo debilitatur omnis intentio. *Quintil. lib.* 11 *cap.* 3. *longe ante medium.*

NOTES ET AUTHORITEZ du Chapitre VII.

1. QUæcumque mediæ aliorum modorum proslambanomenos accedunt, hæ graviores modos operantur. Quæ netis ille acutiores. *Boëtius lib.* 4. *mus. cap.* 16.

2. Si la difference des tons depend du seul aigu ou grave, cest à dire du different lieu du systeme, il semble qu'un mesme homme ne peut pas se servir de tous les tons; au lieu que toutes sortes de voix graves & aigues peuvent user de tous les tons ou modes ordinaires de nos praticiens, qui n'obligent pas à commencer par un degré determiné du grave & d'aigu. *Mersenne tome* 2. *de l'harmonie universelle livre* 5. *proposition.* 12.

3. Tenorem vero qui cantum sustinet & à baritonante sustinetur, fundamentum relationis dicunt: namque ab acuto cantu, & graviore baritonante circumscriptus est, medium obtinens locum; quare ipsum concorditer conspiciunt, observant, & venerantur. Trahit enim amborum concordiam ad seipsum ac suiipsius ad alios confert, neque decet ipsum garrulis fractionibus diminui; quippe qui ad reliquos singulis notulis concordantias tenet. *Franchinus lib.* 3. *mus. pract. cap.* 15. Baritonante autem intelligitur pars gravior in compositione cantilenæ, qui contra-tenor gravis dicitur, à vari, quod est grave, v, mutata in b, quasi graviorem cantans cantilenæ partem. *Ibidem cap.* 11.

* Tenor autem veluti thematis filium,

& primum vocum inventum quem fere aliæ respiciant voces, & ad quem omnia ordinentur, dictus videtur. *Glareanus lib.* 3. *Dodecachordi cap.* 13.

4. *Franchinus paulo supra citatus.*

* Tenor est vocum rector, & guida tonorum. Bassus alit voces, ingrassat, fundat & auget. *&c. Merlinus poeta Mantuanus.*

5. Quemadmodum proslambanomene primum ac gravissimum vocis locum, quem modulari possumus, dicitur obtinere; rursusque nete hyperboleon ultimum & acutissimum : ita mese medium habet vocis locum, gravioris quidem diapason accutissima; acutioris gravissima. *Franch. lib.* 1. *mus. instrum. cap.* 4.

* Sicque mese omnium perfectissimi & consonantis harmonici systematis chordarum præstantissima; qua quidem existente, extremæ atque mediæ ambarum diapason harmoniæ disponuntur; verum ablata, harmonicam amittunt consistentiam. *Franchinus. ibid. cap.* 4.

* *Aristot. Sectione* 19. *problem.* 36.

6. *Mersenne tome* 2. *de l'harm. universelle livre* 6. *de l'art de bien chanter, & embellissement des chants, proposit.* 7.

* Omnia egregia modulandi genera medio nervo sæpe utuntur, omnesque probi fidicines crebro ad medium veniunt : & si discesserint, mox redeunt eodem, nec ullum alium toties repetunt. *Et infra.* Sic etiam medius veluti conjunctio est sonorum, maximeque elegantiorum : quoniam ejus sonus assumi sæpissime soleat. *Aristot. Sect.* 19. *Problem.* 20.

7. Vox lubenter conversatur, moraturque circa medios maxime concentus, raro ad extrema exiliens propter laboriosam & violentam, cum immoderata fuerit, relaxationem aut contentionem. *Ptolem. lib.* 2. *harm. cap.* 11.

8. *Mersenne tome* 1. *de l'harm. universelle liv.* 1. *de la nature & proprieté du son. proposition* 31.

* Media vox seu tenor censetur suavissima. *Baco Cancellarius Angliæ. Historia naturalis centuria* 2. *num.* 173.

9. Nervus enim qui medius, & dux est. *Aristot. Sect.* 19. *Problemate* 33. *&* 45

10. Ipsius quodammodo vinculo tam gravis modulatio, quam acuta connectitur. *Martianus Capella. lib.* 9. *cap. de septem partibus harmoniæ.*

11. Ex hac media cognoscuntur reliquorum phthongorum vires; quomodo enim unusquisque phthongus ad mediam se habeat, statim clarum fit. *Euclides in musica.*

12. Cantoris itaque peritia esse debet, quo loco vel modo quamlibet neumam incipiat; ut ei si motione opus est, affines voces inquirat. *Guido Aretinus. Micrologi. cap.* 10.

13. *Boëtius lib.* 4. *mus. cap.* 16.

14. Igitur curiose est intendendum de omni melo secundum cujus modi proprietatem sonet; sive in principio sive in fine, quamvis de solo fine dicere soleamus : *& paulo infra.* Cujus enim modi symphoniis quælibet symphonia aptatur, ejus modi esse cognoscitur. Sicque intelligis an bene aliquam neumam pronunties, cum ea ejusmodi symphoniis in quo modo nota fuerit competenter aptari, conspexeris. *Guido in prologo Antiphonarij cap.* 7.

15. *Mersenne tome.* 2. *de l'harm. universelle livre* 3. *des instrumens. Proposition* 18. *corollaire* 2.

16. *Cicero de oratore.*

* *Quintilian. lib.* 1. *instit. cap.* 10.

NOTES ET AUTHORITEZ *du chapitre XI.*

I. Mediis igitur utendum sonis, iique, cum augenda intentio est, excitandi; cum submittenda, sunt temperandi. *&c. & infra.* Vox in expositione ac sermonibus recta; & inter acutum ac gravem sonum media. Attollitur autem concitatis affectibus ; compositis descendit ; pro utriusque rei modo altius, vel inferius. *Et infra* In iisdem partibus, iisdemque affectibus sint tamen quædam non ita magnæ declinationes, prout aut verborum dignitas, aut sententiarum natura, aut depositio, aut incœptio, aut transitus postulabit : ut qui singulis pinxerunt coloribus, alia tamen eminentiora, alia reductiora fecerunt, sine quo ne membris quidem suis lineas dedissent &c. *Quintilian. lib. 11. instit. cap. 3. longe ante medium.*

2. Tanta & tam clara erit vox lectorum, ut quamvis longe positorum aures adimpleant. *Isidor. lib. 7. originum cap. 12.*

NOTES ET AUTHORITEZ DE LA PARTIE V.

NOTES ET AUTHORITEZ *Du chapitre I.*

I. EST etiam consideranda distinctio in tonorum modulationibus quam Guido voluit intelligi ; quantum in quolibet cantu continuatim quoadusque vox quieverit pronutiantur. Hæc enim per neumas sane declaratur : neuma enim est vocum seu notularum unica respiratione congrue pronuntiandarum aggregatio. Neuma græce, latine nutus solet interpretari. Describunt enim notatores in antiphonis, & nocturnis responsoriis & gradualibus ipsam certa linea in modū pausæ cantilenas terminantis omnia linearum intervalla complectente, dividentem distinctiones ; qua quidem innuunt vocis ipsius respirationem. *Franchinus lib. 1. mus. practicæ cap. 8.*

* Quemadmodum in metris sunt litteræ & syllabæ, partes & pedes, ac versus : ita & in harmonia sunt phtongi, idest soni, quorum duo vel tres aptantur in syllabas, ipsæque solæ, vel duplicatæ neumam, id est partem, constituunt cantilenæ, & pars una, vel plures distinctionem faciunt, id est congruum respirationis locum *&c. Guido Aretinus cap. 15. micrologi.*

* Illud autem quis non intelligat, quod de vocibus quasi syllabæ, & partes, & distinctiones, vel versus fiunt, quæ omnia inter se mira suavitate concordant, tantum sæpe concordiores quantum similiores. *Guido in prologo Antiphonarij cap. 9. seu ultimo.*

2. Debent insuper distinctiones ipsæ secundum Guidonem fieri, & terminari, ubi sæpe & condecentius tonus ille, in quo fuerint, poterit regulariter sortiri primordia. *Franchinus lib. 1. musicæ pract. cap. 8.*

NOTES ET AUTHORITEZ *du chapitre II.*

I. PAusa est artificiosa vocis omissio. Ea autem inventa est, tum ad cantantium quietem respirationemque, tum ad cantus suavitatem, scilicet ne perpetuus unius vocis tenor obtunderet auditorem ; sed & reficeretur auditus, sensus alioqui petulantissimus ; quare non mediocrem jucunditatem affert cantui, si suo inseratur loco. *Glarean. lib. 3. Dodec. cap. 3.*

* *Franch. l. 2. mus. pract. c. 6.*

* Pausa est silentium vocis, vel aspirationis mensura per tantum intervallum aut spatium temporis, quantum figura pro qua ponitur contineri potest. *Orontius Finæus in appendice ad lib. 5. margaritæ philosophicæ.*

2. Quæ continua vox est, & ea rursus qua decurrimus cantilenam naturaliter quidem infinitæ sunt. Consideratione enim accepta nullus modus vel evoluendis sermonibus fit, vel acuminibus attollendis, gravitatibusque laxandis ; sed

utrifque natura humana fecit proprium finem. Continuæ enim voci terminum humanus fpiritus fecit, ultra quem nulla ratione valet excedere. Rurfus diaftematicæ voci natura hominum fecit terminum, quæ acutam eorum vocem, gravemque determinat ; tantum enim unufquifque vel acumen valet extollere, vel deprimere gravitatem, quantum vocis ejus naturaliter patitur modus. *Boët. lib.* 1. *muf. cap.* 13.

3. Diftinctio fenfum auget, ignavis dant intervalla vigorem. *Aufonius.*

* Etenim ut in fermonis ductu neceffe eft quafdam fieri filentij diftinctiones, tum ut auditor intelligat claufularum diverfitatem; tum etiam ut is qui loquitur, captato fpiritu, majori acrimonia pronuntiet ; idem quoque faciamus oportet in cantu, ut per quædam figna confufionem illam diftinguamus. *Georgius Rhau. cap.* 7. *muf. practicæ.*

4. Vbi & vacua tempora affumunt ; eft autem tempus vacuum, quod abfque fono exiftit ad complendum rythmum. *Ariftides Quitil. lib.* 1. *de mufica poft medium.*

* Annumeratur fono certum, atque dimenfum intervalli filentium. *Auguft. lib.* 3. *muf. cap.* 8.

5. Tempus eft numerus, *feu menfura*, motus & quietis. *Ariftot.* 4. *Phific.*

6. In iis autem numeris qui non verbis finiuntur, fed aliquo flatu, vel ipfa etiam lingua ; nullum in hac re difcrimen eft, poftquam voce percuffioneve fileatur, modo ut legitimum fecundum fupradictas rationes intercedat filentium. *Auguft. lib.* 4. *muficæ. cap.* 14.

* Cur in filentiorum intervallis nulla fraude fenfus offenditur, nifi quia eidem juri æqualitatis, etiam fi non fono, fpatio tamen temporis, quod debetur, exolvitur ? Cur fequente filentio etiam brevis fyllaba pro longa accipitur, non inftituto, fed ipfo naturali examine, quod auribus præfidet, nifi quia in fpatio temporis longiorem fonum coarctare in anguftias eadem illa æquabilitatis lege prohibemur? *Auguft. lib.* 6. *muficæ. cap.* 10.

7. Ut in poëmatis non parum lucis affert decora carminis cæfura : multum etiam ornatus luculenta arfis ac thefis ; ita in cantu fi defuerit concinna vocum menfura, & in cantantium cœtu æqua omnium acceleratio, mira fit confufio. *Glarean. lib.* 3. *dodecachordi cap.* 7.

8. Secundo funt inventæ paufæ propter notulæ difficilem pofitionem, & formandarum fugarum gratia. *&c.* 3. Propter evitare tritonum, femidiapenten, & alia muficæ prohibita intervalla. Item ad duarum concordantiarum perfectam diftinctionem, quæ mutuo fe fe neutiquam poffunt fequi, nifi vel paufa vel nota interveniat. 4. Propter varias cantilenæ partes, ne concentus fuavitas ftrepere magis, quam confonare videatur ; tanto enim omnis cantilena auditu fuavior æftimatur, quanto paufarum idonea interceptione variabilior efficitur. *Georgius Rhau. in enchiridio muficæ menfuralis. cap.* 1.

* *Ioannes Galliculus de compofitione cantus cap.* 11.

NOTES ET AUTHORITEZ *du chapitre III.*

I. UT autem minus quam duo tempora occupet fyllaba ; dum reftat fpatium taciturnitatis, quædam fraus æqualitatis eft, quia minus quam in duobus effe æqualitas non poteft. *Auguft. lib.* 6 *muficæ. cap.* 10.

NOTES ET AUHORITEZ DE LA PARTIE VI.

NOTES ET AUTHORITEZ *du chapitre I.*

I. OPortet has omnes consonantias, ritè esse animo atque auribus notas: frustra enim hæc ratione & scientia colliguntur, nisi fuerint usu & exercitatione notissima. *Boëtius lib. 3. mus. cap.* 10.

* Principio itaque tenendum est omnem disciplinam musicam assuefactionem esse, quæ discenti nondum simul ostendat, cujus finis gratia unumquodque præceptum discatur. *Plutarchus in commentario de musica.*

* Igitur qui disciplinam nostram petit, aliquantos cantus notis nostris descriptos addiscat, in monochordi usu manum exerceat, hasque regulas sæpe meditetur; donec vi & natura vocum cognita, ignotos, ut & notos cantus suaviter cantet. *Guido Aretinus in micrologo. cap.* 1.

2. Sensus enim & ratio quasi quædam facultatis harmonicæ instrumenta sunt. &c. *Boëtius lib. 5. mus. cap.* 1.

* Necesse quoque est circa modulatam seriem assuefieri & intellectum & sensum ad bene judicandum & illud quod manet, & illud quod movetur. *Aristoxenus: lib. 2. harmonicorum elementorum non longe ab initio.*

3. Quemadmodum ad astronomiam oculi, ita & ad harmonicum motum videntur aures fabricatæ. Quocirca & has sibi invicem esse germanas, atque similes scientias, & Pytagoræi aiunt, & nos assentimur. *Plato lib. 7. de Republica.*

4. At musico sensus subtilitas ferme principij loco habetur. Plane enim fieri nequit, ut qui male quid sensu percipiat, de hisce quæ nullo modo sentit, bene sententiam proferat. *Aristoxenus lib. 2. harmonicorum elementorum non longe ab initio.*

* A sensu aurium hujusce artis sumitur omne principium: Nam si nullus foret auditus, nulla omnino de vocibus disputatio extitisset. Sed principium quodammodo & quasi admonitionis vicem tenet auditus, postrema ergo perfectio, agnitionisque vis in ratione consistit. *Boët. lib. 1. musica cap. 9.*

5. Auris enim verba probat, & guttur escas gustu dijudicat. *Iob. 34. 3.*

6. Difficile quippe intelliguntur in eo opusculo quinque libri (*suæ videlicet musicæ*) si non adsit, qui non solum disputantium possit separare personas; verum etiam pronuntiando ita sonare morulas syllabarum, ut eis exprimantur, sensumque aurium feriant genera numerorum: maxime quia in quibusdam etiam silentiorum dimensa intervalla miscentur, quæ omnino sentiri nequeunt, nisi auditorem pronuntiator informet. *Augus̃t. epistola.* 131.

* Habebis ergo argumentum ad inveniendum inauditum cantum facilimum & probatissimum, si sit qui non modo scripto, sed potius familiari collocutione secundum nostrum morem noverit aliquem edocere. Namque postquam hoc argumentum cœpi pueris tradere, ante triduum quidam eorum potuerunt ignotos cantus leviter canere; quod in aliis argumentis nec multis hebdomadibus poterat evenire. *Guido Aret. cap. 3. prologi prosaici Antiphonarij.*

* Quæ omnia cum vix litteris utcumque significemus, facili tantum colloquio denudamus. *Guido. ibid cap. 4. & cap. 15. micrologi.*

NOTES ET AUTHORITEZ *du chapitre II.*

I ESt autem, quemadmodum unitas pluralitatis numerique principium, ita æqualitas proportionum. *Boëtius lib. 2. mus. cap.* 2.

* Incipiemus ab unisono, quod est consonantiarum fundamentum, quemadmodum æqualitas aliarum rationum, & unitas numerorum. *Mersennus lib. 4. harmonicorum. proposit.* 18.

2. Ex duobus enim hisce musicæ intellectus constat, sensu scilicet & memoria : quandoquidem sentire oportet quod fit, memoria vero retinere quod est factum. Aliomodo ea quæ in musicis sunt consequi non licet. *Aristoxenus. lib. 2. harmonic. elementorum.*

3. In nullo enim cantu aliis modis vox voci conjungitur vel intendendo, vel remittendo : cumque tam paucis clausulis tota harmonia formetur, utillimum est alte eas memoriæ commendare ; & donec plene in canendo sentiantur & cognoscantur, ab exercitio numquam cessare ; ut his veluti clavibus habitis canendi possis peritiam sagaciter, ideoque faciliter possidere. *Guido Aret. cap.* 4. *microl.*

4. Qui voci exercendæ student, à gravissimis sonis incipiunt canere ; & finem facturi in eosdem desinunt. *Ptolemæus lib. 3. harmon. cap. 9.*

5. In modulando vocem sistere quam maxime quærimus ; quanto enim magis vocum quamlibet, unam & stabilem atque eamdem faciemus, eo magis accuratior sensui apparet. *Aristoxenus lib. 1. harmonic. elementorum.*

6. In primis vitia si qua sint oris, emendet, ut expressa sint verba, ut suis quæque litteræ sonis enuntientur. Quarumdam enim vel exilitate vel pinguedine nimia laboramus : quasdam velut acriores parum efficimus, & aliis non dissimilibus, sed quasi hebetioribus permutamus. *Quintilian. lib. 1. institut. cap. 11.*

* Itaque sit ipsa vox primum (ut sic dicam) sana, idest, nullum eorum de quibus nunc dixi patiatur incommodum ; Deinde non subsurda, rudis, immanis, dura, rigida, vana, præpinguis, aut tenuis, acerba, pusilla, mollis, effœminata : spiritus, nec brevis, nec parum durabilis, nec in receptu difficilis. *Quint. lib. 11. instit. c. 3. multo post initium.*

* Totus ergo motus cantus fit per unam voculam quæ diversæ, dum incisa, qualitatis fuerit, sunt diversa multum ei cunctis locis spatia. Vocem ergo nosce cantor omnibus flexibilem ; cui autem nimis dura, manet vel mollissima, certa loca terminorum nequit fari congrue. Nec sat dura, neque mollis debet esse vocula : sed directa, quæ æquari possit cum terminibus. Ista tonos dulce ciet, certa tenens spatia. *Guido in epilogo rhythmico post formulas modorum.*

7. Nihil odiosius est affectatione. *Quintil lib. 1. instit. cap. 6.*

* Si qua in his ars est, ea prima est ne ars esse videatur. *Quintil. lib. 1. in cap. 11.*

8. Labra & porriguntur male, & scinduntur, & adstringuntur, & diducuntur, & dentes nudant, & in latus ac penè ad aurem trahuntur, & velut quodam fastidio replicantur, & pendent, & vocem tantum altera parte dimittunt. Lambere quoque ea & mordere deforme est : cum etiam in efficiendis verbis modicus eorum esse debeat motus : Ore enim magis, quam labris loquendum est. Cervicem erectam oportet esse, non rigidam, aut supinam. Collum diversa quidem, sed pari deformitate contrahitur, & tenditur : sed tenso subest & labor ; tenuaturque vox ac fatigatur. Affixum pectori mentum minus claram, & quasi latiorem presso gutture facit. Humerorum raro decens elevatio, atque contractio est, breviatur enim cervix *&c. Quintilianus lib. 11. institutionum orator. cap. 3.*

* Curabit etiam ut quoties clamandum erit, laterum conatus sit ille, non capitis : Observandum erit etiam, ut recta sit facies dicentis : ne labra distor-

queantur ; ne immodicus hiatus rictum distendat : ne supinus vultus, ne inclinata utrolibet cervix. Ne supercilia ad singulos vocis conatus alleventur, ne constricta, ne diffidentia. *Quintilian. lib.* 1. *cap.* 11.

* *Cicero 2. de legibus.*

* Est alius concursus oris, & cum verbis suis colluctatio. Jam tussire, & expuere crebro, & ab imo pulmone pituitam trochleis adducere, & oris humore proximos spargere, & majorem partem spiritus per nares effundere, quæ etiamsi non utique vocis sunt vitia: quia tamen propter vocem accidunt, potissimum huic loco subjiciuntur. *Quintil. lib.* 11. *institut. cap.* 3. *longe antheor. te medium.*

9. Musicus naturam ipsam in vocis modulatione atque emendatione, studio, diligentia, atque industria superare potest, quemadmodum Demosthenem fecisse legimus. *Franchin. lib.* 1. *musicæ cap.* 1.

* Utendi voce multiplex ratio : Nam præter illam differentiam, quæ est tripartita, acutæ, gravis, flexæ, tum intentis, tum remissis, tum elatis, tum inferioribus modis opus est. Spatiis quoque lentioribus aut citatioribus ; sed iis ipsis media interiacent multa : & ut facies, quamquam ex paucissimis constet, infinita : ita vox & si paucas, quæ nominari possent, continet species, propria cuique est ; & non hæc minus auribus, quam oculis illa dignoscitur. Augentur autem sicut omnia, ITA VOCES QUOQUE BONA CURA, ET NEGLIGENTIA VEL INSCITIA MINUUNTUR. Sed & cura non eadem Oratoribus, quæ phonascis convenit : tamen multa sunt utrisque communia, firmitas corporis, ne ad spadonum & mulierum & ægrorum exilitatem vox nostra tenuetur : quod ambulatio, veneris abstinentia, facilis ciborum digestio, idest frugalitas, præstat. Præterea ut sint fauces integræ, idest molles ac lenes, quarum vitio & frangitur & obscuratur, & exasperatur, & scinditur vox. Nam ut tibiæ eodem spiritu accepto, alium clausis, alium apertis foraminibus, alium non satis purgatæ, alium quassæ sonum reddunt : ita fauces tumentes strangulant vocem, obtusæ obscurant, rasæ exasperant, convulsæ fractis sunt organis similes. Finditur etiam spiritus objectu aliquo, sicut lapillo tenues aquæ, quarum fluxus etiam si ultra paulum coït, aliquid tamen cavi relinquit post id ipsum quod offenderat. Humor quoque vocem ut nimius impedit, ita consumptus destituit. Nam & fatigatio corpora non ad præsens modò tempus, sed etiam in futurum afficit. Sed & communiter phonascis & oratoribus necessaria est exercitatio, qua omnia convalescunt. *Et paulo infra.* Exercitatio vocis talis sit, qualis usus : Nec silentio subsidat, sed firmetur consuetudine, qua difficultas omnis levatur. *Quintilianus lib.* 11. *institutionum oratoriar. cap.* 3. *non longe ab initio.*

10. Porro claræ potissimum voces eduntur ob elaboratos exacte sonos, si quidem fieri non potest, nisi hi perfecte dearticulentur, ut liquidæ voces fiant : quemadmodum & annulorum sigilla nisi exacte imprimantur. *Aristot. de objecto auditus, sive de audibilibus.*

11. Methodus canendi in eo sita est, seu potius ad hoc tendit, ut vox sit suavis & justa, sive per gradus, sive per saltus incedat. *Mersennus lib.* 8. *harmonicorum proposit.* 16.

12. Duræ voces constituuntur, quoties vehementer in auditum ingruunt, quocirca etiam molestiam exhibent maximè. *Aristot. de objecto auditus.*

NOTES ET AUTHORITEZ
du Chapitre III.

I. CEux qui ont l'oreille delicate & juste, & l'imagination bien reglée, gardent fort bien la mesure, quoy qu'ils ne la marquent point. *Et un peu plus bas.* Or apres que l'on s'est accoûtumé à garder la mesure tres-exactement, & que l'on à la voix juste; l'on peut s'assurer d'avoir deux des meilleures qualitez necessaires aux bons chantres. *Mersenne tome 2. de l'harmonie universelle livre 5. de la composition proposit.* 11.

2. Legitimumque sonum digito callemus & aure. *Horatius.*

3. Quod caret alterna requie, durabile non est: hæc reparat vires, fessaque membra levat. *Ovidius.*

* *Quintilianus. dont le passage est cité cy-dessous aux notes du chap. 5. n. 3.*

4. Si ederem unam syllabam quanta mora peraguntur, ne multum dicam, tres passus incedentis, & aliam duplo; atque ita deinceps tam longos iambos ordinarem, simpli & dupli lex illa nihilominus servaretur; nec tamen naturale illud judicium his dimensionibus approbandis adhibere possemus. Tenentur ergo & illi judiciales numeri nonnullis finibus temporalium spatiorum, quos in judicando excedere nequeunt. *August. lib. 6. mus. cap. 6.*

* Nec volubilitate nimia confundenda quæ dicimus, qua & distinctio perit & affectus, & nonnunquam etiam verba aliqua sui parte fraudantur. Cui contrarium est vitium nimiæ tarditatis. *Quintilianus lib. 11. cap. 3. ante medium.*

5. Denique in ipso canendi genere prima disciplina verecundia est, imo etiam in omni usu loquendi, ut sensim quis aut psallere, aut canere, aut postremo loqui incipiat; ut verecunda principia commendent processum. Speculum enim mentis plerumque in verbis refulget. *Ambrosius lib. 1. de officiis. cap. 18.*

NOTES ET AUTHORITEZ *du Chapitre IV.*

I. QUamvis autem quisque cantum personet memoriter, si non cunctos ejus motus, vel sonos memoriter qui & quales sint persentit, nil dicat se sapere. *Guido in prologo rhythmico Antiphonarij.*

* Illud tandem cognosce, quia si vis in his notis proficere; ut aliquantos ejus cantus ita memoriter discas, ut & PER SINGULAS NEUMAS, MODOS, VEL SONOS OMNES, QUI VEL QUALES SINT, MEMORITER SENTIAS. QUONIAM QUIDEM ALIUD EST MEMORITER SAPERE, QUAM MEMORITER CANERE: CUM ILLUD SOLI HABEANT SAPIENTES; HOC VERO SÆPE FACIUNT IMPRUDENTES. *Guido in prologo prosaico antiphon. cap.* 2.

* In nullo enim cantu. *Et le reste qui suit dans les notes du chap.* 11. *de cette partie qui est n.* 3.

2. Ad inveniendum igitur ignotum cantum, beatissime frater, prima & vulgaris regula hæc est, si litteras quas quælibet neuma habuerit, in monochordo sonaveris; atque ab ipso audiens, tamquam ab homine magistro discere poteris: Sed puerilis est ista regula, & bona quidem incipientibus, pessima autem perseverantibus. Vidi enim multos acutissimos philosophos, qui pro studio artis non solum Italos; sed etiam Gallos, atque Germanos, ipsosque etiam Græcos quæsivere magistros; sed quia in hac sola regula confiderunt, non dico musici; sed neque cantores unquam fieri, vel nostros psalmistas puerulos imitari potuerunt. Non ergo debemus semper pro ignoto cantu, vocem hominis, vel alicujus instrumenti quærere, UT QUASI CÆCI VIDEAMUR NUSQUAM SINE DUCTORE PROCEDERE: SED SINGULORUM SONORUM, OMNIUMQUE DEPOSITIONUM ET ELEVATIONUM

DIVERSITATES

DIVERSITATES, PROPRIETATESQUE ALTE MEMORIÆ COMMENDARE. Habebis ergo argumentum ad inveniendum inauditum cantum facillimum, & probatissimum; si sit qui non modo scripto, sed potius familiari collocutione secundum nostrum morem noverit aliquem edocere. Namque postquam cœpi hoc argumentum pueris tradere, ante triduum quidam eorum potuerunt ignotos cantus leviter canere; quod in aliis argumentis, nec multis hebdomadibus poterat evenire. Si quam ergo vocem, vel neumam vis ita memoriæ commendare, ut ubicumque velis, in quocumque cantu quem scias vel nescias, tibi mox possit occurrere, quatenus mox illum & indubitanter possis enuntiare, debes ipsam neumam vel vocem in capite alicujus notissimæ symphoniæ notare, & pro unaquaque voce memoriæ retinenda hujusmodi symphoniam impromptu habere, quæ ab eadem voce incipiat. Ut pote sit hæc symphonia qua ego docendis pueris in primis, atque etiam in ultimis utor.

UT queant laxis RESonare fibris
MIra gestorum FAmuli tuorum,
SOLve polluti LAbij reatum
Sancte Joannes.

Vides itaque ut hæc symphonia senis particulis suis, à sex diversis incipiat vocibus: si quis itaque unius particulæ caput ita exercitatus noverit, ut confestim quamcumque particulam voluerit, indubitanter incipiat, easdem sex voces ubicumque viderit, secundum suas proprietates facile pronuntiare poterit. Audiens quoque aliquam neumam sine descriptione, perpende quæ harum particularum ejus fini melius aptetur; ita ut finalis vox neumæ, & principalis particulæ æquisonæ sint: certusque esto, quia in eam vocem neuma finita est, in qua conveniens sibi particula incipit. Si vero descriptam aliquam symphoniam incognitam cantare cæperis, multum cavendum est, ut ita proprie unamquamque finias neumam, ut eodem modo finis neumæ bene jungatur cum principio ejus particulæ, quæ ab eadem incipit voce in qua neuma finita est: Ergo ut inauditos cantus mox ut descriptos videris competenter enunties, aut indescriptos audiens cito describendos bene possis discernere, optime te juvabit hæc regula. Deinde per singulos sonos brevissimas supposui symphonias, quarum particulas cum diligenter inspexeris, uniuscujusque vocis omnes depositiones & elevationes per ordinem in principiis ipsarum particularum te invenire gaudebis. Si autem & hoc attentare potueris, ut unius & alterius symphoniæ quaslibet volueris particulas copulando moduleris, omnium neumarum difficiles valde atque multiplices varietates brevissima & facili regula didicisti. Quæ omnia cum vix litteris utcumque significemus, facili tantum colloquio denudamus, &c. *Guido Aret. cap. 3. & 4. prologi prosaici Antiphonarij. Ubi consequenter ponit exempla antiph.* Alme rector. *Salus nostra.* Stabunt justi. Tibi totus. *Quæ videri possunt in fine* VI. *exempli.*

3. Quoniam quidem Spiritus Sanctus videns obluctantem ac resistentem ad virtutis viam humani generis animum, & ad delectationes vitæ hujus magis inclinari, quam ad virtutis rectum iter erigi, delectabilibus modis cantilenæ vim suæ doctrinæ permiscuit: ut dum suavitate carminis mulcetur auditus, divini sermonis pariter utilitas inseratur. Secundum sapientes medicos, qui, si quando usus poposcerit, austeriora medicamenta ægris offerunt mortalibus, ne æger utilitatem præ austeritate refugiat, ora ac summitates poculi quo remedium porrigunt, melle circumliniunt. *Et infra.* O vere admirandi magistri sapiens institutum! ut simul cantare videamur, & quod ad utilitatem animæ

pertinet, doceamur. Per quod magis necessaria doctrina mentibus nostris formatur : pro eo quod si qua per vim & difficultatem aliquam fuerint inserta, continuo dilabuntur. Ea vero, quæ cum gratia & dilectione suscipimus, nescio quo pacto magis residere in mentibus, ac memoriæ videntur inhærere. *Augustinus prologo in librum psalmorum. Post Basilium homilia* 1. *in psalmos.*

* Vox autem cantoris non aspera, non rauca, vel dissona ; sed canora erit, suavis, liquida, atque acuta ; habens sonum atque melodiam sanctæ religioni congruentem ; non quæ traducem exclamat artem, sed quæ Christianam simplicitatem ipsa modulatione demonstrat : nec quæ musica vel theatrali arte redoleat ; sed quæ compunctionem magis audientibus faciat. Antiqui enim pridie quam cantandum erat, cibis abstinebant : psallentes tamen legumine in causa vocis assidue utebantur. Unde & cantores apud gentiles fabarij dicti sunt. *Isidorus lib.* 2. *de Eccles. officiis cap.* 12. *& lib.* 1. *cap.* 5.

* Cantus ipse plenus sit gravitate ; nec lasciviam resonet, nec rusticitatem. Sic suavis, ut non sit levis : sic mulceat aures, ut moveat corda, tristitiam levet, iram mitiget, sensum litteræ non evacuet, sed fœcundet. *Bernardus epist.* 312. *ad Guidonem Abbatem.*

* Dulcis omnino sonus in ore psallentium resonat, cum Deum corda suscipiunt dum loquuntur verbis : in ipsum quoque cantibus devotionem accendunt. Inde etenim in Ecclesiis Dei psalmodia cantanda præcipitur, ut fidelium devotio excitetur. In hoc nocturnum, diurnumque officium, & missarum celebritates assidue clero & populo sub maturo tenore, distinctaque gradatione cantantur, ut eadem distinctione collibeant, & maturitate delectent *Ioannes* 22. *in extravag. com. de vita & honestate Clericorum.*

4. Semper enim necesse est tria hæc in auditum incidere ; sonum, tempus, & litteram, seu syllabam : fiet autem ut è sono ejusque ingressu harmoniam ; è tempore rythmum, è littera aut syllaba id quod dicitur, intelligat : Quæ cum simul procedant, simul etiam sensus ea excipere debet. *&c. Plutarchus in commentar. de musica.*

* Oportet enim & melodiam contemplari, & rhytmum, & dictionem, ut perfectus cantus efficiatur. *Aristides Quintilian. lib.* 1. *non longe ab initio.*

* Melodiam ex tribus constare λόγῳ, id est oratione ; ἁρμονίᾳ id est concentu ; ῥύθμῳ, id est modulo. *Plato. lib.* 3. *de republica.*

5. Quia cantando vitandum est, tanquam legendo. *Beda in musica practica.*

* Cuncta enim corrumpit, ac propemodum perdit indecora vel voce, vel gestu, pronuntiatio. *Quintilian. lib.* 3. *instit. cap.* 3.

* Qui in Ecclesia legere, cantare ; & psallere docte nequeunt, erudiantur prius à magistris ; & instructi hæc adimplere studeant, ut audientes ædificent. *Et infra.* Psalmi namque in Ecclesia non cursim, & excelsis atque inordinatis seu intemperatis vocibus, sed plane ac dilucide, & cum compunctione cordis recitentur, ut & recitantium mens illorum dulcedine pascatur, & audientium aures illorum pronuntiatione demulceatur. *Concil. Aquis-granense sub Ludovico Pio lib.* 1. *cap.* 133. *&* 137.

6. In unum terminentur partes, & distinctiones neumarum atque verborum. *Guido cap.* 15. *microl.*

7. Neque respirandum est ante ultimam cujusvis dictionis syllabam, nisi complures fuerint notulæ soli syllabæ superpositæ ; tunc enim necessitate urgente poterit cantor post non ultimam dictionis syllabam respirare. *Franchi-*

nus lib. 1. musicæ practicæ cap. 8.

8. Iubilum namque dicitur, quando ineffabile gaudium mente concipitur, quod nec abscondi possit, nec sermonibus aperiri; & tamen quibusdam motibus proditur, quamvis nullis proprietatibus exprimatur. *Gregor.* 24. *moral. cap.* 6.

9. Aliquando una syllaba unam vel plures habet neumas: variantur autem eæ vel omnes neumæ, cum alias ab eadem voce incipiunt, alias à dissimili; secundum laxationis & acuminis varias qualitates. *Guido cap.* 15. *micrologi.*

10. Synalephe est absumptio vocalis dictionem finientis à vocali sequentem incipiente.

11. Syncope seu concisio est figura, qua littera, vel syllaba è medito dictionis abscinditur; ut compostus, pro compositus.

12. Sinæresis seu contractio est figura qua duæ syllabæ contrahuntur in unam, nullo sublato elemento, ut æri pro ærei.

13. *Franchinus. lib. 3. mus. pract. cap. 13.*

* Si cantionem vulgatam *Salve Regina*, per *la*, *sol*, *la* modulari instituas, *sol* ipsum a *la* distabit semitonio, etiam si tu ibi *sol* dixeris; ut in diatonico genere Guidonis omnino locus aperiatur chromatico, id quod semitoniis gaudet impensius. *Luscinius. cap.* 1. *commentarij* 1.

14. Si eam plenius vis proferre non liquefaciens, nihil nocet. Sæpe autem magis placet liquescere. Porro liquescenti voci punctum, quasi maculando supponimus. *Guido. cap.* 15. *micrologi. La figure de ce point dont Aretin se servoit pour marque de cét addoucisement, se peut voir au* III. *exemple, en la* IV. *façon, aux mots* Ad te levavi.

NOTES ET AUTHORITEZ
Du chapitre V.

1. Omnium ecclesiarum formas prosequi neque possumus; neque aut necesse, aut utile visum est. *Glareanus lib. 2. Dodech. cap.* 18. Quippe quas non modo diversæ nationes, diversæque ecclesiæ diversas habeant: sed unum aliquando oppidum diversissimas; unumque templum sæpius & libris, & consuetudinibus variat. *Idem Glarean. lib.* 1. *Dode cachordi cap.* 15.

* Licet enim eadem omnibus communis artis & scientiæ præcepta sint, propriam tamen ac peculiarem ecclesiæ singulæ sortitæ sunt psallendi consuetudinem, & ritum. *Iacobus Eveillon cap. 2. de diciplina psallendi. artic. 13. de modo canendi.*

2. Fini quoque debet esse consonum principium. *Guido in prologo rhythmico antiphonarij.*

* Differentiarum autem modorum horum formulæ secundum principia cantuum dispositæ sunt: ut quemadmodum finalis vox aliquem proprium modum metitur; sic & rationabiliter principia eorumdem cantuum aptiores sibi formulas coaptent: quatenus sit pulchra connexio, quæ secundum proprios in unaquaque dirigatur motus. *& infra.* Nec aliquis modorum ampliores permittitur habere formulas, nisi quæ ex ipso regulariter generari possunt. *Guido in epilogo (vel potius prologo) in modorum formulis, & cantuum qualitatibus.*

3. Non alia est autem ratio pronuntiationis quam ipsius orationis. Nam ut illa emendata, dilucida, ornata, apta esse debet: ita hæc quoque emendata erit, id est vitio carebit, si fuerit os facile, explanatum, jucundum, urbanum, id est, in quo nulla neque rusticitas, neque peregrinitas resonet. Non enim sine causa dicitur barbarum, Græcumve;

nam sonis homines, ut æra tinnitu, dignoscimus *&c. Et paulo infra.* Dilucida vero erit pronuntiatio, primum, si verba tota exegerit, quorum pars devorari pars destitui solet, plerisque extremas syllabas non proferentibus, dum priorum sono indulgent. Ut est autem necessaria verborum explanatio; ita omnes computare & velut annumerare litteras, molestum, & odiosum. Nam & vocales frequentissime coeunt; & consonantes quædam insequente vocali dissimulantur: utriusque exemplum posuimus, multum ille & terris. Vitatur etiam duriorum inter se congressus, unde pellexit, & collegit, & quæ alio loco dicta sunt. Ideoque laudatur in catulo suavis appellatio litterarum. Secundum est, ut sit oratio distincta, id est, ut qui dicit, & incipiat ubi oportet & desinat. Observandum etiam quo loco sustinendus & quasi suspendendus sermo sit, quo deponendus. Suspenditur arma, virumque cano *&c. Et paulo infra.* Sunt aliquando & sine respiratione quædam moræ etiam in periodis: ut in Philippica 2. In cœtu vero populi Romani, negotium publicum gerens, magister equitum, &c. Multa membra habent. Sensus enim sunt alij atque alij, & sicut una circumductio est, ita paulum morandum in his intervallis, non interrumpendus est contextus: & è contrario spiritum interim recipere sine intellectu moræ necesse est: quo loco quasi surripiendus est: alioqui si inscite recipiatur, non minus afferat obscuritatis, quam vitiosa distinctio. Virtus autem distinguendi fortasse sit parva, sine qua tamen esse nulla alia in agendo potest.

Ornata est pronuntiatio cui suffragantur vox facilis, magna, beata, flexibilis, firma, dulcis, durabilis, clara, pura, secans aëra, auribus sedens. Est enim quædam ad auditum accommodata non magnitudine sed proprietate, ad hoc velut tractabilis, utique habens omnes qui in se desiderantur sonos, intensionesque, & toto (ut aiunt) organo instructa; cui aderit lateris firmitas, spiritus cum spatio pertinax, tum labori non facile cessurus *&c. Et paulo infra.* Nam prima est ratio recte pronuntiandi æqualitas, ne sermo subsultet imparibus spatiis ac sonis, miscens longa brevibus, gravia acutis, elata summissis, & inæqualitate horum omnium, sicut pedum, claudicet. *Et infra.* Promptum sit os, non præceps: moderatum, non lentum. Spiritus quoque nec crebro receptus concidat sententiam: nec eo usque trahatur, donec deficiat. Nam & deformis est consumpti illius sonus, & respirationi sub aqua diu pressi similis, & receptus longior, & non opportunus, ut qui fiat, non ubi volumus, sed ubi necesse est. Quare longiorem dicturis periodum colligendus est spiritus: ita tamen ut id neque diu, neque cum sono faciamus, neque omnino ut manifestum sit, reliquis partibus optime inter juncturas sermonis revocabitur. Est interim & longus, & plenus, & clarus satis spiritus, non tamen firmæ intentionis, ideoque tremulus: ut corpora quæ aspectu integra, nervis parum sustinentur. *Et infra.* Apta pronuntiatio ea est, quæ de iis quibus dicimus, accommodatur: quod quidem maxima ex parte præstant ipsi motus animorum, sonatque vox, ut feritur. *Quintilianus lib. 11. institut. cap. 3. longe ante medium.*

* Sciat ubi suspendere spiritum debeat, quo loco versum distinguere, ubi claudatur sensus, unde incipiat, quando attollenda vel summittenda sit vox, quid quoque flexu, quid lentius, celerius, concitatius, lenius, dicendum, demonstrari nisi in ipso opere non potest. Unum est igitur quod in hac parte præcipiam: ut ista omnia facere possit; intelligat. Sit autem in primis lectio virilis, & cum suavitate quadam gravis, *&c.*

Quintilian. lib. 1. institut. cap. 8.

* Curabit etiam, ne extremæ syllabæ intercidant, ut par sibi sermo sit. *Quintilian. lib. 1. institut. cap. 11.*

* Naturalis autem rhythmus animatæ voci cognoscitur attributus, qui tunc pulchre melos custodit, si apte taceat, congruenter loquatur, & per accentus viam musicis pedibus composita voce gradiatur. *Cassiodorus lib. 2. variarum epist. 40ª.*

4. In modum curentis equi semper in fine distinctionum rarius voces ad locum respirationis accedant, ut quasi gravi more ad repausandum lassæ perveniant, *Guido cap. 15. microl.*

5. Proximam clausulis diligentiam postulant initia. *Quintilian. lib. 9. instit. cap. 4.*

6. *Nouvelle methode de la langue Latine, traité des accens.*

* *Orontius Finæus in margarita philosophica lib. 1. tract. 3. cap. 13. in regulis accentuum.*

7. Accentus est vitio carens vocis artificiosa pronuntiatio. *Cassiodor. de arte grammatica.*

8. *Cicero de Oratore.*

9. Ut nulla vox sine vocali est, ita sine accentu nulla. Et est accentus, ut quidam putaverunt, anima vocis; & seminarium musices: quod omnis modulatio ex fastigiis vocum, gravitateque componitur; ideoque accentus quasi accantus dictus est. *Martianus Capella lib. 3. tit. de fastigio.*

* Sæpe vocibus gravem & acutum accentum superponimus: quia sæpe aut majori impulsu quædam, aut minori efferimus: adeo ut ejusdem sæpe vocis repetitio, elevatio, vel depositio esse videatur. *Guido cap. 15. micrologi.*

10. Accentus vocantur ab accinendo, eo quod cantum sive recitationem numerosam moderentur. *Et paulo infra.* Vides igitur quomodo ex natura accentus paulatim musica excreverit, nam hæc totum humanæ sermocinationis negotium dirigit, ita ut tanto sit eloquium elegantius, quanto fuerit accentibus suis distinctius. Hinc omnes gentes & nationes suos accentus habent nationis proprios, & quo à cœteris gentibus distinguantur. Sicut igitur accentus parturit syllabicam pronuntiationem, ita musicus accentus harmonicam: & sicuti ex syllabica pronuntiatione rythmus nunc veloci, nunc tardo pedum motu incedens nascitur: ita rythmus harmonicus. *Kircher. tom. 2. musurgiæ univers. lib. 8. parte 2. cap. 2.*

NOTES ET AUTHORITEZ *du chapitre VI.*

1. Vox omnium vestrum non dissona esse debet; sed consona: nec unus insipienter protrahat, & alter contrahat; aut unus humiliet vocem, & alter extollat: sed nitatur unusquisque humiliter vocem suam intra sonum concinentis chori includere, & quasi ex uno ore eumdem psalmorum sonum, eamdemque vocis modulationem æqualiter proferre. Qui autem vocem æquare cæteris non potest, melius est ei tacere, quam clamose perstrepere: sic enim & ministerij implebit officium, & psallenti fraternitati non faciet offendiculum. *Augustinus sermone de utilitate & cantu psalmorum. Citato in milliloquio. Verbo psalmus, & psallere. Et à Dionisio Charthus. sermone 5. in Domin. 2. Adventus.*

* Est enim absurdum à concentu universo discrepare & singulis rhythmis minime tribuere consentanea. *Plato. 7. de legibus.*

2. Tunc hi tres quasi uno ore laudabant, & glorificabant, & benedicebant Deum in fornace dicentes. *Daniel 3. 51.*

3. Ipsum sonum vocis libret modestia, nec cujusquam offendat aures vox fortior. *Ambrosius lib. 1. officiorum cap. 18.*

* Quando in unum cum fratribus con-

uenimus, & sacrificia divina cum sacerdote celebramus, verecundiæ & disciplinæ memores esse debemus, non passim ventilare preces nostras inconditis vocibus. *Cyprianus, de oratione Dominica.*

4. Psalmodiam non multum protrahamus, sed rotonde & viva voce cantemus, initium & finem versus simul incipientes, simulque dimittentes, & bonam in medio pausam tenentes. Nullus ante alios incipere & nimis præcurrere, & post alios nimis trahere audeat: simul cantemus, simul pausemus, SEMPER IN AUSCULTANDO. *Bernardus sermone* 47. *in cantica versus finem.*

* Quam ob causam multi cum cantant, melius numeros servant, quam pauci? An quod multi magis unum, ducemque respiciunt: itaque facilius assequi idem possunt; quippe cum in accelerando eveniat, ut plus erroris committatur. Accidit autem ut suo duci multi, quam pauci sint attentiores. Segregans vero se se nemo eorum exuperata multitudine clarere potuerit, quamquam inter paucos facilius proculdubio poterit. Quamobrem inter se ipsi per se potius, quam cum principe certant. *Aristot. sectione* 19. *problem.* 22. & 46.

5. Cantoris duo genera dicuntur in arte musica, sicut in ea docti homines dicere potuerunt, præcentor, & succentor. Præcentor est qui vocem præmittit in cantu; succentor autem qui subsequenter canendo respondet. Concentor autem dicitur qui consonat: qui autem non consonat, non concinit, nec cantor nec succentor erit. *Isidorus lib.* 7. *originum cap.* 12.

* Tres sunt gradus in canendo, primus præcentoris, secundus succentoris, tertius accentoris. *Isidor. lib.* 6. *orig. cap.* 19.

6. Quod non oportet amplius præter canonicos psaltes, id est, eos qui regulariter cantores existunt, quique suggestum ascendunt, & ex membrana legunt, aliquos alios canere in Ecclesia. *Concilium Laodicenum circa annum Christi* 320. *canone* 15.

* Ut laici secus altare quo sacra mysteria celebrantur, inter clericos tam ad vigilias quam ad missas stare penitus non præsumant; sed pars illa, quæ à concellis versus altare dividitur, choris tantum psallentium pateat clericorum. *Concilium Turonense anno Domini* 567.

* *Chrisostomus in cap.* 8. *Isaiæ homilia* 1.

7. Musica enim tunc in certas quasdam formas suas distribuebatur: & una erat illius species precatio ad deos, quæ hymnorum nomine notabatur. Et illi speciei alia erat contraria, quæ threnos; alia quam pæanas nuncupabant: & alia liberi patris inventum, Dythyrambi nomine; & alia cytharedicæ leges appellatæ. His, aliisque hujusmodi carminum formis constitutis, non licebat cuiquam aliquo versuum genere, alterius vice, abuti: At illorum robur & nosse, & simul de eis judicare, & eum, qui non pareret, multare, non erat illud fistulæ munus; nec in hac re dominabantur IMPERITÆ QUÆDAM VOCES, & exclamationes multitudinis, quemadmodũ hoc tempore: nec vero plausus ad laudes personandas; sed res tota erat penes eos, qui eruditionem, atque disciplinam litterarum profitebantur. IIS EA REVERENTIA TRIBUEBATUR, UT AD FINEM USQUE CUM ATTENTIONE ET SILENTIO QUODAM EXAUDIRENTUR: PUERIS VERO, ET PEDAGOGIS ET FREQUENTI POPULO, VIRGA, MAGISTERII ILLIUS INSIGNI, ACTIONEM ILLAM ORNANTE ADMONITIO FIEBAT. *Plato* 3. *de legibus versus finem.*

* Primum igitur in chori ludo cœterisque musicæ modis exercendis, ubi viri, pueri, puellæ, musicæ modis exercentur, principes quidam, & quasi antecessores eligendi: unus autem ille princeps est, qui non minus quam quadra-

ginta annos sit natus. *Plato 6. de legibus circa medium.*

8. Haud scio unde illi stultam illam opinionem hauserint, ut credant mensurate, composite, & cum recta ratione canendum non esse, nisi in musica figurata : quasi extra eam neque decorum servari, neque Dei, aut religionis rationem haberi oporteret ; cum tamen plani cantus ratio, ipso nomine significata postulet, ut gravius & quasi plano pede firmius in canendo procedatur ; & ipsa notarum diversitas metiendæ vocis, id est, alias corripiendæ, alias protelandæ tenorem præscribat. Quin & illud adjungimus cantum Gregorianum seu planum aut firmum, solum esse germanum, & legitimum Dei cantum : Musicum autem istud, seu chromaticum cantillandi genus ascitium, & serius in choros introductum ; ut, ne dicam, à sanctis viris sæpe improbatum ; à Pio quarto tantum non abrogatum ; certe Ecclesiæ Græcæ prorsus incognitum : Itaque multo studiosius & accuratius celebrandum esse ; quam musicum. *Iacobus Eveillon de recta ratione psallendi cap. 2. articulo* 3.

9. Dissonantia vero fit, cum dississa quodammodo & impermixta ex ambobus vox auditur. *Et infra.* Intervallorum nullus sonus ad continuum est consonus ; sed omnino dissonus. *Nicomachus lib. 1. manualis harmonices.*

10. Unisonæ voces sunt quarum unus sonus est vel in gravi, vel in acuto. *Boëtius lib. 5. mus. cap.* 4. Vel quæ sigillatim pulsæ unum atque eumdem reddunt sonum. Æquisonæ vero, quæ simul pulsæ unum ex duobus, atque simplicem quodammodo efficiunt sonum. Consonæ, quæ compositum permixtumque, suavem tamen, efficiunt sonum. *Boëtius lib. 5. cap.* 10.

11. Quoniam igitur univocis quidem comparationibus proximæ sunt æquivocæ, necessarie est, ut æquis numeris ea numerorum inæqualitas adjungatur, quæ est proxima æquis. Est autem juxta æqualitatem numerorum ea, quæ est dupla *&c. Boëtius lib. 5. musicæ cap.* 10.

* Ptolemeus lib 1. cap. 5. fatetur Diapason esse omnium consonantiarum perfectissimam, quod ad unisonum maxime accedat ; quemadmodum ratio dupla præstat cæteris, quod maxime accedat ad rationem æqualitatis. *Mersennus lib. 4. harm. proposit.* 3.

* Octava maximam habet cum unisono similitudinem, quod ex eadem divisione nascatur, & eodem fere modo aures afficiat. *Mersennus lib. 4. harm. propositione* 17.

* L'unisson est deux fois plus doux que l'octave, parce qu'il unit ses battemens deux fois plus souvent. *Mersenne tom. 1. de l'harmonie universelle. Livre 1. des consonnances proposition* 11.

12. CONCINIT ENIM, QUI CONSONAT; QUI AUTEM NON CONSONAT, NON CONCINIT. *August. in psalm.* 72.

* CHORUS EST CONSENSIO CANTANTIUM ; si in choro cantemus, concorditer cantemus. In choro cantantium quisquis voce discrepat, offendit auditum, & perturbat chorum. *Augustinus in psalmum* 149.

13. Diversorum enim sonorum rationabilis moderatusque concentus concordi varietate compactam bene ordinatæ civitatis insinuat unitatem. *Aug. lib. 17. de civitate Dei cap.* 14.

* Itaque, quod omnium bonorum est præstantissimum, charitatem præstat hominibus psalmodia, ut pote, quæ conventum vocum, velut commune quoddam vinculum conjunctionis animorum excogitaverit, & ad concordem unius chori harmoniam populum coaptaverit. *Basilius homilia 1. in psalmos.*

* Charitatem psalmus instaurat, conjunctionem quamdam per consonantiam vocis efficiens, & diversum po-

pulum unius chori per concordiam consona modulatione consocians. *Augustinus prologo in psalmos.*

* Propter hoc in consensu vestro, & consona charitate JESUS-CHRISTUS canitur; sed & singuli chorus facti estis; ut consoni existentes in consensu, melos Dei accipientes in unitate CANTETIS IN VOCE UNA. *Ignatius martyr epist. ad Ephesios.*

14. ET NUNC IN OMNI CORDE, ET ORE COLLAUDATE, ET BENEDICITE NOMEN DOMINI. *Ecclesiastici* 39. 41.

PARTIE HUITIE'ME.

Des Exemples dont il est fait mention dans les Parties precedentes.

EXEMPLE I.

PARTIE VIII DES EXEMPLES

Dont il est fait mention dans les parties precedentes.

EXEMPLE I.

Des diuerses Figures des Systémes ou Gammes.

FIGVRE DV SYSTEME DES GRECS.

I. FIGVRE DE LA GAMME DE GVY ARETIN

III. FIGVRE DE LA GAMME DE GVY ARETIN, Appellee commune.

IV. FIGVRE DE LA GAMME, que quelques vns appellent sans muances

V. FIGVRE DE LA GAMME DE GVY ARETIN, Nommee sans muances.

VI. FIGVRE DE LA GAMME OU MONOCHORDE DE GVY ARETIN.

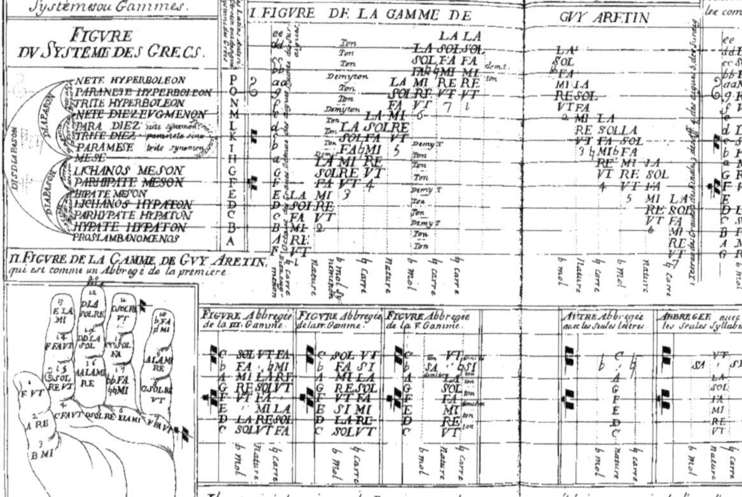

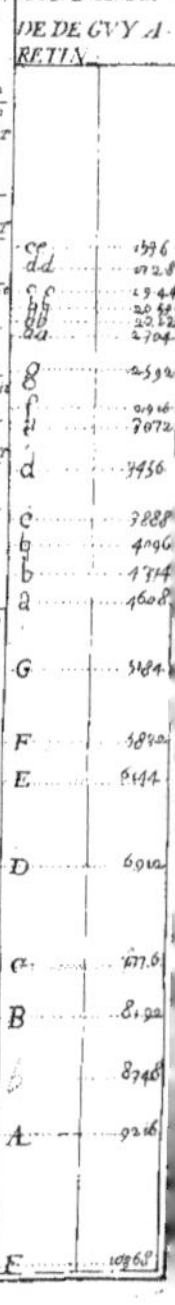

Les Tons et les Demy-Tons qui sont marquez à costé de la V. Gamme, regardent egalement toutes les autres Gammes et Systemes, et y sont sousentendus entre les Lettres de toutes ces Gammes et Systemes, aux mesmes endroits que dans la cinquiesme Gamme. Et ainsi l'on uoit que dans le Systeme des Grecs, Les Tons et les Demy-tons qui sont au dessus et au dessous du b mol et du ♮ carre repondent à ceux des tetracordes Synemenon et Diezeugmenon du Systeme des Grecs; d'ou ...

Il est aisé de uoir par le Rapport que les Lignes paralleles, Les Cordes, Les Clefs, Les Tons, et Les Demy-tons de tous ces Systemes, ou Gammes ont les uns auec les autres, que ces Systemes ou Gammes ne sont qu'une mesme chose, et que leur difference ne consiste que dans la seule Diuersité de leurs figures, et du Nom de leur Cordes, et de leurs Clefs. D'ou ensuitte il est euident que la cinquiesme figure, quoyque la plus courte et la plus simple, les comprend neantmoins toutes. Quant à la sixiesme, elle est la mesme que la cinquiesme, et elle ne fait autre chose que de luy ajouter les proportions et les raisons que leurs Cordes „ doiuent auoir de l'un a l'autre, pour produire les Tons et les Demy tons qui y sont marquez.

Les quinze premieres Lettres de l'Alphabet Latin qui sont entre le Systeme des Grecs et la I. Figure de la Gamme de Guy Aretin, designent les quinze Lettres, dont les Latins, qui ont precedé le siecle d'Aretin, se sont seruis pour signifier les quinze Cordes du Systeme des Grecs.

Les Cordes de la VI. Figure de la Gamme d'Aretin sont icy separement estenduës pour en rendre les proportions plus apparentes, la differente longueur qu'il leur donne est la marque de leurs proportions Geometriques, et les diuers nombres qui leur sont adioustez la marque des Arithmetiques.

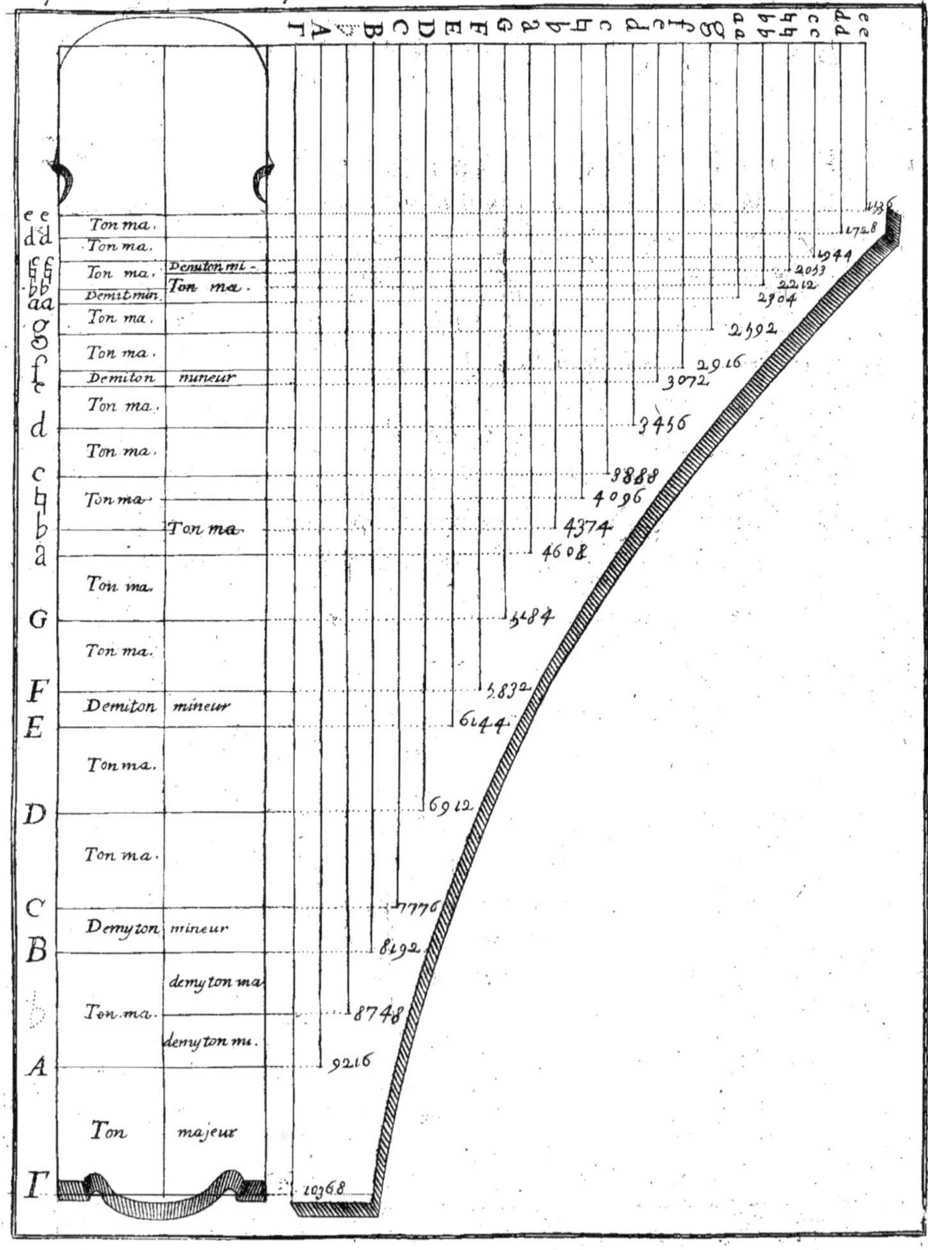

TABLE DES XII MODES TRANSPOSEZ

		I MODE qui est en la 7 octaue	II MODE qui est en la 4 octaue	III MODE qui est en la 1 octaue	IV MODE qui est en la 6 octaue	V MODE qui est en la 2 octaue	VI MODE qui est en la 6 octaue	VII MODE qui est en la 3 octaue	VIII MODE qui est en la 7 octaue	IX MODE	X MODE	XI MODE	XII MODE
	F											FA FA	
	E											MI MI	
	D									LA RE		RE RE	
	C							SOL VT		SOL VT		SOL VT	SOL VT
	B ♭					FA SA		FA SA		FA SA		FA SA	FA SA
te Hy-rboleon	A			LA LA		MI LA		MI LA		MI LA	MI LA	MI LA	MI LA
...anete ...perbol	G	SOL SOL		SOL SOL		RE SOL		RE SOL	SOL SOL	RE SOL	RE SOL	RE SOL	RE SOL
te hipe-boleon	F 6	FA FA		FA FA		FA FA	FA FA	FA FA	FA FA	FA FA	FA FA	VT FA	FA FA
...te Die-ugmen	E	MI MI		MI MI	MI MI	MI MI	MI MI	MI MI	MI MI	MI MI	MI MI		MI MI
te Sy-nenon	D 4	RE RE	LA RE	RE RE	RE RE	RE RE	RE RE	RE RE	RE RE	RE RE	RE RE		RE RE
...anete nemen	C 3	SOL VT	SOL VT	SOL VT	SOL VT	SOL VT	SOL VT	SOL VT	SOL VT		SOL VT		VT VT
te Sy-menon	B 2 ♭	FA SA	FA SA	FA SA	FA SA	FA SA	FA SA		FA SA		FA SA		
...se	A 1	MI LA	MI LA	MI LA	LA LA		MI LA		MI LA		MI LA		
chanos eson	G 7	RE SOL	RE SOL		SOL SOL		RE SOL		RE SOL				
rhipat eson	F 6		FA FA		FA FA		VT FA			IX MODE ou 1 Affinal qui est en la 4 octaue	X MODE ou 2 Affinal qui est en la 1 octaue	XI MODE ou 3 Affinal qui est en la 6 octaue	XII MODE ou 6 Affinal qui est en la 3 octaue
pate son	E 5		MI MI		MI MI								
chanos paton etc.	D 4		RE RE										

TABLE DES XII MODES NATURELS

		I MODE ou Dorien qui est en la 4 octaue	II MODE ou sous Dorien qui est en la 1 octaue	III MODE ou Phrygien qui est en la 5 octaue	IV MODE ou sous Phrygien qui est en la 2 octaue	V MODE ou Lydien qui est en la 6 octaue	VI MODE ou sous Lydien qui est en la 3 octaue	VII MODE ou Myxolydien qui est en la 7 octaue	VIII MODE ou sous Myxolydien qui est en la 4 octaue	IX MODE	X MODE	XI MODE	XII MODE
	C											FA VT	
	B ♮											MI SI	
te Hy-rboleon	A									LA LA		RE LA	
...anete ...perbole	G							SOL SOL		SOL SOL		SOL SOL	SOL SOL
te Hyperboleon	F					FA FA		FA FA		FA FA		FA FA	FA FA
...te Diez ...menon	E			LA MI		MI MI		MI MI		MI MI	LA MI	MI MI	MI MI
...ranete ...Diezeugmenon	D	SOL RE		SOL RE		RE RE		RE RE	SOL RE	RE RE	SOL RE	RE RE	RE RE
...te meson ...minor	C 3	FA VT		FA VT		FA VT	FA VT	FA VT	FA VT	FA VT	FA VT	VT VT	FA VT
...amene	B ♮	MI SI		MI SI	MI SI	MI SI	MI SI	MI SI	MI SI	MI SI	MI SI		MI SI
...se	A 1	RE LA	LA LA	RE LA	RE LA	RE LA	RE LA	RE LA	RE LA	RE LA	RE LA		RE LA
chanos eson	G 7	SOL SOL	SOL SOL	SOL SOL	SOL SOL	SOL SOL	SOL SOL	SOL SOL	SOL SOL		SOL SOL		VT SOL
hypate eson	F 6	FA FA	FA FA	FA FA	FA FA	FA FA	FA FA		FA FA		FA FA		
pate eson	E 5	MI MI	MI MI	MI MI	MI MI		MI MI		MI MI		MI MI		
chanos paton	D 4	RE RE	RE RE		RE RE		RE RE		RE RE	IX MODE ou Eolien ou 1 Affinal qui est en la 1 octaue	X MODE qui sous Eolien, qui a l'Affinal qui est en la 5 octaue	XI MODE ou Ionien, 3 Affinal qui est en la 2 octaue	XII MODE sous Ionien, 6 Affinal qui est en la 7 octaue
hypate paton	C 3		FA VT		FA VT		VT VT						
pate paton	B 2 ♮		MI SI		MI SI								
proslambanomene	A 1		RE LA										

EXEMPLE II.

Des Modes Naturels et Transposez, et des Especes d'Octaue dont ils sont formez, et Des Especes de Quarte, de Quinte, et de Sexte.

Les Mots Grecs qui sont a costé des lettres de la Gamme, sont les Noms des Quinze Cordes du Systeme des Grecs. et

Les Chiffres qui sont a costé des lettres, marquent l'espece de chacune des Sept Octaues, dont la plus basse Corde est la Finale, ou l'Affinale du Mode.

Le Chiffre n'est pas mis aux autres, afinque l'on voye plus facilement de quelle espece d'Octaue les Finales et les Affinales sont prises. Les Syllabes des Modes qui sont en grand capital marquent quelles sont leurs notes Modales, et leurs principales Cadences.

LES III ESPECES DE SEXTE MINEURE

I	II	III
		SOL SOL
	FA FA	FA FA
	MI MI	MI MI
	RE RE	RE RE
FA VT	FA VT	FA VT
MI SI	MI SI	MI SI
RE LA	RE LA	
SOL SOL		
FA FA		
MI MI		

LES III ESPECES DE SEXTE MAIEVRE

I	II	III
		SOL RE
		FA VT
	MI SI	MI SI
LA LA	RE LA	RE LA
SOL SOL	SOL SOL	SOL SOL
FA FA	FA FA	FA FA
MI MI	MI MI	
RE RE	RE RE	
VT VT		

LES IV ESPECES DE QVINTE

I.	II.	III.	IV.
			SOL RE
		FA VT	FA VT
	MI SI	MI SI	MI SI
LA FA	RE LA	RE LA	RE LA
SOL SOL	SOL SOL	SOL SOL	SOL SOL
FA FA	FA FA	FA FA	
MI MI	MI MI		
RE RE			

LES III ESPECES DE QVARTE

I	II	III
		FA FA
	LA MI	MI MI
SOL RE	SOL RE	RE RE
FA VT	FA VT	VT VT
MI SI	MI SI	
RE LA		

EXEMPLE III.

Des diuerses manieres, dont l'on notoit anciennement le Chant en Occident

I. Façon auec les XV. premieres lettres de l'Alphabet Latin. Extraite d'un fragment d'un M S. de l'abbaye de Iumieges.

fk g g ghg g g gf fg.g fk g g g g g gf f d
Exultet jam angelica turba coelorum. exultent diuina misteria. Et infra. Per
f g g k g g f g gf f g i KlK i i i i ihhggh. h. iki. gf. gh. h. h.
omnia Sæcula Sæculorum. Et infra. Huius igitur sanctificatio noctis fugat Scelera
i hg. gh. h.
culpas lauat. et cæt.

II. Façon auec des Points ou petites notes. Extraite d'un M S. de l'abbaye de Ripoüille aux Confins de Catalogne.

Heu heu mundi vita, quare me delectas ita. cũ non possis mecũ stare, cur me cogis te amare.

Et d'un Messel M S. de l'abbaye de Corbie, au Samedy Sainct.

Deus qui inuisibili potentia Sacramentorum tuorum mirabiliter operaris effectum, Et licet nos tantis mysteriis exequendis simus indigni, Tu tamen gratiæ tuæ dona non deserens etc. cæt.

Et d'un Messel M S. de l'abbaye de S.t Denis en France au S.t iour de Pasques.

Haec di- es quã fecit Dominus exulte mus et Lætemur in e a
Confitemini do- mino quo niam bo nus quoniã in sæ culum
Misericordia eius.

III. Façon auec les XV. premieres lettres et les Points ou petites notes. Extraite d'un M S. de l'abbaye de S.t Germain des Prez.

gf. e f d fg. g. f h K i K hg. h. fg. g lm. l. Kih Kl i g hf d fg. g.
Aspirante Deo pariter poscente popello laude sibi dignum succedere fecit
hiKi. hg g.
a lumpnum.

IV. Façon auec les VII. premieres lettres. Extraite du M S. de Guy Aretin.

D a b a a gef g fe d defgagag

Primum quærite regnum Dei. Au chap. XIII. de son micrologue.

G f Ga aG

Ad te leuaui. Au chap. XV. du mesme micrologue.

c c d c a c ♮ c a g f g g

Victor ascendit coelos vnde descenderat. Au chap. XVIII. du mesme micrologue.

a c♮ c de dc c♮ a ♮c a ag f g g

Sit Nomen domini benedictum in sæcula. Au Prologue rhythmique de l'antiphonaire.

V. Façon auec une ligne une lettre et des points ou petites notes. Extraite du Prologue Rhythmique de Guy Aretin.

f

Spera in Domino et fac bonitatem.

f

Sancti spiritus adsit nobis gratia.

VI. Façon auec quatre lignes dont deux sont colorées, l'une de rouge, l'autre de Vert, et les deux autres tracées sans aucune couleur: Celles cy ayant a leur commencement une des sept lettres de la Gamme. Extraite de l'antiphonaire de Guy Aretin a la Messe de la Pentecoste.

ligne uerte
ligne rouge
e
a
Sancti spiritus adsit nobis gratia Alle-
ligne uerte
ligne rouge
luia Quæ corda nostra sibi faciat habitacula
Ligne uerte
Ligne rouge
Expulsis inde cunctis uiciis spiritalibus
ligne uerte
ligne rouge
D
Spiritus alme illustrator cordiū, Horridas
ligne uerte
ligne rouge
nostræ mentis purga tenebras et cæt.

Et de la messe des Festes de Ste croix.

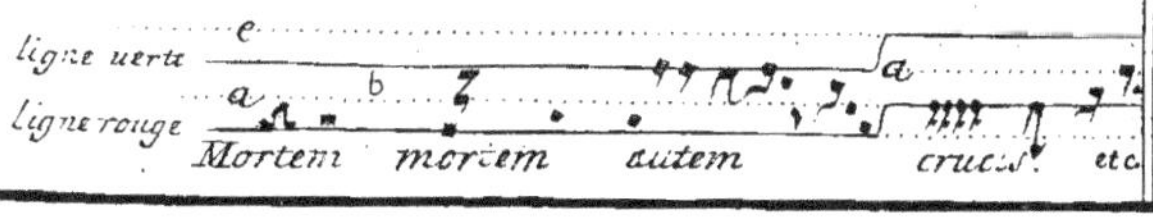
ligne uerte
ligne rouge
e
a
b
Mortem mortem autem crucis etc

VII Façon.

Extraite des notes de Iean des Murs Docteur de Paris et des Valeurs qu'il leur donne dans la Table qui est a la fin de la Theorie de sa musique dont Voicy la copie.

3	81		Longissima	1º Gradus
2	54		Longior	
1	27		Longa	Id est
3	27		Perfecta	2º Gradus
2	18		Imperfecta	
1	9		Breuis	Id est
3	9		Breuis	3º Gradus
2	6		Breuior	
1	3		Breuissima	Id est
3	3		Parua	4º Gradus
2	2		Minor	
1	1		Minima.	

EXEMPLE IV.

Des Notes du Plain-Chant, & des Chants metriques.

QVoy quel'on employe communément le nom, la figure, & la valeur des notes de la Musique, qui y sont qualifiées breves & semibreves, pour noter les Chants metriques : Ceux toutefois qui n'ont connoissance que du Plain-Chant & de ses notes, pourront se servir du nom, de la valeur, & de la figure des notes, qui sont cy-dessous marquées, pour en noter les mesmes chants metriques.

Notes du Plain-Chant.

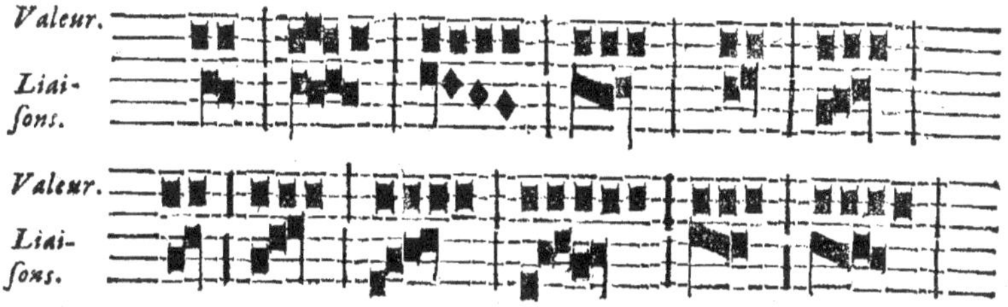

Notes des Chants metriques.

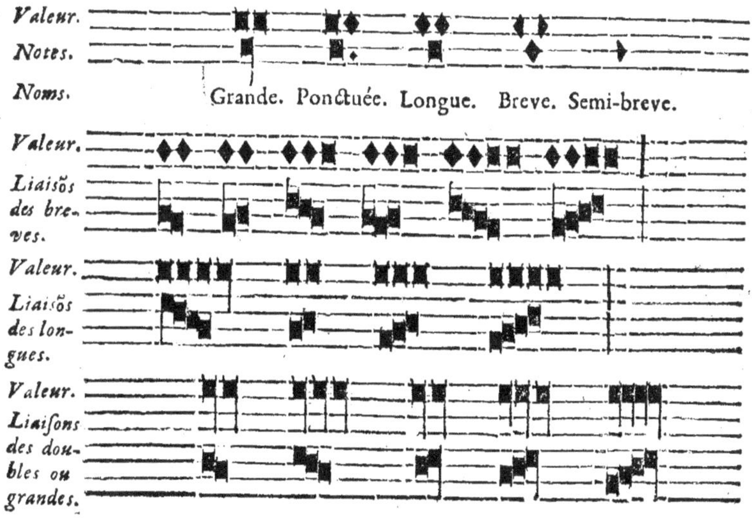

EXEMPLE V.

De la figure & de la situation des quatre lignes paralleles, des trois Clefs, & des deux signes de ♭ mol & de ♮ quarre.

Façon de quatre lignes paralelles, & des neuf espaces qui sont tant sur les lignes qu'au dessus & au dessous.

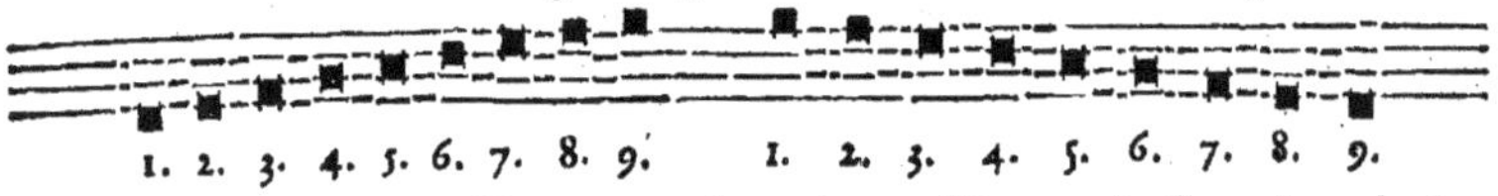

Figure & situation de la clef de G. Figure & situation de la clef de C. Figure & situation de la clef de F.

Figure du signe de ♭ mol. Figure du signe de ♮ carre.

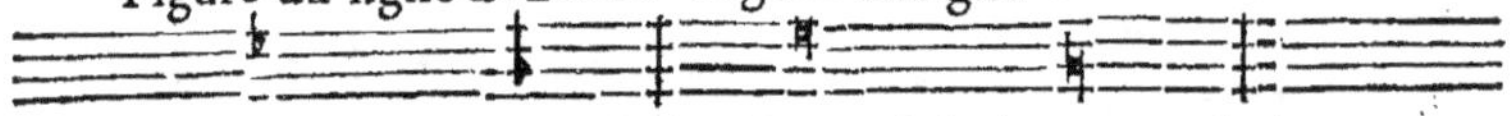

Situation des clefs des douze Modes naturels.

Situation reguliere du ♮ carre. Situation reguliere du ♭ mol.

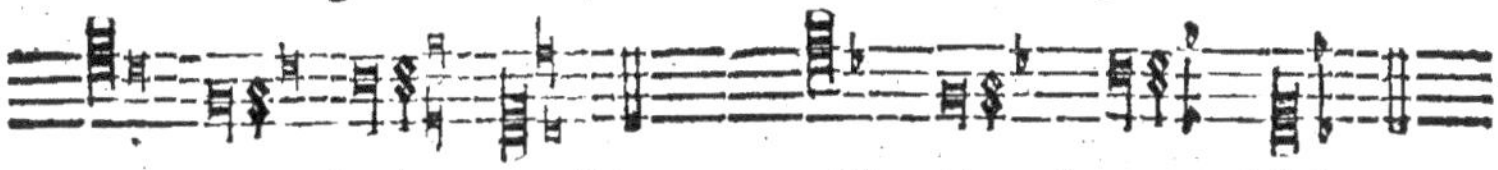

Situation du ♮ carre feint. Situation du ♭ mol feint.

Situation des clefs des douze Modes tranſpoſez.

EXEMPLE VI.

Des intervalles qui ſont propres à la melodie par degrez conjoints & par degrez disjoints. Du nombre de leurs eſpeces : Et de la maniere dont on les commence par la lettre C, qui ſelon Guy Aretin doit tres-certainement eſtre la premiere lettre de tout le chant. Ce paſſage d'Aretin ſe peut voir dans les notes du chap. XIII. de la I. Partie au n. 3.

Uniſſons.

Semitons.

Tons.

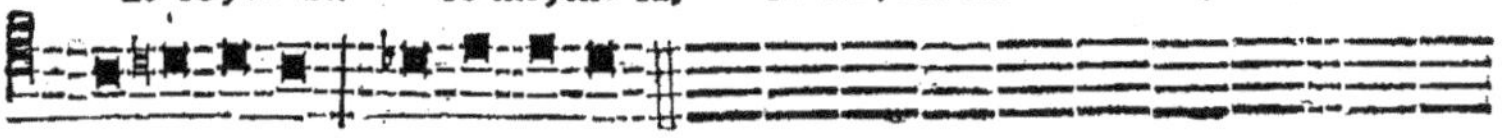

Tierces mineures.

Tierces majeures.
ut ré mi, ut, mi ré ut. fa ſol la, fa, la ſol fa. ſol la ſi, ſol, ſi la ſol.
ſa ut ré, ſa, ré ut ſa.
Quartes.
1. eſpece. 2. eſpece. 3. eſpece.
ut ré mi fa, ut, fa mi ré ut. ré mi fa ſol, ré, ſol fa mi ré. mi fa ſol la, mi, la ſol fa mi.
1. eſpece. 2. eſpece. 3. eſpece.
ſol la ſi ut, ſol, ut ſi la ſol. la ſi ut ré, la, ré ut ſi la. ſi ut ré mi, ſi, mi ré ut ſi.
1. eſpece. 2. eſpece. 3. eſpece.
fa ſol la ſa, fa, ſa la ſol fa. ſol la ſa ut, ſol, ut ſa la ſol. la ſa ut ré, la, ré ut ſa la.
Quintes.
1. eſpece. 2. eſpece.
ut ré mi fa ſol, ut, ſol fa mi ré ut. ré mi fa ſol la, ré, la ſol fa mi ré.
3. eſpece. 4. eſpece.
mi fa ſol la ſi, mi, ſi la ſol fa mi. fa ſol la ſi ut, fa, ut ſi la ſol fa.
1. eſpece. 2. eſpece.
fa ſol la ſa ut, fa, ut ſa la ſol fa. ſol la ſa ut ré, ſol, ré ut ſa la ſol.
3. eſpece. 4. eſpece.
la ſa ut ré mi, la, mi ré ut ſa la. ſa ut ré mi fa, ſa, fa mi ré ut ſa.

Sextes mineures.

1. *espece.*
mi fa sol la si ut, mi, ut si la sol fa mi.
2. *espece.*
la si ut ré mi fa, la, fa mi ré ut si la.
3. *espece.*
si ut ré mi fa sol, si, sol fa mi ré ut si.
1. *espece.*
la sa ut ré mi fa, la, fa mi ré ut sa la.
2. *espece.*
ré mi fa sol la sa, ré, sa la sol fa mi ré.
3. *espece.*
mi fa sol la sa ut, mi, ut sa la sol fa mi.

Sextes majeures.

1. *espece.*
ut ré mi fa sol la, ut, la sol fa mi ré ut.
2. *espece.*
ré mi fa sol la si, ré, si la sol fa mi ré.
3. *espece.*
fa sol la si ut ré, fa, ré ut si la sol fa.
1. *espece.*
sol la si ut ré mi, sol, mi ré ut si la sol.
1. *espece.*
fa sol la sa ut ré, fa, ré ut sa la sol fa.
2. *espece.*
sol la sa ut ré mi, sol, mi ré ut sa la sol.
3. *espece.*
sa ut ré mi fa sol, sa, sol fa mi ré ut sa.

Octaves.

1. *espece de C. ut.*

ut ré mi fa sol la si ut, ut, ut si la sol fa mi ré ut.

2. espece de D. ré.

ré mi fa sol la si ut ré, ré, ré ut si la sol fa mi ré.

3. espece de E. mi.

mi fa sol la si ut ré mi, mi, mi ré ut si la sol fa mi.

4. espece de F. fa.

fa sol la si ut ré mi fa, fa, fa mi ré ut si la sol fa.

5. espece de G sol.

sol la si ut ré mi fa sol, sol, sol fa mi ré ut si la sol.

6 espece de A. la.

la si ut ré mi fa sol la, la, la sol fa mi ré ut si la.

7. espece de ♮ si.

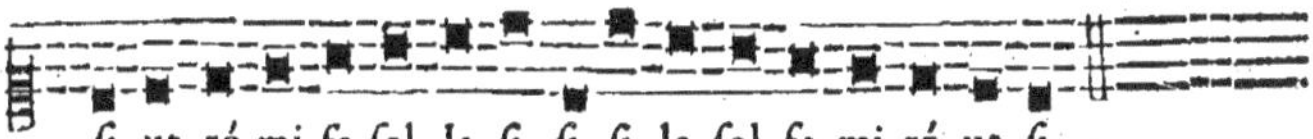

si ut ré mi fa sol la si, si, si la sol fa mi ré ut si.

Double Octave ou Diapason.

MESE.

ut ré mi fa sol la si ut ré mi fa sol la si ut. ut si la sol fa mi ré ut si la sol fa mi ré ut.
ut ré mi fa sol ré mi fa ré mi fa sol ré mi fa. fa mi la sol fa la sol fa mi la sol fa mi ré ut.

La mesme double Octave ou Diapason transposée en ♭ mol.

MESE.

ut ré mi fa sol la fa ut ré mi fa sol la fa ut. ut fa la sol fa mi ré ut fa la sol fa mi ré ut.
ut ré mi fa ré mi fa sol ré mi fa ré mi fa sol. sol fa la sol fa mi la sol fa la sol fa mi ré ut.

Octaves transposées en ♭ mol, qui selon Guy Aretin doivent commencer par F.

1. espece. de F. fa.

fa sol la fa ut ré mi fa, fa, fa mi ré ut fa la sol fa.

2. *espece de G. sol.*
sol la fa ut ré mi fa sol, sol, sol fa mi ré ut fa la sol.
3. *espece de A. la.*
la fa ut ré mi fa sol la, la, la sol fa mi ré ut fa la.
4. *espece de ♮ fa.*
fa ut ré mi fa sol la fa, fa, fa la sol fa mi ré ut fa.
5. *espece de C. ut.*
ut ré mi fa sol la fa ut, ut, ut fa la sol fa mi ré ut.
6. *espece de D. ré.*
ré mi fa sol la fa ut ré, ré, re ut fa la sol fa mi ré.
7. *espece de E. mi.*
mi fa sol la fa ut ré mi, mi, mi, ré ut fa la sol fa mi.

Abregé Rythmique des mesmes neuf intervalles qui sont propres à la melodie.

Ter terni sunt motus vo- cum, quibus omnis cantile- na contexitur:
scilicet unisonus, semitonium, tonus, semiditonus, ditonus,
diatessaron, diapente, semitonium cum diapente, tonus cum
diapente; Ad hos sonat diapason. Si quem delectat psallere, hos motus vocum cognoscat.

Meslange

Meslange des mesmes intervalles en montant & en descendant.

Meslange des tierces.

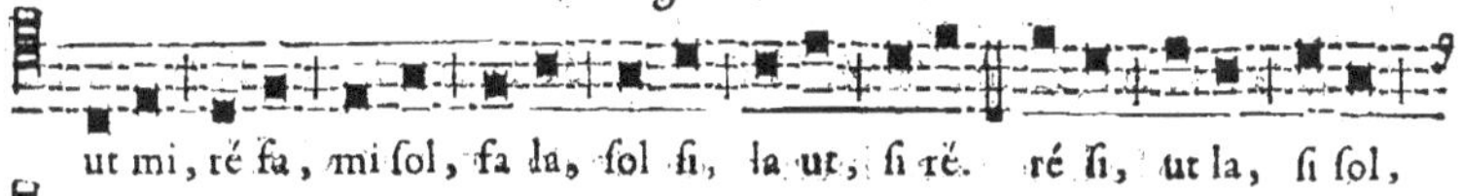

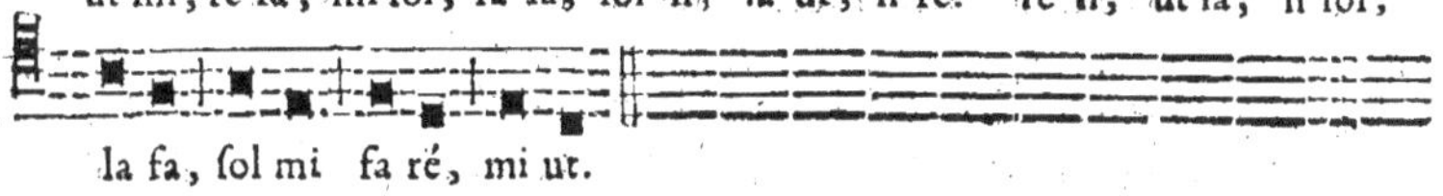

Meslange des quartes.

Meslange des quintes.

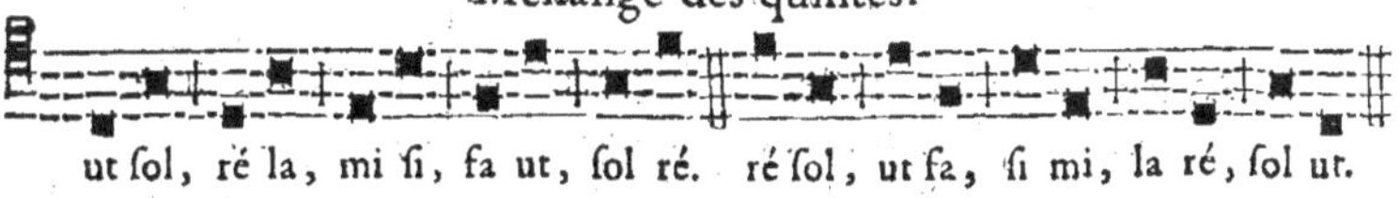

Autre meslange des intervalles de chaque octave.

Meslange des intervalles de l'octave de C ut.

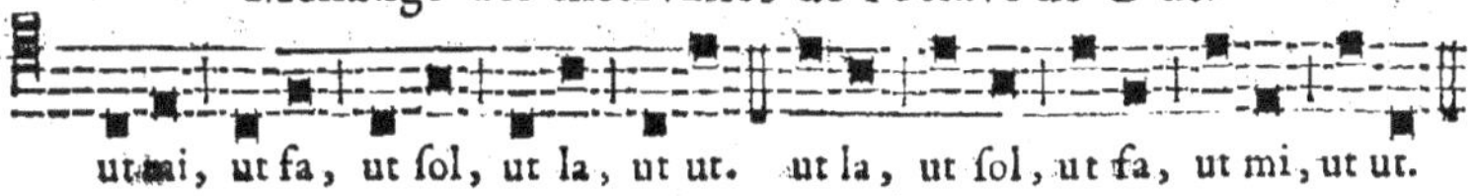

Meslange des intervalles de l'octave de D ré.

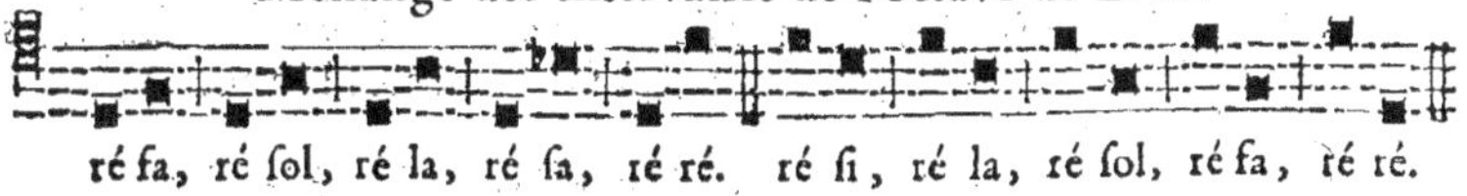

Meslange des intervalles de l'octave de E mi.

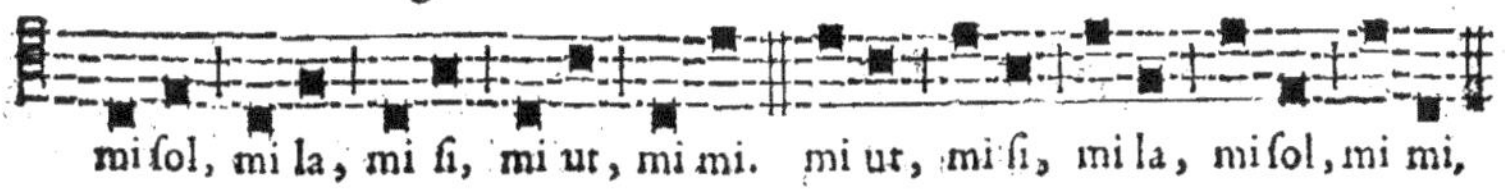

S s

Meslange des intervalles de l'octave de F fa.

Meslange des intervalles de l'octave de G sol.

Meslange des intervalles de l'octave de A la.

Meslange des intervalles de l'octave de ♮ si.

Autre façon de mesler les intervalles de l'octave, tirée du chapitre 16. du micrologue de Guy Aretin.

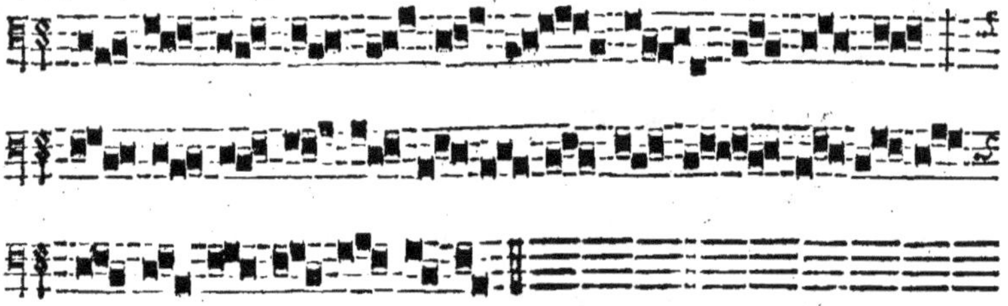

Autre façon de mesler les intervalles de l'octave tirée des chapitres 4 & 6. du prologue prosaique du mesme Aretin.

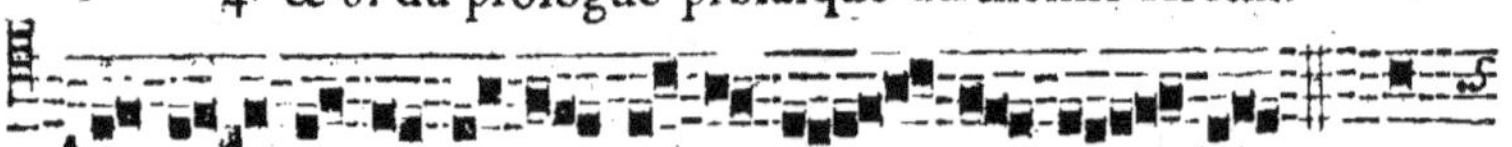

EXEMPLE VI. *Des intervalles propres à la melodie.*

EXEMPLE VII.

Des intervalles qui ne ſont pas propres à la melodie.

Septiémes mineures.

Septiémes majeures. Fauſſe Octave. Octave ſuperfluë.

EXEMPLE VIII.

Des muances.

Pour monter de nature en ♭ mol.

Pour monter de ♮ carre en nature.

Pour monter de ♭ mol en nature.

Pour monter de nature en ♮ carre.

Pour deſcendre de ♭ mol en nature.

Pour deſcẽdre de nature en ♮ carre.

Pour deſcendre de nature en ♭ mol.

Pour deſcẽdre de ♮ carre en nature.

EXEMPLE IX.

Des douze Modes naturels, & de leurs notes modales.

La note blanche marque le milieu entre la quinte & la quarte.

Dominantes de ces douze modes.

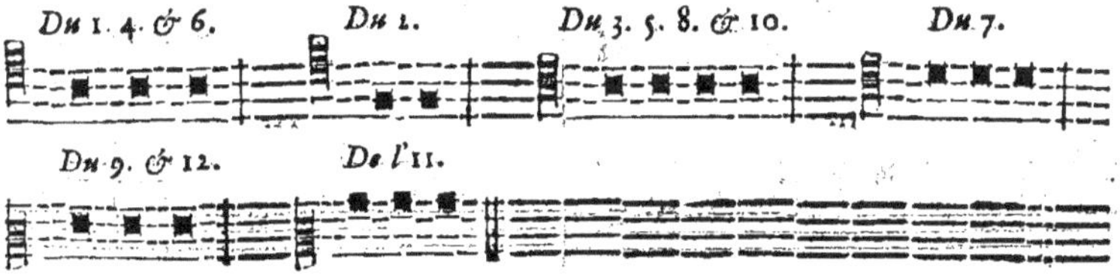

Discretives des mesmes modes.

Finales des mesmes modes.

EXEMPLE X.

Des douze modes transposez, & de leur notes modales.

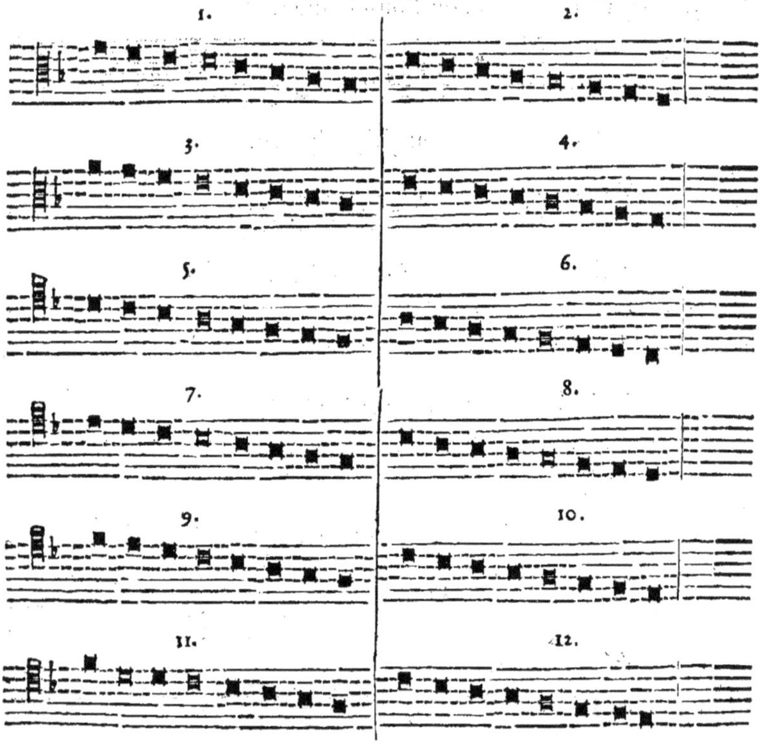

Dominantes des douze modes tranſpoſez.

Diſcretiues des meſmes modes.

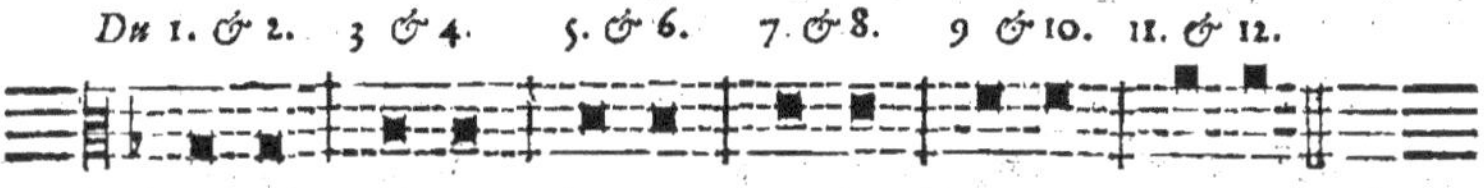

Finales des meſmes modes.

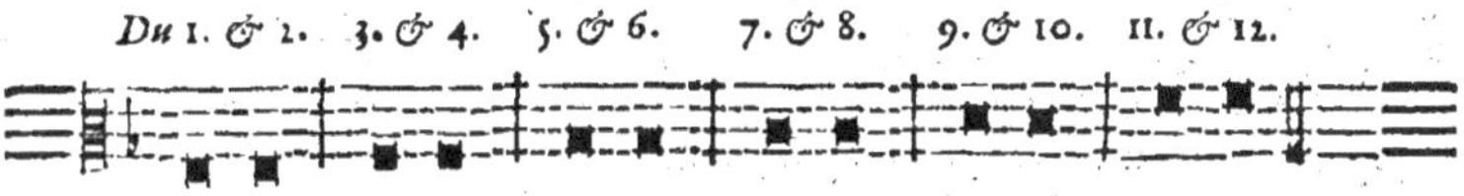

EXEMPLE XI.

Du nombre des notes dont chaque mode peut par licence exceder ſon Octave tant au deſſus qu'au deſſous : Les notes blanches marquent cet excés.

Les authentiques. Les plagaux.

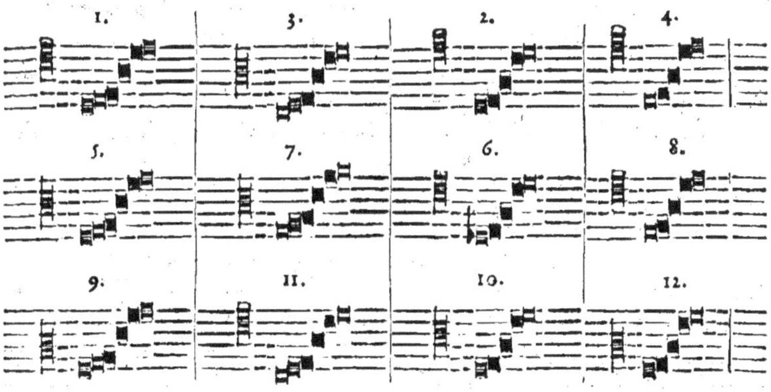

EXEMPLE XII.

Des modes qui ſont ſuperflus, ou qui ſurpaſſent leurs octaves.

Le 8. ton irregulier, qui eſt au XXIII. *Exemple, eſt pareillement entremeſlé.*

VIdi Do- minum ſe- dentem ſuper ſolium ex- celſum : & ple-
na e- rat omnis ter- ra majeſtate e- jus ; & e- a quæ ſub
ipſo e rant re- plebant templum.

EXEMPLE XIII.

Des modes qui ſont meſlez de l'autentique & du plagal.

MOrs & vita duello conflixere mirando, Dux vitæ mortuus regnat
vivus. Dic nobis Mari- a, quid vidiſti in via ? Sepulchrum Chriſti
viven- tis & gloriam vidi reſurgentis, &c.

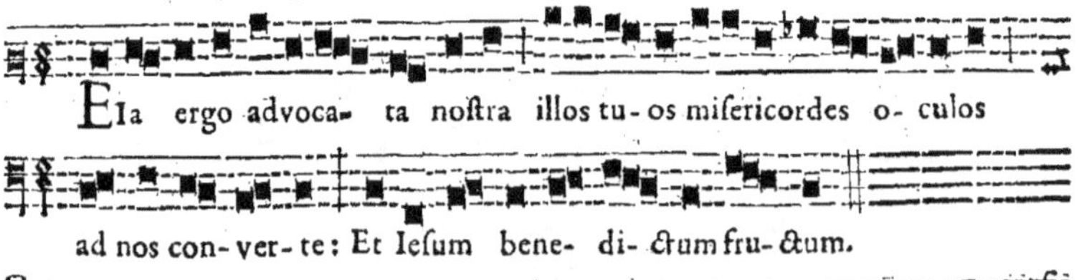
EIa ergo advoca- ta noſtra illos tu- os miſericordes o- culos
ad nos con- ver- te : Et Ieſum bene- di- ctum fru- ctum.

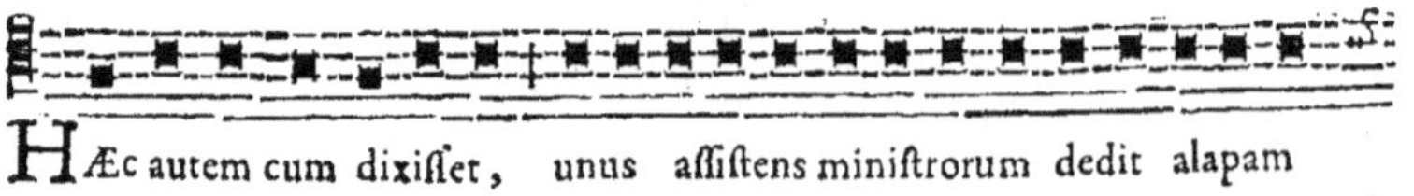
HÆc autem cum dixiſſet, unus aſſiſtens miniſtrorum dedit alapam

Ieſu

Iesu di- cens : Sic respondes Pontifici ?

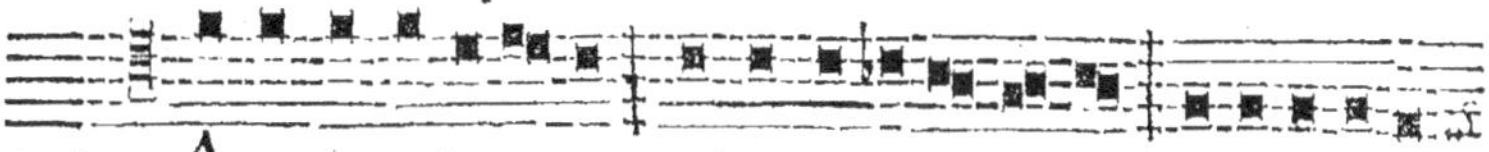

Ou bien. AVe Rex Iudæo- rum. Respondit ei Ie- sus : Si male locu-

tus sum testimonium perhibe de malo ; Si autem bene, quid me cædis ?

Chant entremeslé de differens Modes, du I. du V. & du VIII.

I. SPi- ritus Do mini. V. re- ple- vit or- bem terrarum, alle-

lu- ia, VIII. & hoc quod con- tinet om- nia scien- tiam

ha- bet vocis, alle- lu- ia, al- lelu- ia, al- le- lu- ia.

Le 8. ton irregulier, qui est au XXIII. *Exemple, est pareillement entremeslé.*

EXEMPLE XIV.

Des modes qui sont incomplets, & qui ne remplissent pas leurs octaves.

INclina- vit Do- minus aurem suam mihi. e u o u a e.

BEati om- nes, qui timent Dominum. e u o u a e.

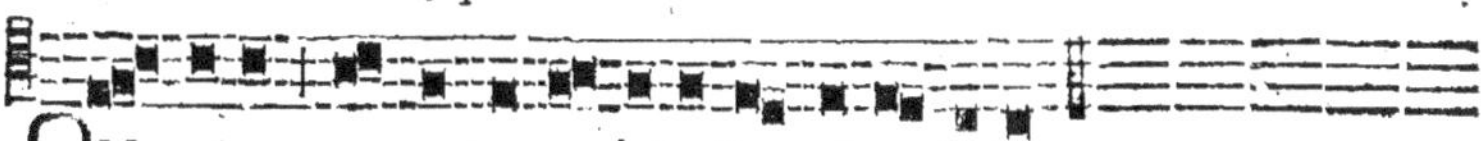

OM- nia quæ- cumque vo- luit Do- minus fecit. e u o u a e. 3.

IN man- datis e- jus cu- pit nimis. e u o u a e. 4.

IN conſpe- ctu Ange- lo- rum pſallam tibi De- us meus. e u o u a e. 5.
BEnedi- ctus Do- minus Deus me- us. e u o u a e. 6.
SIt nomen Do- mini be- nedi- ctum in ſæcula. e u o u a e. 7.
CRe- didi propter quod lo- cutus ſum. e u o u a e. 8.

EXEMPLE XV.

De toutes les dominantes en meſme ton de pleine voix.

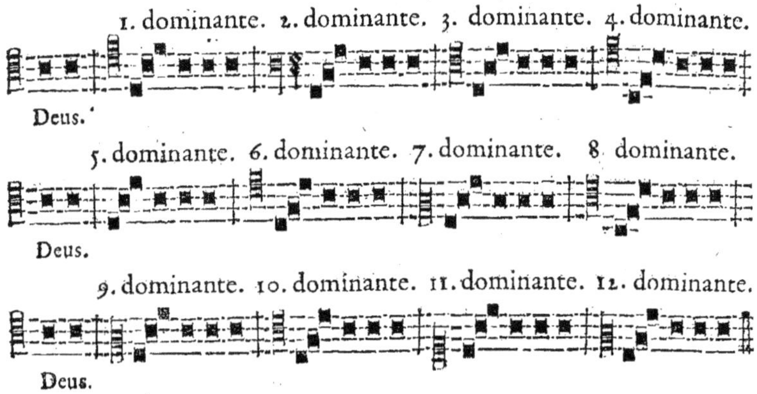
1. dominante. 2. dominante. 3. dominante. 4. dominante.
Deus.
5. dominante. 6. dominante. 7. dominante. 8 dominante.
Deus.
9. dominante. 10. dominante. 11. dominante. 12. dominante.
Deus.

EXEMPLE XVI.

Des neumes & des phtongues.

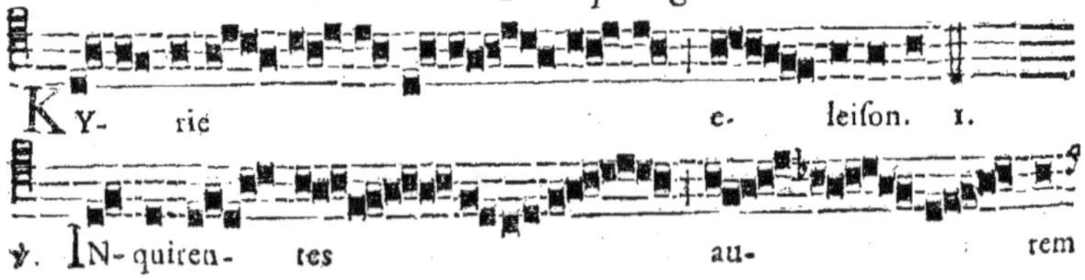
KY- rie e- leiſon. 1.
℣. IN- quiren- tes au- rem

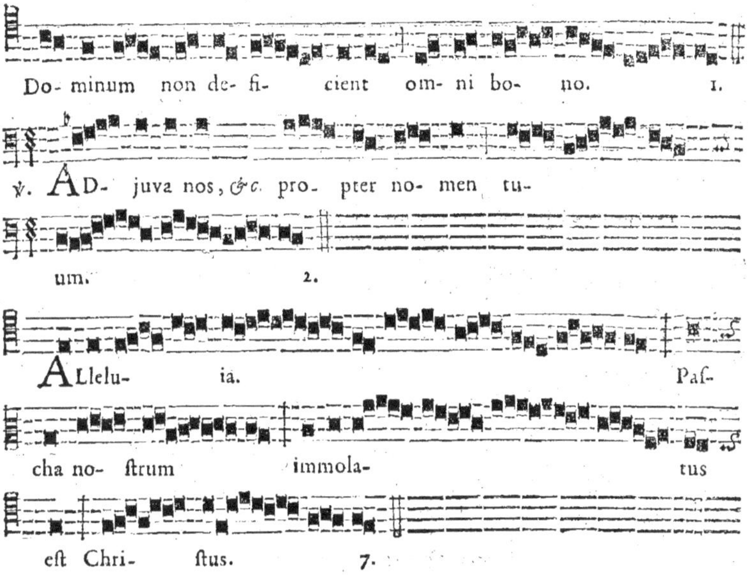

L'Exemple ſuivant eſt tiré de l'Antiphonaire d'Aretin, In feſtivitatibus S. Crucis.

O admirabile commer- cium, &c. O Rex glo- riæ, &c.

Neumes & phtongues dont plusieurs Eglises de France se servent en entonnant.

TE De um lau- da- mus. GLoria in excelsis De- o.

STa- tuit. GAudea- mus. ECce Sacerdos magnus.

I- te Mis- sa est.

EXEMPLE XVII.

Des nottes feintes.

BE- a- tus ser- vus quem cum ve- nerit Do- minus, in vene-

rit vi- gi lan- tem amen dico vo- bis super om- nia, &c.

O Sa- lu- ta- ris hostia.

L'Exemple suivant est de Glarean lib. 2. Dodedachordi cap. 1.

I- te in orbem univer- sum: & prædica- te dicen- tes

alle- lu- ia. I- Te in orbem univer- sum: &

prædica- te dicen- tes. alle- lu- ia.

EXEMPLE XVIII.

Des cadences.

Cadences à la quinte. à la quarte. à la tierce. à l'uniſſon.

Cadences du 1. & du 2. mode.

En deſcendant. *En montant.*

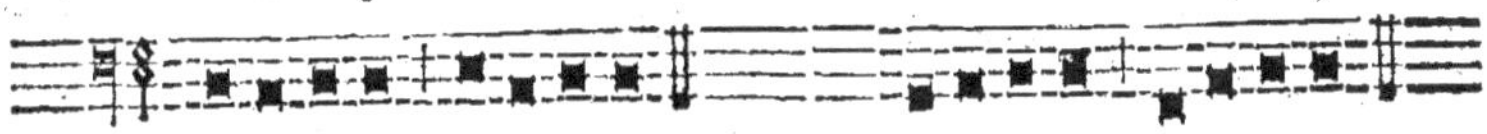

Cadences du 7. & 8. mode.

En deſcendant. *En montant.*

Cadences du 9. & 10. mode.

En deſcendant. *En montant.*

Notes ſurvenantes aux trois fondamentales des cadences.

Angelum Domini. Ado- ravit. Dubites filia.

EXEMPLE XIX.

Des vers qui n'ont que la ſeule cadence finale.

Jambiques dimetres.

VErbum ſu- per- num prodiens, Nec Patris linquens dexteram, &c.

Trochaiques dimetres.

PAnge lingua glorio- ſi Cor- poris myſterium, Sanguiniſque pretioſi, &c.

Trochaiques dimetres, une ſyllabe moins.

VEnī ſancte Spi- ritus, Et ēmitte cœ- litus, Lucis tŭæ rā- dium.

Rithmiques en façon de Trochaiques dimetres.

LAuda Sion Salvatorem, Lauda ducem & paſto- rem In hymnis & cau-

ticis. &c. Laudis thema ſpecia- lis, &c.

DIes iræ dies illa Solvet ſæ- clum in favilla, teſte David cum Sibilla.

Tuba mirum ſpar- gens ſonum Per ſepulchra regionum Coget om- nes

ante thronum. Liber ſcriptus pro- fere- tur, in quo totum continetur:

Vnde mundus judicetur.

Trochaiques de trois pieds, ou Ityphalliques, ou Jambiques Euripedées.

AVe maris ſtel- la, Dei Ma- ter alma Atque ſemper, &c.

EXEMPLE XX. *Des vers qui ont deux cadences.*

Gliconiques. Adoniques.

Victorum genus op- timum. Scandere cœli.

EXEMPLE XX.

Des vers qui ont deux cadences, l'une mediane à leur ceſure du milieu, l'autre finale à la fin du vers

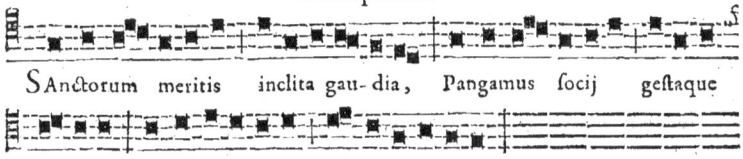

Aſclepiades.

SAnctorum meritis inclita gau- dia, Pangamus ſocij geſtaque

for- tia; Nam gliſcit animus pro- mere cantibus, Victorum, *&c. comme à l'Exemple* XIX.

Jambiques trimetres, ou ſenaires.

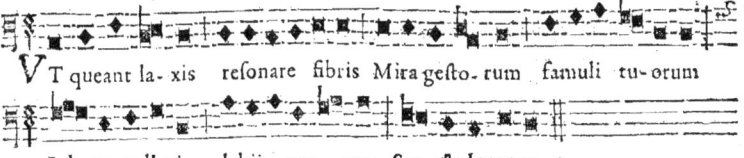

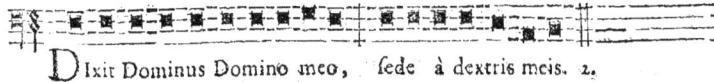

PEtrus bea- tus catenarum laqueos Chriſto juben- te rupit mira-
Miris modis re- pente liber ferrea Chriſto juben- te vincla Petrus

bi- liter, &c Per infini- ta æ- ternita- tis ſæcula.
e- xuit, &c.

Saphiques.

Extraits du chap. 3. du Prologue de l'Antiphonaire de Guy Aretin.

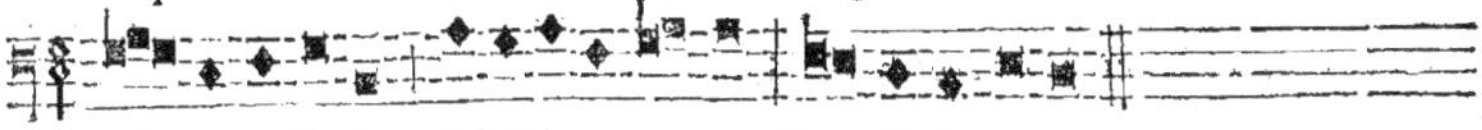

VT queant la- xis reſonare fibris Mira geſto- rum famuli tu- orum

Sol- ve polluti labij rea- tum, San- cte Ioannes. 2.

Pſalmodiques.

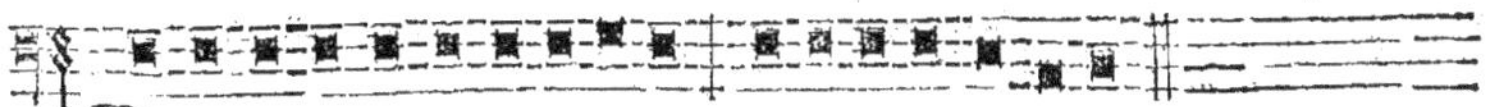

DIxit Dominus Domino meo, ſede à dextris meis. 2.

TE De-um lau-da- mus, Te Do-minum confitemur.

EXEMPLE XXI.

Des chants metriques.

Chants trochaiques.

TIbi Chriſte ſplendōr Patris, Vita, virtūs cordium, In cōnſpectū Ange-

lo- rūm Vo- tīs vo- ce pſallimus, Altērnantēs concrepandō Melōs

da- mūs vocibus. 2. I.

La Proſe Veni ſancte Spiritus, *comme au* XIX. *Exemple.*

Chants Jambiques.

IMmenſe cœlī conditor, Qūi mixta ne cōnfunderent, Aqūæ fluenta di-
Telluris ingens conditor, Mundi ſolum qui e- ruens, Pulſis aquæ mole-

videns, Cœlum dediſti limitem. Tērram dediſtī īmmobilem. 1. I.
ſtijs,

IAm lucis ortō ſyderē Deum precemur ſupplices, Vt in diurnīs a-

ctibus Nōs ſervet à nocentibus. 6. I.

COndītor alme ſyderum, Ǣterna lux crēden- tium, Chrīſte Redem-

ptor omnium, ēxaudi precēs ſup-plicum. 4. I.

Vexilla

EXEMPLE XXI. *Des chants metriques.*

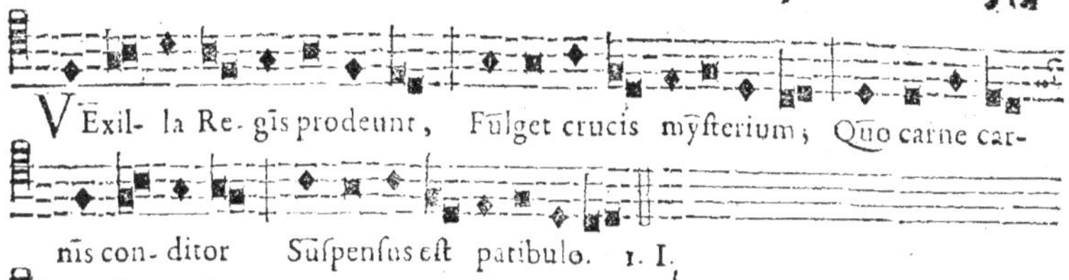

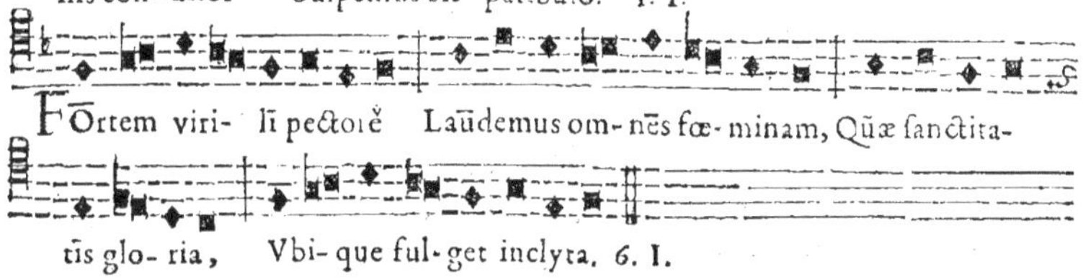

Chants Dactyliques.

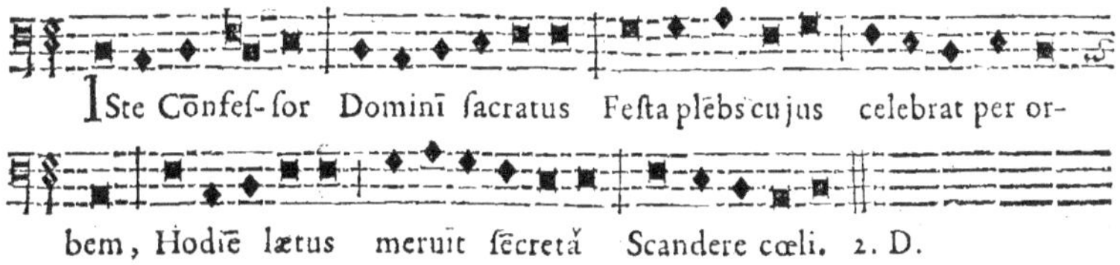

Vt queant laxis. *comme à l'Exemple* XX.

Chant Dactylique meſlé de l'Iambique au troiſiéme vers.

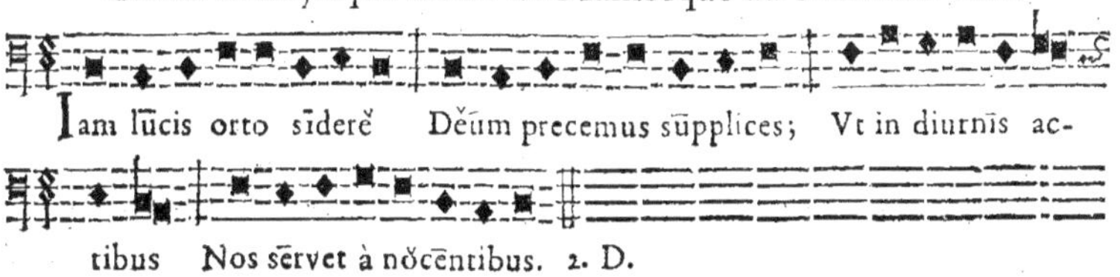

EXEMPLE XXII.

De la ſinalephe, de la ſyncope, & de la ſynereſe des notes dans le chant des vers.

Eſpece de ſinalephe, ou d'éliſion des mots des vers dans le Plain-chant.

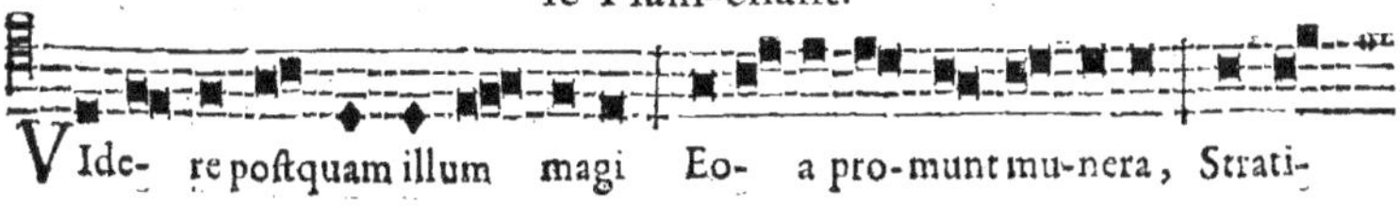

Espece de sinalephe, ou d'élision des mots des vers, en chants metriques.

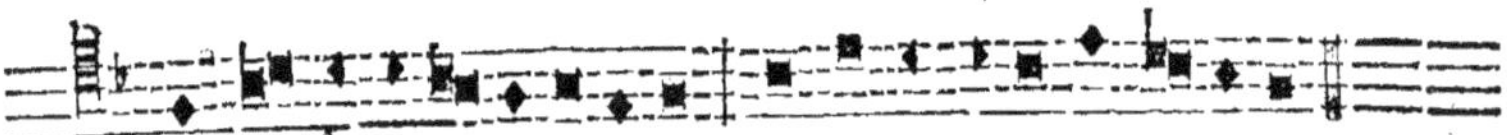

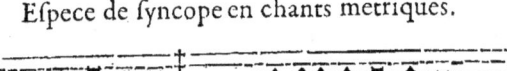

Espece de syncope en chants metriques.

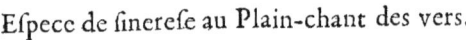

Espece de sinerese au Plain-chant des vers.

Espece de synerese aux chants metriques.

EXEMPLE XXIII.

Formules des intonations, des mediations, des teneurs, & des terminaisons de toute sorte de chants psalmodiques.

IL y a trois choses à remarquer aux intonations, aux teneurs, & aux mediations de chaque ton, ou mode de la psalmodie. 1. *La façon avec laquelle elles doivent estre faites lors qu'elles sont simples.* 2. *Comment elles se font quand elles sont doubles & solemnelles.* 3. *La maniere d'appliquer les notes, soit fondamentales, soit survenantes, sur les diverses dictions de la lettre qui se rencontrent aux mesmes intonations & mediations.*

Il y a pareillement deux choses à observer aux terminaisons. 1. *Le rapport ou la correſpondance qui doit eſtre entre les differens commencemens des Antiennes & les diverſes terminaiſons de chaque ton ou mode. 2. La façon d'appliquer les notes, tant fondamentales que ſurvenantes des differentes terminaiſons, ſur les diverſes dictions du texte. Ces cinq choſes ſeront cy-deſſous marquées en chacun des douze tons ou modes, ſuivant leur ordre & ſelon l'uſage Romain, qui eſt conforme aux formules des modes de Guy Aretin, qui a eſté ſi ſoigneux de les deſcrire, & de marquer le rapport qui doit eſtre entre les diverſes terminaiſons d'un mode (qu'il appelle ſes differences) & les commencemens du meſme mode, qu'il fait quaſi mention de toutes ſes pieces en particulier. L'on ſe contentera toutefois de marquer icy leurs divers commencemens qui ont du rapport avec chaque differente terminaiſon; parce que tous ceux qui y ſont ſemblables doivent avoir pareillement la meſme terminaiſon, outre qu'on les peut tous voir en détail dans l'Antiphonier Romain. Quant à la diſtinction des notes fondamentales & des ſurvenantes, ſe ſera par le moyen des notes breves qui ſeront miſes aux endroits des ſurvenantes.*

FORMULES DE LA PSALMODIE.

Du I. ton.

Intonations & mediations des Feſtes ſimples, & des feries.

BEnedictus Dominus Deus Iſra- el. MAgnificat.
Quia fecit mihi magna qui potens eſt. Qui facit hæc.

Intonations & mediations des Feſtes ſolemnelles, doubles, & ſemy-doubles.

Avec leurs notes fondamentales.

Eſu- rientes imple- vit bo- nis.

Avec leurs notes ſurvenantes.

Et e- xultavit Spi- ritus me- us. Confite- ri Domino.

A progenie in progenies. Propheta altiſ- ſimi vocaberis.

I. Difference ou terminaiſon du I. ton.

Avec ſes notes fondamentales.

Et in ſæcula ſæculorum. Amen.
pedum tu- orum.
civitas Dei.
Sæculorum. Amen.
Loquebar pacem de te.
Tua non ſum o- blitus.

Avec ſes notes ſurvenantes.

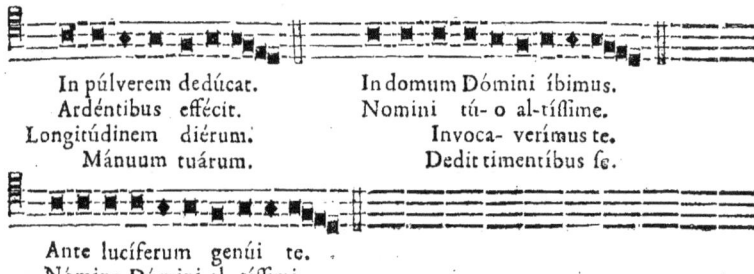

In púlverem dedúcat.
Ardéntibus effécit.
Longitúdinem diérum.
Mánuum tuárum.
In domum Dómini íbimus.
Nomini tú- o al-tíſſime.
Invoca- verímus te.
Dedit timentíbus ſe.

Ante lucíferum genúi te.
Nómine Dómini al- tíſſimi.

Divers commencemens des Antiennes du I. mode qui ont du rapport avec ſa I. difference ou terminaiſon.

HO- die comple- ti ſunt. Amavit e- um Do- minus. Simi- la-
bo e- um. Prin- ceps glo- ri- o- ſiſ- ſime. Vos aſcen- dite.
Domus me- a. Aſpice Do- mine. Se- nex puerum. Eu- ge
ſerve bone. Sacerdos & Pon- tifex. O Crux.

II. Difference ou terminaiſon du I. ton.

Avec ſes notes fondamentales.

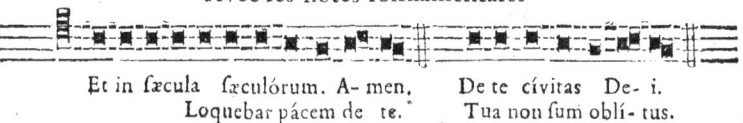

Et in ſæcula ſæculórum. A- men. De te cívitas De- i.
Loquebar pácem de te. Tua non ſum oblí- tus.

Avec ſes notes ſurvenantes.

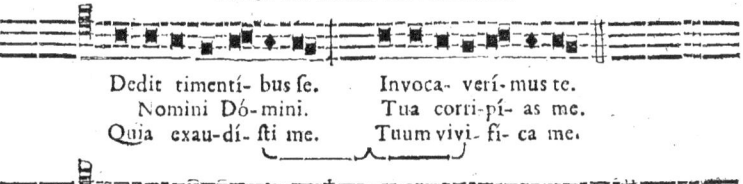

Dedit timentí- bus ſe. Invoca- verí- mus te.
Nomini Dó- mini. Tua corri- pí- as me.
Quia exau- dí- ſti me. Tuum vivi- fí- ca me.

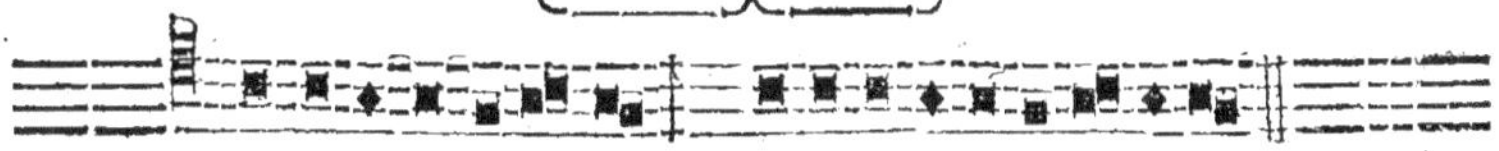

In púlverem dedú- cat. Ego hódie genú- i te.
Ardéntibus effé- cit Lucíferum genú- i te.

Divers commencemens du I. mode qui ont du rapport avec ſa II. terminaiſon.

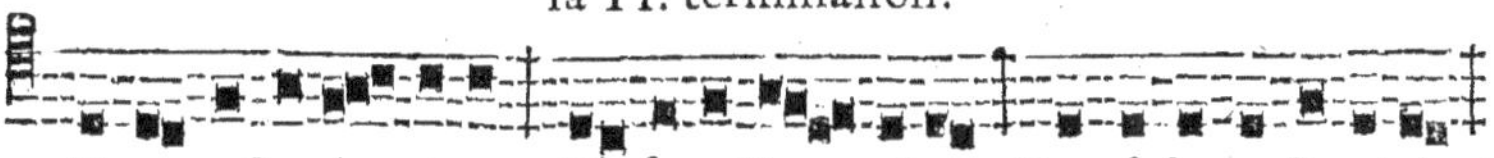

Tu es paſtor ó- vium. Ob- ſecro Do- míne. Hæc eſt domus Domini.

Lauren- tius. Ait Do- minus vil- lico.

III. Terminaiſon du du I. ton, dont les notes fondamentales & ſurvenantes reviennent à celles de la II.

Et in ſæcula ſæculorum. A- men.

Divers commencemens du I. mode qui ont du rapport avec ſa III. terminaiſon.

Quæ eſt i- ſta. Iſte eſt Ioan- nes. Do- mine quinque talenta.

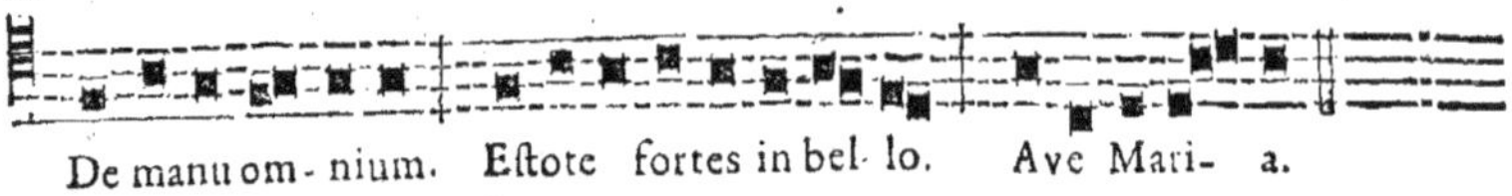
De manu om- nium. Eſtote fortes in bel- lo. Ave Mari- a.

IV. Terminaiſon du I. ton.

Avec ſes notes fondamentales.

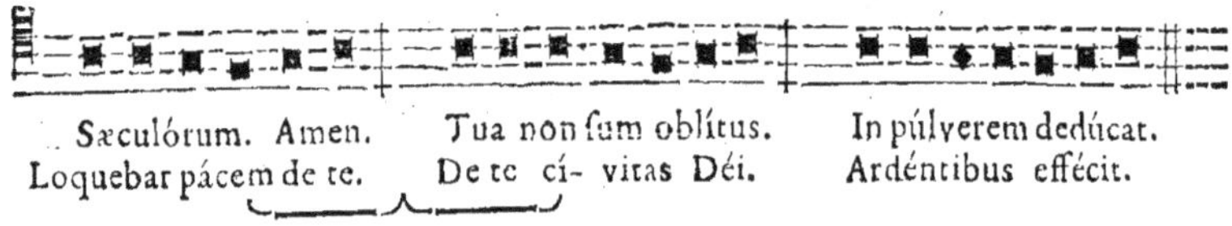
Sæculórum. Amen. Tua non ſum oblítus. In púlverem dedúcat.
Loquebar pácem de te. De te cí- vitas Déi. Ardéntibus effécit.

Avec ſes notes ſurvenantes.

Dedit timentíbus ſe. Nómini Dómini. Hódie ge- núi te.
Tuum vivi- fíca me. Tuo al- tíſſime. Ordinem Melchíſedech.
Invoca- verímus te. Et e- xaudíſti me.

Divers commencemens du I. mode qui ont du rapport avec ſa IV. terminaiſon.

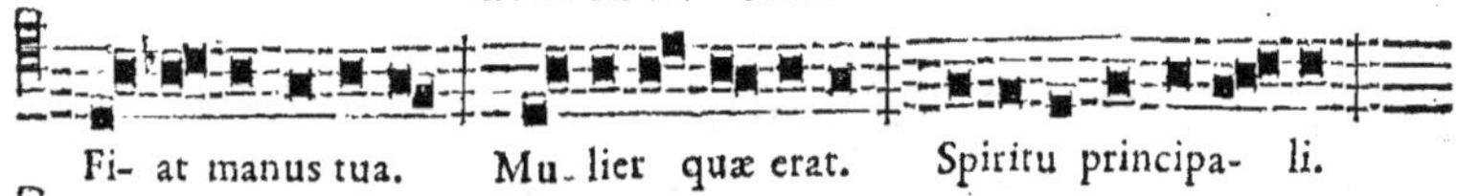
Fi- at manus tua. Mu- lier quæ erat. Spiritu principa- li.

Exurge Domine. Veniet Do- minus. De profundis.

V. Terminaiſon du I. ton.

Avec ſes notes fondamentales.

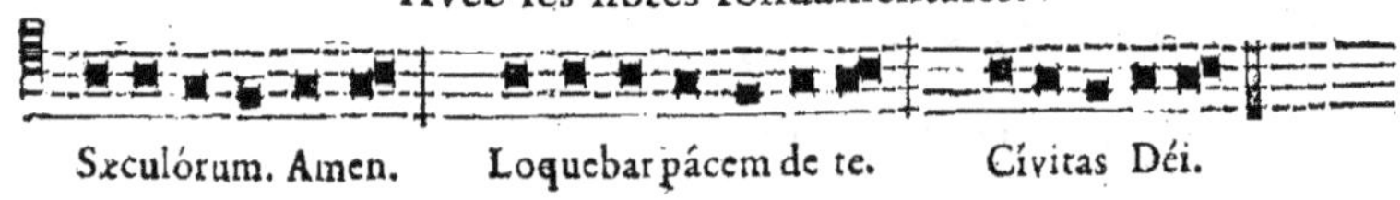
Sæculórum. Amen. Loquebar pácem de te. Cívitas Déi.

Avec ſes notes ſurvenantes.

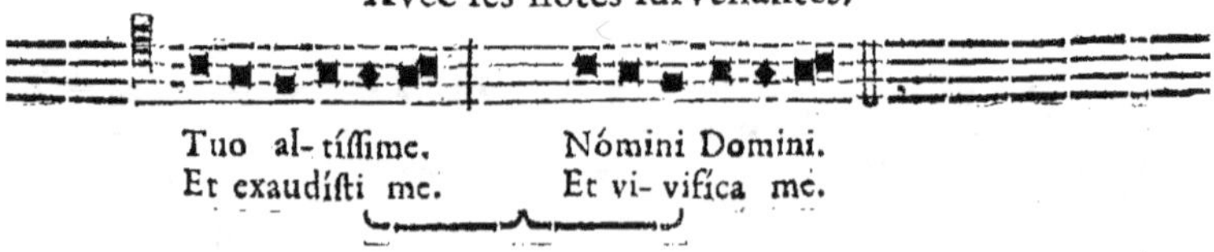
Tuo al- tíſſime. Nómini Domini.
Et exaudíſti me. Et vi- vifíca me.

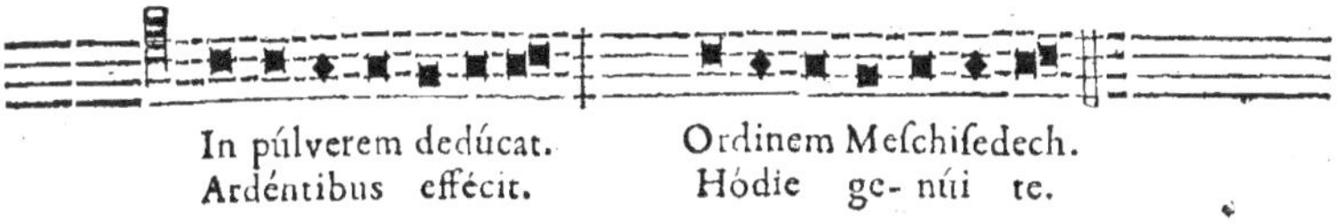

Divers commencemens du I. mode qui ont du rapport avec ſa V. terminaiſon.

Sa- pien- tia. E- go ſum. Va- dam ad patrem. Li- be-
ra me. Vi- dimus ſtellam e- jus. Volo pater. Exicito in plate- as.
Vidi Do- minum ſe- dentem.

VI. Terminaiſon du I. ton.

Avec ſes notes fondamentales.

Sæculórum. A- men. Loquebar pácem de te. Cívitas De- i.

Avec ſes notes ſurvenantes.

Commencement du I. mode qui a du rapport avec ſa VI. terminaiſon.

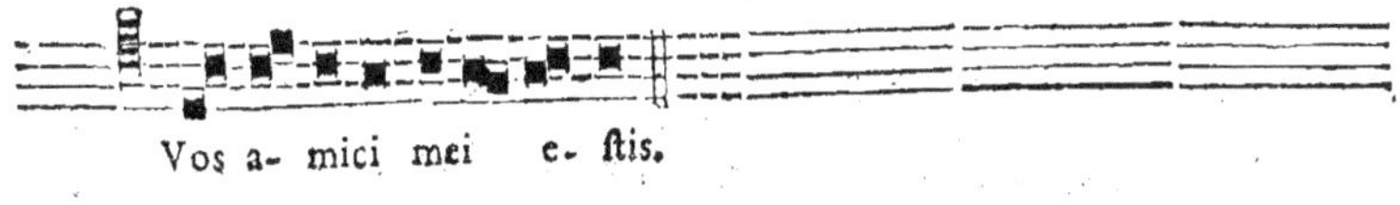
Vos a- mici mei e- ſtis.

Le Livre intitulé Directorium chori Romani, *& Guy Aretin dans ses Formules du I. mode, ajoûtent la terminaison suivante, à laquelle le mesme Guy assigne plusieurs commencemens des modes dont il a esté fait mention dans la I. terminaison.*

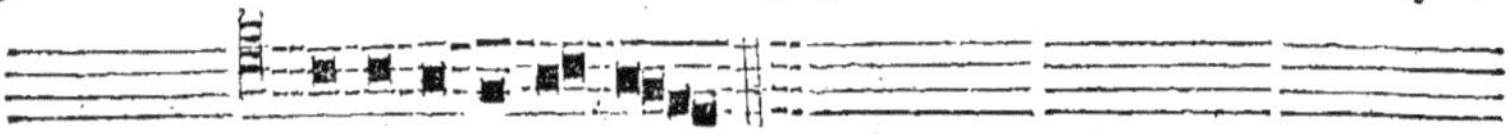
Sæculorum. A- men.

Guy Aretin fait encore mention d'une autre terminaison du I. ton, & luy affecte les commencemens des Antiennes Speciosus, *&* Ipsi soli. *qui suivent.*

Sæculorum. A-men. Specio- sus. Ipsi so- li.

FORMULES DE LA PSALMODIE.

Du II. ton.

Intonations & mediations des Festes simples & des Feries.

Avec leurs notes fondamentales.

DIxit Dominus Domino meo.
BEnedictus Dominus Deus Israël.
Domine probasti me & cognovisti me.

Avec leurs notes survenantes.

BEatus vir qui timet Dominum.
MAgnificat.

Intonations & mediations des Festes solemnelles, doubles, & demy-doubles.

Avec leurs notes fondamentales.

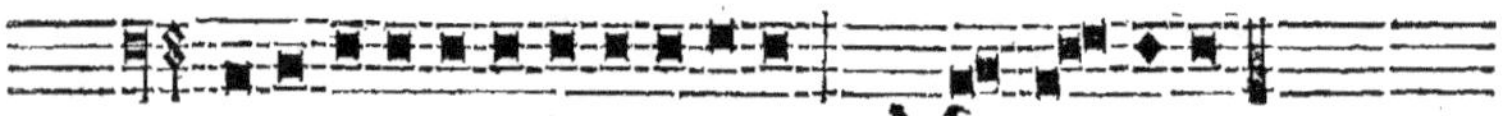
Et erexit cornu salutis nobis.
MA-gni- ficat.

Avec leurs notes survenantes.

Gloria Patri, & Fili- o.
Et tu puer, &c. altissimi vocaberis.

Unique

Unique terminaison du II. ton.

Avec ses notes fondamentales.

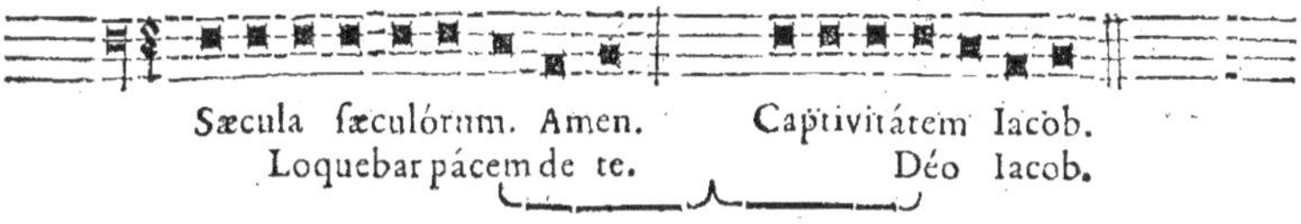
Sæcula sæculórum. Amen. Captivitátem Iacob.
Loquebar pácem de te. Déo Iacob.

Avec les notes survenantes.

Timéntibus éum. Filiórum lætántem.
Datúrum se nóbis. In térra multórum.
Præclára est míhi. Lábor & dólor.

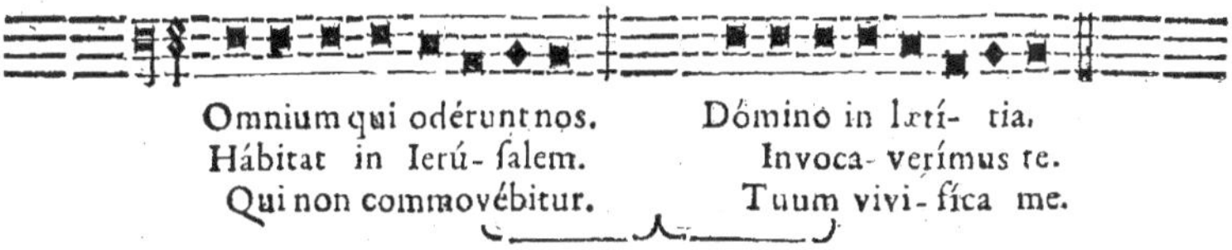
Omnium qui odérunt nos. Dómino in lætí- tia.
Hábitat in Ierú- salem. Invoca- verímus te.
Qui non commovébitur. Tuum vivi- fíca me.

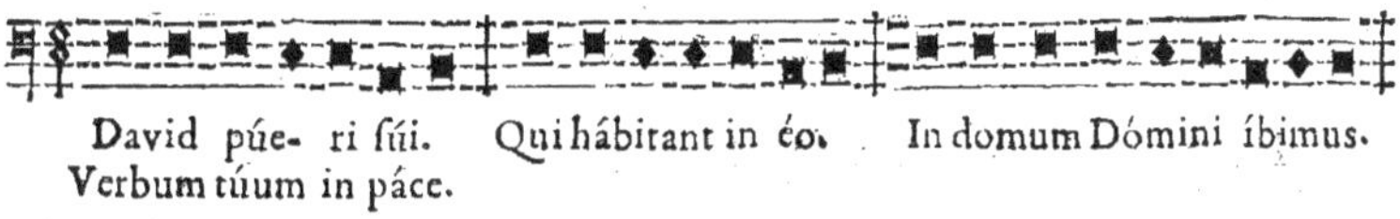
David púe- ri súi. Qui hábitant in éo. In domum Dómini íbimus.
Verbum túum in páce.

Ordinem Melchísedech. Hódie genú- i te.
In psaltéri- o in cythara. In chordis & órgano.

Divers commencemens du II. mode qui ont rapport avec sa terminaison.

I- bat Ie- sus. Remansit puer Ie- sus. O Rex glo- riæ. Ge-

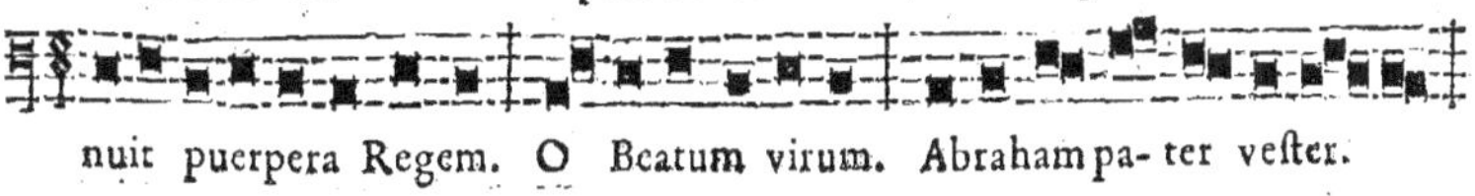
nuit puerpera Regem. O Beatum virum. Abraham pa- ter vester.

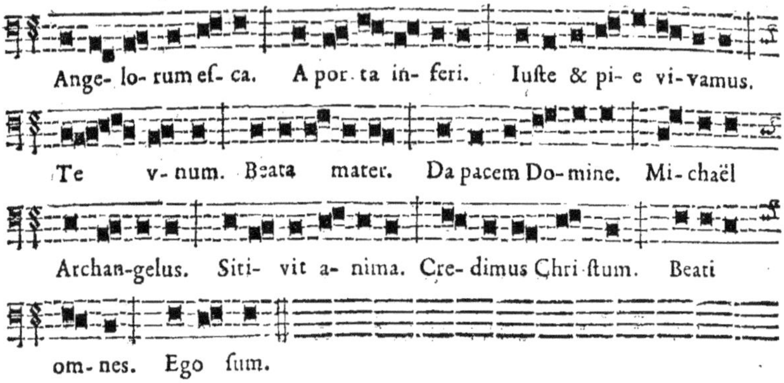
Ange- lo- rum es- ca. A por- ta in- feri. Iuste & pi- e vi- vamus.
Te v- num. Beata mater. Da pacem Do- mine. Mi- chaël
Archan-gelus. Siti- vit a- nima. Cre- dimus Chri-stum. Beati
om- nes. Ego sum.

Guy Aretin ajoûte une II. terminaison du II. mode, comme il suit, & luy attribuë les commencemens des Antiennes. Beata Mater. Innocentes. In spiritu.

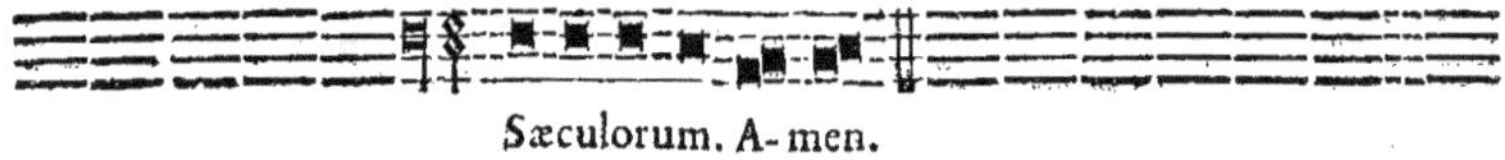
Sæculorum. A- men.

FORMULES DE LA PSALMODIE.

Du III. ton.

Intonations & mediations des Festes simples & des Feries.

Avec leurs notes fondamentales.

Et erexit cornu sa- lútis nóbis. Benedictus Dominus Deus Israël.
Spiritus procel-lárum. Rogate quæ ad pacem sunt Ie- rúsalem.
Et núnc & sémper. In Dómino sicut mons Sion.
Bónus es tu. Et cogno-vísti me.
Quod parásti. A- bomi- nátus sum.
Circumpléxi sunt me. vivi- fica me.
Captivi- tátem Sion. Et e- rípe me.
Qui fácit hæc.
Magní- ficat.

Avec leurs notes survenantes.

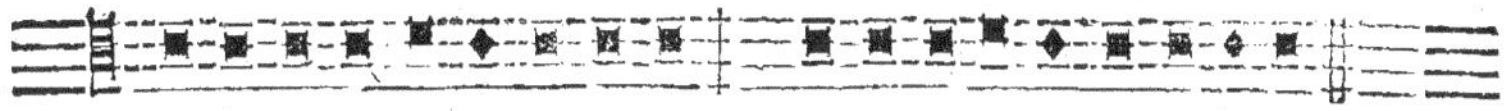

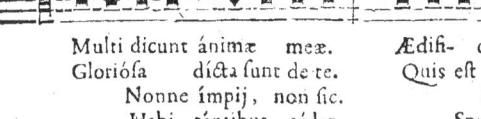

Multi dicunt ánimæ meæ. Ædifi- cátur ut cívitas.
Gloriósa dícta sunt de te. Quis est íste Rex gloriæ.
Nonne ímpij, non sic. Iústus es Dómine.
Habi- tántibus cédar. Speráte in Dómino.
Refúgium nóstrum & vírtus. In áltum regré- dere.
Per os sanctórum. éjus non défluet.
Poténtes de séde.

Gaudium & lætí- tiam Víncula eórum. Altíssimi vocáberis.
Impij in judí- cio. Dómini est sálus. Dómini altís- simi.
Circumdántis me.

Intonations & mediations des Festes solemnelles, doubles & demy-doubles.

Avec leurs notes fondamentales.

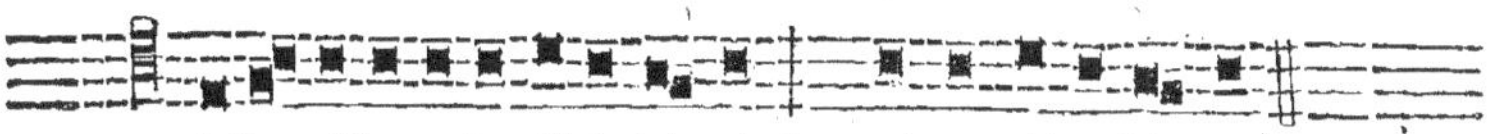

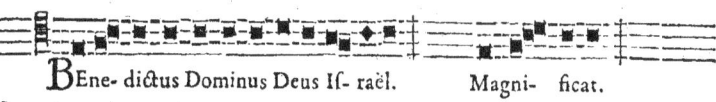

Esú- riéntes implévit bó- nis. Circumpléxi sunt me.

Avec leurs notes survenantes.

BEne- dictus Dominus Deus Is- raël. Magni- ficat.

Nunc di-mittis servum túum Dó- mine. Et exultávit Spíritus me- us.
Progé- nie in proge- nies. Depósuit po- téntes de sé- de.
Per os sanctó-rum.

Glori- a Pátri & Fi- lio. Propheta altís- simi vocá- beris.
In nómine Dó- mini.
Mágna qui pó- tens est.

I. Difference ou terminaiſon du III. ton.

Avec ſes notes fondamentales.

Et in ſæcula ſæculórum. Amen. Loquebar pácem de te.
In túribus túis. Tua nón ſum o- blítus.
Ejus in id- ípſum.

Avec ſes notes ſurvenantes.

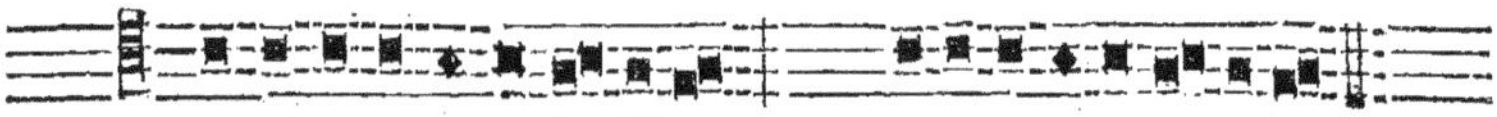

Meam in púlverem de- dúcat. Longitúdinem di- érum.

Qui habitat in Ie- rúſalem. Ad confitendum nómini Dómini.
Semini ejus in ſæcula. Confortá- ti ſunt ſúper me.
Domino in læ- títia. Volun- tatis tuæ coro- náſti nos.
Tuum vi-vi- fíca me. In die qua invo- cave- rímus te.
Qui non cõmo-vébitur. In chórdis & órgano.

Ego hódie ge- núi te. Secundum órdinem Mel-chíſedech.
In pſaltério & cythara. De láqueo ve- nántium.

Commencemens des Antiennes du III. Mode qui ont du rapport avec ſa I. terminaiſon.

Cum complerentur. Hæc eſt quæ neſci- vit.

II. Terminaiſon du III. ton.

Avec ſes notes fondamentales

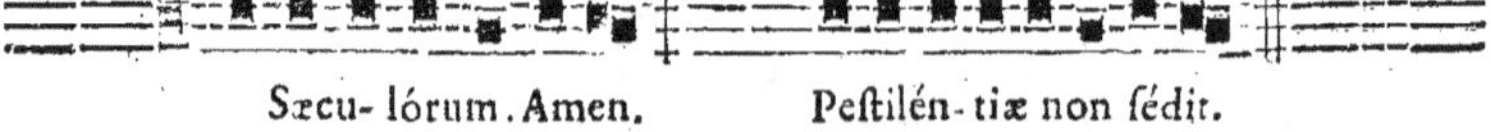

Sæcu- lórum. Amen. Peſtilén- tiæ non ſédit.
Loquebar pácem de te. Ejus in idípſum.

Avec ſes notes ſurvenantes.

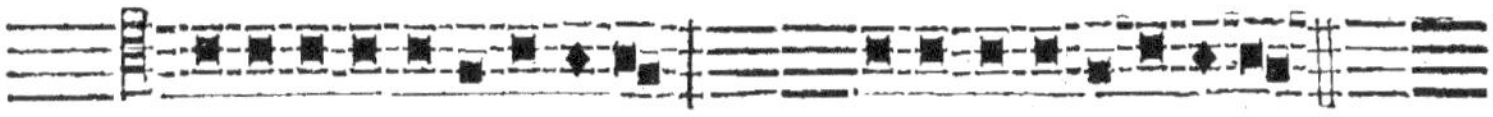

Ego hodie genú- i te. De laqueo venántium.
Qui habitat in Ierú- ſalem. Invo- cave- rímus te.
In pſalte-rio & cythara. Tuum vivi- fíca me.

Et Spirí- tui ſánćto. In domum Domini íbimus.
Non ſum oblítus.

Commencemens du III. mode qui ont du rapport avec ſa II. terminaiſon.

Fidelis ſervus & prudens. Vivo e- go. Nigra ſum.

III. Terminaiſon du III. ton.

Avec ſes notes fondamentales.

Sæculórum. Amen. Peſtilén-tiæ non ſédit.
Loquebar pácem de te. Ejus in idípſum.

Avec ſes notes ſurvenantes.

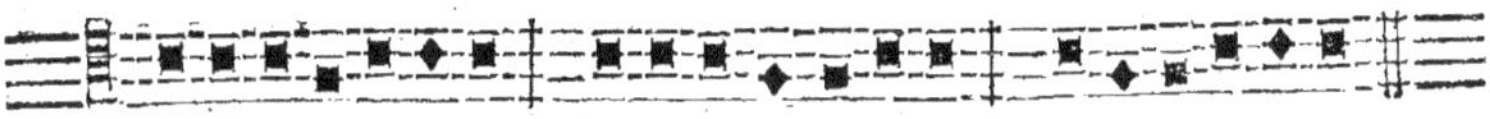

Hodie genú- i te. Et Spirí- tui ſánćto. Dómini íbimus.
Laqueo venántium. Tua non ſum oblítus. Iúdicat pópulos.

Commencemens du III. mode qui ont du rapport avec ſa III. terminaiſon.

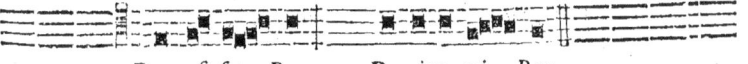

Dum eſ- ſet Rex. Domine mi Rex.

Le Directoire du Chœur Romain, & Guy Aretin font mention des deux ou trois terminaiſons ſuivantes, à la premiere deſquelles Guy Aretin attribuë les Antiennes

Herodes enim tenuit. Elizabeth Zachariæ. Fidelis ſervus. *& quelques autres ſemblables : Et à la troiſiéme les Antiennes* Domine probaſti me. Omnia quæcumque. Quoniam in æternum.

Sæculórum. Amen. Sæculórum. A- men. Sæculorum. A- men.

FORMULES DE LA PSALMODIE.

Du IV. ton.

Intonations & mediations des Feſtes ſimples & des Feries.

Avec leurs notes fondamentales.

Et erexit cornu ſalútis nobis. Benedictus Dominus Deus Iſ- raël.
Dixit Dominus Dómino méo. Sicut mõs Sion.
Amove á me. Magni-ficat.
Fí- liæ Iúdæ. Qui fácit hæc.
Dícta ſunt de te. Et erí- pe me.
Non ſic ím- pij non ſic. Vivi- fíca me.

Avec leurs notes ſurvenantes.

Mamento Dómine Dávid. Gloria Pátri, & Fí- lio. Altíſ- ſimi vocáberis.
Habitántibus Cédar. Iuſtus es Dómine. Iſ- rael in Dómino.
Quis eſt iſte Rex glóriæ. ſéminant in láchrymis.

Intonations & mediations des Feſtes ſolemnelles, doubles, & demy-doubles.

Et e- rexit cornu ſalútis nóbis. Bene- dictus, *&c.* Deus Iſraël.
Glori- a Patri, *&c.* Magni-ficat.

I. Terminaiſon du IV. ton.

Avec ſes notes fondamentales.

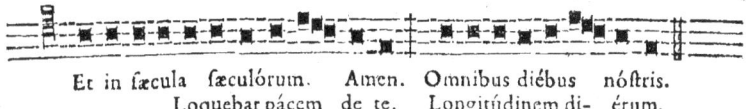

Et in ſæcula ſæculórum. Amen. Omnibus diébus nóſtris.
Loquebar pácem de te. Longitúdinem di- érum.

Avec ſes notes ſurvenantes.

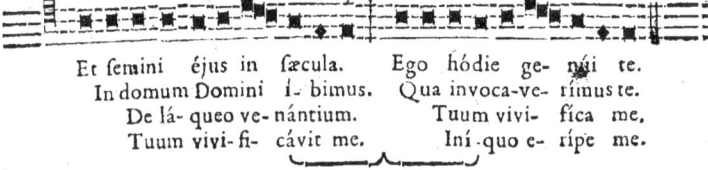

Et ſemini éjus in ſæcula. Ego hódie ge- nui te.
In domum Domini i- bimus. Qua invoca-ve- rimus te.
De lá- queo ve- nántium. Tuum vivi- fíca me.
Tuum vivi- fi- cávit me. Iní -quo e- rípe me.

Teſtimó-nia óris tui. Servite Dómino in læ- tí- ti- a.
Quæ fáciunt vérbum é jus. De manu ómnium qui o- dérunt nos.
Laudábile nómen Dómini.

Commencemens du IV. mode, qui ont du rapport avec ſa I. terminaiſon.

Ne reminiſ- ca- ris. Om- nes autem. Tulit er- go. Sol- ve juben- te.

Rubum quē viderat Mo- yſes. Innu- ebant pa- tri e- jus. Sancta

Ma-ri- a. Te De- um. Credo vide- re. Te invo- ca- mus.

Si- cut novel- læ o- li- varum. Quid vo- bis vi- detur de Chriſto.

II. Terminaison du IV. ton.

Avec ses notes fondamentales.

Et in sæcula sæcu-lórum. Amen. Et Spirí-tui sáncto.
Loquebar pácem dé te. In túrribus túis.

Avec leurs notes survenantes.

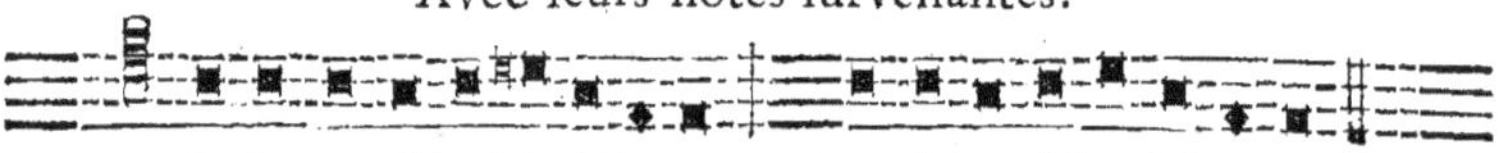
In domum Dómini íbimus. Quando consola- béris me.
Lucí- ferum ge-núi te. Ordinem Melchísedech.
De la- queo venántium. Tuum vivi- fíca me.
Ego hó- di- e ge- núi te. Ini- quis e- rípe me.

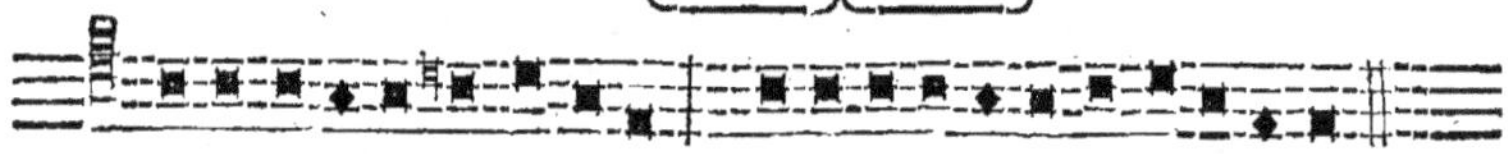
Testi- mónia óris túi. Servite Dómino in lætí- tia.
Quæ fáciunt verbum éjus. De manu ómnium qui odérunt nos.

Commencemens du IV. mode qui ont du rapport avec sa II terminaison.

Cantemus Domino. Deside- rio. Ele- vatis ma- nibus.

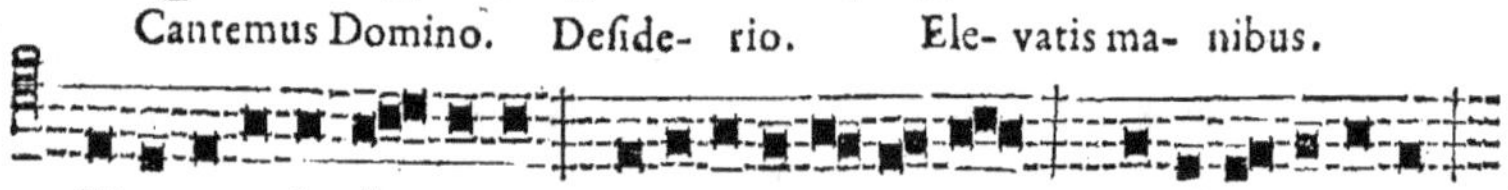
Dignare me lauda- re te. Vigilate a- ni mo. Domine audivi.

III. Terminaison du IV. ton.

Avec ses notes fondamentales. Avec ses notes survenantes.

Sæculórum. Amen.
Congregati- óne.
Pácem dé te.
In domum Dómini í- bimus.
Ordinem Melchísedech.
Hó-die ge- núi te.

Commence-

Commencemens du IV. mode qui ont du rapport avec sa III. terminaison.

Trois autres terminaisons dont le Directoire du Chœur Romain marque la premiere, & Guy Aretin les deux suivantes, attribuant à la premiere de ces deux les Antiennes Vigilate animo. Credo videre. Turba multa. Sancta Maria; *& à la seconde*, Sion noli tardare. O mors ero. Factus sum.

FORMULES DE LA PSALMODIE.

Du V. ton.

Les intonations & mediations des Feries & des Festes simples sont semblables à celles du II. ton, tant dans leurs notes fondamentales que survenantes, & ne sont differentes que dans la clef.

Intonations & mediations des Festes solemnelles, doubles, & semy-doubles.

Il n'y a en ce V. ton que la seule intonation qui varie; car la mediation des Festes, quoy que solemnelles, ne differe en rien de celle des Festes simples.

Unique terminaison du V. ton.

Avec ses notes fondamentales.

Avec ses notes survenantes.

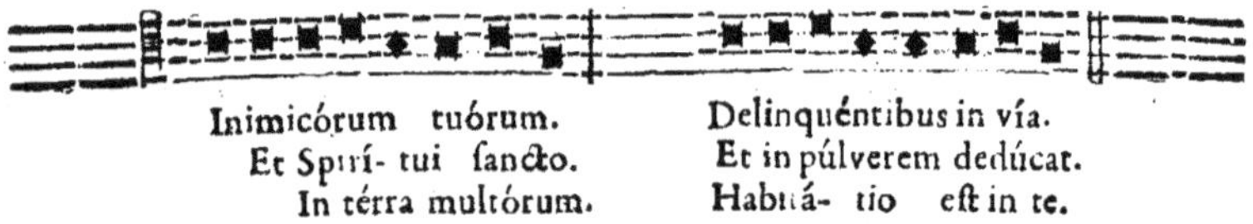
Inimicórum tuórum. Delinquéntibus in vía.
Et Spirí- tui sancto. Et in púlverem dedúcat.
In térra multórum. Habitá- tio est in te.

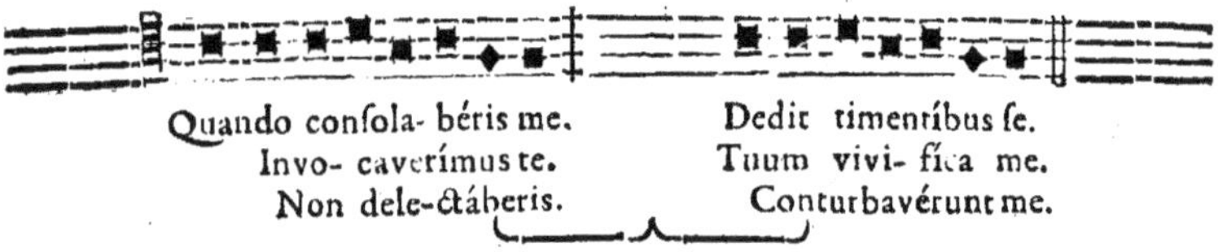
Quando consola- béris me. Dedit timentíbus se.
Invo- cavérimus te. Tuum vivi- fica me.
Non dele-ctáberis. Conturbavérunt me.

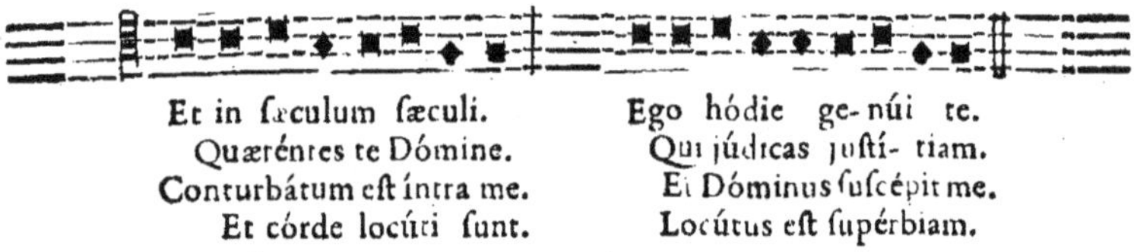
Et in sæculum sæculi. Ego hódie ge- núi te.
Quærénres te Dómine. Qui júdicas justí- tiam.
Conturbátum est íntra me. Et Dóminus suscépit me.
Et córde locúti sunt. Locútus est supérbiam.

Commencemens du V. mode qui ont du rapport avec sa terminaison.

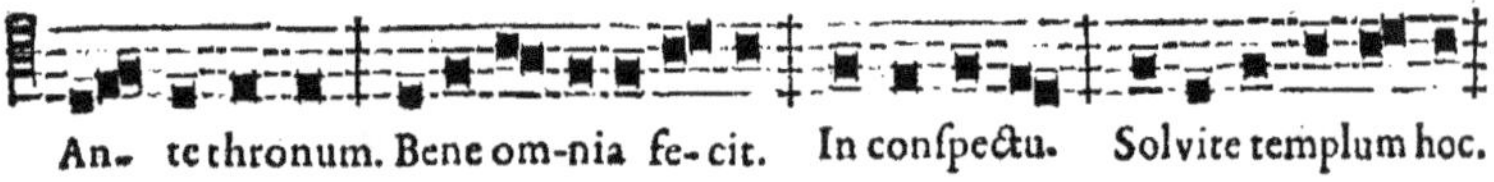
An- te thronum. Bene om-nia fe- cit. In conspectu. Solvite templum hoc.

Vestri capilli ca- pitis. Ecce Dominus veniet. Eleva- mini.

Deo nostro. Ve- niet fortior. Non in so- lo. Bene- di- ctum.

Guy Aretin ajoûte à la precedente terminaison les deux suivantes, & attribuë à la premiere le commencement de l'Antienne Ecce veniet Dominus. *& à la seconde, les commencemens des Antiennes* Non in solo pane. Elevamini, &c.

Sæculórum. Amen. Sæculórum. Amen.

FORMULES DE LA PSALMODIE.

Du VI. ton.

Intonations & mediations des feries, & des Feftes fimples.

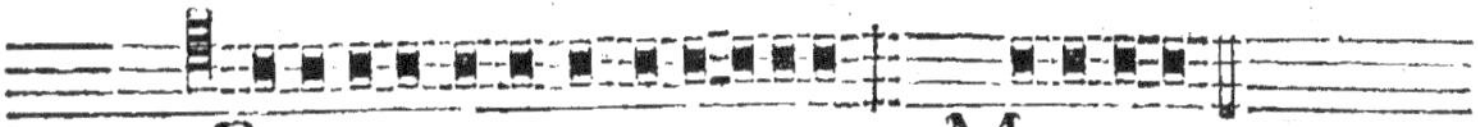

BEnedictus Dominus Deus Ifrael. MAgnificat.

Intonations & mediations des Feftes folemnelles, doubles, & femy-doubles.

Avec leurs notes fondamentales.

Et e- rexit cornu falútis no-bis. Magní- ficat.
Sterilem in dó-mo.

Avec leurs notes furvenantes.

Et e- xultavit Spíritus mé- us. Glori- a Patri, & Fí- lio.
Glori- ofa dicta funt dé te. Et tu altiffimi vocá- beris.
Lo- cutus eft per os fancto-rum. Quia, *&c.* magna qui pó-tens eft.

Verba mea auribus pércipe Dó- mine.

Unique Terminaifon du VI. ton.

Avec fes notes fondamentales.

Et in fæcula fæculórum. Amen. Tua non fum o- blítus.
Loquebar pácem de te. Cí- vitas Déi

Avec fes notes furvenantes.

Et in cathedra peftiléntiæ non fédit.

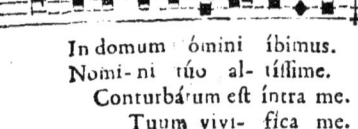

In domum ómini íbimus. Ego hó-die ge- núi te.
Nomi- ni túo al- tíſſime. Et Dóminus ſuſ- cépit me.
Conturbárum eſt íntra me. Locútus eſt ſu- pérbiam.
Tuum vivi- fica me. Qui jú-dicas ju- ſtí- tiam.
Qua invo- cave- rímus te. Ordinem Melchíſedech.

Commencemens du VI. mode qui ont du rapport avec ſa terminaiſon.

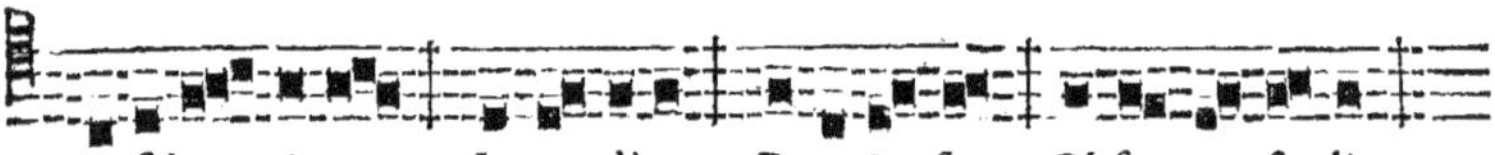

Deſide- rium. In me-dio. Puer le ſus. Obſer-va fi- li.

Non tur-be- tur cor ve- ſtrum. O admirabile commer- cium.

Vobis datum eſt. Do- minum De- um tuum. Aſcenden- te Ie- ſu.

FORMULES DE LA PSALMODIE.

Du VII. ton.

Intonations & mediations des Feſtes ſimples & des Feries.

Avec leurs notes fondamentales.

Et eréxit cornu ſalútis nóbis. Dominus Deus Iſraél.
Quoniam ſperávi in te. Dominus ex Sion.
Oblivíſceris me in finem. Et cognovíſti mé.
Captivitátem Síon. Vivi- fíca mé.
Magníficat. Lætabítur Réx.
Bónus és tu. In Ephratá.

Dixit Dóminus Dómino méo. Non ſic ím- pij nón ſic.
Scabellum pédum tuórum. Meménto Dómine Dávid.
Dere- líctus eſt páuper. Dícta ſunt dé te.

Generá- tio ventúra. Propè es tu Dómine. Qui adórant ſculptília.
Qui non commovébitur. Gentes pláudite mánibus.
Gaudium & læ- titiam.

Dij géntium dæmónia.
Altíſ- ſimi vocá- beris.
Qui ſéminant in láchrymis.

Intonations & mediations des Feſtes ſolemnelles, doubles & demy-doubles.

Avec leurs notes fondamentales.

Et e- rexit cornu ſalú- tis nó- bis. Si- cut erat, &c. & nunc & ſem-per.
Glo- ri- a Patri Et tu puer. Sperá- vi in te.

MA- gní- ficat.

Avec leurs notes ſurvenantes.

Dó- mino mé- o. Dominus Dé- us Iſrael. Generá- tio ventú- ra.
Per os ſanctó- rum. Prope es tu Dómine.
Pé- dum tuó- rum. Qui non com-movébitur.

Gentes pláu- dite mánibus. Dij gén- tium dæmó- nia.
Adó- rant ſculptília. Terrí- bile & ſánctum eſt.
Ira tú- a argúas me. Altíſ- ſimi vocáberis

I. Terminaiſon du VII. ton.

Avec ſes notes fondamentales.

Et in ſæcula ſæcu-lórum. Amen. Comprehenſus eſt pes eórum.
In inte- ritu quem fecérunt. Taberná- culum Déo Iácob.
ſuper mel & fávum. loquébar pácem de te.

Avec ſes notes ſurvenantes.

Et Spirí- tui ſáncto. Meditabitur díe ac nócte.
Tua nón ſum oblítus. Et dívites dimíſit inánes.

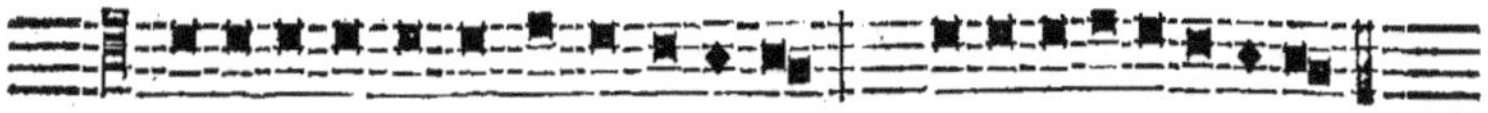

Servite Domine in lætí- tia. Qua invocave-rímus te.
Qui non commovébitur. Habitat in Ie-rúſalem.
Virtutum ipſe eſt Rex glóriæ. Tua vivi-fíca me.
Omnium qui odérunt nos. Tuum vivifi- cávit me.

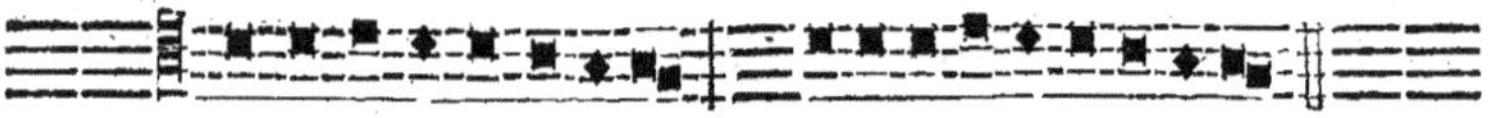

Confortá- ti ſunt ſúper me. In me iní- quitas.
Domum Dómini íbi- mus. Semini éjus in ſæcula.
Et córde lo- cuti ſunt. Medio túi Ie-rúſalem.

Ego hó- die ge- núi te. Longitú-dinem diérum.
In pſalté- rio & cíthara. Delinquéntibus in vía.
De lá- queo venántium. In púlverem dedúcat.
Quóniam homínes ſunt.
Ordinem Melchíſedech.

Commencemens du VII. mode qui ont du rapport avec avec ſa I. terminaiſon.

Aſſumpſit Ieſus. Sapién- tia. Dum tribularer. Redemptionem.

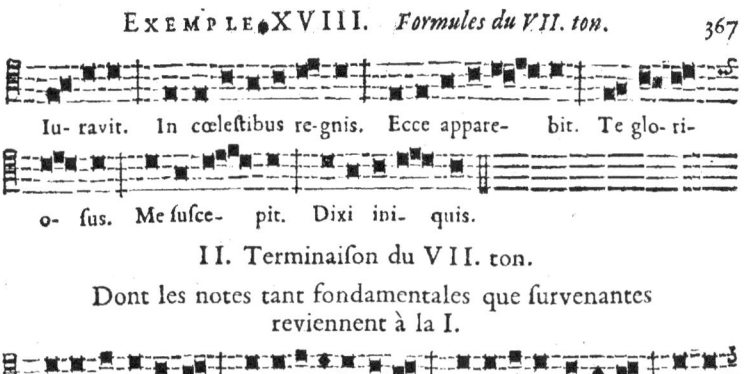

Iu- ravit. In cœleſtibus re-gnis. Ecce appare- bit. Te glo- ri-

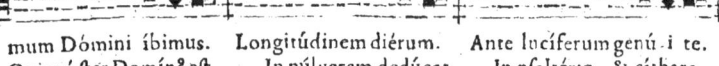

o- ſus. Me ſuſce- pit. Dixi ini- quis.

II. Terminaiſon du VII. ton.

Dont les notes tant fondamentales que ſurvenantes reviennent à la I.

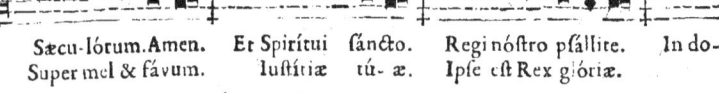

Sæcu-lórum. Amen. Et Spirítui ſáncto. Regi nóſtro pſállite. In do-
Super mel & fávum. Iuſtítiæ tú- æ. Ipſe eſt Rex glóriæ.

mum Dómini íbimus. Longitúdinem diérum. Ante lucíferum genú-i te.
Quis nóſter Domín⁹ eſt. In púlverem dedúcat. In pſaltério & cíthara.

Commencemens du VII. mode qui ont du rapport avec ſa II. terminaiſon.

O ma-gnum. Ecce Sacerdos magnus. Angeli Archan- geli.

Vndecim diſci- puli.

III. Terminaiſon du VII. ton.

Qui a pareillement les meſmes notes fondamentales & ſurvenantes que la I.

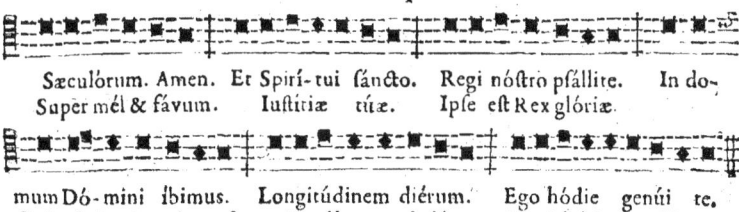

Sæculórum. Amen. Et Spirí-tui ſáncto. Regi nóſtro pſállite. In do-
Super mél & fávum. Iuſtitiæ túæ. Ipſe eſt Rex glóriæ.

mum Dó-mini íbimus. Longitúdinem diérum. Ego hódie genúi te.
Quis nó-ſter Domínus eſt. In púlverem dedúcat. In pſaltério & cíthara.

Commencemens du VII. mode qui ont du rapport avec sa III terminaison.

Vide Do- mine. Exor- tum est. Omnis spi- ritus.

IV. Terminaison du VII. ton.

Avec ses notes fondamentales & survenantes qui sont semblables à celles de sa I. terminaison.

Sæculórum Amen. Et Spirítui sáncto. Regi nóstro psállite.

Dómini íbimus. Longitúdinem diérum. Ego hódie genúi te.

Commencemens du VII. mode, qui ont du rapport avec sa IV. terminaison.

An- gelus ad pastores a- it. Fa- cta est. Ga- briel An- gelus.

Pu- er qui natus est no- bis.

V. Terminaison du VII. ton.

Avec ses notes fondamentales & survenantes qui sont semblables à celles de sa I. terminaison.

Dómini íbimus. Longitúdinem diérum. Ego hódie genúi te.

Ordinem Melchísedech.

Commence-

Commencemens du VII. mode qui ont du rapport avec sa V. terminaison.

Lo-queban-tur. Di- xit Do-minus. Ser- ve bo- ne. Con- forta- tus eſt.
Stel- la i- ſta.

Vivit Dominus.

Guy Aretin fait encore mention des trois terminaiſons ſuivantes, & attribuë à la premiere entr'autres l'Antienne Angelus ad paſtores. *A la ſeconde,* Exortum eſt. *Et à la troiſiéme,* Domine oſtende nobis.

E u o u a e. E u o u a e. E u o u a e.

FORMULES DE LA PSALMODIE.

Du VIII. ton.

Intonations & mediations des Feſtes ſimples & des Feries.

DIxit Dominus Domino méo. Dominus Deus Iſraël. Magníficat.

Intonations & mediations des Feſtes ſolemnelles, doubles, & demy-doubles.

Et erexit cornu ſalutis nobis. Ma- gni- ficat.

Quand aux notes fondamentales & ſurvenantes de ces deux ſortes d'intonations & mediations, elles ſont ſemblables à celles du II. ton.

I. Terminaiſon du VIII. ton.

Avec ſes notes fondamentales.

Et in ſæcula ſæcu- lórum. Amen. Genera- tiónem.
Et Spirí- tui ſáncto. In térra multórum.
Loquebar pácem de te. Præclára eſt míhi.

Avec ses notes survenantes.

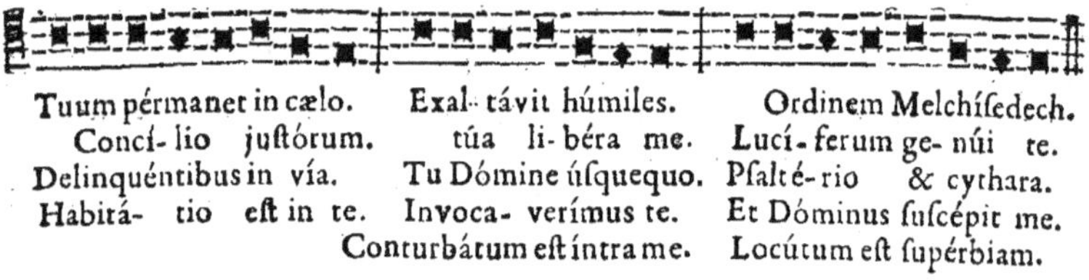

Concí- lio justórum. túa li- béra me. Lucí- ferum ge- núi te.
Delinquéntibus in vía. Tu Dómine úsquequo. Psalté- rio & cythara.

Commencemens du VIII. mode qui ont du rapport avec sa I. terminaison.

Cum ve- nerit. Ieru- salem gau-de. Ho- die. Om- nis sapien- tia.
Rex pa- ci- ficus. Cum or- tus. Ser- ve ne- quam. Pa- ter & Fi- lius.
Iusti- ficeris Do- mine. Sepe- lierunt. De fructu. Descen- dit hic.
O virum inef- fa- bilem. Sanctorum velut. Contri- tum est. Iste san-ctus.

II. Terminaison du VIII. ton.

Avec ses notes fondamentales & survenantes qui reviennent à celles de la I.

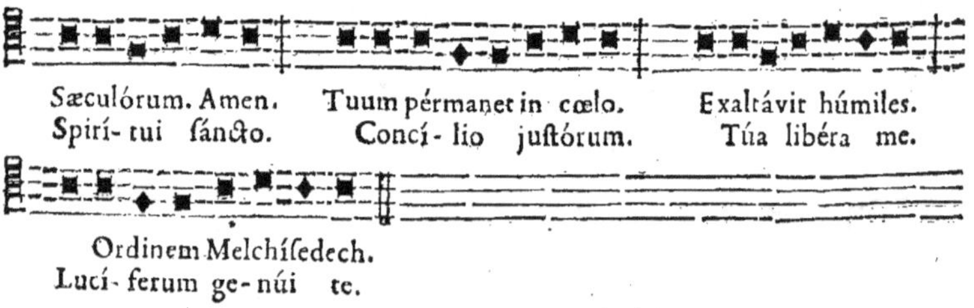

Sæculórum. Amen. Tuum pérmanet in cœlo. Exaltávit húmiles.
Spirí- tui sáncto. Concí- lio justórum. Túa libéra me.

Commencemens du VIII. mode qui ont rapport
avec sa II. terminaison.

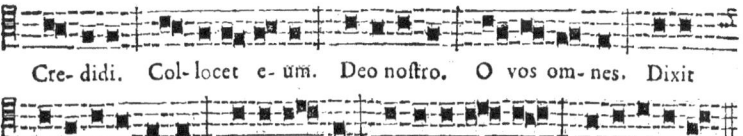

Cre- didi. Col- locet e- um. Deo nostro. O vos om- nes. Dixit

Angelus ad Petrum. Erat au- tem. Post dies o- cto. Aspice in me.

Guy Aretin fait aussi mention des deux terminaisons suivantes, & attribuë à la premiere les Antiennes Spiritus sanctus. Soror mea. *& à la seconde*, Qui sunt hi sermones. Hodie Maria. *& autres semblables.*

E u o u a e. E u o u a e.

FORMULES DE LA PSALMODIE.

Du VIII. ton irregulier.

Intonations & mediations.

Avec leurs notes fondamentales.

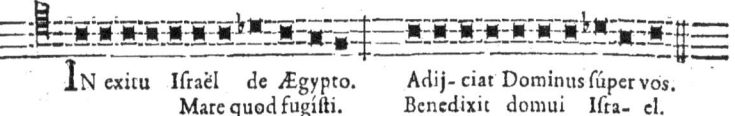

IN exitu Israël de Ægypto. Adij- ciat Dominus súper vos.
Mare quod fugísti. Benedixit domui Isra- el.

Avec ses notes survenantes.

Sanctificá- tio ejus. Non nobis Domine non nobis.
Mare vídit & fugit.
Argéntum & aurum.
In stágna aquarum.

Cælum cæli Dómino. Benedí- cimus Dómino.
Habent & non áudient. Speravérunt in Dómino.
verunt ut a- rietes. Sperávit in Dómino.
Laudábût te Dómine.
tastis sicut a- rietes.

Teneur qui suit la mediation jointe à la terminaison du mesme ton irregulier.

Avec ses notes fondamentales.

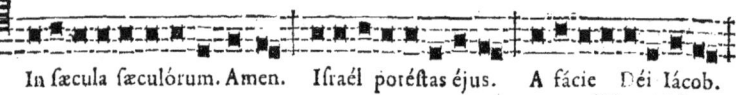

In sæcula sæculórum. Amen. Israél potéstas éjus. A fácie Déi Iácob.
Dómui Aáron.

Avec ses notes survenantes.

Omnia quæcúmque vóluit fécit. Super vós & super fí- lios véstros.
Qui confídunt in éis.
In fóntes aquárum.
Déus eórum.

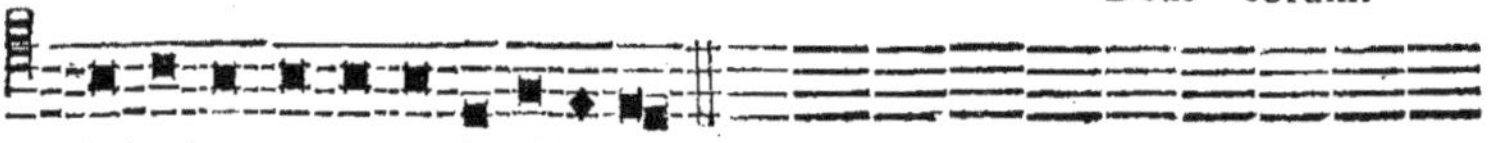

Sed nómini tuo da glóriam.
Protector eórum est.
Pusil- lis cum majóribus.
Et cólles sicut ágni óvium.
Ex hoc nunc & úsque in sæculum.

Opera mánuum hóminum. Terram áutem dedit fí- lijs hóminum.
Quia convérsus es rétrorsum.

Antiennes qui ont du rapport avec ce VIII. ton irregulier.

Nos qui vi- vimus benedicimus Do- mino. Martyres Do- mini Dominum

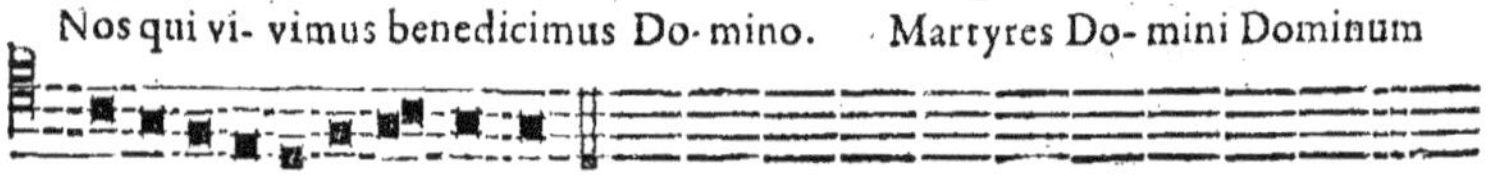

benedi- cite in æ- ternum.

Ce ton semble contenir en soy tous les autres tons ou manieres de melodie : car au commencement de son Antienne il a quelque ressemblance avec le I. le II. & le VII. mode, & dans sa fin avec le VIII. Son intonation a du rapport avec le IV. sa mediation avec le VI. la teneur suivante avec le VII. & sa terminaison avec le III. & le V. & par consequent il semble en quelque façon comprendre en soy la vertu & l'energie de tous les autres modes. C'est pourquoy la sainte Eglise, par un transport de l'amour divin qui ne peut estre limité par aucun mode ny maniere, employe le chant de ce ton pour témoigner à Dieu cét amour & toutes les autres saintes affections qui l'accompagnent, de loüange, d'adoration, d'action de graces, de joye, & tous les autres sentimens de devotion qu'elle est obligée d'avoir pour la Resurrection de nostre Seigneur, & pour le bienfait inestimable de nostre Redemption. C'est encore avec le mesme esprit, & par un semblable transport, qu'au jour de la Pentecoste elle entrelasse dans l'Introite de la Messe quelques parcelles de trois differens tons, qui y sont remarquez à la fin du XIII. Exemple.

FORMULES DE LA PSALMODIE.

Du IX. ton, ou I. affinal, que Guy Aretin appelle la seconde partie du I. ton.

Intonations & mediations simples.

Intonations & mediations solemnelles, doubles & demy-doubles.

I. Terminaison laquelle Guy Aretin donne à ce IX. mode en suite de l'Antienne *Cum inducerent.* à laquelle il dit que cette terminaison a du rapport.

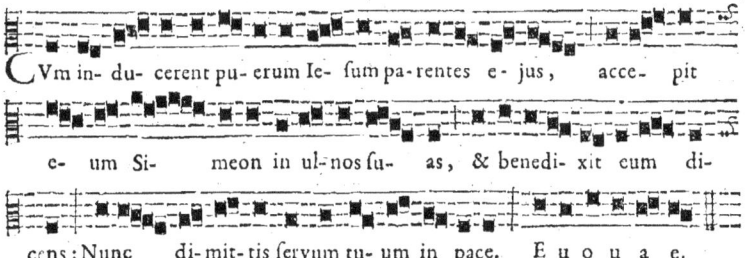

Cum in- du- cerent pu- erum Ie- sum pa- rentes e- jus, acce- pit

e- um Si- meon in ul- nos su- as, & benedi- xit eum di-

cens: Nunc di- mit- tis servum tu- um in pace. E u o u a e.

II. Terminaison laquelle le mesme Aretin donne à ce IX. mode, aprés l'Antienne *Hodie Christus.* qu'il luy attribuë.

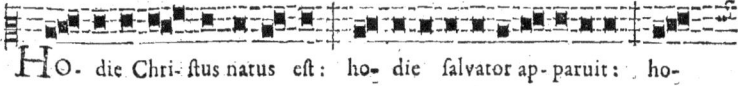

die in terra canunt An- geli : lætan- tur Archan- geli : hodie
exul- tant justi dicen- tes: glo- ria in excel- sis De- o. Alle- luia. E u o u a e.

III. Terminaiſon du IX. mode, à laquelle Guy Aretin attribuë l'Antienne *Inter natos.* dont toutefois le chant a depuis eſté changé & mis du III. mode.

E u o u a e.

Les notes fondamentales & les ſurvenantes des intonations, des mediations & des terminaiſons de ce ton ſont quaſi ſemblables à celles du I. ton.

En ſuite de ces trois terminaiſons Aretin ajoûte, que ſi l'on ne veut pas uſer de ces trois differentes terminaiſons, on peut ſe ſervir de celles qui ont eſté aſſignées au premier mode. Voicy ſes termes : Quod ſi tres iſtas differentias nolueris ſic concinere, exemplo retrolatorum dicere potes, nihilque nocet. Guido in formulis modorum cap. 2. in altera parte proti. *Laquelle authorité d'Aretin a depuis donné ſujet d'étendre meſme aux Antiennes la licence qu'il y donne pour les terminaiſone ; vû que les Antiennes* Hodie Chriſtus. Cum inducerent. *ont depuis eſté notées ſous les lettres du I. mode.*

FORMULES DE LA PSALMODIE.

Du X. ton, ou II. affinal.

Intonations & mediations ſimples.

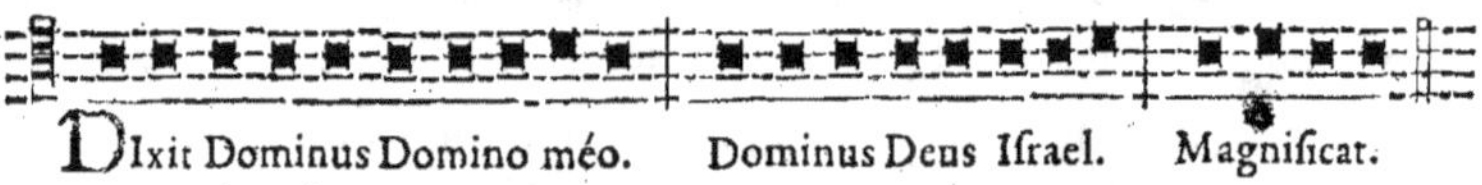
Dixit Dominus Domino méo. Dominus Deus Iſrael. Magnificat.

Intonations & mediations ſolemnelles, doubles, & ſemy-doubles.

Benedictus Dominus Deus Iſrael. Ma- gni- ficat.

Unique terminaison du X. ton.

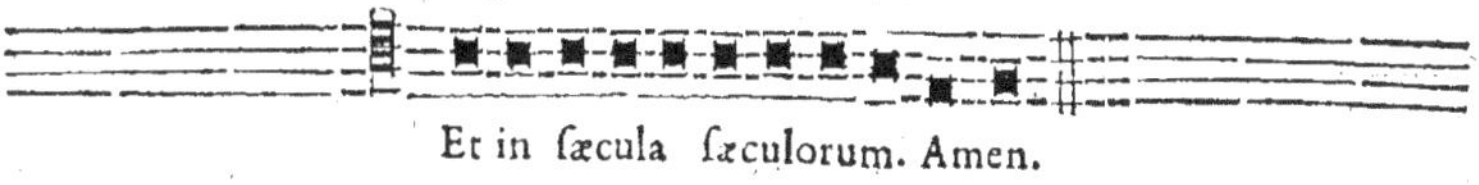

Les notes fondamentales & survenantes s'appliquent à ce ton, de la mesme façon qu'au II.

Les Antiennes que Guy Aretin luy attribuë sont entr'autres, *Magnum hæreditatis.* & le Respons *Si bona suscepimus.* notez avec la clef de C, l'Antienne, ou Graduel de Pasques, & les autres Graduels semblables, sont encore de ce mesme mode, comme aussi les Hymnes *Sanctorum meritis. O gloriosa Domina.*

FORMULES DE LA PSALMODIE.

De l'XI. ton, ou V. affinal.

La clef de C, de la plus basse ligne marque le XI. naturel, & celle de la seconde ligne en haut, qui est à la marge avec un b mol au dessous. marque le XI. transposé.

Intonations & mediations simples.

Intonations & mediations solemnelles, doubles, & semy-doubles.

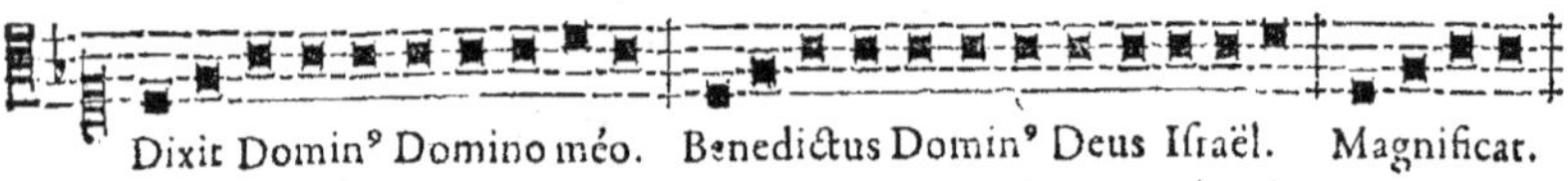

Unique terminaison de l'XI. ton.

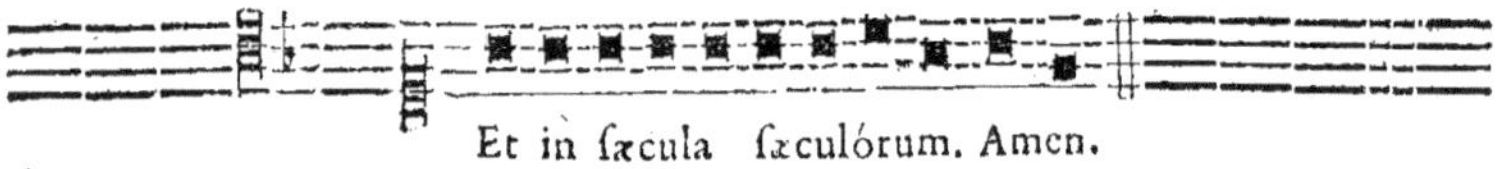
Et in sæcula sæculórum. Amen.

Les notes fondamentales & les survenantes de ce ton sont les mesmes que celuy du V.

Aretin toutefois donne aux Antiennes de ce ton la terminaison suivante, quoy qu'elle soit peu differente de celle du VII. d'autant, dit-il, qu'encore que la finale C soit attribuée au V. neantmoins la ressemblance de sa quinte avec celle du VII. le fait paroistre du VII.

Sicut erat in principio & nũc, & sémper, & in sæcula sæculórum. Amen.

Les Antiennes *Alma Redemptoris. O sacrum convivium. Qui pacem.* le ℟. *Regnum mundi.* & autres semblables, sont de l'XI. transposé, & peuvent estre remises dans l'XI. naturel en les notant comme il suit.

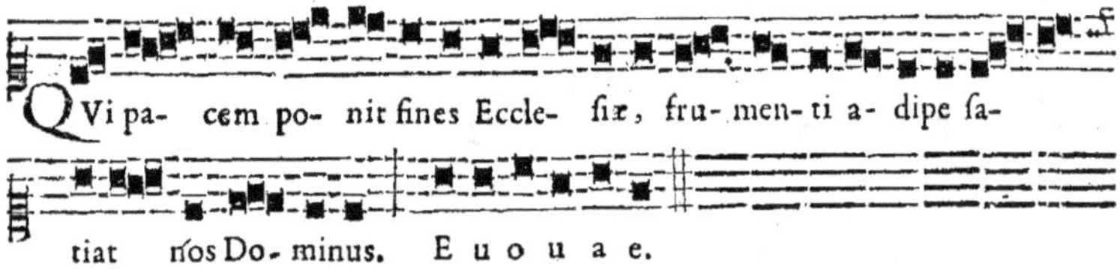
QVi pa- cem po- nit fines Eccle- siæ, fru- men- ti a- dipe sa-
tiat nos Do- minus. E u o u a e.

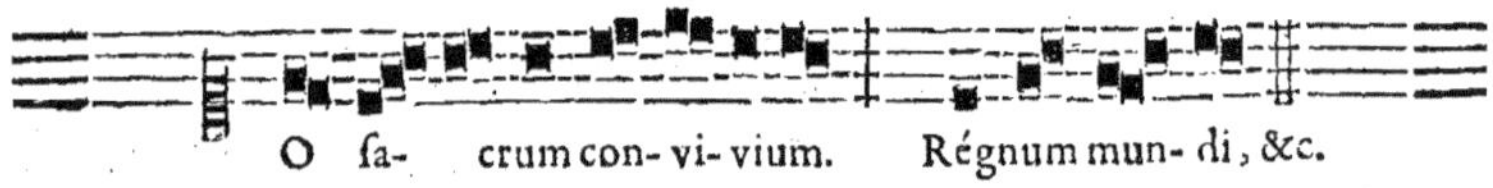
O sa- crum con- vi- vium. Régnum mun- di, &c.

Les Versets des *Alleluya. Assumpta est. Te gloriosus. Te Martyrum candidatus. Bene fundata est.* sont aussi de ce XI. ton, & leur dominante est le sol de la lettre G, soit que la clef de C, se mette à la plus basse ligne comme elle est icy, soit qu'on la marque à la plus haute, ainsi qu'elle se voit au Graduel Romain, soit qu'on y employe la clef de [clef] dont Aretin se sert au precedent *Sicut erat, &c.*

Alleluia.

AL-le- lu- ia. *Versus.*
Af- fum- pta eft. &c. Te glo- rio- fus. &c. Be- ne fun-
da- ta eft. &c.

FORMULES DE LA PSALMODIE.

Du XII. ton, ou VI. affinal.

Intonations & mediations fimples.

DIxit Domin⁹ Domino meo. Benedictus Domin⁹ Deus Ifrael. Magnificat.

Intonations & mediations folemnelles, doubles, & femy-doubles.

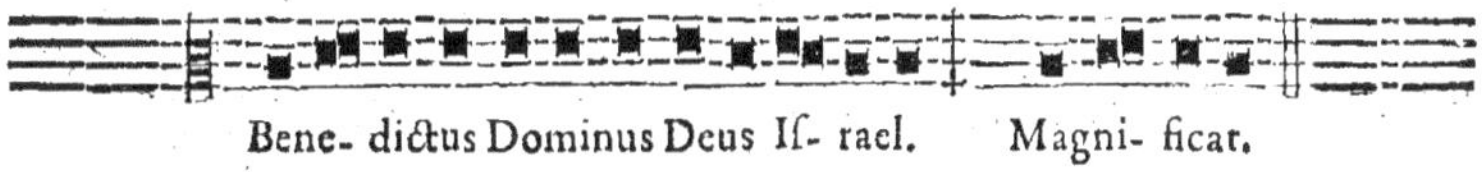
Bene- dictus Dominus Deus If- rael. Magni- ficat.

Unique terminaifon du XII. ton.

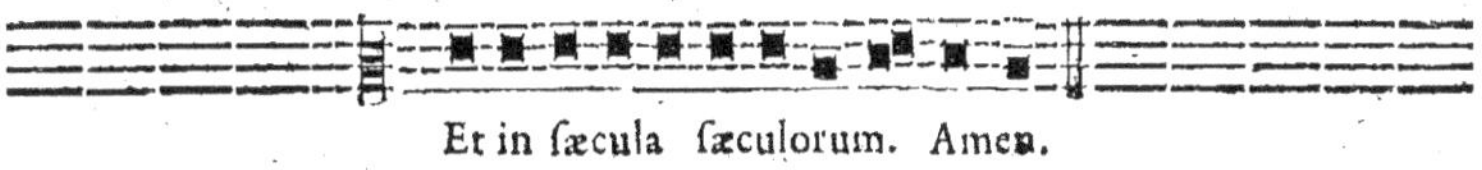

Et in fæcula fæculorum. Amen.

Les notes fondamentales & les furvenantes de ce ton font entierement femblables à celles du VI.

Guy Aretin attribuë à ce mode les Refpons *Honor virtus. Gaude Maria.* & plufieurs autres, dont toutesfois un bon nombre ont depuis efté tranfpofez au XII. par *b* mol, ainfi qu'on le peut voir au ℟. *Homo quidam, &c.* Le mefme Guy attribuë encore à ce mode la plufpart des Introits & des Communions, que nous voyons maintenant eftre du VI. comme les Introits *Hodie fcietis. Efto mihi. Dicit Dominus. Requiem æternam, &c.* & les Communions *Diffufa eft. Honora Dominum. Circuibo, &c.*

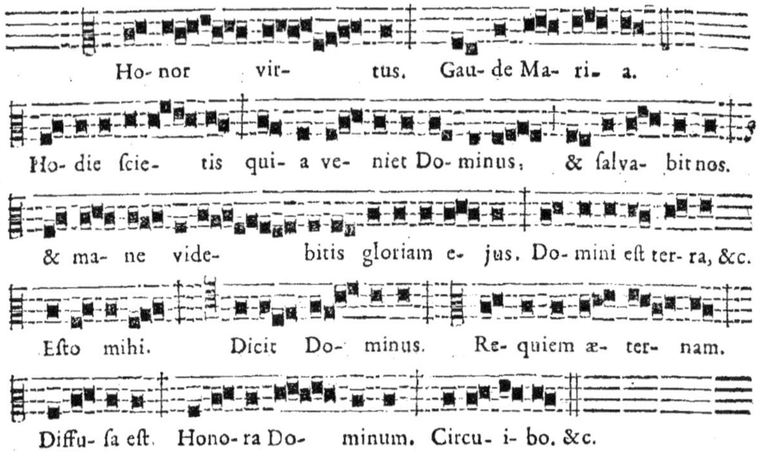
Ho- nor vir- tus. Gau- de Ma- ri- a.
Ho- die scie- tis qui- a ve- niet Do- minus, & salva- bit nos.
& ma- ne vide- bitis gloriam e- jus. Do- mini est ter- ra, &c.
Esto mihi. Dicit Do- minus. Re- quiem æ- ter- nam.
Diffu- sa est. Hono- ra Do- minum. Circu- i- bo. &c.

Or il faut icy remarquer deux choses: premierement que les mediations de Festes simples qui se terminent par des noms Hebreux, ou par des monosyllabes, ont esté notées dans les formules du I. II. III. IV. V. VI. VII. VIII. IX X. & XI. ton selon que l'on a coustume de les chanter dans l'Eglise, comme si les noms Hebreux avoient l'accent sur la derniere, & les monosyllabes y retenoient aussi leur accent ; ainsi qu'on le peut voir aux mediations simples du VII. ton sur les mots Hebreux Israël, Sion, Ephrata, *& sur les monosyllabes* me, Rex; *mais il faut aussi observer que cela n'empesche pas que les mesmes mots Hebreux & monosyllabes ne soient notez en d'autres endroits comme s'ils avoient l'accent sur la penultiéme, ou sur l'antepenultiéme, conformement à la regle de Grammaire, qui rejette l'accent d'un monosyllabe latin qui est final, sur la penultiéme ou l'antepenultiéme du mot precedent : ce qui se peut voir dans toutes les terminaisons de ces tons, & mesme dans quelques mediations du VII. par exemple, dans celles de sa premiere colomne sur les mots* Sion, David, in te, es tu, non sic. *De laquelle forme & regle il semble que l'on auroit pareillement pû user dans toutes les mediations simples des autres tons qui finissent par des mots Hebreux ou des monosyllabes, si l'usage n'en faisoit pas exception. Par exemple, l'on auroit aussi bien pû chanter dans la mediation du V. & du VIII ton:*

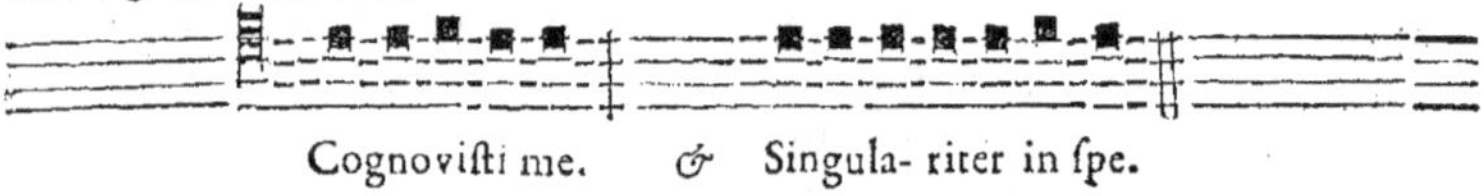
Cognovisti me. & Singula- riter in spe.

Comme l'on chante dans la terminaison des mesmes tons.

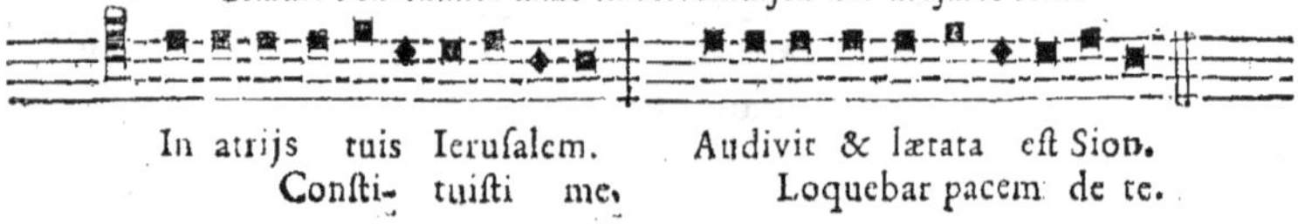
In atrijs tuis Ierusalem. Audivit & læta est Sion.
Consti- tuisti me. Loquebar pacem de te.

Ou bien.

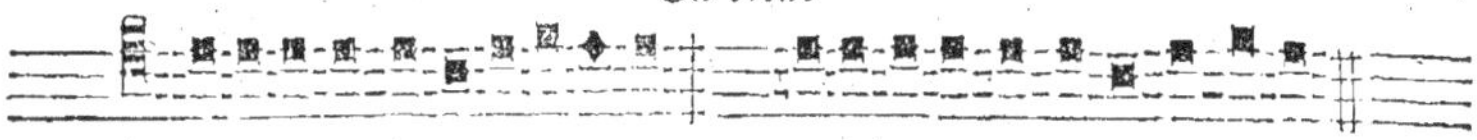

In atrijs tuis Ierusalem. Audivit & lætata est Sion.
Constituisti me. Loquebar pacem de te.

Secondement, que bien que suivant les precedens exemples, le nombre des tons soit de douze, neantmoins Guy Aretin avec l'Eglise les a reduits au nombre de huit, d'autant que le I. & le IX. le II. & le X. le V. & le XI. le VI & le XII. se ressemblent dans leurs intonations, leurs mediations, & leurs terminaisons: & à l'occasion de ce nombre de huit, il a appliqué mystiquement le chant des huit tons sur le texte des huit Antiennes suivantes.

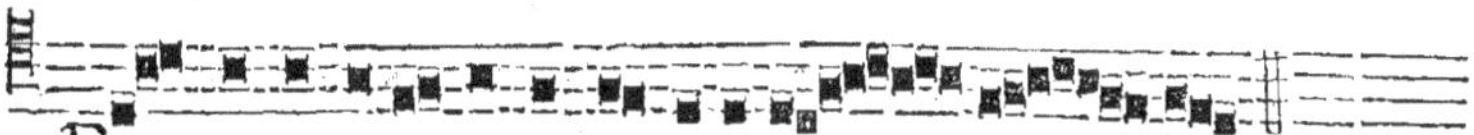

PRi- mum quærite regnum De- i. 1.

SE- cun- dum au- tem simile est hu- ic. 2.

TErtia di- es est quod hæc facta sunt. 3.

QVarta vigili- a ve- nit ad e- os. 4.

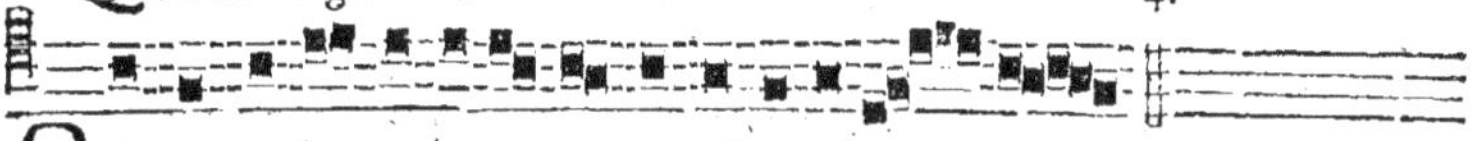

Qvinque pruden- tes intra- ve- runt ad nuptias. 5.

SExta ho- ra sedit super pute- um. 6.

SEptem sunt spiritus ante thronum Dei. 7.

OCto sunt be- atitu- di- nes. 8.

Guy Aretin n'a pas obmis les intonations, les mediations, & les terminaisons des Versets des Introits de tous ces modes; ny d'indiquer les commencemens des mesmes

Introits qui avoient du rapport avec leurs diverses terminaisons. Neantmoins parce que le Graduel Romain les a toutes reduites à l'unité, à la reserve du I. ton auquel il en a laissé deux ; l'on ne marquera icy que celles du mesme Graduel.

Formules des Versets *Gloria Patri.* & *Sicut erat.* des Introits de la Messe du I. ton.

Où il faut remarquer que les notes peuvent pareillement servir à marquer le IX. ton, ou I. affinal, en substituant au lieu de la clef F, celle de C qui est ajoûtée à la marge pour faire voir la facilité de cette substitution ou transposition de clefs.

IX. 
GLo- ria Patri, & Filio, & Spiri- tui san- cto. Si- cut erat in prin-

IX. 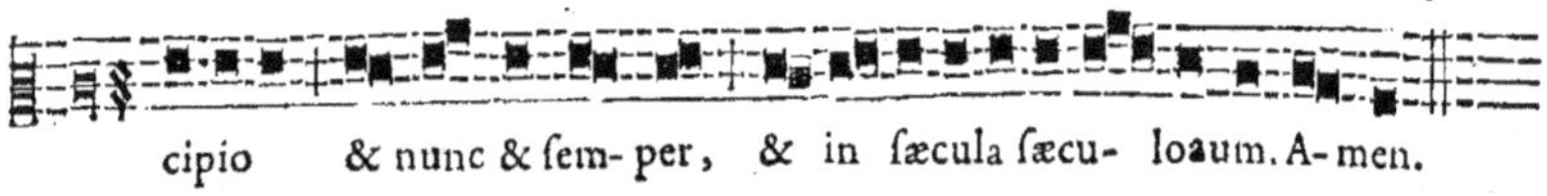
cipio & nunc & sem- per, & in sæcula sæcu- loaum. A- men.

II. Terminaison de ce I. mode, qui convient à l'Introit *Sapientiam Sanctorum.*

Sæcu- lorum. Amen.

Formules des Versets *Gloria Patri,* & *Sieut erat.* des Introits du II. ton; dont les notes peuvent aussi marquer le X. ton, ou II. affinal, en substituant la clef de C, qui se voit à la marge, en la place de la clef de F.

X. 
Glo- ria Patri, & Filio, & Spi- ri- tui san- cto. Sicut erat in

X. 
principio, & nunc & sem-per, & in sæcula sæculo- rum. A- men.

Formules des Versets *Gloria Patri,* & *Sicut erat.* du III. ton.

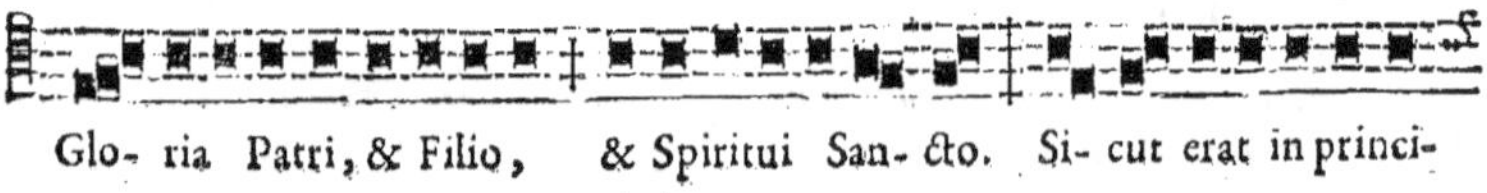
Glo- ria Patri, & Filio, & Spiritui San- cto. Si- cut erat in princi-

pio, & nunc & ſem-per & in ſæcula ſæcu- lo- rum. Amen.

Formules des Verſets *Gloria Patri*, & *Sicut erat.* du IV. ton.

Gloria Patri, & Filio, & Spi- ri- tui ſan-cto. Sicut erat in princi-

pio, & nunc & ſem-per, & in ſæcula ſæculorum. Amen.

Formules des Verſets *Gloria Patri*, & *Sicut erat.* des Introits du V. ton, dont les notes peuvent auſſi ſervir à marquer l'XI. ton, ou V. affinal, en transferant la clef de C, de la ſeconde ligne d'enhaut à la plus baſſe ligne, où la clef F, eſt ſous-entenduë.

XI.
Gloria Patri, & Filio, & Spiritui ſancto. Sicut erat in principio,

XI.
& nunc & ſemper, & in ſæcula ſæculorum. Amen.

Formules des Verſets *Gloria Patri*, & *Sicut erat.* des Introits du VI. ton; dont les notes peuvent pareillement ſervir à marquer le XII. ton, ou VI. affinal, en ſubſtituant la clef de C, ſur la ligne où eſt celle de F.

XII.
Glo- ria Patri & Filio, & Spiritui ſancto. Sicut erat in princi-

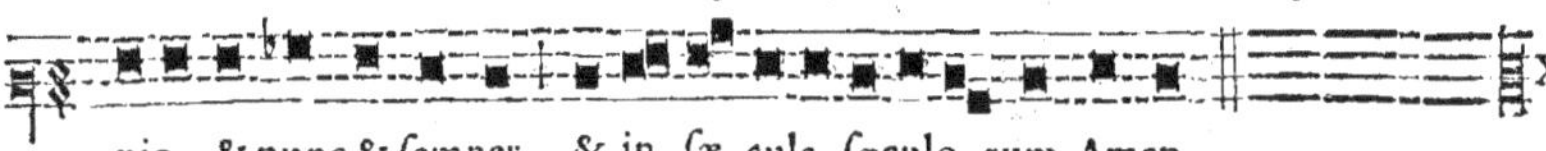
XII.
pio, & nunc & ſemper, & in ſæ-cula ſæculo-rum. Amen.

Formules des Verſets *Gloria Patri*, & *Sicut erat.* du VII. ton.

Glo- ria Patri, & Filio, & Spiri- tui ſan-cto. Si- cut erat in prin-

Formules des Verſets *Gloria Patri*, & *Sicut erat.* du VIII. ton.

Glo- ria Patri, & Filio, & Spi- ri- tui ſan- cto. Sicut erat in princi-

En ſuite des Formules precedentes de chaque ton, Guy Aretin a pareillement marqué les Formules du Verſet Gloria Patri. *que l'on chante à la fin des Reſpons de chaque mode; Ce qui a donné occaſion de les ajouſter icy à ſon imitation, quoy qu'ils n'appartiennent pas au chant pſalmodique, mais au Plain-chant. Ces Formules d'Aretin ſont ſemblables à celles de l'Antiphonaire Romain.*

Formule du chant du *Gloria Patri.* des Reſpons du I. ton, dont les notes peuvent égallement ſervir à marquer celuy du I. affinal, ou IX. ton; en transferant la clef de C de la plus haute ligne à la troiſiéme au deſſous, celle de F, eſt ſous-entenduë.

IX. 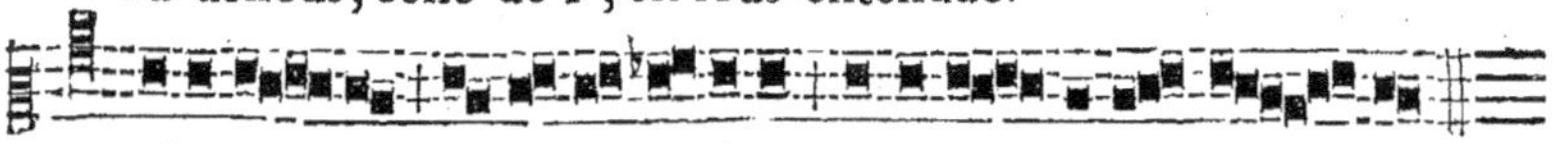
Gloria Pa- tri, & Fi- lio, & Spiri- tui ſan- cto. 1. & 9.

Formule du *Gloria.* des Reſpons du II. ton, dont les notes peuvent pareillement ſervir au II. affinal, ou X. en ſubſtituant la clef de C, marquée à la marge, au droit de celle de F.

X. 
Glo- ria Pa- tri, & Fi- lio, & Spiri- tui ſan- cto. 2. & 10.

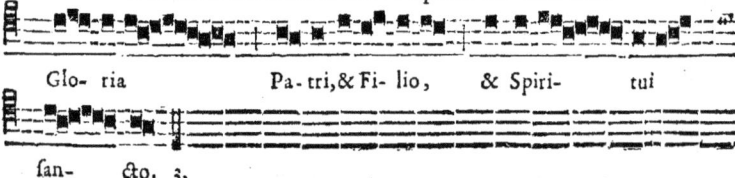

Formule du *Gloria.* des Reſpons du III. ton.

Glo- ria Pa- tri, & Fi- lio, & Spiri- tui

Formule du *Gloria*. des Reſpons du IV. ton.

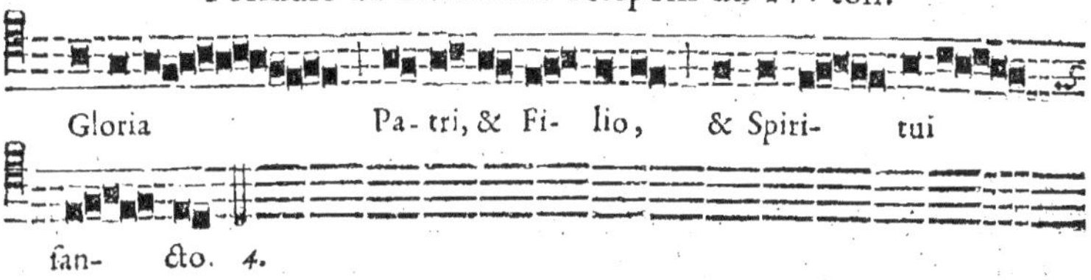

Formule du *Gloria*. des Reſpons du V. ton ; dont les notes peuvent marquer le V. affinal ou l'XI. en transferant la clef de C, de la ſeconde ligne, à la plus baſſe où l'F, eſt ſous-entenduë.

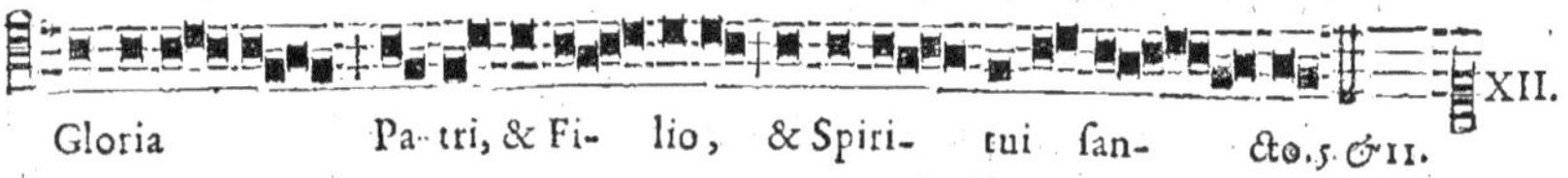

Formule du *Gloria*. des Reſpons du VI. ton ; dont les notes peuvent ſervir au VI. affinal, ou au XII. ton, en transferannt la clef de C, de la plus haute ligne à la 3e d'en bas ou l'F, eſt ſous-entenduë. Aretin n'a marqué ces Reſpons que de la clef de C, vray-ſemblablement pour éviter le *b* mol.

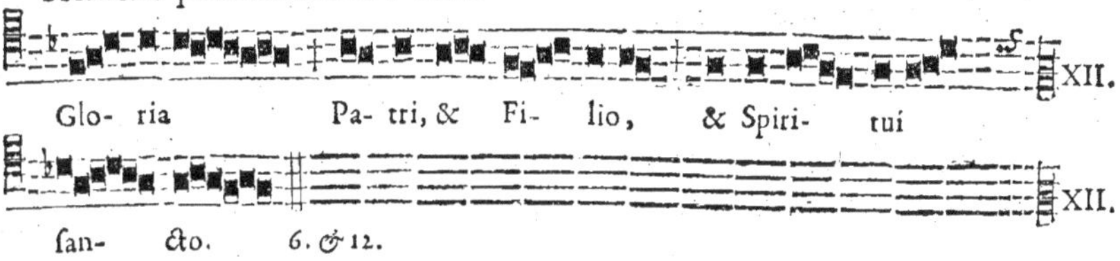

Forme du *Gloria*. des Reſpons du VII. ton.

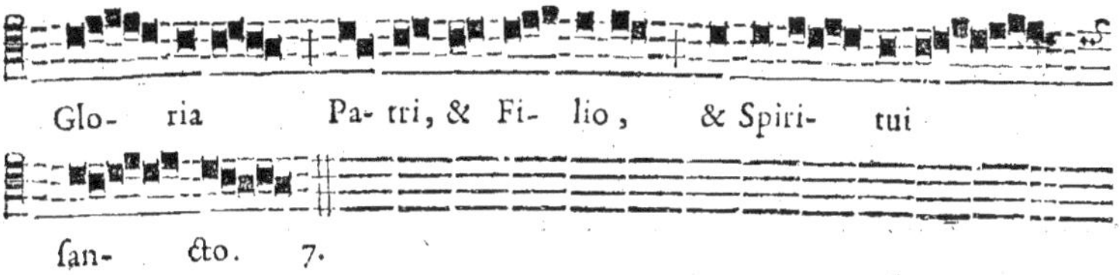

Formule du *Gloria*. des Reſpons du VIII. ton.

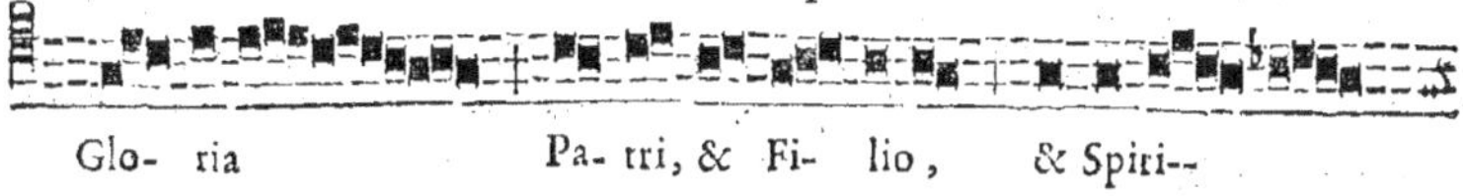

tui ſan- cto. 8.

FORMULES.

Des intonations, mediations, teneurs, & terminaiſons de toutes les autres choſes qui dans les Heures Canoniales ſe chantent en chant pſalmodique, quoy que ordinairement la note me ſoit pas miſe ſur le texte.

Formule des Verſets qui commencent les Heures Canoniales.

Le Verſet *Domine labia mea aperies.* ſe chante en ton de pleine voix, toûjours droit & à l'uniſſon.

DOmine làbia mea apéries, & os méum annunciabit laudem túam.

Le Verſet *Deus in adjutorium.* ſe chante avec l'inflexion ſuivante toutes fois & quantes que l'heure qui le ſuit ſe chante en notes; mais lors qu'elle doit ſeulement eſtre chantée à l'uniſſon ou tout droit, on le chante pareillement à l'uniſſon, & ſans aucune inflexion.

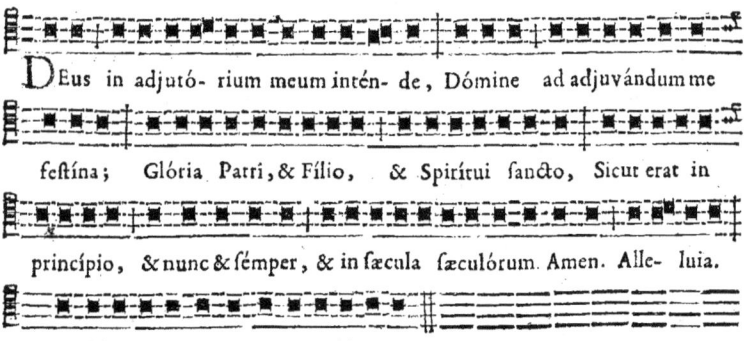

DEus in adjutó- rium meum intén- de, Dómine ad adjuvándum me

feſtína; Glória Patri, & Fílio, & Spirítui ſancto, Sicut erat in

princípio, & nunc & ſémper, & in ſæcula ſæculórum. Amen. Alle- luia.

Ou Laus tibi Dómine Rex æternæ glóriæ.

Le Verſet *Converte nos Deus.* ſe chante avec inflexion, & ſon Reſpons tout droit.

Convérte nos Déus ſalutáris nóſter. Et avérte iram tuam à nóbis.

Formules

Formules des Versets qui se chantent aprés la Psalmodie des Nocturnes, aprés les Hymnes de Laudes & de Vespres, & aprés les capitules de Prime, Tierce, Sexte, None, & Complies, lorsqu'il est Feste double ou semy-double.

℣. Surrexit Dóminus de sepulchro, allelúia. ℣. Exurge Christe
℣. Amavit eum Dominus, & ornavit eum. ℟. Et li- bera nos, *&c.*
℟. Stolam, *&c.* induit eum.

adjuva nos.
nomen tuum.

Formules des mesmes Versets & de leurs Respons pour les Feries, & les Festes simples.

℣. Surrexit Dóminus de sepulchro, alleluia. ℣. Exurge Christe ad-
℣. Amavit eum Dominus, & ornavit eum. ℟. Et libera, *&c.* no-
℟. Stolam, *&c.* induit eum.

juva nos
men tuum.

Formules des Versets qui se chantent aprés les Antiennes des Commemorations, aprés les Antiennes de la sainte Vierge à la fin de l'Office, & aux prieres ou preces de tout l'Office.

Avec les notes fondamentales. Avec les notes survenantes.

℣. Omnis térra adoret te, & psallat tíbi. ℟. Psalmū dícat nómini tuo Dómine.
℣. Iústus ut palma florébit. ℟. Sicut cedrus líbani multiplicábitur.

Avec *Alleluia.*

℣. Tu es Sacérdos in ætérnū, allelúia ℟. Secundum órdinem Melchísedech, allelúia.
℣. Gaude & lætáre, &c. allelúia. ℟. Quia surréxit Dominus vère, allelúia.

Avec des mots Hebreux indeclinables, ou des monosyllabes.

℣. Angelis suis Deus mandavit de te. ℟. In Bethleem Iúdæ civitáte Davíd.
℣. Verbum caro factum es. ℟. A viro iníquo erípe me.

Les Versets *Kyrie* & *Christe*. se chantent toûjours à l'unisson.

Kyrie eleison, *&c.* Credo in Deum. Carnis resurrectioné. Vitam æternam. Amen.

Pater nóster, &c. Et ne nos indúcas in tentatiónem. ℟. Sed libera nos à málo.

Et ego ad te Dómine clamávi. ℟. Et mane orátio mea prævеníet te, &c.

℣. Adjutórium nostrum in nomine Dómini. ℟. Qui fécit cœlum & térram.

Le *Confiteor*, & les Versets *Misereatur*, & *Indulgentiam*. se chantent à l'unisson & tout droit; mais d'un ton plus bas d'une quarte ou d'une quinte que la pleine voix ou dominante des Versets qui ont immediatement precedé.

Le Verset Dominus *Dominus vobiscum*. avant les Oraisons de toute; les Heures Canoniales, se chante toûjours à l'unisson & tout droit. Il se chante encore toûjours droit aprés les Oraisons des Vespres & des Laudes. Le Verset *Oremus*. se chante aussi toûjours droit.

℣. Dóminus vobíscum. ℟. Et cum spíritu túo. Orémus.

Mais aprés les Oraisons des petites Heures Prime, Tierce, Sexte, None & Complie, le mesme Verset *Dominus vobiscum*. & le ℣. *Benedicamus*. avec leurs Respons, se chantent toûjours avec l'inflexion suivante.

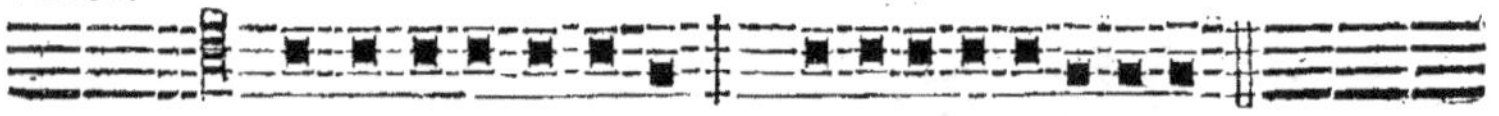

℣. Dóminus vobíscum ℣. Benedicámus Dómino.
℟. Et cum spiritu túo. ℟. Deo grátias.

Les Verſets *Fidelium animæ. Dominus det nobis.* & *Divinum auxilium.* ſe chantent toûjours à l'uniſſon, quoy que d'un ton plus bas d'une quinte, que la dominante des Verſets, ou des Oraiſons qui les ont immediatement precedez.

℣. Fidelium ánimæ per miſericordiam Dei requieſcant in páce. ℟. Amen.
℣. Dómin⁹ det nobis ſuam pácem. ℟. Et vitam æternã. Amen.
℣. Divinum auxílium maneat ſemper nobíſcum.
℟. Et cum frátribus noſtris abſéntibus. Amen.

Les formules du Verſet *Pretioſa*, aprés le martyrologe, & des autres Verſets qui ſuivent, ſont les meſmes que celles des Verſets precedens, à la reſerve du 3e *Deus in adjutorium*, & de ſon Reſpons, qui ſe chantent à l'uniſſon, & des Verſets *Gloria Patri. Sicut erat. Kyrie*, & *Chriſte eleiſon.* qui ſe chantent auſſi à l'uniſſon.

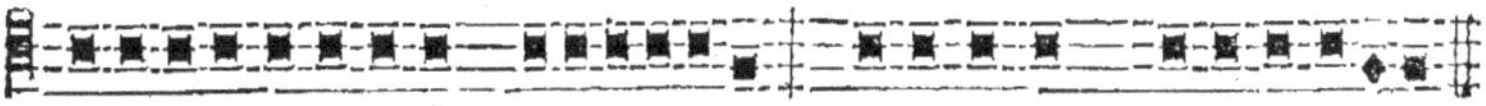

Reſpice in ſervos tuos, &c. filios eórum. ℟. Et ſit ſplédor, &c. noſtrarũ dírige.

Gloria Patri &c. & ſpiritui ſancto. Adjutorium noſtrum in nomine Dómini.
℟. Sicut erat, &c. ſæculorum. Amen, ℟. Qui fecit cœlum & terram.

Les Verſets ſuivans *Benedicite.* & *Dominus nos benedicat.* ſe chantent à l'uniſſon ; mais ce dernier ſe chante plus bas d'une quinte que les precedens, à cauſe qu'il eſt joint au Verſet *Fidelinm animæ.* & que, ſelon l'uſage du Breviaire Romain, il termine l'Office de Prime.

Benedícite. ℟. Déus. ℣. Domin⁹ nos benedícat, & ab omni malo defendat, *&c.*

& fidelium animæ per miſericordiam Déi requieſcant in páce. ℟. Amen.

Le Verſet de la Benediction de Complie ſe chante avec inflexion, mais d'une tierce plus bas que les Verſets precedens.

℣. Dominus vobiſcum. Benedicamus Dómino. Benedícat & cuſtódiat nos om-
℟. Et cũ ſpiritu túo. ℟. Déo grárias.

nipotens,& miſericors Dóminus, Páter,& Fílius, & Spíritus ſánctus. ℟. Amen.

Formules des Verſets des Tenebres & des Vigiles des Morts.

℣. Audivi vócem de cœlo dicéntem míhi. ℣. Avertantur rétrorſum & erubéſcant.
℟. Beati mórtui, &c. moriúntur. ℟. Qui cógitant míhi mála.

Les Formules de tous les Verſets qui ſe chantent, ou aprés l'aſperſion de l'Eau-benite, ou aprés les Litanies, ſoit des Saints, ſoit de la ſainte Vierge, ou à l'expoſition ou cloſture du S. Sacrement, ou aux Saluts, ou aux Oraiſons des 40. heures, ou à la fin de toute ſorte de Proceſſions, ou d'autres Prieres extraordinaires, ou à l'Office des Morts, ou à leur ſepulture, ou à leurs abſolutions, ſont ſemblables aux precedentes formules des Verſets des commemorations; à l'exception des Verſets *Kyrie. Chriſte.* des Litanies & des Abſolutions qui ſont chantez en notes, & du Verſet *Requiem æternam.* lors qu'il termine l'Office des Morts qui ſe dit alors tout droit.

Formules du chant des Abſolutions & des Benedictions.

Páter nóſter. Et ne nos indúcas in tenta- tiónem. Exaudi Dómine Ieſu
℟. Sed libera nos à malo.

Chriſte preces ſervorum tuórum, & miſe- rere nóbis, qui cum Patre & Spi-
A vinculis peccatorum noſtrorum abſolvat nos, &c.

ritu ſancto vivis & regnas Déus, in ſæcula ſæculórum. ℟. Amen.

Ipſius pietas & miſericórdia nos ádjuvet, qui cum, &c. ſæculórum. Amen.

Iube dómne benedícere. Benedictione perpétua benedicat nos Pater
Vnigenitus Dei Filius, nos, &c.
Spiritus ſancti grátia illuminet ſenſus, & cor-

Formules du chant des Leçons.

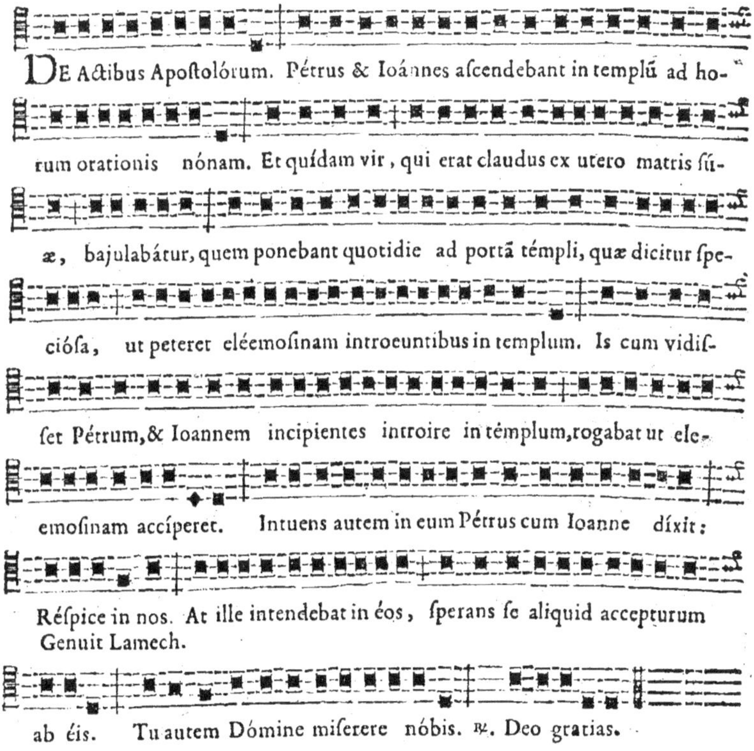

DE Actibus Apoſtolórum. Pétrus & Ioánnes aſcendebant in templũ ad horum orationis nónam. Et quídam vir, qui erat claudus ex utero matris ſú-
æ, bajulabátur, quem ponebant quotidie ad portã témpli, quæ dicitur ſpe-
ciósa, ut peteret eléemoſinam introeuntibus in templum. Is cum vidiſ-
ſet Pétrum, & Ioannem incipientes introire in témplum, rogabat ut ele-
emoſinam accíperet. Intuens autem in eum Pétrus cum Ioanne díxit:
Réſpice in nos. At ille intendebat in éos, ſperans ſe aliquid accepturum
Genuit Lamech.
ab éis. Tu autem Dómine miſerere nóbis. ℟. Deo gratias.

Lors qu'il ſe rencontre à l'endroit des points quelques autres monoſyllabes, ou quelques noms Hebreux indeclinables, l'inflexion s'y fait comme au monoſyllabe qui eſt cy-deſſus noté aux mots *Reſpice in nos*, ſous leſquels l'on voit ceux-cy *Genuit Lamech*.

Quant aux points interrogans, ils se font en la maniere qui suit.

Nos quid intuémini, quasi nostra virtute aut potestáte fecérimus hũc ambuláre ?

Les Formules des Leçons de Tenebres, & de l'Office des Morts, sont semblables aux formules des autres Leçons dans les inflexions de leurs points, mesme interrogans, à l'exception de leur point final qui se termine tout droit.

Signantes lápidem cum custódibus. Sed párce peccatis méis.

Les Formules des breves Leçons de Prime & de Complie sont semblables à celles des autres Leçons ; mais leurs benedictions sont differentes en la mediation, & leur Respons *Deo gratias.* en la terminaison.

Iube domne benedicere. Noctem quiétam & finem perféctũ concedat nobis
Dies & act⁹ nóstros in sua pace disponat

Dominus omnipotens. Amen.

Tu autem Dómine miserere nobis. Déo grátias.

La Formule ordinaire du Martyrologe est semblable à celle des Leçons.

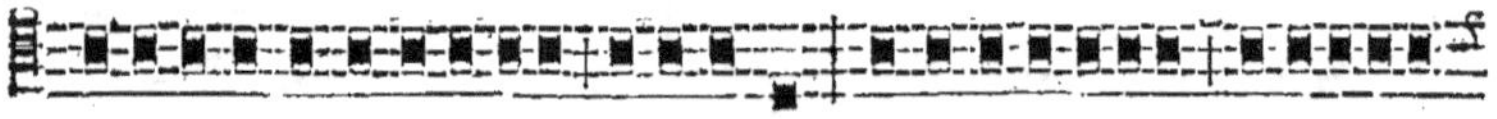

Tertio Kalendas Ianvarij luna quinta. Romæ, in esquilijs : Dedicatio

Sancti Petri ad vincula. *&c.* & alibi aliorum plurimorum SS. Martyrum,

& Confessorum atque Sanctarum Virginum. ℟. Deo gratias.

Formules des Capitules.

Misit Heródes Rex manus, ut affligeret quosdã de Ecclésia; occidit autem

Iacóbum fratrẽ Ioannis gládio : videns áutem, quia placeret Iudæis, appo-

suit, ut apprehenderet & Pétrum. ℟. Déo grátias.

Formules des terminaisons des Capitules lors qu'ils finissent, ou par un monosyllabe, our par un mot Hebreu indeclinable, ou par le S. Nom de JESUS, qui a coûtume d'estre chanté à la façon des indeclinables.

Primum quidem sermonum féci, *&c.* Quos elegit assúmptus est. Diligen-
Frátres jam non estis hopites, *&c.* Angulari lapide Christo Iesu.
Regi sæculorum, *&c.* in sæcula sæculorum. Amen.

tibus se. ℟. Déo grátias.

Formule des Oraisons des Festes solemnelles, doubles, semy-doubles, & des Dimanches, à Vespres, à Laudes, & à la grande Messe.

℣. Dóminus vobiscum Orémus. Déus qui hodiernam diem Aposto-
℟. Et cũ spiritu túo.

lorum tuorum Pétri, & Páuli martyrio consecrásti : Da Ecclesiæ tú-
Excita quæsumus Domine potentiam tuam & véni : ut ab imminenti-

æ eorum in omnibus sequi præcéptum, per quos religionis sumpsit
bus peccatorum nostrorum perículis, te mereamur protegente

exórdium. Per Dominum nostrū Iésum Christum Filium tuum, qui te-
éripi, te liberante salvári Qui vivis, & re-

cum vivit & régnat in unitate Spiritus sancti Déus. Per omnia sæ-
gnas cum Déo Pátre, in unitate Spiritus sancti Déus. *&c.*

cula sæculórum. Amen.

Formule des Oraisons des Festes simples, & des Feries, à Vespres, à Laudes, & à la grande Messe.

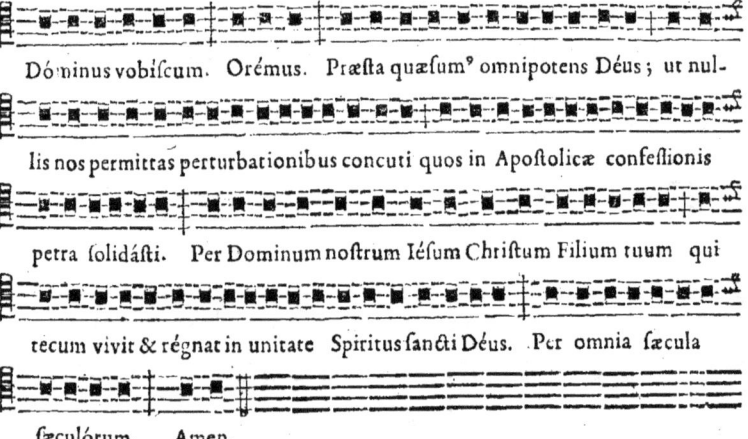

Dóminus vobiscum. Orémus. Præsta quæsum⁹ omnipotens Déus; ut nul-

lis nos permittas perturbationibus concuti quos in Apostolicæ confessionis

petra solidásti. Per Dominum nostrum Iésum Christum Filium tuum qui

tecum vivit & régnat in unitate Spiritus sancti Déus. Per omnia sæcula

sæculórum. Amen.

Formule des Oraisons qui se chantent aux petites Heures de l'Office Prime, Tierce, Sexte, None, & Complie, ou aprés les Antiennes de la Sainte Vierge qui terminent l'Office; comme aussi aprés l'aspersion de l'Eau-benite; aprés les Litanies tant des Saints que de la Sainte Vierge; à l'exposition & à la clôture du S. Sacrement; aux Oraisons de quarante heures; aux Saluts; à la fin de toute sorte de Processions, & d'autres prieres extraordinaires; à l'Office des Morts, à leur sepulture, & à leurs absolutions.

Orémus.

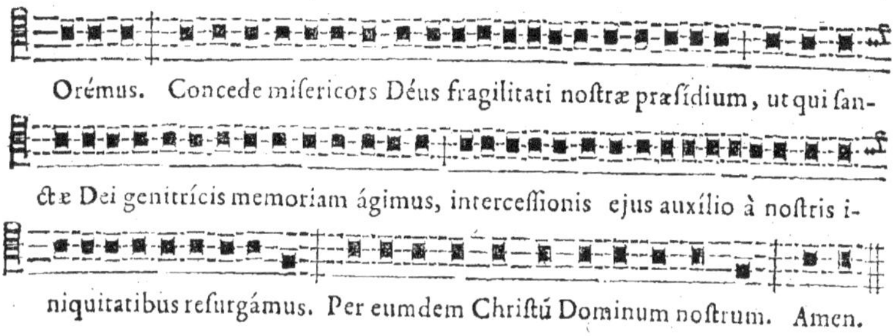
Orémus. Concede misericors Déus fragilitati nostræ præsídium, ut qui san-
ctæ Dei genitrícis memoriam ágimus, intercessionis ejus auxílio à nostris i-
niquitatibus resurgámus. Per eumdem Christű Dominum nostrum. Amen.

FORMULES.

Des intonations, mediations, teneurs, & terminaisons de tout ce qui se chante à la Messe en façon de chant Psalmodique, & qui n'est pas noté dans les Missels.

La Formule des Versets *Dominus vobiscum. Oremus.* & des Oraisons des Festes solemnelles, doubles, semy-doubles, & des Dimanches, est semblable à la premiere formule des Oraisons qui se chantent aux Laudes & aux Vespres des mesmes Festes & Dimanches.

La formule des mesmes Versets & des Oraisons des Festes simples, des Feries, & des Messes des Morts, est semblable à la seconde formule des Oraisons pour les Laudes & les Vespres des mesmes Festes simples & des Feries.

La troisiéme formule du Verset *Oremus.* & de l'Oraison suivante *Concede.* s'observe aux Benedictions des Cierges, des Cendres, & des Rameaux, à l'exception de l'Oraison *Deus quem diligere.* qui se chante avant l'Epistre, & de l'Oraison *Auge fidem.* qui se chante aprés l'Evangile des Rameaux, lesquelles se disent au ton ferial de la seconde formule.

Les Oraisons du Vendredy Saint *Deus à quo Iudas.* & les Oraisons qui disent aprés chaque monition; comme aussi l'Oraison *Libera nos.* aprés le *Pater noster.* se chantent selon la mesme seconde formule des Feries.

Les Oraisons qui se disent avant la Messe du Samedy Saint, & à la benediction des Fons, se chantent pareillement selon la seconde formule des Feries.

La formule des Propheties est en tout semblable à celle des Leçons, à la reserve du point final, qui est terminé tout droit & sans inflexion.

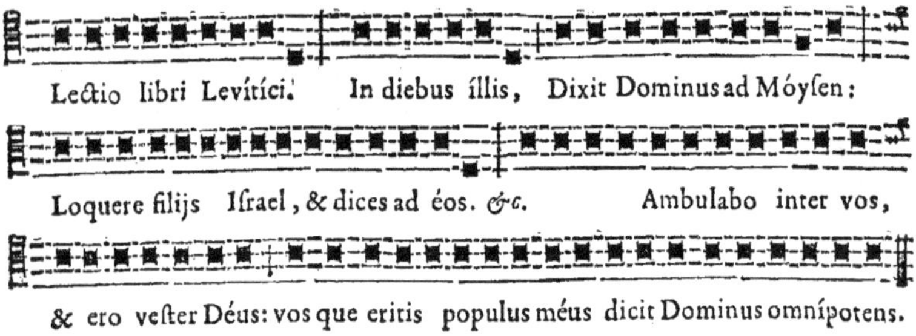
Lectio libri Levítici. In diebus íllis, Dixit Dominus ad Móysen:
Loquere filijs Israel, & dices ad éos. *&c.* Ambulabo inter vos,
& ero vester Déus: vos que eritis populus méus dicit Dominus omnípotens.

Formules des Versets *Oremus.* & *Flectamus genua.* apres les Propheties.

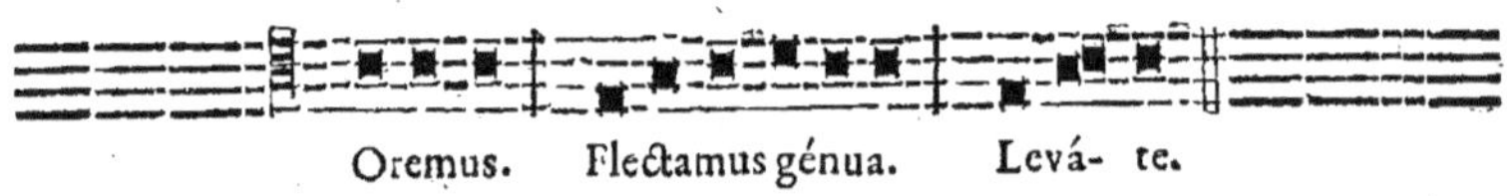
Oremus. Flectamus génua. Levá- te.

Formule des mesmes Versets aprés les monitions du Vendredy Saint.

Cette Formule se trouve dans les Missels : mais dautant qu'elle y est diversement notée, on l'ajoûte icy selon qu'elle est marquée dans les anciens Missels de Plantin, qui sont des plus corrects : Aussi semble t-elle la meilleure, parce que le ℟. Levate. *s'y joint mieux à la dominante des Oraisons.*

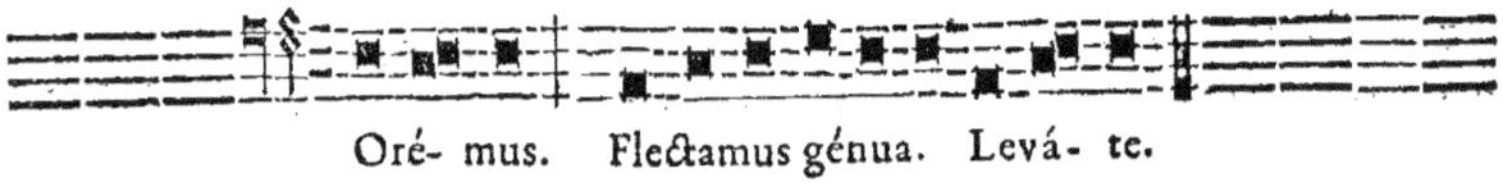
Oré- mus. Flectamus génua. Levá- te.

La Formule de l'Epistre est toute droite, & à l'unisson.

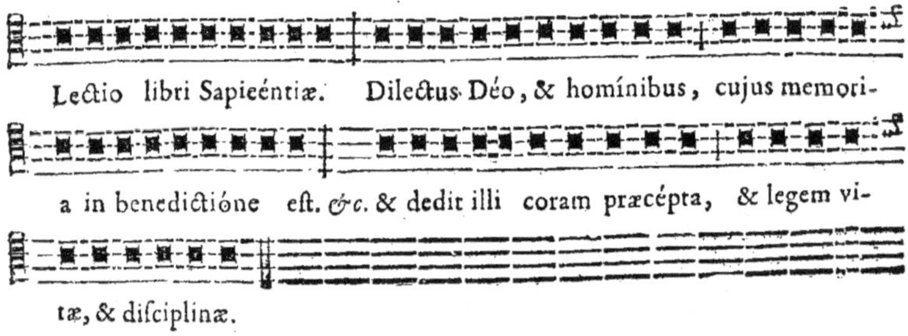
Lectio libri Sapieéntiæ. Dilectus Déo, & homínibus, cujus memori-
a in benedictióne est. *&c.* & dedit illi coram præcépta, & legem vitæ, & disciplinæ.

Formule du chant de l'Evangile.

℣. Dominus vobíscum. ℟. Et cum spiritu tuo. Sequentia sancti Evangé-
lij secundum Matthæum. In illo tempore, Dixit Petrus ad Iésum: Ecce nos
reliquimus ómnia, & secuti súmus te, quid ergo erit nóbis? &c. centuplum
accipiet, & vitam æter- nam possidébit.

Formule du Verset *Humiliate capita.*

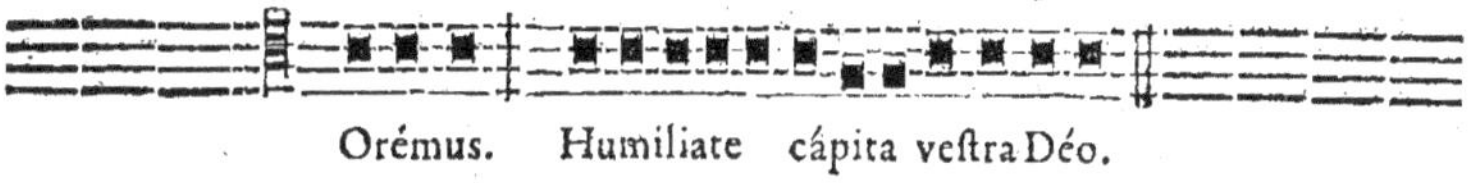
Orémus. Humiliate cápita vestra Déo.

Formule de l'élevation des trois differens tons qui varient le chant de la Leçon du Martyrologe de la veille de Noël.

Le premier & le plus bas doit estre commencé une quarte au dessus du plus bas son de celuy qui chante; Le second une quinte au dessus de cette quarte; & le troisiéme une quarte au dessus de la quinte: en cette sorte.

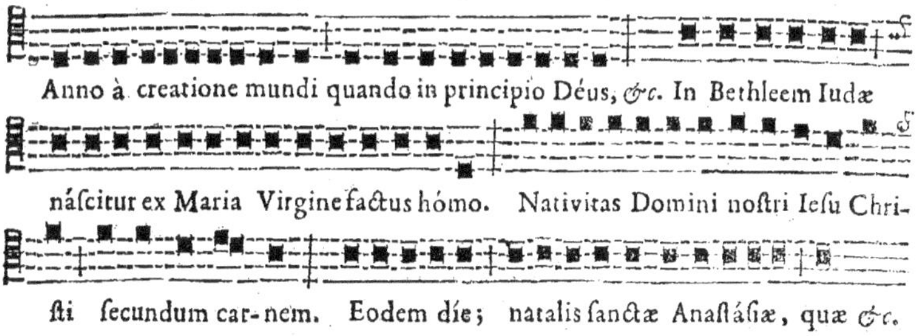
Anno à creatione mundi quando in principio Déus, &c. In Bethleem Iudæ
náscitur ex Maria Virgine factus hómo. Nativitas Domini nostri Iesu Christi secundum car- nem. Eodem díe; natalis sanctæ Anastásiæ, quæ &c.

Formule de l'élevation de voix qui se doit faire aux repetitions du Verset *Ecce lignum crucis.*

La premiere doit commencer au ton le plus bas de la voix, & l'on doit élever les deux autres chacune d'une tierce; laquelle élevation est icy désignée par le rehaussement de la mesme clef aux lignes qui sont plus hautes d'une tierce; en la maniere qui suit.

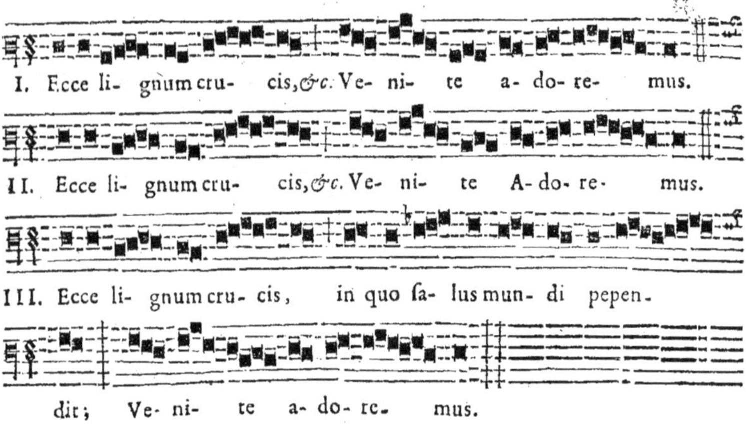
I. Ecce li- gnum cru- cis, &c. Ve- ni- te a- do- re- mus.
II. Ecce li- gnum cru- cis, &c. Ve- ni- te A- do- re- mus.
III. Ecce li- gnum cru- cis, in quo sa- lus mun- di pepen-
dit; Ve- ni- te a- do- re- mus.

Formule de l'élevation de voix qui se fait aux repetitions de l'*Alleluia.* du Samedy Saint; dont la premiere doit estre commencée au ton le plus bas de la voix, & les deux suivantes rehaussées, chacune d'une tierce selon le rehaussement de la clef comme il suit.

I. Alle- lu- ia. II. Alle- lu- ia.
III. Alle- lu- ia. Confite- mini Do- mino, &c.

Formule des trois élevations du Verset *Lumen Christi.*

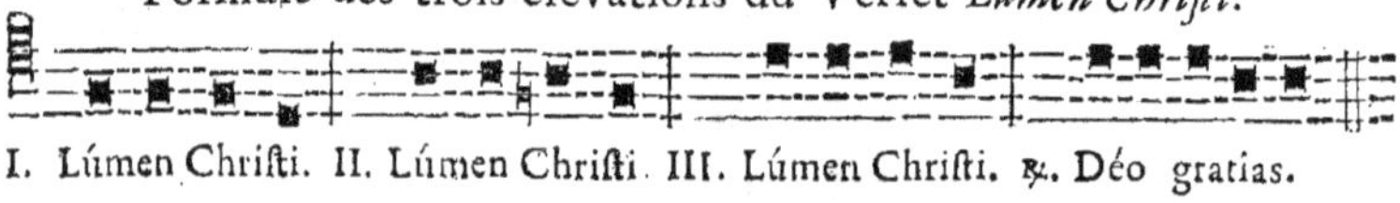

Bien que la façon de toutes ces élevations de voix ne soit pas specifiée dans les rubriques des Missels, ny des Graduels Romains, & que l'on pût litteralement y satisfaite par de moindres élevations que d'une tierce, neantmoins il est à propos d'observer la formule qui en est donnée cy-dessus, afin qu'elles se fassent d'une maniere harmonieuse, & qui soit convenable aux Mysteres qu'elles signifient.

Les Mysteres, par exemple, de l'Incarnation, de la Passion, & de la Resurrection, de N. Seigneur I. C. dont la publication est representée par ces abbaissemens & rehaussemens de voix, on esté connus de peu de personnes dans leurs commencemence-

mens ; on ne les disoit alors qu'à l'oreille, à peu de personnes d'une famille, ou à un petit nombre de Disciples. Par aprés ils ont esté preschez dans la Province de Iudée, & à la Nation des Iuifs tant seulement, avec un succés mediocre : Mais en suite ils ont esté publiez à toutes les Nations de la terre, avec l'entiere conversion du monde.

Ces mesmes abbaissemens & rehaussemens de voix donnent pareillement à connoistre d'une part, les humiliations de Nostre Seigneur Iesus-Christ dans sa Naissance, dans sa Passion, dans sa Mort, dans sa Sepulture, & dans sa descente aux plus bas lieux de la terre, qui n'ont pû estre plus profondes : Et d'autre part la gloire de sa Resurrection, de son Ascension, de sa Seance à la droite de Dieu de son Pere, & de l'exaltation de son saint Nom dans la terre & dans les Cieux, qui n'a pû estre plus haut élevée. Or le son le plus bas où la voix puisse descendre marque mieux ses aneantissemens : Et la voix la plus haute où l'on puisse monter avec harmonie, est un signe plus sensible de son exaltation & de sa Gloire. Et ainsi toute l'étenduë de la voix se trouve employée à la veneration de ces grands Mysteres conjointement avec l'étenduë de tout le cœur, à la gloire & loüange de ce Seigneur qui a daigné les operer pour nostre amour.

Et nunc in omni corde & ore collaudate, & benedicite nomen Domini. *Eccli.* 39. 41.

FAUTES A CORRIGER.

Où il n'y a point de chiffre qui marque le nombre des divisions de chaque Chapitre, il faut commencer à compter les lignes dés le commencement de la page : Et où il y a un chifre, il y faut commencer à compter les lignes.

Pag.	*Nomb.*	*Ligne*	*Fautes.*	*Corrections.*
VIII.		15	mencement	commencement
8		28	voyez la chose.	voyez que la chose
9	2	11	il y un	il y a un
12	7	8	proche trône	proche du trône
12		32	Psalmes	Pseaumes
16	1	19	semblance	ressemblance
21	3	3	influxion	inflexion
23		13	l'invitent	l'écoutent
38	9	2	chiromatique	chromatique
45		26	prolambanomenos	proslambanomenos
55		1	grand	grande
68	4	2	hypate, hypaton	hypate hypaton
70	6	2	Henry III.	Henry II.
70	6	3	1208.	1028
72		4	cimetrie	symmetrie
72	9	13	sur lignes	sur les lignes
74	1	17	sinomenon	synemenon

Pag.	Nomb.	Ligne	Fautes.	Corrections.
75		17	didiapaſon	diſdiapaſon
78	7	8	chordes l'un	chordes de l'un
82	6	35	au deſſus le	au deſſus du
83	8	1	Ces 20. voix peuvent	Ces 20. voix rendét cinq tetrarchordes disjoints, en ſorte toutefois que celles qui ont du rapport aux tetrarchordes du ſyſteme des Grecs peuvent eſtre conſiderées, *&c.*
83	8	5	disjoints *effacez*	les disjoints ſont cinq en nonbre
83	8	6	& la marque	& que la marque
89		19	prend l'ordre	prend le ré de l'ordre
103	15	2	celles de ♮ carre	celles de ♭ mol & de ♮ carre
105		7	limites aux quels	limites aux quelles
107	5	8	de clef	clef
108		13	au net qui	qui
108	8	2	aux nombres	aux modes
117		4	deſquels	des quelles
120	1	20	quelquefois crochuës	quelquefois droites, quelquefois crochuës.
127		13	depuis trochées	de purs trochées
127		17	meſure	la meſure
130		5	qui eſt	qui en
132	2	9	de melodie. *ajoutez*	Ces modes donc ou ces tons ſont certaines façons de melodie & de chant, *&c.*
137	3	2	chorhe	chorde
137	3	3	Diapaſon	Diſdiapaſon
139	5	6	quarte	quinte
140		18	& de la troiſiéme du C au D	eſt de la troiſiéme du G au C.
148		19	un a	un fa
161	5	9	au derriere de ſoy	derriere ſoy
179		2	ſol la;	ſol, la, ſi, ut;
179		6 & 7.	de ... de ... de *&c.*	*effacez tous ces* de
201	2	11	à l'oreille	de l'oreille.
203		19	que non pas	qu'il l'eſt

Pag.	Col.	Nomb.	Ligne	Fautes.	Corrections.
208	1		4	explicuit	explicit
214	1		11	1690	3690.
218	2	27	2	abinoen	Abinoem
222	1		26	voluntate	voluptate
229	2		2	chorda	corda
231	1	6	1	εμυεχῆς	συμυεχῆς
231	1	6	2	διαστημτικὴ	διαστηματικὴ
232	1	2	6	volunt	nolunt

Page	*Col.*	*Nomb.*	*Ligne*	*Fautes.*	*Corrections.*
233	2		15	visio	divisio
233	1	5	19	potissima	potissime
233	1	3	6	conentum	contentum
236	2	4	10	perhypaten	parhypaten
240	1		5	diatess.	diatessaron
241	2	14	1	medio	medius
246	2	24	9	cap. 4.	cap. 3.
247	2	32	28	inveniens termino C	termino invenies C
255	1	16	1	nascitur	noscitur
258	2		10	tibi	sibi
			15	tantum	iterum
259	2	15	15	una ut	ut una
261	1	28	3	Critiꝰ Puteanus	Ericius Puteanus
261	2	36	3	conqueritur	conquiritur
		5	3	signantur E	signatur in E
265	2	1	7	membrorum	metrorum
273	2	4	8	ISTA	IPSA
284	2		1	viginti	ex viginti
285	2	28	9	potio	positio
294	1	9	3	emisset	emisisset
296	1	3	11	12	13
304	2		3	partie qui est n. 3.	partie n. 3.
310	2		9	concellis	cancellis
324			6	de la I. Partie	de la II. Partie
324			13	mi, fa,	mi, ré
327			7 & 10	Diapason	Disdiapason
333			6	3e Romain.	*effacez* 3e Romain.
336			3	le 8. ton *&c.*	*effacez toute cette ligne.*
346			8	oculi re	oculi ve
347			13	& se	elle se

355 *Les mots* Per os Sanctorum. *qui sont sous la 1. moitié de la 1. patée doivent estre mis sous la 1. moitié de la derniere patée de 354.*

Et les mesmes mots qui sont sous la 2. moitié de la 5. patée, doivent estre sous la 2. patée.

358 *Les mots* amove à me *qui sont sous la 1. moitié de la 2. patée, & les mots* Dicta sunt de te. Non sic impij non sic. *doivent estre mis sous le 1. tiers de la 3 patée. De plus effacez* Magnificat *qui est sous la seconde moitié de la 2. patée.*

362 *Patée 6. effacez* Deo nostro. *avec ses notes.*

363 *Les mots* Locutus est per os sanctorum. *qui sont sous la 1. moitié de la 3. patée, doivent estre sous la 2. au lieu des mots* Sterilem in domo.

365 *Effacez les mots* Per os Sanctorum. *qui sont sous la 5. patée, & les mettez sous la 1. moitié de la 3.*

372 *Effacez la 3. patée avec les mots qui sont au dessous, & mettez* Nomini tuo da gloriam. *&* Ex hoc nunc & usque in sæculum *sous la 1 moitié de la 4. patée, &* Protector eorum est. *sous l'autre moitié.*

382			13	au dessous celle	au dessous, où celle
384			5	la note me	la note ne

386 *La ligne 6 avec les notes qui sont au dessus, doit estre placée entre* Kyrie eleison. *&* Credo in Deum. *de la cinquiéme precedente.*

388 1 *Abbaissez d'une tierce la note qui est sur la 2. syllabe de* Sanctꝰ.

FAUTES A CORRIGER.

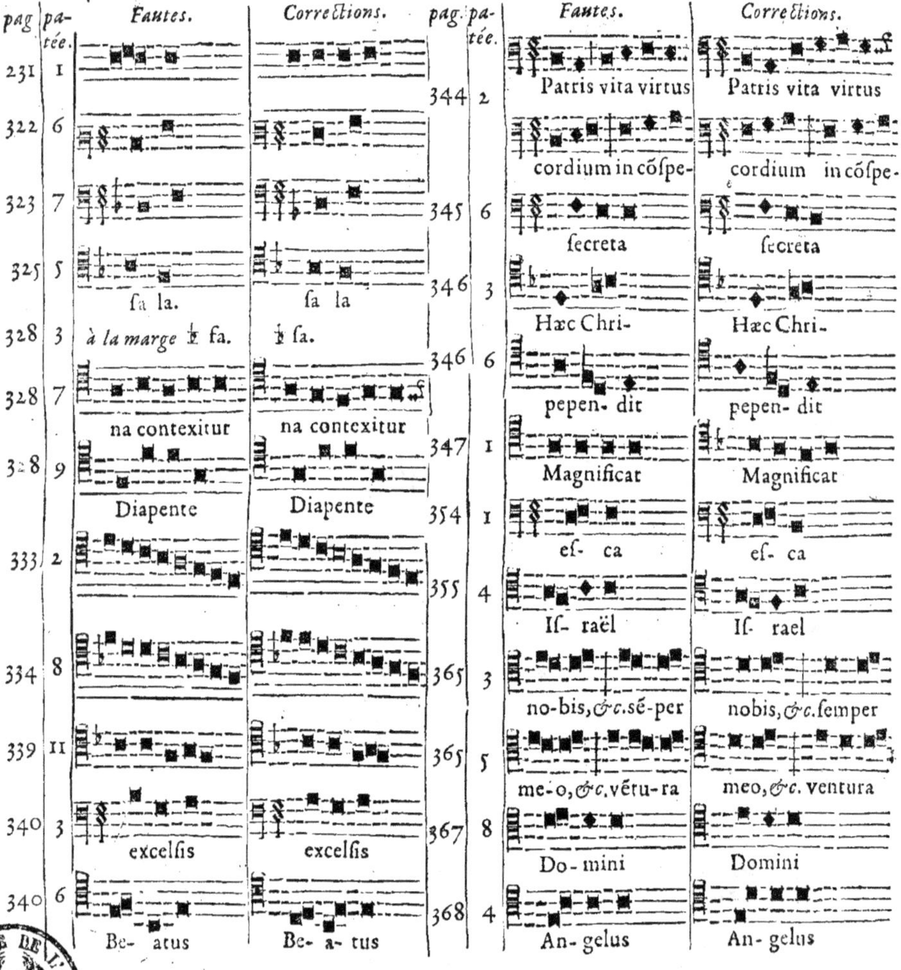

EXTRAIT DV PRIVILEGE DV ROY.

PAr grace & Privilege du Roy il eſt permis au R. P. General de la Congregation de S. Maur, de faire imprimer, vendre & debiter par tels Imprimeurs ou Libraires qu'il voudra choiſir le Livre intitulé *La ſcience & la pratique du Plain-chant*, pendant le temps de vingt ans, & deffences ſont faites à tous Libraires, Imprimeur, & autres perſonnes de quelque qualité & condition qu'elles ſoient, de l'imprimer ou faire imprimer, vendre & diſtribuër pendant ledit temps ſans la permiſſion dudit R. P. General, ou de ceux qui auront droit de luy, à peine de trois mil livres d'amande, confiſcation des exemplaires, & de tous dépens, dommages & intereſts; ainſi qu'il eſt plus au long contenu dans ledit Privilege donné à Verſailles le 7. jour de Mars 1672. Par le Roy en ſon Conſeil. Signé DENIS.

Regiſtré ſur le Livre de la Communauté des Libraires & Imprimeurs de Paris le 28. Iuin 1672. ſuivant l'Arreſt du Parlement du 8. Avril 1653. & celuy du Conſeil Privé du Roy du 27. Février 1665. D. THIERRY, Scindic.

Achevé d'imprimer pour la premiere fois le 2. jour d'Octobre 1673.

www.ingramcontent.com/pod-product-compliance
Lightning Source LLC
Chambersburg PA
CBHW060546230426
43670CB00011B/1706
* 9 7 8 2 0 1 3 7 2 1 1 0 3 *